D1735276

Schottische Volksmärchen

Aus dem Englischen
übersetzt und herausgegeben
von Christiane Agricola

Insel Verlag

Erste Auflage 1991
© Insel Verlag Frankfurt am Main und Leipzig 1991
Alle Rechte vorbehalten
Insel Verlag Frankfurt am Main und Leipzig
Printed in Germany

Es war einmal ein Schiff, das segelte mit vielen Leuten nach Amerika; sie alle wollten sich in diesem Land ansiedeln. Nun gerieten sie aber vor der Küste an eine Stelle, wo es eine Unmenge von Felsen und kleinen Schären gab. Das Schiff fuhr auf ein Riff auf und barst, und einzig ein Mann und seine Frau konnten sich retten. Diese beiden erwischten eine Planke des zerborstenen Schiffs, klammerten sich daran fest und erreichten so das Ufer. Segel und Taue, die zum Schiff gehört hatten, wurden an den Strand gespült; damit bauten sie sich ein Zelt. Auch ein paar von den Vorräten, die auf dem Schiff gewesen waren, wie Biskuits und Fleisch, trieben in Fässern an Land, und sogar ein paar Bücher trugen die Wellen vom Wrack ans Ufer. Nun lebte das Paar eine Zeitlang von diesen Nahrungsmitteln vom gesunkenen Schiff; aber schließlich gingen die zuende, und die beiden hatten nichts mehr zu essen.

Eines Tages verfiel der Mann auf den Gedanken, er wolle weiter ins Land wandern, um zu sehen, ob er Häuser entdeckte und Menschen oder sonst etwas, das ihnen nützen könnte, und er bat seine Frau, sich keine Sorgen zu machen. Er brach auf und marschierte immer der Nase nach und kam durch einen riesigen Wald. Im Gehen riß er sich ein Stück Rinde von einem Baum und kaute sie, weil ihn der Hunger so sehr plagte. Schließlich endete der Wald; doch er sah weder einen Menschen, noch konnte er ein Haus entdecken. Einen Berg erblickte er, der lag ein gutes Stück entfernt, doch er beschloß, auf den Gipfel zu klettern, damit er das Land besser überschauen könne. Und er machte nicht Halt, bevor er tatsächlich auf dem Gipfel stand; nun aber war er sehr müde und sehr hungrig. Jetzt war schon ein guter Teil vom Tag verstrichen. Und so weit sein Blick reichte, war nirgends ein Mensch oder ein Haus. Da wurde ihm so bang, daß er wünschte, er hätte sein kleines Zelt nie verlassen; er fürchtete sehr, daß er nicht mehr zurückfinden, sondern unterwegs verhungern würde.

Als er nach der andern Seite spähte, schien ihm, als sähe er unten eine kleine Hütte, und er sprach zu sich selber: »Ich will gehen und sehen, was für ein Haus das ist!« Er stieg hinab, erreichte die Hütte und trat ein. Drinnen stand ein Tisch, der war mit einem großen, weißen Tuch gedeckt, und darauf stand eine Flasche Wein und lag ein Laib Weißbrot. »Schön!« sagte er sich, »ich habe Hunger und weiß nicht, was ich machen soll. Wenn ich das anrühre, ist das vielleicht nicht in Ordnung. Auf jeden Fall wage ich's und nehme mir was davon.« Er langte sich die Flasche und trank ein oder zwei Schluck daraus, und er brach sich ein Stück vom Brot ab und aß es. Da kam ein alter, grauer Mann herein und sagte zu ihm: »Was bringst du Neues, Fremder? Was in aller Welt hat dich hierher verschlagen?«

Er berichtete dem Alten alles Mißgeschick, das ihm widerfahren war, und sagte zu ihm: »Gewiß war es ungehobelt von mir, daß ich das hier angerührt habe; aber ich hatte so furchtbaren Hunger!«

»Nicht doch, nicht doch«, sagte der Alte, »nimm dir nur tüchtig: Es ist für solche wie dich. Hast du eine Frau?«

»Ja«, sagte der andere.

»Und Kinder?« fragte der Alte.

»Nein«, sagte er, »Kinder haben wir nie gehabt.«

Der Alte sagte: »Der Tag ist vorbei; heute kannst du nicht mehr zurückkehren. Bleib bei mir, du sollst Essen und Bett bekommen.«

So verbrachte er die Nacht bei dem Alten. Am Morgen standen sie beide auf, und der Alte machte für den Gast Frühstück. Er stellte eine Flasche Wein auf den Tisch und legte einen Laib Weißbrot dazu und sagte: »Nun iß dich ordentlich satt. Du hast einen langen Weg vor dir, und deine Frau bangt sehr um dich.«

Als er sich zum Fortgehen anschickte, sprach der Alte: »Was gibst du mir für das Tischtuch? Jedesmal, wenn du es über deinen Tisch breitest, wirst du eine Flasche Wein und einen Laib Weißbrot und das eine oder andere Essen darauf finden.«

»Ach«, sagte der Mann, »ich habe wirklich nichts, was ich dir geben könnte!«

»Schön!« sagte der Alte, »wenn du mir das erste Kind gibst oder das erste Tierjunge, das dir geboren wird, dann sollst du das Tischtuch haben.«

6

Der Mann dachte, er werde nie Kinder oder Tierjunge bekommen, und antwortete dem Alten, er werde ihm geben, was er verlange. Der Alte sprach: »Was immer es sein mag, nach sieben Jahren, von heute an gerechnet, komm damit her!«

Dann sagte er dem Alten Lebewohl, ging fort und kehrte zu seinem Zelt heim; und seine Frau war überglücklich, denn sie hatte nicht zu hoffen gewagt, ihn wiederzusehen. Er zog das Tischtuch unterm Arm hervor und breitete es aus, und sogleich stand auf dem Tisch eine Flasche Wein, und ein Weißbrot lag dabei und noch viele andere Sachen zu essen. »Ach!« sagte seine Frau, »wo hast du denn das gefunden!«

Er sagte: »Das hat mir das Glück beschert. Solange wir leben, werden wir nie mehr Mangel leiden.«

So verging Tag für Tag, und schließlich gebar seine Frau einen kleinen Sohn, den nannte der Mann John. Als er zu einem Jungen von vier oder fünf Jahren herangewachsen war, fing sein Vater an, ihn zu unterrichten. Die Zeit verging, und dann waren die sieben Jahre voll. Der Mann sagte zu seiner Frau: »Heute geh ich fort und nehme den Jungen mit, denn er ist es, den ich für das Tischtuch versprochen habe.«

Da fing sie an zu weinen und zu jammern und ihm Vorwürfe zu machen. »Da hilft nichts«, sagte er, »ich muß es tun: Ich muß heute fort.«

Die Mutter stand auf und küßte den Jungen und ließ ihn mit seinem Vater fortgehen. Sie wanderten Schritt für Schritt, bis sie zu der kleinen Hütte am Fuß des Berges kamen, wo der Alte wohnte, und der Vater trat wieder ein, und wieder stand eine Flasche Wein neben dem Weißbrot auf dem Tisch. Da dachte er, er wolle einen Tropfen aus der Flasche trinken und einen Bissen Brot nehmen, und er und der Junge aßen und tranken ein wenig. Und wer kam herein? Niemand anders als der alte, graue Mann. Und wer sprach zum Vater: »Du hast dein Versprechen gehalten.«

»O ja«, sagte der Vater.

»Schön«, sagte der alte, graue Mann, »es war deine Pflicht, heute zu kommen; hättest du's nicht getan, so hätte ich mich zu dir aufgemacht. Ich sehe, diesmal hast du einen Jungen mit, das war letztesmal nicht so. Wie heißt er?«

»John«, sagte der Vater.

»Mag er sich seines Namens erfreuen! Es ist ein guter«, sagte der Alte. »Hat er schon was gelernt?«

»Ein bißchen: Ich habe ihn selbst unterrichtet«, sagte der Vater.

Der Alte sagte: »Ich will ihn gut unterrichten und schulen und mich ihm gegenüber verhalten, als ob er mein eigener Sohn wäre. Vielleicht mache ich noch einen glücklichen Mann aus ihm.«

Der Vater blieb über Nacht bei ihnen unten am Berg. Als sie am Morgen gefrühstückt hatten, sagte der Vater seinem Jungen Lebewohl und kehrte heim. Als er anlangte, war seine Frau traurig und grämte sich um den Jungen. Er munterte sie auf, so gut er konnte, und hoffte, sie würden noch einen zweiten Sohn bekommen. Und so wollen wir sie getröstet verlassen und zum Alten unten am Berg zurückkehren.

Der Junge wuchs zu einem großen, hübschen Burschen heran, und der Alte unterwies ihn und belehrte ihn aufs beste. Er war bei dem alten, grauen Mann über zwanzig Jahre; dann sagte der alte, graue Mann eines Tages zu ihm: »Heute wollen wir beide auf den Berg steigen. Schau über der Tür nach. Da findest du einen Pferdezaum. Nimm ihn mit.« Als sie auf dem Gipfel angelangt waren, sagte der alte, graue Mann zu John: »Schüttle den Zaum vor mir, dann verwandle ich mich in ein Pferd, und du spring auf meinen Rücken.« John tat wie geheißen, und der alte, graue Mann wurde zum Pferd. John schwang sich auf seinen Rücken, und das Pferd galoppierte mit ihm davon, schnell wie der Wind. Weicher oder harter Boden waren ihm eins. Sie liefen fast den ganzen Tag und kamen zu einem weiten, felsigen Hang dicht am Meeresstrand, und der alte, graue Mann sagte zu John: »Spring ab, John.« John schwang sich von seinem Rücken, und der Alte sagte zu ihm: »Lauf zu der Höhle dort oben, darin wirst du drei Riesen finden; sie liegen da und sterben vor Hunger. Und schau in mein Ohr, was du da findest.« John schaute nach und entdeckte eine Flasche Wein und drei Weißbrote. Der Alte sagte zu ihm: »Gib jedem einen Laib und gib jedem sein Teil aus der Flasche; und wenn sie gegessen und getrunken haben, sag ihnen, du hoffst, sie würden es dir noch gedenken.«

Er ging zu den Riesen und gab ihnen den Wein und die Laibe. Als sie gegessen und getrunken hatten, sagte der Oberriese: »Jetzt fühlen wir uns wieder großartig.«

»Wenn das so ist«, sagte John, »so hoffe ich, ihr werdet es mir noch einmal gedenken.«

»Kann schon sein«, sagte der Oberriese.

Er ging wieder zu dem Alten hinunter, und der Alte sagte zu ihm: »Hast du getan, wie ich dich geheißen habe?«

»Aber ja«, sagte John.

»Spring mir auf den Rücken, John«, sagte der alte Mann. Danach brachen sie auf und erreichten den Strand. »Spring ab, John«, sagte der Alte. »Geh zum Ufer hinab: Da liegt ein großer Fisch. Setz ihn ins Wasser und sag ihm, du hoffst, er werde es dir noch gedenken.«

John ging zum Ufer hinunter und fand dort den Fisch; er setzte ihn ins Wasser und sagte zu ihm: »Ich hoffe, du wirst mir das noch gedenken.«

»Kann schon sein«, sagte der Fisch.

Darauf kehrte er zum Alten zurück, und der fragte: »Hast du getan, was ich dir befohlen habe, John?« John sagte Ja, und der Alte sprach: »Spring mir auf den Rücken, John.« Sie brachen auf und langten bei einem großen, ehernen Schloß an; und der Alte sagte: »Sitz ab, John. Lauf zu dem Schloß hinauf und geh hinein, da wirst du Zimmer voll Gold finden und Zimmer voll Silber; und was immer du siehst, hüte dich, etwas davon anzurühren.«

Nun betrat John das Schloß und erblickte all die Zimmer mit dem Gold und Silber darin; und als er herauskam, schaute er zur Seite: Da lag ein großes Bündel Gänsefedern, und ihm fuhr es durch den Kopf, eine von ihnen könne er gut zum Schreiben brauchen, also nahm er eine mit. Das erzählte er dem alten Mann nicht. Der Alte sagte zu ihm: »Na, da drin hast du was Hübsches zu sehen gekriegt, was?«

»Ja«, sagte John.

»Und du hast auch nichts angerührt oder mitgenommen?« sagte der Alte.

»Hab ich nicht«, sagte John.

»Spring mir auf den Rücken«, befahl der Alte. John schwang

sich auf, und sie galoppierten fort und langten an einem Königsschloß an, und der alte, graue Mann sagte: »Sitz ab, John.«
– »Ja, ja«, sagte John, und der alte, graue Mann ordnete an: »Geh hinein und laß den König fragen, ob er einen Schreiber brauchen kann.« John ging hinein, und der König ließ bestellen, daß er einen Schreiber als Gehilfen für den Oberschreiber wohl brauchen könne. John kam wieder heraus und berichtete das dem Alten; der sagte: »Nimm das Angebot an, bis du ein besseres kriegst.« John kehrte ins Haus zurück und nahm die Stellung an. Dann ging er wieder zu dem alten, grauen Mann hinaus und berichtete ihm, er habe beim König Dienst genommen. Darauf verließ ihn der alte, graue Mann; vorher aber sagte er: »Solltest du in Schwierigkeiten oder in Not geraten, so denk an mich, und ich werde zu dir kommen.«
Nun ging John hinein und begann unter der Leitung des Oberschreibers zu arbeiten. Die Federn, die er dort hatte, sagten ihm nicht zu; da besann er sich auf die eine, die er aus dem ehernen Schloß mitgenommen hatte, und schnitt sie zum Schreiben zurecht; und als er sie versuchte, brachte er so herrliche Schriftzüge zustande wie noch nie zuvor und wie er auch noch nie von irgendwem sonst welche erblickt hatte. Als der Oberschreiber seine Handschrift zu Gesicht bekam, stellte er fest, daß er dergleichen nie im Leben gesehen hatte, und kriegte große Angst, John würde zu seinem Vorgesetzten gemacht. Als John eines Tages zufällig draußen war, nutzte der Oberschreiber die Gelegenheit und probierte seine Federn, und sowie er die richtige gefunden hatte, konnte er damit genausogut schreiben wie John. Da ging der Oberschreiber zum König und berichtete ihm, daß es Johns Feder war, die so herrlich schrieb; der König versuchte sie selbst und schrieb damit so gut wie John und der Oberschreiber. Nun ließ der König John herbeirufen und fragte ihn: »Wo hast du die Feder da her?«
John sagte: »Die hab ich an dem Tag, an dem ich hierher kam, im ehernen Schloß bekommen.«
»Das hab ich mir gedacht«, sagte der König. »Du mußt hingehen und mir die Dame aus dem ehernen Schloß herbringen, damit ich sie heirate.«
»Das kann ich nicht«, sagte John.

»Du mußt, oder du wirst gehängt!« sagte der König.

John ging in seine Kammer und fing an zu weinen und sprach zu sich selber: »Wie gut wäre es, wenn jetzt der alte, graue Mann da wäre!« Und wer stand augenblicklich vor ihm? Der alte, graue Mann!

»Was ist los mit dir?« sagte der alte, graue Mann.

John berichtete ihm, was der König befohlen hatte, und der alte, graue Mann sagte: »Jetzt erzähl mir nicht, du habest im Schloß nichts angerührt!«

»Wirklich nichts«, sagte John, »bloß eine Feder, und die hab ich zum Schreiben zugeschnitten, und davon kommt das ganze Elend.«

»Die Feder ist genauso schlimm, als hättest du etwas Größeres angefaßt«, sagte der alte, graue Mann. »Ich habe dir befohlen, nichts anzurühren, und wenn du nichts angerührt hättest, dann würde das jetzt nicht von dir verlangt. Aber da ist nun nichts mehr zu machen. Komm mit heraus und spring mir auf den Rücken.«

John ging hinaus und sprang ihm auf den Rücken, und auf ging's, und bald sahen sie jenseits des Meeres das eherne Schloß. Da gab der Alte John eine Rute und befahl: »Schlag mich damit, und ich verwandle mich in ein Schiff; du aber steure geradewegs auf das eherne Schloß zu und wirf dann Anker; danach rudere mit dem Beiboot an Land und halte Ausschau und geh vor dem Schloß auf und ab. Die Dame wird im Oberstock den Kopf aus einem Fenster stecken und dich fragen: ›Seemann, woher kommst du?‹ Dann sagst du ihr, du kämest soeben aus Indien herüber. Dann fragt sie dich: ›Und was hast du geladen?‹ Dann sagst du ihr: ›Seide, und zwar nach der neuesten Mode, das Beste für die Damen.‹ Dann sagt sie zu dir: ›Bring einen ordentlichen Packen herein, und ich kaufe Stoff für ein oder zwei Kleider.‹ Und dann antwortest du: ›Ich kann doch nicht wissen, was Euch gefällt; aber der Tag ist ruhig und mild; warum kommt Ihr nicht einfach selber an Bord?‹ Und sie wird dir sagen, ja, das leuchte ihr ein.«

Nun schlug John den Alten mit der Rute, und der wurde zum Schiff, sie fuhren los, und John warf Anker vor dem ehernen Schloß und ruderte im Beiboot an Land. Er langte vor dem

Schloß an und spazierte darum herum und hin und her, und die Dame steckte den Kopf aus einem Fenster im Oberstock und rief ihm zu: »Seemann, woher kommst du?«

»Ich komme soeben von Indien herüber«, sagte er.

»Und was hast du geladen?«

»Eine Fracht Seide«, sagte er, »jede Art neumodischer Muster, sehr geeignet für Damenkleider, vor allem für die vornehmsten.«

»Ich wäre dir sehr verbunden«, sagte sie, »wenn du mir eine ordentliche Menge hereinbrächtest, damit ich mir Stoff für ein oder zwei Kleider aussuche.«

»Ich kann doch nicht wissen, welche Art Euch zusagt; kommt lieber mit an Bord; der Tag ist ja ganz ruhig und mild.«

»Das ist wohl wirklich am besten«, sagte sie.

Sie ging mit ihm an Bord, und er führte sie in die Kabine hinunter und breitete die Seidenballen vor ihr aus, und sie brauchte so lange, um sie zu betrachten und zu überlegen, was sie nehmen solle, daß sie, als sie wieder an Deck kam, schon eine hübsche Strecke vom Schloß entfernt waren.

»Ach!« sagte sie, »was hast du mir angetan!«

»Ihr braucht nichts zu fürchten!« sagte er.

»Schön!« sagte sie, »nun habe ich mein ehernes Schloß verloren, mein schönes Heim.« Sie steckte die Hand in die Tasche und zog ihren Schlüsselbund hervor. »Was immer mir zustößt«, sagte sie, »kein anderer soll nach mir das Schloß betreten.«

Er steuerte das Schiff und ging an Land an eben der Stelle, wo er aufgebrochen war. Er brachte die Dame vom ehernen Schloß im Beiboot ans Ufer, dann schwenkte er die Rute nach dem Schiff hin, und es schwamm an Land und verwandelte sich in ein Pferd. Er hob die Dame vom ehernen Schloß in den Sattel und sprang selber auf, und sie ritten zum Palast, und er übergab sie dem König. Am andern Morgen nahm er seine Schreiberarbeit wieder auf.

Der König teilte der Dame vom ehernen Schloß mit, daß er sie zu heiraten wünsche. Sie sagte zu ihm: »Ich heirate Euch nie, bis Ihr nicht das eherne Schloß hier neben diesen Palast gestellt habt.«

»Wir werden John dazu bringen«, sagte der König. Er schickte nach John und sagte zu ihm: »Du mußt das eherne Schloß neben diesen Palast stellen, oder du wirst gehängt.«

Der arme John verzog sich in seine Kammer und dachte an den alten, grauen Mann; und der kam. Der alte, graue Mann sagte: »Was ist heute mit dir los, John?«

»Der König«, sagte er, »befiehlt mir, das eherne Schloß hier neben diesen Palast zu stellen, oder ich werde gehängt.«

»Hab ich dir nicht eingeschärft«, sagte der alte, graue Mann, »nichts im Schloß anzurühren? Hättest du nichts angerührt, würde das heute nicht von dir verlangt. Komm mit heraus und spring mir auf den Rücken.«

Er galoppierte mit ihm fort bis zu der Höhle, wo die großen Riesen saßen. »Heute sind viele Riesen darin«, sagte der Alte. »Frag sie, ob sie sich an den Tag erinnern, an dem sie am Verhungern waren und du ihnen Wein und Weißbrot gabst, und sag ihnen, du hoffst, sie werden dir zuliebe das eherne Schloß neben den Königspalast stellen.«

John stieg hinauf, und die Höhle war voll von Riesen, genau wie ihm der Alte gesagt hatte; und er sprach zum Oberriesen: »Erinnerst du dich noch an den Tag, an dem ihr hier am Verhungern wart und ich euch eine Flasche Wein und Weißbrot gab?«

»Ich denke wirklich, sowas hat sich zugetragen«, sagte der Oberriese.

»Ich hoffe, heute vergiltst du es mir«, sagte John.

»Was verlangst du?« fragte der Oberriese.

»Daß ihr mir zuliebe das eherne Schloß zum Königspalast tragt«, sagte John.

»Vielleicht mach ich das«, sagte der Oberriese.

John ging hinunter zu dem Alten, der sagte: »Hast du getan, was ich dich geheißen habe, John?«

»Ja«, sagte John.

»Und was hat er geantwortet?«

»Daß er es vielleicht macht.«

»Das ist genausogut wie ein Versprechen«, sagte der alte, graue Mann. »Spring auf meinen Rücken, John.«

Sie galoppierten den ganzen Weg zum Königspalast zurück,

und der alte, graue Mann sagte zu ihm: »Nun setz dich wieder an deine Schreiberei; und falls du nochmals in die Klemme kommst, so denk an mich.« Und damit verließ er ihn.

Als der König am nächsten Morgen aus dem Bett stieg, stand das eherne Schloß neben dem Palast. Nun erklärte der König der Dame vom ehernen Schloß, daß er sie zu heiraten wünsche; sie aber sagte: »Ich heirate Euch ganz bestimmt nicht, bevor ich den Schlüsselbund zurückkriege, den ich ins Meer geworfen habe.«

Der König sprach. »Wir werden John dazu bringen.«

Er ließ John bestellen, er habe mit ihm zu reden, und sagte zu ihm: »Du mußt mir die Schlüssel zum ehernen Schloß herbeischaffen, die die Dame an dem Tag ins Meer geworfen hat, an dem du sie vom Schloß geholt hast, oder aber du wirst gehängt.«

John verzog sich in seine Kammer und dachte an den alten, grauen Mann, der kam und sagte: »Was will der König diesmal?«

»Die Schlüssel zum ehernen Schloß, die die Dame an dem Tag, da wir sie vom Schloß wegbrachten, ins Meer geworfen hat«, sagte John.

»Hab ich dir nicht eingeschärft«, sagt der Alte, »nichts in dem Schloß anzufassen? Hättest du nichts angerührt, würde das heute nicht von dir verlangt. Komm mit hinaus und spring mir auf den Rücken.«

John schwang sich auf seinen Rücken, und fort ging's; sie langten an dem Strand an, wo der Fisch gewesen war, den John ins Wasser gesetzt hatte, und der Alte sagte: »Jetzt geh und ruf den König der Fische, und wenn er kommt, sag zu ihm: ›Erinnerst du dich noch an den Tag, wo dich die Ebbe am Strand zurückgelassen hatte und ich dich ins Wasser setzte?‹ Dann sagt der Fisch zu dir: ›Ich denke schon. Was verlangst du?‹ Und du sag ihm, daß du die Schlüssel zum ehernen Schloß brauchst, die die Dame ins Meer geworfen hat.«

John trat ans Meer und rief nach dem König der Fische und sagte zu ihm: »Erinnerst du dich an den Tag, wo dich die Ebbe hier am Strand zurückgelassen hatte und ich dich ins Wasser setzte?«

»Freilich«, sagte der Fisch. »Was willst du von mir?«
»Die Schlüssel zum ehernen Schloß, die die Dame ins Meer geworfen hat«, sagte John.
Der Fisch begab sich auf die Suche nach den Schlüsseln; er brauchte ziemlich lange, um sie zu finden. Aber dann kehrte John mit den Schlüsseln wieder an den Strand zurück, und der Alte sagte zu ihm: »Hast du sie?«
»Ja«, sagte John.
»Spring mir auf den Rücken«, sagte der Alte.
John sprang auf, und fort ging's, zurück zum Königspalast; er übergab die Schlüssel dem König, und der König übergab sie der Dame vom ehernen Schloß. John ging wieder hinaus zum Alten, der sagte: »Mach dich an deine Schreiberei wie gewöhnlich, und solltest du wieder in die Klemme kommen, so denk an mich.«
Als die Dame die Schlüssel erhielt, sagte sie zum König: »Ich heirate Euch auf keinen Fall, bevor ich drei Flaschen vom Wunderwasserquell bekomme.«
»Ich kann Euch das nicht beschaffen«, sagte der König, »wir werden John dazu bringen.«
John verzog sich in seine Kammer und dachte, wie gut es wäre, wenn der alte, graue Mann käme. Der erschien und sagte: »Was ist heute wieder mit dir los, John?«
»Viel«, sagte John, »nicht etwa eine Kleinigkeit. Der König verlangt drei Flaschen Wasser vom Wunderwasserquell.«
»Komm mit hinaus und spring mir auf den Rücken. Leicht ist der nicht zu finden«, sagte der alte, graue Mann. Und fort ging's.
John und der alte, graue Mann galoppierten eine lange Strecke; und der alte, graue Mann sagte zu John: »John, sitz ab und lies dir einen großen Stein auf und schlag mich hinters Ohr und bring mich um – weiter kann ich nun wirklich nicht gehen. Und wenn du mich getötet hast, schlitz mir den Bauch auf und kriech hinein; meine Eingeweide leg draußen neben mich. Es werden fünf Raben kommen und sie fressen. Dann streck vorsichtig die Hand hinaus und fange zwei davon; und die drei andern werden zu dir sagen: ›Laß unsere Brüder zu uns raus.‹ Dann sag du ihnen, du läßt sie nicht heraus, bis sie dir fünf

Flaschen Wasser aus dem Wunderquell gebracht haben; und wenn sie damit kommen, sei auf der Hut, daß sie dir keinen Streich spielen. Ist es das richtige Wasser, steh ich heil und gesund wieder auf, sowie du etwas davon auf mich geschüttet hast; ist es aber nicht das rechte, werde ich mich nicht rühren. Dann droh ihnen gewaltig, daß du die beiden Raben töten wirst, die du in Händen hast, außer, sie bringen dir das rechte Wasser.«

Da schlug John den alten, grauen Mann mit dem Stein hinters Ohr und tötete ihn. Er schlitzte ihm den Bauch auf und kroch hinein. Die fünf Raben flogen herbei, um die Eingeweide des Pferdes zu fressen; John streckte die Hand hinaus und fing zwei, und die andern Raben riefen ihm zu, er möge ihre Brüder zu ihnen herauslassen. »Nein«, sagte er. »Nicht, bevor ihr mir fünf Flaschen Wasser aus dem Wunderquell gebracht habt.«

Sie flogen davon und kehrten mit den fünf Flaschen zurück. »Hier«, sagten sie, »nun laß unsere Brüder frei.«

Er spritzte einen Tropfen auf das Pferd, aber das rührte sich nicht. Da nahm er die beiden Raben, die er hatte, bei den Köpfen und fing an, ihnen die umzudrehen, und sagte: »Ich reiße ihnen die Köpfe ab, außer, ihr bringt mir das richtige Wasser.«

Sie flogen davon und blieben lange Zeit fort; endlich kehrten sie zurück und übergaben ihm das Wasser, und er spritzte etwas davon auf das Pferd; und das Pferd wurde wieder lebendig, stand auf und sagte zu John: »Du hast dich brav gehalten, John.« Nun ließ John die beiden Raben frei. Der alte, graue Mann sagte: »Spring mir auf den Rücken, John.« Auf ging's, sie galoppierten den ganzen Weg heim zum Königspalast, und der alte, graue Mann sagte zu John: »Gib drei Flaschen ab und behalte zwei; und solltest du wieder in die Klemme kommen, so denk an mich.«

John überreichte die drei Flaschen dem König, und der übergab sie der Dame. Sie befahl, daß man einen großen Kessel Wasser aufs Feuer setze, bis es koche; dann begab sie sich allein in ein Zimmer und wusch sich von Kopf bis Fuß mit dem Wasser aus den drei Flaschen. John sah ihr durchs Schlüsselloch zu. Sie sprang in den Kessel und erklärte, sie werde nie einen

andern Mann heiraten als den, der es im Kessel so lange aus-
halte wie sie. Der König sprang zu ihr in den Kessel und
verbrühte sich zu Tode. John dachte an den alten, grauen
Mann, und der kam; und John berichtete ihm, was die Dame
mit den drei Flaschen getan hatte, wie sie und der König in den
Kessel gesprungen waren und wie der König sich verbrüht
hatte.

»Geh«, sagte der alte, graue Mann, »und wasch dich mit dem
Wasser aus den beiden Flaschen, das wird so gut wirken, als
hättest du drei; dann geh zu ihr und sag ihr, wenn sie dich
heiraten wolle, so bleibest du im Kessel so lange wie sie selber.«

»Ich werde dich heiraten«, sagte sie, und er sprang in den Kessel und umschlang sie mit beiden Armen und fing an, sie zu
küssen.

»Jetzt bist du mein Mann«, sagte sie. Sie stiegen aus dem Kessel, legten ihre Kleider an und machten Hochzeit, und er
wurde König anstatt des andern. Der Alte wünschte ihm Lebewohl und sprach zu ihm: »Nun habe ich getan, was ich dir
versprochen habe: Ich habe aus dir einen glücklichen Mann
gemacht.« Und wenn sie nicht gestorben sind, so leben sie
noch heute.

2 Warum das Meerwasser salzig ist und nicht süß

Ihr wißt alle, daß das Meerwasser salzig ist und nicht süß. Jetzt
erzähl ich euch warum. Es war schon immer Brauch, und das
ist noch heute so, daß jedermann zu Ostern Schinken hat. Einmal passierte es nun, daß der Schinken furchtbar rar war – es
war nämlich gerade Krieg. Und da gab es einen Häusler namens Donald, den schickte seine Frau los: Er sollte zusehn, ob
er nicht doch ein Stück Schinken für Ostern auftreiben könne.
Er lief überall herum und versuchte welchen zu kaufen, aber er
konnte kein Fitzel ergattern. Doch abends entdeckte er einen
kleinen Laden, da hatten sie Schinken, und er kriegte soviel,
wie seine Frau brauchte. Auf dem Heimweg traf er einen vom

Elfenvolk. Der Elf bat um den Schinken; er sagte, er sei genau das, wonach er gesucht und was er nicht gekriegt habe. Donald antwortete, er könne den Schinken nicht abgeben, er sei selber überall danach herumgelaufen.

»Schön«, sagte der Elf, »ich gebe dir dafür alles, worum du mich bittest; wenn ich bloß nicht mit leeren Händen heimkomme. Ich hab eine Mühle, die gebe ich dir für den Schinken; und es gibt nichts, was dir die Mühle nicht mahlen kann, wenn du es von ihr verlangst.«

Als Donald das hörte, willigte er ein, dem Elfen den Schinken zu überlassen. Er ging mit ihm, und als sie am Elfenhügel anlangten, stand der offen. Donald trat mit ein, und der Elf war nun bereit, Donald alles und jedes auszuhändigen, nur die Mühle nicht. Doch Donald wollte nichts anderes nehmen als das, was ihm der Elf versprochen hatte.

Der Elf überreichte ihm die Mühle und brachte ihm den Vers bei, der sie in Gang setzte, so daß sie alles Gewünschte mahlte, und dann noch einen andern, durch den er sie wieder anhielt, wenn sie genug geliefert hatte.

Nun wanderte der Häusler mit der Mühle auf dem Rücken wieder heim. Als er anlangte, warf seine Frau nur einen Blick darauf.

»Ist das der Schinken, nach dem du seit dem frühen Morgen unterwegs bist?« sagte sie. »Das ganze Dorf hält dich für einen Narren. Wäre ich losgegangen, ich wäre schon längst wieder mit Schinken zurück.«

Donald erwiderte kein Wort, sondern setzte bloß die Mühle ab und sagte den Vers her. Und nun prasselte der Schinken nur so von der Mühle! Als er genug hatte, sagte er den Anhalte-Vers her, und die Mühle blieb stehen.

»Hast du jetzt genug Schinken?« sagte er.

»Ja, wahrhaftig, jetzt können wir jedem im Dorf welchen abgeben. Du hast Reichtum und Glück heimgebracht! Macht die Mühle noch was außer Schinken?«

»Oh, die macht alles. Bist du nun zufrieden?«

»O ja!« sagte sie.

Danach machte Donald einen Laden auf und verkaufte alle möglichen Sachen, und zwar billiger als andere Kaufleute. Das war ja für ihn kein Kunststück, er brauchte ja nichts einzukaufen. Es gab nichts, was ihm die Mühle nicht liefern konnte! Und schließlich wurde er ein Millionär. Aber dann passierte es, daß ein ganz schlimmes Jahr kam – genauso eins wie dieses –. Die Bauern ernteten so gut wie nichts; dem einen verdarb die gesamte Ernte. Und der hatte nun von der Mühle gehört und ging den Mühlenbesitzer besuchen; er wollte zusehn, ob er die Mühle nicht für eine Weile kriegen könnte, damit sie ihm Saatgut lieferte, oder ob Donald sie ihm vielleicht verkaufen würde, denn Donald hatte selber Saat in Hülle und Fülle. Donald war einverstanden, dem Bauern die Mühle zu verkaufen. Er bekam dafür eine Menge Geld und brachte dem Bauern den Vers bei, mit dem die Mühle in Gang gesetzt wurde; aber den Vers zum Anhalten lehrte er ihn nicht! Er wollte die Mühle nämlich zurückkriegen. Der Bauer zog mit der Mühle auf dem Rücken ab, ging schnurstracks in seine Scheune und sagte den Vers her. Saatgut fing an zu strömen, die Knechte schaufelten es fort und füllten die Speicher damit, bis jeder Winkel voll war. Aber die Mühle schüttete und schüttete weiter Korn aus. Allmählich schaute es aus, als würde sie das ganze Dorf unter Saatkorn begraben! Zuviel war schlimmer als überhaupt nichts. Der Bauer rannte zu Donald, der ihm die Mühle verkauft hatte, um rauszukriegen, was da zu machen war. Donald kam mit ihm zurück und sagte den Anhalte-Vers her, und die Mühle stoppte. Der Farmer wagte nicht, sich noch einmal mit dem Ding einzulassen, weil er den Vers nicht wußte.

Nun hatte aber zufällig ein Schiff angelegt, das auf der Suche nach Salz war, und der Kapitän hörte von der Mühle und ging, sich danach umzusehen. Er erkundigte sich beim Bauern, ob der sie ihm wohl verkaufen würde. Dem Bauern war das nur recht, er konnte ja ohnehin nichts damit anfangen. Er dachte bei sich, wenn er soviel dafür kriege, wie er bezahlt hatte, sei die Sache in Ordnung. Er verkaufte dem Kapitän die Mühle, und der Kapitän zog damit ab und trug sie an Bord. Der Bauer hatte ihm den Vers zum Ingangsetzen beigebracht, aber den zum Anhalten hatte er ihm nicht gesagt, denn den wußte er ja selber nicht.

Als der Kapitän die Mühle an Bord hatte und den Vers zum

Mahlen aufsagte, fing die Mühle an und mahlte und mahlte Salz. Die Matrosen schafften das Salz in den Laderaum; schließlich war das Schiff voll ausgelastet, und die Mühle mahlte immerzu fleißig weiter. Und am Ende versank das Schiff! Es liegt noch immer auf dem Meeresgrund, und da bleibt es auch, und die Mühle drin mahlt und mahlt weiter Salz, und niemand kann sie anhalten, denn keiner weiß den Vers! Wieviel Süßwasser die Flüsse auch ins Meer bringen, das Meerwasser wird salzig durch die unermüdliche Mühle. Und nun wißt ihr, warum das Meerwasser nicht süß ist!

3   Der Sohn der Witwe auf Barra

Auf Barra lebte einmal eine arme Witwe, die hatte einen kleinen Sohn, und der hieß Iain. Sie ging jeden Tag zum Strand und sammelte Muscheln, mit denen ernährte sie sich und ihren Kleinen. Als sie eines Tages am Ufer stand, sah sie auf einmal im Westen von Barra ein Schiff. Drei von denen, die an Bord waren, ließen ein Boot herab, und nicht lange, da kamen sie an Land.

Sie stand mit ihrem Muschelkorb am Ufer. Der Kapitän des Schiffes fragte sie: »Was ist das für Zeug?« Sie sagte, es seien Muscheln, die äßen sie. »Was ist das für ein kleiner, blondschöpfiger Bursche?« – »Mein Sohn.« – »Gib ihn mir, und ich gebe dir Gold und Silber, und er kriegt Unterricht und lernt was, da hat er es besser als hier bei dir.« – »Lieber wollte ich sterben, als das Kind weggeben.« – »Du bist töricht. Dem Kind und dir wird es gut gehen, wenn du ihn mir mitgibst.« Das Verlangen nach dem Geld machte, daß sie sagte: »Also gut. Ich tue es.« – »Los, Jungs, geht an Bord. Hier ist der Schlüssel. Öffnet den Wandschrank in der Kabine, dann bringt ihr mir den Kasten her, den ihr darin findet.« Sie ruderten fort, taten, was er befohlen hatte, und kamen zurück. Er nahm den Kasten, öffnete ihn, schüttete ihn in ihren Rock aus, ohne auch nur zu zählen, nahm das Kind auf den Arm und sprang ins Boot.

Sie blieb stehen und rührte sich nicht, und als sie sah, wie er das

Kind an Bord trug, hätte sie alles wieder dafür gegeben, es zurückzuhaben. Das Schiff segelte fort, sie fuhren nach England. Der Kapitän unterwies und unterrichtete den Jungen auf dem Schiff, bis er achtzehn Jahre alt war. Zuerst wurde der Junge Iain Albanach gerufen, aber der Kapitän gab ihm den Namen Iain Mac a Maighstir: John Meistersohn, weil er selber Meister vom Schiff war. Der Eigentümer des Seglers hatte sieben Schiffe auf dem Meer und sieben Läden an Land – jedes Schiff lud seine Fracht bei seinem eigenen Laden ab. Einmal passierte es, daß alle sieben zusammen daheim waren. Der Eigentümer lud die sieben Kapitäne zu sich ein. »Ich werde schwerfällig und alt«, sagte er, »ihr seid die sieben Kapitäne; es gibt niemand, den ich lieber hätte als euch. Ich bin zwar verheiratet, aber ich habe keine Familie; ich weiß nicht, wem ich vermachen soll, was mir gehört, und das ist eine Menge. Keiner ist da, dem ich das lieber geben würde als euch. Aber ihr habt genausowenig Familie wie ich.« – »Doch«, sagte der Kapitän, »ich habe einen achtzehnjährigen Sohn auf dem Schiff, der ist noch nie von Bord gekommen.« – »Also, wenn das nicht wunderbar für mich ist! Und daß ich nie davon gehört habe!« – »Vielleicht haben solche wie ich manches, wovon wir dir nichts erzählen.« – »Geh und hol ihn mir her, daß ich ihn sehen kann.« Der Kapitän ging aufs Schiff, befahl dem Jungen, seinen guten Anzug anzuziehen, und führte ihn zu dem Eigentümer. »Ist das dein Sohn?« – »Ja«, sagte der Kapitän. »Was möchtest du lieber: Bei mir bleiben und mein Erbe werden oder wie bisher mit deinem Vater zur See gehen?« – »Also schön, auf See bin ich groß geworden, und ich habe von klein auf nicht viel Land unter den Füßen gehabt, so wäre ich am liebsten wieder auf dem Meer: aber da Ihr mich haben wollt, laßt mich bei Euch bleiben.«

»Ich habe sieben Läden an Land, und du mußt die Hand in den sieben Läden haben. Jeder untersteht einem andern Verkäufer«, sagte der Schiffseigentümer. Der Bursche erwiderte: »Und von denen denkt keiner so schlecht von sich, daß er sich nicht für genausogut wie mich hält. Wenn du darauf beharrst, daß ich sie übernehme, will ich den siebenten nehmen.«

Er übernahm den siebenten Laden, und am ersten Tag, an dem

er dort war, ließ er in der Stadt bekannt machen, daß alles, was bisher für ein Pfund verkauft worden war, nun nur noch fünfzehn Schilling kosten würde, so daß alles in dem Laden heruntergesetzt und der Laden leer war, bevor die Schiffe anlangten. Der Eigentümer kam herein, er zählte sein Geld, und der Bursche sagte, daß der Laden leer sei. »Das ist kein Wunder, wenn die Sachen, die früher ein Pfund gekostet haben, auf fünfzehn Schilling heruntergesetzt worden sind.« – »Du nimmst das übel auf? Siehst du nicht, daß ich alles in den sieben Läden siebenmal losschlagen könnte, bevor sie es einmal könnten?« – »Wenn das so ist, mußt du auch die übrigen in die Hand nehmen, und mach es bei ihnen genauso.« Da übernahm er noch den Rest und war Herr über die andern Verkäufer. Als die Schiffe anlegten, waren die Läden allesamt leer. Da sagte der Besitzer: »Was möchtest du lieber, Herr über die Läden sein oder mit einem der sieben Schiffe segeln? Du kannst unter den sieben wählen.« – »Auf dem Meer bin ich großgeworden, und ich will ein Schiff übernehmen.« Er bekam ein Schiff. Der Eigentümer ordnete an: »Geh, hol mir die sieben Kapitäne her.« Die sieben Kapitäne kamen. »Nun«, sagte er zu den sechs Kapitänen, die mit Iain zusammen fortsegeln sollten, »Iain fährt mit euch, ihr werdet drei Schiffe vor ihn setzen und drei hinter ihn; nehmt ihn in die Mitte, und wenn ihr ihn nicht heil wieder zu mir zurückbringt, gibt es nur eins: Ihr werdet festgenommen und gehängt.« – »Also, mein Wahlvater«, sagte Iain, »das ist nicht recht. Die Schiffe segeln zusammen aus, aber vielleicht kommt ein Sturm und treibt sie auseinander; laß jeden sein Bestes tun, so gut er kann.« Die Schiffe liefen aus, sie segelten, und Iain hatte auf seinem eine Ladung Kohlen. Da kam ein großer Sturmtag. Sie wurden voneinander getrieben. Wohin segelte Iain? Nirgend anders hin als in die Türkei. Er ging dort am frühen Morgen vor Anker und dachte, er wolle an Land gehen und ein Stück spazieren laufen. Das tat er und marschierte drauflos; da sah er zwei Männer, die prügelten wütend mit zwei eisernen Dreschflegeln auf etwas ein, und was sie zerdroschen, war nichts anderes als der Leichnam eines Mannes. »Was macht ihr mit dem Toten?« – »Der war ein Christ; er schuldete uns acht Mark, und da er uns nicht bezahlt hat, solange er noch am Leben war, rächen wir uns nun an seinem Leichnam.« – »Also gut, überlaßt ihn mir, und ich bezahle euch die acht Mark.« Er nahm ihnen den Toten weg, gab ihnen das Geld und begrub den Leichnam. Aber er wollte nicht umkehren, bevor er nicht noch ein wenig mehr vom Land der Türken gesehen hatte. Er ging weiter, da erblickte er eine gewaltige Menschenmenge. Er ging hin, und siehe, da prasselte ein hochauflohderndes, rotes Feuer, und zwischen den Menschen und dem Feuer stand eine nackte Frau. Er fragte: »Was macht ihr hier?« – »Das sind zwei Christinnen«, antworteten sie, »die der Großtürke in seinem Harem hatte; sie sind auf dem Meer gefangen worden; er hat sie acht Jahre lang im Haus gehabt. Die hier hat ihm von einem Jahr zum andern immer versprochen, daß sie ihn heiraten würde; aber wenn dann die Zeit heran war, hat sie sich jedesmal wieder gesträubt. Da hat er befohlen, daß sie mit der Frau, die sie bei sich hatte, verbrannt wird. Die eine ist nun verbrannt, aber die hier noch nicht.«

»Ich gebe euch einen ordentlichen Haufen Silber und Gold, wenn ihr sie mir überlaßt, und dem Sultan könnt ihr sagen, daß ihr sie verbrannt habt.« Sie schauten einander an. Sie sagten, er solle seinen Willen haben. Er ging und nahm sie mit an Bord und kleidete sie in Tuch und Linnen.

»Nun«, sagte sie, »du hast mir das Leben gerettet; du mußt dich an diesem Ort in acht nehmen. Geh jetzt zu dem Gasthaus dort drüben. Der Wirt wird dich fragen, was du geladen hast. Sag, du hast eine Fracht Kohlen. Er wird dir erklären, es lohne sich, die da zu verkaufen, wo du jetzt bist. Sag ihm, daß du hier bist, um sie zu verkaufen, und frage ihn, was er bietet. Er wird dir antworten, morgen um sechs Uhr früh werde ein Wagen voll Gold ins Schiff geschafft und ein Wagen voll Kohle ausgeladen, so daß das Schiff in derselben Trimm bleibe, und so solle es gehen bis sechs Uhr abends. Sag ihm, du seist einverstanden; aber wenn du nicht aufpaßt, kommen sie in der Nacht, wenn alle deine Männer schlafen, mit Musketen und Pistolen an Bord; sie lassen das Schiff auflaufen, bringen jeden um und nehmen das Gold wieder mit.«

Iain ging zu dem Wirt und einigte sich mit ihm, wie sie ihn angewiesen hatte. Am Morgen des nächsten Tages begannen sie, das Gold hinunterzulassen und die Kohle heraufzuziehen. Der Kapitän hatte einen Mann angestellt, darauf zu achten, daß das Schiff in der richtigen Trimm blieb. Als die Kohle ausgeladen war und das Schiff das nämliche Gewicht in Gold faßte wie vorher in Kohle, und als er am Ufer war, da befahl sie den Seeleuten, bis er wiederkomme, auf ihren Rat zu hören. »Setzt die Segel und lichtet die Anker. Werft ein Tau an Land.« Das taten sie. Er kam an Bord; das Schiff segelte bei Nacht fort, sie hörten einen Schuß, aber sie waren auf dem Meer, und keiner holte sie mehr ein.

Sie segelten, bis sie England erreichten. Drei Schiffe waren heimgekehrt, und die drei Kapitäne saßen im Gefängnis, bis Iain zurückkommen würde. Iain ging und suchte seinen Wahlvater auf. Das Gold wurde an Land gebracht, und der alte Mann behielt zwei Drittel, ein Drittel bekam Iain. Er mietete Zimmer für die Frau, wo niemand sie behelligen würde.

»Denkst du, daß du noch einmal fahren willst?« sagte die Frau zu ihm. – »Eigentlich habe ich genug von der Welt.« – »Vordem bist du aus eigenem freiem Willen ausgezogen; wärest du jetzt wohl so gut, mir zuliebe zu segeln?« – »Das will ich tun.« – »Geh in den Laden draußen; dort findest du einen Rock und Hosen und eine Weste; sieh zu, daß du eine Fracht Heringe kriegst; mit denen sollst du nach Spanien fahren. Wenn die Fracht an Bord ist, komm zu mir, ehe du unter Segel gehst.« Als die Ladung an Bord war, ging er zu ihr. »Hast du die Heringe an Bord?« – »Ja.«

»Du hast den Anzug? Am ersten Sonntag, nachdem du in Spanien angelangt bist, legst du ihn an und gehst darin zur Kirche. Hier ist eine Flöte und ein Ring und ein Buch. Nimm ein Pferd mit und einen Diener. Den Ring steck an den Finger; das Buch halte in der Hand. Du wirst in der Kirche drei Plätze sehen, zwei gewundene Stühle von Gold und einen von Silber; auf den silbernen setze dich. Halte das Buch vor dich hin und lies darin. Und dann mußt du der erste sein, der die Kirche wieder verläßt. Warte auf keinen, außer du triffst den König oder die Königin.«

Er segelte, bis er nach Spanien kam; er warf Anker, und er ging zum Wirtshaus. Er bat um Mittagessen. Sie deckten den Tisch und richteten die Mahlzeit an. Sie hatten einen Holzteller auf den Tisch gestellt und einen Deckel darübergestülpt, und die Hausfrau sagte zu ihm: »Auf der Tafel steht reichlich Essen und Trinken; langt zu, aber rührt nicht den Teller mit dem Deckel an.« Sie zog die Tür hinter sich zu. Er begann zu essen. Er dachte bei sich: »Und wenn der Teller voll Gold oder voll Diamanten wäre, die könnte ich auch noch bezahlen.« Er hob den Deckel ab, und was lag auf dem Teller? Ein Paar Heringe. »Na, die hätte sie nicht vor mir zu verstecken brauchen.« Und er aß einen Hering ganz und vom andern die eine Seite. Als die Hausfrau wieder hereinkam und sah, daß die Heringe verzehrt waren, rief sie aus: »O weh! Jetzt bin ich zugrunde gerichtet! Jetzt habe ich nichts, was ich den königlichen Beamten vorsetzen kann. Das ist mir noch nie passiert!« »Was ist los?« – »Es ist so: Bis heute hat es noch nie einen Tag gegeben, an dem ich keinen Hering für sie hatte.« – »Was würdest du für eine Tonne voller Heringe geben?« – »Zwanzig englische Pfunde.« – »Und für eine ganze Schiffsladung?« – »Die könnte ich nicht bezahlen.« – »Also gut, du bekommst von mir zweihundert Heringe für die beiden, die ich gegessen habe; dann sehe ich zu, wie ich die Ladung loswerde.«

Am ersten Sonntag beschaffte er sich ein Pferd mit einem Zaum und einem Sattel und einen Diener. Er ritt zur Kirche; er sah die drei Stühle. Die Königin saß rechts vom König, und er selber setzte sich zur Linken; er zog das Buch aus der Tasche und begann zu lesen. Der König blickte nicht zum Prediger, so wenig wie die Königin; beiden rannen Tränen aus den Augen. Als der Gottesdienst endete, ging er hinaus. Drei Edle liefen ihm nach und schrien, der König habe mit ihm zu reden. Er begab sich diese Nacht zum Wirtshaus. Da blieb er bis zum nächsten Sonntag, dann ging er wieder zum Gottesdienst, ließ sich nicht aufhalten und kehrte in das Wirtshaus zurück. Am dritten Sonntag ging er abermals in die Kirche. Mitten in der Predigt gingen der König und die Königin hinaus; sie stellten sich zu beiden Seiten neben das Pferd und faßten es bei den Zügeln. Als der König ihn herauskommen sah, ließ er die Zügel los; er nahm den Hut ab und berührte damit den Boden, so tief verneigte er sich. »Mit Eurer Erlaubnis, Ihr müßt Euch vor

mir nicht so verbeugen. Ich sollte mich vor Euch verneigen.« –
»Ist es Euch wohl gefällig, mit mir zum Palast zu kommen und
dort zu speisen?« – »Ei ja! Auch mit einem, der weniger vornehm wäre als Ihr, ginge ich essen.« Sie langten im Palast an.
Essen wurde auf die Tafel gestellt, Trinken wurde auf die Tafel
gestellt, Musik wurde angestimmt. Sie genossen das Mahl und
die Gesellschaft froh und glücklich, weil sie hofften, sie würden
Nachricht von ihrer Tochter erhalten. »Ach, Kapitän« sagte die
Königin, »verbirg mir nicht etwas, das ich von dir erfragen
will.« – »Ich verschweige Euch nichts, was ich weiß und sagen
kann.« – »Dann verbirg mir nicht, daß eine Frauenhand dir den
Anzug richtete, deinen Rock, deine Hosen und deine Weste,
und dir den Ring an deinem Finger gab und das Buch, das du in
der Hand hieltest, und die Flöte, auf der du spieltest.« – »Ich
will es nicht verbergen. Jedes Stück davon empfing ich von der
rechten Hand einer Frau.« – »Und wo hast du sie gefunden? Sie
ist meine Tochter!« – »Ich weiß nicht, wessen Tochter sie ist.
Ich fand sie in der Türkei, wo sie eben in einem großen, lodern-
den Feuer verbrannt werden sollte.« – »Hast du bei ihr eine
andere Frau gesehen?« – »Ich habe sie nicht gesehen; sie wurde
verbrannt, bevor ich anlangte. Ich habe sie mit Gold und Silber
gekauft. Ich habe sie mitgenommen und habe sie in eine Kammer in England gebracht.« – »Der König hatte einen großen
General«, sagte die Königin, »und was mußte der tun? Sich in
sie verlieben. Ihr Vater bat sie, ihn zu heiraten, aber sie wollte
nicht. Sie fuhr mit einem Schiff davon und nahm ihre Base mit;
sie wollte versuchen, ob der General sie vergäße. Sie segelten
hinüber zur Türkei; der Türke nahm sie gefangen, und wir
haben keine Hoffnung mehr gehabt, sie je lebendig wiederzusehen. Wenn es dir recht wäre und du es gern tätest, würde ich
dir ein Schiff ausrüsten, damit du sie holst. Du bekommst sie
zur Frau und dazu das halbe Königreich, solange der König
noch lebt; ist er tot, erhältst du das ganze.« – »Das Königreich
will ich nicht; aber schickt ein Schiff und einen Kapitän los,
und ich hole sie heim; und wenn es ihr eigener Wille ist, daß ich
ihr Mann werde, vielleicht bin ich dann nicht dagegen.«
Ein Schiff wurde ausgerüstet. Aber was geschah? Der General
bestach einen Burschen, daß er ihn ohne Wissen des Kapitäns

an Bord brachte; er versteckte sich in einer Tonne. Sie segelten weit fort, und nicht lange, so erreichten sie England. Sie holten die Prinzessin an Bord und segelten zurück nach Spanien. Als sie mitten auf dem Meer waren, an einem schönen Tag, kamen er und sie an Deck; da sah er vor sich eine Insel liegen; die See war gerade ganz ruhig. »Jungens, setzt mich zu der Insel über, ich will dort eine Weile jagen, bis wir so etwas wie eine Brise bekommen.« – »Machen wir.« Sie setzten ihn am Strand ab; danach kehrte das Boot wieder zum Schiff zurück. Als der General sah, daß Iain auf der Insel war, versprach er dem Kapitän und der Mannschaft höhere Löhne, wenn sie Iain im Stich ließen, und sie ließen ihn auf der Insel sitzen.

Als die Prinzessin entdeckte, daß die Männer Iain auf der Insel ausgesetzt hatten, wurde sie rasend, und sie mußten sie binden. Sie segelten nach Spanien. Sie schickten dem König Nachricht, daß seine Tochter wohl über dem Verlust ihres Mannes und Liebsten den Verstand verloren habe. Der König überließ sich dem Kummer, der schwarzen Melancholie und dem Weh; ihm brach das Herz, weil das seinem einzigen Kinde zugestoßen war.

Iain lebte auf der Insel; Haar und Bart wucherten ihm übers Gesicht; das Haar reichte ihm bis zwischen die Schultern hinab; seine Schuhe hatte er zu Brei zertreten; kein Stück Stoff an seinem Leib, das nicht zu Lumpen geworden war; und er hatte keine Faser Fleisch mehr an sich, die Knochen hielten gerade noch so zusammen.

Eines Nachts, was hörte er? Nichts anderes als die Ruder eines Bootes, das auf die Insel zukam. »Bist du da, Iain?« sagte der im Boot. Obschon er da war, antwortete Iain nicht. Er wollte lieber an einem Berghang den Tod finden, als umgebracht werden.

»Ich weiß, daß du mich hörst, nun antworte schon; du kannst mir genausogut antworten, als daß ich heraufkomme und dich mit Gewalt herunterhole.« Iain ging und schleppte sich hinunter. »Willst du fort von der Insel?« – »Ja, also, das schon; ich wollte wohl fort, wenn ich könnte.« – »Was würdest du einem Manne geben, der dich von hier fortbrächte?« – »Es war einmal eine Zeit, da hätte ich einem, der mich von hier fortbringt, etwas geben können; aber jetzt habe ich nichts mehr.« – »Würdest du mir dein halbes Königreich geben?« – »Mir wird nie ein Königreich gehören; besäße ich eins, so solltest du es haben.« – Würdest du einem, der dich hier herausbringt, die Hälfte deiner Frau geben?« – »Ich habe keine.« – »Ich sage, wenn du sie hättest, würdest du sie weggeben?« – »Ja.« – »Würdest du einem Mann, der dich hier herausbringt, die Hälfte deiner Kinder geben?« – »Ja.« – »Komm hier herunter; setz dich ins Heck des Bootes.« – Er ließ sich im Heck nieder. – »Wohin willst du lieber, nach England oder nach Spanien?« – »Nach Spanien.« – Er fuhr mit ihm, und bevor der Morgen graute, war er in Spanien.

Er ging hinauf zu dem Gasthaus; die Wirtin erkannte ihn sofort. »Ist das Iain?« sagte sie. »Es ist nur noch die Hülse von allem, was er einmal war.«

»Traurig ist es dir ergangen«, sagte sie. Sie ging und schickte in die Bude eines Barbiers; der Barbier kam und säuberte ihn; sie schickte in die Bude eines Schneiders, und Kleider für ihn wurden gebracht; sie schickte in die Bude eines Schuhmachers, und Schuhe für ihn wurden gebracht. Am nächsten Tag machte er sich ordentlich zurecht und zog die neuen Sachen an; er ging zum Königspalast und blies auf seiner Flöte. Als die Königstochter die Flöte hörte, tat sie einen Sprung und zerriß den dritten Teil des Seils, mit dem sie gefesselt war. Sie hießen sie stillhalten und wickelten mehr Stricke um sie. Am nächsten Morgen blies er wieder auf der Flöte, und sie zersprengte zwei Drittel aller Schnüre, die um sie waren. Als sie am dritten Tag seine Flöte hörte, zerriß sie drei Viertel; am vierten Tag zersprengte sie alles, was noch um sie war. Sie stand auf und ging hinaus, um ihn zu finden, und nie war eine Frau mehr bei Verstand als sie. Nachricht wurde zum König gesandt, nie sei ein Mädchen bei klarerem Verstand gewesen als sie, und ihr Mann und Liebster sei leibhaftig zu ihr gekommen.

Eine Kutsche wurde abgesandt, um Iain zu holen; der König und seine Edlen empfingen ihn; er wurde auf die Speerspitzen gehoben. Musik wurde angestimmt, und die Klagen verstummten; Essen wurde auf die Tafel gestellt, Trinken wurde auf die Tafel gestellt, Musik erklang; eine frohe, lustige, ver-

gnügte Hochzeit wurde gefeiert. Iain erhielt eine Hälfte des
Königreichs, nach des Königs Tod erhielt er das ganze. Der
General wurde festgenommen, zwischen Pferde gebunden,
zerrissen und auf dem Scheiterhaufen verbrannt, und die
Asche warfen sie in den Wind.

Nach dem Tod des Königs und der Königin war Iain König
über Spanien. Drei Söhne wurden ihm geboren. Eines Nachts
hörte er ein Klopfen an der Tür. »Da ist der Gläubiger«, sagte
er. Wer stand draußen? Niemand anders als der Mann, der ihn
von der Insel fortgeholt hatte. »Bist du bereit, dein Versprechen zu halten?« fragte der Ankömmling. »Ja«, sagte Iain, »das
bin ich.« – »Behalte du dein Königreich und deine Kinder und
nimm meinen Segen! Erinnerst du dich noch, wie du in der
Türkei acht Mark für den Leichnam eines Mannes bezahlt hast?
Das war mein Leib; Gesundheit sei mit dir; du siehst mich
nicht wieder.«

4   Die Geschichte vom ungetauften Kind

Es war einmal ein armer Mann, dem wurde eine Tochter geboren. Eine gute Weile blieb sie ungetauft, und so begab sich der
Mann zum Pfarrer, um die Taufe zu verabreden. Der Pfarrer
sagte, an dem und dem Tage solle die Taufe vonstatten gehen.
Der Mann kehrte heim, und als er in seinem Haus anlangte,
fand er da eine elegante Dame vor, die auf ihn wartete. »Willst
du mich zur Patin nehmen?« fragte die Dame. »Ja«, erwiderte
er. – »Alles, was du zu tun brauchst«, sagte die Dame, »ist,
über die linke Schulter zu blicken, wenn du die Kirche be-
trittst; dann siehst du mich.« Und so war es auch. Am verabredeten Tag brach der Mann auf, um das Kind taufen zu lassen,
und als er die Kirche betrat und über die Schulter schaute, sah
er die Dame. Sie ging mit ihm hinein und wurde als Patin zuge-
lassen. Danach gingen sie und er zusammen heim, und als die
Dame von dem Kind Abschied nahm, schenkte sie ihm fünf
Pfund Sterling. Doch keiner wußte, wer sie war, woher sie kam
und wohin sie ging.

Als ein Jahr und ein Tag verstrichen waren, kam die Dame

wieder, um das Kind zu besuchen; und sie hörten ihre seidenen Gewänder rascheln, lange bevor sie bei ihnen war. Sie trat ins Haus und erkundigte sich, wie es dem Kind gehe; die Eltern antworteten, es sei gesund. Die Dame steckte die Hand in die Tasche und reichte der Mutter fünfzehn Pfund Sterling. Dann ging sie fort, und als zwei Jahre und ein Tag vergangen waren, kam sie wieder; und lange, bevor sie bei ihnen war, hörten sie das Seiderauschen. Sie fragte, wie es dem Kind gehe, und die Eltern sagten, es sei gesund. »Ich nehme es mit«, sagte sie. »Ja?« fragte der Vater, »aber das wäre mir gar nicht lieb: sie würde mir sehr fehlen.« – »Ob sie das tut oder nicht, du mußt es mir schon gestatten«, sagte die Dame. Sie steckte die Hand in die Tasche und reichte ihm eine große Summe Geld – genug, um ihm für den Rest seiner Tage ein behagliches Leben zu bereiten – und nahm das Mädchen mit fort in ihr Haus. Dort brachte sie ihm alles bei, was ein Mädchen lernen muß. Die Dame ging jeden Tag aus, und dann blieb die Patentochter ganz allein.

Sie hatte die Schlüssel zu allen Zimmern, nur zu einem nicht. Den erhielt sie nie, ebensowenig gelang es ihr, einen Blick durch die Tür zu werfen. Eines Tages, als sie schon herangewachsen war und spinnen lernte, ging die Pflegemutter wieder aus und vergaß, das Zimmer abzuschließen. Das Mädchen fegte das Haus von oben bis unten und setzte sich dann ans Spinnrad. Während sie fleißig den Faden drehte, schaute sie einmal auf; da entdeckte sie, daß in jener einen Tür der Schlüssel steckte. Eine Weile spann sie ruhig weiter, doch schließlich hielt sie es nicht länger aus: Sie mußte herausbekommen, was dort so sorgfältig vor ihr verborgen wurde. Sie stand auf, ging zu der Tür und öffnete sie. Da war das Zimmer voll von winzigen Leuten, die tanzten. Das Mädchen erschrak sehr, schlug die Tür zu, setzte sich wieder ans Rad und spann weiter.

Als die Pflegemutter heimkam, begab sie sich in die Kammer, und die Kleinen drin beklagten sich, daß das Mädchen im Haus sie belauscht habe. Die Pflegemutter trat zum Mädchen. »Pflegetochter«, sagte sie, »liebes Pflegekind, was hast du in meiner Kammer gesehen?« – »Überhaupt nichts«, erwiderte das Mädchen. – »Sag mir, was du in meiner Kammer gesehen hast, oder ich bringe dich um.« – »Gar nichts.« Die Pflegemutter zerrte sie aus dem Haus, hängte sie an den Haaren an einem Baum auf und ging fort.

Ein Herr ritt vorüber. Er sah das Mädchen hängen, und weil es so schön war, gewann er es sofort lieb. Er sprang vom Pferd und trat zu ihr, zog ein Federmesser aus der Tasche, schnitt ihr Haar durch, befreite sie und fragte, wer sie so aufgehängt habe. Das Mädchen antwortete: »Das weiß ich nicht.« – »Woher kommst du?« erkundigte er sich. – »Ich weiß nicht«, erwiderte das Mädchen. – »Wo willst du hin?« – »Ich weiß nicht.« Da hob er sie auf sein Pferd und ritt mit ihr fort zu seinem Haus. Er war unverheiratet. Ein Jahr und einen Tag behielt er sie beständig bei sich; dann ging er zum Pfarrer, und sie wurden getraut.

Nach neun Monaten gebar sie einen Sohn. In der Nacht, als sie entbunden war, erklang rund um das Haus die lieblichste Musik, die je ein Mensch vernommen hat, und alle drinnen fielen in Schlaf, alle außer ihr. Herein kam die Pflegemutter. »Pflegekind, liebes Pflegekind«, sagte sie, »was hast du in meiner Kammer gesehen?« – »Überhaupt nichts.« Die Frau zog ein Hundejunges aus dem Busen und aus der Tasche ein Messer; sie tötete den Welpen und strich das Blut ihrem Pflegekind an den Mund und tropfte es neben das Bett; das Neugeborene trug sie fort. Während sie durch die Tür schritt, rief sie laut: »Oh! Die Frau, die ihr Kind verschlungen hat!« Und so weckte sie alle. Sie alle erblickten das Blut an den Lippen der jungen Frau und neben dem Bett, und da war keine, die nicht sagte, sie habe ihr Kind gefressen. Ihr Schwiegervater fragte sie, was mit ihrem Kind geschehen sei, und sie entgegnete, das wisse sie nicht. Ein paar von denen, die sich im Zimmer befanden, erklärten, sie würden sie töten. Doch ihr Schwiegervater sagte nein; weil sie so schön sei, solle ihr für diesmal vergeben werden. Dieselbe Sache ereignete sich ein zweites und ein drittes Mal. Nun wurde sie also dazu verurteilt, auf dem Scheiterhaufen zu sterben.

Ein paar Tage später, als sie sich von der Niederkunft erholt hatte, schichteten sie die Scheite und zündeten sie an, und als sie sie hinausgebracht hatten, banden sie sie, um sie in die Flammen zu werfen. Aber der Schwiegervater blickte zufällig auf und sah eine vornehme Dame heranschreiten; zwei Kinder gingen neben ihr, und ein drittes trug sie auf dem Arm. »Wir wollen ein wenig warten, bis die Frau da ist«, sagte er, »vielleicht bringt sie eine Botschaft.« Als die Dame bei ihnen angelangt war, befahl sie, das Mädchen freizulassen und nicht zu töten, denn die drei kleinen Kinder habe sie hier bei sich. »Dreizehn Pflegekinder habe ich gehabt«, sagte sie, »aber keines war wie dies. Ich war verzaubert solange, bis ich ein Pflegekind bekäme, das alles leugnen würde, bis es drei Kinder hatte. Dreizehn Pflegekinder habe ich gehabt, und jedes außer diesem hier mußte getötet werden. Jetzt bin ich frei und will ihre treue Freundin sein, solange sie lebt.« Darauf wurde das Mädchen hineingetragen und in Seide gekleidet. Sie empfing ihren Säugling wieder an die Brust, und sie und ihr Mann und ihr Schwiegervater lebten von da an alle Zeit zusammen in Eintracht.

5 Die Geschichte vom Sohn des Ritters mit dem grünen Mantel, der Heldentaten vollbrachte, die auf Erden schon sieben Jahre vor seiner Geburt berühmt waren

Es lebte einmal ein Grundherr, der hatte ein schönes Haus und Vieh und Geflügel im Überfluß. Damals schätzten Gutsbesitzer wie er das Geflügel so hoch, daß sie sich immer eine schlaue Frau im Haus hielten, die von den Leuten Hühnerfrau genannt wurde. Dieser Gutsherr also hatte eine Hühnerfrau, die ganz besonders schlau war; sie hatte einen hübschen Jungen, den sie Sohn nannte, und er nannte sie Mutter.
Der Knabe wuchs zu einem schönen Burschen heran und versprach, ein tapferer Mann zu werden. Rundum hieß er bei allen nur der Hühnerfraujunge; das störte ihn aber gar nicht.
Die Hühnerfrau hatte es bei dem Gutsherrn zu Wohlstand gebracht; sie besaß ein Haus, drei Kühe und auch sonst alles, was sie brauchte. Als der Junge zum Burschen heranwuchs, zog er jeden Tag mit den Kühen hinaus auf die Weide. Eines Morgens trieb er sie weiter fort als sonst zu einer besonders saftigen Wiese. Sobald die Tiere am Fressen waren, schlenderte er zu

einem schönen Hügel, von wo aus er sie gut im Blick hatte, und warf sich ins Gras. Dort verbrachte er den Tag und freute sich an allem, was er sah. Schließlich erblickte er ein junges Mädchen, das stieg aus dem Tal zu ihm hinauf; sie hatte rosenrote Wangen, und die goldenen Haare hingen ihr in hübschen Lokken über die Schultern.

Sie langte bei ihm an, grüßte ihn und sagte: »Du verbringst den Tag einsam bei deinen Kühen!« – »Nun nicht mehr!« antwortete er, nicht auf den Mund gefallen, »denn jetzt bist du zu mir gekommen.« Da fragte sie ihn, ob er ihr wohl eine der Kühe verkaufen würde? Er entgegnete, das dürfe er nicht, denn seine Mutter werde ihn dafür schelten. »O nein, nicht, wenn du bekommst, was die Kuh wert ist.« – »Und was willst du mir für sie geben?« – »Ich gebe dir einen Zauberstein.« – »Was bewirkt er?« – »Solange du ihn bewahrst, verfügst du über jede Kraft, die du innen und außen brauchst, und es gibt keinen Ort, wo du dich und beliebig viel andere nicht hinwünschen könntest: Im Nu bist du mit ihnen dort.« – »Laß mich den Stein sehen.« Die Jungfrau reichte ihm den Stein, und er war prächtig anzuschauen. Er nahm ihn und überlegte, bevor er eine Kuh dafür hingebe, wolle er ihn ausprobieren. Er spürte gerade Durst und dachte, er hätte jetzt gern einen Trunk aus dem Rotsteinbrunnen hinter dem Haus seiner Mutter. Kaum war ihm das durch den Kopf gefahren, da saß er schon neben der Quelle. Er trank und kehrte auf die nämliche Art wieder zurück. Da tauschte er die Kuh gegen den Stein und war mit seinem Handel sehr zufrieden.

Darauf ging die rosenwangige Jungfrau mit der Kuh fort, und er kehrte in der Abenddämmerung mit den beiden anderen heim. Als seine Mutter merkte, daß er nur zwei Kühe bei sich hatte, fragte sie ihn nach der dritten. Er berichtete ihr, daß er sie verkauft habe; sie fragte nach dem Preis, und er zeigte ihr den Stein. Als die Mutter den erblickte, wurde sie wütend und schalt fürchterlich. Er hörte ruhig zu und widersprach mit keiner Silbe. Als ihr Zorn abgeflaut war, befahl sie ihm, die beiden andern Kühe zum Melken in den Stall zu führen. Das tat er, und an dem Abend gaben die zwei soviel Milch wie früher alle drei zusammen.

Am Morgen, als er gefrühstückt und die Kühe gemolken hatte, befahl ihm die Mutter, sie dorthin zu treiben, wo sie am Tag zuvor geweidet hatten. Er zog mit ihnen fort zur selben Wiese. Dort fingen die Tiere sofort an zu grasen, und er ließ sich auf demselben Hügel nieder, auf dem er am vorigen Tag gesessen hatte.

Um die gleiche Zeit, da er die Jungfrau zuerst erblickt hatte, sah er sie auch an diesem Tag aus der Senke zu ihm heraufsteigen. Sie langte bei ihm an und fragte ihn, ob er noch eine von seinen Kühen verkaufen würde? Nein, sagte er, das täte er nicht, denn er habe am vergangenen Abend schon für die erste von seiner Mutter fürchterliche Schelte erhalten. »Oh, wenn du kriegst, was sie wert ist, schilt sie dich schon nicht.« – »Also was willst du mir für sie geben?« – »Ich gebe dir einen heilbringenden Edelstein für sie.« – »Was für Wunden heilt er?« – »Alle in Fleisch und Haut, jede Krankheit des Körpers oder des Geistes; du mußt dich nur mit ihm reiben.« Nun hatte der Bursche eine Wunde am Zeh; er bat das Mädchen, ihm den Stein zu zeigen. Er bekam ihn, und sobald er die Zehe damit gerieben hatte, war sie heil. Da gab er ihr die Kuh und war mit seinem Handel sehr zufrieden.

Als der Abend nahte, ging er mit der letzten Kuh nach Hause. Die Mutter trat ihm entgegen und fragte ihn, was er für die verkaufte eingenommen habe? Er erwiderte, er habe einen Edelstein für sie bekommen. Da wurde sie so wütend wie am Tag zuvor, nein, siebenmal wütender. Doch schließlich beruhigte sie sich und befahl ihm, die verbliebene Kuh zum Melken in den Stall zu führen. Das tat er, und sie gewannen von ihr soviel Milch wie früher von den dreien.

Als die Kuh am Morgen gemolken war, befahl die Mutter dem Jungen, sie an denselben Fleck zu treiben wie am Tag zuvor. Er zog mit ihr fort, und als sie angelangt waren, setzte er sich wie gewohnt auf den Hügel. Die Jungfrau stieg zu ihm herauf und erkundigte sich, ob er ihr seine letzte Kuh auch noch verkaufen wolle? »Oh, das trau ich mir nicht, ich habe schon gestern fürchterliche Schelte bekommen.« – »Oh, wenn du kriegst, was sie wert ist, bekommst du gewiß keine Schelte.« – »Also was willst du mir für sie geben?« – »Ich gebe dir ein kleines

Vogelnetz.« – »Was für Vögel werden sich in dem Netz fangen, und wie stellt man es auf?« – »Du brauchst es nur über die Büsche zu breiten und über Nacht dort liegenzulassen; am Morgen ist es dann voll von allen Vogelarten, die du je gesehen oder gehört hast, und außerdem werden immer zwölf Vögel dabei sein, dergleichen du noch nie gesehen oder gehört hast.« Er tauschte die Kuh gegen das Netz. Sie ging mit der Kuh fort, und er kehrte mit dem Netz heim.

Als die Mutter merkte, daß er ohne eine einzige Kuh zurückkam, brachte sie kein Wort hervor, aber sie warf ihm einen jammervollen Blick zu. Es bekümmerte ihn recht, daß er sie so sehr aufgebracht hatte; doch er war überzeugt, wenn sie früh die vielen Vögel sähe, werde sie schon zufrieden sein.

Am nächsten Morgen schaute er als erstes draußen nach dem Netz; und nie zuvor hatte er eine solche bunte Vogelschar erblickt. Er trug sie heim, und als die Mutter die Unmenge sah, fragte sie, wo er die alle herhabe? Er sagte, er habe sie im Netz gefangen. »Und kriegst du damit noch mehr?« – »Jeden Tag, wenn ich es über die Büsche lege.« Nun gefiel ihr sein Handel besser, und sie hatten mit der Kuhmilch nie so gut gelebt wie jetzt mit dem Vogelfleisch.

Der Bursche wuchs zu einem hübschen, verständigen Mann heran. Der Gutsherr gewann ihn lieb und machte ihn zu seinem Lakaien. Er führte sich gut, und jeder im Haus achtete ihn.

Nun hatte der Gutsherr eine Tochter, die von den Leuten Beerenauge genannt wurde. Sie war über die Maßen schön, und der Bursche verliebte sich in sie bis über beide Ohren. Ihr ging es mit ihm nicht viel anders, aber das hätte sie nie zugegeben, weil er nur der Sohn der Hühnerfrau war. Sie ging ihm stets aus dem Wege und versteckte sich in jedem Busch, damit er sie nur nicht sähe. Aber er hatte den Zauberstein, und mit dessen Hilfe stand er jeden Augenblick neben ihr, gleichviel, wo sie war. Dann aber rief sie nach ihrem Vater, und er mußte sich aus dem Staub machen, damit er nicht erwischt wurde. Das ereignete sich oft, doch eines Tages wünschte er sich zu ihr ins Haus und war sofort dort. Sowie sie ihn erblickte, versuchte sie ihren Vater zu rufen, doch bevor ihr noch Zeit zu einem Wort blieb,

sprang er zu ihr, umfing sie mit beiden Armen und rief: »Ich
wollte, du und ich wären auf der Grünen Insel am Ende der
Äußersten Welt, wo dein Vater dich nicht hört und meine Mutter nicht sagt, daß ich ihr Sohn bin!« Ohne zu wissen wie,
waren sie im Nu auf der Grünen Insel und hielten einander in
den Armen.

Dort lebten sie eine ganze Weile von den Früchten an den Bäumen. Doch als sie eines schönen Tages an einem Berghang
saßen und auf das Meer hinunterblickten, legte er ihr den Kopf
in den Schoß und schlief ein. Während er schlummerte, fing sie
an, darüber nachzugrübeln, wie sie hatten herkommen können, und schließlich fiel ihr ein, er müsse einen Zauber besitzen
oder etwas, das wunderbare Kräfte in sich berge. Sobald ihr das
durch den Kopf fuhr, durchsuchte sie seine Kleider; und als sie
ihm das Hemd aufgeknöpft hatte, fand sie da sorgsam versteckt
den Stein und den Edelstein. Sie betrachtete die beiden schönen
Dinge und sagte: »Bestimmt hat er mich mit denen hergezau-
bert.« Da nahm sie ihre Schere und schnitt das Vorderteil ihres
Rockes ab, das ließ sie ihm unter dem Kopf liegen. Sobald sie
aufgestanden war, sagte sie: »Ich wollte, ich wäre wieder in
meines Vaters Haus«, und die Worte waren ihr noch nicht vom
Mund, da befand sie sich schon dort.

Als er erwachte, richtete er sich auf und schaute nach ihr aus,
doch er entdeckte sie nirgends. Dann blickte er auf den Boden
und sah das Vorderteil ihres Gewandes, das sie ihm unter dem
Kopf hatte liegenlassen. Schnell faßte er sich an die Brust und
fand sein Hemd offen und die Steine verschwunden. Nun
wußte er, wie die Dinge standen, und Kummer und Verzagt-
heit überfielen ihn; jetzt hätte er gewünscht, er wäre nie hierher
gekommen, denn er hatte weder ein Mittel fortzugelangen
noch einen Plan dazu.

Eines Tages, als er am Strand entlangirrte, bemerkte er vor dem
nahen Wald eine Baumgruppe. Er ging hin und entdeckte, daß
Früchte an den Bäumen hingen, wie er sie noch nie auf der Insel
erblickt hatte. Einige trugen die schönsten Äpfel, die ihm je vor
Augen gekommen waren, andere die allerhäßlichsten. Er war
niedergeschlagen und krank vor Kummer und Müdigkeit und
dachte, vielleicht würde ihm besser, wenn er einen der schönen

Äpfel äße. Doch sobald er ihn verzehrt hatte, schlotterten ihm die Knie, und das Fleisch schmolz ihm von den Knochen. Er meinte, da ihm nun unvermeidlich der Tod bevorstand und er große Schmerzen spürte, wolle er seinen Tod beschleunigen, und aß noch einen von den abscheulichen Äpfeln. Doch sobald er den ersten Bissen verschluckt hatte, hörte sein Fleisch auf wegzuschmelzen, die Knie zitterten ihm nicht mehr, und ehe er noch einen zweiten von den häßlichen Äpfeln aufgegessen hatte, war er heil und gesund wie nur je. Nun sah er, daß er wohl einen Edelstein verloren, dafür aber einen Heilzauber gefunden hatte. Gleich ging er an die Arbeit, flocht Körbe und füllte sie mit den Äpfeln. Dann stellte er sie an einen sicheren Ort; er hoffte, sie würden ihm noch nützen.

Eines Tages sah er weit draußen auf dem Meer ein Schiff, das stracks auf die Insel zuhielt. Er band sein Hemd an einen Ast und winkte damit, und als das Schiff in Hörweite kam, fing er an zu schreien. Die Mannschaft hörte ihn und schickte ein Boot zu ihm ans Ufer. Die Ruderer fragten ihn, was er hier mache und wie er überhaupt hergelangt sei? Er antwortete, sein Schiff sei zerschellt, und allein er habe sich an Land gerettet. Da fragten sie, welche Arbeit er auf dem Schiff verrichtet habe. Er entgegnete, er sei Arzt. »Oh, da freuen wir uns aber!« sagten sie. »Unser Kapitän ist krank, und der Doktor hat ihn aufgegeben. Vielleicht kannst du etwas für ihn tun.« Er antwortet: »Wir werden sehen, was zu machen ist.«

Er hob die Körbe in das Boot, und als sie das Schiff erreichten, verstaute er sie an einem sicheren Platz. Dann steckte er sich ein oder zwei Äpfel in die Taschen und begab sich zum Kapitän. Er schaute ihn an und erklärte, wenn er einnehme, was er ihm gebe, so werde er geheilt. Der Kapitän erwiderte, er nehme alles ein, was ihm guttue. Da gab ihm der Arzt ein Stückchen von einem der schönen Äpfel, und sobald er es aß, begannen Haut und Fleisch von ihm wegzuschmelzen. Als die Matrosen das sahen, waren sie drauf und dran, den Arzt an den Mast zu binden und mit einem Tauende zu Tode zu peitschen. Doch er bat sie, ihm noch eine Stunde zu gewähren, und beteuerte, falls er den Kapitän in der Zeit nicht heile, dürften sie ihn gern binden und totprügeln. Sie gestanden ihm die verlangte

Frist zu, sogar bis zum Abend. Dann gingen sie wieder und ließen ihn allein.

Er schloß die Tür vor ihnen und kurierte den Kapitän nun mit den häßlichen Äpfeln, und bevor die Stunde um war, hatte er ihn so kräftig und gesund gemacht, wie er vor seiner Krankheit gewesen war. Als die Matrosen das sahen, wurden sie fügsam wie die Lämmer und wußten nicht, was sie dem Arzt zuliebe tun sollten. Der Kapitän erkundigte sich, was sie für ihn tun könnten. Er antwortete, er wünsche sich nichts, als daß sie ihn an dem Hafen absetzten, den er ihnen nannte. Sofort wendeten sie das Schiff und segelten geradenwegs dorthin. Und als sie anlangten, nahm er die Körbe und ging an Land.

Er sagte dem Kapitän und der Mannschaft Lebewohl und ging direkt zu dem Ort, von dem er aufgebrochen war.

Dort ließ er sich als Arzt nieder und heilte nun Kranke. Keiner seiner alten Bekannten merkte, wer er eigentlich war, aber sein Ruf als guter Arzt, der die Leute von jeder Art Krankheit und Plage befreie, verbreitete sich nah und fern.

Eines schönen Tages ließ ihn der Gutsherr eilig zu seiner Tochter rufen, die schwer erkrankt war. Sogleich machte er sich auf und langte im Gutshaus an. Er trat in das Zimmer, in dem die Tochter lag, und untersuchte sie. Dann erklärte er, sie leide an einer seltsamen Krankheit. »Du hast einen Diebstahl begangen«, sprach er zu ihr, »und bevor du nicht gestanden hast, kannst du nicht geheilt werden.« Sie erwiderte, sie wüßte nicht, daß sie je etwas gestohlen hätte. Doch, sagte er, sie müsse jemandem etwas entwendet haben, das für ihn sehr wertvoll sei. Da besann sie sich auf die Steine, die sie dem Sohn der Hühnerfrau auf der Grünen Insel abgenommen hatte, und berichtete dem Arzt alles, was sich zwischen ihnen zugetragen hatte. Er erkundigte sich, wo sie die Steine jetzt verwahre. Sie gestand, die lägen auf dem Fenstersims. Sogleich holte er sie sich und steckte sie in die Tasche, indem er sprach: »Da du die Wahrheit gesagt hast, kannst du geheilt werden.« Dann gab er ihr ein paar von den häßlichen Äpfeln, und noch vor dem Abend war sie gesund.

Der Arzt gefiel dem Gutsherrn so wohl, daß er ihm unbedingt Beerenauge, seine Tochter, zur Frau geben wollte. Der Arzt willigte ein, und der Hochzeitstag wurde festgesetzt.

Der Bursche hatte sich seiner Mutter noch nicht zu erkennen gegeben, aber an diesem Abend ging er zu ihrem Haus und erzählte ihr, er stehe im Begriff, Beerenauge mit Einwilligung ihres Vaters zu heiraten. »Aber, Mutter«, sagte er, »bis die Hochzeit vorüber ist, halte reinen Mund drüber, daß ich dein Sohn bin.« Das versprach sie ihm und frohlockte über seine Ankunft.

Schließlich rückte der Hochzeitstag heran, und unter denen, die das Fest vorbereiteten, war keine eifriger als die Hühnerfrau. Im Lauf des Tages kam Beerenauge, begleitet von ihrem Vater und dem Arzt, in die Küche, und als sie bemerkte, daß die alte Frau bei allem die erste war, ging sie zu ihr hin und sagte ziemlich scharf: »Frau, ich weiß nicht, was du hier zu suchen hast. Im Augenblick solltest du dich lieber verziehen.« Die Hühnerfrau wandte sich zu ihr um und sagte hitzig: »Was sagst du da? Ich wüßte nicht, wo ich was zu schaffen hätte, wenn nicht hier, wo ich meines Sohnes Hochzeit vorbereite.« Beerenauge stieß einen schmerzlichen Schrei aus, sie sprang zu ihrem Vater und packte ihn bei der Hand. Als sie wieder zu Atem kam, sagte sie zur Hühnerfrau: »Frau, ist er dein Sohn?« – »Ja«, sagte die Hühnerfrau. – »Schön, wenn er das ist, will ich ihn nicht heiraten.« Da wurden alle Anwesenden traurig, am meisten der Bursche. Doch bevor jemand etwas sagen konnte, sprach die Hühnerfrau: »Er ist nicht mein Sohn, sondern der Sohn des Ritters mit dem grünen Mantel, der Heldentaten begangen hat, die auf Erden berühmt waren sieben Jahre vor seiner Geburt, und der im Kampf gegen den grimmigen Grafen vom Mastenwald fiel durch einen Streich in den Rücken, den ihm der älteste Sohn des grimmigen Grafen gab, und ich war zu der Zeit seine Amme, und als sein Vater erschlagen ward, flüchtete ich mit diesem Burschen und säugte ihn und zog ihn groß, und nun ist er imstande, seines Vaters Tod zu rächen und sich eine Liebste zur Frau zu wählen.« Als der Bursche das vernahm, hob sich sein Mut, und er sprach zur Hühnerfrau: »Frau, wenn ich das bin, will ich sie nicht heiraten.« – »Tausend Flüche über die Weiber mit ihrer Geschwätzigkeit!« sagte der Gutsherr.

Der Sohn des Ritters mit dem grünen Mantel trug nun seinen

Edelstein und den Wunderheilstein wieder an der Brust, und er gelobte sich, daß er weder Mensch noch Ding zuliebe umkehren oder anhalten werde, bis er eine schönere Jungfrau als Beerenauge gefunden habe; und so ging er fort. Er hielt nicht an, stieg über Berge und große und kleine Hügel und schritt durch Senken und Schluchten und Täler, bis er an einen wunderschönen Garten gelangte. Er ging nicht zu dem Schloß hin, das darin stand, weil er nicht wußte, wer oder was ihn da erwartete. Aber die Nacht brach herein, und deshalb suchte er Schutz zwischen den Büschen hinter dem Schloß. Sobald er sie erreichte, sah er die schönste Jungfrau, die er je erblickt hatte; sie kam ihm entgegen. Ihre Augen glichen Heidelbeeren, und ihr Busen war weißer als der Schnee einer Nacht. Sie schritt an ihm vorüber, ohne ihn zu bemerken, doch er sah genug von ihr, um Beerenauge völlig aus dem Gedächtnis zu verlieren.

Als sie fort war, trat er aus dem Gebüsch und ging weiter auf die Suche nach jemandem, der ihm verriet, wer sie war. Noch war er nicht weit gekommen, da erblickte er ein sehr schönes junges Mädchen, das am Hinterkopf einen Goldkamm trug und Kühe in einen Stall trieb. Er näherte sich ihr und erkundigte sich, wer die Jungfrau sei, die er hinter dem Schloß durch das Gebüsch habe gehen sehen. Sie erwiderte, das sei Glattbraue, die Tochter des Königs vom grünen Hügel, und sie lebe seit sechs Wochen in großer Angst. »Weswegen?« – »Komm in den Stall, und ich erzähle es dir.« Er trat ein, und sie gab ihm einen Becher Milch. Dann berichtete sie ihm, der Grund für Glattbraues Angst sei ein Traum, den sie vor fast einem Jahr gehabt habe. »Ihr war, als spaziere sie zwischen den Büschen hinter dem Schloß, da kam ihr ein tapferer Held entgegen; sein Gesicht war wie die Sonne, und er glich einem Löwen. Sein lockiges Haar war rabenschwarz und sein Busen weißer als Milch. Viele begehren die Jungfrau zur Ehe, und ihr Vater wünscht, daß sie einen davon heiratet. Aber sie hat gelobt, sie werde nie heiraten, bis sie das Gesicht des Helden erblicke, den sie im Schlaf gesehen habe. Das hat ihrem Vater nicht gefallen; deshalb hat er ihr einen Tag und ein Jahr bewilligt, um sich einen Liebsten zu wählen; danach muß sie ihm die Wahl überlassen. Nun ist die Zeit bis auf vier Tage, von morgen an gerechnet, abgelaufen, und das ist es, was ihr so große Angst bereitet. Deshalb geht sie jeden Abend durch die Büsche und hofft, daß sie den Helden aus ihrem Traum trifft. Heute morgen hat sie ihrem Vater beinah nachgegeben; doch dann fiel ihr ein, sie wolle Rat bei der Zauberin suchen. Sie hat der Zauberin ihren Traum und alles andere erzählt. Die Zauberin hat zu ihr gesagt: ›Verlier nicht den Mut, sondern halte das Rennen bis zum Schluß durch, denn noch ist die Zeit des tapferen Helden nicht da.‹«

Nun sagte der Fremde zu dem Mädchen: »Wo finde ich Gelegenheit, sie zu sprechen?« – »Behalte morgen abend die Stelle gut im Auge, an der du sie heute gesehen hast.« Er übernachtete an einem Platz, den ihm das Mädchen anwies, und mied am andern Tag jeden Menschen bis zum Abend, der Zeit, da er die Jungfrau zuerst erblickt hatte.

Dann ging er hinter das Schloß, und nicht lange, da sah er sie herankommen. Sogleich schritt er auf sie zu und streckte die Arme aus, sie zu umfangen. Sie schaute ihm ins Gesicht und sagte, als habe sie ihn schon immer gekannt: »Bist du endlich da?« Sie schlang ihm die Arme um den Hals und schmiegte den Kopf an seine Brust. Dann erzählte sie ihm von all ihrem Elend und hieß ihn, mit ihr zu gehen, sie werde einen Platz finden, wo er die Nacht verbringen könne. Er folgte ihr, und sie wies ihn in eine geheime Kammer, wo er bleiben sollte, bis ihre Zeit abgelaufen war.

Am nächsten Morgen war sie heiterer als gewöhnlich. Das merkte die Zauberin und fragte sie, ob sie gestern abend zwischen den Büschen gewesen sei? Sie erwiderte, ja, und sie habe den tapferen Helden ihres Traumes gefunden. »Halte das Rennen bis zum Schluß durch, damit er dich im Triumph bekommt«, sagte die Zauberin.

Darauf ging die Jungfrau zu der Kammer, wo der junge Held saß, und während sie miteinander sprachen, hörte er einen sonderbaren Lärm im Haus. Er fragte sie, was das zu bedeuten habe, und sagte, er müsse gehen und sehen, was die Ursache sei. Sie erwiderte, ihr Vater habe die Botschaft erhalten, eine Schar Feinde sei im Anzug; ein rothaariger, schieläugiger Koch habe sich erboten, sie zurückzuschlagen, und nun schicke er

sich an loszuzichen. »Was wollen die Feinde?« – »Der älteste
Sohn des grimmigen Grafen vom Mastenwald schickt sie, und
wenn es meinem Vater nicht gelingt, sie zurückzuschlagen, so
bin ich mit dem halben Königreich sein eigen.« Als der junge
Held den Namen des ältesten Sohns des grimmigen Grafen
nennen hörte, erbebte er, seine Augen glühten, er ballte die
Hände und sagte, er müsse gehen und sehen, wie dem Koch die
Waffen stünden: »Du bleib hier und zeig dich nicht vor deinem
Vater, bis ich zurück bin.« Und als er das gesagt hatte, trat er
hinaus und folgte dem Koch über einen Seitenweg.
Der Koch war noch nicht weit vom Schloß weg, als ihn der
junge Held einholte. Er fragte ihn, wohin er gehe? Der Koch
erwiderte mit großem Nachdruck, er stehe im Begriff, eine
Schar Feinde zu verjagen, die der älteste Sohn des grimmigen
Grafen vom Mastenwald dem König vom grünen Hügel geschickt habe; und wenn er die Feinde vertrieben habe, bekomme er Glattbraue und das halbe Königreich dazu. »In
Ordnung«, versetzte der junge Held, »aber leihst du mir wohl
deine Waffen, damit ich sehe, wie sie mir passen?« – »O ja«,
erwiderte der Koch, »das will ich gern tun.« Er legte die Waffen
ab, und der junge Held legte sie an, und wahrhaftig, er hatte ein
Recht auf sie! Da sagte der Koch: »Woher hast du gewußt, daß
ich fortgegangen bin?« – »Als du hinausgingst, hat dein
Schwert an einem Topf Lärm geschlagen; das habe ich gehört.« – »Oh, wie lieb mir das ist!« sagte der Koch.
Als sie sich dem Platz näherten, wo das Treffen stattfinden
sollte, sahen sie die Feinde heranziehen. Da sagte der junge
Held zum Koch: »Leg jetzt lieber die Waffen an.« Der Koch
schaute hin, und als er den ältesten Sohn des grimmigen Grafen
mit seinen Mannen sah, sagte er: »Nein, nein, behalt du sie nur,
dir stehen sie besser. Versteck mich irgendwo.« In der Nähe
befand sich eine Felswand mit einer breiten Spalte, dahinein
schob der junge Held den Koch und sagte: »Bleib hier, bis ich
zurückkomme.«
Darauf trat der Sohn des Ritters mit dem grünen Mantel vor,
um sich dem Sohn des grimmigen Grafen entgegenzustellen.
Sie griffen einander an, doch mit dem dritten Schwertstreich
schlug der Sohn des Ritters mit dem grünen Mantel dem älte-

sten Sohn des grimmigen Grafen den Kopf ab. Dann stürmte er auf die Mannen los, und nachdem er sie alle getötet hatte, spießte er das Haupt des Grafensohns auf die Schwertspitze und trug es über der Schulter fort.

Er langte beim Koch an und rief ihn. Der Koch kroch aus der Spalte. Er starrte zuerst den jungen Helden an, dann das Haupt, und sagte: »Du hast da einen Kopf!« – »Ja«, erwiderte der Held. – »Er hat die Augen offen! Tut er mir was?« – »Das glaube ich kaum.« Sie gingen miteinander fort, und als sie in die Nähe des Schlosses kamen, sagte der tapfere Held zum Koch: »Jetzt solltest du die Waffen anlegen und dem König den Kopf überbringen.« Der Koch legte die Waffen an, und der Held überreichte ihm beim Abschied den Kopf. »So wollen wir nicht auseinandergehen«, sagte der Koch. »Du sollst mit mir in die Küche kommen, ich geb dir dort irgendwas. Wenn ich König bin, wirst du dann mein Koch.« Der tapfere Held ging mit ihm in die Küche, dort reichte ihm der Koch ein großes Bündel weißen Wergs und sagte: »Behalte das, damit kannst du dir den Schweiß vom Gesicht wischen. Als ich Koch war, habe ich den Mann, der mir ein Bündel Werg gab, als meinen Freund angesehen.« – »Ich betrachte ihn auch als einen Freund«, sagte der tapfere Held, und sie schieden voneinander. Der Koch begab sich mit dem Kopf zum König, und der Sohn des Ritters mit dem grünen Mantel ging zu Glattbraue. Er fand sie, wo er sie verlassen hatte, doch er erzählte ihr weiter nichts, als daß der Koch die Feinde zurückgetrieben habe.

Als der König sah, daß der Koch das Haupt bei sich trug, war er sehr erfreut und sagte, er wolle ihm sein Versprechen halten. Der Koch hatte es mächtig eilig, er wollte sofort Hochzeit machen. Der König bat ihn um Geduld, bis sie zu Mittag gegessen hätten, und versicherte, dann würde er tun wie versprochen. Der Tisch wurde gedeckt, und alle ließen sich zum Mittagsmahl nieder. Doch bevor das vorüber war, kam Botschaft vom zweiten Sohn des grimmigen Grafen: Würde er nicht zurückgeschlagen, so wäre Glattbraue samt dem halben Königreich sein eigen.

Nun sandte der König nach seinen Mannen und fragte, wer von ihnen ausziehen und die Feinde vertreiben wolle? Der Koch rief aus: »Wer schon, wenn nicht ich? Ich hab es schon einmal fertiggebracht und tu es auch wieder.« – »In Ordnung«, sagte der König. »Tu das, und ich halte dir auch mein Versprechen.«

Am nächsten Morgen schickte sich der Koch zum Aufbruch an, und als er in voller Rüstung war, hieb er mit dem Schwert kräftig an den Topf und zog ab. Der tapfere Held hörte den Lärm und sagte zu Glattbraue, er müsse nachsehen, was da los sei. »Das brauchst du nicht«, sagte sie, »das ist bloß der Koch, der heute wieder auszieht, um eine Schar Feinde zu verjagen.« – »Ich schaue mir an, wie ihm die Waffen stehen; du laß dich nicht vor deinem Vater blicken, bis ich zurück bin.« Damit ging er dem Koch nach.

An diesem Tag ließ er ihm einen guten Vorsprung, ehe er ihn einholte. Die Schritte des Kochs wurden immer langsamer, und er sah sich immer öfter um, je länger der Held sich Zeit ließ. Schließlich erblickte er ihn von weitem und blieb stehen, bis der andere ihn erreicht hatte. »Hast du den Schwertstreich gehört, den ich heute dem Topf gab?« sagte der Koch. »Ja, der hat mich aufgescheucht«, erwiderte der Held. Als sie sich dem Platz näherten, an dem das Treffen stattfinden sollte, sagte der Koch: »Leg du lieber die Waffen an, dir stehen sie besser zu Gesicht.« Der Held legte die Waffen an, und als sie die Feinde heranziehen sahen, rief der Koch: »Da sind sie! Da sind sie! Versteck mich!« Ein wenig entfernt lag ein Moor, dort steckte der Held den Koch mit den Füßen voran in den weichen Grund unter einem Rinnsal, das die mit Heidekraut überwachsene Böschung hinabtröpfelte, und befahl ihm, sich hier nicht wegzurühren.

Darauf traf der Held mit dem zweiten Sohn des grimmigen Grafen zusammen, und mit dem zweiten Schwertstreich schlug er ihm den Kopf von den Schultern. Sodann griff er die Mannen an und hörte nicht auf, solange noch einer von ihnen am Leben war. Nun ergriff er das Haupt des zweiten Grafensohns bei den Haaren und trug es auf der Schulter mit fort. Er langte beim Koch an und rief ihm zu, er solle unter der Böschung herauskommen, unter der er steckte. Der Koch arbeitete sich vor und sagte: »Du hast heute wieder einen Kopf bei dir. Oh, und er grinst! Tut er mir auch nichts?« – »Wohl kaum«, sagte der Held, und sie kehrten auf demselben Weg, den sie gekommen waren, zurück. Als sie in die Nähe des Schlosses gelangten, hieß der tapfere Held den Koch, die Waffen anzulegen und den Kopf zum König hineinzutragen. Der Koch legte die Waffen an, und als der Held im Begriff stand, sich von ihm zu trennen, sagte er: »So wollen wir nicht auseinandergehen. Komm mit mir in die Küche, ich gebe dir was.« Als sie eingetreten waren, reichte ihm der Koch einen plumpen Löffel und sagte: »Heb den auf, bis du Koch bei mir bist. Als *ich* Koch war, hab ich den Mann, der mir so einen Löffel gab, als meinen Freund erachtet.« – »Ich betrachte ihn gleichfalls als einen Freund«, sagte der Held, und sie schieden voneinander.

Der Koch begab sich zum König hinein, und der Sohn des Ritters mit dem grünen Mantel ging dahin, wo Glattbraue war.

Der König frohlockte sehr, als er sah, daß der Koch die Feinde ein zweitesmal geschlagen hatte. Er erklärte, er werde ihm sein Versprechen halten. Doch der Koch wollte sich durchaus nicht zufriedengeben, falls die Heirat nicht ohne weiteren Aufschub vollzogen würde.

Der König sprach zu ihm: »Du bist müde nach dem harten Kampf, und wir haben Hunger. Wir wollen erst zu Mittag essen, und danach halte ich dir mein Versprechen.« Doch bevor das Mittagsmahl vorüber war, kam Botschaft vom jüngsten Sohn des grimmigen Grafen, wenn der König ihn und seine Mannen nicht verjage, sei Glattbraue samt dem halben Königreich sein eigen.

Jetzt packte den König ein gewaltiger Schrecken, und er sandte abermals nach seinen Kriegern. Er berichtete ihnen, welche Botschaft der jüngste Sohn des grimmigen Grafen gesandt hatte, und sagte, er verspreche demjenigen, der ihn zurückschlage, seine Tochter und sein halbes Reich. Der Koch sprang auf, stellte sich vor den König hin und sagte: »Wer schon, wenn nicht ich? Ich hab sie schon zweimal verjagt und tu es auch ein drittes Mal.« – »In Ordnung«, sagte der König, »ich halte mein Versprechen.«

Der Koch legte Rüstung und Waffen an; und hatte er an den

beiden vorigen Tagen den Töpfen Schwertstreiche versetzt, an diesem Tag schlug er noch siebenmal lauter dagegen. Dann ging er fort, aber der Held hatte es nicht eilig, ihm zu folgen. Schließlich machte er sich auf, doch im Gehen verbarg er sich, bis sie sich schließlich dem Kampfplatz näherten. Da sah er, wie sich der Koch hinsetzte. Er trat mit munterem Schritt zu ihm. »Bist du endlich da?« sagte der Koch. »Ja«, sagte der Held. – »Ich habe schon Angst gehabt, du kommst überhaupt nicht. Leg die Waffen an, sie stehen dir wahrhaftig besser zu Gesicht.« – »Heute bestimmt«, erwiderte der tapfere Held. Kaum hatte er die Waffen angelegt, da sahen sie die Feinde heranziehen, und an ihrer Spitze schritt ein sehr grimmig aussehender Held. Der Koch sagte: »Oh, versteck mich! Schaff mich ihnen aus den Augen!« In der Nähe lag ein Tümpel; er steckte den Koch bis zum Hals hinein und sagte: »Kommst du in Bedrängnis, so tauch' den Kopf unter; wenn nicht, bleib, wie du bist.«

Die Helden stürzten sich aufeinander, und mit einem Schwertstreich schlug der Sohn des Ritters mit dem grünen Mantel dem jüngsten Sohn des grimmigen Grafen das Schwert aus der Hand. Dann packte er ihn und band ihm mit einer Weidenrute Hand- und Fußgelenke auf dem Kreuz zusammen. So ließ er ihn liegen und trat den Mannen entgegen. Er griff sie wütend an, warf sich über und unter sie und ließ keinen einzigen am Leben, daß er die traurige Geschichte erzähle. Dann hob er sich den Grafensohn über die Schulter und langte mit ihm beim Koch an.

Der Koch kam, naß und schmutzig und mit Sumpfmoos bedeckt, ans Ufer und schritt dem Helden hinterher. Sobald sie das Schloß vor sich sahen, sagte der Held: »Leg jetzt lieber die Waffen an und bring den Mann hier hinein zum König.« Als er die Waffen anlegte, schaute er den Mann an, und als er sah, daß der sich bewegte, schrie er: »Oh, der lebt noch! Der tut mir was!« – »Am Leben ist er«, versetzte der Held, »aber tun kann er dir im Augenblick nichts. Bring ihn, wie er ist, zum König.« Der Koch sagte: »Jetzt ist es mit den Feinden aus. Du kannst dich schon immer bereithalten. Sowie ich die Königstochter kriege, mache ich dich zu meinem Küchenmeister.« Damit schieden sie.

Der Koch ging mit dem Mann hinein zum König, und als der König den grimmigen Helden betrachtet hatte, lobte er den Koch für seine Tapferkeit und sagte zu ihm: »Ich halte dir mein Versprechen. Aber binde ihn los, damit er mit uns essen kann.«

Der Koch trat zu dem Gefangenen und suchte die Bande zu lösen. Doch für jeden Knoten, den er aufbekam, verschlangen sich die Weidenruten zu sieben neuen Knoten. Schließlich gestand er, er vermöge den Mann nicht loszubinden. »Du meine Güte!« sagte der König, »wer kriegt den Mann, den er gebunden hat, nicht wieder frei?« – »Der hat mich gar nicht gebunden«, sagte der Gefangene. »Er hat mich nicht binden können, und er kann mich nicht losmachen. Aber der mich gebunden hat, der kann es.« – »Und wer ist das?« fragte der König. »Der Sohn des Ritters mit dem grünen Mantel, der Heldentaten ausführte, die sieben Jahre vor seiner Geburt schon berühmt waren! Der hat die letzten drei Tage mit unsern Männern gekämpft und hat nachts in deinem Schloß geschlafen – der hat mich gebunden und kann mich auch lösen.«

Der Held wurde gerufen und kam herein. Der König schaute ihn an, und als er sah, wie stark und tapfer er ausschaute, bat er ihn, den Gebundenen zu lösen. Der Held packte den Weidenrutenknoten mit einer Hand und hob den Mann vom Boden auf; dann ließ er los, und sogleich sprang das Weidenband. Sobald der Mann auf den Beinen war, wandte er sich zum König und sagte: »Wär' nicht die Hühnerfrau mit ihrem Geschwätz und die Zauberin, die Glattbraue ihren Rat gab, es gäbe nicht genug Männer im Königreich vom grünen Hügel, um den jüngsten Sohn des grimmigen Grafen von Glattbraue fernzuhalten. Aber *der* ist würdiger als ich.«

Nun kam Glattbraue herein und sagte zu ihrem Vater: »Heute ist der letzte Tag der Zeit, die du mir gewährt hast, um mir einen Liebsten auszusuchen. Hier steht er, den ich gewählt habe; nun halte mir dein Versprechen.« – »Von ganzem Herzen«, sagte der König, »und du sollst alles, was ich habe, mitbekommen.«

Der Koch machte sich ans Kochen, die Hochzeit wurde gefeiert, und im ganzen Königreich hatte keiner je ein so schönes

Paar erblickt wie Glattbraue und den Sohn des Ritters mit dem grünen Mantel. Sie hielten ein herrliches Mahl und ein Jubelfest, und wenn sie noch nicht aufgehört haben zu essen und zu trinken, dann sind sie immer noch dabei.

6 *Der Brunnen am Ende der Welt*

Es waren einmal ein König und eine Königin, und der König hatte eine Tochter, und die Königin hatte eine Tochter. Und die Tochter vom König war hübsch und gutmütig, und alle liebten sie, und die Königin-Tochter war häßlich und boshaft, und kein Mensch mochte sie leiden. Und die Königin konnte die Tochter vom König nicht ausstehen und wünschte sie sonstwohin So trug sie ihr auf, eine Flasche Wasser aus dem Brunnen am Ende der Welt zu holen; dabei dachte sie, das Mädchen kommt bestimmt nicht zurück. Schön, die Königstochter nahm die Flasche und wanderte und wanderte, bis sie zu einem Pony kam, das war angepflockt, und das Pony sagte zu ihr:

>»Hübsche Maid, pflock mich weiter drüben an,
>Steh hier schon einen Tag und sieben Jahre lang!«

Und die Königstochter sagte: »Aber ja, mein hübsches Pony, ich pflocke dich gern um.« Und da ließ das Pony sie aufsitzen und trug sie über das Moor von Hechelnadeln.
Schön, sie wanderte immer weiter, viel weiter, als ich sagen kann, bis sie schließlich beim Brunnen am Ende der Welt anlangte; und als sie hinkam, war der furchtbar tief, und sie reichte mit ihrer Flasche gar nicht bis zum Wasser hinunter. Und wie sie so hinabblickte und überlegte, was sie bloß machen könnte, da schauten drei grindige Mannsköpfe zu ihr auf und sagten:

>»Meine hübsche Maid, wasch mich fein
>Und reib mich mit deiner Linnenschürze rein!«

Und sie sagte: »Aber ja, ich wasche euch.« So wusch sie die drei Grindköpfe und trocknete sie an ihrer sauberen Linnenschürze ab; und dann nahmen die ihre Flasche und tauchten sie für sie ins Brunnenwasser.
Und die Grindköpfe sagten einer zum andern:

»Bruder, was bestimmst du ihr?«

Und der erste sagte: »Ich bestimme, daß sie, wenn sie bis jetzt hübsch gewesen ist, von nun an zehnmal hübscher sein soll.« Und der zweite sagte: »Ich bestimme, daß ihr jedesmal, wenn sie spricht, ein Diamant und ein Rubin und eine Perle aus dem Mund fallen.« Und der dritte sagte: »Ich bestimme, daß sie jedesmal, wenn sie sich kämmt, aus ihrem Haar einen Viertelscheffel Gold und einen Viertelscheffel Silber herauskämmt.«

Na schön, sie kam wieder heim an den Königshof, und wenn sie vorher schon hübsch gewesen war, jetzt war sie noch zehnmal hübscher; und jedesmal, wenn sie den Mund zum Sprechen auftat, sprangen ihr ein Diamant und ein Rubin und eine Perle von den Lippen; und jedesmal, wenn sie sich kämmte, dann kämmte sie sich einen Viertelscheffel Gold und einen Viertelscheffel Silber aus den Haaren. Und die Königin war vor Wut ganz außer sich. Aber sie dachte, sie wolle ihre eigene Tochter auch fortschicken und versuchen, ob ihr nicht das gleiche Glück beschert würde. Also gab sie ihr eine Flasche und befahl ihr, sich aufzumachen zum Brunnen am Ende der Welt und Wasser daraus zu holen.

Schön, die Königintochter ging und ging, bis sie zu dem Pony kam, und das Pony sprach:

»Meine hübsche Maid, pflock mich drüben an;
Steh hier schon einen Tag und sieben Jahre lang!«

Und die Tochter von der Königin sagte: »O du widerliches Tier, bildest du dir ein, ich pflock dich um? Du weißt wohl nicht, mit wem du redest? Ich bin die Tochter einer Königin!« Also pflockte sie das Pony nicht um, und das Pony ließ sie nicht aufsitzen und trug sie nicht über das Moor von Hechelnadeln. Und sie mußte mit ihren bloßen Füßen darüberwandern, und die Hechelnadeln zerstachen ihr die Sohlen, und sie konnte kaum weiter.

Schön, sie lief immer zu und viel weiter, als ich euch sagen kann, und schließlich langte sie beim Brunnen am Ende der Welt an. Und der Brunnen war ganz tief, und sie reichte mit ihrer Flasche gar nicht bis zum Wasser hinunter; und wie sie hinabblickte und dabei überlegte, was sie bloß machen sollte, da schauten drei grindige Mannsköpfe zu ihr auf, und die sagten zu ihr:

»Meine hübsche Maid, wasch du mich fein
Und reib mich mit deiner Linnenschürze rein.«
Und sie sagte: »O ihr widerlichen, schmutzigen Kerle, bildet
ihr euch etwa ein, ich wasche euch? Ihr wißt wohl nicht, mit
wem ihr redet? Ich bin die Tochter einer Königin!« Und so
wusch sie sie nicht, und sie tauchten die Flasche für sie nicht ins
Wasser.
Und die Grindköpfe sagten einer zum andern:
»Bruder, was bestimmst du ihr?«
Und der erste sprach: »Ich bestimme, daß sie, wenn sie bisher
schon häßlich war, nun noch zehnmal häßlicher wird.« Und
der zweite sprach: »Ich bestimme, daß ihr jedesmal, wenn sie
spricht, ein Frosch und eine Kröte aus dem Mund springen.«
Und der dritte sprach: »Und ich bestimme, daß sie jedesmal,
wenn sie sich kämmt, einen Viertelscheffel Läuse und einen
Viertelscheffel Flöhe aus ihren Haaren herausholt.«
So wanderte sie wieder heim, und wenn sie schon vorher häßlich gewesen war, jetzt war sie noch zehnmal häßlicher; und
jedesmal, wenn sie den Mund zum Sprechen auftat, sprangen
ihr ein Frosch und eine Kröte von den Lippen; und jedesmal,
wenn sie sich kämmte, dann kämmte sie sich einen Viertelscheffel Läuse und einen Viertelscheffel Flöhe aus den Haaren.
So mußten sie sie vom Königshof wegschicken. Und es kam ein
hübscher, junger Prinz und heiratete die Königstochter; und
die Tochter von der Königin mußte sich mit einem alten Flick-
schuster zufriedengeben, und der prügelte sie jeden Tag mit
einem Lederriemen. Ihr seht also, Kinder, es hat überhaupt
keinen Zweck, daß man häßlich zu den Tieren und zu den
Leuten ist.

7 Die Geschichte von Kate Nußknacker

Es lebten einmal ein König und eine Königin, so wie es sie in
vielen Ländern gegeben hat. Der König hatte eine Tochter, die
hieß Anne, und die Königin hatte eine Tochter, die hieß Kate.
Die Mädchen hingen aneinander wie richtige Schwestern, aber
die Königin war eifersüchtig auf des Königs Tochter, weil die

hübscher war als ihre, und zerbrach sich Tag und Nacht den Kopf, wie sie ihr die Schönheit verderben könnte. Schließlich fragte sie die Hühnerfrau um Rat. Die Hühnerfrau empfahl ihr, das Mädchen am nächsten Morgen zu ihr zu schicken: »Sie darf aber noch nichts gegessen haben«, sagte sie. Also trug die Königin dem Mädchen vor dem Frühstück auf, zur Hühnerfrau zu gehen und die Eier zu holen. Aber die Kleine sah in der Küche einen Brotkanten liegen, nahm ihn mit und kaute ihn unterwegs. Bei der Hühnerfrau verlangte sie die Eier. Die Hühnerfrau befahl ihr: »Nimm den Deckel von dem Topf da und guck hinein!« Das tat die Kleine, aber es passierte gar nichts. »Geh heim zu deiner Mutter und richte ihr aus, sie soll die Speisekammer besser abschließen!« sagte die Hühnerfrau. Die Königin begriff, daß das Mädchen etwas zu essen bekommen hatte; deshalb paßte sie am nächsten Morgen gut auf und schickte es mit leerem Magen fort. Aber die Prinzessin traf unterwegs ein paar Mägde, die am Straßenrand Erbsen pflückten, und weil sie nett und umgänglich war, redete sie sie an und bekam eine Handvoll Erbsen; die aß sie auf, während sie weiterging.

Bei der Hühnerfrau mußte sie wieder in den Topf gucken, und wieder passierte gar nichts. »Bestell deiner Mutter, wenn sie ihre Speisekammer nicht besser abschließt, kann ich ihr nicht helfen!« sagte die Hühnerfrau.

Am dritten Tag ging die Königin selber mit dem Mädchen zur Hühnerfrau. Und als die Prinzessin diesmal den Topfdeckel abhob, da sprang ihr der eigene hübsche Kopf ab, und dafür sprang ihr ein Schafskopf auf die Schultern.

Nun war die Königin zufrieden und ging nach Hause. Ihre Tochter Kate aber nahm ein feines Leinentuch und band es der Schwester um den Kopf; sie faßte sie bei der Hand und zog mit ihr fort, um das Glück zu suchen. Sie gingen und gingen immer weiter, viel weiter, als ich sagen kann, und schließlich standen sie vor einem Königsschloß. Kate klopfte an die Tür und bat: »Gebt mir Nachtquartier für mich und meine kranke Schwester!« Das bewilligten ihr die Schloßleute unter einer Bedingung: Kate sollte die ganze Nacht aufbleiben und beim kranken Königssohn wachen. Der König hatte nämlich zwei

Söhne, und der eine lag todkrank zu Bett; aber kein Arzt kam dahinter, was ihm eigentlich fehlte. Die Schloßleute sagten zu ihr: »Wenn alles in Ordnung ist und du wachbleibst, kriegst du auch einen Beutel Silber.« Und Kate erklärte sich gern bereit.

Bis um Mitternacht ging alles vortrefflich. Aber pünktlich um zwölf stand der kranke Prinz auf, schlüpfte in seine Kleider und schlich sich die Treppe hinab; Kate folgte ihm, ohne daß er es merkte. Der Prinz ging in den Stall, sattelte sein Pferd, rief nach seinem Jagdhund und sprang in den Sattel; Kate schwang sich behende hinter ihn. Fort ritten der Prinz und Kate durch den grün belaubten Wald; und im Reiten pflückte Kate Nüsse von den Bäumen und sammelte sie in ihrer Schürze. Sie ritten immer weiter bis zu einem grünen Hügel. Da zog der Prinz die Zügel an und sprach: »Tu dich auf, tu dich auf, grüner Hügel, und laß den jungen Prinzen ein mit seinem Pferd und seinem Hund«, und Kate fügte hinzu: »Und seine Dame, die hinter ihm sitzt.«

Augenblicklich öffnete sich der grüne Hügel, und sie ritten hinein. Sie kamen in einen prächtigen, lichterstrahlenden Saal, und viele schöne Damen umringten den Prinzen und führten ihn fort zum Tanz; Kate aber huschte in den Türwinkel. Während sie dort kauerte, schaute sie einem kleinen Kind zu, wie es mit einer Rute spielte, und fing ein paar Worte auf, die eine Elfe zur andern sagte: »Drei Streiche mit dieser Rute würden Kates kranke Schwester wieder genauso hübsch machen, wie sie nur jemals war.« Da rollte Kate dem Kind ein paar Nüsse hin, erst eine, dann die zweite, dann die dritte, bis das Kind danach langte und die Rute fallen ließ. Kate hob sie auf und steckte sie in die Schürze.

Dann krähte der Hahn, und der Prinz schwang sich in aller Eile aufs Pferd. Kate sprang hinter ihm auf, und heim ging's, und Kate setzte sich ans Feuer, knackte ihre Nüsse und aß sie. Als der Morgen da war und die Schloßleute hereinkamen, sagte Kate, der Prinz habe eine gute Nacht gehabt. Sie versprachen ihr, wenn sie noch eine Nacht bei ihm wache, solle sie einen Beutel Gold erhalten. Kate erklärte sich bereit, und dann ging sie in die Kammer, wo die Schwester lag, und berührte sie dreimal mit der Rute; sieh, da hatte sie auf einmal wieder ihren eigenen Kopf und war so schön wie je.

Die zweite Nacht verging wie die erste; der Prinz tanzte mit den Elfen in einem fort durch bis zum Morgen, dann ritten er und Kate heim. Als die Schloßleute nun baten, sie solle noch die dritte Nacht beim Prinzen wachen, antwortete Kate: »Nur, wenn ich ihn zum Mann bekomme.« Das versprachen sie ihr.

Diesmal war das kleine Kind wieder da und spielte mit einem Vögelchen; und Kate hörte eine von den Elfen sagen: »Von diesem Vögelchen müßte der kranke Prinz drei Bissen essen, dann wäre er gleich wieder gesund.« Kate rollte dem Kind aus dem Türwinkel Nüsse hin, erst eine, dann die zweite, dann die dritte, bis es das Vögelchen losließ; und Kate steckte es in die Schürze.

Beim Hahnenschrei brachen sie wieder auf; doch statt wie sonst Nüsse zu knacken, rupfte Kate den kleinen Vogel und kochte ihn. Bald verbreitete sich ein köstlicher Duft.

»Oh!« sagte der kranke Prinz, »ich wollte, ich bekäme einen Bissen von dem Vögelchen da.« Also gab ihm Kate einen Bissen, und er richtete sich auf den Ellenbogen auf. Nicht lange, und er rief wieder: »Oh, wenn ich doch noch einen Bissen von dem kleinen Vogel bekäme!« So gab ihm Kate noch einen, und er setzte sich im Bett auf. Dann sagte er abermals: »Oh! Wenn ich doch einen dritten Bissen von dem Vögelchen da bekäme!« Nun gab ihm Kate den dritten Bissen, und er stand auf und war gesund, zog sich seine Kleider an und setzte sich ans Feuer; und als am Morgen die Leute hereinkamen, fanden sie Kate und den jungen Prinzen, wie sie miteinander Nüsse knackten.

So heiratete der genesene Prinz die gesunde Schwester, und der gesunde Königssohn heiratete die genesene, und sie alle lebten glücklich und starben glücklich und tranken nie aus einem trockenen Becher.

8 Das Königreich der grünen Berge

Es waren einmal drei Soldaten, die verabredeten sich, daß sie desertieren wollten, und sie sagten zueinander: »Wir drei wollen auf keinen Fall zusammen davonlaufen. Wir gehen jeder einen anderen Weg.« Und dann sagten sie: »Vielleicht treffen wir uns irgendwann wieder.« Der eine war Wachtmeister, der zweite war Unteroffizier, und der dritte war einfacher Soldat. Die Freunde trennten sich voneinander, und jeder schlug seine Straße ein.

Am Abend des zweiten Tages danach langte der Wachtmeister müde und hungrig vor einem prächtigen Palast an. Er fragte an der Haustür, ob es ihm gestattet sei zu bleiben. Eine junge Dame kam heraus und redete ihn an. Ja, er dürfe: »denn«, meinte sie, »es heißt ja, Soldaten und Seeleute wissen viele Geschichten.« Sie holte ihn herein und sprach zu ihm: »Dein Essen wird bald unten sein. Ich weiß, du hast einen Imbiß nötig.«

Die Nacht brach herein, und das Essen wurde gebracht und ihm vorgesetzt; da stand jede Art Speise, die er sich ausdenken konnte, und die junge Dame sagte: »Du wirst es nicht verübeln, daß wir zu unseren Mahlzeiten hier kein Licht haben. Zeig, welches Gericht dir am meisten zusagt.«

»Oh«, sagte er, »wenn das hier so Brauch ist, gern.« Darauf löschte sie die Kerze aus, und er machte sich über die Schüssel her, die auszuwählen er für gut hielt. Sie stampfte mit dem Fuß auf den Boden, rief zwei Offiziere herein und befahl: »Packt diesen Schurken und werft ihn ins Gefängnis.« Die Offiziere zerrten ihn fort und steckten ihn ins Gefängnis, und dort erhielt er Brot und Wasser.

Am nächsten Abend langte der Unteroffizier am selben Haus an und bat, übernachten zu dürfen. Die Dame kam heraus und sagte: »Ja... Wie ich höre«, meinte sie dann, »bist du ein Soldat, und ein Soldat und ein Seemann wissen viele Geschichten zu erzählen.« Sie holte ihn herein, forderte ihn auf, sich auf einen Stuhl zu setzen, und sagte zu ihm: »Ich weiß, du hast Hunger und Durst: Dein Essen wird bald dasein.«

Die Nacht brach herein, und er wurde des Wartens müde, denn

ihm knurrte der Magen. Endlich wurde das Mahl gebracht und auf den Tisch gesetzt, und die Dame kam mit einer Kerze dazu und sprach zu ihm: »Es ist hier so der Brauch, daß wir zum Essen kein Licht haben; und du zeig, welches Gericht dir am meisten zusagt.« Da machte er sich über die Schüssel her; sie aber löschte die Kerze aus, stampfte mit dem Fuß auf den Boden, rief zwei Offiziere herein und befahl ihnen, den Schurken einzusperren. Die Offiziere schleppten ihn fort und warfen ihn ins Gefängnis; und dort bekam er Brot und Wasser.

Am nächsten Abend langte der Soldat an dem Haus an. Er war schon halb verhungert und fragte, ob er übernachten dürfe. Die Dame kam heraus und antwortete: »Ja... Wie ich höre«, meinte sie dann, »bist du Soldat, und Soldaten und Seeleute wissen viele Geschichten.« Dann holte sie ihn ins Zimmer, hieß ihn auf einem Stuhl Platz nehmen und sprach: »Bald kommt dein Essen.«

Die Nacht brach über ihm herein, und er wartete voller Ungeduld. Endlich wurde das Mahl gebracht, und die Dame trat zu ihm ins Zimmer und sprach: »Es ist hier so Brauch, daß wir beim Essen kein Licht haben; du zeig, welches Gericht dir am meisten zusagt, los, fang an!« Damit löschte sie die Kerze.

Da stand er auf, schlang die Arme um sie und küßte sie und sagte: »Das Essen ist gut, aber dich ziehe ich vor.«

Darauf stampfte sie mit dem Fuß auf den Boden und rief nach Licht. Ein Diener mit einer Kerze trat ein, und sie und der Soldat setzten sich hin und ließen sich's schmecken. Sie verbrachten die Nacht, indem sie sich unterhielten und einander Geschichten erzählten. Sie erkundigte sich, ob er was gelernt habe, und er sagte: »Ja«. Sie verlangte, er solle ihr seine Handschrift zeigen, und das tat er. Nun ging sie eine Weile wie eine Katze um den heißen Brei, bis sie ihn fragte: »Willst du mich heiraten?«

»Aber ja!« sagte er.

»Schön!« sagte sie. »Ich bin die Tochter vom König der grünen Berge und hatte keine Lust, einen König oder Ritter zu heiraten, sondern ich wollte einen hübschen, einfachen Burschen. Ich habe ein großes Gut und eine Menge Gold und Silber.« Und dann setzten sie den Hochzeitstag fest.

Als die Schlafenszeit kam, führte sie ihn in ein Zimmer und wünschte ihm gute Nacht, und er ging zu Bett. Am Morgen, als es Zeit war, kam sie herein und bat ihn, aufzustehen und sich zum Frühstück anzukleiden. Als das Frühstück auf dem Tisch stand, setzten sie sich und verzehrten es miteinander. Danach zog sie eine goldene Börse aus der Tasche und gab ihm Geld, damit er sich einen Anzug machen lasse, und schickte ihn zu einem Schneider, den sie kannte. Zu dem ging er hin und bat ihn, den Anzug zu nähen, und zwar gut, und sagte ihm, er müsse darauf warten. Der Schneider machte sich an die Arbeit und nähte den Anzug, und der paßte wie angegossen. Nun brach der Soldat zur Heimkehr auf; des Schneiders Mutter aber sagte: »Geh ein Stück mit ihm. Er wird Durst kriegen. Dann gib ihm diesen Apfel, und er schläft ein.«

Sie hatten verabredet, daß ihm die Dame an dem Tag, an dem sie ihn erwartete, mit der Kutsche entgegenfuhr. Er und der Schneider brachen auf und setzten sich unterwegs hin, um Rast zu machen; da sagte der Soldat: »Hab ich einen Durst.« Der Schneider sprach: »Ich glaube, ich habe einen Apfel in der Tasche; ich gebe ihn Euch.«

Sowie der Soldat den Apfel verzehrt hatte, fiel er in Schlaf. Da kam die Dame in der Kutsche gefahren und sagte zum Schneider: »Ist der Kerl eingeschlafen? Dann weck ihn.«

Der Schneider schüttelte ihn mit aller Macht, aber er war nicht zu ermuntern. Die Dame holte einen goldenen Ring aus der Tasche, reichte ihn dem Schneider und befahl, den solle er dem Schläfer übergeben und ihm ausrichten, sie werde ihn am nächsten Tag abholen. »Heute soll er mit dir zurückgehen!« sagte sie.

Darauf fuhr sie wieder heim, und die beiden kehrten zum Schneiderhaus zurück. Er verbrachte die Nacht beim Schneider. Als er am Morgen nach dem Frühstück aufbrechen wollte, holte der Schneider den goldenen Ring aus der Tasche und sagte: »Hier ist ein goldener Ring, den mir die Dame für Euch gegeben hat.«

Als sie eben fortgehen wollten, sagte des Schneiders Mutter: »Sicher hat es keinen Zweck, ihm heute wieder einen Apfel anzubieten; aber hier hast du eine Birne, die gib ihm, wenn er

Durst kriegt. Vielleicht wird die Tochter vom König der grünen Berge dir selber zuteil.«

Der Soldat und der Schneider machten sich auf. Unterwegs setzten sie sich, um zu rasten, und der Soldat sagte: »Hab ich heute wieder einen Durst!«

»Schön!« sagte der Schneider, »hier ist eine Birne, die löscht ihn Euch.«

»Na!« meinte der Soldat, »gestern habe ich von dir einen Apfel gekriegt und bin davon eingeschlafen; ich trau mich nicht, die Birne zu nehmen.«

»Ach, Ihr seid ja närrisch!« sagte der Schneider, »das braucht Ihr nicht zu denken.«

Der Schneider reichte ihm eine Birne; er aß sie auf und sank in Schlaf. Danach kam die Dame mit der Kutsche an und sagte zum Schneider: »Der Kerl schläft doch wohl nicht schon wieder!«

»Doch«, sagte der Schneider, und sie befahl: »Versuch, ob du ihn wachkriegst.«

Der Schneider schüttelte ihn mit aller Macht, aber er war nicht zu ermuntern. Die Dame holte ein Federmesser aus der Tasche, reichte es dem Schneider und sagte: »Gib ihm das und sag ihm, ich hole ihn morgen hier ab; heute soll er mit dir zurückgehen.«

Als sie fortgefahren war, erwachte der Soldat und erkundigte sich, ob die Dame gekommen sei.

»Sie ist dagewesen«, sagte der Schneider, »aber wir haben es nicht fertiggebracht, Euch aufzuwecken. Hier ist ein Federmesser, das hat sie für Euch dagelassen; und sie hat gesagt, sie wolle Euch morgen hier treffen.« Darauf kehrten er und der Schneider heim und verbrachten die Nacht zusammen.

Als sie am nächsten Tag nach dem Frühstück aufbrechen wollten, sagte die Alte: »Es wäre zwecklos, ihm heute einen Apfel oder eine Birne anzubieten; aber wenn ihr an euerm Rastplatz anlangt, dann steck ihm diese Nadel hinten in den Rock, und wenn er gestern und vorgestern schläfrig war, diesmal wird er noch siebenmal schläfriger sein.«

Sie zogen davon und erreichten ihren Rastplatz, und der Schneider steckte ihm die Nadel hinten in den Rock, und er sank in Schlaf. Nun kam die Dame angefahren; sie hatte zwei Männer mitgebracht, die ihn in die Kutsche heben sollten. Sie sprach zum Schneider: »Schläft er heute wieder?«

»Ja«, sagte der Schneider.

»Dann weck ihn«, befahl sie, »falls er wachzukriegen ist.« Der Schneider schüttelte ihn aus Leibeskräften, aber er war nicht zu ermuntern. Da befahl sie den beiden Männern, ihn in die Kutsche zu tragen; doch alle drei zusammen waren nicht imstande, ihn aufzuheben. Sie reichte dem Schneider eine goldene Nadel und sagte: »Gib ihm das. Jetzt komme ich nicht noch einmal, um ihn zu holen.«

Als sie fortfuhr, nahm der Schneider dem Soldaten die Nadel aus dem Rock, und er erwachte. Er erkundigte sich, ob die Dame gekommen sei, und der Schneider berichtete ihm, sie sei dagewesen und wieder fortgefahren, und sprach: »Hier ist eine Nadel, die sie als Andenken dagelassen hat. Ihr werdet sie wohl kaum wiedersehen. Ihr kommt doch heute abend mit mir heim.«

»Bestimmt nicht!« sagte der Soldat. »Ich wünschte, ich wäre nicht so oft mit dir wieder nach Hause gegangen. Ich mache mich jetzt schleunigst auf, mein Glück suchen.« Damit schieden sie.

Er marschierte drauflos und fragte überall, wo es zum Königreich der grünen Berge gehe. Aber alle, bei denen er sich erkundigte, erwiderten, von einem solchen Königreich hätten sie noch nie gehört. Er wanderte von Ort zu Ort, aber über das Königreich vermochte er nichts zu erfahren. Die Leute machten sich über ihn lustig, weil er überhaupt von einem solchen Land redete. Eines Tages langte er bei einem Weiler an und sah, wie ein alter Mann ein Dach mit Rasensoden deckte; er sprach zu ihm: »Ach! Wie alt du bist, und dennoch deckst du das Dach mit Soden.«

Der alte Mann erwiderte: »Alt bin ich schon; aber mein Vater ist noch älter.«

»Was!« sagte der Soldat, »dein Vater lebt noch?«

»Sicher«, sagte der alte Mann. »Und wohin bist du unterwegs?«

»Ich will ins Königreich der grünen Berge«, sagte der Soldat.

»Na«, sagte der alte Mann, »ich hab etliche Jährchen auf dem Buckel, aber von dem Königreich habe ich noch nie gehört. Vielleicht weiß mein Vates was darüber.«

»Wo ist er?« fragte der Soldat.

»Er schafft mir die Rasensoden heran«, erwiderte der Alte, »und wird bald hier sein; dann kannst du mit ihm über das Königreich reden.«

Der Mann, der die Soden brachte, traf ein, und der Soldat sprach zu ihm: »Ach! Mann, wie alt du bist!«

»Bei Mary, alt bin ich schon, aber mein Vater ist noch älter«, versetzte der alte Mann.

»Lebt er denn noch?« fragte der Soldat.

»Aber ja!« erwiderte der alte Mann.

»Und wo ist er?« fragte der Soldat.

»Er sticht die Soden ab«, sagte der alte Mann.

Nun gingen sie zu dem, der die Soden abstach, und der Soldat sagte: »Ach! Mann, wie alt bist du! Und trotzdem stichst du Soden!«

Der alte Mann sagte: »Alt bin ich schon, aber mein Vater ist noch älter.«

»Was!« sagte der Soldat, »ist denn dein Vater tatsächlich noch am Leben?«

»Aber sicher!« sagte der andere.

»Und wo ist er?« fragte der Soldat.

»In den Bergen, Vögel jagen«, sagte der alte Mann.

Der Soldat sprach zu ihm: »Hast du je vom Königreich der grünen Berge gehört?«

»Nein«, antwortete der andere, »aber vielleicht weiß mein Vater etwas; wenn er heute abend heimkommt, kannst du ihn ja fragen.«

Nun blieb der Soldat bis zum Abend bei dem alten Mann; da kehrte der Vogelsteller heim. Als er herankam, sagte der Soldat zu ihm: »Ach! Mann, wie alt du bist!«

»Alt bin ich schon«, antwortete der andere, aber mein Vater ist noch älter.«

»Was«, sagte der Soldat, »ist denn Euer Vater wahr und wahrhaftig noch am Leben?«

»Bei Mary! Das ist er«, sagte der Vogelsteller.

»Und wo?« fragte der Soldat.

»Er ist im Haus«, gab der Vogelsteller zurück.

Der Soldat sagte zu ihm: »Habt Ihr je vom Königreich der grünen Berge gehört?«

»Nein«, sagte der andere, »aber vielleicht weiß mein Vater was darüber.«

Sie gingen zum Haus hinunter, und als sie eintraten, wurde der Alte drinnen in der Wiege geschaukelt. Der Soldat sagte zu ihm: »Ach! Mann, was für ein hohes Alter ist Euch vergönnt!«

»O ja«, sagte der in der Wiege, »es langt.«

Der Soldat sagte zu ihm: »Habt Ihr je vom Königreich der grünen Berge gehört?«

»Wahrhaftig«, sagte der Alte, »noch nie.«

Da sprach der Vogelsteller zum Soldaten: »Morgen geh ich auf den Berg und blase da auf meiner Pfeife; und auf der ganzen Welt ist kein Land, von wo dann nicht die Vögel zu mir flögen; da erfahre ich, ob es ein solches Königreich überhaupt gibt.«

Der Soldat brachte die Nacht bei den alten Männern zu. Am nächsten Tag stieg er mit dem Vogelsteller auf den Berg. Als sie oben angelangt waren, blies der Vogler auf seiner Pfeife; und aus allen Himmelsrichtungen kamen die Vögel angeflogen; doch ganz zuletzt langte ein riesiger Adler an. Der Vogler sagte zu ihm: »Du Lumpenkerl! Warum bist du so weit hinter den andern zurück?«

»Also«, sagte der Adler, »ich habe wirklich eine viel größere Strecke bewältigen müssen als sie.«

»Woher kommst du denn?« fragte der Vogelsteller.

»Aus dem Königreich der grünen Berge«, sagte der Adler.

»Gut«, sagte der Vogler, »hier ist ein Mann, den mußt du morgen auf dem Rücken dorthin tragen.«

»Gern«, sagte der Adler, »wenn ich genug zu essen kriege.«

»Kriegst du«, sagte er, »du bekommst einen reichlichen Viertelzentner Fleisch.« Darauf kehrten sie heim, und der Adler blieb über Nacht bei ihnen.

Am nächsten Tag brachen nach dem Frühstück der Vogelsteller, der Soldat und der Adler auf und stiegen auf den Berg; und sie hatten einen Viertelzentner Fleisch für den Adler mit und einen für den Soldaten. Nun stieg der Soldat dem Adler auf den Rücken und sagte dem Vogler Lebewohl, und der Adler breitete seine Schwingen aus und flog fort. Unterwegs verzehrte er seinen Viertelzentner Fleisch, und dann sagte er zum Soldaten: »Ich habe Hunger und muß dich fallen lassen!«

»Ach, tu das nicht!« sagte der Soldat, »ich habe noch ein bißchen von meinem Teil übrig, das kriegst du.«

»Also reich es mir nach vorn«, sagte der Adler. Das tat der Soldat, und der Adler verschlang den Brocken und flog mit neuer Kraft eine tüchtige Strecke weiter. Aber dann sagte er abermals: »Ach! Ich habe wieder Hunger und muß dich fallen lassen.«

»Ach, tu das nicht!« sagte der Soldat. »Bring mich unbedingt heil ins Königreich der grünen Berge!«

»Schau nach«, sagte der Adler, »ob du noch ein bißchen Fleisch übrig hast!«

»Leider nein«, sagte er.

»Du hast einen ordentlichen Schenkel«, sagte der Adler, »Halt ihn mir vor!«

Er streckte dem Adler seinen Schenkel hin, und der Vogel fraß das Fleisch an der Außenseite ab. »Jetzt ist mir besser«, sagte er, »das ist das süßeste Fleisch, das ich je gegessen habe.» Und nun flog er mit neuer Kraft eine gewaltige Strecke. Aber dann wurde er abermals hungrig. »Ach!« sagte er, »nun muß ich dich unbedingt fallen lassen: Mir wird schwach. Aber reich mir deinen andern Schenkel nach vorn, damit sich die beiden Schenkel gleich sehen.« So bitter es war, er mußte dem Vogel auch den anderen Schenkel hinhalten. Der Adler fraß ihn ab und sagte: »Ach! Nun bin ich doppelt so kräftig. Ich denke, jetzt schaffe ich's bis zum Königreich der grünen Berge.«

Und so war es. Der Adler landete und ließ den Soldaten von seinem Rücken steigen. Es lag dort ein totes Pferd, das soeben geschunden worden war. Der Adler forderte den Soldaten auf, eine Kruppe davon abzuschneiden und ihm auf den Rücken zu packen. Das tat er, und so flog der große Vogel wieder heim. Der Soldat aber war in einer schlimmen Lage. Laufen konnte er nicht, so wie es um seine Schenkel bestellt war; aber er arbeitete sich vorwärts, bis er an einem Haus ankam; das gehörte dem

Gärtner des Königs der grünen Berge. Die Gärtnersfrau war sehr gut zum Soldaten, und er blieb bei ihr, bis sie ihn geheilt hatte. Danach fing er an, beim Gärtner zu helfen.

Es verbreitete sich die Nachricht, daß die Tochter des Königs der grünen Berge im Begriff stehe zu heiraten. »Ach!« sagte der Soldat zur Gärtnersfrau, »was für ein Jammer, daß ich sie nicht zu sehen kriege!«

»Du sollst sie sehen«, sagte die Gärtnersfrau. »Ich lasse mir schon etwas einfallen.« Sie steckte ihn in feine Kleider und sandte ihn mit einem Korb Äpfel fort und schärfte ihm ein: »Denk dran, daß du sie keinem Menschen außer ihr selber übergibst!«

Er zog los und langte am Haus des Königs an und sagte, er habe einen Korb Äpfel für die Tochter des Königs der grünen Berge. Die Diener machten Miene, ihm den Korb abzunehmen, doch er weigerte sich, ihn herzugeben, und bat, sie selber sehen zu dürfen. Daraufhin ließ ihm die Königstochter ausrichten, er möge zu ihr hereinkommen. Er trat ein und reichte ihr den Korb Äpfel, und sie ergriff eine Flasche und schenkte ihm ein Glas Wein ein. »Verzeiht«, sagte er: »In dem Land, aus dem ich komme, ist es Brauch, daß zuerst der trinkt, der den Trank bietet.« Da trank sie ihm zuerst zu und füllte das Glas dann aufs neue. Er holte den goldenen Ring vor, den sie ihm geschenkt hatte, und warf ihn ins Glas, eher er es ihr zurückgab. Sie nahm ihn, besah ihn und erkannte ihren eigenen Namen darauf, und sie sagte zu ihm: »Wo hast du diesen Ring gefunden?«

Er erwiderte: »Erinnert Ihr Euch noch an den Soldaten, den Ihr wegen eines Anzugs zum Schneider geschickt habt?«

»Ich denke doch«, sagte sie. »Hast du noch mehr Beweise?«

»Die habe ich«, sagte er und holte das Federmesser vor und überreichte es ihr.

»Hast du noch mehr Beweise?« sagte sie.

»Die habe ich«, versetzte er und gab ihr die goldene Nadel.

»Nun sehe ich«, sagte sie, »daß die Sache ihre Richtigkeit hat!« Und sie umschlang ihn mit beiden Armen und war überglücklich. Sie setzten den Hochzeitstag fest, und die Prinzessin schickte denjenigen fort, den sie um ein Haar geheiratet hätte.

Nach der Hochzeit nahm sie ihn mit ins Gefängnis, um ihm die zwei Männer vorzuführen, die sie dort eingesperrt hatte; da erkannte er seine Kameraden und fühlte großes Mitleid mit ihnen. Er bat seine Frau, sie freizulassen, und gab ihnen eine hübsche Summe Geld mit auf den Weg.

9 Der Sohn des Starken Mannes aus dem Walde, der einundzwanzig Jahre an seiner Mutter Brust trank

Es war einmal ein Mann, den nannten die Leute den Starken Mann aus dem Walde. Er tat nichts anderes, als zu jagen und Feuerholz in sein Haus zu holen. Einmal zog er los, um eine große Eiche zu schlagen, die er am Tag zuvor im Wald gesehen hatte. Als der Baum sich neigte, fiel er auf ihn und zerquetschte ihn furchtbar. Aber der Mann war stark und brachte es fertig, sich darunter vorzuarbeiten. Als er wieder auf den Füßen stand, packte er den Stamm und schleppte ihn, vor sich die Wurzeln, hinter sich den Wipfel, mit nach Hause. Sobald er ihn vor der Tür von der Schulter geworfen hatte, fiel er zu Boden.

Seine Frau kam herausgelaufen, und als sie sah, wie es um ihn stand, half sie ihm auf und herein und brachte ihn bis auf die Bettkante. Als er dort saß, stieß er einen tiefen Seufzer aus und sagte: »Mit mir ist's aus.« Er hatte die Hand geballt, und als er die Faust öffnete, lag eine Eichel darin. Er schaute sie an, dann gab er sie seiner Frau. »Ich sterbe jetzt«, sagte er, »aber du sollst die Eichel vor der Tür in den Misthaufen pflanzen. Du wirst einen Jungen kriegen, und in der Nacht, wo er auf die Welt kommt, wird der Sämling aus der Eichel aus dem Boden kommen. Den Jungen sollst du auf deinem Schoß mit deiner Milch nähren, bis er so stark ist, daß er die Eiche, zu der der Sämling aufwachsen wird, mit den Wurzeln aus dem Boden reißen kann.« Und nachdem er das zu seiner Frau gesagt hatte, legte er sich hin und stand nicht wieder auf.

Als die Zeit da war, brachte die Frau einen Sohn zur Welt, und sowie er geboren war, befahl sie der Hebamme, hinauszugehen und nachzuschauen, ob da ein Sämling aus der Eichel gewachsen war. Der Sämling war aus der Erde hervorgedrungen.

Sie nahm ihren Sohn und nährte ihn sieben Jahre lang auf ihrem Schoß, dann führte sie ihn zu dem Baum hinaus und befahl ihm zu versuchen, ob er ihn ausreißen könne. Er packte den Stamm und schüttelte ihn heftig und riß daran, aber der Baum war so fest im Boden verwurzelt, daß er sich nicht rührte.

Als die Mutter sah, daß er es nicht schaffte, führte sie den Jungen ins Haus zurück und nährte ihn noch einmal sieben Jahre lang an ihrer Brust. Dann brachte sie ihn wieder zu dem Baum hinaus und hieß ihn versuchen, wer nun stärker sei, er oder der Baum. Er packte den Stamm und zerrte fürchterlich daran, aber die Wurzeln saßen so fest im Boden, daß der Junge machtlos war.

Als die Mutter sah, daß er es zum zweitenmal nicht schaffte, führte sie ihn herein und nährte ihn noch einmal sieben Jahre lang aus ihrer Brust. Dann brachte sie ihn zum Baum hinaus und sagte: »Nun sieh zu, wer stärker ist, du oder der Baum.« Er sprang mit ein paar mächtigen Sätzen zu dem Stamm hin, packte ihn mit beiden Händen, schüttelte ihn, daß er erbebte, riß drei oder vier Mal wild an ihm – und da löste sich der Baum von seinem Wurzelgrund und fiel. Der Junge zerbrach und zerknickte Äste und Zweige, den Gipfel zuerst, bis er aus allem Feuerholz gemacht hatte, und stapelte es vor der Tür zu einem Haufen. Die Mutter aber sagte:

»Jetzt hast du lange genug an meiner Brust getrunken und bist gut imstande, dir deinen Lebensunterhalt künftig selber zu beschaffen. Komm herein, ich back dir noch einen Haferkuchen, den sollst du kriegen und meinen Segen dazu, und dann zieh los und such dir dein Glück selber.«

Er bekam den Haferkuchen und nahm Abschied und marschierte munter drauflos in der Hoffnung, jemanden zu finden, der ihn brauchen könnte und anstellen würde. Schließlich stieß er auf ein schönes, großes Gut, von soviel Kornschobern umgeben, wie er noch nie beisammen gesehen hatte. Er dachte, da würde es am Ende Arbeit für ihn geben, und marschierte geradenwegs auf das Haus zu.

Er klopfte an die Tür und fragte nach dem Herrn. Der kam und erkundigte sich, was er wolle. Der Große Bursche antwortete: »Arbeit.« – »Du siehst aus, als ob du allerhand schaffen könntest«, meinte der Herr. »Arbeit habe ich genug, warum solltest du nicht welche kriegen? Kannst du dreschen?« – »Klar«, antwortete der Bursche. »Na«, sagte der Herr, »jetzt bist du erstmal müde. Schau dich heute abend hier um, und morgen früh fängst du dann mit dem Drusch an.« – »Wo soll ich anfangen?« – »In der Scheune, da liegt soviel Korn, daß zwei Mann sechs Wochen brauchen, um alles zu dreschen, und wenn sie noch so tüchtig sind. Wenn du damit fertig bist, hinter der Scheune gibt es einen Hof voller Kornschober. Von denen muß jeder Halm gedroschen werden.«

Die Scheune stand auf einem Hügel oberhalb des Gutshauses, und der Schoberhof lag auch dort oben. Als der Bursche sein Essen bekommen hatte, stieg er zur Scheune hinauf, um sich die andern, die dort droschen, anzugucken. Er ging hinein, schaute ihnen erst eine Weile zu und nahm dann einem den Flegel aus der Hand: »Die Flegel, die ihr da habt«, sagte er, »taugen überhaupt nichts. Wenn ich morgen anfange, dann sollt ihr sehen, was für einen ich habe.«

Darauf ging er in den Wald, um sich einen Flegel zu schneiden; als der fertig war, glich sein Stiel einem Schiffsmast.

Damals galt noch das Gesetz, daß die Knechte von Stern zu Stern arbeiten mußten – das heißt vom frühesten Morgen, wenn die Sterne verschwinden, bis in die Nacht, wenn sie wieder aufgehen. Der Große Bursch wußte das; deshalb stand er am Morgen in aller Frühe auf und fing mit dem Dreschen an, bevor der Morgenstern am Himmel erloschen war. Er nahm sich als erstes den Kornvorrat in der Scheune vor, hob im einen Scheunenende mit der Arbeit an, und indem er, gewaltig ausholend und zuschlagend, immer weiter in den Kornmassen zum anderen Scheunenende vorrückte, hieb er unversehens das Dach aus dem Gebäude. So drosch er immer weiter, bis kein Halm mehr unbearbeitet auf dem Boden lag; da war erst die Frühstückszeit da.

Nachdem er im Haus sein Frühstück gekriegt hatte, ging er wieder hinaus. Nun marschierte er in den Schoberhof, klemmte sich dort unter jeden Arm eine Feime, nahm noch eine zwischen die Hände und trug sie in die Scheune und drosch sie. So arbeitete er immer fort, bis die Zeit zum Mittagessen herangerückt war; und da war im ganzen Schoberhof keine Feime mehr übrig. Das ganze Gehöft war weiß von Stroh, die Scheunenwände aber waren bis fast oben mit Korn angefüllt.

Er ging und suchte den Herrn. Der Herr traf ihn auf halbem Wege und wunderte sich sehr, wieso das Gehöft so voll von Stroh lag. Aber zu dem Großen Burschen sagte er kein Wort darüber. Und dann fragte der Bursche, was er nun tun solle. »Du sollst in die Scheune gehen und dreschen!« sagte der Gutsherr. Der Große Bursch antwortete: »Da ist aber nichts mehr zu dreschen.« – »Was! Da haben zwei Mann sechs Wochen lang zu dreschen, und wenn sie noch so tüchtig sind!« – »Nein. Im ganzen Gut ist kein Strohhalm mehr ungedroschen – weder in der Scheune noch im Schoberhof.« Der Gutsherr wußte nicht, was er dazu sagen sollte, aber er hieß den Burschen hineingehn und mittagessen. Er selber ging inzwischen zur Scheune, um zu sehen, ob der Bursch ihm die Wahrheit gesagt hatte oder nicht.

Er langte an der Scheune an, und als er da die Bescherung sah – das Dach ausgestoßen, das Stroh überall ins Gehöft gewirbelt, jeder Schober im Schoberhof gedroschen –, da packte ihn gewaltige Furcht. Was ihn aber am meisten entsetzte, das war der Dreschflegel des Großen Burschen.

Er kehrte zitternd ins Haus zurück – und zwar auf einem Umweg, denn er wollte dem Großen Burschen nicht begegnen, wenn der nach dem Essen wieder aus dem Haus kam. Aber der Große Bursch entdeckte ihn und ging geradenwegs auf ihn los und fragte: »Was soll ich also nun tun?« Der Herr wußte nicht, was er ihm antworten sollte; alles, was ihm einfiel, war: »Du hast vor Tisch so ausgezeichnet gearbeitet, daß du dich diesen Abend lieber ausruhen solltest.« Da sagte der Große Bursch: »Ihr habt also jetzt gesehen, wie ich arbeite, und wißt, was ich leiste. Ich muß aber mehr zu essen kriegen.« – »Wieviel mußt du kriegen?« – »Anderthalb Scheffel Mehl als Brei am einen Tag, und am andern anderthalb Scheffel Mehl zu Haferkuchen gebacken, und dazu einen zweijährigen Stier.«

»Sollst du kriegen«, sagte der Gutsherr. Er zitterte vor Angst.

Der Herr ging nun ins Haus und sagte dem Gesinde, was sie künftig jeden Tag dem Großen Burschen für Essen zurichten sollten.

Und dann beratschlagten er und die erfahrenen Männer, die zum Gut gehörten. Es war ihnen klar, daß der Große Bursch das Gehöft kahlfressen würde, falls sie nicht einen Weg fänden, um ihn umzubringen oder fortzuschaffen. Nun lebte da ein Mann, der wirklich schon betagt war; die Leute nannten ihn den Großen Angus von den Felsen, und einer von den Männern sagte: »Wenn der Große Angus nicht weiß, was wir mit ihm anfangen sollen, dann weiß es keiner.«

Der Gutsherr schickte nach dem Großen Angus. Angus kam, und der Herr erzählte ihm jede Einzelheit über den großen Kerl, der da über sie gekommen war – wie er das Korn drosch und was für eine Art Flegel er dabei benutzte. »Ach!« sagte Angus, »da ist er also schließlich doch gekommen! Als ich ein kleiner Junge war, hab ich meinen Großvater über ihn reden hören. Damals war er so alt wie ich heute. Da erzählte er, es habe geheißen, dieser Hof werde von einem Riesen zugrunde gerichtet werden. Und ich hab gar keinen Zweifel, daß es der jetzt ist.« – »Kannst du dir vorstellen, daß man ihn irgendwie umbringen könnte?« – »Ich wüßte bloß ein Verfahren: Befehlt ihm, er soll mitten in dem Feld dort drüben einen großen Brunnen graben; er soll graben, bis er auf Wasser trifft. Es ist Sandboden, und er muß sehr tief gehen, bevor er welches findet. Aber wenn er soweit ist, dann muß jeder Mann hier, der eine Schaufel handhaben kann, bereitstehen, und bückt sich der Kerl unten in dem Loch auf den Grund, dann muß jeder einzelne oben fix wie zwei ihm alle Erde auf den Kopf schippen, die er ausgehoben hat. Aber wenn Ihr seht, daß er sich aufrichtet, dann laßt alle rennen, was sie rennen können; denn kriegt der den Kopf hoch, dann kommt er doch wieder heraus und bringt euch um.«

Der Gutsherr war einverstanden.

Noch am selben Abend schickte er nach dem Großen Burschen. Der kam, und der Herr teilte ihm mit, das Wasser werde bedenklich knapp, und deshalb wünsche er, daß auf dem Feld drüben ein Brunnen gegraben werde. »In Ordnung« sagte der Bursch. »Morgen früh sollst du gleich damit anfangen«, sagte der Herr.

Beim ersten Tagesschimmer begann der Große Bursch zu graben. Auch die andern Männer waren früh zur Stelle; sie zogen mit dem Herrn los, um den Großen Burschen zu beobachten und zu sehen, wie er mit dem Loch vorankam. Als sie in die Nähe kamen, war nur noch sein Scheitel zu sehen; er hatte sich tief in den Boden gewühlt und einen großen Haufen Erde herausgeschippt. Sie fürchteten schon, sie hätten die richtige Zeit verpaßt, aber als sie bei dem Loch anlangten, war es eben recht. Der Herr stellte sich an den Rand der Grube, und als sich der Große Bursch bückte, rief er den Männern zu: »Los, los!« Sie stießen die Schaufeln in den Erdhaufen und arbeiteten in rasender Hast, aber nur eine kleine Weile: Dann richtete sich der Bursch unten im Loch auf, wedelte mit der Hand und brüllte: »Husch!« – »Weg, weg!« schrie der Herr seinen Männern zu, und alle rannten fort, so schnell die Füße sie trugen.

Aber der Große Bursch hörte nicht auf, sondern grub den Brunnen fertig; und dann ging er zum Gutshaus. Als er in die Nähe kam, wunderte er sich sehr, daß ringsum kein Mensch zu sehen war. Vor der Tür angelangt, faßte er nach dem Riegel, aber die Tür war von innen so fest verrammelt, daß sie sich nicht öffnen ließ. Da drückte er mit der flachen Hand gegen den Riegel und drückte stärker, als er vorhatte. Der Riegel brach, und die Tür sprang auf. Er trat ein und fand den Gutsherrn, wie er zitternd unter dem Tisch hockte.

Dann kam der Herr vorgekrochen und fragte den Großen Burschen: »Bist du mit dem Loch fertig?« – »Sicher«, sagte der Bursch. »Aber warum habt Ihr nicht einen geschickt, mir die Saatkrähen wegzuscheuchen? Sie haben mir fast die Augen ausgehackt, wie sie im Sand nach Würmern kratzten. Na ja. Was soll ich jetzt weiter machen?« – »Ach, geh und laß dir dein Essen geben«, sagte der Herr. Der Große Bursch tat, wie ihm befohlen.

Als ihn der Gutsherr erst einmal losgeworden war, schickte er wieder nach dem alten Mann und sagte zu ihm: »Dein Plan hat nicht geholfen. Er hat ein Loch gegraben, über dreißig Fuß tief, ich hab jeden Mann vom Gut an den Rand gestellt, hab aufgepaßt, bis die Gelegenheit da war und er sich unten bückte; dann hab ich ihnen zugerufen: ›Los!‹ Sie haben Erde auf ihn geschippt, jeder für zwei, aber er hat sich unten aufgerichtet und ›Husch!‹ gebrüllt. Da sind wir geflohen. Kurze Zeit drauf ist er zum Haus nachgekommen. Er ist zur Tür gegangen, die war verriegelt und verrammelt, aber er hat sie mit der bloßen Hand eingedrückt, ist hereingekommen und hat mir wahr und wahrhaftig gesagt, warum ich denn nicht einen Mann geschickt hätte, um die Krähen zu verjagen, die hätten den Sand auf ihn runtergescharrt und ihn so fast um die Augen gebracht, während er unten den Boden sauberschaufelte. »Oh«, sagte der Große Angus, »dann versuchen wir eben was anderes mit ihm.« – »Woran denkst du?« – »Schickt ihn auf das Feld am Schwarzen See, er soll da den Krummen Grat pflügen. Der Mann und das Tier, die dort bis zum Sonnenuntergang pflügten, sind noch nie mit dem Leben davongekommen.« – »Das werden wir mit ihm versuchen«, sagte der Herr.

Er schickte nach dem Großen Burschen und sagte ihm, am nächsten Morgen solle er losziehen, um den Krummen Grat am Feld beim Schwarzen See zu pflügen. »In Ordnung«, sagte der Bursch. »Mach ich.«

Frühmorgens richtete er sich aufs Pflügen ein. Den Pflug trug er auf der Schulter fort, die beiden Pferde führte er hinter sich her, so kam er auf dem Feld am Schwarzen See an. Er stieß den Pflug am Ende des Krummen Grates in den Boden und spannte die Pferde ins Joch. In der Mitte vom Grat stand ein großer Baum, und er sagte zu sich selber. »Auf den halte ich zu.« Und dann fing er an.

Er kam den Tag über gut voran, aber als die Sonne unterging, hörte er im See ein fürchterliches Geplätscher. Er schaute hin und sah ein großes, schwarzes, ungeschlachtes Ding sich im Wasser bewegen, doch er achtete nicht darauf und pflügte weiter wie zuvor. Sobald die Sonne versunken war, kam das Untier an Land und ging das Ufer entlang bis zum äußersten Ende des Krummen Grates. Dort machte es kehrt und schritt auf das Gespann zu, genau in der Furche, in der der Große Bursch pflügte. Der Große Bursch ging mit seinen Pferden weiter geradeaus, und dicht bei dem Baum in der Feldmitte stießen sie auf das Untier. Der Große Bursch schrie dem Vieh zu: »Mach dich weg, oder du wirst sehen, was mit dir passiert!« Aber das Geschöpf beachtete ihn gar nicht. Es riß sein Maul auf und verschluckte eins der beiden Pferde lebendig und mit Haut und Haar. »Jetzt langt mir's«, sagte der Große Bursche. »Ich werd' dir helfen! Spuck ihn so schnell wieder aus, wie du ihn verschluckt hast!« Er ließ den Pflug los und stürzte sich auf das Ungeheuer. Sie rauften sich gräßlich herum, aber zum Schluß gewann der Große Bursch die Oberhand. »Spuck das Pferd aus!« sagte er. Aber das Vieh gehorchte nicht. »Ich werd' dir helfen!« sagte er abermals. Und nun packte er das Vieh beim Schwanz, zerrte es bis zum Baum, riß den aus und bearbeitete das Biest mit ihm, bis vom Wipfel nur noch ein Stück übrig war, das er in den Fingern hielt. Dann sagte er: »Willst du jetzt das Pferd ausspucken?« Aber das Biest gehorchte immer noch nicht. »Na schön!« sagte der Bursch, »auf alle Fälle wirst du jetzt die Arbeit von dem tun, den du gefressen hast.«

Das andere Pferd hatte das Geschirr gesprengt und war heimgaloppiert. Als es zu Hause eintraf und der Gutsherr sah, wie verstört es war, sagte er: »Oh, jetzt ist kein Zweifel, der Große Bursch und das andere Pferd sind tot! Das Wasserpferd aus dem Schwarzen See ist mit ihm fertig geworden!«

Aber der Große Bursche war noch fest an der Arbeit. Er spannte das Vieh vor den Pflug und fing an, mit ihm zu pflügen, und er hörte nicht auf, bevor die letzte Furche auf dem Krummen Grat gezogen war. Als er endlich fertig war, wanderte er heim, indem er das riesige Pferd am Kopf gepackt hielt.

Er langte vor der Tür des Gutshauses an und rief nach dem Herrn, er solle herauskommen. Aber kein Mensch antwortete, denn jeder auf dem Hof war geflüchtet und hatte sich versteckt, sowie sie ihn und das Wasserroß kommen sahen. Da machte er mit Klopfen einen ohrenbetäubenden Lärm an der Tür, und nun kam der Herr endlich, zitternd vor Angst, heraus.

Der Große Bursch fragte ihn, was er am nächsten Tag vornehmen solle. »Oh, pflügen«, sagte der Herr mit bebender

Stimme. »Da gibt's nichts mehr zu pflügen.« – »Was sagst du? Der Krumme Grat ist so groß, an dem pflügt ein Gespann sechs Wochen lang.« – »Ach wo. Ich hab erst aufgehört, als ich mit dem Ganzen fertig war.« – »Und du hast nicht irgendwas gesehen? Hat dich nichts bei der Arbeit gestört?« – »Gesehen? Bloß so ein widerliches, häßliches Vieh, das aus dem See kam und mir eins von den Pferden wegfraß. Es sollte mir's wieder ausspucken, ich hab es aber nicht dazu bringen können. Da hab ich's selber eingespannt und hab den ganzen Krummen Grat mit ihm gepflügt, aber das Pferd hat es immer noch nicht wieder von sich gegeben.« – »Und wo ist es jetzt?« – »Da an der Tür.« – »Oh, laß es gehen, laß es bloß gehn, schaff es fort!« – »Kommt nicht in Frage. Erst, wenn ich das Pferd von ihm zurück habe.«

Er ging zu dem Biest und warf es auf den Rücken, dann zog er sein großes Messer, schlitzte dem Vieh damit den Bauch auf und holte das Pferd heil und lebendig heraus. Darauf sagte er zum Herrn: »Ich weiß nicht, was ich mit ihm tun soll, außer, ich steck ihn in das Loch, das ich auf dem Feld gegraben habe. Und wenn jetzt noch kein Wasser drin sein sollte, *dann* bestimmt.« Er schleifte das Untier übers Feld, warf es kopfüber in das Loch, schaufelte Erde drüber, und da blieb es.

Der Gutsherr aber schickte wieder nach dem Großen Angus von den Felsen. Angus kam und sagte zum Herrn: »Was hast du heute für Neuigkeiten?« – »Schlechte. Dein Anschlag ist mißlungen. Ich hab ihn zum Krummen Grat geschickt, pflügen, und während er gepflügt hat, ist aus dem See ein furchtbares Untier gekommen und hat eins von den Pferden gefressen. Da hat er das Vieh gepackt und angespannt und den ganzen Grat mit ihm gepflügt, und als er fertig war, hat er es am Kopf hergeführt; an der Tür hat er's zu Boden geworfen und ihm das Pferd heil und lebendig wieder aus dem Bauch geholt. Dann hat er's am Schwanz zu dem Loch geschleift und kopfüber hineingeworfen. Und jetzt denke ich, wir geben auf. Besser, wir fliehen und überlassen ihm den Hof.« – »Einen Versuch werden wir noch machen.« – »Was für einen?« – »Sagt ihm, Euch ist das Mehl ausgegangen und Ihr habt keinen Bissen Essen mehr für ihn, bis er von der Mühle zurück ist. Ihr schickt ihn mit einer Schleife Korn zur Mühle von Leckan. Ihr schärft ihm ein, daß er sich beeilen soll, so wird er die ganze Nacht in der Mühle arbeiten, und ich verbürge mich dafür: der Uruisg der Mühle von Leckan läßt ihn genausowenig wieder heim wie alle andern auch. Aber wenn er dennoch davonkommt und wenn ihr den Burschen doch wieder anrücken seht, dann macht ihr euch besser allesamt, Jung und Alt, Klein und Groß und alles dazwischen, aus dem Staube, denn dann bringt nichts ihn um, und er richtet das Gut unweigerlich zugrunde.«

Der Gutsherr schickte nach dem Großen Burschen und erklärte ihm, das Mehl sei zu Ende, und er habe keinen Bissen Essen mehr für ihn, bevor er mit Mehl von der Mühle zurück sei. »Nimm dir ein Pferd, gleich, welches du willst, dazu die große Schleife, und pack sie mit Kornsäcken voll, und komm wieder heim, sobald du kannst. Du mußt die ganze Nacht in der Mühle arbeiten, damit du in aller Frühe wieder zurück bist.« – »In Ordnung«, sagte der Große Bursche; »mach ich.« Er fuhr unverzüglich mit dem Korn davon und erreichte die Mühle in der Abenddämmerung. Der Müller hatte das Mahlen eingestellt und die Mühle war abgeschlossen. Er spannte das Pferd aus der Schleife aus und schickte es auf die Weide: dann ging er zum Müllerhaus und rief an der Tür, der Müller solle aufstehn, denn er sei mit einer Last Korn da und müsse es bei Nacht mahlen. »Es ist ganz gleich, wer du bist und woher du kommst; es gibt auf der Erde niemanden, für den ich heute nacht die Mühle noch aufschließen würde.« – »Oh, aber du mußt aufstehen. Ich bin in Eile, und das Korn muß heute nacht noch gemahlen werden.« – »Eile oder nicht, ich hab noch nie einen Mann zu Gesichte gekriegt, für den ich heut nacht in die Mühle gehn würde.« – »Wenn du nicht gehn willst, dann gib mir den Schlüssel, und ich geh allein.« – »Na schön, wenn du reingehst, kommst du lebendig nicht wieder raus.« – »Da hab ich keine Angst. Gib den Schlüssel her.«

Der Müller gab ihm den Schlüssel, und er ging hinüber in die Mühle. Er trug das Korn hinein, machte ein großes Feuer von Kleie und Torf, breitete eine Schicht Korn auf der Darre aus, härtete es und schaufelte es in den Trichter. Dann setzte er das Mahlwerk in Gang, mahlte, soviel Hafer er schon getrocknet hatte, und schließlich fing er an, sich Haferkuchen zu kneten, denn er war sehr hungrig. Als sie geknetet waren, legte er sie auf die Darre, damit sie backten.

Während er sie backte und wandte, bemerkte er ein ungeschlachtes Ding, das da in einem Winkel der Darre auftauchte. Er rief ihm zu: »Scher dich weg!« Aber es beachtete ihn nicht. Es streckte eine Pranke aus und langte sich einen der Haferkuchen. »Mach das nicht nochmal!« sagte der Große Bursch. Aber der Uruisg beachtete ihn nicht. Es dauerte nicht lange, und er streckte wieder die Tatze aus und nahm sich noch einen Haferkuchen. »Mach das noch einmal, und die Haferkuchen kommen dich teuer zu stehen!« sagte der Große Bursch. Der Kerl in der Ecke kümmerte sich wenig um die Drohung und holte sich den dritten Haferkuchen. »Na schön«, sagte der Große Bursch, »wenn du nicht gutwillig hörst, so mußt du im Bösen lernen. Du wirst mir schon wiedergeben, was du mir weggenommen hast.«

Und dann tat er einen gewaltigen Satz, der mit einem Sturz endete und war über dem Uruisg. Sie nahmen einander in den Griff und rangen fürchterlich miteinander. Mit ein oder zwei Schwüngen warfen sie die Darre um, sie rangen, daß die Mühle erbebte, und nah und fern hörten die Leute den ohrenbetäubenden Lärm. Der Müller vernahm ihn im Bett und wurde von solchem Entsetzen gepackt, daß er sich ins Bettzeug wickelte und ans Fußende kroch; seine Frau sprang kreischend aus dem Bett und zwängte sich auf allen Vieren darunter. Zuletzt aber kriegte der Große Bursch den Uruisg unter. Der bat ihn: »Laß mich los!« Aber der Große Bursch antwortete: »So nicht! Du kommst erst fort, wenn du die Mühle wieder in Ordnung gebracht und die Darre wieder aufgebaut hast, mit den Haferkuchen drauf, so wie alles war, eh du gekommen bist.« Und dann prügelte er ihn weiter, daß er braun und blau wurde. Der Uruisg schrie: »Laß mich los! Ich will ja alles tun, was du sagst!« – »Fällt mir nicht ein, dich loszulassen. Du mußt es machen, solang ich dich im Griff habe!«

Und nun reparierte der Uruisg die Mühle und brachte in kurzer Zeit alles wieder an seinen Platz, wie es erst gewesen war. »Jetzt laß mich los, ist alles wieder so, wie ich's vorgefunden habe«, sagte der Uruisg. Der Große Bursch schaute sich um und sah, daß die drei Haferkuchen nicht auf der Darre lagen, und sagte: »Von wegen alles! Wo sind die Haferkuchen, die du mir geklaut hast?« Und er versetzte dem Uruisg wieder furchtbare Knüffe und Schläge. Der schrie: »Laß mich los! Du findest die Haferkuchen in der Darre!« – »Ich laß dich nicht los! Du sollst sie mir finden!« Der Uruisg ging hin, wobei der Große Bursch ihn fest im Griff hielt, und fand die Haferkuchen. »Jetzt leg sie auf den Dörrofen, wie du sie vorgefunden hast«, sagte der Große Bursch. Der Uruisg gehorchte, und der Große Bursch knuffte ihn wieder. Der Brownie schrie: »Laß mich los! Ich zieh aus der Mühle fort und komm nie, nie wieder!« – »Na gut, weil du das versprochen hast, laß ich dich frei«, sagte der Große Bursch und versetzte ihm an der Tür einen Stoß, daß er hinausschoß. Der Brownie kreischte dreimal fürchterlich auf und raste davon. Der Müller hörte das Gebrüll, und seine Frau unter dem Bett stieß einen schrillen Schrei aus.

Als der Uruisg fort war, aß der Große Bursch die Haferkuchen auf, und als er satt war, trocknete und mahlte er den Rest des Getreides. Dann siebte er das Mehl, füllte es in die Säcke und packte die Säcke auf die Schleife. Nun war er mit allem fertig; also verschloß er die Mühlentür und ging mit dem Schlüssel zum Haus hinüber.

Dort rief er an der Tür, aber kein Mensch antwortete. Er brüllte wieder, da hörte er den Müller drin mit schwacher Stimme antworten. Der Große Bursch sagte. »Mach schon auf! Ich bin mit dem Schlüssel da.« – »Oh!« sagte der Müller, »geh bloß, geh! Und nimm den Schlüssel mit und alles andere auch!« – »Ich bin's doch, laß mich rein!« sagte der Große Bursch. Aber der Müller antwortete gar nicht mehr, deshalb drückte er die Tür ein und trat ins Haus. »Hier ist der Schlüssel«, sagte er, »ich hab das Korn gemahlen und fahre jetzt heim.« Als der Müller hörte, daß das Korn gemahlen war, steckte er den Kopf aus dem Bettzeug hervor und äugte zu dem Mann hinüber. »Oh, wie kannst du noch leben, wo du doch die ganze Nacht in der Mühle gewesen bist?« – »Pah! Jetzt kannst du in die Mühle gehn und die ganze Nacht drin bleiben! Ich hab das Ding, das drin war, vertrieben, es wird weder dich noch wen anders mehr behelligen.« – »Oh, Frau, hörst du das da unten?« sagte der Müller. Aber die Frau erwiderte kein Wort. Der Große Bursch erkundigte sich, wo sie sei. Der Müller sagte, daß sie sich bei dem Lärm in der Mühle unters Bett geflüchtet hätte. Der Große Bursch guckte unters Bett und zog sie hervor. Aber sie war tot; ihr Herz hatte vor Angst zu schlagen aufgehört.

Der Große Bursch verließ das Müllerhaus und fuhr heim. Über der Mühle führte der Weg bergan, da hielt das Pferd. Der Große Bursch gab ihm mit dem Handrücken einen Schlag auf die Schulter, der war so kräftig, daß der Schulterknochen brach und das Pferd auf die Straße fiel. Dem Großen Burschen tat das sehr leid, aber was half's? Er spannte das Pferd aus, warf es oben auf die Säcke und zog die Schleife selber. So trabte er munter bergan.

Der Gutsherr hatte auf jeder Straße, die der Große Bursch langkommen konnte, eine Wache aufgestellt. Endlich sah einer der Wächter ihn in der Ferne, wie er die Schleife hinter sich herzog und das Pferd oben auf den Säcken lag. Der Mann warf seine Schuhe ab und jedes Kleidungsstück, das ihn am Rennen hindern konnte, und lief, hast du, was kannst du, bis er das Gutshaus erreichte.

Der Herr fragte ihn: »Hast du den Großen Burschen gesehn?«

»Und ob ich in gesehen habe! Und ob! Das Pferd war ihm zu langsam, deshalb hat er's obendrauf auf die Säcke geworfen und zieht die Schleife jetzt selber in einem Höllentempo.« – »Oh, dann müssen wir fort, sonst bringt er uns um, er richtet so oder so alles zugrunde.« Da flüchteten sie Hals über Kopf und überließen ihm den Hof.

Binnen kurzem langte der Große Bursch an. Er hob das Pferd von den Säcken und trug die Säcke ins Haus. Er schaute sich um, aber auf dem Hof und im Haus war kein Mensch zu erblikken. Er durchsuchte jeden Winkel, wo sich einer hätte verstekken können, aber nirgendwo war jemand. Da begriff er schließlich, daß alle vom Hof geflohen waren und daß der ihm nun überlassen blieb.

Da dachte er: Jetzt hol ich die Mutter in das schöne Haus, das ich nun habe! Er zog los und fand sie am Waldrand und berichtete ihr von seinem großen Glück und sagte ihr, daß er gekommen wäre, um sie zu holen, damit sie bei ihm lebte. »Ach«, sagte sie, »das ist mir zu weit zu laufen. Ich bin jetzt schon alt.« – »Nein, Mutter, so machen wir's nicht. Du hast mich lange getragen, dafür trag ich jetzt dich.« Und er hob sich die Mutter auf den Rücken und ließ sie nicht wieder herab, bis sie an dem Hof angelangt waren, den er nun bekommen hatte. Da lebten sie in Reichtum und Behagen, und wenn sie noch leben, wohnen sie immer noch da.

10   Goldbaum und Silberbaum

Es war einmal ein König, der hatte eine Frau, die Silberbaum hieß, und eine Tochter, deren Name war Goldbaum. Eines schönen Tages gingen Goldbaum und Silberbaum in eine Bergschlucht, wo ein Quell sprudelte, und in dem Born schwamm eine Forelle.

Sagte Silberbaum: »Forellchen, du hübscher, kleiner Kerl, bin ich nicht die schönste Königin auf der Welt?«

»Aber nein doch, das bist du nicht.«

»Wer ist es dann?«

»Natürlich Goldbaum, deine Tochter.«

Blind vor Wut lief Silberbaum heim. Sie legte sich ins Bett und schwor, sie würde erst dann wieder gesund werden, wenn sie Herz und Leber von Goldbaum, ihrer Tochter, zu essen bekäme.

Am Abend kehrte der König heim, und man berichtete ihm, daß seine Frau Silberbaum sehr krank sei. Er ging zu ihr und erkundigte sich, was ihr fehle.

»Oh! Du kannst mich heilen, wenn du nur willst.«

»Es gibt bestimmt nichts, was ich nicht für dich täte.«

»Wenn ich Herz und Leber von Goldbaum, meiner Tochter, zu essen bekomme, dann werde ich wieder gesund.«

Da ging der König hinaus und schickte seine Burschen ins Gebirge auf die Jagd, sie sollten einen Geißbock erlegen; und dessen Herz und Leber gab er seiner Frau zu essen, und sie stand heil und gesund auf.

Ein Jahr danach ging Silberbaum wieder in die Schlucht, wo der Quell mit der Forelle sprudelte.

»Forellchen, du hübscher, kleiner Kerl«, sagte sie, »bin ich nicht die schönste Königin der Welt?«

»Aber nein doch, das bist du nicht.«

»Wer denn?«

»Natürlich Goldbaum, deine Tochter.«

»Ach! Nun, die lebt lange nicht mehr. Es ist ein Jahr her, daß ich ihr Herz und ihre Leber gegessen habe.«

»Aber nein, die ist nicht tot. Sie hat weit von hier einen mächtigen Prinzen geheiratet.«

Silberbaum lief heim und bat den König, das Langschiff flottzumachen, und sagte: »Ich will meine liebe Goldbaum besuchen, denn es ist lange her, daß ich sie gesehen habe.« Das Langschiff wurde flottgemacht, und sie fuhren davon.

Silberbaum selber stand am Steuer und lenkte das Schiff so gut, daß es gar nicht lange dauerte, und sie waren am Ziel.

Der Prinz war in den Bergen auf der Jagd. Goldbaum sah das Langschiff ihres Vaters kommen und erkannte es. »Oh!« sagte sie zu den Dienern, »da kommt meine Mutter und will mich umbringen.«

»Das soll sie gewiß nicht. Wir schließen dich in einem Zimmer ein, daß sie nicht zu dir kann.«

Das taten sie, und als Silberbaum an Land kam, fing sie an zu rufen:

»Komm, komm zu deiner Mutter! Sie ist da und will dich besuchen!«

Goldbaum sagte, sie könne nicht kommen, denn sie sei im Zimmer eingesperrt und könne nicht heraus.

»Willst du nicht deinen kleinen Finger durchs Schlüsselloch stecken«, sagte Silberbaum, »damit deine Mutter ihn küssen kann?«

Goldbaum steckte den kleinen Finger hinaus, und Silberbaum nahm eine vergiftete Nadel und stieß sie hinein, und Goldbaum fiel zu Boden und war tot.

Als der Prinz heimkehrte und Goldbaum tot fand, versank er in

Kummer, und als er sah, wie schön sie war, begrub er sie nicht, sondern schloß sie in einer Kammer ein, wo niemand zu ihr kam.

Im Laufe der Zeit heiratete er wieder, und seine Frau schaltete und waltete im ganzen Haus; nur in die eine Kammer konnte sie nicht hinein, denn den Schlüssel zu diesem Raum behielt er immer bei sich. Aber eines schönen Tages vergaß er, ihn mitzunehmen, und die zweite Gemahlin gelangte in den Raum. Da sah sie die schönste Frau, die sie je erblickt hatte.

Sie drehte sie hin und her und suchte sie zu wecken, und da entdeckte sie die vergiftete Nadel in ihrem Finger. Sie zog die Nadel heraus, und Goldbaum erhob sich, lebendig und schön wie je.

Am Abend kehrte der Prinz von der Jagd in den Bergen heim; er sah sehr niedergeschlagen aus.

»Was würdest du mir schenken«, sagte seine Frau, »wenn ich dich zum Lachen bringe?«

»Ach! Mich bringt bestimmt nichts zum Lachen, es sei denn, Goldbaum erwachte wieder zum Leben.«

»Nun, du wirst sie in der Kammer da hinten lebendig vorfinden.«

Als der Prinz Goldbaum sah und sie lebte, brach er in lauten Jubel aus und herzte und küßte sie und hörte damit nicht wieder auf. Sagte die zweite Frau: »Da du sie zuerst geheiratet hast, ist es nur recht, wenn du sie behältst, und ich will fortgehen.«

»O nein, du sollst gewiß nicht fortgehen, sondern ich behalte euch beide.«

Am Ende des Jahres ging Silberbaum in die Schlucht, wo der Born mit der Forelle darin sprudelte.

»Forellchen, du hübscher, kleiner Kerl!« sagte sie, »bin ich nicht die schönste Königin auf der Welt?«

»Aber nein doch, das bist du nicht.«

»Wer dann?«

»Natürlich Goldbaum, deine Tochter.«

»Ach! Nun, die ist nicht mehr am Leben. Es ist ein Jahr her, daß ich ihr mit der vergifteten Nadel in den Finger gestochen habe.«

»Oh, aber sie ist ganz und gar nicht tot.«

Silberbaum lief heim und bat den König, das Langschiff flottzumachen, sie wolle ihre Tochter Goldbaum besuchen; es sei ja
schon lange her, daß sie sie gesehen habe. Das Langschiff
wurde flottgemacht, und sie fuhren aus. Silberbaum selbst
stand am Steuer und lenkte das Schiff so gut, daß es gar nicht
lange dauerte, und sie waren da.

Der Prinz war zur Jagd in den Bergen. Goldbaum sah ihres
Vaters Schiff nahen und erkannte es.

»Oh!« sagte sie, »da kommt meine Mutter und will mich umbringen.«

»Das wäre noch schöner!« sagte die zweite Frau, »wir wollen
an den Strand gehen und sie begrüßen.«

Silberbaum kam ans Ufer. »Komm her, Goldbaum, mein
Herzchen!« sagte sie, »denn deine Mutter ist gekommen und
bringt dir einen köstlichen Trunk.«

»In diesem Land ist es Brauch«, sagte die zweite Frau, »daß
jemand, der einen Trunk anbietet, zuerst selber einen Schluck
davon nimmt.«

Silberbaum setzte den Becher an, und die zweite Frau trat
heran und hob ihn mit einem Ruck an, so daß etwas von der
Flüssigkeit Silberbaum in die Kehle lief; da fiel sie um und war
tot. Sie brauchten den Leichnam nur noch heimzutragen und
zu begraben.

Der Prinz und seine beiden Frauen lebten noch lange danach
vergnügt und in Frieden. Und so habe ich sie verlassen.

11   Die drei, die auszogen, um zu entdecken, was Not bedeutet

Es waren einmal drei Prinzessinnen, deren Vater und Mutter
tot waren und die allein in einem Haus lebten. Die Älteste
sprach zu den anderen: »Ich will nicht ruhen noch rasten, bis
ich herausbekommen habe, was Not ist.« – »Also schön«,
sprach die nächste Schwester, »ich will dasselbe tun und nicht
ruhen noch rasten, bis ich herausgefunden habe, was Not ist.«
Die Jüngste sagte: »Ich mag nicht allein hier bleiben, wenn ihr

fort seid; aber wenn ich auch gehe, ich tu es nicht, um herauszubekommen, was Not ist.«

Sie brachen auf und wanderten immer fort, bis ihre Fußsohlen schwarz und ihre Schuhe voller Löcher waren. Dann brach die Nacht herein, und sie erblickten in der Ferne ein Licht; und so weit es dahin auch war, sie brauchten nicht lange, um es zu erreichen. Sie traten in die Hütte mit dem Licht ein, und drinnen fanden sie nur einen alten Mann vor einem glimmenden Feuerchen. »Willkommen, ihr drei Königskinder: Es war kühn von euch, daß ihr euer Haus verlassen habt«, sagte der Alte. »Du, Älteste, mach dich dran und koch uns unser Essen.« Das tat sie. »Ihr beiden jüngeren Königstöchter, geht und rupft Binsen für unsere Betten, damit wir weich liegen«, sagte der Alte. Darauf gingen die beiden Mädchen, die Mittlere und die Jüngste, hinaus und sammelten Binsen. Als sie damit zurückkehrten, war die Tür verschlossen, und sie konnten nicht hinein.

Es blieb ihnen nichts übrig, als vor der Tür zu warten, und da blieben sie und weinten. Sie harrten aus, bis es Tag wurde, und als es dämmerte, gingen sie fort. Sie wanderten den lieben, langen Tag, bis die Nacht hereinbrach. Da erblickten sie in der Ferne ein Licht, und so weit es dahin auch war, sie brauchten nicht lange, um es zu erreichen. Sie traten in die Hütte mit dem Licht ein, und drinnen saß ein alter Mann vor einem glimmenden Feuerchen.

»Willkommen, ihr beiden Königstöchter, es war kühn von euch, hierher zu kommen«, sagte der Alte. »Du, zweite Königstochter, mach dich dran und koch uns unser Essen.« Das tat sie, und sie aßen. »Jüngste Königstochter, geh und rupf uns Binsen für unsere Betten, damit wir weich liegen«, sagte der Alte. Sie ging fort und sammelte Binsen und kehrte damit zurück. Aber als sie an die Tür kam, war die verschlossen, und sie konnte genausowenig hinein wie ihre Schuhe. Die ganze Nacht saß sie vor der Tür und weinte.

Als es dämmerte und sie den Weg erkennen konnte, ging sie fort. Sie wanderte den ganzen Tag, und am Abend langte sie bei einem Haus an, in dem niemand war als ein Mann und eine Frau, die waren so alt, daß sie kaum noch aus dem Bett aufstan-

den. »Willkommen, Königstochter«, sprach die Frau, »du bist verzweifelt und müde, aber wenn du tust, was ich dir sage, wird für dich alles gut ausgehen.« Sie gab ihr Essen und warmes Wasser für ihre Hände und Füße und schickte sie zu Bett; da schlief sie, bis der Tag anbrach. Als sie gefrühstückt hatte, schickte die alte Frau sie fort. »Nur zu«, sagte sie, »nicht weit von hier steht ein großes, weißes Haus, da geh hinein.« Das Mädchen brach auf und war noch nicht lange gelaufen, da kam sie an das weiße Haus. Sie sah keine Menschenseele, aber die Türen standen offen, und sie ging geradenwegs hinein und weiter bis in ein prächtiges Zimmer; darin brannte ein schönes, großes Feuer. Das Mädchen setzte sich davor hin; aber noch immer ließ sich niemand blicken. Zu Mittag bedeckte sich der Tisch mit Schüsseln und Bechern, da stand zu essen und zu trinken, alles, was man sich nur ausdenken kann, und sie nahm sich, was sie brauchte. Als es dunkelte, entzündeten sich Kerzen, und kein einziges Zimmer im Haus blieb ohne Licht. Das Mädchen faßte Mut; es stieg die Treppe hinauf, und überall war es hell. Vor ihr stand die Tür zu einem Raum offen, auf dem Tisch brannte eine Kerze im Leuchter, und im Kamin flammte ein lustiges Feuer. Ein schönes Bett stand mit zurückgeschlagener Decke bereit. Als das Mädchen eine Weile dagestanden hatte, beschloß es, sich schlafen zu legen, und ging zu Bett.
Wie sie so lag und schon am Einschlummern war, fühlte sie plötzlich eine schwere Last auf sich. Sie streckte die Hand aus, und was war da? Nichts anderes als ein Leib ohne Kopf, der bat und bettelte, sie möge ihn mit unter ihre Decke lassen. Sie mochte sich wehren, wie sie wollte, er kroch zu ihr unter die Laken; doch sobald er dort war, verwandelte er sich in den herrlichsten Jüngling, den vom Anfang bis zum Ende der Welt je ein Mensch erblickt hat. Er berichtete ihr, daß er ein Königssohn sei, von seiner Stiefmutter behext und dazu verurteilt, es zu bleiben, bis er ein Mädchen wie sie träfe. Am nächsten Morgen sprach er zu ihr: »Und wenn du auch einen Lärm hörst, als würde das ganze Haus umgestülpt, auf keinen Fall öffne die Tür.«
Als sie sich erhob, stand vor ihr eine Truhe mit den herrlichsten Kleidern. Kaum war der Jüngling fort, da begann ein fürchter-

liches Getöse, das tobte durchs Haus, treppauf, treppab. Sie, die ungesehenen Wesen, forderten, sie solle die Tür öffnen, aber sie tat es nicht. Als die Nacht kam und sie zu Bett gegangen war, fiel wieder das Gewicht auf sie. Sobald es mit ihr unter den Decken lag, wurde es zum feinsten und schönsten Jüngling, den vom Anfang bis zum Ende der Welt je ein Mensch erblickt hat. Als er am nächsten Tag fortging, sagte er zu ihr: »Heute werden sie dich noch mehr plagen, aber mach um keinen Preis die Tür auf.«

So ging es sechs Tage lang, und das Mädchen litt immer weiter die gleiche Plage von denen, die an der Tür brüllten und Einlaß verlangten. Jedesmal, wenn er heimkam, war der junge Mann mit ihr sehr zufrieden, weil sie ihnen so tapfer widerstand. »Nun«, sagte er am siebenten Morgen, »das ist der letzte Tag, und wenn der vorbei ist, bin ich von dem Zauber befreit. Dann nehme ich dich mit, und du wirst meine Frau.« Aber wer kam an diesem Tag vor ihre Tür? Niemand anderes als ihre Schwestern. Die fingen an zu rufen: »Liebste Schwester, willst du nicht nur für einen Augenblick aufmachen, daß wir dich sehen können? Wenn du uns nicht hereinläßt, steck wenigstens die Fingerspitze durchs Schlüsselloch, damit wir sie küssen.« Das Mädchen steckte die Fingerspitze hinaus. Sofort stießen sie eine vergiftete Nadel hinein, und die Jüngste sank hinter der Tür tot zu Boden. Als der Königssohn heimkehrte und sie tot fand, geriet er außer sich. Er ließ ihr einen schönen Sarg machen und darin ein Bett von Spezereien, darauf wurde sie gelegt, mitten in die herrlichsten Duftkräuter. Er schloß sie in einem Zimmer ein, das niemand außer ihm betreten durfte. Dann heiratete er eine andere Frau.

Im ganzen Haus gab es sonst kein Zimmer, zu dem sie nicht den Schlüssel hatte – aber den Schlüssel zu diesem Zimmer gab er keinem Menschen. Er zog jeden Tag zur Jagd auf den Berg, und wenn die Zeit für seine Heimkunft nahte, ging ihm seine Frau entgegen. Aber eines Tages stahl sie ihm den Schlüssel aus der Tasche, und noch ehe er zurückkam, merkte er, daß der Schlüssel weg war. Aber was machte seine Frau? Sie ging, sowie er aufgebrochen war, in das Zimmer. Sie öffnete den Sarg, und da sah sie die schönste Tote. Sie betastete sie von Kopf bis

Fuß, jeden Finger und beide Hände und Füße. Und sie entdeckte im Finger die Giftnadel und zog sie heraus; dann zündete sie in dem Zimmer ein großes Feuer an, hob die andere aus dem Sarg und setzte sie vors Feuer, und so brachte sie sie wieder zum Leben. Als sie den König heimkehren sah, ging sie ihm entgegen; aber er war auf sie so zornig, weil sie ihm den Schlüssel aus der Tasche genommen hatte, daß er gar nicht mit ihr sprach. Er ging schnurstracks an ihr vorüber und sagte kein Wort. Aber sie überredete ihn, hereinzukommen, und führte ihn in das Zimmer zu dem Mädchen. Als er das lebendig sah und so schön und gesund wie je, fiel er vor Freude fast tot um. Er faßte sie bei den Händen. An dem Abend aßen sie in großer Freude alle zusammen.

Am nächsten Tag, als sie ausgefeiert hatten, sagte die zweite Frau, nun sollten die beiden, der König und seine erste, zusammenleben, da sie ihn zuerst geheiratet habe, und sie selber werde fortgehen. So ging sie fort und heiratete einen Mann, den sie früher geliebt hatte, und sie waren alle wie Brüder und Schwestern.

12   *Whuppity Stoorie*

Ich weiß, Kinder, ihr mögt gern Geschichten über Elfen, und da kommt mir eben grad eine in den Sinn, die dreht sich um eine Elfe und um die Hausfrau von Kittlerumpit; aber wo eigentlich Kittlerumpit liegt, das kann ich euch nicht so recht sagen. Ich denke, es muß irgendwo im Streitland gelegen haben; auf alle Fälle, ich geb' nicht vor, mehr zu wissen, als ich weiß, wie das heutzutage jeder macht... Also, wie sich das nun immer mit Kittlerumpit verhalten mag: Der Hausvater war ein unsteter Kerl. Eines Tages ging er zum Markt, und von da kam er nicht bloß nicht wieder nach Hause, sondern kein Mensch hat noch je was von ihm gehört. Manche sagen, er hat sich anwerben lassen, und andere erzählen, daß die schlimme Press-Patrouille ihn geschnappt hat, obwohl er doch eine Frau hatte und obendrein ein Kindchen. Ach ja! Diese elende Press-Patrouille! Sie streiften durchs Land wie die brüllenden Löwen und suchten wen zum Verschlingen. Ich weiß noch gut, mein ältester Bruder Sandy wär uns um ein Haar im Mehlkasten erstickt – da drin hatten wir ihn vor den Saukerlen versteckt. Als sie fort waren, zogen wir ihn unterm Mehl wieder vor, keuchend und flennend und weiß wie 'ne Leiche. Meine Mutter mußte ihm mit dem Stiel von 'nem Hornlöffel das Mehl aus dem Mund rauskratzen.

Na schön. Wie der Hausvater von Kittlerumpit fort war, blieb die Frau mit so gut wie gar nichts zum Auskommen zurück. Wenig Habe und einen Säugling, damit saß sie da. Jeder sagte, daß sie ihm leid täte, aber keiner half ihr, so ist das eben, Herrschaften. Immerhin besaß die Hausfrau eine Sau, und die war ihr einziger Trost, denn die Sau war bald dran mit Ferkeln, und sie hoffte auf einen glücklichen Wurf.

Aber das wissen wir ja alle: Auf Hoffnungen ist kein Verlaß. Eines Tages geht die Frau in den Schweinestall, um der Sau den Trog zu füllen; und was findet sie? Die Sau liegt auf dem Rücken, grunzt und stöhnt und ist drauf und dran, den Geist aufzugeben.

Das war ja nun ein neuer, schwerer Schlag für die Hausfrau; so setzte sie sich mit ihrem Säugling auf den Stampftrog und weinte noch bitterlicher, als sie um ihren Ehemann geweint hatte.

Nun, ich muß noch sagen, daß die Kittlerumpit-Kate auf einen Hügel gebaut war, mit einem großen Tannenwald dahinter, von dem hört ihr bald noch mehr. So guckte die Frau zufällig, während sie sich die Augen trocknete, den Berg runter, und was sieht sie da? Kommt doch eine alte Frau langsam den Weg rauf; sah fast aus wie 'ne Dame. Sie war in Grün gekleidet bis auf eine kurze, weiße Schürze und eine schwarze Kapuze und einen Hut mit hohem, spitzem Kopf. Sie führte einen langen Spazierstock, so lang wie sie selber, in der Hand – die Art Stock, Herrschaften, worauf sich vorzeiten die alten Männer und Weiber stützten; heutzutage sieht man solche gar nicht mehr.

Na, als die Hausfrau diese grüne Dame dicht vor sich sah, stand sie auf und machte einen Knicks, und, »Gnä' Frau«, sagte sie und weinte dabei, »ich bin so ziemlich die unglücklichste Person auf der Welt.«

»Das brauchst du mir nicht zu erzählen, meine Gute«, sprach

die grüne Dame, »die Spatzen pfeifen's von den Dächern. Ich weiß, du hast deinen Mann verloren – na, da bist du wohl nicht die erste. Und ich weiß, daß deine Sau 'ne komische Krankheit hat. Was gibst du mir, wenn ich sie kuriere?«

»Alles, was Euer Gnaden wollen!« sagte die hirnlose Hausfrau; es dämmerte ihr nicht im geringsten, mit wem sie es zu tun hatte.

»Also den Daumen genetzt, der Handel gilt«, sagte die grüne Dame, und das taten sie denn auch, klar. Und dann marschierte die Dame in den Schweinestall.

Sie guckt die Sau starr und unverwandt an, und dann fängt sie an und murmelt vor sich hin, was, das konnte die Hausfrau nicht verstehn, aber was sie sagte, das klang wie

                    »Heilig Wasser,
                    pladder, plapper.«

Dann zog sie ein Fläschchen aus der Tasche, in dem war sowas wie Öl, und rieb die Sau damit über dem Rüssel und hinter den Ohren und an der Schwanzspitze ein. »Steh auf, Tier!« sprach die grüne Dame. Kaum gesagt und getan, da springt die Sau auf wie aus der Rakete geschossen, grunzt und trollt sich zum Frühstück an ihren Trog.

Jetzt war die Hausfrau von Kittlerumpit überglücklich und hätte der grünen Dame sogar den Schleppensaum geküßt, aber das ließ die nicht zu. »Ich hab nichts übrig für Getue«, sprach sie, »aber jetzt, wo ich dir dein krankes Tier wieder auf die Beine gebracht habe, wollen wir mit unserm beschlossenen Handel zu Rande kommen. Du wirst nicht finden, daß ich eine unvernünftig gierige Person bin. Ich tu den Leuten gern einen guten Dienst für geringen Lohn. Alles, was ich verlange und kriegen werde, ist das Bürschchen, das du da an die Brust drückst.«

Jetzt merkte die Frau von Kittlerumpit endlich, mit was für einer Besucherin sie zu schaffen hatte, und kreischte auf wie ein gestochenes Schwein. Kein Zweifel, die Grüne war eine Elfin; so flehte sie und weinte und bettelte und schimpfte, aber nichts von alldem half. »Du kannst dir dein Geschrei sparen«, sprach die Elfe; »ein Gekreische, als wäre ich taub wie ein Hauben-stock! Aber das will ich dir verraten: Durch das Gesetz, nach dem wir leben, darf ich dein Kind erst am dritten Tag nach diesem nehmen; und auch dann nicht, wenn du mir meinen Namen sagen kannst.« Damit bog die Dame um den Schweinestall und war fort, und die Hausfrau fiel ohnmächtig hinter den Stampftrog.

Na schön. Die Hausfrau von Kittlerumpit konnte in der Nacht vor Weinen nicht schlafen, und am ganzen nächsten Tag war's genauso: sie herzte ihren Kleinen so, daß sie ihm fast den Atem ausquetschte; aber am zweiten Tag war's ihr auf einmal nach einem Spaziergang in den Wald, von dem ich euch schon erzählt habe. Und so machte sie sich, den Kleinen auf dem Arm, auf und ging weit rein zwischen die Bäume bis hin zu 'nem alten Steinbruch, der von Gras überwachsen war, und in der Mitte sprudelte ein hübscher Quell. Bevor sie noch ganz rankam, hörte sie ein Spinnrad schnurren und eine Stimme, die trällerte ein Liedchen. So schleicht sich die Frau lautlos zwischen die Büsche und guckt über den Rand vom Steinbruch, und was sieht sie da? Nichts anderes als die grüne Elfin, wie sie aus Leibeskräften ihr Rad tritt und den Flachsfaden dreht und dazu singt wie ein Vorsänger:

»Ei, wenn die Gute mit dem Bübchen im Stübchen wüßt',
Daß mein Name Whuppity Stoorie ist!«

Aha! denkt die Frau, da hab ich am Ende doch das Lösewort erwischt! Mög' ihr der Teufel dafür die Mahlzeit segnen! Na, ihr könnt euch denken, daß ihr auf dem Heimweg wesentlich leichter ums Herz war als beim Fortgehen. Sie lachte wie toll bei dem Gedanken daran, wie sie die alte, grüne Elfin foppen wollte.

Ihr müßt nämlich wissen, daß die Hausfrau eigentlich gern lachte und immer vergnügt war, wenn sie nicht gerade eine besondere Last auf dem Herzen trug. Sie dachte also, sie wollte sich mit der Elfe einen kleinen Spaß machen; und zur festgesetzten Zeit legt sie das Kind hinter den Stampftrog und setzt sich selber auf den. Dann schiebt sie sich die weiße Haube schief übers linke Ohr, verzieht den Mund, als ob sie weint – ihr könnt sicher sein, sie schnitt ein scheußliches Gesicht! Sie hatte noch nicht lange gewartet, da kommt die grüne Elfin den Hügel raufgestiegen, weder lahm noch faul, und ist noch längst nicht am Stampftrog, da kreischt sie schon: »Hausfrau von Kittlerumpit, du weißt genau, weswegen ich komme! Steh auf und gib mir dein Kind!« Die Frau stellt sich, als ob sie noch mehr weine als vorher und ringt ihre Fäuste und fällt auf die Knie: »Ach, liebe Gnädige, liebe Herrin, verschont mein Einziges und nehmt die elende Sau!«

»Die Sau kann von mir aus der Teufel holen!« sprach die Elfe; »ich komme nicht um Schweinefleisch her. Sperr dich nicht, Frauenzimmer, sondern gib mir sofort das Kind!«

»O weh, meine liebe Dame«, weinte die Hausfrau, »laßt von meinem armen Kleinen ab und nehmt mich selber!«

»Der Teufel ist wohl in die verrückte Vettel gefahren!« sprach die Elfin und zog ein langes Gesicht; »ich möchte wissen, ob sie ganz und gar übergeschnappt ist. Wer in aller Welt, der auch bloß halbwegs Augen im Kopf hat, gibt sich mit einer wie dir ab?«

Ich denke, das trieb der Frau von Kittlerumpit die Galle ins Blut; denn obschon sie ein Paar Triefaugen hatte und dazu eine lange, rote Nase, war sie doch überzeugt, sie brauche sich neben den Hübschesten nicht zu verstecken. So fährt sie denn von den Knien auf wie von 'ner Wespe gestochen, rückt sich die Haube gerade und sagt: »Meiner Treu, schöne Dame, ich hätte soviel Grips haben können zu wissen, daß so eine wie ich nicht gut genug ist, um die schlechtesten Schnürsenkel der hohen und mächtigen Prinzessin zu binden, nämlich der Whuppity Stoorie!«

Wenn vor ihr aus dem Boden eine Stichflamme von Schießpulver aufgeschossen wäre, die Elfin hätte keinen höheren Satz machen können. Dann kam sie wieder herunter, plumpste auf die Hacken, machte auf dem Absatz kehrt und rannte den Hügel runter, kreischend vor Wut wie eine Nachteule, der die Hexen nachjagen.

Die Frau von Kittlerumpit lachte, bis sie vor Lachen fast platzte; dann nahm sie ihren Kleinen auf und ging ins Haus und sang dabei den ganzen Weg lang.

In alten Zeiten, als die Frauen immerfort spannen, hatte das
Spinnrad seinen eigenen Schutzgeist oder eine Fee, die über die
Spinnerinnen Aufsicht führte. Im Grenzgebiet zwischen England und Schottland hieß sie Habitrot, und Mr. Wilkie erzählt
von ihr folgende Sage:

In Selkirk hatte eine Frau eine hübsche Tochter, die viel lieber
spielte als arbeitete, lieber in Wiesen und Heckenwegen herum-
spazierte, als Spinnrad und Rocken zu handhaben. Die Mutter
ärgerte sich darüber mächtig, denn damals konnte kein Mädel
drauf rechnen, einen guten Mann zu kriegen, außer sie war
fleißig im Spinnen. Also redete sie der Tochter gut zu, ja, sie
prügelte sie sogar, aber das nutzte alles nichts: Das Mädel
blieb, was die Mutter ein unnützes Weibsbild nannte.

Schließlich gab ihr die Hausmutter an einem Frühlingsmorgen
sieben Bündel Flachs und sagte, jetzt gelte keine Ausrede: die
wolle sie zu Garn versponnen von ihr zurückhaben. Das Mädchen sah, daß es der Mutter ernst war; so handhabe sie den
Rocken, so gut sie konnte; aber ihre kleinen Hände waren ganz
ungeübt, und am Abend des zweiten Tages hatte sie so gut wie
nichts geschafft. In der Nacht weinte sie sich in den Schlaf, und
am Morgen warf sie den Flachs verzweifelt in die Ecke und
rannte hinaus in die taufunkelnden Felder. Schließlich langte
sie bei einem blumenbedeckten Hügel an, wo, überschattet
von Geißblatt und Wildrosen, ein kleiner Bach vorüberfloß; da
setzte sie sich hin und vergrub das Gesicht in den Händen. Als
sie aufschaute, sah sie zu ihrer Überraschung am Bach eine alte
Frau, der sie noch nie begegnet war, in der Sonne sitzen und
spinnen. Es gab an ihr nichts Bemerkenswertes, nur, daß ihre
Lippen sehr lang und dick waren und daß sie auf einem vom
Wasser ausgehöhlten Stein saß. Das Mädchen erhob sich, ging
zu der guten Frau hin und begrüßte sie freundlich, aber sie
konnte nicht anders: sie mußte einfach fragen, woher sie die
langen Lippen habe.

Der Alten gefiel ihre Freundlichkeit, und sie nahm die ungehö-
rige Bemerkung keineswegs übel. »Vom Spinnen, mein Herzchen!« sagte sie. Es muß hier bemerkt werden, daß die

Spinnerinnen, während sie den Faden drehten, beständig die Finger mit den Lippen netzten. »Ach!« sagte das Mädchen, »spinnen soll ich auch, aber es hat alles keinen Zweck, ich kriege meine Aufgabe nie fertig!« Darauf schlug ihr die alte Frau vor, sie wolle ihr die Sache abnehmen. Überglücklich rannte das Mädchen, den Flachs holen, und drückte ihn der neuen Freundin in die Hand; dabei erkundigte sie sich nach ihrem Namen und wo sie das Garn am Abend in Empfang nehmen könne. Aber sie erhielt keine Antwort. Die Gestalt der Alten glitt von ihr fort und verschwand zwischen Bäumen und Büschen. Das Mädchen war nun sehr verwirrt. Sie streifte eine Weile umher, setzte sich dann hin, um auszuruhen, und schlief auf einem Hügelchen ein.

Als sie erwachte, merkte sie zu ihrer Überraschung, daß es Abend war. Im Westen ging der Himmelsglanz in Zwielichtgrau über. Der Abendstern Causleen strahlte in silbrigem Licht und würde bald vom Mond mit seinem immer stärkeren Leuchten verdunkelt werden. Während sie diese Veränderungen beobachtete, wurde sie durch den Klang einer seltsamen Stimme aufgeschreckt, die unter einem ausgehöhlten Stein dicht neben ihr hervorzudringen schien. Sie legte das Ohr dran, und nun hörte sie deutlich diese Worte: »Das Dingel auf dem Hügel dort ahnt nicht meinen Namen Habitrot.« Nun spähte das Mädchen durch das Loch nach unten, da sah sie ihre Freundin, das alte Mütterchen, wie es in einer tiefen Höhle hin und her ging in einer Gruppe von Spinnerinnen, die alle auf großen weißen Flußkieseln saßen und geschäftig Rocken und Spindel handhabten. Sie boten keinen schönen Anblick, denn ihre Lippen waren alle mehr oder weniger durch ihre Beschäftigung entstellt, genau wie die Habitrots. Das traf auch auf eine aus der Gilde zu, die abseits in einer Ecke saß und das Garn weifte; obendrein standen ihre grauen Augen vor, als wollten sie ihr aus dem Kopf springen, und ihre Nase war lang und krumm.

Beim Haspeln zählte sie folgendermaßen: »Einmal rum, zweimal rum, dreimal rum ist eine Lage; einmal rum, zweimal rum, dreimal rum ist wieder eine Lage.« Auf die Art fuhr sie fort, bis sie eine Docke zusammen hatte und dann die nächste und schließlich ein Bündel.

Während das Mädchen noch zuschaute, hörte sie, wie Habitrot das Geschöpf in der Ecke mit dem Namen Scantlie Mab anredete und ihr befahl, das Garn nun zusammenzubündeln, denn es werde Zeit, daß das Mädel es seiner Mutter übergebe. Entzückt, das zu vernehmen, stand unsere Lauscherin auf und wandte sich heimwärts. Und sie mußte auch nicht lange warten. Bald überholte Habitrot sie und legte ihr das Garn in die Hände. »Oh, was kann ich Euch dafür Gutes tun?« rief sie glückselig aus. »Nichts, nichts«, erwiderte die Alte; »aber verrate deiner Mutter nicht, wer dir das Garn gesponnen hat.«

Unsere Heldin wollte ihrem Glück kaum trauen. Sie ging nach Hause, wo sie entdeckte, daß die Mutter Blutwürste gemacht und zum Trocknen in den Rauchfang gehängt hatte; dann war sie todmüde zu Bett gegangen. Jetzt merkte das Mädchen erst, wie hungrig es nach dem langen Tag auf dem Hügel war; es holte sich eine Wurst nach der anderen herunter, briet sie und aß sie auf, und schließlich legte es sich auch schlafen. Am andern Morgen war die Mutter als erste auf; und als sie in die Küche trat und sah, daß all ihre Würste weg waren, aber die sieben Garndocken schön glatt und glänzend auf dem Tisch lagen, stieg ihr die Mischung von Verdruß und Entzücken zu Kopfe. Sie rannte wie toll aus dem Haus und schrie:

»Meine Tochter hat sieben, sieben, sieben gesponnen!
Meine Tochter hat sieben, sieben, sieben gegessen,
Und das alles vor Tag!«

Zufällig kam gerade ein Gutsherr auf seinem Pferd vorbei, hörte den Ausruf, konnte ihn aber nicht begreifen. So ritt er heran und fragte die gute Frau, was denn los sei. Darauf brach sie wieder in die Worte aus:

»Meine Tochter hat sieben, sieben, sieben gesponnen,
Meine Tochter hat sieben, sieben, sieben gegessen,

vor Tag, und wenn Ihr mir nicht glaubt, bitte, kommt mit und seht selber.«

Des Herrn Neugier war geweckt; er schwang sich vom Pferd und ging mit in die Hütte, wo er das Garn erblickte und so sehr bewunderte, daß er darum bat, die Spinnerin sehen zu dürfen.

Die Mutter zog das errötende Mädchen herein. Ihre ländliche

Anmut gewann sein Herz, und er bekannte, daß er sich ohne Frau recht einsam fühle und schon lange auf der Suche sei nach einer, die gut spinne. So wurde die Verlobung geschlossen, und bald darauf fand die Hochzeit statt: Zwar fürchtete die Braut im geheimen, daß sie sich am Spinnrad nicht so geschickt zeigen würde, wie das ihr Liebster erwartete; aber das schob sie beiseite. Und abermals kam ihr die alte Habitrot zu Hilfe. Ob die gute Alte, die selber so tüchtig war, mit allen herumtrödelnden Jungfern soviel Nachsicht zeigte, wird nicht erzählt – jedenfalls ließ sie ihren kleinen Liebling nicht im Stich. »Bring deinen hübschen Bräutigam in meine Höhle«, sagte sie bald nach der Hochzeit zu der jungen Frau. »Er soll sehen, was beim Spinnen herauskommt, und wird dich nie wieder ans Spinnrad zwingen.«

Folglich führte die junge Frau ihren Mann anderntags zu dem blumenbedeckten Hügel und bat ihn, durch den Lochstein zu gucken. Da staunte er nicht schlecht, als er Habitrot tanzen und über das Spinnrad springen sah und hörte, wie sie dabei dies Liedchen ihrer emsig spinnenden Schwesternschar vorsang:

>»Wir in unsrer düstern Gruft
>Sehen grob und garstig drein,
>Abgesperrt von Himmelsluft,
>Abgesperrt vom Sonnenschein,
>Spinnen abends wir allein,
>Sitzen auf dem Kieselstein.
>Alle Heiterkeit bleibt fern,
>Stirbt in Grau der Abendstern.
>Doch die über unserer Gruft
>Atmen frei die Abendluft,
>Lehnen auf dem hohlen Stein,
>Nur gesehn von mir allein,
>Werden schön und fröhlich sein.«

Das Lied endete; Scantlie Mab fragte Habitrot, was sie mit der Zeile meine »Nur gesehn von mir allein«. »Da ist wer«, sagte Habitrot, »den ich zu dieser Stunde hergebeten habe, der hat mein Lied durch den Lochstein gehört.« Damit erhob sie sich, öffnete eine Tür, die durch die Wurzeln alter Bäume verborgen war, und lud das Brautpaar ein, hereinzukommen und ihre Familie zu sehen.

Der Gutsherr staunte – was kein Wunder war – über die unheimliche Gesellschaft und fragte eine nach der andern, wovon sie die sonderbare Lippenverzerrung habe. Jede erwiderte mit anderer Stimme und einem anders verzogenen Mund, das rühre vom Spinnen her. Zumindest mühten sie sich, das zu sagen, aber die eine mümmelte: »Omompin« und die nächste »Alompin«, während die dritte murmelte: »Schpin«. Jedoch begriff der junge Ehemann sehr wohl, was sie alle meinten, zumal Habitrot schlau andeutete, falls er seiner Frau das Spinnen gestatte, werde wohl auch ihr hübscher Mund aus der Form geraten, und dann sei es mit der Schönheit aus. So beteuerte er, bevor er die Höhle verließ, nie wieder solle sein Frauchen ein Spinnrad anrühren. Und er hielt Wort. Sie wanderte an seiner Seite durch die Wiesen oder ritt hinter ihm über die Hügel, und sämtlicher Flachs, der auf seinem Land wuchs, wurde zur alten Habitrot geschickt, damit sie ihn zu Garn verspinne.

14   Lüttenarr

Es waren einmal in Roussay ein König und eine Königin, die hatten drei Töchter. Der König starb, und die Königin wohnte mit den Töchtern in einem kleinen Haus. Sie hielten sich eine Kuh und bauten Kohl an; aber jeden Morgen fanden sie, daß eine Menge Kohlköpfe gestohlen waren. Da sagte die älteste Tochter zur Königin: »Heute abend nehme ich mir eine Decke um und setze mich raus und passe auf, wer uns den Kohl wegholt.« Als nun die Nacht heranrückte, ging sie hinaus auf Wache. Nicht lange, da kam ein gewaltiger Riese in den Garten gestapft; er fing an, die Kohlköpfe abzuschneiden, und warf sie in einen großen Korb. Und er schnitt weiter, bis der Korb voll war.

Die Prinzessin fragte ihn die ganze Zeit, was ihm einfalle, ihrer Mutter den Kohl zu stehlen. Er antwortete ihr: »Halt den Mund, oder ich nehme dich auch mit.«

Sowie er seinen Korb vollgepackt hatte, ergriff er sie bei einem Bein und einem Arm, warf sie auf die Kohlköpfe und schritt mit ihr davon.

Als er daheim angelangt war, erklärte er ihr, was sie zu arbeiten habe: Sie solle die Kuh melken und auf den Berg hinauftreiben zu einer Weide, die Blutfeld hieß, und dann solle sie Wolle nehmen und sie waschen und krempeln und hecheln und spinnen und Tuch daraus weben.

Als der Riese aus dem Haus gegangen war, molk sie die Kuh und trieb sie auf den Berg. Dann hängte sie den Topf übers Feuer und kochte sich Hafergrütze. Als sie eben dabei war, sie zu löffeln, kam eine Menge winziger, gelbschöpfiger Leutchen herbeigerannt, die riefen: »Gib uns was ab! Gib uns was ab!« Sie aber antwortete:

»Für einen knapp und noch knapper für zwei,
Ihr kriegt kein Korn und schon gar nicht Brei!«

Als sie sich danach an die Arbeit mit der Wolle machte, brachte sie überhaupt nichts fertig.

Am Abend kam der Riese heim und stellte fest, daß sie nichts geschafft hatte. Er nahm sie und schälte ihr vom Wirbel über den Rücken bis zur Ferse einen Streifen Haut vom Leib. Dann warf er sie über einen Dachbalken zwischen die Hühner.

Dem zweiten Mädchen erging es nicht besser. Wenn ihre Schwester mit der Wolle nichts anfangen konnte – ihr gelang es noch weniger.

Als der Riese heimkehrte und sah, daß sie ihre Arbeit nicht verrichtet hatte, nahm er sie und schälte ihr vom Wirbel den ganzen Rücken herunter bis über die Füße einen Streifen Haut ab; dann warf er sie neben ihrer Schwester über den Balken. Da lagen sie nun und konnten weder reden noch herunterkommen.

Am nächsten Abend sagte die jüngste Prinzessin: »Heute nehme ich mir eine Decke um und lege mich draußen auf die Lauer. Ich muß wissen, wer meine Schwestern weggeholt hat.« Nicht lange, da kam ein Riese mit einem mächtigen Korb und fing an, Kohlköpfe abzuschneiden.

Sie fragte: »Was fällt dir ein, meiner Mutter den Kohl zu stehlen?« Er antwortete: »Halt den Mund, oder ich nehm dich auch mit.« Er packte sie bei einem Bein und einem Arm und warf sie oben auf den Korb und schleppte sie mit fort.

Am nächsten Morgen trug er ihr dieselbe Arbeit auf wie den Schwestern.

Als er das Haus verlassen hatte, molk sie die Kuh und trieb sie auf den Berg. Dann hängte sie den Topf übers Feuer und kochte sich Hafergrütze. Als aber die kleinen, gelbschöpfigen Leutchen erschienen und um ein wenig davon baten, sagte sie: »Gern, wenn ihr mir was bringt, womit ihr löffeln könnt!« Da kamen sie alle herbeigerannt. Ein paar nahmen Zweiglein vom Heidekraut und ein paar Scherben von zerbrochenen Näpfen; manche nahmen dies, manche das, aber alle kriegten sie was vom Brei.

Als sie alle wieder fort waren, kam ein kleiner, gelbschöpfiger Junge herein und fragte: »Hast du was für mich zu tun? Ich versteh mich auf alles, was man mit Wolle machen muß.« Sie sagte: »Arbeit hab ich genug! Aber bezahlen kann ich dich nie und nimmer.« – »Mach dir darüber keine Gedanken«, antwortete er, »alles, was ich von dir verlange, ist, daß du mir meinen Namen sagst.« Sie dachte: Das werde ich ja wohl zustandebringen, und gab ihm die Wolle.

Als es dunkel wurde, kam eine alte Frau herein und bat sie um ein Nachtlager.

»Das kann ich dir leider nicht geben«, sagte die Prinzessin, fragte sie aber nach Neuigkeiten. Aber die Alte wußte keine und ging fort, um sich draußen eine Schlafstatt zu suchen.

Dicht am Haus erhob sich ein steiler Hügel, und an dem duckte sich die Alte zusammen, um Schutz vor dem Wind zu finden.

Sie merkte, daß es dort sehr warm war, und stieg weiter hinauf; und als sie auf den Gipfel kam, hörte sie drin im Hügel jemanden sagen: »Krempelt, ihr Krempler, krempelt; hechelt, ihr Hechler, hechelt; spinnt, ihr Spinner, spinnt, denn ich heiße Lüttenarr.« In dem Hügel war ein Spalt, aus dem drang Licht. Die alte Frau spähte hinein, da sah sie eine Menge winziger Leute an der Arbeit, und ein kleiner, gelbschöpfiger Junge rannte um sie herum und rief seinen Spruch.

Die Alte dachte: Wenn ich mit der Geschichte zurückkomme,

dann krieg ich mein Nachtquartier. Also kehrte sie um und erzählte der Prinzessin das Ganze.

Ob sich die Prinzessin freute!

Sie sagte in einem fort vor sich hin: »Lüttenarr, Lüttenarr« – so lange, bis der gelbschöpfige Junge mit dem Ballen Tuch kam, den seine Gefährten aus der Wolle gewebt hatten.

»Nun, wie heiße ich?« fragte er.

Da nannte sie einen Namen nach dem andern, und er sprang herum und sagte immer: »Nein!« Zuletzt sagte sie: »Lüttenarr heißt du!« Da warf er die Wolle auf den Fußboden und rannte wütend fort.

Als der Riese heimkehrte, begegnete er einer Menge kleiner, gelbschöpfiger Leutchen; manchen hingen die Augen bis auf die Backen, und manchen hing die Zunge bis auf die Brust. Er fragte sie, was mit ihnen los sei. Da antworteten sie ihm: »Du weißt wohl nicht, wie schwer es ist, Wolle so fein auszuziehen!« – »Bschüte!« sagte der Riese, »Ich habe daheim eine gute Frau; wenn das so ist, darf sie mir nie wieder arbeiten! Ich will nur hoffen, daß sie noch heil und gesund ist!«

Das war sie, als er heimkam, und hatte eine große Menge Tuch fertig daliegen, und er war sehr freundlich zu ihr.

Als er am nächsten Tag fortgegangen war, entdeckte sie ihre Schwestern und hob sie vom Dachbalken herunter. Sie drückte ihnen die Haut wieder an den Rücken, und dann steckte sie die älteste Schwester in einen großen Korb und packte alle schönen Sachen, die sie finden konnte, zu ihr, und obendrauf stopfte sie Gras.

Als der Riese nach Hause kam, bat sie ihn, den Korb zu ihrer Mutter zu tragen, es sei ein bißchen Futter für die Kuh drin. Er war so zufrieden mit ihr, daß er ihr alles zuliebe getan hätte; so trug er den Korb fort.

Am nächsten Tag tat sie dasselbe mit der anderen Schwester. Sie sagte ihm, den Rest Kuhfutter für ihre Mutter werde sie am Abend darauf fertig haben. Und sie, sagte sie, werde ein bißchen vom Hause fortgehen; den Korb werde sie fertig für ihn hinstellen. Sie kroch hinein mit allen Kostbarkeiten, die sie finden konnte, und deckte sich mit Gras zu. Er nahm den Korb und trug ihn der Königin vors Haus. Sie und die Töchter hielten einen großen Kessel mit kochendem Wasser bereit. Das kippten sie ihm über, als er unter dem Fenster stand, und nun war es mit ihm aus.

15 Wie das erste Schloß auf dem Stirling Rock erbaut wurde

In der Nähe von Stirling wohnte einmal ein alter Herr, der setzte es sich in den Kopf, auf dem Stirling Rock ein Schloß zu bauen. Er suchte sich einen Platz ganz oben auf dem Felsen aus und zeichnete einen Plan von dem Gebäude, wie er es sich vorstellte. Aber als der Plan fertig war, merkte er, daß er nicht genug Geld besaß, um das Schloß zu bauen. Trotzdem konnte er die Hoffnung nicht aufgeben, irgendwann vor seinem Tod werde er es noch dort erblicken. Morgens und abends sah man ihn, wie er um den Platz, den er gewählt hatte, herumwanderte, und hörte ihn vor sich hin jammern, weil er nicht die Mittel besaß, um seine Idee auszuführen.

Als er jedoch einmal wieder seine übliche Abendrunde um den Felsgipfel machte, kam ein Männchen zu ihm und sagte: »Was gibst du mir, wenn ich dir das Schloß baue?« – »Ich habe nichts auf der Welt, was ich dir geben könnte, außer du nimmst die Kleider, die ich auf dem Leib trage«, erwiderte der Herr.

»Gehst du heute über ein Jahr mit mir, wenn ich es dir bis dahin gebaut habe?« fragte der Fremde wieder.

»Nein«, sagte der alte Mann, »das verspreche ich dir nicht.«

»Wenn du meinen Namen herauskriegst, bevor das Jahr um ist, brauchst du nicht mitzukommen«, fügte der Fremde hinzu.

Unter dieser Bedingung willigte der Herr ein, denn er dachte, es müsse doch sonderbar zugehen, wenn er in so langer Zeit nicht des Männchens Namen herauskriegen könne. Diesen Abend kehrte er besser gelaunt heim als sonst, und als er am nächsten Morgen wiederkam, sah er zu seinem Entzücken, daß die Grundmauern schon standen. Nacht für Nacht baute das Männchen am Schloß weiter; doch in der Quartalsnacht ließ es sich nicht beim Schloß sehen, und das Bauwerk nahm nicht zu.

Als sich das Jahr zum Ende neigte, war das Schloß beinah fertig. Nun bekam es der alte Herr allmählich mit der Angst zu tun; denn des Fremden Namen hatte er noch nicht herausbekommen. Wieder und wieder suchte er, ihn zu erraten; aber trotz aller Anstrengungen gelang es ihm nicht. Schließlich begab er sich zu einem weisen Mann in der Nachbarschaft und bat ihn um Hilfe. Der Alte sagte: »Der Fremde ist ein Elf. Geh ihm in der letzten Nacht des Quartals nach, dorthin, wo er wohnt, und bleib draußen stehen und spitz die Ohren, dann wirst du wohl von ihm oder jemand anders drinnen seinen Namen zu hören kriegen.«

Der Herr kehrte nach Hause zurück, und als die rechte Zeit kam, tat er alles, was der weise Mann ihm geraten hatte. Er folgte dem Fremden in der Quartalsnacht, bis er ihn in den Elfenhügel treten sah und von drinnen eine Stimme vernahm: »Bist du da, Thomas Jocksohn?« Sobald er das aufgeschnappt hatte, stahl sich der alte Herr fort, höchst zufrieden, daß er dem Elfen hinter die Schliche gekommen war. Aber das behielt er für sich, bis der letzte Abend des Jahres heranrückte. Da ging er zu dem Felsen. Der Elf wartete schon auf ihn und sagte: »Ich bin mit meiner Arbeit fertig, und du mußt nun mitkommen.« – »Nein«, gab der Herr zurück, »noch nicht.« – »Falls du mir nicht meinen Namen sagen kannst, mußt du aber!« sprach der Elf. »Bist du nicht Thomas Jocksohn?« erkundigte sich der Herr.

Da flog der Elf in einer Flamme fort durch die Schloßmauern und ließ ein Loch zurück, das weder mit Stein noch mit Holz oder sonst etwas unter der Sonne zugestopft werden konnte, außer mit Pferdemist.

16 Aschenschlamp und der Meister Lindwurm

Der Besitzer von Leegarth war ein wohlhabender Udaler, der sein eigenes Land bebaute und sich davon ernährte. Sein Hof lag in einem Tal, ein Bach lieferte ihm Wasser, und die umliegenden Hügel boten Schutz. Seine Frau war sparsam und rührig; sie gebar ihm sieben Söhne und eine Tochter; der Jüngste wurde Aschenschlamp genannt. Nun, die Brüder schauten auf Aschenschlamp herab und behandelten ihn mit Verachtung, und vielleicht war das auch zu begreifen, denn er tat auf dem Hof wenig oder gar keine Arbeit. Den ganzen Tag lief er in zerlumpten Kleidern und mit ungekämmtem Haar draußen herum, und bei jedem Windstoß stob ihm eine Wolke Asche vom Kopf. Und an den Abenden lag er da und wälzte sich in der Asche. Aschenschlamp mußte den Boden fegen, Torf zum Feuer tragen und alle andern kleinen Arbeiten verrichten, für die sich die Älteren zu gut waren. Seine Brüder knufften und traten ihn; die Frauen lachten ihn aus, so daß er ein Hundeleben führte. Und die meisten Leute dachten, besser verdiene er es auch nicht. Aber die Schwester war freundlich zu ihm. Sie hörte seine langen Geschichten von Trollen und Riesen an und ermunterte ihn, mehr davon zu erzählen, während die Brüder Erdklumpen nach ihm warfen und ihm befahlen, mit seinen Schwindeleien aufzuhören. Was die Brüder an seinen Geschichten besonders reizte, war, daß immer er selbst darin als der große Mann vorkam und bestimmt am Ende den Sieg davontrug.

Eines Tages geschah es, daß des Königs Boten nach Leegarth zum Hausvater kamen. Der König ließ ihn bitten, seine Tochter zu schicken; sie sollte im Königshaus wohnen und bei der Prinzessin, dem einzigen Kind des Königs, Magd sein. Also zog Aschenschlamps Schwester ihre besten Kleider an, und der Vater nähte ihr eigenhändig ein Paar Fellsandalen, die sollte sie im Königshaus tragen. Und auf die war sie stolz, denn bisher war sie stets barfuß gegangen. So setzten sie das Mädchen auf ein Pony und schickten es zur Prinzessin. Und von da war Aschenschlamp noch stiller und träger als zuvor.

Nun verbreitete sich eine schlimme Nachricht in der Gegend. Es sprach sich herum, daß sich der Lindwurm dem Land näherte. Und diese Nachricht ließ die kühnsten Herzen bange klopfen. Und der Lindwurm kam tatsächlich und erhob den Kopf zum Strand. Er kehrte sein grausiges Maul landwärts und gähnte so fürchterlich, daß seine Kiefer, als sie wieder zusammenkrachten, Erde und Meer erschütterten. Und so wollte er zeigen, daß er entschlossen war, das Land zu verschlingen, falls er nichts zu fressen bekam. Nun, ihr müßt wissen, dies war der größte aller Lindwürmer und ihr Urvater, deshalb nannten ihn die Leute zu Recht den Meister Lindwurm. Er konnte mit seinem Gifthauch jedes Lebewesen töten und alle Bäume und Pflanzen welken lassen. Furcht sank auf jedes Herz, und Klagen hallten durchs Land.

Nun gab es im Königreich einen mächtigen Hexer, von dem die Leute behaupteten, es gebe nichts, was er nicht wisse. Aber der König konnte ihn nicht leiden, denn er hielt ihn für hinterlistig. Als der König und das Thing drei Tage lang beraten und keinen Ausweg gefunden hatten, wie sie dem Lindwurm entkommen oder ihn vom Land abhalten konnten, und als das Thing mit seiner Weisheit zu Ende war, trat die Königin in den Saal. Sie war eine strenge, kühne Frau und obendrein noch groß und mannsgleich, und sie sagte zu den Thingleuten: »Ihr seid allesamt tapfer und große Krieger, wenn ihr nur Männern gegenübersteht. Aber nun habt ihr es mit einem Feind zu tun, der über eure Kraft lacht, vor dem sind eure Waffen bloße Strohhalme. Dies Ungeheuer überwindet ihr nicht durch Schwert und Speer, sondern durch Zaubermacht. Holt euch Rat bei dem großen Hexer, der alles weiß; denn wo die Stärke versagt, siegt die Klugheit.«

Alle stimmten ihr bei. So wurde der Hexer gerufen, und sie ersuchten ihn um Rat. Er sah gräßlich aus wie ein Schreckgespenst. Und er erklärte, die Frage sei schwer, es gehöre viel dazu, sie zu beantworten; doch am nächsten Tag bei Sonnenaufgang werde er ihnen Auskunft erteilen. Und am Morgen sagte der Hexer den Thingleuten, es bestehe nur eine Möglichkeit, den Lindwurm zufriedenzustellen und das Land zu retten: Man müsse ihm einmal in der Woche sieben Jungfrauen zum Fraß ausliefern. Wenn das nicht genüge und das Untier bald zum Abzug bewege, dann gebe es nur noch ein Mittel zur Rettung; aber das sei so fürchterlich, daß er es nicht nennen wolle, bevor nicht der erste Plan fehlgeschlagen sei. So sprach der Hexer. Und sein Rat war Gesetz, so verhängten sie den Beschluß. Jeden Samstag wurden sieben junge Mädchen gebunden und auf einen Felsen vor das Untier hingelegt. Dann streckte es seine schreckliche Zunge aus und fegte die Mädchen

in sein gräßliches Maul. Es war ein jammervoller, herzzerrei-
ßender Anblick, wie die jungen, hübschen Dinger von dem
Scheusal erbarmungslos verschlungen wurden.

Nun trug es sich eines Tages zu, daß die Leute um Leegarth auf
einen Hügel stiegen, von wo sie den Lindwurm erkennen
konnten; und sie sahen, wie er sein Samstagsmahl fraß. Bei
diesem Anblick weinten und schrien die Frauen. Starke Männer stöhnten, und ihre Gesichter wurden grau wie kalte Asche.
Während alle jammerten und sich fragten, ob es wirklich keinen
andern Weg gebe, das Land zu retten, richtete sich Aschenschlamp auf und starrte den Lindwurm fest an. Und er sprach:
»Ich habe keine Angst. Ich wäre bereit, gegen das große Ungeheuer zu kämpfen.« Daraufhin gab der älteste Bruder Aschenschlamp einen Tritt und befahl ihm, sich ins Aschenloch
heimzuscheren. Aber als die Söhne von Leegarth miteinander
heimgingen, wiederholte Aschenschlamp hartnäckig, er werde
den Lindwurm töten. Da gerieten die Brüder über seine Prahlerei so außer sich, daß sie ihn mit Steinen bewarfen, bis er
fortrannte. Am Abend schickte die Hausfrau von Leegarth
Aschenschlamp in die Scheune, er solle die Brüder zum Essen
holen. Die Älteren waren eben dabei, das Stroh fürs abendliche
Viehfutter zu dreschen. Sie warfen Aschenschlamp auf die
Tenne, häuften Stroh auf ihn und hätten ihn erstickt, wäre nicht
der Vater dazugekommen und hätte ihn aus ihren Händen befreit. Als der Vater beim Abendessen die Söhne für das, was sie
in der Scheune angestellt hatten, schalt, sagte Aschenschlamp
zu ihm: »Du hättest mir nicht zu Hilfe kommen müssen. Wenn
ich nur gewollt hätte, ich wäre mit ihnen fertig geworden und
hätte jeden erschlagen.« Da lachten sie alle und sagten: »Und
warum hast du's nicht probiert?« – »Ich wollte meine Kräfte
sparen«, sagte Aschenschlamp, »bis ich den Lindwurm besiegt
habe.« Sie brüllten vor Lachen. Und der Vater sagte: »Den
Lindwurm besiegst du, wenn ich Löffel aus den Hörnern des
Mondes schnitze!«

Nun erhob sich im Land großes Gemurr und Klagen über den
Tod so vieler junger Mädchen. Die Leute sagten, wenn dies so
weitergehe, werde keine einzige Frau mehr übrigbleiben, um
Kinder zur Welt zu bringen. So wurde das Thing einberufen,

und die Thing-Männer ließen den Hexer holen und verlangten seinen zweiten Rat. Der Hexer reckte seine Mißgestalt; der Bart reichte ihm bis zu den Knien, und das Haar hing um ihn wie ein Mantel; und er sprach: »Ich sage das mit grausamem Kummer, aber es gibt nur ein einziges Mittel. Oh, wäre ich nie geboren oder hätte nicht den Tag erlebt, an dem ich dies Mittel nennen muß! Ihr müßt dem Lindwurm die Königstochter, Prinzessin Gemdelovely, geben. Dann verläßt das Ungeheuer unser Land.«

Da schwiegen alle im Thing. Schließlich erhob sich der König, groß, grimmig und leidvoll. Er sagte: »Sie ist mein einziges Kind. Sie ist mir das Liebste auf Erden. Sie sollte meine Erbin sein. Doch wenn ihr Tod das Land retten kann, laßt sie sterben. Es ziemt sich, daß die Letzte des ältesten Geschlechts im Land für ihr Volk stirbt.« Darauf fragte der Vorsitzende, ob dies der Beschluß des Things sei. Keiner sprach, doch alle hoben die Hand zur Zustimmung. Das taten sie mit Kummer, denn Gemdelovely wurde vom ganzen Volk geliebt. Als der Vorsitzende eben mit wehem Herzen aufstehen wollte, erhob sich des Königs Kemperman und sagte: »Ich bitte darum, daß dieser Beschluß, wie die Tiere, einen Schwanz hat. Und der Schwanz soll sein, daß, wenn das Untier die liebe Prinzessin verschlungen hat und doch nicht weicht, seine nächste Speise der Hexer ist.« Dem stimmten alle mit Beifallsgeschrei zu.

Bevor der Beschluß verkundet wurde, erbat der König einen Aufschub von drei Wochen, damit er seine Tochter jedem Ritter bieten könne, der bereit sei, gegen den Lindwurm zu kämpfen. Das gestanden sie ihm zu, und dann erklärte der Vorsitzende den Beschluß für gefaßt.

Nun sandte der König in alle Nachbarkönigreiche Boten und ließ verkünden, wer immer durch Kampf oder List das Land vom Lindwurm befreie, solle Gemdelovely zur Frau haben und mit ihr das Königreich, dessen Erbin sie war, und das berühmte Schwert Scharfbeißer. Und das war das Schwert, mit dem der berühmte Oddie seine Feinde besiegt und hinter die Welt getrieben hatte. Mancher Prinz und große Krieger meinte, dieser dreifache Siegespreis umfasse die drei größten Glückseligkeiten auf Erden – eine Frau, ein Königreich und ein

Schwert. Aber beim Gedanken an die Gefahr stockte dem Kühnsten der Herzschlag.

Als der Hausvater von Leegarth mit der Nachricht vom Thing heimkehrte, daß die schöne Gemdelovely dem Untier ausgeliefert werden sollte, erhob sich großes Klagen, denn alle im Land liebten sie, nur die Königin nicht; die war ihre Stiefmutter. Aber Aschenschlamp sagte nichts, was immer er auch dachte.

Nun kamen sechsunddreißig große Kämpen ins Königshaus; jeder hoffte, den Preis zu gewinnen. Aber als sie den Lindwurm betrachteten, fielen zwölf von ihnen in Ohnmacht und wurden heimgetragen. Zwölf bekamen solche Angst, daß sie in ihre Heimatländer zurückrannten. Und zwölf blieben im Hause des Königs, aber das Herz saß ihnen in den Hosen.

Am Abend vor dem großen Tage gab der König seinen Mannen und den zwölf Kämpen, die bei ihm wohnten, ein großes Essen. Es war ein trauriges Mahl; sie aßen wenig und sprachen wenig. Und obwohl die Männer tüchtig tranken, fehlte ihnen die Laune zum Spaßen, denn, seht ihr, das Elend des nächsten Morgens lag ihnen schwer auf der Seele. Und der König drehte die Lampe so, daß er im Schatten saß.

Als sich alle außer dem König und seinem Kemperman zu Bett begeben hatten, öffnete der König die große Truhe, auf der er zu sitzen pflegte. Es war der Hochsitz in der Halle, und darin bewahrte er seine Kostbarkeiten. Der König holte das große Schwert Scharfbeißer heraus. »Warum holt Ihr Scharfbeißer hervor?« fragte der Kemperman. »Mein Herr, viermal zwanzig und dazu sechzehn Jahre werden es morgen, daß ihr auf die Welt kamt. Und in Eurer Jugend habt Ihr manche beherzte Tat vollbracht, aber heute sind für Euch die Kampftage vorbei. Laßt Scharfbeißer liegen, mein guter Herr; Ihr seid jetzt zu alt, um ihn zu schwingen.« – »Schweig!« sagte der König, »oder ich probiere an dir aus, wieviel Kraft ich noch habe. Denkst du, daß ich, der zum Ahnen den großen Oddie hat, mein einziges Kind von einem Untier verschlingen lasse, ohne auch nur für mein eigenes Fleisch und Blut einen Schwertstreich zu tun? Ich sage dir und schwöre es, während ich die Daumen auf Scharfbeißers Schneide kreuze: Bevor meine Tochter stirbt, gehen ich und dies gute Schwert zugrunde. Ja, lieber Scharfbeißer! Du sollst des Lindwurms Blut kosten, bevor der Lindwurm das Blut einer Oddie kostet. Und nun, mein treuer Kemper, eile beim Hahnenschrei ans Ufer. Mach' mein Boot fertig, richte den Mast auf, die Segel bereite zum Hissen, wende den Bug zur See. Und sieh zu, daß du es bewachst, bis ich komme. Das ist der letzte Dienst, den du mir erweisen wirst. Gute Nacht, alter Kamerad!« Und während der Kemperman mit Tränen in den Augen dastand, sprang des Königs Verseschmied auf – er hatte auf einer Bank gelegen und Schlaf vorgetäuscht – und rannte zur Tür. Und als er sie erreichte, sang er mit trauriger Stimme:

>>Wo Feuer war, liegt nun Aschenstaub,
Der strahlende Held ward schwach und rauh.
Alter König, Scharfbeißer ist schwer,
Laß ihn liegen, du schwingst ihn nicht mehr.
Asche und Schlacke gibt keinen Brand,
Der Hübschen hilft nicht die Greisenhand.«

Der König warf dem Dichter einen Holznapf an den Kopf, aber der Reimer war zu schnell für ihn. Auf die Art endete das Mahl.

Nun gab es an diesem Abend in Leegarth große Vorbereitungen; denn alle wollten morgen hingehen, um Gemdelovely sterben zu sehen. Alle wollten gehen, außer Aschenschlamp, der sollte daheimbleiben und die Gänse hüten. Und als er die Nacht in der Asche lag, ließen ihn die Gedanken nicht schlafen. Da hörte er, wie sich Vater und Mutter im Bett unterhielten. Sprach die Hausfrau: »Ihr wollt morgen alle losziehen und zusehen, wie die Prinzessin gefressen wird.« – »Aber hör mal, Frau, du kommst doch auch mit!« sprach der Hausvater. – »Ich denke nein. Zu Fuß komme ich nicht hin, und allein zu reiten, habe ich keine Lust.« – »Das brauchst du ja nicht«, sagte der Hausvater, »ich nehme dich hinter mich, und wir reiten zusammen auf Wiederwind. Und du kannst dich drauf verlassen, da überholt uns keiner.« Nun war Wiederwind das schnellste Pferd im ganzen Land. Da sprach die Hausfrau: »Warum solltest du Lust haben, vor allen Leuten mich altes Weib hinter dich aufs Pferd zu nehmen?« – »Was für Geschwätz!« sagte der

Hausvater. »Bildest du dir ein, im ganzen Land gäbe es eine, die ich lieber hinter mir sitzen hätte als meine eigene Frau?« – »Das weiß ich nicht«, sagte die Mutter, »aber manchmal denke ich, du liebst mich nicht so, wie ein Mann seine Frau lieben sollte.« – »Wie kannst du dir so etwas in den Kopf setzen?« sagte der Hausvater, »du weißt, daß ich dich lieber habe als jede andere auf der ganzen Welt. Was habe ich je getan oder gesagt, daß du meinst, ich liebe dich nicht?« – »Es ist nicht das, was du sagst, es ist das, was du nicht sagst, das mich zum Zweifeln bringt. Jetzt liege ich dir schon seit fünf Jahren in den Ohren, du sollst mir verraten, wie machst du, daß Wiederwind so läuft, daß er jedes andere Pferd im Lande schlägt? Aber genausogut könnte ich einen Stein in der Wand fragen. Sieht so die wahre Liebe aus?« – »Also weißt du, Frau«, sagte der Hausvater, »an Vertrauen hat es mir ja vielleicht ein bißchen gefehlt, aber an Liebe bestimmt nicht. Wir Männer bilden uns eben immer ein, ihr Frauen habt irgendwo ein Leck im Kopf, kann sein in der Zunge; deswegen hielt ich es für das beste, für mich zu behalten, was mir schaden könnte, wenn ich es erzähle, aber dir nicht schaden kann, wenn du es nicht weißt. Doch das soll dir nicht länger das Herz abdrücken, ich erzähle dir das ganze Geheimnis. Wenn ich will, daß Wiederwind steht, gebe ich ihm einen Klaps auf die linke Schulter; will ich, daß er einen tüchtigen Trab geht, gebe ich ihm zwei Klapse auf die rechte. Und wenn ich will, daß er alles hergibt, blase ich durch eine Gänsedrossel. Ich habe sie immer in der rechten Rocktasche parat. Und wenn Wiederwind *das* hört, läuft er wie der Sturmwind. So, nun weißt du alles, beruhige dich und laß uns schlafen, es ist spät.«

Das alles vernahm Aschenschlamp und lag mäuschenstill, bis er die Alten schnarchen hörte. Und ich kann euch sagen, dann hielt es ihn nicht mehr lange. Er stibitzte die Gänsedrossel aus seines Vaters Tasche und stahl sich in den Stall. Er zäumte Wiederwind und führte ihn hinaus. Da bäumte sich das Pferd auf, daß es sich fast überschlug; es ahnte nicht, daß es seinen Meister gefunden hatte. Aschenschlamp schlug es mit der Hand auf die linke Schulter; da stand das Pferd wie ein Fels. Aschenschlamp sprang ihm auf den Rücken und schlug es auf die rechte Schulter. So trabten sie fort. Aber beim Aufbruch wieherte das Pferd überlaut; davon erwachte der Hausvater, denn er kannte sein Pferd an der Stimme; sofort war er auf den Beinen, weckte seine Söhne, sie alle warfen sich auf ihre Rösser und galoppierten Wiederwind hinterher und schrien dabei »Dieb! Dieb!« Der Hausvater ritt bei der Verfolgung vornean, er brüllte:

> »Hie, hie, he,
> Wiederwind, steh!«

Und als Wiederwind das hörte, stand er stockstill. Aschenschlamp riß die Gänsedrossel aus der Tasche und blies mit aller Kraft hinein. Da flog Wiederwind davon wie der Sturm, so daß Aschenschlamp fast die Luft wegblieb. Und der Hausvater und seine Söhne ritten niedergeschlagen und traurig über Wiederwinds Verlust wieder heim.

Aschenschlamp näherte sich dem Ufer, als der Tag eben im Osten heraufdämmerte. Er langte in einem Tal an; dort band er sein Pferd fest; den Strick hatte er Wiederwind lose um den Hals gewunden. Er wanderte, bis er an ein Häuschen gelangte, darin schlief eine alte Frau. Hier fand er einen rostigen Topf; in den legte er Torfglut aus dem glimmenden Feuer. Und mit Topf und Torf ging er zum Strand. Da erblickte er des Königs Boot auf dem Wasser, an einem Uferstein festgemacht. Im Boot saß der Mann, der den Auftrag hatte zu wachen, bis der König kam.

»Ganz schön frisch heute morgen«, sagte Aschenschlamp zu dem Mann. – »Denkst du, das merk ich nicht?« gab der Mann zurück. »Ich sitze hier schon die ganze Nacht, gleich gefriert mir das Mark!« – »Warum kommst du nicht ans Ufer und läufst dich warm?« sagte Aschenschlamp. Der Mann sprach: »Wenn der Kemperman mich nicht mehr im Boot findet, schlägt er mich halbtot.« – »Recht verständig«, meinte Aschenschlamp. »Dir ist die kalte Haut lieber als die warme. Aber ich muß ein Feuer machen; ich will mir ein paar Napfschnecken braten, sonst frißt mir der Hunger noch ein Loch in den Magen.« Und damit fing er an, eine Grube in den Boden zu scharren, um darin ein Feuer anzuzünden. Eine Minute später rief er aus: »Sowas von Glück! Gold! Gold! So gewiß ich der Sohn meiner

Mutter bin, hier steckt im Boden Gold!« Als der Mann im Boot das hörte, sprang er ans Ufer und stieß Aschenschlamp roh beiseite. Und während der Mann in der Erde wühlte, ergriff Aschenschlamp seinen Topf, löste das Tau, sprang ins Boot und stieß ins Meer, währen der Mann vom Land her brüllte und ihn verfluchte. Als die Sonne über den Hügel sah, hißte Aschenschlamp sein Segel und steuerte auf den Kopf des Lindwurms zu. Das Untier lag vor ihm wie ein ausnehmend großer und hoher Berg, und sein Auge – manche sagen, es hatte nur eins – glühte und flammte wie ein Wachtfeuer. Es war ein Anblick, vor dem wohl das tapferste Herz hätte erschrecken dürfen. Das Scheusal war so lang, daß es sich über die halbe Welt erstreckte. Seine fürchterliche Zunge war hundert und aberhundert Meilen lang. Und wenn es zornig war, fegte es damit ganze Städte, Bäume und Hügel ins Meer. Seine schreckliche Zunge war gegabelt. Und die Gabelzinken benutzte es wie eine Zange, mit der es die Beute ergriff. Mit dieser Gabel zerdrückte es das größte Schiff wie eine Eierschale. Mit dieser Gabel zerknackte es die Mauern des größten Schlosses wie eine Nuß und sog alles Lebende daraus ins Maul. Aber Aschenschlamp hatte keine Angst.

Um diese Zeit langten der König und seine Mannen am Strand an. Sie sahen das Boot, und der König wußte, es war seins, und geriet darüber in furchtbaren Zorn.

Aschenschlamp segelte bis dicht neben den Kopf des Lindwurms; dann reffte er sein Segel, legte in aller Ruhe die Riemen ein und dachte sich das Seine. Als die Sonne dem Lindwurm in die Augen stach, riß er den Rachen zu einem scheußlichen Gähnen auf – dem ersten von sieben vor seinem furchtbaren Frühstück. Nach jedem Gähnen legte er eine Pause ein, und auf die Art dauerte die Gähnerei ganz hübsch lange. Na, jedesmal, wenn das Ungeheuer den Rachen aufriß, stürzte ihm eine große Flut hinein. Aschenschlamp ruderte bis dicht neben des Lindwurms Maul, und beim zweiten Gähnen wurde das Boot mitgerissen und hineingeschwemmt. Aber es blieb nicht im Rachen, denn die Woge trug es hinunter in den schwarzen Schlund, der lag unter Aschenschlamp wie ein bodenloser Abgrund. Ihr denkt euch sicher, daß es für Aschenschlamp sehr finster war; aber nein – Dach und Seiten der Kehle waren mit phosphoreszierenden Meeresalgen bedeckt, die gaben in der Gurgel des entsetzlichen Geschöpfs ein sanftes, silbriges Licht. Weiter und immer weiter, immer tiefer hinab fuhr Aschenschlamp eine lange Strecke. Behüte uns! Ich wollte, ich hätte mein Leben lang soviel Glück, wie ich Angst davor hätte, eine solche Treppe hinabzusteigen! Aschenschlamp steuerte sein Boot in der Mitte des Stroms, und je weiter er kam, desto seichter wurde das Wasser, weil sich die Kehle entlang zu beiden Seiten viele Öffnungen auftaten, wie Mündungen von großen Höhlen. Durch diese Nebenwege floß das Wasser zum Teil. Jetzt wurde das Kehlendach niedriger, bis der Mast oben anstieß und der Kiel auf dem Kehlengrund festsaß.

Da sprang Aschenschlamp hinaus; mit dem Topf in der Hand watete er und rannte und rannte immer weiter, bis er an die riesige Leber des Ungeheuers gelangte. Da nahm er sein großes Messer und schnitt in die Leber ein Loch und steckte dahinein das glühende Torfstück. Und dann blies er mit aller Macht in die Glut, so wie er sein Leben lang noch nie gepustet hatte. Schließlich fing das Torfstück Flamme; die Flamme setzte das Leberöl in Brand, und eine Minute später loderte ein mächtiges, hohes Feuer. Meiner Treu, ich denke, der Lindwurm wird wohl davon kräftig Herzbrennen gekriegt haben. Nun rannte Aschenschlamp zum Boot zurück, so schnell ihn die Füße trugen. Als der Lindwurm die Hitze in seinem Bauch spürte, fing er an zu spucken, als wolle er seine Gedärme erbrechen. Da stiegen aus seinem gewaltigen Magen schreckliche Fluten auf. Eine davon erwischte das Boot, zerknackte den Mast wie eine Nadel und warf Boot und Mann in hohem Bogen trocken an Land.

Der König und die Leute zogen sich auf einen hohen Berg zurück, wo sie vor den Fluten, die das Ungeheuer ausspie, und vor den fürchterlichen Ausbrüchen von Feuer und Rauch sicher waren. Der Lindwurm bot einen entsetzlichen Anblick; und jeder, dem er zuteil wurde, konnte nur sagen: Mußte ich *das* erleben! Nach den Wasserfluten drangen dem Ungeheuer aus Maul und Nase große Wolken von pechschwarzem Rauch. Es war gräßlich, die Qualen des Lindwurms mit anzusehen, als sich das Feuer in ihm immer weiterfraß. Er schoß seine furchtbare Zunge heraus und schwenkte sie hin und her. Dann, auf dem Höhepunkt seiner Pein, streckte er sie senkrecht nach oben, bis die Spitze an den Mond stieß. Er zwängte eins von den Mondhörnern in die Zungengabel. Manche sagen, er habe den Mond von der Stelle gerückt. Nun, zum Glück glitt die Gabel vom Horn ab, sonst hätte er ihn womöglich heruntergerissen. Die Zunge fiel mit einem schrecklichen Platsch wieder zur Erde. So heftig war der Aufprall, daß der Boden aufriß und dort, wo einst trockenes Land war, ein Meeresarm entstand. Das ist die Meerenge, die heute Dänemark von Schweden und Norwegen trennt. Es heißt, an ihrem oberen Teil lägen zwei große Buchten, die hätten die beiden Zinken von des Lindwurms Zungengabel ausgescharrt. Dann zog der Lindwurm seine lange Zunge ein, und seine Krämpfe und Windungen entsetzten die ganze Welt. Langsam zog er sich zu einem Klumpen zusammen, und dabei warf er in der Feuerpein den Kopf zu den Wolken, und gleich darauf ließ er ihn fallen mit einer Gewalt, von der die Welt erbebte. Behüte uns alle! Einmal schlug ihm die Wucht des Aufpralls ein paar Zähne aus, und die wurden zu den Orkney-Inseln. Und wieder reckte er den Kopf auf und ließ ihn niederfallen, da verlor er noch eine Menge Zähne, und die wurden zu den Shetlandinseln. Ein drittes Mal sank sein Kopf vom Himmel und spie ein paar Zähne aus, und die wurden zu den Faröern. Und dann rollte sich der Lindwurm zu einem großen Klumpen zusammen, und der wurde zu Island. Und nun starb er. Und so möge alles Böse enden! Die Leute sagen, der Teufel war sein Vater. Und wahrhaftig, er hat seinem Vater sehr geähnelt und hat ihm den Willen getan. Aber meiner Treu, er hat für all seine Werke bösen Lohn gekriegt. Und so geht es allen, die dem Teufel dienen.

Der Lindwurm starb; aber er brennt noch immer unter der Insel. Und dies Feuer macht Islands feuerspeiende Berge.

Und nun muß ich euch erzählen, wie es Aschenschlamp weiter ergangen ist. Der König schloß ihn in die Arme und küßte und segnete ihn und nannte ihn seinen Sohn. Der König nahm seinen eigenen Mantel ab und legte ihm den um. Und der König faßte Gemdelovelys Hand und drückte sie in die Hand von

Aschenschlamp. Und er gürtete Aschenschlamp mit dem großen Schwert Scharfbeißer. Aschenschlamp stieg auf Wiederwind und ritt neben Gemdelovely her. Und wie sie alle in Freude zum Königshaus ritten, kam ihnen Aschenschlamps Schwester entgegengerannt. Sie flüsterte Gemdelovely etwas ins Ohr, und Gemdelovely berichtete dem König, was sie sagte. Das Gesicht des Königs wurde bleich und finster. Denn sie hatte ihm gesagt, daß der Hexer den ganzen Morgen mit der Königin zusammengelegen hatte. »Ich geh und bringe ihn um!« sagte der König. »Nein«, sagte die Magd, »sie sind beide auf den besten Pferden im Stall geflüchtet.« – »Da müssen sie schon sehr schnell sein, wenn ich sie nicht finde«, sagte Aschenschlamp. Und damit war er auf Wiederwind fort wie ein Sturm. Bald war Aschenschlamp dicht bei den beiden Missetätern. Und als der Hexer ihn so nahe sah, sagte er zur Königin: »Das ist nur so ein lumpiger Bauernlümmel; in einer Minute schneid ich ihm den Kopf ab.« Also wandte er das Roß und zog sein Schwert. Denn er wußte wohl, daß gewöhnlicher Stahl seinen verzauberten Leib nicht zu durchbohren vermochte. Da zog Aschenschlamp Scharfbeißer und trieb ihn mit einem furchtbaren Stoß dem Hexer durchs Herz, so daß die Spitze auf dem Rücken wieder herauskam. Und sein Blut floß pechschwarz auf den Boden. Die Königin sperrten sie auf Lebenszeit in einen hohen Turm.

Aschenschlamp und Gemdelovely wurden ein Paar. Und es gab ein großes Hochzeitsfest, das dauerte neun Wochen. Des Königs Verseschmied reimte ein langes Gedicht, und die Menye-Sänger sangen ein schönes Lied. Ich kenne die Worte nicht, nur zwei Zeilen sind noch erhalten:

> »Der hübscheste Stein im ganzen Land sitzt über des
> Königs Hallentor,
> Der kam aus 'nem sumpfigen Loch heraus, da lag er
> lange, lange zuvor.«

Bei dieser Hochzeit ging es fröhlich zu wie beim Yulefest. Aschenschlamp und Gemdelovely waren König und Königin und lebten in Glück und Pracht. Und wenn sie nicht gestorben sind, leben sie heute noch.

Donald war bei einem Landedelmann dazu angestellt, das Brennholz ins Haus zu schleppen, und deswegen nannten ihn die Leute Donald mit der Hucke.

Donald arbeitete zwar fleißig von früh bis spät, aber glücklich war er dabei nicht – mit einem Wort, er hätte sich ein anderes Leben gewünscht.

Als er eines Tages wieder zum Haus des Edelmanns unterwegs war und unter der Ladung Holz in seiner Hucke fast zusammenbrach, begegnete ihm ein junger Herr, der redete ihn an: »Mein braver Donald, du schleppst dich ja tot. Hast du das Holztragen nicht satt?« – »O ja«, antwortete Donald, »das kann man wohl sagen. Und ich hätte nichts dagegen, wenn ich eine andere Arbeit bekäme.« Da sprach der junge Herr zu ihm: »Donald, ich bin der Tod; und wenn du in meine Dienste trittst, so mache ich aus dir einen Doktor; aber nur unter der Bedingung, daß ich dich hole, sowie du mich das erste Mal betrügst.« Damit war Donald einverstanden; ihm war alles recht, wenn er nur nicht mehr Holz tragen mußte.

Da sagte der Tod zu ihm: »Wenn du zu einem Kranken kommst und siehst, daß ihm der Tod zu Häupten steht, dann laß die Finger von ihm, denn er wird sterben. Steht aber der Tod zu Füßen, dann übernimm die Behandlung, denn er bleibt am Leben.«

Donald tat, was von ihm verlangt wurde, und alles gelang ihm. Jeder Kranke, von dem er sagte, er werde weiterleben, kam wirklich über den Berg, und jeder Mensch, den er aufgab, der starb.

Nun geschah es aber, daß der König sehr krank wurde. Man schickte nach Donald, und er kam ins Schloß. Als er jedoch ans Bett des Königs trat, nahm er wahr, daß der Tod ihm zu Häupten stand, und er lehnte es ab, den Kranken zu behandeln. Alle bestürmten ihn, etwas für den König zu tun. Da befahl er, sie sollten den König umdrehen, so daß der Kopf an die Stelle der Füße käme und die Füße an die Stelle des Kopfes. Kaum war das geschehen, da begann sich der König zu erholen. Aber Donald sah, wie sich der Tod nun ans Fußende schlich, wo jetzt

des Königs Kopf lag; da bat er, den König noch einmal umzudrehen. Und so ging das Spiel noch eine Weile weiter, bis endlich der Tod dermaßen in Wut geriet, daß er davonschoß, so
schnell er konnte.

Als der König genesen war, verabschiedete sich Donald; doch
er war noch nicht weit vom Schloß, da trat ihm der Tod entgegen. »Jetzt hab ich dich!« sagte der Tod, »denn du hast den
Vertrag gebrochen. Du hast mich betrogen.«

»Das kann ich nicht leugnen«, sagte Donald, »aber willst du
mir nicht so lange Aufschub gönnen, bis ich mein Gebet gesprochen habe?« Das gewährte ihm der Tod. Daraufhin
wandte sich ihm Donald zu und sagte: »Ich spreche es überhaupt nicht, nie.« Nun ließ ihn der Tod, außer sich vor Zorn,
stehen und schwor, er werde für seine Gaunerei schon noch
mit ihm abrechnen.

Nun blieb Donald sich selbst überlassen; der Tod störte ihn
nicht. Alles ging weiter gut, und er gelangte im Land zu großem Ansehen. Als Donald eines schonen Tages allein auf der
Landstraße dahinging, begegnete ihm ein Trüppchen Schulkin-
der. Sie waren offensichtlich sehr niedergeschlagen. Donald
hatte ein warmes Herz; deswegen trat er zu ihnen und fragte sie
nach ihrem Kummer. Sie antworteten: »Wir können unser Gebet nicht aufsagen, und unser Lehrer wird uns bestrafen.« Das
konnte Donald nicht mit ansehen. Er setzte sich an den Straßenrand, versammelte das Grüppchen um sich und brachte
ihnen das Gebet bei.

Kaum waren die Kinder weitergegangen, da erschien der Tod
und sprach zu Donald: »Jetzt hab ich dich, nun hilft dir nichts
mehr.« Donald meinte: »Du bist ein fabelhafter Kerl; keine
Stelle, wo du nicht auftauchst. Manche haben mir erzählt, du
kommst sogar noch aus einer Flasche wieder heraus, wenn du
hineingesteckt wirst, und bringst einen um.« – »Das stimmt«,
sagte der Tod. – »Ich kann mir das einfach nicht vorstellen.
Aber hier habe ich eine Flasche – versuch doch mal, ob du
hinein paßt.« Der Tod kroch in die Flasche, Donald stieß den
Korken fest in den Hals und sprach: »Da bleib du.« Er ging mit
der Flasche fort, warf sie weit in einen See hinaus und war noch
einmal davongekommen.

Aber es dauerte gar nicht lange, und die Flasche wurde an Land gespült und zerbrach. Und nun war der Tod frei und ließ sich keine Sekunde Zeit, bis er Donald den Garaus gemacht hatte.

18   Der schwarzbraune Secheschmied

Der schwarzbraune Secheschmied hatte ausgelernt, aber als seine Lehrzeit abgelaufen war, brachte er nichts anderes zustande als Seche.

Er machte ein paar Meilen vor Edinburgh eine Schmiede auf und begann, Seche herzustellen. Damals wurde einmal im Monat in der Stadt ein Markt abgehalten, und immer, wenn es soweit war, fuhr der schwarzbraune Schmied mit seinem alten Schimmel und einem Karren voll Seche hin. Und wenn er die Seche verkauft hatte und auf seinem Karren wieder heimkehrte, schlief er fest und überließ es dem alten Schimmel, den Weg zu finden, so gut er konnte.

Einmal ging er am Markttag wie immer ins Wirtshaus, und wen traf er da? Niemand anders als den Schmied des Königs. Bald machten sich die beiden Braven miteinander bekannt, und dann saßen sie und tranken, bis ihnen der Schnaps in die Köpfe stieg. Nicht lange, und sie fingen an zu prahlen, und jeder von beiden wollte der bessere Schmied sein. Um dem Gezänk ein Ende zu machen, erhob sich der königliche Schmied und sagte zum Schwarzbraunen: »Ich wette dreihundert Mark, daß ich vor dem nächsten Markt etwas anfertige, wie du es in derselben Zeit nicht zustandebringst.« Da stand der schwarzbraune Schmied auf und antwortete: »Und ich setze dreihundert dagegen und wette, daß du nichts Derartiges schaffst, sondern daß ich etwas anfertige, das besser ist als alles, was du liefern kannst.« Die beiden Helden schieden und versprachen einander, sich beim nächsten Markt wieder zu treffen und das mitzubringen, was sie hergestellt haben würden.

Am Abend kehrte der schwarzbraune Schmied auf seinem Karren heim wie gewohnt. Am nächsten Morgen begab er sich in die Werkstatt und ging wieder daran, Seche zu machen. Dabei blieb er Tag für Tag, bis der Markt unmittelbar bevorstand. Am

Abend trat ein Herr in die Schmiede und sagte zum Schwarzbraunen: »Wolltest du nicht etwas anfertigen, womit du die Wette gegen den Schmied des Königs gewinnst? Wenn du nicht schleunigst anfängst, verlaß dich drauf: Du verlierst.« Der schwarzbraune Schmied gab zurück: »Wovon redest du eigentlich? Ich wüßte nicht, daß ich mit dem Schmied des Königs gewettet hätte.« – »Das hast du aber«, sagte der Herr. »Ich habe mit meinen eigenen Ohren zugehört, wie du dreihundert Mark gegen ihn gesetzt hast.« – »Also, dann verliere ich, denn ich habe nie gelernt, irgendwas auf der Welt zu machen außer Seche«, sagte der schwarzbraune Schmied. – »Kopf hoch!« sagte der Herr, »wenn du mir die Hälfte vom Gewinn abgibst, dann mach ich dir was, womit du die Wette gewinnst.« – »Von Herzen gern«, sagte der schwarzbraune Schmied.

Unverzüglich begab sich der Herr an die Arbeit. Zuerst machte er einen großen Kasten. Dann legte er ein tüchtiges Stück Eisen ins Feuer und formte es zu einem Hirschhund. Und als der Hirschhund fertig war, setzte er ihn in die Lade, klappte den Deckel zu und wandte sich zum Schmied.

»Nun«, sagte er, »wenn du morgen mit den Sechen losziehst, dann nimm diesen Kasten mit, und wenn du auf dem Markt ankommst, wird der Schmied des Königs schon dort sein und dir entgegenkommen. Verlangt er dann, daß du den Kasten aufmachst und ihm zeigst, was drin ist, dann sag ihm, zuerst soll er seinen öffnen, denn schließlich habe ja er die Wette angestiftet. Tut er es, so springt aus seiner Kiste ein Hirsch. Sobald du den siehst, öffne deine und laß den Hund heraus, und es sollte mich doch sehr wundern, wenn der dir nicht die Wette gewinnt.« Danach wünschte der Herr dem Schwarzbraunen einen guten Abend und ging fort.

Am nächsten Morgen fuhr der schwarzbraune Schmied mit seinen Sechen und der Lade auf dem Karren fort. Er langte rechtzeitig auf dem Marktplatz an und traf dort den Schmied des Königs; der schleppte eine Kiste unterm Arm. Und dann spielte sich zwischen ihnen alles genauso ab, wie es der Herr vorhergesagt hatte. Schließlich öffnete des Königs Schmied seine Kiste; ein schöner Hirsch sprang heraus und fort in vollem Galopp. Da klappte der schwarzbraune Schmied den Dekkel seiner Lade zurück, und ein hübscher Jagdhund war mit einem Satz draußen und sauste dem Hirsch hinterher und hielt nicht an, bis er ihn erwischt hatte und dem schwarzbraunen Schmied vor die Füße legte.

»Nun, du mußt mir bezeugen«, sagte der schwarzbraune Schmied zum Schmied des Königs, »deine Wette hast du verloren.« – »Stimmt, diese habe ich verloren; aber vielleicht gewinne ich die nächste«, erwiderte der Schmied des Königs, während er dem andern das Wettgeld bis auf den letzten Penny einhändigte.

Anschließend begaben sie sich miteinander zum Wirtshaus, und nicht lange, so wetteten sie noch einmal das gleiche wie zuvor. Als sie sich trennten, versprachen sie einander, daß sie sich beim nächsten Markt wieder treffen und die Dinge mitbringen wollten, die sie dann fertig hätten. Darauf kletterte der schwarzbraune Schmied auf seinen Karren, und der Schimmel zog ihn heim.

Am nächsten Tag ging er als erstes in die Schmiede, grub ein Loch unter der Türschwelle und versteckte darin die dreihundert Mark. An die Wette dachte er überhaupt nicht, sondern fertigte weiter Seche an, bis der letzte Nachmittag vor dem Markt da war.

Kurz vor dem Feierabend – wer trat da in die Schmiede? Niemand anders als der Herr, der den Hirschhund gemacht hatte. Er begrüßte den schwarzbraunen Schmied und erkundigte sich, ob er die Sache fertig habe, mit der er die nächste Wette gegen des Königs Schmied gewinnen wolle. Aber der schwarzbraune Schmied besann sich weder darauf, daß er überhaupt gewettet hatte, noch worum es dabei gegangen war. »Schön«, sagte der Herr, »gib mir die Hälfte vom Gewinn ab und versprich mir, nicht mehr ins Wirtshaus zu gehen, dann mach ich dir etwas, womit du siegst.« – »Das verspreche ich, und soweit ich kann, will ich mein Versprechen auch halten«, erwiderte der schwarzbraune Schmied.

Nun begab sich der Herr an die Arbeit. Zuerst fertigte er eine Lade, und dann formte er genauso, wie er den Windhund hergestellt hatte, einen großen, starken Otter. Und als der fertig war, setzte er ihn in den Kasten und klappte den Deckel zu und schloß ihn ab. »Nun«, sagte er zum schwarzbraunen Schmied, »nimmst du diese Truhe mit zum Markt und öffnest sie nicht, bis der Schmied des Königs zuerst seine aufgemacht hat. Diesmal wirst du die Wette noch gewinnen. Aber sieh zu, daß du nicht zum Wirtshaus gehst und wieder wettest, es könnte dir leicht passieren, daß du sonst alles verlierst. In ein paar Tagen komme ich, dann gibst du mir die Hälfte vom Gewinn.« Der Schmied sagte alles zu, und sie schieden voneinander.

Am nächsten Morgen zog der schwarzbraune Schmied mit der Lade auf den Markt. Als er anlangte, war des Königs Schmied schon da und forderte ihn auf, seine Kiste als erster zu öffnen, und der schwarzbraune Schmied weigerte sich. Darauf ging der Schmied des Königs an den Fluß, und sowie er seine Kiste öffnete, sprang ein Lachs ins Wasser und schwamm fort. Rasch klappte der schwarzbraune Schmied den Deckel seiner eigenen Lade zurück, und der Otter sprang heraus und dem Lachs hinterdrein; bald hatte er ihn gepackt, kehrte mit dem Fisch im Maul zurück und legte ihn seinem Herrn vor die Füße. »Du mußt mir bezeugen«, sagte der schwarzbraune Schmied, »die Wette hast du verloren.« – »Allerdings«, antwortete der Schmied des Königs, »und wenn du mit mir zum Wirtshaus kommst, bezahle ich sie dir auf Heller und Pfennig.« – »Nein, das tu ich nicht, denn ich habe beschlossen, nicht wieder zu wetten«, sagte der schwarzbraune Schmied. »In Ordnung«, sagte der Schmied des Königs und bezahlte den andern auf der Stelle.

Nach ein paar Tagen aber trat der Herr in die Schmiede. Er wartete eine Weile darauf, daß der Schwarzbraune von selber herausrückte, was er dem Herrn versprochen hatte; aber der hätte warten können bis zum Jüngsten Tag, der schwarzbraune Schmied dachte gar nicht daran. Schließlich sagte der Herr: »Ich bin gekommen, um mir meinen Lohn zu holen; gib ihn mir lieber im guten, dann geh ich.« Aber der schwarzbraune Schmied gönnte ihm weder Dank noch Lohn. Als der Herr das einsah, ging er fort, aber bevor er ging, ließ er etwas in der Schmiede zurück.

Ein paar Tage danach kam ein anderer Herr vor die Schmiede geritten, und sein Pferd lahmte, weil ihm ein Hufeisen fehlte.

Er begrüßte den Schmied und sagte: »Ich möchte, daß du mein Pferd beschlägst; so kann es keinen Schritt weiter tun.« – »Ich!« sagte der Schmied, »ich habe noch nie etwas anderes geschmiedet als Pflugseche.« Der Herr erwiderte: »Man bringt vieles zustande, wenn man nur den Mut hat, es zu probieren. Versuche du's, und ich helfe dir dabei.« – »Na schön, ich tue, was ich kann.«

Der Herr ging hinaus und schnitt dem Pferd alle vier Füße unterhalb der Knie ab. Er trug sie in die Schmiede und legte sie ins Feuer. Er selbst handhabte den Blasebalg, und der Schmied häufelte Kohlen um die Füße. Nachdem die eine gute Weile im Feuer gelegen hatten, rief der Herr dem schwarzbraunen Schmied zu: »Jetzt raus damit!« Der Schmied packte die Zange und zog damit den ersten Fuß aus den Flammen und auf den Amboß. Dann ergriff er den Fausthammer, und der Herr nahm den Vorschlaghammer, ein paar Schläge, und das Eisen saß, sauberer hätte es kein Schmied auf der Welt an den Huf gebracht. Nun nahmen sie sich den zweiten Fuß vor, und so beschlugen sie nacheinander alle vier Hufe. Darauf rief der Herr dem schwarzbraunen Schmied zu: »Geh mit den Vorderfüßen hinaus und schlag sie dem Pferd wieder an.« Das tat der schwarzbraune Schmied, und der Herr selber tat es mit den Hinterfüßen. Im nächsten Augenblick stand das Pferd da, heil und gesund wie je, mit Hufeisen und bereit für die Landstraße. Der Herr sprang in den Sattel und ritt davon.

Sobald der Herr fort war, trat der Schmied ins Haus und sprach zu seiner Frau: »Ich hab keine Lust, mein Geld noch weiter an so einen Schurken von Hufschmied wegzuwerfen: Jetzt kann ich es selber. Komm raus und hilf mir, den Schimmel zu beschlagen; ich muß bald wieder mit ihm in die Stadt.« Damit ging er zum Stall und schnitt dem Schimmel die Füße ab, trug sie in die Schmiede und schob sie ins Feuer. Seine Frau ließ er den Blasebalg bedienen, während er die Füße mit Kohlen bedeckte. Als er meinte, nun müßten sie fertig sein, zog er einen heraus und auf den Amboß und hämmerte darauf ein. Aber der Fuß war nur noch ein verkohlter Knochen und zerfiel unter den Schlägen zu tausend Splittern, die durch die Scheune stoben. Die übrigen Füße befanden sich im gleichen Zustand, und so blieb dem Schmied nichts übrig, als den armen Schimmel sofort von seiner Qual zu erlösen und den Kadaver möglichst unbemerkt zu vergraben.

Eine gute Weile, nachdem der zweite Herr davongeritten war, langte ein dritter Herr, begleitet von zwei alten Weibern, in der Schmiede an. Er sagte zum Schwarzbraunen: »Willst du mir aus den beiden alten Weibern eine Jungfrau machen? Du bekommst für deine Arbeit guten Lohn.« Der schwarzbraune Schmied antwortete: »Ich? Ich mache nie was anderes als Seche.« – »Überläßt du mir dann die Schmiede für ein Weilchen und hilfst mir?« fragte der Herr. – »Gewiß.« – »Also dann los, an die Arbeit. Man bringt manches fertig, wenn man nur den Mut hat, es zu probieren.« Sie steckten die beiden alten Frauen ins Feuer, der Herr bediente den Blasebalg, und der schwarzbraune Schmied legte Kohlen auf. Als die beiden Alten glühten, zogen sie sie heraus auf den Amboß, der Herr schlug mit dem Vorschlaghammer und der Schmied mit dem Fausthammer auf sie ein, und so schweißten sie aus den zwei alten Frauen das schönste Mädchen zusammen, das je einer erblickt hat. Als sie fertig waren, gab der Herr dem schwarzbraunen Schmied einen guten Lohn und zog mit der Jungfrau davon.

Sobald sie fort waren, rannte der schwarzbraune Schmied ins Haus und sprach zu seiner Frau: »Stell dir bloß vor! Eben habe ich aus zwei alten Weibern das schönste Mädchen gemacht, das du je gesehen hast! Komm, wir machen noch eins aus meiner und deiner Mutter, und dann haben wir, was wir noch nie hatten: eine Tochter.« Aber die Frau sagte: »Paß bloß auf, daß es dir nicht wieder so geht wie bei dem Schimmel.« – »Das passiert bestimmt nicht«, sagte er und machte sich an die Arbeit. Er bemühte sich, alles so anzustellen, wie er es von dem Herrn gesehen hatte, aber was dabei herauskam, war das gleiche wie beim Schimmel – oder vielmehr, es war noch siebenmal schlimmer.

Eine Zeit verging; und dann – wer tauchte in der Schmiede auf? Niemand anders als der erste Herr. Er begrüßte den Schmied und sagte: »Bist du überhaupt willens, mir, wie du's versprochen hast, die Hälfte von dem Geld zu geben, das ich dir verdient habe?« Nein, das war der Schmied nicht. Er wollte dem Herrn nicht mal dankeschön sagen. Da begann der Herr zu wachsen; er wurde so groß, daß der Schmied in Gefahr geriet, zwischen ihm und der Esse zerquetscht zu werden. Als der schwarzbraune Schmied die Gefahr erkannte, zog er eine Börse mit einem Schnappverschluß aus der Tasche und sagte: »Groß machen könnt Ihr Euch, das seh ich; aber wenn Ihr's fertigbringt, Euch jetzt so klein zu machen, daß Ihr in die Börse hier paßt, dann will ich Euch alles Geld geben, das ich Euch schulde.« Im Nu wurde der Herr kleiner und immer kleiner, bis er schließlich so winzig war, daß er als schwarzes Stäubchen in die Börse hüpfte. Sowie der Schmied das sah, ließ er den Verschluß zuschnappen und wickelte noch einen starken Draht darum. Dann legte er die Börse auf den Amboß und ließ den Vorschlaghammer mit aller Wucht dreimal darauf niederdonnern. Die Börse zersprang mit einem solchen Knall, daß die Schmiedsfrau dachte, die Werkstatt sei mit allem darin in die Luft geflogen. Entsetzt kam sie gerannt und fragte, was los sei. »Mach dir nichts draus; er hat mich um den Schimmel betrogen und um die alten Frauen, dafür hab jetzt ich ihn um sein Leben betrogen.«

Er schmiedete weiter Seche und zog damit einmal im Monat zum Markt; aber er wurde ein kluger Mann, und jedesmal, wenn er Geld brauchte, nahm er ein bißchen von dem Schatz, den er unter der Schwelle versteckt hatte.

19   Die drei Hunde mit den grünen Halsbändern

Es waren einmal ein König und eine Königin, die hatten einen Sohn und eine Tochter. Die Königin starb, und nach einer Reihe von Jahren heiratete der König eine andere Frau; aber die war sehr unfreundlich zu den Kindern der ersten. Die Kinder beschlossen, fortzugehen und ihr Glück zu suchen; der Königssohn trug Bogen und Köcher bei sich, und die Königstochter nahm ihre drei braungelben Ferkel mit den gestutzten Ohren mit. Und so zogen die beiden davon. Als sie über eine Heide wanderten, stießen sie auf eine Sennhütte und traten ein, und da lebten sie eine Zeitlang. Er ging jeden Tag auf die Jagd, während sie daheim oder doch dicht bei der Hütte blieb, das Wild zubereitete und ihre Schweinchen versorgte.

Eines Tages stand er zeitig auf, und als er aus dem Haus trat, sah er einen Mann herankommen, der führte einen schönen Jagdhund mit grünem Halsband bei sich. »Da hast du aber einen feinen Hund!« sagte der Königssohn zu ihm. – »Ja! Willst du ihn mir abkaufen?« – »Ich habe nichts, das ich dir dafür geben könnte.« Aber der andere deutete auf die Ferkel und sprach: »Gib mir eins von den Schweinchen.« – »Das kann ich nicht: Die gehören meiner Schwester.« – »Ich bürge dir dafür, deine Schwester wird dir das nicht krummnehmen.« Und so tauschte der Königssohn eins von den Schweinchen seiner Schwester gegen den Hund. Er trat mit ihm ins Haus und sagte zur Schwester: »Ist das nicht ein feiner Jagdhund?« – »Ja«, sagte sie, »was hast du für ihn gegeben?« – »Eins von deinen Ferkeln«, sagte er. »Wildschweine und Ungeheuer über dich! Du hattest nicht das Recht, mein Schweinchen wegzugeben; es gehört dir nicht.« – »Ich bring seinen Wert durch die Jagd wieder herein«, gab er zurück. Er ging mit dem Hund fort, und der Hund machte seine Sache ausgezeichnet.

Am nächsten Morgen stand er zeitig auf und sah denselben Mann wie am Tag zuvor; der führte wieder einen Jagdhund mit grünem Halsband bei sich. »Einen feinen Hund hast du da!« sagte der Königssohn. »Ja! Willst du ihn mir abkaufen?« – »Ich habe nichts, das ich dir dafür geben könnte.« – »Willst du mir nicht noch eins von den Schweinchen geben?« – »Das kann ich nicht; sie gehören meiner Schwester.« – »Für deine Schwester verbürge ich mich.« Und so tauschte der Königssohn noch eins von den Schweinchen seiner Schwester gegen den zweiten Hund ein. Er trat mit ihm ins Haus und sprach zu seiner Schwester: »Hab ich da nicht einen feinen Hund gekriegt?« – »Ja«, sagte sie, »was hast du für ihn gegeben?« – »Eins von deinen Schweinchen.« – »Wildschweine und Ungeheuer über dich! Du richtest mich zugrunde, indem du mein Eigentum so weggibst; du bringst mich um alles, was ich habe, und dann läßt du mich sitzen.« Aber er antwortete: »Keine Angst, ich kaufe es dir zurück; schließlich bin ich bei dir; wir werden viel mehr Wild bekommen.« Er stieg auf den Berg, und die Hunde machten ihre Sache vorzüglich und legten ihm eine Menge Hasen vor die Füße; und wie er sie lobte, als er heimkam!

Am nächsten Tag stand er früh auf und sah wieder den nämlichen Mann herankommen und mit ihm einen dritten Jagdhund mit grünem Halsband. »Willst du ihn kaufen?« – »Ich habe nichts, was ich dir für ihn geben könnte.« – »Willst du mir nicht noch ein Schweinchen geben?« – »Das kann ich nicht: Sie gehören meiner Schwester.« – »Für deine Schwester verbürge ich mich.« Und so tauschte der Königssohn noch eins von den Schweinchen seiner Schwester gegen den dritten Hund. Als er mit dem ins Haus trat, sagte er zu seiner Schwester: »Sieh mal, was für einen feinen Hund ich hier habe!« – »Ja«, sagte sie, »was hast du für ihn gegeben?« – »Na ja, eins von deinen Schweinchen.« – »Wildschweine und Ungeheuer über dich! Nun hast du mich zugrunde gerichtet!« – »Mach dir nichts draus, ich werde immer bei dir sein, und mit den drei Hunden bekomme ich bestimmt eine Masse Wild.« Er zog auf die Jagd, und in kürzester Zeit hatte er eine Menge Wild beisammen. Als er heimkehrte, berichtete er seiner Schwester, wieviel er erlegt hatte und in welch kurzer Zeit; aber seine Schwester hätte lieber ihre drei Schweinchen gehabt.

Am nächsten Morgen ging er hinaus und sah wieder denselben Mann; und der Mann sagte zum Königssohn, falls er den Handel bereue, solle er die drei Schweinchen für die drei Jagdhunde zurückbekommen. Der Königssohn erklärte, er bereue nichts. Da sagte der andere: »Es kann nicht schaden, wenn du ihre Namen kennst.« – »Das stimmt«, sprach der Königssohn. Der andere sagte: »Der erste heißt Wissen, denn er wird immer wissen, wo die Beute ist, und obendrein wird er dich warnen, wenn du in Gefahr gerätst. Der nächste heißt Flink, er wird jede Beute fangen, und solltest du in Gefahr sein, so würde er als erster kommen, um dich zu retten. Der letzte heißt Gewichtig; er ist stark und gut im Kampf, falls du in die Klemme gerätst.« Und damit schieden sie voneinander. Eine Zeitlang blieben Königssohn und Königstochter in der Waldhütte und lebten von Wild.

Als er eines Tages von der Jagd in den Bergen zurückkehrte, setzte er sich auf einem sonnigen, kleinen Höcker oberhalb des

Hauses nieder. Wissen stieß einen tiefen Seufzer aus. »Warum seufzest du so, Wissen?« – »Ein Riese hat die Schweinchen gekauft, die deiner Schwester gehört haben, und deine Hunde hätte er gern dazu. Wenn du nicht gut aufpaßt, stiehlt er dir deine Schwester.« – »Wie kann ich sie behüten?« Wissen antwortete, er kenne keinen besseren Ausweg, als ihr alles, was sie vielleicht brauchen könnte, bequem in Reichweite zu stellen, so daß sie das Haus nicht verlassen müßte. Am nächsten Tag stellte der Königssohn, bevor er zur Jagd auf den Berg zog, seiner Schwester alles, was sie vielleicht brauchen konnte, bequem in Reichweite und befahl ihr, das Haar zu kämmen, das Haus zu fegen und aufzupassen, daß das Feuer nicht verlösche; weiter brauche sie nichts zu tun. Er zog fort auf den Hügel, aber während seine Schwester sich das Haar kämmte und das Haus fegte, ließ sie das Feuer ausgehen. So schnell sie konnte, lief sie los, um zu sehen, ob sie irgendwo etwas fände, womit sie wieder Funken schlagen könnte.

Während sie über ein Stück Heide lief, das mit Felsen besteut war, stieß sie auf einen schlafenden Riesen. Er hatte eine glühende Kohle, und wenn er ausatmete, dann blies er die Glut sieben Yard von sich, und wenn er einatmete, dann saugte er die Glut zurück in seinen Mund. Eine Weile stand die Königstochter da und schaute zu, aber schließlich ergriff sie das Kohlestück und eilte damit fort. Der Riese erwachte und merkte, daß ihm jemand die glühende Kohle genommen hatte. Im Nu sprang er auf und jagte ihr nach und erwischte sie genau in dem Augenblick, als sie durch die Tür rannte. Er lief mit ihr hinein, und sie fragte ihn, ob sie die Glut behalten dürfe, gleichviel, was sie ihm dafür geben müsse. Das war genau das, was der Riese wollte. Er sagte ihr, daß er ihre drei Schweinchen gekauft habe. »Du kannst sie zurückbekommen; und sie beschützen dich vor jeder Gefahr«, sagte er. »Laß uns deinen Bruder umbringen, dann kriegen wir noch die drei Jagdhunde dazu und sind glücklich.« Sie heckten zusammen einen Plan aus, und der Riese legte einen vergifteten Pfeil über die Tür, der sollte auf den Bruder herunterfallen und ihn töten, sowie er heimkam. Und unter der Hütte scharrten sie ein Loch, dahinein kroch der Riese, und sie deckte ihn zu.

Als der Bruder von der Jagd auf dem Berg heimkehrte, setzte er sich auf den sonnebeschienenen Höcker oberhalb des Hauses hin. Wissen stieß einen tiefen Seufzer aus. »Warum seufzest du so, Wissen?« – »Ach, weil deine Schwester das Feuer hat ausgehen lassen, und als sie fortgelaufen ist, um etwas zum Anzünden zu finden, hat sie einen Riesen getroffen, der mit seinem Atem Feuerglut hin und her blies; sie hat ihm die Kohle weggenommen, aber der Riese ist ihr nachgerannt und hat sie an der Tür erwischt. Und sie sind miteinander ins Gespräch gekommen und haben sich geeinigt; sie wollen dich umbringen. Der Riese hat einen vergifteten Pfeil über die Tür gelegt, der soll auf dich herunterfallen, wenn du als erster eintrittst.« – »Was sollen wir da machen?« – »*Das:* Wir schicken als ersten Flink hinein, und wenn er so schnell läuft, wie er nur kann, kommt er vorbei, bevor der Pfeil Zeit hat zu fallen; der wird ihm nur die Schwanzspitze abschlagen. Der Riese liegt in einem Loch unter der Hütte, auf der Seite, wo das Feuer ist. Wenn du hineingehst, setz einen Kessel auf für das Wild, und wenn das gar ist, nimm einen Knochen heraus und wirf ihn uns zu; dann balgen wir uns um den Knochen und stürzen dabei den Kessel um; wir wollen sehen, vielleicht verbrühen wir den Riesen so, daß er stirbt.«

Also rannte Flink als erster hinein. Der vergiftete Pfeil fiel herunter, aber Flink war schon vorüber, nur seine Schwanzspitze noch nicht, und die schlug ihm der vergiftete Pfeil ab. Der Pfeil versank sieben Yard in den Boden. Dann kam der Königssohn mit den beiden Jagdhunden herein. Er hängte den Kessel für das Wild übers Feuer. Als das Wild gar war, nahm er ihn ab, holte einen Knochen heraus und warf ihn den Hunden zu. Die Hunde balgten sich um den Knochen und kippten dabei den Kessel um, und der Riese unten brüllte auf. Der Königssohn fragte seine Schwester: »Was war das für ein Geröhr!« – »Die Erde tut sich auf, weil das kochende Wasser darübergestürzt ist«, sagte sie.

Als der Königssohn mit seinen Hunden am nächsten Tag zur Jagd auf den Berg gegangen war, kroch der Riese aus dem Loch heraus; die Königstochter salbte ihm die Wunden, und dann legte er den vergifteten Pfeil abermals über die Tür. Als der

Königssohn bald zu erwarten war, kroch der Riese wieder in das Loch unter der Hütte, und sie deckte ihn zu. Auf dem Heimweg vom Berg setzte sich der Königssohn auf den sonnebeschienenen Höcker oberhalb des Hauses hin. Wissen stieß einen tiefen Seufzer aus. »Warum seufzest du so, Wissen?« – »Ach«, sagte Wissen, »der Riese ist noch nicht tot; er hat den vergifteten Pfeil wieder über die Tür gelegt und steckt selber in dem Loch unter dem Estrich, links vom Feuer.« – »Was machen wir da?« – »Wieder dasselbe«, sagte Wissen, »wir schicken zuerst Flink hinein; er wird nur ein ganz kleines Stückchen von der Schwanzspitze einbüßen, wenn der Giftpfeil herunterfällt. Und wir gehen gleich hinter ihm her; du hängst den Kessel fürs Wild über das Feuer, und wenn das Wild gar ist, nimm den Kessel ab und setz ihn genau über die Stelle, wo der Riese steckt. Dann lang einen Knochen heraus und wirf ihn uns zu. Wir balgen uns darum und kippen den Kessel über den Riesen: vielleicht können wir ihn umbringen.«

Also jagte Flink als erster hinein, so schnell er konnte; der vergiftete Pfeil fiel, aber Flink war schon vorbei, und der Giftpfeil tat ihm nichts, als daß er ihm die Schwanzspitze abschlug. Gleich nach Flink kam der Königssohn mit seinen beiden anderen Jagdhunden herein. Er ließ sich nicht anmerken, daß er Bescheid wußte, sondern hängte den Kessel für das Wild übers Feuer, und als das Fleisch gar war, nahm er den Kessel herunter und setzte ihn auf den Boden, genau über der Stelle, wo der Riese lag. Dann nahm er einen Knochen heraus, warf ihn den Hunden zu, die fingen sofort an, sich darum zu balgen, und kippten den Kessel mit kochendem Wasser über dem Riesen um. Der Riese brüllte auf. Der Königssohn fragte seine Schwester: »Was war das für ein Geröhre?« – »Das war nur die Erde, die sich auftut, weil das kochende Wasser über sie geflossen ist«, erwiderte sie, und dabei ließen sie es für diesmal bewenden.

Als der Königssohn am nächsten Tag auf den Berg gestiegen war, holte seine Schwester den Riesen herauf und legte ihm Pflaster auf seine sämtlichen Brandwunden. Wieder hob der Riese den vergifteten Pfeil über die Tür, damit er auf den ersten, der hereinkam, niederfalle. Dann kroch er in das Loch zurück.

Als der Königssohn bei dem sonnebeschienenen Höcker anlangte und sich darauf niederließ, stieß Wissen einen tiefen Seufzer aus. »Warum seufzest du so, Wissen?« – »Ach«, sagte Wissen, »der Riese ist immer noch nicht tot; er hat den vergifteten Pfeil wieder über die Tür gelegt und steckt selber in dem Loch unter dem Estrich, links vom Feuer.« – »Was machen wir da?« – »Noch einmal dasselbe. Wir schicken als ersten Flink hinein, und wenn er so schnell rennt, wie er nur kann, ist er vorbei, bevor der Pfeil Zeit hat zu fallen, und er büßt nichts ein als die Schwanzspitze. Und wenn du hineinkommst, häng den Kessel für das Wild übers Feuer, und wenn das Fleisch gar ist, nimm einen Knochen heraus und wirf ihn uns zu; wir balgen uns drum und kippen den Kessel um; wir wollen doch sehen, ob wir den Riesen nicht totbrühen können.«

Also wurde Flink als erster hineingeschickt, und er rannte, hast du, was kannst du; der Giftpfeil fiel, aber Flink war schon vorbei, und der Pfeil schlug ihm nur die Schwanzspitze ab. Der Königssohn und die beiden andern Hunde folgten ihm auf dem Fuß. Der Königssohn ließ sich nicht anmerken, daß er Bescheid wußte, sondern hängte den Kessel für das Wild übers Feuer, und als das Fleisch gar war, nahm er den Kessel ab und setzte ihn auf den Boden, genau über dem Riesen. Dann nahm er einen Knochen heraus und warf ihn den Hunden zu. Die Hunde fingen an, sich um den Knochen zu balgen, und kippten den Kessel um, aber diesmal tat der Riese keinen Mucks – er war totgebrüht. Die Schwester vom Königssohn zog ein finsteres Gesicht, doch sie sagte kein Wort.

Eine Zeitlang später war der Königssohn eines Tages wieder mit seinen Hunden draußen auf der Jagd, da überfiel ihn ein Nebel, und er verlor den Weg. Er irrte in den Bergen herum und wanderte eine große Strecke, bevor er überhaupt auf ein Haus stieß; aber schließlich langte er bei einem an, dem Haus von einem vornehmen Herrn, und trat an die Tür. Eine hübsche, junge Frau kam heraus und holte ihn herein, und er blieb eine Zeitlang dort und heiratete die Tochter des Herrn. Eine Weile verging, dann dachte er, er wolle gehen und nach seiner Schwester sehen, ob sie noch lebe. Die Hunde aber ließ er bei seiner Frau. Seine Frau gab ihm drei Äpfel und sagte:

»Solltest du in Gefahr geraten, so wirf einen Apfel hinter dich und rufe: ›Moor und Seen hinter mich und vor mir die Straße frei!‹ Und überfällt dich dann noch einmal Gefahr, so wirf wieder einen Apfel hinter dich und rufe: ›Wilde Rosen und Dornengestrüpp hinter mich und vor mir die Straße frei!‹ Und gerätst du noch einmal in Gefahr, dann wirf den dritten Apfel hinter dich und schrei: ›Wald und Moor hinter mich und vor mir die Straße frei!‹« Nun brach er auf, die drei Äpfel in der Tasche.

Als er an dem sonnebeschienenen Höcker oberhalb des Hauses anlangte, rief er laut: »Schwester, bist du drinnen?« Doch sie gab ihm keine Antwort. Er rief wieder, aber sie antwortete nicht; da rief er zum drittenmal, und sie kam heraus mit den drei giftigen, kleinen Schweinen, die sie vom Riesen erhalten hatte. Die hetzte sie auf ihn, und er flüchtete, aber er warf den Apfel hinter sich und schrie: »Moor und Seen hinter mich und vor mir die Straße frei!« Und da entstanden im Handumdrehen ein Moor und Seen, und die Schweine konnten nicht weiter. Aber als die kleinen Untiere herangelaufen waren, sagte das eine: »Hätt’ ich nur meinen großen Schöpfeimer, meinen mittleren Schöpfeimer und meinen kleinen da, ich brauchte nicht lange, dann hätte ich uns einen Weg hier durchgebahnt.« – »Dann lauf und hol sie!« sagte das zweite Schwein. Also rannte das erste fort und holte sie, und im Nu hatten sie den See ausgeschöpft. Wieder setzten sie ihm nach, aber als sie ihm schon dicht auf den Fersen waren, warf er den zweiten Apfel hinter sich und rief laut: »Wilde Rosen und Dornengestrüpp hinter mich und vor mir die Straße frei!« Und sofort wuchs das Land hinter ihm zu mit Wildrosen und Dornengestrüpp, so daß die kleinen Untiere keine Lust verspürten, sich da hindurchzuzwängen. Aber eines sprach: »Hätt’ ich nur mein großes Schwert, mein mittleres Schwert und mein kleines Schwert bei mir, ich brauchte nicht lange, um uns einen Weg hier durchzuschlagen.« – »Dann lauf und hol sie.« Das Schwein rannte fort und trug die drei Schwerter herbei, und im Nu schlugen sie eine Schneise durch Wildrosen und Dornengestrüpp und jagten ihm wieder hinterher. Als sie ihm schon fast auf den Fersen waren, warf er den dritten Apfel hinter sich und schrie: »Wald und Moor hinter mich und vor mir die Straße frei!« Und da schoß hinter ihm ein solcher Wald auf und breitete sich Moor aus, daß die kleinen Schweine nicht imstande waren, sich da durchzuzwängen; die Bäume standen zu dick und zu dicht beisammen. Eins von den Schweinen sagte: »Hätt' ich nur meine große Axt da und meine mittlere Axt und meine kleine, ich brauchte nicht lange, um einen Weg zu hauen.« – »Dann lauf und hol sie«, sagte eins von den beiden anderen, und das erste rannte los und schleppte die Äxte herbei, und sie schlugen einen Weg durch den Wald und jagten herbei, dem Königssohn hinterdrein. Als sie ihm schon fast auf den Fersen waren, kletterte er hoch in einen Eichbaum hinauf. Sowie die Schweinchen am Baum anlangten, fingen sie an, den Boden an den Wurzeln aufzuwühlen. Der Königssohn pfiff, und Wissen hörte den Pfiff und sagte: »Unser Herr ist in Gefahr!« Und die drei Hunde sausten los, um ihrem Herrn beizustehen. Als erster langte Flink an, und die drei Schweine stürzten sich auf ihn und brachten ihn fast um. Aber der nächste, der anlangte, war Gewichtig; die drei Schweinchen fielen über ihn her, doch Gewichtig hielt sie in Schach, bis schließlich Wissen kam; und dann töteten die drei Hunde die drei kleinen Schweine.

Der Königssohn kam heim und verbrachte die Nacht mit seiner Frau. Am nächsten Tag machte er sich auf, um seine Schwester zu besuchen. Als er an dem sonnebeschienenen Höcker oberhalb des Hauses anlangte, rief er laut: »Schwester, bist du drin?« Sie kam heraus und sagte: »Ja!« Da fragte er sie, ob sie nicht Lust habe, mit ihm zu kommen, und sie willigte ein. Sie ging mit ihm fort, und sie langten in dem Haus an, wo er und seine Frau wohnten. Der Königssohn war Hausherr und seine Frau Hausherrin, und die Schwester lebte bei ihnen wie eine Magd; sie war es, die immer die Betten machte.

Aber was hatte sie mitgebracht? Doch tatsächlich einen Giftpfeil: den hatte sie noch vom Riesen gekriegt. Und als sie eines Abends das Bett gemacht hatte, steckte sie den Giftpfeil ihrem Bruder unter das Kissen, und als er sich zum Schlafen hinlegte, drang ihm der Giftpfeil in den Kopf. Er wurde sofort ohnmächtig, es sah aus, als sei er tot, und so blieb er drei Tage lang liegen; dann begruben sie ihn. Aber seine drei Hunde fingen an, das Grab aufzuwühlen. Seine Frau kam und sagte zu ihnen: »Wozu ist das gut, daß ihr hier scharrt? Er ist tot, und wir können ihn nicht wieder lebendig machen.« Aber Wissen sprach: »Schaff du nur die Erde weg, dann versuche ich es.« Da schaufelten sie die Erde weg, und Wissen zog ihm den vergifteten Pfeil aus dem Hinterkopf, und der Königssohn erwachte wieder zum Leben. Er ging heim und zündete ein großes Feuer aus grünem Eichenholz an, und als es richtig brannte, warf er seine Schwester hinein. Und der, von dem ich die Geschichte habe, sagt, als er den Mann, seine Frau und seine Hunde verlassen habe, seien sie fröhlich gewesen und hätten einander allesamt geliebt und geachtet.

20 Die Geschichte vom Soldaten

Es war einmal ein alter Soldat, der lief von seinem Regiment fort. Er stieg auf den Hügel, der am oberen Ende der Stadt lag, und sagte: »Also, wenn ich mich nochmal hier blicken lasse, dann soll meinetwegen das Unglück kommen und mich auf seinem Rücken mitschleppen.«

Und dann marschierte er fort, bis er an ein Haus kam. Er fragte den Herrn, dem es gehörte, ob er wohl bei ihm übernachten dürfe. »Also gut«, sagte der Herr, »da du ein alter Soldat bist und dreinblickst wie ein Kerl, der keine Furcht kennt – hinter dem Wald dort steht ein Schloß, dort kannst du die Nacht über bleiben. Du kriegst eine Pfeife und dazu Tabak, einen Krug Whisky und zum Lesen eine Bibel.«

Nachdem John sein Abendbrot erhalten hatte, machte er sich zum Schloß auf; dort zündete er ein großes Feuer an. Als die Nacht vorgerückt war, sprang die Tür auf, und herein kamen zwei gelbbraune Frauen, die trugen zusammen einen Sarg. Sie setzten ihn vor dem Feuer ab und rannten hinaus. John erhob sich, öffnete den Deckel und hob einen alten, grauen Kerl aus der Lade. Er setzte ihn in den Lehnstuhl und drückte ihm Pfeife und Tabak in die Hand und einen Becher Whisky, aber der Kerl ließ alles zu Boden fallen. »Armer Mensch«, sagte

John, »du bist ganz kalt.« Er streckte sich im Bett aus und überließ es dem Kerl, sich am Feuer zu schmoren; aber beim Hahnenschrei ging er fort.

Früh am nächsten Morgen kam der Herr.

»Wie hast du geschlafen, John?«

»Gut«, sagte John, »Euer Vater ist nicht der Mann dazu, mir einen Schrecken einzujagen.«

»Recht so, guter John. Wenn du heute nacht wieder im Schloß bleibst, kriegst du zweihundert Pfund.«

»Da bin ich dabei!« sagte John, und in der nächsten Nacht verlief alles sehr ähnlich. Es kamen drei gelbbraune Weiber und trugen miteinander einen Sarg. Sie setzten ihn vor den Kamin und rannten hinaus.

John erhob sich und öffnete den Deckel und holte den alten, grauen Mann heraus; und wie in der Nacht zuvor setzte er ihn in den Lehnstuhl und drückte ihm Pfeife und Tabak in die Hand, und der Alte ließ beides fallen. »Oh, du Armer!« sagte John, »du bist ganz kalt!« Dann gab er ihm den Becher zum Trinken, und der Alte ließ auch den fallen. »Armer Kerl, was bist du kalt.«

Der Kerl ging fort wie in der vorigen Nacht. »Aber«, sagte John zu sich selber, »wenn ich die nächste Nacht wieder hier bleibe und du etwa wieder kommst, dann sollst du mir meine Pfeife und den Tabak und meinen Whisky bezahlen.«

Frühmorgens kam der Herr und fragte: »Wie hast du heute nacht geschlafen, John?« – »Gut«, versetzte John, »der graue Kerl, Euer Vater, ist nicht der Mann dazu, um mir Furcht einzujagen.«

»Oh!« sagte der Herr, »wenn du heute nacht wieder bleibst, kriegst du dreihundert Pfund.«

»Abgemacht«, sagte John.

Als die Nacht ein Stück vorgerückt war, kamen vier braungelbe Weiber mit einem Sarg zwischen sich herein und setzten ihn neben John ab.

John erhob sich, klappte ihn auf, holte den alten, grauen Mann heraus und setzte ihn in den Lehnstuhl. Er reichte ihm seine Pfeife, den Tabak, den Becher und den Trunk; aber der Alte ließ alles fallen, und Pfeife und Becher zerbrachen.

»Oh!« sagte John, »bevor du heute nacht wieder abziehst, sollst du mir alles, was du zerbrochen hast, bezahlen!« Aber der Kerl ließ kein Wörtchen vernehmen. Da griff sich John den Riemen von seinem Ranzen und band den Kerl an sich fest und nahm ihn mit ins Bett. Als der Birkhahn krähte, bat ihn der Kerl, er möge ihn gehen lassen.

»Erst bezahl, was du zerbrochen hast!« sagte John.

»Also, dann will ich dir erzählen«, sagte der Alte, »unter mir, da ist ein Keller voll Whisky, massenhaft Whisky, Tabak und Pfeifen; und neben diesem Keller liegt noch eine kleine Kammer, in der steht ein Kessel voll Gold; und unter der Schwelle der großen Tür steckt eine Kruke voll Silber. Du hast die Frauen gesehen, die heute nacht mit mir gekommen sind?«

»Sicher«, sagte John.

»Schön, das sind welche, denen ich die Kühe weggenommen habe, und dabei litten sie bittere Not. Dafür gehen sie jede Nacht so mit mir um, das ist meine Strafe. Aber nun such' du meinen Sohn auf und sag ihm, wie ich geplagt werde. Bring ihn dazu, daß er hingeht und die Kühe bezahlt und daß er nicht hart gegen die Armen ist. Du und er, ihr beide mögt euch in das Gold und Silber teilen, und du heirate mein altes Mädel; aber denk dran, gib von dem Gold, was übrig ist, reichlich den Armen, gegen die ich zu hart war; dann finde ich Ruhe in der ewigen Welt.«

Der Herr kam, und John berichtete ihm, was ich euch berichtet habe; aber John hatte keine Lust, das alte Mädel des grauen Kerls zu heiraten.

Als noch ein oder zwei Tage vergangen waren, wollte John nicht länger bleiben; er füllte sich die Taschen mit dem Gold und bat den Herrn, den Armen reichlich Gold zu geben. Er wanderte heim, aber zu Hause langweilte er sich und wäre lieber wieder bei seinem Regiment gewesen. Eines schönen Tages machte er sich auf und erreichte den Berg über der Stadt, von dem er fortgezogen war; doch wer trat da zu ihm? Niemand anders als das Unglück.

»Ei, ei, John! Du bist zurückgekommen?«

»Was heißt hier ei, ei?« sprach John, »freilich bin ich gekommen; und wer bist überhaupt du?«

»Ich bin das Unglück: der Mann, dem du dich selber ausgeliefert hast, als du das letzte Mal hier warst.«

»Ah ja!« sagte John, »es ist lange her, daß ich von dir reden hörte, aber gesehen hab ich dich noch nie. Ich habe Blendwerk vor Augen, ich will nicht glauben, daß du das überhaupt bist; aber mach dich zur Schlange, dann glaube ich dir.«

Das Unglück verwandelte sich in eine Schlange.

»Und jetzt mach dich zu einem brüllenden Löwen.«

Das Unglück verwandelte sich in einen Löwen und brüllte, daß die Erde zitterte.

»Und jetzt spei sieben Meilen hinter dich und sieben Meilen vor dich Feuer.«

Das Unglück spie Feuer hinter sich und vor sich.

»Schön«, sagte John, »da ich also dein Diener sein soll, komm in meinen Ranzen, und ich will dich tragen; aber du darfst nicht herauskommen, bevor ich dich drum ersuche, oder der Handel gilt nicht mehr.«

Das Unglück versprach, sich daran zu halten, und schlüpfte in den Ranzen.

»Jetzt geh ich einen Bruder von mir besuchen, der im Regiment ist«, sagte John, »aber halte du dich ruhig.«

Also marschierte John in die Stadt, und nicht lange, da rief hier einer und dort einer: »Da ist der Ausreißer John!«

Sie packten John und führten ihn vor Gericht, und da wurde er dazu verurteilt, am nächsten Mittag gehängt zu werden. John bat um keine andere Gnade, als daß er durch eine Kugel umgebracht würde.

Der Oberst sagte: »Da er ein alter Soldat und so lange im Regiment gewesen ist, soll ihm seine Bitte gewährt werden.«

Am nächsten Tag, als es soweit war, daß John erschossen werden sollte und ihn die Soldaten in die Mitte nahmen – –

»Was sagen sie da?« fragte das Unglück. »Laß mich zwischen sie, und ich habe sie im Nu auseinandergefegt!«

»Bisch, bisch!« sagte John.

»Mit wem redest du da?« fragte der Oberst.

»Oh, das ist bloß eine weiße Maus«, gab John zurück.

»Schwarz oder weiß«, sagte der Oberst, »laß sie ja nicht aus

deinem Ranzen raus! Dann kriegst du einen Entlassungs-
schein, und komm mir nicht wieder unter die Augen!«

John zog ab, und als es Abend wurde, trat er in eine Scheune,
wo zwölf Männer am Dreschen waren.

»Hallo, Leute!« sagte John, »hier habt ihr meinen alten Ranzen, drescht ihn ordentlich durch, nehmt euch Zeit dabei! Er
ist so hart, daß er mir die Haut vom Rücken scheuert.«

Sie droschen mit zwölf Flegeln zwei Stunden von ihrer Nacht-
wache auf den Ranzen ein; und zuletzt sprang er bei jedem
Schlag, mit dem sie ihn trafen, bis ans Scheunendach, und hin
und wieder stürzte er einem von den Dreschern auf den Rükken. Das wurde ihnen unheimlich, und sie befahlen dem Soldaten, sich mitsamt seinem Ranzen zu packen.

Da wanderte er weiter, bis er in eine Schmiede kam, wo zwölf
Schmiedegesellen ihre großen Hämmer niedersausen ließen.

»Hier hab ich was für euch, Leute: einen alten Ranzen, und ihr
kriegt von mir eine halbe Krone, wenn ihr ihn eine Weile mit
den zwölf großen Hämmern bearbeitet. Er ist so hart, daß er
mir die Haut vom Rücken scheuert.«

Das war für die Schmiede ein Spaß. Der Ranzen des Soldaten
war ein rechter Zeitvertreib für sie; aber bei jedem Schlag, der
ihn traf, sprang er bis ans Dach der Schmiede. »Pack dich, zieh
ab mit dem Ding«, sagten sie, »wer weiß, was für ein Teufel
darin sitzt.«

So zog John weiter, und das Unglück hing auf seinem Rücken;
und schließlich kam er bei einem großen Schmelzofen an.

»Wo gehst du jetzt hin, John?« fragte das Unglück.

»Nur ein wenig Geduld! Gleich merkst du's«, sagte John.

»Laß mich raus!« sagte das Unglück, »und ich will in dieser
Welt nie wieder Kummer über dich bringen.«

»Und im Jenseits?« fragte John.

»Das möchtest du wissen!« sagte das Unglück.

»Wart einen Augenblick«, sagte John, »bis du ein bißchen
Rauch geschluckt hast!« Und damit warf John den Ranzen mit
dem Unglück mitten in den Schmelzofen, und das Unglück
fuhr samt dem Schmelzofen als grüne Flamme zum Himmel.

Wie Finn dem Großen Jungen Helden
vom Schiff seine Kinder bewahrte
und wie er Bran gewann

Eines Tages waren Finn und seine Männer im Gebirge und erlegten eine große Menge Rotwild; und als sie nach der Jagd müde waren, ließen sie sich auf einem freundlichen, grünen Hügel nieder, geschützt vor dem Wind und beschienen von der Sonne, wo sie jeden wahrnehmen konnten, aber kein anderer sie entdeckte.

Während sie dort ruhten, schaute Finn zum Meer hinunter und erblickte ein Schiff, das geradewegs auf den Hafen unter ihrem Rastplatz zusteuerte. Als es landete, sprang ein Großer Junger Held heraus ans Ufer, ergriff es am Bug und zog es aufs Gras, eine Strecke siebenmal so lang wie das Schiff selber, dorthin, wo keines Bauern oder Gutsbesitzers ältester Sohn es zum Spaß ins Wasser stoßen würde. Dann stieg er den Hügel hinan, sprang über die Senken und die Hügel hinauf, bis er an dem Platz anlangte, wo Finn mit seinen Männern saß.

Er grüßte Finn offen, nachdrücklich, beredt, und Finn erwiderte ihm mit den entsprechenden Worten. Dann fragte er ihn, von wo er komme und was sein Begehr sei. Er antwortete Finn, er habe die Nacht durchwacht und sei durch Sturm hergesegelt, weil ihm immer die Kinder genommen würden, und man habe ihm gesagt, es gebe keinen Mann auf der Welt, der ihm seine Kinder bewahren könne, außer ihm, Finn, König der Féinne. Und er sagte zu Finn: »Ich leg es dir durch Kreuze und Zauber und mit sieben Elfenfesseln auf: Du sollst nicht ruhen, nicht rasten, nicht essen noch trinken noch ein Auge zum Schlaf zutun: erst mußt du mir beistehen.«

Nachdem er dies gesagt hatte, wandte er sich von ihnen ab und stieg den Hügel hinab, wie er ihn erklommen hatte. Als er das Schiff erreichte, stemmte er die Schulter gegen den Bug und schob es wieder auf See. Dann sprang er hinein und entschwand in die Richtung, aus der er gekommen war, bis sie ihn aus den Augen verloren.

Finn war nun sehr bedrückt wegen des Gelübdes, das ihm auferlegt worden war, und er mußte es erfüllen oder herumirren bis zu seinem Tode. Er wußte nicht, wohin er gehen und was er tun sollte. Aber er sagte seinen Männern Lebewohl und stieg den Hügel hinab zum Meer. Als er dort anlangte, konnte er den Weg nicht fortsetzen, auf dem er den Großen Helden hatte entschwinden sehen. Deswegen wanderte er am Ufer entlang; doch bald sah er einen Trupp von sieben Männern, die auf ihn zukamen.

Als er bei ihnen angelangt war, fragte er den ersten, wozu er tauge. Der antwortete, er sei ein guter Zimmermann. Finn erkundigte sich, wie gut er im Zimmern sei. Der Mann erwiderte, er könne aus dem Strunk dort drüben mit drei Axtschlägen ein großes, geräumiges, vollkommenes Schiff machen. »Du bist tüchtig genug«, sagte Finn, »dich kann ich brauchen.«

Dann fragte er den zweiten Mann, wozu er tauge. Der Mann erwiderte, er sei ein guter Fährtensucher. »Wie gut?« – »Ich spüre die Wildente noch nach neun Tagen über die Kämme von neun Wogen auf«, sagte der Mann. »Du bist tüchtig genug«, sagte Finn, »dich kann ich auch brauchen.«

Dann sagte er zum Dritten: »Wozu taugst du?« Der Mann erwiderte, er sei ein guter Greifer. »Wie gut?« – »Wenn ich was gepackt habe, laß ich es nicht fahren, bis mir beide Arme aus den Schultergelenken reißen oder bis das, was ich festhalte, mit mir kommt.« – »Du bist tüchtig genug; ich kann dich brauchen.«

Dann sagte er zum Vierten: »Wozu taugst du?« Der Mann gab an, er sei ein guter Kletterer. »Wie gut?« – »Ich kann an einem Seidenfaden zu den Sternen hinaufklettern, allerdings müßtest du ihn dort anknüpfen.« – »Du bist tüchtig genug; ich kann dich brauchen.«

Nun erkundigte er sich beim Fünften: »Wozu taugst du?« Der sagte, er sei ein guter Dieb. »Wie gut?« – »Ich stehle dem Reiher das Ei weg, auf dem er sitzt, während er mir in die Augen schaut.« – »Du bist tüchtig genug, dich kann ich brauchen.«

Er fragte den Sechsten: »Wozu taugst du?« Er antwortete, er sei ein guter Lauscher. »Wie gut?« Er sagte, er könne hören, was die Leute am äußersten Ende der Welt sagten. »Du bist tüchtig genug, ich kann dich brauchen.«

Nun fragte er den Siebenten: »Wozu taugst du?« Er erwiderte, er sei ein guter Scharfschütze. »Wie gut?« – »Ich treffe ein Ei, das in Pfeilschußweite durch die Luft fliegt.« – »Du bist tüchtig genug, ich kann dich brauchen.«

All dies ermutigte Finn sehr. Er drehte sich um und sagte zum Zimmermann: »Beweise deine Kunst.« Der Zimmermann ging zu dem Strunk und schlug dreimal mit seiner Axt darauf. Wie er es gesagt hatte: Fertig stand da das Schiff.

Als Finn das fertige Schiff erblickte, befahl er seinen Männern, es in See zu setzen. Das taten sie und sprangen an Bord.

Nun ordnete Finn an, daß der Spurensucher an den Bug trete und sein Können beweise. Er sagte ihm, gestern habe ein Großer Junger Held in seinem Schiff den Hafen verlassen, er wünsche ihm zu folgen. Finn selber stellte sich ans Steuer, und so fuhren sie los. Der Fährtensucher wies ihn an, hierhin und dorthin zu steuern. Lange segelten sie vorwärts, ohne Land zu erblicken, aber sie behielten ihren Kurs bei, bis der Abend hereinbrach. In der Dämmerung bemerkten sie, daß Land vor ihnen lag, und steuerten schnurstracks darauf zu. Als sie den Strand erreichten, sprangen sie an Land und zogen das Schiff aufs Ufer.

Dann nahmen sie ein großes, schönes Haus in der Schlucht über dem Ufer wahr. Sie schritten darauf zu, und als sie näherkamen, sahen sie den Großen Jungen Helden, der ihnen entgegenrannte. Er legte Finn beide Arme um den Hals und sagte: »Liebster aller Männer auf der Welt, du bist da!« – »Wär ich für dich der Liebste aller Männer auf der Welt, dann hättest du mich nicht so zurückgelassen!« sagte Finn. »Ach, ich habe dir doch geholfen, mich aufzufinden«, sagte der Große Junge Held. »Habe ich dir nicht einen Trupp von sieben Männern entgegengeschickt?«

Als sie im Haus anlangten, bat der Große Junge Held Finn und seine Männer einzutreten. Sie folgten der Einladung und fanden Essen und Trinken im Überfluß.

Nachdem sie Hunger und Durst gestillt hatten, kam der Große Junge Held in den Raum, in dem sie saßen, und sagte zu Finn: »Vor sechs Jahren lag meine Frau in den Wehen und gebar mir ein Kind. Sowie das Kind auf der Welt war, langte eine große

Hand zum Schornstein herein und nahm mein Kind weg. Vor drei Jahren geschah das gleiche. Und heute nacht wird sie wieder ein Kind zur Welt bringen. Man hat mir gesagt, du seist der einzige Mann auf der Welt, der mir meine Kinder bewahren könne, und nun, seit ich dich gefunden habe, fasse ich wieder Mut.«

Finn und seine Männer waren müde und schläfrig. Finn sagte ihnen, sie sollten sich auf dem Boden ausstrecken, und er werde Wache halten. Sie taten wie geheißen, und er blieb am Feuer sitzen. Schließlich überfiel ihn der Schlaf; aber er hatte eine Eisenstange im Feuer liegen, und sooft ihm die Augen zufallen wollten, stieß er sich die Stange in die Hand bis durch den Knochen, das hielt ihn wach. Um Mitternacht entband die Frau, und sobald das Kind auf der Welt war, langte die Hand zum Schornstein herein. Finn schrie dem Greifer zu, er solle aufstehen.

Geschwind war der Greifer auf den Beinen und packte die Hand. Er zerrte daran und zog sie durch den Schornstein herein, daß der Große draußen bis an die Augenbrauen am Schornstein war.

Die Hand zerrte am Greifer und zog ihn hinaus bis an die Schultern. Der Greifer zerrte abermals und zog den draußen bis an den Hals herein. Die Hand riß am Greifer und brachte ihn bis zur Mitte hinaus. Der Greifer riß an der Hand und zog den draußen herein bis über die Achselhöhlen. Die Hand riß am Greifer und zog ihn hinaus bis an die Knöchel. Dann riß der Greifer noch einmal mächtig an der Hand, und die löste sich von der Schulter. Und als sie auf den Boden fiel, steckte in ihr die Zugkraft von sieben Wallachen. Aber der Riese draußen langte mit dem andern Arm herein und nahm das Kind in der hohlen Hand fort.

Sie waren alle sehr niedergeschlagen. Aber Finn sagte: »Noch geben wir nicht auf. Ich und meine Männer werden der Hand folgen, ehe morgen die Sonne ein Haus bescheint.«

Bei Morgengrauen begaben sich Finn und seine Männer hinaus und ans Ufer, wo sie das Schiff zurückgelassen hatten.

Sie schoben es ins Wasser und sprangen an Bord. Der Fährtensucher stellte sich an den Bug, und Finn übernahm das Steuer.

Sie fuhren los, und der Spurenfinder rief Finn zu, in welche Richtung er halten solle. So segelten sie eine lange Strecke, ohne etwas anderes vor sich zu sehen als das weite Meer. Bei Sonnenuntergang bemerkte Finn auf dem Ozean einen schwarzen Fleck: der schien ihm für eine Insel zu klein und für einen Vogel zu groß, aber er steuerte pfeilgerade darauf zu. Im Dunkel der Nacht erreichten sie ihn, und es war ein Fels, und auf seinem Gipfel stand ein Schloß, das war mit Aalhäuten gedeckt.

Sie landeten an dem Felsen. Sie beäugten das Schloß von allen Seiten, aber sie erblickten weder ein Fenster noch eine Tür, durch die sie hineingelangen konnten. Schließlich bemerkten sie, daß sich die Tür auf dem Dach befand. Sie wußten nicht, wie sie dahinauf gelangen sollten, weil der Belag so schlüpfrig war. Aber der Kletterer rief: »Laßt mich hinüber, ich brauche nicht lange, da bin ich oben.« Er sprang zum Schloß und war im Nu auf dem Dach. Dort schaute er zur Tür hinein, und nachdem er alles genau betrachtet hatte, stieg er wieder zu den Wartenden hinab.

Finn erkundigte sich, was er gesehen habe. Er sagte, er habe den Riesen gesehen, wie er auf einem Bett liege, auf seidenem Laken und mit einer Seidendecke über sich; er halte die Hand ausgestreckt, und auf seinem Handteller schlafe ein Kind; auf dem Fußboden aber spielten zwei Jungen mit Shintyschlägern von Gold und einem Ball von Silber; und neben dem Feuer liege eine riesige Jagdhündin, an der zwei Junge saugten.

Da sagte Finn: »Ich weiß nicht, wie wir sie herauskriegen sollen.« Der Dieb antwortete: »Wenn ich nur hineinkönnte, ich brauchte nicht lange, um sie herauszuholen.« Der Kletterer sagte: »Spring mir auf den Rücken, ich bringe dich zur Tür.« So gelangte der Dieb ins Schloß.

Sogleich bewies er seine Geschicklichkeit. Das erste, was er herausreichte, war das Kind vom Handteller. Dann hob er die beiden Jungen heraus, die auf der Diele gespielt hatten. Dann stahl er die Seidendecke über dem Riesen und das Seidenlaken unter ihm und reichte beides heraus. Dann reichte er die goldenen Shintyschläger und den silbernen Ball heraus. Und schließlich stahl er die beiden Hundejungen, die an der Hündin neben dem Feuer saugten. Das waren die wertvollsten Dinge, die er drinnen entdeckte. Er ließ den Riesen weiterschlafen und stieg heraus.

Sie trugen die gestohlenen Dinge ins Schiff und segelten davon. Doch nicht lange, da stand der Lauscher auf und sagte: »Ich höre ihn, ich höre ihn!« – »Was hörst du?« sagte Finn. »Er ist eben aufgewacht«, sagte der Lauscher, »und vermißt alles, was ihm gestohlen worden ist. Er tobt und schickt die Hündin los und sagt ihr, falls sie nicht laufe, gehe er selbst. Aber sie läuft schon.«

Ein Weilchen später schauten sie nach hinten und sahen die Hündin heranschwimmen. Sie teilte die Wogen, daß sie zu ihren beiden Seiten in roten Feuerfunken auseinandersprangen. Furcht ergriff sie, und sie sagten, nun wüßten sie nicht, was sie tun sollten. Doch Finn überlegte, und dann befahl er ihnen, eins von den Hundejungen hinauszuwerfen; vielleicht würde sie, wenn sie es am Ertrinken sähe, mit ihm umkehren. Sie warfen den einen Welpen hinaus, und es geschah, wie Finn gesagt hatte: Die Hündin schwamm mit dem Jungen im Maul zurück. Da atmeten sie für diesmal auf.

Aber bald danach sprang der Lauscher zitternd auf und sagte: »Ich höre ihn, ich höre ihn!« – »Was hörst du jetzt?« fragte Finn. »Er schickt die Hündin wieder fort, und weil sie nicht will, kommt er selber.«

Als sie das vernahmen, blickten sie immerfort zurück. Schließlich sahen sie ihn nahen, und das gewaltige Meer reichte ihm nicht über die Lenden. Furcht und Entsetzen packte sie, denn sie wußten sich keinen Rat. Doch Finn besann sich auf seinen Weisheitszahn, und als er seinen Finger daruntersteckte, fand er heraus, daß der Riese unsterblich war und zu töten nur durch ein Mal, das er in der hohlen Hand hatte. Da stand der Scharfschütze auf und sagte: »Wenn ich es nur einmal zu Gesicht kriege, dann hab ich ihn.«

Der Riese schritt durch das Meer bis neben das Schiff. Dann hob er die Hand, um die Mastspitze zu packen und das Schiff zu versenken. Aber sowie er die Hand oben hatte, erblickte der Zieler das Mal und schoß einen Pfeil darauf ab. Er traf, und der Riese stürzte tot ins Meer.

Nun waren sie sehr glücklich, denn es gab nichts mehr, wovor sie sich hätten fürchten müssen. Sie wendeten und segelten zu dem Schloß zurück. Der Dieb stahl den Welpen zum zweitenmal, und sie nahmen ihn mit, zusammen mit dem anderen. Danach kehrten sie zum Haus des Großen Jungen Helden zurück. Als sie den Hafen erreichten, sprangen sie an Land und zogen das Schiff auf trockenen Boden.

Dann ging Finn mit den Kindern des Großen Jungen Helden und mit allem, was er und seine Männer aus dem Riesenschloß geholt hatten, in das feine Haus des Großen Jungen Helden. Der Große Junge Held lief ihm entgegen, und als er seine Kinder erblickte, fiel er vor Finn auf beide Knie und sagte: »Was willst du zum Lohn?« Finn antwortete, er bitte um nichts als darum, daß er sich eins der beiden Hundejungen aussuchen dürfe, die sie aus dem Schloß mitgenommen hatten. Der Große Junge Held nahm Finn und seine Männer mit ins Haus und richtete für sie ein großes, freudiges, lustiges Festmahl, das dauerte einen Tag und ein Jahr lang, und wenn der letzte Tag schon nicht der beste war, so war er bestimmt nicht der schlechteste.

So erhielt Finn dem Großen Jungen Helden mit dem Schiff seine Kinder, und so fand er Bran.

22 Finns Reise nach Lochlan, und wie der Graue Hund sich wiederfand

Eines Tages waren Finn und seine Männer auf dem Berg zur Jagd und erlegten eine Menge Rotwild; und als sie sich anschickten heimzuwandern, erblickten sie den Großen Burschen, wie er auf sie zukam. Er trat zu Finn und begrüßte ihn offen, nachdrücklich und beredt, und Finn erwiderte den Gruß mit entsprechenden Worten.

Finn erkundigte sich, woher er komme und was er begehre. Er antwortete: »Ich bin ein Bursche, der von Ost und West kommt und einen Herrn sucht.« Finn sagte: »Ich brauche einen Burschen, und wenn wir einig werden, stelle ich dich an. Was ist nach einem Tag und einem Jahr dein Lohn?« – »Nicht viel«, sagte der Bursche. »Ich verlange nur, daß du nach einem Tag und einem Jahr meiner Einladung zu einem Festmahl im Palast des Königs von Lochlan folgst; es wird eine Nacht dauern, und du darfst dabei keinen Hund und keinen Mann mitnehmen, kein Kalb und kein Kind, keine Waffe und keinen Gegner außer dir selbst.« Um es kurz zu machen, Finn stellte den Burschen an, und er war bis zum Ende eines Tages und eines Jahres ein treuer Diener.

Am Morgen des letzten Tags fragte der Große Bursche Finn, ob er mit ihm zufrieden gewesen sei. Finn antwortete ihm, ja, vollkommen. »Gut«, sagte der Bursche, »ich hoffe, ich empfange nun meinen Lohn, und du kommst mit mir, wie du es versprochen hast.« – »Du bekommst deinen Lohn, und ich gehe mit dir«, erwiderte Finn.

Dann begab sich Finn zu seinen Männern und erklärte ihnen, dies sei nun der Tag, an dem er fortmüsse, um sein Versprechen einzulösen, und er wisse nicht, wann er zurückkehren werde. »Aber«, sagte Finn, »wenn ich nicht nach Tag und Jahr zurück bin, dann wetzt eure Schwerter; einer aber soll sein Schwert nicht wetzen, sondern das Schiff zum Großen Strand von Lochlan steuern. Dort legt an und rächt meinen Tod.« Als er seinen Mannen das gesagt hatte, bot er ihnen Lebewohl und ging in sein Haus.

Dort saß sein Narr am Feuer, und Finn sagte zu ihm: »Armer Kerl, bist du betrübt, daß ich weggehe?« Der Narr antwortete schluchzend, er sei traurig, weil er diese Fahrt antrete, aber wenn er von ihm Rat annehme, so wolle er ihm einen geben. »Ja, du armer Kerl«, sagte Finn, »denn der Rat der Könige ist schon oft den Köpfen der Narren entsprungen. Also was empfiehlst du mir?« – »Dies«, sagte der Narr, »du sollst in der Tasche Brans Kette mitnehmen; die ist kein Hund und kein Mann und kein Kalb und kein Kind und ist keine Waffe und kein Gegner, der für dich kämpft. Aber du mußt sie auf alle Fälle mitnehmen.« – »Ja, du armer Kerl«, sagte Finn und bot ihm Lebewohl.

Er fand den Großen Burschen an der Tür warten. Der Bursche sagte zu ihm, falls er bereit sei, wollten sie sich aufmachen. Finn erwiderte, ja, er sei bereit, und hieß den Burschen vorangehen, da er den Weg besser kenne.

Der Große Bursche marschierte los, und Finn folgte ihm. Obwohl Finn schnell und geschwind war, konnte er den Großen Burschen unterwegs nicht mit einem Stock berühren. Als Finn den Großen Burschen an einer Bergschlucht aus den Augen verlor, erblickte er ihn erst auf dem nächsten Bergrücken wieder. Und in dieser Entfernung voneinander blieben sie, bis sie das Ziel ihrer Wanderung erreichten.

Sie traten in den Palast des Königs von Lochlan, und Finn ließ sich müde, schwer und traurig nieder. Doch statt daß ihn ein Fest erwartete, saßen die Häuptlinge und Edlen des Königs von Lochlan drinnen, steckten die Köpfe zusammen und berieten, was für einen schmachvollen Tod sie ihm bestimmen wollten. Einer sagte: »Wir wollen ihn hängen!« – »Nein, verbrennen!« sagte ein anderer, und ein dritter: »Nein, ertränken!« Schließlich erhob sich einer unter ihnen und sagte, das sei alles nicht das Rechte. Die Männer, die zuerst gesprochen hatten, wandten sich ihm zu und erkundigten sich, was für eine Todesart er zu empfehlen habe, die noch schmachvoller sei. Er sprach: »Wir werden mit ihm gehen und ihn in die Große Schlucht schicken, und dort wird er nicht weit kommen: der Graue Hund bringt ihn um. Und ihr wißt so gut wie ich: Eine größere Schmach gibt es für die Finn-Leute nicht, als daß ihr irdischer König von einem Köter totgebissen wird.« Als sie den Urteilsspruch vernahmen, schlugen sie alle die Hände zusammen und stimmten zu.

Unverzüglich wanderten sie mit Finn die Schlucht hinauf, dorthin, wo sich der Hund aufhielt. Sie brauchten nicht sehr weit zu gehen, da hörten sie ihn schon mit Geheul nahen, und als sie ihn erblickten, meinten sie, nun sei es für sie höchste Zeit, sich in Sicherheit zu bringen. Sie rannten fort und überließen Finn seinem Schicksal.

Für Finn war es nun eines, ob er blieb oder flüchtete. Wenn er fortlief, würden die Lochlaner ihn umbringen, und wenn er blieb, tat es der Hund; das war ihm schon gleich. Also blieb er.

Der Graue Hund sprang mit aufgerissenem Rachen auf ihn los, die Zunge hing ihm auf einer Seite aus dem Maul. Er schnaubte, und die Glut aus seinen Nüstern versengte drei

Meilen in der Runde alles. Finn litt große Qual und begriff, daß er dies nicht lange überstehen konnte. Da fiel ihm Brans Kette ein; falls sie zu etwas taugte, dann war jetzt der Augenblick dafür. Er steckte die Hand in die Tasche, und als der Hund herangesprungen war, zog er die Kette heraus und hielt sie ihm vor die Nase. Sogleich blieb der Hund stehen und wedelte mit dem Schweif. Dann näherte er sich Finn und leckte ihm jede Wunde vom Wirbel bis zur Sohle, bis wieder heil war, was er mit seinem Hauch versengt hatte. Schließlich schlang Finn dem Grauen Hund Brans Kette um den Hals und stieg mit ihm durch die Schlucht hinunter, und der Hund ließ sich willig führen.

Unten wohnten ein alter Mann und eine alte Frau, die den Grauen Hund immer fütterten.

Zufällig stand die Frau an der Tür, und als sie Finn mit dem Hund kommen sah, sprang sie schreiend und händeklatschend ins Haus. Der Alte fragte sie: »Was hast du denn gesehen, daß du dich so aufregst?« Sie erwiderte: »Etwas Ungeheures! Da steigt der stattlichste und schönste Mann, der mir je vor Augen gekommen ist, die Schlucht herunter und führt den Grauen Hund an der Leine.« – »Und wenn alle Leute aus Lochlan und Irland zusammenliefen«, sagte der Alte, »keiner von ihnen brächte das fertig außer Finn, dem König der Féinne, wenn er Brans Goldkette bei sich trüge.« – »Sei dem, wie ihm wolle«, versetzte die Alte, »da kommt er.« – »Bald wissen wir's«, sagte der Alte und sprang hinaus.

Er ging Finn entgegen, und sie begrüßten einander mit wenigen Worten. Finn berichtete ihm von Anfang bis Ende, warum er hier war. Dann lud der alte Mann ihn ein, ins Haus zu kommen und sich auszuruhen und zu essen und zu trinken.

Finn trat ein. Der alte Mann berichtete der alten Frau die Geschichte; und als die Alte sie erfahren hatte, gefiel sie ihr so gut, daß sie Finn sagte, er dürfe gern einen Tag und ein Jahr in ihrem Haus bleiben, er sei willkommen. Finn nahm die Einladung mit Freuden an und blieb.

Am Ende eines Tages und eines Jahres ging die alte Frau hinaus und stieg auf einen Hügel am Haus. Eine Weile hielt sie Ausschau und lauschte auf jeden Laut. Schließlich blickte sie zum

Ufer hinab und nahm eine große Schar wahr, die da am Großen Strand von Lochlan stand.

Hastig rannte sie ins Haus, schlug die Hände zusammen und rief: »Plünderer! Plünderer!« Und ihre beiden Augen waren vor Furcht so groß wie Haferschwingen. Der alte Mann sprang auf und fragte: »Was hast du gesehen?« Sie sagte: »Unten am Großen Strand ist eine riesige Schar, und mittendrin ein schieläugiger, rothaariger Mann; dem ist heute nacht im Kampf keiner unter den Sternen gewachsen.«

»Oh!« sagte Finn und sprang auf, »das ist Oscar! Das sind meine lieben Gefährten! Laßt mich zu ihnen hinaus!«

Finn lief mit dem Grauen Hund zum Strand hinab, und als seine Männer ihn kommen sahen, lebendig und heil und gesund, erhoben sie ein solches Freudengeschrei, daß es an allen vier Enden von Lochlan widerhallte. Und wenn die Männer und Finn einander herzlich begrüßten, nicht minder taten das Bran und der Graue Hund, denn der war Brans Bruder, der mit ihm zusammen aus dem Schloß geholt worden war.

Dann nahmen sie Rache an den Männern von Lochlan. Sie begannen am einen Ende von Lochlan und hielten nicht inne, bis sie am anderen Ende angelangt waren.

Nachdem sie Lochlan unterworfen hatten, kehrten sie heim, und als sie Finns Halle erreichten, richteten sie ein großes, freudiges, heiteres Festmahl aus, das dauerte einen Tag und ein Jahr.

23   Der Urisk in der Jammerschlucht

Vor langer Zeit trug es sich zu, daß der König von Othilam aus Burg Athilam zur Jagd in die Kitz-und-Ricken-Klamm zog, und er hauste dort unter einem Linnenlaken, das über einen Birkenzweig gelegt war, in Sichtweite der Seidenflaggen an den Mastspitzen seiner Schiffe. Und eines schönen Tages ereignete es sich, daß der Königssohn, Talamsan mit den Goldlocken, von den anderen abkam; er hatte nur zwei Jäger und seinen Hund Luran bei sich (Luran heißt ›Liebling‹). Und während sie den Weg suchten, wurden sie vom Abend überrascht, und es traf sich so, daß der Heimweg sie durch die Jammerschlucht führte. Als sie nun an der Weidehütte der Alten am Berg vorüberschritten, stand sie vor der Tür und sagte zu ihnen: »Kinder, kehrt um, denn in der Schlucht vor euch ist die Luft nicht rein.«

»Nur ein Feigling kehrt um, du krumme Alte«, sagte Talamsan. »Was schert sich Talamsan, der Sohn des Königs von Othilam von Burg Athilam, um dich oder irgendwas in der Schlucht!«

»Hoch ist dein Rang, junger Held, aber wer keinen Rat annimmt, taugt nichts«, sagte die Alte.

Die Helden wanderten weiter durch die Jammerschlucht, da erblickten sie die lieblichste Jungfrau, die sie je gesehen hatten. Ihre blauen Augen glänzten wie Honigtropfen an einem Schößling im Garten, ihr Busen schimmerte wie Schwanenfedern oder der Flaum vom Baumwollgras.

In der rechten Hand hielt sie eine Weidenrute, die Linke verbarg sie hinter dem Rücken. Der Hund lief den Männern einen Schritt voraus, dann blieb er stehen und begann, die Schöne anzubellen.

»Halte deinen Hund zurück, Talamsan! Prinzenhunde führt man an der Leine, bis die Jagd beginnt«, sagte sie.

»Kusch, Luran!« sagte Talamsan.

»Heute abend wird dir dein Luran Kummer bringen!« sagte die Jungfrau – aber sie war plötzlich kein Mädchen mehr, sondern eine giftige, fürchterliche, rachsüchtige Hexe. Die Weidenrute in ihrer Hand wurde zum Zauberstab, und in ihrem Busen lag aufgerollt eine wütende, geschuppte Schlange. Die Haut der Hexe glich dem Fell des grauen Steinbocks, das der Schmied als Schurz gegen die Funken trägt. Zwischen Nase und Kinn hätte sie eine Nuß zerknacken können.

Sowie sie den Namen des Hundes vernommen hatte, befal sie ihn zu sich, und er war taub für seinen Herrn. Ja, er griff den zusammen mit dem Urisk an – denn die Hexe war der Urisk von der Jammerschlucht, so hübsch sie auch auf den ersten Blick erschienen war.

Als die Jäger sahen, was sich tat, rannten sie fort und trugen die traurige Nachricht heim, daß der Urisk von der Jammerschlucht den Königssohn Talamsan umgebracht hätte.

Am andern Morgen brach der König auf, um seinen Sohn zu suchen; mit ihm zogen alle Männer aus dem Umkreis einer Meile. Sie fanden den Hund Luran; er lag tot da und hatte kein einziges Haar mehr am Leibe. Aber den Königssohn entdeckten sie so wenig wie den Urisk oder sonst jemanden, dafür aber einen neuen Wall in der Senke mit den Hügeln.

Der König kehrte traurig und kummervoll nach Hause zurück. Er hatte nur zwei Kinder, Talamsan und eine Tochter, die braunhaarige Schmalbraue; und Schmalbraue schwor, sie werde nur den Mann heiraten, der den Urisk in der Jammerschlucht töte.

Sprenkelknie, der Sohn von Torquil, dem König von Dunadd in Irland, hörte von dem Gelübde, das die braunhaarige Schmalbraue abgelegt hatte. Sprenkelknie nannte sich »der mit den sieben Schlachten und den sieben Siegen«, und beiderseits von ihm pflegten sieben Helden zu kämpfen.

Eines schönen Tages landete er, und abends stieg er den steilen Hügel hinan; und da er meinte, er habe nur den Kampf mit einem alten Weib vor sich, hielt er es für überflüssig, seine Helden mitzunehmen; doch er nahm den schnellfüßigen Schmalknie mit, der den geschwinden Märzenwind überholte; der geschwinde Märzenwind aber holte ihn nicht ein. Als sie an der Weidehütte der Alten am Berg vorüberschritten, stand die Alte draußen und sagte: »Kinder, kehrt um, denn in der Schlucht vor euch ist die Luft nicht rein.«

»Geh deiner Wege, du krumme Alte!« sagte Sprenkelknie, »nur ein Feigling kehrt um. Was schert sich Sprenkelknie, der Sohn von Torquil, dem König von Dunadd mit den fünf Giebeln im Norden Irlands, um dich oder sonstwen in der Schlucht!«

»Hoch ist dein Rang, tapferer Mann, aber wer keinen Rat annimmt, taugt nichts«, sagte die Alte.

Als Sprenkelknie die Jammerschlucht erreichte, sah er die lieblichste Jungfrau vor sich, die er je angestaunt hatte, viel schöner als jede andere, schöner als alle Frauen in Irland. Sie trug in der rechten Hand eine Weidenrute und sagte zu ihm: »Woher kommst du, wohin willst du? Was ist der Grund deiner Reise, deiner Wanderung?«

»Ich bin«, sagte er, »Sprenkelknie, der Sohn von Torquil, dem König von Dunadd mit den fünf Giebeln im Norden von Irland, und ich bin unterwegs nach der Jammerschlucht, um den Urisk von der Senke mit den Hügeln zu töten, weil das die braunhaarige Schmalbraue verlangt, die Tochter des Königs von Othilam in Burg Athilam.«

Sagte die Jungfrau: »Ist es die Liebe zu Schmalbraue oder der Haß gegen den Urisk, der Sprenkelknie aus Irland herführt? Sollte es der Haß gegen den Urisk sein, so wird sich sein Schwert vor dessen Brust biegen; ist es aber die Liebe zu Schmalbraue: Wer hält einen schlüpfrigen Aal beim Schwanz? Acht Edle sind heute nacht in der Burg Athilam bei ihr. Schlüpfrig ist die Schwelle vor dem Burgtor, schlüpfrig wie der Aal ist die Liebe zu den Toten. Ich bin eine Tochter von König Starkspeer in Schwelgerhall, und meines Vaters Edelleute genießen heute abend ein üppiges Mahl. Schick den Diener fort, daß er deine Helden lädt; kommt ihr alle nach Schwelgerhall, und du wirst eine Lustbarkeit erleben, wie du sie in Irland nie kennengelernt hast.«

»Lauf, Schmalknie«, sagte Sprenkelknie – er flüsterte ihm das ins Ohr – »hol rasch die Helden hierher, aber sie sollen gerüstet kommen."

Schmalknie schoß davon, doch kaum war er fort, da verwandelte sich die Jungfrau, und Sprenkelknie begriff, daß er den Urisk vor sich hatte. Die Weidenrute wurde zum Zauberstab, und Sprenkelknie hob seinen Speer und schlug damit gegen den Stab des Urisks, daß das Echo von den Bergklippen klang. Doch als Schmalknie und die Helden eintrafen, fanden sie weder den Königssohn noch eine Jungfrau noch den Urisk – nichts als einen neuen Wall in der Senke mit den Hügeln.

Aber eines Tages geschah dies: Als die Vögel mit den gelben Hauben ihre süßen Lieder flöteten, kam der junge Jäger Farquhar mit drei Gefährten und einer Koppel Hunde vorbei. Als er abends an der Weidehütte der Alten am Berg vorüberschritt, stand die Alte vor der Tür und sagte: »Kinder, kehrt um; in der Schlucht vor euch ist die Luft nicht rein."

»Wer nicht auch einmal aufgeben kann, findet bestimmt nie wieder heim", sagte Farquhar. »Du freundliche Hüterin der

Hütte, willst du nicht sieben Schritt mit mir kommen? Gib mir deinen Segen und schicke mich fort, dann schlafe ich heut nacht mit meinen drei rothaarigen Jagdgehilfen und den beiden eifrigen Hetzhunden und mit meiner kleinen, rauhhaarigen Hündin mit dem scharfen Fangzahn unter der Ulme in der Kitz-und-Ricken-Klamm.«

Die Alte erwiderte: »Hat Farquhar ein Auge auf die Jungfrau mit dem sanftesten Blick geworfen?«

»Ich sehne mich weder nach einer Jungfrau noch nach Ruhm«, sagte Farquhar. »Ich will morgen vor Sonnenaufgang auf dem Berg Rehbock, Dachs und Hirsch jagen.«

Da sagte die Hüterin der Weidehütte: »Ich werde sieben Schritte mit dir gehen und dich siebenmal segnen, Farquhar, Sohn von Art und der schönen Allin, der Tochter des Königs von Man, Sohn des Vaters, der nie gnadenlos Tribut nahm, nicht einmal vom Feind. Hier hast du meinen Stab mit den zwei Kreuzästen aus dem nie modernden Holz des Apfelbaums, den ein Mönch pflanzte und den ein Mönch an der Südseite der Kapellenumfriedung fällte und den ein Mönch dreimal segnete; und vor ihm biegt sich die Spitze der Bronzewaffe, wenn ein Böser sie führt. Nimm von deinem linken Fuß das lederne Strumpfband ab und leg es einstweilen der Hündin um den Hals; nimm den beiden Hunden aus dem rechten Ohr einen Blutstropfen, und sowie die Sonne untergeht, ruf keinen mehr bei seinem Namen, bis am nächsten Morgen die Vögel das Wasser kosten; meinen Segen hast du, und nun fort mit dir!«

Farquhar zog davon mit seinen Jägerburschen und den Hunden, und die Nacht murmelte ihm ihre Musik zu. Als er die Senke mit den Hügeln erreichte, trat ihm da eine Jungfrau entgegen, wunderschön anzusehen; ihr sanfter, voller Busen glich dem reinsten Schnee, und die Brustspitze ähnelte der Wildrosenknospe im warmen Schutz des Hains. In der rechten Hand trug sie eine Weidenrute, und die Hunde begannen sie anzubellen.

»Bring deine Hunde zur Ruhe, Held«, sagte sie.

»Ich hetze sie weder, noch halte ich sie ab«, sagte Farquhar. Die Hunde sträubten ihr Fell, jedes Haar stand zu Berge wie die Borsten des wilden Ebers. Die Jungfrau blickte zornig drein und verwandelte sich in einen Urisk, so schrecklich wie vor Talamsan und Sprenkelknie oder noch schrecklicher.

»Wenn du sie nicht zur Ruhe bringst, tu ich es«, sagte sie und schlug auf einen mit ihrem Stab ein.

Farquhar zückte seinen Speer, und der Kampf begann. Wenn zuvor in der Jammerschlucht kein Geheul laut geworden war, jetzt heulten der Urisk und die Hunde. Nach jedem Sprung landete Stachel mit blutiger Schnauze wieder am Boden; und bei jeder Wunde, die ihr Wespe biß, stieß die Uriskfrau einen überlauten Schrei aus.

Die wütende, geschuppte Schlange sprang dem Urisk aus dem Busen und griff Farquhar an. Aber er schlug sie mit dem Stab der Hüterin der Weidehütte, und sie ringelte sich zusammen, schwoll auf und barst mit einem Knall und Widerhall, daß jedes Tier in der Schlucht erzitterte. Dann ging sie in Flammen auf, die Flammen ergriffen mit ihr den Urisk, und im Nu sah Farquhar vor sich nichts mehr als ein Aschenhäuflein.

Er legte sich unter eine schützende Birke und schlief ein, denn er war müde. Bei Tagesanbruch weckte ihn Schecke, indem er ihm die Stirn leckte. Und nun sangen die gelbhaubigen Vögel und flöteten ihre süßen Lieder, und als Farquhar sich umblickte, sah er, daß da in der Senke mit den Hügeln viele Haufen sonderbarer Steine lagen. Er schlug den Apfelholzstab gegen einen, und der Haufen verwandelte sich in einen Mann, und Farquhar flüchtete. »Lauf nicht mit dem zaubermächtigen Apfelbaumstab davon, Farquhar«, sagte der Mann, »noch wirst du in der Senke mit den Hügeln nötig gebraucht.«

Farquhar kehrte zurück und schlug mit dem Stab an einen Hügel nach dem andern, und jeder Steinhügel wurde zum Krieger, bis da neun Trupps von je neun Helden an seiner Seite standen, und unter ihnen war Talamsan, der Sohn des Königs von Othilam, und Sprenkelknie, der Sohn des Königs Torquil, und Farquhar führte sie alle in die Burg Athilam.

Und er bekam die Königstochter, und König und Edle verneigten sich zweimal tief vor ihm, und zur Wohnung erhielt er Burg Innis Stoth. Und wenn sie inzwischen nicht gestorben sind, so leben sie heute noch.

Eine arme Witwe buk eines Tages Haferkuchen und schickte ihre Tochter mit einem Napf zum Brunnen, um Wasser zu holen. Die Tochter ging und ging, bis sie an den Brunnen kam, aber der war versiegt. Nun wußte sie nicht, was sie machen sollte, denn ohne Wasser traute sie sich nicht zur Mutter zurück; so setzte sie sich neben den Brunnen und fing an zu weinen. Da kam hopp-hopp-hopp ein Frosch aus dem Brunnen gehüpft und fragte das Mädchen, warum sie denn weine; und sie sagte, sie weine, weil im Brunnen kein Wasser sei. »Aber«, sagte der Frosch, »wenn du meine Frau werden willst, gebe ich dir Wasser, soviel du willst.« Das Mädchen nahm keinen Augenblick an, daß es dem armseligen Tier damit ernst sein könne; sie sagte, um Wasser zu kriegen, wolle sie seine Frau werden. Also erhielt sie Wasser in ihren Napf und ging heim zur Mutter und dachte nicht mehr an den Frosch. Aber am Abend, als sie und die Mutter gerade zu Bett gehen wollten, kam etwas an die Tür; und als sie horchten, hörten sie dies Lied:

> »Oh, auf mit der Tür, mein Liebchen, mein Herz,
> Oh, auf mit der Tür, mein Herzensschatz;
> Denk, was wir einander versprochen haben
> Auf der Wiese, wo wir zwei uns getroffen haben.«

Sagt die Mutter zur Tochter: »Was ist das für ein Geschrei an der Tür?«

»Pfui!« sagt die Tochter, »das ist weiter nichts als ein ekliger Frosch.« – »Mach dem armen Frosch die Tür auf«, sagt die Mutter. Also öffnete das Mädchen die Tür, und hopp-hopp-hopp kam der Frosch hereingehüpft und hockte sich am Feuer hin. Und dann sang er:

> »Oh, gib mir mein Essen, mein Liebchen, mein Herz,
> Oh, gib mir mein Essen, du Herzensschatz;
> Denk, was wir einander versprochen haben
> Auf der Wiese, wo wir zwei uns getroffen haben.«

»Pfui!« sprach die Tochter, »ich werd wohl einem ekligen Frosch sein Essen anrichten!« – »O ja!« sagt die Mutter, »nun gib dem armen Frosch schon sein Essen.« Also bekam der Frosch sein Abendbrot; und danach sang er abermals:

»Oh, bring mich zu Bett, mein Liebchen, mein Herz,
Oh, bring mich zu Bett, mein Herzensschatz;
Denk, was wir einander versprochen haben
Auf der Wiese, wo wir zwei uns getroffen haben.«
»Pfui!« sprach die Tochter, »ich werd wohl einen ekligen
Frosch zu Bett bringen!« – »Aber ja«, sagt die Mutter, »nun
bring den armen Frosch zu Bett.« Und so brachte sie den
Frosch zu Bett. Darauf sang der Frosch wieder:

»Nun hol mir die Axt, mein Liebchen, mein Herz,
Nun hol mir die Axt, mein Herzensschatz;
Denk, was wir einander versprochen haben
Auf der Wiese, wo wir zwei uns getroffen haben.«

Im Nu hatte das Mädchen die Axt da; und gleich sang der
Frosch wieder:

»Jetzt schlag mir den Kopf ab, mein Liebchen, mein Herz,
Jetzt schlag mir den Kopf ab, mein Herzensschatz;
Denk, was wir einander versprochen haben
Auf der Wiese, wo wir zwei uns getroffen haben.«

Gut, das Mädchen schlug ihm den Kopf ab; und kaum war das
getan, da stand vor ihr der hübscheste junge Prinz, den je einer
gesehen hat. Und die beiden lebten glücklich zusammen bis an
ihr Ende.

25 Des Königs verzauberte Kinder

Es waren einmal in einem fernen Land ein König und eine
Königin. Sie hatten drei Söhne und eine Tochter; aber während
die Tochter noch sehr klein war, wurde die Königin krank und
spürte, daß sie sterben müsse. So schickte sie nach einer be-
stimmten Frau, auf die sie sich verlassen konnte, um sie für das
Mädchen als Amme zu gewinnen. Die Frau erschien, um das
Kind in ihre Obhut zu nehmen. Die Königin sagte zur Amme:
»Wenn es so kommt, daß ich bald sterbe, binde ich es dir auf die
Seele: Behüte meine Tochter und erziehe sie.« Das versprach
die Amme. Nach ein paar Tagen starb die Königin, und das
Mädchen wurde das Pflegekind seiner Amme.
Als ein paar Jahre vergangen waren, dachte der König daran,
wieder zu heiraten. So schickte er seine drei Söhne und die

Tochter mit Bedienten, die alles für sie in Ordnung halten sollten, in ein Haus, das wurde Freudenschloß genannt; da wohnten sie hinter dem Wind und vor der Sonne; es gab im Überfluß Essen und Trinken, und sie konnten jedermann sehen, aber keiner sah sie. Und ein Drittel vom Essen und ein Drittel vom Trinken und ein Drittel von allem sonst, was in den Königspalast gebracht wurde, bekamen sie Tag für Tag hergesandt. Und die Amme war bei dem Mädchen und unterrichtete es.

Der König heiratete eine andere Frau, und im Lauf der Zeit gebar sie ihm drei Söhne. Diese zweite Königin war sehr eifersüchtig auf die Kinder von des Königs erster Frau; und als die Jahre vergingen und ihre eigenen Kinder heranwuchsen, brannte sie darauf, die Kinder der ersten Königin beiseite zu schaffen, und zergrübelte sich den Kopf, wie sich das anstellen ließe. Sie vertraute sich der Hühnerfrau an, und die meinte, zwei Haushalte zu bestreiten, sei ja wirklich eine mächtige Verschwendung. Die Königin antwortete, sie werde denjenigen gut bezahlen, der ihr die Kinder aus dem Weg schaffe. Da erzählte ihr die Hühnerfrau, daß die Eachlair Ùrlair hexen könne und imstande sei, mit den Kindern so zu verfahren, daß sie der Königin nie wieder in die Quere kämen. Also schickte die Königin nach der Eachlair. Die kam, und die Königin sagte ihr, was sie von ihr wolle. »Solange sie im Freudenschloß sind«, erwiderte die Eachlair, »richte ich nichts gegen sie aus; aber wenn ich sie dort herauskriegen könnte, würde ich sehen, was sich machen läßt.« Und sie einigten sich darüber. Bei der ersten Gelegenheit sagte die Königin zum König: »Die Kinder deiner ersten Frau wohnen im Freudenschloß hinter dem Wind und vor der Sonne, da, wo sie jeden sehen können, und keiner sieht sie, und haben Essen und Trinken im Überfluß. Ich wollte, sie wären hier bei meinen eigenen Kindern; denn solange sie im Freudenschloß bleiben, lernen die beiden Familien einander nicht kennen. Ich will zu den ersten Kindern des Königs so gut sein wie zu meinen eigenen; und der ganze Haushalt wäre viel einfacher. Ein Drittel von allem, was in des Königs Residenz kommt, wird zum Freudenschloß gesandt; und das allein würde für sie und uns langen. Laß uns die beiden Haushalte zusammenlegen.« Dem König leuchtete das ein, und er ließ sich überreden. So wurden die Kinder aus dem Freudenschloß hergeholt, wo sie hinter dem Wind und vor der Sonne gewohnt hatten, so, daß sie jeden sehen konnten, aber keiner sah sie, und mit Essen und Trinken im Überfluß; und als ihre Stiefmutter sie bei sich hatte, stellte sie sich erst eine Weile, als habe sie sie sehr lieb, bis dann der König einmal eine lange Reise antreten mußte.

Sowie der König fort war, fingen die Kinder der zweiten Königin an, die Kinder der ersten Königin geringschätzig zu behandeln. Daraufhin gab eins von den älteren Kindern einem der jüngeren Brüder eine Ohrfeige; die Königin war wütend auf den Stiefsohn und lief ins Haus der Eachlair Ùrlair; da beklagte sie sich und sagte, sie wünsche die Kinder der ersten Königin dahin, wo der Pfeffer wächst. »Für eine kleine Belohnung«, sagte die Eachlair Ùrlair, »schaffe ich sie dir vom Hals, dorthin, wo sie dich nicht mehr ärgern.« So einigten sich die Königin und die Eachlair Ùrlair. »Wenn du dich dranmachst, deinen Kindern die Haare zu kämmen, so schick die Stiefkinder eins nach dem andern zu mir, um den engzinkigen Kamm zu holen, und so wie jedes kommt, schicke ich es als Hirsch in die Berge.«

Am nächsten Tag machte sich die Königin daran, den Kindern die Haare zu kämmen, und bat den Ältesten der ersten Königin, er möge zum Haus der Eachlair Ùrlair hinunterlaufen und den engzinkigen Kamm zurückholen. Er zog los, und als er beim Haus der Eachlair Ùrlair anlangte, bat sie ihn herein und sagte: »Bist du da, mein Schatz? Hätt' ich nicht den Dorn im Fuß, das Zipperlein am Bein und den Tatterich in den Knien, dann würde ich aufstehen und dich mit Küssen bedecken!« – »Mach dir doch keine Umstände, arme Frau«, sagte er, »aber mich schickt nämlich meine Stiefmutter; ich soll den engzinkigen Kamm holen.« – »Hier liegt er, auf meiner Fußspitze«, sagte sie, »heb ihn dir auf und nimm ihn mit.« Aber als er sich bückte, um den Kamm aufzuheben, schlug sie ihn mit ihrer Zauberrute auf den Kopf. Das Fenster stand offen, und er sprang hinaus und erbrach dreimal sein Herzblut; dann verwandelte er sich in einen Hirsch und sprang fort in die Berge, ein wildes Geschöpf.

Als er nicht wiederkam, bat die Königin den nächsten Stiefsohn, hinunter ins Haus der Eachlair Ùrlair zu gehen und den engzinkigen Kamm zurückzuholen, und er zog los. Als er anlangte, bat ihn die Eachlair herein, und er gehorchte. Sie sagte zu ihm: »Bist du da, mein Schatz? Hätt' ich nicht den Dorn im Fuß, das Zipperlein im Bein und den Tatterich in den Knien, so stünde ich auf und würde dich mit Küssen bedecken.« – »Mach dir doch keine Umstände, arme Frau«, antwortete er, »aber mich schickt nämlich meine Stiefmutter, ich soll den engzinkigen Kamm holen.« Und sie sagte: »Hier liegt er auf meiner Fußspitze, heb ihn dir auf.« Aber als er sich bückte, um den Kamm aufzunehmen, schlug sie ihm mit ihrer Zauberrute über den Kopf, und er sprang zum Fenster hinaus und erbrach dreimal sein Herzblut und sprang fort in die Berge, genauso wild wie jeder andere Hirsch.

Nun bat die Königin den dritten Stiefsohn, ins Haus der Eachlair Ùrlair hinunterzugehen und den engzinkigen Kamm zurückzuholen, und er zog los, und als er eintrat, sagte sie zu ihm: »Bist du da, mein Schatz? Hätt' ich nicht den Dorn im Fuß, das Zipperlein im Bein und den Tatterich in den Knien, so stünde ich auf und würde dich mit Küssen bedecken!« – »Mach dir doch keine Umstände, arme Frau«, gab er zurück, »aber mich schickt nämlich meine Stiefmutter, damit ich den engzinkigen Kamm hole.« Und die Eachlair sagte: »Hier liegt er auf meiner Fußspitze, heb ihn dir auf.« Aber als er sich bückte, um den Kamm aufzuheben, schlug ihn die Eachlair mit ihrer Zauberrute auf den Kopf, und er sprang zum Fenster hinaus und erbrach dreimal sein Herzblut; da verwandelte er sich in einen Hirsch und sprang fort in die Berge, genauso wild wie jeder andere Hirsch.

Nun bat die Königin die Tochter der ersten Königin, hinunter ins Haus der Eachlair zu gehen und den engzinkigen Kamm zu holen. Sie machte sich auf, traf aber die Amme, und die erkundigte sich, wohin sie unterwegs sei. Die Tochter berichtete, sie wolle ins Haus der Eachlair Ùrlair, um den engzinkigen Kamm zu holen. Da befahl ihr die Amme, zuerst den groben Kamm zu holen und den mit zur Eachlair zu nehmen und ihr den groben Kamm zu reichen, bevor sie den engzinkigen aufhöbe, und wenn ihn die Eachlair nicht nehmen wolle, so solle sie ihn nach ihr werfen. Die Königstochter kehrte um, holte den Fitzkamm und ging zum Haus der Eachlair. Die redete sie an wie die Brüder. »Da bist du ja, mein Schatz! Hätt' ich nicht den Dorn im Fuß und das Zipperlein im Bein und den Tatterich in den Knien, ich stünde auf und wollte dich mit Küssen bedecken.« – »Mach dir doch keine Umstände, arme Frau«, gab die Tochter zurück, »aber mich schickt nämlich meine Stiefmutter; ich soll den engzinkigen Kamm holen.« – »Da liegt er auf meiner Fußspitze, heb ihn dir auf.« – »Erst nimm den hier«, sagte die Königstochter. »Nein, nimm selber beide«, sagte die Eachlair. Die Königstochter warf ihr den groben Kamm an den Kopf, sie traf sie damit ins Auge, und die Eachlair fiel wie tot um. Die Königstochter nahm den engzinkigen Kamm an sich und ging fort damit, zur Königin.

Die Amme befahl der Königstochter, zum Haus der Eachlair Ùrlair zurückzukehren und sich nach ihren Brüdern umzuschauen, denn sie habe einen Bruder nach dem anderen zum Haus der Eachlair gehen sehen, doch keiner sei wiedergekommen. So begab sich die Königstochter noch einmal in das Haus, konnte aber keinen entdecken und berichtete das der Amme. Nun meinte die Pflegemutter, sie wollten sich zum Hellseher aufmachen, vielleicht erführen sie von dem, was den Brüdern zugestoßen sei. Also suchten die Königstochter und die Amme den weisen Mann auf, und er erklärte ihnen, daß die Eachlair Ùrlair die Brüder in Hirsche verwandelt habe und daß sie fort in die Berge zu den wilden Tieren gelaufen seien, und jeder von ihnen habe dreimal sein Herzblut erbrochen. Dies Herzblut solle die Schwester aufnehmen, von jedem in ein eigenes Tuch, und bewahren, bis sie die Brüder wiedersehe: Dann müsse sie ihnen das Blut zu trinken geben, und dann würden sie imstande sein zu sagen, was ihnen Not tue.

Die Königstochter und die Amme wanderten wieder zum Haus der Eachlair. Sie schauten sich vor dem Fenster um und fanden das Herzblut der Brüder, und die Schwester nahm es auf und bewahrte das Blut eines jeden in einem gesonderten Tuch. Danach gingen die beiden zurück zu dem weisen Mann, um weitere Nachricht von den Brüdern zu erhalten, und der

Hellseher berichtete ihnen, daß die Königssöhne zu einem Berg gelaufen seien, den man den Hohberg nannte. An dessen Fuß gebe es einen hohen Felsen, und dort wohne der Siebenjahresriese. Der besitze eine Leiter, die lege er alle sieben Jahre einmal an den Felsen; dann könnten die oben, die hinunter wollten, hinabsteigen, und die unten, die hinaufwollten, kletterten auf den Berg; danach nehme der Riese die Leiter wieder weg. Und dann vermöge keiner, hinauf oder hinab zu gelangen, bis wieder sieben Jahre verstrichen seien.

Als der König heimkam und erfuhr, was seinen Söhnen zugestoßen war, verlor er ein Drittel seines Verstandes, ein Drittel seiner Ausdauer beim Wandern und ein Drittel seiner Sehkraft, und so elend brach er auf und irrte auf der Suche nach seinen Söhnen durch die Wildnis. Wo er umherstreifte, wußte seine Tochter nicht. Sie war nun ganz allein, ohne Vater und Mutter, ohne Schwester und ohne Brüder, mit denen sie hätte reden können. Die Stiefmutter und die Halbbrüder beschimpften und kränkten sie, wo sie nur konnten. Da machten sie und die Amme sich wiederum zum weisen Mann auf, und er gab ihnen seinen Rat. Und die Amme band die Königstochter mit heiligen Eiden und durch Zauber, daß sie keinen Mann heiraten dürfe und mit keinem schöntun, bis sie ihre Brüder erlöst habe. So zog die Prinzessin Wanderschuhe an, die Amme gab ihr ihren Segen, und sie brach auf, um die Brüder zu suchen.

Eines Tages, als sie durch die Einöde irrte, senkte sich ein Nebel herab, und sie sah weder Weg noch Steg; aber als es dämmerte und der Abend kam, gelangte sie an ein Haus, das war mit Heidekraut gedeckt. Sie drückte die Tür auf und trat ein. Drinnen brannte ein halbersticktes Feuerchen, das ließ sich weder schüren, noch ging es aus; es blieb genauso, wie es war, ganz gleich, was einer tat, außer, es war derjenige, der es angebrannt hatte. Die Königstochter ließ sich am Feuer nieder und blieb sitzen, bis die Nacht sank. Und wer kam da herein? Kein anderer als ein Riese, der schnupperte und schrie: »Was riech ich da? Fee, fie, fo, fum! Wer drückt sich in meinem Haus herum?« – »Friede sei zwischen uns!« sagte die Königstochter. »Meinetwegen!« sagte der Riese. Er trat ein und fachte das Feuer an, warf eine Tracht Wild auf den Boden und bat sie, das

Essen zu bereiten. Sie knetete ein paar Haferkuchen und buk sie am Feuer, bis sie gar und kroß waren; sie kochte einen Teil des Fleisches, machte Suppe und deckte für den Riesen den Tisch; ihr eigenes Abendbrot aber trug sie in einen Winkel. Der Riese verschlang sein Mahl mit einem Bissen und leerte seinen Becher auf einen Zug.

Als die Königstochter aufgegessen hatte, sagte der Riese zu ihr: »Spute dich und mach mir das Bett und leg dich hinein, bevor ich komme; es ist lange her, daß ich zuletzt eine Frau im Bett hatte; auf dich habe ich nämlich gewartet.« Und sie sagte: »Ich bin durch heilige Eide und Zauber gebunden, daß ich mit keinem Mann zu Bett gehe außer mit dem, der mir aus den Schienbeinen toter Hexen sechs mal zwanzig Sprossen schnitzt; die müssen so hart und scharf sein, daß sie sich in die harte Felswand so leicht bohren wie in weiche Lehmerde.« Und der Riese erwiderte: »Ist das alles? Darauf sollst du nicht lange warten!« Er packte seine Axt und sprang hinauf auf den Dachboden. Sie legte sich schlafen, und der Riese hockte bis zum Morgen unterm Dach und schnitzte Sprossen. Als es Tag wurde, kochte sie für sich und den Riesen das Frühstück und aß; der Riese stieg vom Boden herunter und reichte ihr zwei mal zwanzig Sprossen, die waren so hart und zäh und scharf, daß sie sich so leicht in die harte Felswand bohren ließen wie in weiche Lehmerde.

Sie nahm sie und wanderte fort und irrte den ganzen Tag über den Berg, ohne jemanden zu treffen, bis die Nacht kam. Als es dunkelte, erblickte sie ein Häuschen, dessen Dach mit den Häuten wilder Tiere überzogen war. Sie ging hin und drückte die Tür auf und trat ein. Es brannte ein halbersticktes Feuerchen, das ließ sich weder anfachen, noch ging es aus, es blieb genauso, wie es war, ganz gleich, was einer tat, außer, es war derjenige, der es angebrannt hatte. Sie setzte sich auf einen Stuhl davor. Als die Nacht hereinbrach, kam ein Riese ans Haus, schnupperte und schrie: »Was riech ich da? Fee, fie, fo, fum! Wer drückt sich in meinem Haus herum?« – »Fried zwischen uns!« rief sie. »Meinetwegen!« erwiderte der Riese. Er trat ein und trug eine Last Wild; die warf er auf den Boden und bat sie, Essen zu kochen. Sie knetete ein paar Haferkuchen und stellte sie zum Backen ans Feuer; sie kochte etwas von dem Wild und bereitete Suppe, und sie deckte den Tisch und setzte dem Riesen sein Mahl vor, doch ihr eigenes verzehrte sie im Winkel. Der Riese verschlang sein Essen mit einem Bissen und leerte seinen Becher auf einen Zug, und dann fragte er die Königstochter nach Weg und Ziel. Sie erzählte dem Riesen, woher sie komme und daß sie ihre Brüder suche, die von der Eachlair Ùrlair in Hirsche verwandelt worden seien. Der Riese sagte ihr, vor drei Tagen seien sie vorübergelaufen, und wies ihr die Richtung, in die sie gesprungen waren.

Als sie einander ihre Neuigkeiten berichtet hatten, sagte der Riese: »Es ist Zeit zum Schlafengehen – steh auf, Fremde, und mach mir mein Bett, und leg dich selbst hinein, bevor ich komme; es ist lange her, daß ich zuletzt eine Frau in meinem Bett hatte; auf dich habe ich nämlich gewartet.« Und sie erwiderte: »Ich bin durch heilige Eide und durch Zauber gebunden, mit keinem schönzutun und keinen zum Manne zu nehmen, bis ich einen finde, der mir sechs mal zwanzig harte Sprossen aus den Schienbeinen toter Hexen schnitzt, und alle so hart und scharf und zäh, daß sie sich in die harte Felswand so leicht bohren wie in weiche Lehmerde.« Und der Riese meinte: »Ist das alles? Darauf brauchst du nicht lange zu warten.« Er packte seine Axt und sprang hinauf auf den Dachboden. Nun legte sich die Königstochter schlafen. Der Riese hockte auf dem Boden bis zur Frühdämmerung und schnitzte Sprossen. Am Morgen stand sie auf und bereitete für sich und den Riesen Essen und Trinken. Der Riese kam vom Boden herunter. Sie deckte den Tisch für ihn und verzehrte ihr Frühstück im Winkel.

Dann ging sie mit den Sprossen, die der Riese geschnitzt hatte, fort. Es waren zwei mal zwanzig, und sie wanderte mit ihrer Last einsam über die Heide. Nebel stieg auf, und die Königstochter irrte weiter, und als die Nacht hereinbrach, gelangte sie an ein Häuschen, dessen Dach war mit Vogelfedern gedeckt. Sie drückte die Tür auf und trat ein. Drinnen brannte ein Feuerchen, doch es ließ sich weder anfachen, noch ging es aus, sondern es blieb genauso, wie es war, ganz gleich, was einer tat, außer, es war derjenige, der es angezündet hatte. Als es Nacht wurde, kam ein Riese, schnupperte vor der Tür und rief: »Was riech ich da? Fee, fie, fo, fum! Wer drückt sich in meinem Haus herum?« Die Königstochter rief: »Friede zwischen uns!« – »Meinetwegen«, sagte der Riese. Er trat ein und warf Wild auf den Boden. Und er fragte sie, woher sie käme und wohin sie unterwegs sei. Sie erzählte ihm, was ihren Brüdern widerfahren und daß sie auf der Suche nach ihnen sei, und der Riese berichtete, sie seien kürzlich an ihm vorbeigesprungen, als er auf dem Berg gejagt habe; sie seien zum Hohberg hinter dem großen Felsen gelaufen, und morgen werde er ihr den kürzesten Weg dorthin zeigen. Danach buk die Königstochter Haferkuchen und kochte Fleisch und Suppe und deckte für den Riesen den Tisch; doch ihr eigenes Essen verzehrte sie im Winkel. Der Riese verschlang sein Mahl mit einem Bissen und leerte seinen Becher auf einen Zug. Dann sagte er zur Königstochter: »Spute dich und mach mir das Bett und leg dich zuerst hinein! Es ist lange her, daß ich eine Frau darin hatte; auf dich habe ich namlich gewartet.« Und die Konigstochter erwiderte: »Ich bin durch heilige Eide und Zauber gebunden, daß ich mit keinem schöntue und keinen zum Mann nehme außer einem, der mir aus den Schienbeinen toter Hexen sechs mal zwanzig Sprossen schnitzt, alle so hart, so scharf und zäh, daß sie sich in die harte Felswand so leicht bohren lassen wie in weiche Lehmerde.« Und der Riese sagte: »Ist das alles? Darauf sollst du nicht lange warten.« Er packte seine Axt und sprang hinauf auf den Boden, langte sich hartes Holz und die Schienbeine toter Hexen und fing an, Sprossen zu schnitzen. Die Königstochter legte sich schlafen, aber der Riese schnitzte und schnitzte, bis der Morgen dämmerte; da stieg er wieder vom Boden herunter und brachte zwei mal zwanzig Sprossen mit und gab sie der Königstochter, und nun hatte sie sechs mal zwanzig. Sie dankte dem Riesen, und er antwortete:

»Sechs mal zwanzig, das reicht, und sie taugen in Hart
wie in Weich.
Hart, scharf, zäh, du wirst sehn, sie dringen in Stein
wie in Lehm.
Mögen sie dir dienen, den Fels zu erklimmen,
Komm heil nach oben und heil wieder zu Boden.«

Sie brach auf, und der Riese begleitete sie, wies ihr den Weg und trug ihr die Sprossen, soweit er mitkam. Dann zeigte er ihr ein Haus und sagte ihr, dorthin müsse sie gelangen, bevor die Nacht hereinbreche, und der Mann im Haus werde sie zum hohen Felsen führen. Sie ruhte ein wenig aus, dann stand sie wieder auf und schritt auf das Haus zu; und als sie anlangte, fragte der Riese, der drinnen saß, woher sie komme und wohin sie wolle. Sie berichtete ihm, was die Eachlair ihren Brüdern angetan hatte und wie sie nach ihnen auf der Suche war. Der Riese lud sie ein, über Nacht dazubleiben, und am nächsten Tag zeigte er ihr den großen Felsen vor dem Hohberg und trug ihr die Sprossen hin.

Als sie am Fels anlangten, sagte der Riese: »Das ist die Stelle, wo der Siebenjahresriese immer die Leitern an den Felsen lehnt; aber bis dahin dauert es fast noch sieben Jahre; wenn du die ganze Zeit hier warten mußt, tust du mir leid.« Sie dankte dem Riesen für seine Freundlichkeit, nahm die Sprossen und begann sie in den Felsen zu bohren. Wenn sie eine hineingestoßen hatte, stieg sie einen Schritt hinauf; dann stieß sie die nächste hinein, und so immer fort, bis sie ganz oben auf dem Gipfel war. Sie eilte weiter über den Berg, aber jeder Hirsch, den sie sah, flüchtete vor ihr. Endlich kam sie an eine Stelle, wo neben einem Bach eine kleine Hütte stand. In die ging sie und setzte sich hin, um zu rasten, und schlief ein. Als sie erwachte, war es schon spät, und die Rehe und Hirsche hatten sich zur Ruhe gelegt. Sie ging hinaus und schritt zwischen ihnen hin, aber ihre Brüder fand sie nicht. Am nächsten Tag aber traf sie wieder auf eine Hütte und trat ein, da war drinnen ein Hirsch, der redete sie an und sagte ihr, wo ihre Brüder wären, und sie blieb die ganze Nacht in der Hütte.

Am nächsten Tag ging sie dorthin, wo sie ihre Brüder zu finden hoffte. Sie gelangte an eine Hütte neben einem Bach, drückte die Tür auf, trat ein und fand einen Tisch mit einem Laib Brot und einem Krug voll Wein. Sie aß ein wenig Brot und trank einen Schluck Wein, dann versteckte sie sich unter einer Waschbütte, die dort drinnen stand, und wartete. Als sie eine Weile dort gehockt hatte, kamen drei Männer herein, die trugen Geweihe an den Köpfen, und der älteste sagte: »Wenn die Schwester noch lebt, dann ist sie es gewesen, die in dies Brot gebissen hat.« Der nächste sagte: »Wenn die Schwester noch lebt, dann hat sie einen Schluck von diesem Wein getrunken.« Und der dritte sagte: »Wenn die Schwester noch lebt, dann hockt sie unter dieser Waschbütte«, und die Jünglinge hoben die Bütte auf und fanden sie. Sie weinte bitterlich, als sie ihre Brüder mit den Geweihen an den Köpfen sah. Sie berichteten ihr, daß sie zuerst ganz Hirschgestalt gehabt hätten, bis die Schwester die Eachlair Ùrlair mit dem groben Kamm geschlagen habe; danach aber hätten sie wieder wie Menschen gefühlt. Sie erzählten, daß der Vater ihnen in der Wildnis begegnet sei; er habe sie durch einen starken Zauber gefunden, den er von einem hilfreichen Riesen erhalten habe, und von da an hatten sie wieder Menschengestalt erhalten bis auf ihre Hirschhäupter und die Geweihe. Sie würden wieder ganz verwandelt werden, sagten sie, wenn sich eine Frau fände, die ihnen Hemden von Wollgrasflaum mache. Das versprach sie zu tun, sagte ihnen Lebewohl und verließ sie.

Nun wanderte sie zu ihrer Amme zurück und erzählte ihr, was sie vorhabe, und die Amme berichtete es dem weisen Mann. Er sagte, sie müsse die Hemden machen ohne Frohsinn, ohne zu sprechen und ohne zu lachen, und sein Rat sei, sie möge in die Wildnis gehen, wo keiner sie störe. Sie dankte ihm, nahm von ihm Abschied und sagte ihrem Vater, wohin sie gehe. Dann zog sie fort in die Einöde, dort blieb sie ganz allein und sammelte Wollgrasflaum.

Eines Tages kamen drei Könige auf der Jagd vorbei, und als sie sie erblickten, zügelten sie ihre Pferde und redeten sie an. Doch sie erwiderte kein Wort und zeigte auch nicht, daß sie sie gehört hatte. An diesem Tag ritten sie fort, aber an einem anderen kamen sie wieder, und während einer vorbeiritt, hielten die beiden anderen an und sprachen zu ihr, doch sie erwiderte kein Wort und ließ auch nicht erkennen, daß sie sie hörte. An diesem Tag ritten sie fort, aber an einem anderen kamen sie wieder. Zwei von ihnen ritten vorbei, aber der dritte hielt, um zu ihr zu sprechen, und redete sie an. Doch sie sagte kein Wort und ließ nicht erkennen, daß sie ihn hörte oder sah. Weil sie aber so schön war, überkam ihn die Liebe, und er hob sie hinter sich auf das Pferd und führte sie mit nach Hause und nahm sie zur Frau. Nun wohnte sie im Königspalast und hatte eine Menge Diener, doch sie sprach kein Wort und winkte nur, wenn sie etwas brauchte, und kämmte und spann den Wollgrasflaum. Nach der entsprechenden Zeit wurde sie schwanger, und als die Niederkunft nahte, mußte der König in Regierungsangelegenheiten verreisen. Er ließ sie in der Obhut von Dienern und Pflegerinnen, doch eines Nachts, als die Frauen alle um die Königin herumsaßen, erklang rund ums Haus die lieblichste Musik, die je einer gehört hat, und die Frauen schliefen sämtlich ein; als sie aber wieder erwachten, sahen sie, daß das Kind geboren und fortgeholt worden war, und sie wußten sich keinen Rat. Und die Oberpflegerin fürchtete, der König werde sie alle töten lassen. Sie zerbrach sich den Kopf nach einem Ausweg, und dann machte sie folgendes: Sie griff sich ein Kätzchen, tötete es und bestrich der Königin Mund und Zähne mit dem Blut. Als der König heimkehrte und sich erkundigte, wie die Dinge stünden, sagte die Hebamme: »Hol der Tod diese niederträchtige, erbärmliche, verderbenbringende Königin! Wie wenig gleicht sie der glücklichen, gütigen Königin! Sie hat eine kleine Katze zur Welt gebracht, und kaum war die da, hat sie sie aufgefressen.« Der König sagte: »Die erste Missetat muß man ihr vergeben.«

Als die Königin wieder vom Bett aufstand, fing sie an zu arbeiten und spann die Wollgrasflaume mit Rocken und Spindel. Als das Garn fertig war, richtete sie die Weberei ein, und da ihr der Webstuhl fehlte, mußte sie sich selber einen Rahmen machen und den Faden darauf spannen, und sie webte, indem sie die Fäden mit der Nadel hob. So fertigte sie zwei Stoffstücke an, bevor sie abermals schwanger wurde. Als der König begriff, in welchem Zustand sie sich befand, schickte er sie ins Haus zusammen mit einer Reihe von Frauen, die sich um sie kümmern sollten; die Türen wurden versperrt, doch der König selber begab sich hinaus. Am Abend blieben die Frauen auf, um bei ihr zu wachen. Aber als es dunkel wurde, ertönte die lieblichste Musik, die je einer gehört hat, und sie schlummerten allesamt ein; als sie aber wieder erwachten, hatte die Königin entbunden, und das Kind war fort. Sie fürchteten, der König werde sie töten, sobald er heimkam, so langten sie sich ein Hundejunges, töteten es und bestrichen der Königin Mund und Zähne mit Blut. Als der König heimkam und sich erkundigte, wie sich die Königin befinde, sagte die Hebamme: »Hol der Tod diese niederträchtige, erbärmliche, verderbenbringende Königin! Wie wenig gleicht sie der glücklichen, gütigen Königin! Sie hat nur einen Welpen zur Welt gebracht, und kaum war der da, hat sie ihn aufgefressen.« – »Auch diesmal muß man ihr die Missetat vergeben«, erwiderte der König. Die Frauen verlangten, daß sie verbrannt werde, doch das ließ der König nicht zu.

Als sie sich vom Bett erhob, fing sie wieder an zu arbeiten und webte noch ein Stück Stoff, und dann begann sie, Hemden zu nähen, und die waren schon fast fertig, da wurde sie abermals schwanger. Als ihre Zeit nahte, schloß der König sie im Haus ein, zusammen mit allem, was sie nur irgend brauchen konnte, und einer Menge Diener und Wärterinnen, und der König befahl ihnen, sie aufs sorgsamste zu behüten; diesmal aber blieb auch er selber daheim. Doch an dem Abend, da sie die Stunde der jungen Frau nahe wußten und allesamt gespannt aufpaßten, erklang wieder die Musik und versenkte sie in Schlummer. Und als sie erwachten, war das Kind fort. Sowie sie sahen, daß die Königin entbunden hatte und daß das Kind verschwunden war, lief eine von ihnen fort und holte ein Ferkel. Das töteten sie und bestrichen der Königin Mund und Zähne mit dem Blut; und dann riefen sie den König, und als er kam, zeigten sie ihm das Blut an Lippen und Zähnen der Königin, und die Hebamme sprach: »Schaut Euch Eure niederträchtige, erbärmliche Königin an; wie wenig gleicht sie der Königin, die so glücklich und gütig war! Jetzt könnt Ihr es selber sehen, Majestät. Sie hat nur ein Schweinchen zur Welt gebracht, und kaum war es da, so hat sie es aufgefressen. Jetzt verdient sie keine Gnade mehr. Sie gehört verbrannt.« – »Mir kommt es auch so vor«, sagte der König, »als habe sie lange genug bei mir gelebt und Katzen, Hunde und Schweine zur Welt gebracht und aufgegessen.« Die Edelleute versammelten sich und berieten über die Königin, und sie verurteilten sie dazu, verbrannt zu werden. Man trug einen gewaltigen Haufen Reisigbündel zusammen und zündete sie an, und dann holten die Männer die Königin aus dem Haus, um sie daraufzuwerfen. Aber als sie sich dranmachten, sie aufs Feuer zu heben, hörten alle einen lauten Schrei, und der König sagte: »Laßt uns warten und zusehen, was der Schrei bedeutet.« Die Königin war mit einem der Hemden fertig geworden, da lachte sie, und das Feuer verlosch. Diener und Mägde zündeten es wieder an und erklärten dem König, sie müsse daraufgesetzt werden, und der Schrei habe überhaupt nichts zu bedeuten. Aber während sie noch redeten, war sie mit dem zweiten Hemd fertig geworden, da lachte sie laut auf. Und als sie im Begriff standen, sie aufs Feuer zu werfen, hörten sie abermals einen mächtigen Schrei. »Laßt uns noch eine Weile warten und sehen, was der Schrei zu bedeuten hat!« befahl der König. Sie warteten, aber sie sahen nicht das mindeste; und ein paar von den Edelleuten und die Frauen sagten zum König, es gezieme sich nicht, ihr noch weiter Aufschub zu vergönnen, und das Beste sei, sie aufs Feuer zu werfen. Doch als sie sich dranmachten, sie hinaufzuheben, hörten sie den dritten Schrei. Sie schauten auf und sahen drei Reiter herangaloppieren; und nun, als sie schon fast angelangt waren, hatte die Königin das dritte Hemd fertig; da lachte sie laut und lange. Die Reiter nahten.

»Laßt sehen«, sagte der König, »was das für Männer sind.« Die Frauen erwiderten, sie könnten sich nur über den König wundern, daß er der Königin so lange Aufschub gönne, so verderbt, wie sie sei. Die Reiter lenkten ihre Pferde genau auf die Königin zu, und jeder von ihnen trug ein Hirschgeweih am Kopf, und die Leute staunten sie an. Aber vor dem ältesten Reiter saß ein Kind von ungefähr zwei Jahren. Der nächste Reiter hatte vor sich eins sitzen, das war ungefähr ein Jahr alt, und der dritte umfaßte einen Säugling. Im Nu waren sie bei der Königin, und als sie vor ihr hielten, reichte sie ihnen die Hemden hin, und sie legten ihr die Kinder in die Arme; und jeder Reiter zog sein Hemd über. Die Geweihe fielen ihnen von den Köpfen, und sie sahen wieder aus wie alle anderen Männer auch, nur daß sie besonders hübsch waren. Und die Königin sagte zum Ältesten: »Erfreu dich deines Hemds, großer Bruder!« Und er sagte: »Mögest du gesund bleiben, Schwester!« Sie sprach: »Erfreu dich deines Hemds, zweiter Bruder!« Und er sagte: »Ich wünsche dir Gesundheit, Schwester!« Sie sprach: »Erfreu dich deines Hemds, jüngster Bruder!« – »Mögest du gesund sein, Schwester!« sagte er. Dann sprachen die drei Brüder: »Gesund und kräftig mögen deine Kinder sein, Schwester!« Und sie erwiderte: »Möget ihr gesund sein, meine drei Brüder!«

Der König trat heran, und die Königin sagte zu ihm: »Hier sind deine drei Söhne!« Und sie berichtete ihm, was sich zugetragen hatte und weshalb sie nicht hatte sprechen dürfen, bis die drei Hemden fertig waren. Die drei Männer, sagte sie, seien ihre Brüder. Der König und seine Schwäger begrüßten einander, und der König befahl, daß die Frauen, die gedrängt hatten, die Königin zu verbrennen, nun selbst auf den Scheiterhaufen mußten, und man warf die bösen Weiber hinauf in die Flammen. Aber sie schrien um Gnade, und auch die Königin bat für sie, so ließ man sie laufen. Der König richtete für die Königin und ihre Brüder ein großes Bankett aus, und sie frohlockten sehr, daß sie die Hexerei der Eachlair Ùrlair überwunden hatten.

Als alles vorbei war, sagten die drei Brüder ihrer Schwester und dem König Lebewohl und brachen auf nach Hause. Unterwegs begegneten sie ihrem Vater, da gewann der das Drittel seines Verstandes, das Drittel seiner Ausdauer beim Wandern und das Drittel seines Augenlichts wieder, die er eingebüßt hatte. Der alte König und seine Söhne zogen heim in ihr Reich, und sowie sie dort anlangten, wurde die Eachlair Ùrlair gefangengenommen und verbrannt. Die zweite Frau des Königs saß nun allein für sich und hatte überhaupt nichts mehr zu sagen, und sie wußte auch kein Wort, um sich zu entschuldigen. Und nachdem der alte König gestorben war, genoß sie wenig Achtung; und damit nimmt die Geschichte ein Ende.

Es waren einmal ein Fischer und seine Frau, die hatten zwölf
Söhne, und sie lebten alle zusammen in einem Haus am Meer.
Der Fischer zog jeden Tag mit seiner Angel aus und fing immer
genau vierzehn Fische – für jeden einen, denn vierzehn waren
sie. Nun geschah es eines Tages, daß der Fischer und seine Frau
zusammen daheim waren, die Söhne aber unterwegs, alle bis
auf den jüngsten; der hatte sich beim Torffeuer zusammengerollt und lag in der Asche. Aber der Mann und die Frau
bemerkten ihn nicht und redeten ungeniert miteinander, ohne
sich vor dem Burschen in acht zu nehmen.

»Worüber denkst du nach?« fragte die Frau.

»Ich überlege, daß ich jeden Tag eine Masse Fische fange«,
sagte der Mann, »und daß, wenn nicht unsere zwölf Jungen
wären, wir allein damit großartig auskommen würden.«

»Ja«, sagte sie, »aber da wüßte ich schon Rat – wenn du nur
willst.«

»Woran denkst du?« fragte er.

»Wir schicken die zwölf Burschen zum Schlafen in die alte
Darre«, sagte sie, »und wenn sie eingeschlafen sind, zünden
wir die Hütte an, so werden wir sie los.«

»Das ist ein guter Plan!« sagte er. Aber sie hatten keine Ahnung, daß ihr Jüngster zusammengerollt am Feuer lag und die
Ohren spitzte.

Als es Abend wurde, schickte der Fischer also seine zwölf
Söhne zum Schlafen in die alte Darre, und die Eltern gingen ins
Haus. Aber der Jüngste hütete sich einzuschlafen. Er weckte
die anderen und berichtete ihnen, was er vernommen hatte, als
er am Feuer lag. So standen sie alle auf und zogen sich ein Stück
hinter die Darre zurück, und bald sahen sie sie lichterloh brennen. Da wußten sie, daß die Eltern sie umbringen wollten. Sie
gingen traurig fort und wanderten auf gut Glück weiter, bis
sie an einen Platz kamen, an dem sich zwölf Wege trafen. Da
setzten sie sich hin und berieten miteinander, was sie tun sollten.

Dann sagte der Älteste: »Laßt uns jeder eine Straße nehmen,
und wenn sieben Jahre um sind und dieser Tag wiederkommt,

dann wollen wir uns alle wieder hier treffen, wenn wir noch am Leben sind.«

Sie stimmten alle zu, und jeder marschierte auf seiner Straße dahin.

Der jüngste Bursche wanderte ein paar Tage lang, bis er einen Mann fand, der ihn als Viehhirten in Dienst nahm; und sein Herr war zufrieden mit ihm und zeigte sich freundlich. Nun lag aber ein Zauber über dem Land, denn in jedem siebenten Jahr erschien ein gewaltiger Drache und holte dem König die älteste Tochter weg; und jetzt rückte gerade die Zeit wieder heran, wo der Drache auftauchen mußte; und die Leute waren sehr traurig, denn die Königstochter war schön und gut, und im Reich war niemand, der sie nicht ins Herz geschlossen hatte. So ließ der König bekanntmachen, wer immer den Drachen erschlagen würde, solle seine Tochter zur Frau bekommen und des Königs Schwiegersohn werden. Viele unternahmen es, den Drachen zu töten, und einer davon war der junge Hirte.

Eines Tages waren die Krieger alle am Ufer versammelt – denn der Drache sollte übers Meer heranschwimmen –, und die Königstochter wurde ans Gestade gebracht, um sich ihm dort zu stellen; denn wenn sie nicht dort war, um ihm entgegenzutreten, würde der Drache jedermann umbringen, bis er an die Königstochter gelangte. Dann sahen sie den Drachen in der Entfernung auf dem Meer schwimmen; und er verspritzte das Wasser wie ein großer Wal und brüllte wie tausend Stiere; und als ihn die Krieger sahen, rannten sie allesamt fort, so schnell die Füße sie trugen. Dann waren nur noch der junge Hirt und die Königstochter am Ufer zurückgeblieben.

»Ich würde dir gern meinen Kopf in den Schoß legen«, sagte der junge Hirte.

»Warum möchtest du das?« sagte die Königstochter. »Dort kommt der Drache, und du willst schlafen.«

»Ach, laß mich nur ein Weilchen schlafen«, sagte der junge Hirt, »bis der Drache da ist. Und wenn ich nicht rechtzeitig wach werde, dann schneid mir nur mit deiner Schere die Spitze vom kleinen Finger ab.«

»Also meinetwegen, dann schlaf«, sagte sie.

So legte er ihr den Kopf in den Schoß und schlummerte ein. Und die ganze Zeit kam der Drache näher; und das Wasser spritzte wie von tausend Walen, und sein Gebrüll klang wie das von zehntausend Stieren. Und als er dicht ans Ufer kam, dachte die Königstochter, nun sei es an der Zeit, den jungen Hirten wieder auf die Beine zu bringen. Und sein Kopf lag in ihrem Schoß, und sie zwickte und kniff ihn, so sehr sie konnte, und rief: »Willst du nicht aufwachen? Der Drache ist da!« Aber er schlief weiter. Da sah sie, daß er von einem Zauber befangen war, und besann sich auf ihre Schere. Sie holte sie aus der Tasche und schnitt ihm die Spitze vom kleinen Finger ab.

Sofort fuhr der junge Hirt in die Höhe, und der Drache stand vor ihnen. Da packte er sein schimmerndes Schwert und sprang auf und trat vor den Drachen hin. Es war ein langer Kampf, und der junge Hirte hatte schwer zu tun, und sein Schwert troff nur so von Blut.

»Lieber will ich selber sterben, als daß du umkommst, du junger Mann!« sagte die Königstochter.

»Wenn ich dich zur Frau bekommen soll, will ich dich auch verdienen!« sagte der junge Hirt.

Lange kämpften sie. Und das Schwert des jungen Hirten mußte noch mehr Blut schmecken, und er traf den Drachen von unten und von oben und stieß ihm das Eisen ins Herz. Und das Leben entwich aus dem Drachen mit einem gewaltigen Qualm, und der junge Hirt wetzte sein Schwert und hieb dem Ungetüm den Kopf ab. Und als die Krieger sahen, daß der Drache tot war, rannten sie ans Ufer zurück und stimmten ein großes Jubelgeschrei an, weil die Königstochter gerettet war. Und sie führten sie im Triumph zum König zurück und berichteten ihm, der Drache sei erschlagen. Und der König war selig, seine Tochter wiederzuhaben.

Der junge Hirt aber war zu seiner Herde zurückgegangen und sagte seinem Herrn kein Wort vom Drachen und von der Königstochter.

Dann fragte der König, wer denn den Drachen erschlagen habe. Und sieben von den Kriegern traten vor, und jeder von ihnen erhob Anspruch auf die Königstochter dafür, daß er den Drachen umgebracht habe.

Und die Königstochter lachte laut auf und sagte: »Keiner war's von diesen! Das sind die Krieger, die davongelaufen sind und sich in Sicherheit gebracht haben, weil sie alt sind.«

»Ich verstehe«, sagte der König, »das sind Feiglinge. Dann ist der Drache also von einem Jüngling getötet worden.«

Ja, sagte die Königstochter, das sei richtig. Darauf traten alle jungen Männer vor; aber es war keiner unter ihnen, der den Drachen erschlagen hatte, obwohl es viele behaupteten. Da ließ der König bekanntmachen, alle Jünglinge im Königreich sollten vor ihm erscheinen. Und sie kamen auch, und der junge Hirt war unter ihnen. Da sagte die Königstochter: »Streckt eure Hände vor!« Und sie ging an der Reihe entlang und guckte ihnen auf die Finger. Und als sie zu dem jungen Hirten kam, erkannte sie, daß die Spitze seines kleinen Fingers abgeschnitten war, und sagte: »Das ist er!« Und sie wurden miteinander verheiratet, und der König veranstaltete ein großes Freudenfest.

Nun, in seinem Glück hätte der junge Hirt um ein Haar vergessen, was die Brüder einander versprochen hatten. So nahm er sich, als die Zeit schon fast da war, ein rasches Pferd und ritt fort, bis er an die Stelle kam, wo sich die zwölf Straßen voneinander trennten. Und da fand er seine elf Brüder, und sie weinten allesamt, denn sie dachten, daß der jüngste von ihnen tot sei. Da gab er sich ihnen zu erkennen und erzählte ihnen, wie er einen Drachen erschlagen und die Königstochter zur Frau erhalten hatte.

Und die Brüder berichteten, was ihnen widerfahren war, und so vertrieben sie sich eine Weile die Zeit. Dann beschlossen sie, nachzusehen, ob ihre Eltern noch lebten; aber sie wollten sich ihnen nicht zu erkennen geben. Also zogen sie los und fanden sie wirklich am Leben. Und die Eltern erzählten ihnen: »Wir hatten einmal zwölf Söhne, aber jetzt sind sie alle tot. Und seit sie gestorben sind, haben wir nie mehr als zwei Fische gefangen, wenn wir angeln gegangen sind.« So verließen die Söhne die alten Leute und kamen zurück zu den zwölf Straßen; und jeder zog auf seiner fort, und der junge Hirt ritt heim zur Königstochter.

Es war einmal ein berühmter Zimmermann, der wurde Bobban Saor genannt. Er hatte drei Söhne. Eines Tages sagte er zu seiner Frau, er habe vor, aus ihnen Zimmerleute zu machen.

»Sind sie das denn nicht schon?« sagte sie.

»Oh, nein.«

Er schickte nach dem Ältesten, und als er kam, fragte ihn Bobban: »Sohn, was kann man gegen den Fluß machen, der hier am Haus vorbeifließt? Ich kriege die ganze Nacht kein Auge voll Schlaf, solchen Lärm macht er.«

»Ich weiß nicht«, sagte der Älteste. »Ich denke, wenn man zwischen das Haus und den Fluß eine Mauer bauen würde, dann müßte das helfen.«

»Hoho! Aus dir wird kein Zimmermann«, sagte Bobban.

Er schickte nach dem zweiten Sohn und stellte ihm dieselbe Frage.

»Oh«, sagte der Zweite, »ich denke, wenn man eine hölzerne Trennwand errichten würde, richtig hoch, dann würde sie das Geräusch des Flusses dämpfen.«

»Aus dir wird auch kein Zimmermann«, sagte Bobban.

Nun schickte er nach dem Jüngsten und fragte: »Was kann man mit dem Fluß vorm Haus anfangen? Ich habe die ganze Nacht kein Auge zugetan, solchen Lärm macht er.«

»Ich weiß nicht, was man mit dem Fluß anfangen könnte«, sagte der Bursche, »außer, man schafft entweder den Fluß vom Haus fort oder das Haus vom Fluß. Den Fluß kann man nicht fortbringen, aber das Haus.«

»Aus dir wird ein Zimmermann!« sagte Bobban. »Gut. Hier hast du hundert von meinen Schafen. Geh und verkauf sie und bring mir soundso viel Geld für sie nach Hause, aber die Schafe bring mir auch wieder zurück.«

Der Jüngste zog mit den Schafen fort. Jeder, den er traf, fragte ihn, wohin er mit ihnen wolle; dann antwortete er immer, er beabsichtige, sie zu verkaufen.

»Was willst du für sie haben?«

Dann nannte er den Preis; und der andere:

»Ich kauf sie.«

»Oh, schön, aber ich muß die Schafe samt dem Geld zurückkriegen. Ich muß sie wieder heimbringen.«

»Dann scher dich mit ihnen, wohin du willst!«

Schließlich erblickte Bobbans Jüngster eine junge Frau, die zum Brunnen ging. Sie fragte ihn: »Wohin gehst du mit diesen Schafen, junger Mann?«

»Ich weiß nicht«, sagte er. »Ich versuche, sie zu verkaufen.«

»Was willst du denn für sie haben?«

Er nannte ihr den Preis.

»Gut, ich kauf sie dir ab.«

»Oh, schon recht«, sagte er. »Aber ich muß die Schafe samt dem Geld zurückbringen.«

»Du kriegst sie auch«, sagte sie. »Komm hier lang.«

Sie trieben die Schafe in einen Stall, und die junge Frau rief zwei Männer herbei, die schoren die Tiere. Dann bezahlte sie Bobbans Sohn das Geld und ließ die Schafe wieder frei.

»Treib sie fort«, sagte sie. Bobban Saor hatte nur den Wollpreis für sie verlangt! Der Sohn kehrte mit den Schafen heim.

»Na«, sagte Bobban, »da bist du ja. Hast du die Schafe verkauft?«

»Ja.«

»Hast du das Geld gekriegt?«

»Ja.«

»Hast du die Schafe zurückgebracht?«

»Ja, hab ich.«

»Wer hat sie gekauft?«

»Eine junge Frau, die ich auf der Straße getroffen habe.«

»Dann geh und heirate sie«, sagte Bobban. »Sie ist die richtige Frau für dich.«

Der jüngste Sohn ging hin, heiratete das Mädchen und brachte sie nach Hause.

Eines Tages handhabte Bobban Saor das Hohlbeil; er formte ein Stück Holz. Sein Sohn beherrschte jede Arbeit so gut wie Bobban selber, nur die mit dem Hohlbeil nicht. Er sagte zu seiner Frau: »Paß auf, vielleicht kriegen wir das Geheimnis noch von ihm heraus.« Die Frau ging hin, kochte ein paar Eier und schälte sie und setzte sie Bobban Saor am nächsten Morgen vor.

»Wer hat die Eier so schlecht gepellt?« fragte Bobban.

»Dein Sohn mit dem Hohlbeil.«

»Oh, da hat er den Arm nicht an die Seite gepreßt«, meinte Bobban. Auf die Art erfuhr der Sohn das Geheimnis von Bobbans Geschicklichkeit mit dem Hohlbeil.

Nun bekamen Bobban und sein Sohn Botschaft vom König von Frankreich, der bat sie, herüberzukommen und die Schreinerarbeit an dem großen Schloß zu machen, das der König eben bauen ließ. Der König schickte nach Bobban Saor, weil es keinen berühmteren Zimmermann als ihn gab. Bobban Saor und sein Sohn schickten sich zum Aufbruch an; sie hatten alles fertig, und die Werkzeugtaschen waren gepackt, da fragte Bobban seinen Sohn:

»Trägst du mich heute, wenn ich dich morgen trage?«

»Na«, sagte der Sohn, »ich hab so schon genug zu schleppen, auch ohne dich!«

»Oh, gut«, sagte Bobban, »wenn das so ist, kehren wir um.«

Sie kehrten um. Die Frau des Sohnes erkundigte sich:

»Warum seid ihr wieder da?«

»Der Vater wollte nicht gehen. Ich sollte ihn heute tragen, morgen wollte er dann mich schleppen. Ich hab so schon genug auf dem Buckel.«

»Pah«, sagte sie, »das hat doch der Vater gar nicht gemeint. Dein Vater meinte, wenn du ihn heute mit Geschichten unterhieltest, dann wolle er morgen dir welche erzählen, so daß euch beiden der Tag kürzer würde.«

»Das hat er wirklich gemeint?«

»Sicher.«

Am nächsten Tag fragte Bobban Saor seinen Sohn:

»Sohn, wollen wir heute gehen?«

»Ja.«

»Willst du mich heute tragen, wenn ich morgen dich trage?«

»Sehr schön, also machen wir uns auf.«

»Wenn du jetzt gehst«, sagte die Frau des Sohns zu ihrem Mann, »dann paß auf, daß du keine Nacht ohne Liebchen bist, bis du wieder zu mir zurückkommst.«

Auf dem Weg nach Frankreich sagte Bobban Saor zu seinem Sohn: »Jetzt sollst du der Meister sein, und ich bin der Lehrling. Bei allem, was du zu machen hast, brauchst du mich nur zu bitten, dann tu ich's.«

Darüber einigten sie sich. Als sie am Schloß anlangten und ihre Werkzeugtaschen geöffnet hatten, holte der Sohn aus seiner einen Axtkopf vor und reichte ihn Bobban. »Hier«, sagte er und wandte sich zu ihm, »mach einen Stiel dran.«

Bobban Saor packte den Axtkopf und betrachtete ihn; dann begann er, den Stiel zu schneiden. Er schaute vom Axtkopf wieder zum Stiel. Dann warf er den Axtkopf in die Luft, und als der wieder herunterkam, landete er am Stiel, und der Stiel paßte, als sei er angewachsen! Als das all die französischen Schreiner sahen, fragten sie sich, was wohl der schottische Meister vermöge, wenn schon der Lehrling so etwas zustandebrächte. Und sie rafften ihre Werkzeugtaschen auf und zogen ab und überließen den Auftrag Bobban Saor und seinem Sohn.

Bobban und sein Sohn arbeiteten, bis sie das Schloß in Ordnung gebracht hatten, und dazu brauchten sie lange. Schließlich kriegte es der König von Frankreich mit der Angst zu tun, daß er sie für die lange Arbeitszeit nicht bezahlen könne. Bobbans Sohn hatte mit einer von des Königs Mägden angebändelt. Nun waren sie mit ihrer Arbeit im Schloß zu Rande und sollten am nächsten Tag heimziehen. Bobbans Sohn ging, die Magd besuchen. Als er zu ihr kam, fand er sie weinend.

»Was ist denn passiert?« fragte er sie.

»Eine Menge. Der König will euch umbringen lassen, weil er Angst hat, er kann euch nicht bezahlen.«

»Da mach dir nur keine Sorgen«, sagte er.

Am andern Tag berichtete er Bobban Saor davon.

»Nur keine Angst!« sagte Bobban Saor, »wir werden schon mit ihm fertig.«

Er ging und verschaffte sich ein Stück Seidenfaden, und er und der Sohn fingen an, das Schloß damit zu messen. Der König kam dazu und erkundigte sich, ob denn nun alles geschafft sei.

»Fast; ich möchte nicht gern etwas zurücklassen, was noch nicht in Ordnung ist, es soll auch niemand, wenn ich fort bin, was finden, das nicht stimmt. Leider habe ich das Werkzeug, das ich dazu brauche, nicht mitgebracht. Ich muß heimfahren und es holen.«

»O nein«, sagte der König, »das kommt nicht in Frage. Ich werde jemand danach schicken.«

»Wenn ich nicht selber fortkann, um es zu holen, ist der einzige, den Ihr danach schicken könnt, Euer Sohn«, sagte Bobban.

»Schön, ich schicke meinen Sohn«, sagte der König. »Was für ein Werkzeug ist es?«

»Es ist ein Dreh mit einem Dreh und ein Dreh gegen einen Dreh und das kleine Dingsda«, sagte Bobban Saor.

»Ach ja«, sagte der König.

Der Königssohn fuhr mit Begleitung fort und langte bei Bobban Saors Schwiegertochter an. Er erklärte ihr, weswegen Bobban Saor sie herübergeschickt hatte, nämlich um den Dreh mit einem Dreh und den Dreh gegen einen Dreh und das kleine Dingsda zu erbitten.

»O ja«, sagte sie. »Kommt hier herein.«

Sie führte den Königssohn in ein Zimmer, und als sie ihn drin hatte, verschloß sie die Tür.

»Ihr geht zurück«, sagte sie zu seinen Gefährten, »und sagt, das kleine Dingsda kommt nicht wieder nach Frankreich, bis das große Werkzeug wieder hier ist. Falls mein Mann und mein Schwiegervater nicht zu mir heimkommen, hat der König keinen Sohn mehr.«

Auf die Art erhielt Bobban Saor seinen Lohn und kam wieder nach Hause, und des Königs Sohn kehrte nach Frankreich zurück.

28 Der Königssohn und der Mann mit dem grünen Mantel

Vor langer Zeit lebten in einem fernen Land ein König und eine Königin, die hatten einen Sohn. Die Königin starb, und der König berief eine Pflegemutter für seinen Sohn, die sorgte für ihn. Nach ein paar Jahren dachte der König, er wolle nun wieder heiraten, und schickte den Sohn der ersten Königin zu guten Freunden; bei ihnen sollte er erzogen werden; die Pflegemutter schickte er mit, damit sie auf ihn aufpasse.

Der König heiratete wieder, und auch die zweite Frau kriegte einen Sohn. Sie war sehr stolz auf ihn, und als er größer wurde und es Zeit war, daß er etwas lernte, suchten sie sich einen Mann, der brachte dem Jungen bei, wie er Bogen und Schwert gebrauchen und wie er die Soldaten drillen mußte, und die Königin war mit den Fortschritten, die ihr Sohn machte, höchst zufrieden. Aber eines Tages, als der König auf dem Berg war und jagte und als die Königin ihrem Sohn zusah und feststellte, wie geschickt er mit dem Bogen umging, kam die Hühnerfrau des Wegs und sagte zur Königin: »Ihr könnt um Euern Jungen soviel Getue machen, wie Ihr wollt, deswegen kriegt er später das Königreich doch nicht. Der König hat noch einen Sohn, das wißt Ihr bloß nicht: Und der kriegt später das Reich.« Die Königin fragte: »Hat der König vor mir schon eine Frau gehabt?« – »Aber ja«, sagte die Hühnerfrau, »und er hat einen Sohn.« – »Und wo ist der?« erkundigte sich die Königin. »Das sag ich Euch nicht, außer, ich bekomme von Euch zuerst einen Holzkrug voll Whisky und einen Gerstenkuchen«, sagte die Huhnerfrau. Die Konigin machte auf dem Absatz kehrt, ging ins Haus und legte sich zu Bett.

Als der König vom Berg und von der Jagd wieder heimkam, lag die Königin krank zu Bett und hatte Fieber. Der König ging zu ihr und fragte, was mit ihr los sei, doch sie sprach kein Wort. »Sag mir's«, bat der König, »und wenn es irgend etwas gibt, das ich für dich tun kann, so geschieht es.« – »Ich möchte Eure Majestat nur um eins ersuchen, und ich hoffe, Ihr gewahrt mir das.« – »Du bekommst es.« – »Ihr habt noch einen Sohn, aber Ihr habt mir nichts von ihm erzählt, und ich wünsche mir, ihn zu sehen.« Das war dem König nicht allzu lieb, aber da er es versprochen hatte, konnte er es nicht abschlagen.

So schickte er nach dem Sohn, und der kam, und die Königin empfing ihn sehr freundlich; doch als sie ihn im Haus hatte, verlangte sie, er solle eine Urkunde unterzeichnen in dem Sinn, daß ihr Junge der Erbe würde. Auch sein Vater drang in ihn, das zu tun, aber der Sohn erbat ein paar Tage Bedenkzeit; die erhielt er. Er ging zum Vater seiner Pflegemutter, denn der war ein kluger Ratgeber, und befragte ihn. Der Ratgeber sagte: »Wenn du auf deine Rechte verzichtest, können sie dich aus dem Land verbannen; und wenn du es nicht tust, werden sie dich möglicherweise umbringen. Ich rate dir, das Land zu verlassen und dein Glück in einer anderen Gegend zu suchen, bis du Nachricht bekommst, daß entweder dein Vater gestorben ist oder dein Bruder, und dann kannst du das Königreich beanspruchen oder darauf verzichten, ganz wie du willst.« Also gab er seine Rechte nicht auf, sondern ging fort, um sein Glück zu suchen. Er nahm einen Burschen mit und einen Bogen und Pfeile und eine ordentliche Summe Geld, und so zogen sie los.

Eines Tages fiel dichter Schnee. Der Königssohn schoß einen Raben, und als er ihn blutend auf dem Schnee liegen sah, schwor er, die Frau, die er einmal nehme, solle Haare haben schwarz wie die Rabenfedern, Wangen so rot wie das Blut, das dem Raben entströmte, und Haut so weiß wie der Schnee, der den Boden bedeckte.

Nach einer Weile wurde dem Prinzen das Geld knapp, und er war gezwungen, sich von seinem Burschen zu trennen und allein weiterzuwandern. Eines Tages erblickte er in der Ferne hinter sich einen Mann in einem grünen Mantel, der lief ihm nach. Er war weit zurück, aber dennoch hatte er den Prinzen bald eingeholt und fragte: »Wollt Ihr einen Diener?« – »Nein«, sagte der Königssohn, »ich habe meinen Burschen gerade weggeschickt.« – »Wenn Ihr mich einstellen würdet, ich wäre mein Essen bestimmt wert.« – »Nein, ich habe nicht das Geld, mir einen Diener zu halten.« – »Ich verlange keinen anderen Lohn als die Hälfte von dem, was ich selber heranschaffe.« – »Wirklich nicht?« – »Wirklich nicht«, sagte der Mann im grünen Mantel. »Also, das ist sehr freundlich von dir!« Und sie marschierten zusammen weiter.

Als es dämmerte, sagte der Königssohn zum Mann im grünen Mantel: »Was meinst du, wo sollen wir übernachten?« – »Nur keine Sorge«, sagte der Mann im grünen Mantel. Sie gingen immer weiter, und schließlich entdeckten sie ein schwaches Licht; und so fern es war, es dauerte nicht lange, und sie waren an dem Haus angelangt. Als sie vor der Tür standen, wickelte sich der Mann in seinen grünen Mantel so ein, daß er vollkommen verdeckt war, da konnten ihn die Leute im Haus nicht sehen, und nun trat er ein. Drinnen waren Töpfe und Kessel am

Kochen, Haferkuchen wendeten sich auf dem Backblech, und Bratspieße drehten sich von selber. Der Mann im grünen Mantel kam wieder heraus und sagte zum Königssohn: »Hier werden wir gastlich empfangen.« Also klopften sie an die Tür. Ein schönes Mädchen kam heraus; ihre Haut war weiß wie Schnee, aber ihre Haare waren hell und ihre Wangen blaß. Dennoch war sie sehr schön, und sie bat sie, einzutreten. Das taten sie und verbrachten in dem Haus eine heitere Nacht, und am andern Tag, als der Königssohn und der Mann im grünen Mantel allein waren, sagte der Mann im grünen Mantel: »Sind die Leute hier nicht gastfreundlich?« – »Ja«, sagte der Königssohn, »und ich möchte das schöne Mädchen bitten, meine Frau zu werden.« – »Sie ist nicht die, der Euer Schwur gegolten hat.« Nachdem sie noch einmal gegessen hatten, nahmen sie von den Leuten im Haus Abschied und wanderten weiter. Als es zu dunkeln begann, sagte der Königssohn zum Mann im grünen Mantel: »Wo werden wir übernachten?« – »Nur keine Sorge: Sogar die Vögel finden einen Ruheplatz.« Sie schritten kräftig aus, und nicht lange, so erblickten sie in der Ferne ein schwaches Licht und marschierten darauf zu; bald standen sie vor einem Herrenhaus. Der Mann wickelte sich in seinen grünen Mantel und trat ein, und als er sich vergewissert hatte, was für Leute hier lebten, kam er wieder heraus und sagte zum Königssohn: »Sie werden uns erlauben, bei ihnen zu übernachten.« Sie klopften an die Tür; die wurde geöffnet, und ein schönes Mädchen kam heraus, hieß sie willkommen und bat sie herein, und ihre Haut war weiß wie Schnee, ihre Wangen waren rot wie Blut, ihre Haare aber schimmerten hell. Sie folgten ihr nach drinnen; und da waren Töpfe am Kochen, Kessel am Sieden, Haferkuchen wendeten sich, und Bratspieße drehten sich von selber. Sie wurden sehr gastfreundlich empfangen. Als sie zu Bett gingen, erklärte der Mann im grünen Mantel dem Königssohn, daß diese Leute die Abkömmlinge vom König des Fernen Landes seien, und der Prinz meinte, er wünsche sich dies schöne Mädchen zur Frau. »Sie ist aber nicht die, der Euer Schwur gegolten hat«, versetzte der Mann im grünen Mantel.

Am andern Tag bekamen sie ein gutes Frühstück und wanderten weiter; und als es dunkelte, sagte der Königssohn: »Wo sollen wir übernachten?« – »O Ihr altes Weib! Ihr habt ja eine fürchterliche Bange«, versetzte der Mann im grünen Mantel, und sie marschierten weiter. Nach einer Weile erblickten sie vor sich im Wald ein schwaches Licht, doch so fern es schimmerte, bald standen sie vor dem Haus. Sie klopften an die Tür, und siehe! Ein gewaltiger Riese tat auf und sprach: »Seid ihr da, Leute?« – »Ja«, erwiderten sie. »Ihr seid die, von denen mir geweissagt ist. Kommt, ich zeig euch, wohin wir gehen müssen.« Sie folgten ihm an eine Stelle, von wo ein Stück weiter ein großes Licht zu sehen war. Dort wünschte er ihnen gute Nacht. Sie wanderten fort, und als sie fast am Haus angelangt waren, trat ihnen die Hühnerfrau entgegen und sagte: »Seid ihr da, ihr Freier? Ihr seid die, von denen geweissagt ist. Da auf dem Kirchhof stehen gerade noch zwei Pfähle leer, genau recht für eure Köpfe.« – »Da hast du aber keine gute Nachricht für uns«, sagte der Mann im grünen Mantel. »So lautet die Prophezeiung«, erwiderte sie, »die zwanzig Pfähle auf dem Kirchhof sollen mit Köpfen besetzt werden. Achtzehn sind es nun schon, und wenn eure Köpfe dazukommen, dann sind die zwanzig voll.« Und sie kehrte ihnen den Rücken und ließ sie stehen. Die beiden schritten weiter und langten bei einem Herrenhaus an und klopften an die Tür. Sie wurde aufgetan, und heraus kam ein schönes Mädchen; ihre Haare waren rabenschwarz, ihre Wangen rot wie Blut, und die übrige Haut war weiß wie Schnee; wahrhaftig, sie war sehr schön. Und sie hieß sie fröhlich willkommen und bat sie herein. Und drinnen waren Töpfe am Kochen und Kessel am Sieden, Haferkuchen wendeten sich auf dem Rost, und Bratspieße drehten sich von selbst, und die beiden wurden reichlich bewirtet. Sie bekamen ein Schlafzimmer zusammen, jeder hatte ein Bett für sich, und der Königssohn sagte zum Mann im grünen Mantel: »Das ist sie, von der ich geschworen habe, daß ich sie zur Frau nehme.« Und der Mann im grünen Mantel antwortete: »Ja, wenn Ihr den Mut habt.«

Am nächsten Morgen gingen sie spazieren, und die Tochter des Hausherrn schloß sich ihnen an, um mit ihnen zu plaudern, und der Mann im grünen Mantel ließ den Königssohn mit dem schönen Mädchen allein. Der Königssohn bat sie, seine Frau zu werden, und sie kehrten zum Herrenhaus zurück, um den Heiratsvertrag aufzusetzen; da sagte sie ihm, jeder, der um ihre Hand anhalte, müsse ihr erst drei bestimmte Dinge beschaffen, andernfalls werde ihm der Kopf abgeschlagen und auf dem Kirchhof auf einen Pfahl gesteckt; achtzehn Spieße trügen schon ihre Last, und wenn ihrer beider Köpfe dazukämen, dann wären die zwanzig voll. Am Abend, als sie beim Essen saßen, zeigte sie ihnen den Löffel, den sie benutzte, und sprach: »Wenn ihr mir nicht morgen beim Frühstück den Löffel überreicht, kommen *eure* Köpfe auf die Pfähle auf dem Kirchhof.« Der Mann im grünen Mantel fragte: »Wollt Ihr ihn uns in Verwahrung geben?« – »Nein, euch nicht und keinem andern euresgleichen.« Und der Mann im grünen Mantel sprach: »Es wird schwierig für uns sein, ihn zu finden, wenn wir nicht wissen, wo er ist und wo wir danach suchen müssen.« – »Das ist eure Sache«, versetzte sie. Und sie wurden in ihre Kammer geführt, jeder an sein Bett.

Der Mann im grünen Mantel nahm einen großen Bohrer und bohrte ein Loch durch die Wand, um zu sehen, was Mór machte – Mór hieß nämlich das schöne Mädchen. Und er sah, daß sie sich ein prachtvolles Kleid anzog, und neben ihr lag der Löffel. So hüllte er sich in seinen grünen Mantel, ging hinaus und stellte sich hinter die Tür; und als sie fertig war, kam sie heraus, und der Mann im grünen Mantel folgte ihr auf dem Fuß. Vor dem Haus wartete ein Zelter, sie schwang sich auf dessen Rücken, und er sprang hinter ihr auf; und wenn er am tiefsten war, war sie am höchsten, und wenn er am höchsten war, war sie am niedrigsten, und die ganze Zeit galoppierte der Zelter wild drauflos, bis sie am Haus des Riesen anlangten. Da sprang sie ab und ging hinein, und auch der Mann im grünen Mantel saß ab, trat ein und stellte sich hinter die Tür. Der Riese fragte sie: »Haben dich diese Männer aufgesucht?« – »Ja«, sagte sie. »Wie haben sie dich begrüßt? Haben sie erklärt, was sie wollen?« – »Ja«, antwortete sie, »und meine erste Aufgabe für sie ist, daß sie mir morgen früh diesen Löffel überreichen.« Sie hielt ihn dem Riesen hin. »Heb ihn für mich auf!« Er sagte: »Wir legen ihn in die Truhe wie immer.« Der Mann im grünen

Mantel schlich sich neben die Truhe, und als sie ebenfalls herantraten und den Deckel öffneten und den Löffel in die Kiste warfen, hielt ihnen der Mann im grünen Mantel blitzschnell seinen Mantel vor Augen, haschte den Löffel und ließ dafür einen Strohhalm in die Truhe fallen. Dann huschte er wieder hinter die Tür; dort blieb er, während sie und der Riese einander küßten und liebkosten. Als sie Abschied genommen hatten und Mór hinausging, folgte ihr der Mann im grünen Mantel auf dem Fuß, und als sie sich auf den Zelter geschwungen hatte, sprang er hinter ihr auf; und wenn sie am höchsten war, war er am niedrigsten, und wenn sie am tiefsten war, war er am höchsten, bis sie an dem Herrenhaus ankamen. Da parierte sie den Zelter, und blitzschnell war der Mann im grünen Mantel abgesprungen. Während sie den Zelter dem Stallburschen übergab, schlich sich der Mann im grünen Mantel in die Kammer, wo sein und des Königssohns Bett standen.

Der Königssohn rieb und rang die Hände. »Warum so bekümmert, Königssohn?« sprach der Mann im grünen Mantel zu ihm und reichte ihm den Löffel und befahl ihm, das Mädchen erst ausreden zu lassen, bevor er ihr den Löffel übergab.

Am Morgen war sie vor ihnen auf: »Los, aus dem Bett!« – »Wozu die Eile?« erwiderten sie. Aber sie befahl ihnen: »Marsch, steht auf, ich will frühstücken! Oder möchtet ihr im Bett geköpft werden?« Sie erhoben sich und gingen in das Zimmer, wo der Eßtisch stand, und Mór forderte den Löffel. »Habt Ihr ihn uns gegeben?« fragte der Königssohn. »Nein, und keinem euresgleichen«, antwortete sie. »Und habt Ihr uns gesagt, wohin Ihr ihn gelegt habt?« – »Nein, euch nicht und keinem euresgleichen«, sagte sie. »Wie schwierig muß es dann für uns sein, ihn zu finden«, sagte der Königssohn. Da sprach sie: »Bringt das Schwert herunter, das mit einem Streich die Hälse durchschlägt!« Nun warf der Königssohn den Löffel auf den Tisch; sie nahm ihn auf, besah ihn, erkannte, daß es ihr eigener war mit ihrem Namen darauf, und staunte.

Als sie am nächsten Abend beim Essen saßen, zeigte sie ihnen das Messer, das sie benutzte, und sagte: »Schaut her. Wenn ihr mir nicht morgen zum Frühstück dies Messer bringt, werden euch die Köpfe abgeschlagen und auf die Pfähle auf dem Kirchhof gesteckt.« – »Dann gebt es uns, daß wir es Euch aufbewahren«, sagte der Mann im grünen Mantel. »Euch nicht und keinem euresgleichen.« Und sie wurden zu ihrer Kammer geführt.

Der Mann im grünen Mantel spähte durch das Loch, das er in die Wand gebohrt hatte, und sah, wie sie sich prächtig herausputzte. Neben ihr lag auf einer Truhe das Messer. Er wickelte sich in seinen grünen Mantel und stellte sich hinter die Tür, bis sie herauskam; dann folgte er ihr auf dem Fuß bis zu dem Platz, wo der Reitknecht mit dem Zelter wartete; und als sie aufsprang, schwang er sich hinter ihr auf; und wenn sie am höchsten war, war er am tiefsten, und wenn er am tiefsten war, war sie am höchsten, während der Zelter den ganzen Weg bis zum Riesenhaus galoppierte.

Als sie den Zelter zügelte, sprang der Mann im grünen Mantel ab, ging hinein und stellte sich hinter die Tür. Sie trat ein zum Riesen, und der fragte sie, wie sie mit den beiden Männern zu Rande gekommen sei. »So bin ich mit ihnen fertig geworden!« sagte sie, »du hast ihnen den Löffel gegeben!« – »Das hab ich nicht. Er ist noch in der Truhe.« Sie schauten nach, aber da lag nur ein Strohhalm, und sie staunten. »Das Messer heute wollen wir mit sieben Schlössern verschließen!« sagte der Riese. Aber als sie das Messer in die Truhe warfen, stand der Mann da und schwenkte ihnen den grünen Mantel eine Sekunde vor den Augen, erwischte das Messer im Flug, warf dafür einen Strohhalm in die Kiste, steckte das Messer unter seinen grünen Mantel und stellte sich wieder hinter die Tür. Als sie einander geküßt und liebkost hatten, sagte Mór dem Riesen Lebewohl und brach nach Haus auf. Der Mann im grünen Mantel folgte ihr auf dem Fuß, und als sie sich auf den Zelter schwang, sprang er hinter ihr auf. Sie trieb das Pferd zum Galopp an, und wenn sie am höchsten war, war der Mann im grünen Mantel am tiefsten, und wenn sie am tiefsten war, war er am höchsten, bis sie am Herrenhaus anlangten.

Als sie den Zelter parierte, saß der Mann im grünen Mantel ab, und während sie den Zelter dem Reitknecht übergab, ging er in die Kammer, wo sein und des Königssohns Bett standen. Der Königssohn rieb und rang die Hände. »Was bekümmert Euch,

Königssohn?« fragte der Mann im grünen Mantel. »Oh! Daß uns morgen die Köpfe abgehauen werden, weil wir das Messer nicht finden können.« – »Das Messer hab ich«, sagte der Mann im grünen Mantel. »Oh, wirklich, du hast es? Bin ich froh!« Der Mann im grünen Mantel gab ihm das Messer, und nun konnte der Königssohn schlafen.

Am nächsten Morgen war Mór vor ihnen aus dem Bett. Sie befahl ihnen aufzustehen. »Wozu die Eile?« meinten sie. »Los, auf, ich will frühstücken!« – »Das hat doch Zeit«, sagte der Königssohn. Sie antwortete: »Wenn ihr nicht aufsteht, werdet ihr im Bett geköpft.« Also erhoben sie sich und begaben sich dahin, wo Mór und ihr Vater saßen. Sie forderte das Messer, und der Königssohn sagte: »Habt Ihr es uns zum Aufheben gegeben?« – »Nein, und keinem euresgleichen.« – »Habt Ihr uns gesagt, wohin Ihr es legt?« – »Nein, und auch keinem euresgleichen hab ich das gesagt.« – »Wie sehr schwierig muß es für uns sein, eine Sache zu finden, die uns nicht anvertraut worden ist!« – »Das Messer heraus, oder ab mit euren Köpfen!« Sie schrie, man solle das Schwert des Todes herunterbringen, das die Köpfe mit einem einzigen Streich abschnitt. Da warf der Königssohn das Messer auf den Eßtisch, Mór nahm es auf und besah es, und es war wirklich ihr eigenes, und sie staunte.

Als der Abend kam und sie beim Essen saßen, sagte sie zu ihnen: »Was ihr mir morgen herschaffen müßt, ist der Mund, den ich heute nacht als letzten küssen werde. Tut ihr es nicht, kommen eure Köpfe auf die freien Pfähle auf dem Kirchhof.« – »Sagt Ihr uns, wem der Mund gehört?« fragte der Mann im grünen Mantel. »Nein, und ich sage es keinem euresgleichen.« – »Aber wie schwierig muß es für uns sein, ihn zu finden, wenn wir nicht wissen, wo er ist!« – »Das ist eure Sache«, sagte sie. Als der Mann im grünen Mantel und der Königssohn zu Bett gingen, spähte der Mann im grünen Mantel durch das Loch in der Wand und sah, wie Mór sich fertigmachte. Er schlich hinaus, stahl das Schwert des Todes und steckte es unter seinen grünen Mantel. Aber diesmal sprang er nicht hinter Mór auf, damit sie ihn nicht etwa entdeckte, sondern lief in aller Eile fort, verbarg sich zwischen Bäumen und hinter Felsen und langte vor ihr am Riesenhaus an. Da stellte er sich hinter die Tür wie immer.

Als sie eintrat, begrüßten sie und der Riese einander, und der Riese erkundigte sich, wie sie mit den Männern zu Rande gekommen sei. »So«, versetzte sie: »Du hast ihnen das Messer gegeben!« – »Das hab ich nicht! Es liegt in der Truhe.« – »Nein, sie hatten es und haben es mir heute morgen auf den Tisch geworfen.« – »Laß uns nachsehen«, sagte der Riese. Das taten sie und fanden nichts als einen Strohhalm auf dem Boden der Kiste. Der Riese staunte. Er kratzte sich den Kopf und sagte: »Was hast du ihnen als nächstes aufgetragen?« – »Daß sie mir morgen früh den Mund bringen, den ich heute nacht als letzten küsse.« – »Den werden sie nicht kriegen«, meinte der Riese und küßte sie; und als sie es müde waren, einander zu küssen und zu liebkosen, brach sie nach Hause auf. Sie trat aus dem Haus, sprang auf den Zelter und spornte ihn zum gestreckten Galopp heimwärts an.

Der Riese ging zurück an den Kamin, um sich die Beine zu wärmen, bevor er sich zu Bett legte, und der kleine Mann schlich sich, in seinen grünen Mantel gehüllt, hinter ihn. Er holte mit dem Schwert des Todes aus und schlug dem Riesen den Kopf ab. Er wusch ihn ab, dann packte er ihn mit der einen Hand beim Haar, ergriff mit der anderen das Schwert und trug beides fort ins Herrenhaus; so schlich er sich in die Kammer, wo sein Bett stand und wo der Königssohn hockte. Er versteckte den Riesenkopf und brachte das Schwert des Todes an seinen Platz zurück. Darauf ging er zu seinem Bett, legte sich hinein und entschlummerte, während der Königssohn die Hände rieb und rang und gar nicht begriff, daß der andere so sanft schlief.

Am andern Morgen stand Mór auf, kam zu ihnen in die Kammer und trug am Hüftgurt das Schwert des Todes. »Los, auf!« sagte sie zu ihnen. Sie erhoben sich und gingen ins Zimmer, und der Mann im grünen Mantel hielt dabei den Kopf des Riesen unter seinem Mantel versteckt. Mór legte das Schwert des Todes auf den Tisch und sagte zu ihnen: »Bringt mir den Mund her, den ich gestern nacht als letzten geküßt habe.« Der Mann im grünen Mantel setzte den Riesenkopf auf das Schwert auf dem Tisch. Ihr Vater rief: »Oh! Ist das der Mund, den sie zuletzt geküßt hat?« Und der Mann im grünen Mantel versetzte: »Genau der ist es.« – »Schön, schön«, sagte ihr Vater, »ich hätte nicht gedacht, daß meine Tochter je einen solchen Mund küssen würde.« Sie fiel mit einem dumpfen Aufprall zu Boden. Der Mann im grünen Mantel sagte zum Königssohn: »Hebt Eure Frau auf; Ihr habt sie Euch redlich verdient.« Der Königssohn hob sie auf, und sie verliebte sich auf der Stelle in ihn, weil er sie von ihrer Verzauberung befreit hatte und weil der Riese tot war.

Es war der Riese, der sie behext hatte, so daß sie keinen anderen lieben konnte als ihn. Das hatte er getan, weil ihr Vater große Reichtümer besaß; die wollte der Riese unbedingt erlangen und Mór dazu. Aber das konnte er erst, wenn um ihretwillen zwanzig Männer getötet und ihre Köpfe abgehauen und auf die Pfähle auf dem Kirchhof gespießt worden waren. Und mit den Köpfen vom Königssohn und vom Mann im grünen Mantel wären die zwanzig gerade voll gewesen. Der verschlagene Riese hatte Mór dazu gebracht, daß sie allen diese Aufgaben stellte, damit sie geköpft würden. Aber am Schluß büßte der Riese selber den Kopf ein: Der Mann im grünen Mantel war ihm zu schlau. Mórs Vater hatte angenommen, sie sei drauf und dran, jemanden in irgendeiner sehr hohen Stellung zu heiraten, so hoch wie sie die Nase trug. Es war überhaupt nicht in seinem Sinn, daß alle die Männer umgebracht wurden, davon ahnte er gar nichts. Als er begriff, wie die Dinge standen, belohnte er den Mann im grünen Mantel für seinen Mut und seine Findigkeit; und er freute sich sehr, daß der Königssohn seine Tochter bekommen sollte, und nach ein paar Tagen wurde die Hochzeit gefeiert, und die dauerte eine ganze Woche.

Als das Fest vorbei war und alles seine Ordnung hatte, sagte der Mann im grünen Mantel zum Königssohn: »Wißt Ihr, wer ich bin?« Der Königssohn antwortete: »Nein.« Der Mann im grünen Mantel sprach: »Ich bin der Bursche, den Euch Eure Pflegemutter hinterhergeschickt hat, um Euch vor den Gefahren zu bewahren, die Ihr durchmachen mußtet. Aber jetzt, wo ich sehe, daß Ihr alles gut überstanden habt, kann ich wieder nach Hause gehen.« Der Königssohn mochte sich nicht von ihm trennen, aber der andere wollte nicht bleiben. So gab er ihm mit viel gutem Willen ein wenig Geld. Und dann nahm der Mann im grünen Mantel Abschied vom Königssohn und seiner jungen Frau und wanderte heim.

Als er angelangt war, suchte er die auf ,die ihn auf die Wanderung geschickt hatte, und erzählte ihr alles. Sie sandte dem König Botschaft und berichtete ihm, sie habe Nachricht, sein Sohn sei jetzt in einem anderen Land und mit einem vornehmen Mädchen verheiratet und obendrein ein reicher Mann. Der König war entzückt, etwas von seinem Sohn zu erfahren, denn ihm war vor Kummer fast das Herz gebrochen; und außerdem verschwendete der jüngste Sohn dermaßen viel Geld, daß er das Reich schon fast ruiniert hatte. Was die Königin betraf, so machte sie sich aus dem König überhaupt nichts und dachte nur daran, ihren Sohn auf den Thron zu kriegen; aber der König wünschte sich sehnlich, seinen Ältesten wieder zu Hause zu haben. Er schickte den Mann im grünen Mantel zu ihm und ließ ihm ausrichten, sowie er heimkomme, erhalte er von seinem Vater das Reich.

Der Königssohn und sein Schwiegervater berieten miteinander, wie sie sich verhalten sollten, falls der Königssohn daheim die Dinge nicht so fand, wie sie sich das wünschten. Er sagte dem Schwiegervater Lebewohl und zog mit seiner Frau heim, um das Land zu übernehmen. Als er anlangte, war sein Vater überglücklich, und von der Schwiegertochter war er entzückt. Er setzte seinen Sohn sofort als König ein; aber die Stiefmutter und der Halbbruder barsten fast vor Neid auf den jungen König und seine Frau und waren entschlossen, ihn, wenn irgend möglich, umzubringen.

Zuerst zog der jüngere Bruder aus, um sein Glück zu suchen, aber er hatte keinen Erfolg. Nach drei Jahren kam er zurück, und sein Bruder ernannte ihn zum Armeegeneral. Den Mann im grünen Mantel ernannte er zum königlichen Haushofmeister. Aber die Stiefmutter wollte den jungen König vergiften und tat ihm Gift ins Essen. Doch der Mann im grünen Mantel hielt sich ein paar Hunde, und sämtliches Essen versuchte er erst an denen, und so kam er ihr auf die Schliche, und sie wurde in das Land verbannt, das des Königs Schwiegervater gehörte.

Der Mann im grünen Mantel traute des Königs Halbbruder nicht. So ließ er vor des Königs Bett ein Loch in den Fußboden machen, mit zwei Deckelteilen drüber, die sich in Angeln bewegten; beide öffneten sich in der Mitte nach unten. Bei Tag hielt sie ein Riegel geschlossen, und eine Decke lag drüber. Und vor seinem eigenen Bett baute der Mann im grünen Mantel genauso eine Falle. Der Halbbruder des jungen Königs dachte, wenn der junge König tot wäre, würde er das Reich bekommen. Er brachte einen anderen Mann dazu, sich mit ihm zusammenzutun, und in der Nacht machten sie sich auf, um den König und den Mann im grünen Mantel umzubringen. Aber sie fielen in die Löcher, und am nächsten Tag wurden sie gefangen und auch ins Land vom Schwiegervater des Königs verbannt. Wären sie weiter fortgeschickt worden, hätten sie es schlimmer gehabt; wären sie aber zurückgekommen, hätten sie sterben müssen.

29 Die Geschichte vom Durchtriebenen Burschen, dem Witwensohn

Es war einmal eine Witwe, die hatte einen Sohn. Sie erzog ihn sorgfältig und wünschte, daß er sich seinen Beruf selber aussuche; aber er erklärte, er wolle nichts anderes lernen als das Diebshandwerk.

Die Mutter sagte zu ihm: »Wenn das der Beruf ist, den du wählst, so endest du noch mal damit, daß sie dich in Irland an der Dubliner Brücke hängen.«

Aber da half nichts, er blieb dabei: Kein Gewerbe wolle er lernen, sondern die Diebskunst; und die Mutter sagte ihm immer wieder voraus, er werde in Irland an der Dubliner Brücke enden.

Eines schönen Tages ging die Witwe in die Kirche, um sich die Predigt anzuhören, und bat den Durchtriebenen Burschen, mitzukommen und seine nichtsnutzigen Wünsche aufzugeben; doch er weigerte sich und sagte: »Das erste Gewerbe, das du nennen hörst, wenn du aus der Kirche kommst, das will ich zu meinem machen.«

Sie ging voll Zuversicht in die Kirche und hoffte, sie werde etwas Schickliches hören.

Er aber begab sich zu einem Gebüsch nahe der Kirche; dort versteckte er sich an einer Stelle, wo er seine Mutter, wenn sie herauskam, sehen konnte, und sobald sie auftauchte, schrie er lauthals: »Diebstahl! Diebstahl! Diebstahl!« Sie schaute sich um, konnte aber nicht erkennen, woher die Stimme kam; so ging sie heim. Er rannte einen Abkürzungspfad entlang und war schon vor ihr zu Hause, und als sie eintraf, saß er drin am Feuer. Er erkundigte sich, was sie zu erzählen habe, und sie erwiderte, gar nichts; nur daß »Diebstahl, Diebstahl, Diebstahl« die ersten Worte gewesen seien, die sie beim Verlassen der Kirche gehört habe.

Er sagte: »Das ist die Kunst, die ich lernen will.«

Und sie sagte wie immer: »Du endest damit, daß sie dich in Irland an der Dubliner Brücke hängen.«

Am nächsten Tag dachte die Mutter, wenn ihr Sohn sich denn durchaus nur mit dem Diebshandwerk zufrieden gebe, so wolle sie ihm wenigstens einen guten Lehrmeister suchen, und sie begab sich zum Schwarzen Galgenvogel von Achaloinne, einem sehr gerissenen Dieb, der in diesem Ort wohnte. Jedermann wußte, daß er stahl, aber es war noch nie jemandem gelungen, ihn zu erwischen. Die Witwe fragte den Schwarzen Spitzbuben, ob er ihren Sohn zu sich nehmen und ihm das Stehlen beibringen wolle. Der Schwarze Spitzbube sagte: »Wenn der Bursche gescheit ist, nehm ich ihn; und wenn ihn einer zum Dieb machen kann, dann bin ich das.« Und der Schwarze Spitzbube und der Durchtriebene Bursche schlossen miteinander einen Vertrag.

Als sich der Durchtriebene Bursche, der Witwensohn, anschickte, zum Schwarzen Spitzbuben zu ziehen, gab ihm die Mutter noch einmal gute Ratschläge und sagte: »Es ist mir überhaupt nicht recht, daß du ein Dieb wirst, und ich habe dir ja gesagt, du endest, indem sie dich in Irland an der Dubliner Brücke hängen.« Aber der Durchtriebene Bursche zog doch beim Schwarzen Spitzbuben ein.

Der Schwarze Spitzbube brachte dem Durchtriebenen Burschen alle Kenntnisse bei, die er fürs Diebshandwerk brauchte;

er erklärte ihm immer wieder, durch welche Kniffe er sich Gelegenheit zum Stehlen verschaffen müsse; und als der Schwarze Spitzbube meinte, nun sei der Durchtriebene Bursche in der Kunst soweit gelangt, daß er ihn begleiten könne, nahm er ihn auf seine Diebspfade mit; und eines schönen Tages sagte der Schwarze Spitzbube zum Lehrling:

»Das ist nun lange genug so gegangen, jetzt müssen wir was Ordentliches unternehmen. In der Nähe wohnt ein reicher Pächter, der hat eine Menge Geld in seiner Truhe. Der Kerl hat in der ganzen Gegend das Vieh aufgekauft und zum Markt geschafft; jetzt liegt das Geld bei ihm im Kasten. Wir müssen uns um ihn kümmern, bevor er die Leute für ihr Vieh ausbezahlt. Wenn wir nicht sofort losgehen und uns das Geld holen, solange noch alles beisammen ist: die Gelegenheit findet sich nicht sobald wieder.«

Der Durchtriebene Bursche war so willig wie der Meister; sie begaben sich zum Haus des Pächters, schlichen sich beim Einbruch der Dunkelheit hinein und stiegen auf den Dachboden; dort versteckten sie sich. Es war aber der Abend vor Allerheiligen, und im Haus waren viele Leute, die wollten miteinander feiern, wie es üblich war. Sie saßen und sangen Lieder und hatten ihren Spaß beim Nüssebrennen und scherzten und schäkerten.

Dem Durchtriebenen Burschen dauerte die Sache zu lange; er wünschte, daß die unten endlich abzögen. Er stand auf, kletterte lautlos hinunter, huschte in den Kuhstall, band das Vieh los und schlich sich wieder auf den Boden. Die Kühe fingen an, mit den Hörnern aufeinander loszugehen, und brüllten. Alle unten im Haus rannten hinaus, um die Tiere voneinander abzuhalten und wieder anzubinden, und während sie so beschäftigt waren, stieg der Durchtriebene Bursche hinunter, nahm sich die Nüsse, kletterte wieder auf den Boden und streckte sich hinter dem Rücken des Schwarzen Spitzbuben aus.

Es lag aber hinter dem Rücken des Schwarzen Spitzbuben ein großes Stück Leder, eine ganze Tierhaut, und der Durchtriebene Bursche hatte Nadel und Faden bei sich und nähte die Haut dem Schwarzen Spitzbuben an den Rocksaum; und als die Leute wieder ins Haus zurückkamen, waren die Nüsse weg, und sie suchten danach und dachten: Das war derselbe, der uns den Streich mit den Kühen gespielt hat. Und sie ließen sich still und schweigsam am Feuer nieder.

Sagte der Durchtriebene Bursche zum Schwarzen Spitzbuben: »Ich knack' mir eine Nuß.«

»Kommt nicht in Frage!« sagte der Schwarze Spitzbube, »die hören dich und erwischen uns!«

Sagte der Durchtriebene: »Ich hab noch nie Allerheiligen gefeiert, ohne eine Nuß zu knacken!« Und er knackte eine.

Die unten hörten ihn und sagten: »Da ist jemand auf dem Boden und knackt unsere Nüsse, los, kommt, den fangen wir!«

Als der Schwarze Spitzbube das hörte, sprang er vom Boden hinunter und rannte, hast du, was kannst du, hinaus, dabei zog er am Rockschoß die Haut hinter sich her. Alle schrien: »Das ist der Schwarze Spitzbube, er stiehlt die Haut!« Der Schwarze Spitzbube gab Fersengeld, und die Leute rannten ihm nach; und erst ein gutes Stück vom Haus entfernt gelang es ihm, die Haut von seinem Rock abzureißen und den Verfolgern zu entkommen. Doch während die Leute Jagd auf den Schwarzen Spitzbuben machten, stieg der Durchtriebene Bursche vom Boden hinunter, strich durch das Haus, stieß auf die Truhe mit dem Gold- und Silbergeld, öffnete sie und holte die Beutel mit den Münzen heraus. Dann packte er sich eine Ladung von Brot, Butter, Käse und überhaupt allem Guten, das er fand, auf den Rücken und war auf und davon, bevor die Hausleute zurückkehrten.

Als der Schwarze Spitzbube ohne Beute daheim anlangte, sagte seine Frau zu ihm: »Wieso hast du diesmal Pech gehabt?«

Da berichtete der Schwarze Spitzbube, wie es ihm ergangen war. Er kochte vor Wut über den Durchtriebenen Burschen und schwor, bei nächster Gelegenheit werde er ihm das heimzahlen.

Ein Weilchen später trat der Durchtriebene mit seinem Bündel auf dem Rücken ein.

Sagte die Frau des Schwarzen Spitzbuben: »Mir scheint, du bist von euch zweien der bessere Dieb!«

Der Schwarze Spitzbube gab kein Wort von sich, bis der Durchtriebene Bursche die Beutel voll Gold und Silber vorzeigte; dann sagte er: »Wahrhaftig, der Gerissenere bist du!«

Sie teilten das Gold und Silber in zwei Hälften, und der

Schwarze Spitzbube kriegte die eine und der Durchtriebene Bursche die andere. Als die Frau des Schwarzen Spitzbuben das Teil, das auf sie beide entfiel, erblickte, sagte sie: »Du bist der Meisterdieb!« Und von da an hatte sie mehr Respekt vor ihm als vor dem Schwarzen Spitzbuben selber.

Ein paar Wochen danach sollte in der Gegend eine Hochzeit gefeiert werden; und wer von den Geladenen wohlhabend war, sandte den Hochzeitern ein Geschenk, das war Brauch. Nun lebte dort ein reicher Pächter; der war auch gebeten worden und befahl nun seinem Hirten, ins Hochmoor zu gehen und einen Hammel für die Brautleute zu holen. Der Hirt stieg auf den Berg, fing den Hammel und zog damit heimwärts; und er hatte ihn auf dem Rücken, als er am Haus des Schwarzen Spitzbuben vorbeikam.

Sagte der Durchtriebene Bursche zu seinem Meister: »Was wettet Ihr dagegen, daß ich dem Mann dort den Hammel vom Rücken stehle, bevor er daheim anlangt?«

Sagte der Schwarze Spitzbube: »Dagegen setz ich hundert Mark. Wie solltest du ihm das Tier vom Rücken stehlen!«

»Versuchen werd ich es jedenfalls«, sagte der Durchtriebene Bursche.

»Also schön, wenn du es schaffst, kriegst du hundert Mark«, sagte der Schwarze Spitzbube.

»Abgemacht!« sagte der Durchtriebene Bursche; und damit lief er dem Hirten nach.

Der Hirt mußte durch einen Wald wandern, und der Durchtriebene Bursche huschte geduckt durchs Unterholz, bis er ihn im Bogen überholt hatte; dann zog er einen Schuh aus, schmierte ein wenig Schmutz hinein und stellte ihn auf den Weg, den der Hirt kommen mußte; er selber versteckte sich. Als der Hirt nahte und den Schuh erblickte, sagte er: »Dreckig bist zu zwar, aber wenn dein Kamerad dabei wär, wollt ich dich schon säubern!« Damit ging er weiter.

Der Durchtriebene Bursche nahm den Schuh auf, rannte im Bogen fort und überholte den Hirten abermals; dann stellte er den andern Schuh auf den Weg. Als der Hirt nahte und vor sich den zweiten Schuh sah, sprach er zu sich selber: »Hallo, da ist ja der Kamerad vom Dreckigen!«

188

Er legte den Hammel auf den Boden und sprach weiter: »Also kehr ich um und hole den dreckigen Schuh und putz ihn, und dann hab ich zwei gute Schuhe für meine Mühe!« Und er rannte schnell wieder zurück.

Der Durchtriebene Bursche sprang aus dem Gebüsch, packte den Hammel, nahm rasch den Schuh an sich und lief heim zu seinem Meister; von dem kriegte er die hundert Mark.

Der Hirt ging auch nach Hause und berichtete seinem Herrn, was ihm widerfahren war. Der Herr schalt ihn und schickte ihn am nächsten Tag wieder auf den Berg, um statt des verlorenen Hammels ein Zicklein zu holen.

Der Hirt ging fort, stieg auf den Berg, packte ein Zicklein und band ihm die Beine zusammen; er lud es sich auf den Rücken und wanderte heimwärts. Der Durchtriebene Bursche sah ihn und huschte in den Wald und langte vor dem Hirten dort an; er versteckte sich im Gebüsch und begann zu blöken wie ein Hammel. Der Hirt glaubte, es sei der Hammel, der dort im Unterholz stecke, setzte das Zicklein ab, ließ es am Wegrand liegen und machte sich dran, den Hammel zu suchen. Während er so beschäftigt war, ging der Durchtriebene Bursche hin, hob das Zicklein auf und ging damit heim zum Schwarzen Spitzbuben.

Als der Hirt zu der Stelle zurückkam, wo er das Zicklein zurückgelassen hatte, war es fort und nirgends eine Spur; er suchte und suchte, und als er es nicht finden konnte, ging er heim zu seinem Herrn und berichtete ihm, was ihm zugestoßen war, und sein Herr schalt ihn; aber zu machen war da nichts.

Am nächsten Tag befahl der Pächter seinem Hirten, auf den Berg zu steigen und ein Stierkalb zu holen; er solle aber ja aufpassen, daß er es nicht verliere. Der Hirt stieg auf den Berg, fing ein schönes, fettes Stierkalb ein und trieb es heimwärts. Der Durchtriebene Bursche erblickte ihn und sagte zu dem Schwarzen Spitzbuben: »Meister, los, kommt, wir versuchen, dem Hirten das Kalb zu stehlen, wenn er durch den Wald muß.«

Der Schwarze Spitzbube und der Durchtriebene Bursche liefen fort und langten vor dem Hirten im Wald an; und als der Hirt mit dem Kalb durch das Gehölz schritt, blökte der Schwarze

Spitzbube an einer Stelle, während der Durchtriebene Bursche an einer anderen wie eine Ziege meckerte. Der Hirt hörte sie und dachte, er werde den Hammel und das Zicklein wiederkriegen. Er band das Kalb an einen Baum, durchstöberte den Wald rundum nach Hammel und Zicklein und suchte, bis er müde war. Während er suchte, ging der Durchtriebene Bursche hin, stahl das Kalb und trieb es heim zum Haus des Schwarzen Spitzbuben. Der Schwarze Spitzbube folgte ihm, sie schlachteten das Kalb und versteckten es, und das Weib des Schwarzen Spitzbuben machte ihnen am Abend schöne Würste. Als der Hirt zu dem Baum zurückkehrte, wo er das Kalb angebunden hatte, war es nicht mehr da. Er begriff, daß es gestohlen war. Er ging heim und berichtete seinem Herrn, wie sich alles zugetragen hatte, und der Herr schalt ihn, aber zu machen war da nichts.

Am nächsten Tag befahl der Herr dem Hirten, auf den Berg zu steigen und einen Hammel heimzubringen und ihn nicht vom Rücken zu lassen, bis er daheim angelangt sei, ganz gleich, was er sehe oder höre. Der Hirt zog los, stieg auf den Berg, fing den Hammel ein und kriegte es fertig, ihn heimzubringen.

Der Schwarze Spitzbube und der Durchtriebene Bursche fuhren fort zu stehlen, bis sie eine hübsche Summe beisammen hatten; da dachten sie, es sei gescheit, eine Herde Vieh zu kaufen und sie zum Verkauf auf den Markt zu treiben; dann würden die Leute glauben, sie hätten beim Viehhandel verdient. Sie zogen los, kauften eine große Herde Vieh und trieben sie zu einem Markt, der weit von ihrer Heimat entfernt stattfand. Sie verkauften die Kühe, erhielten das Geld und zogen wieder heimwärts. Unterwegs erblickten sie auf einem Hügel einen Galgen, und der Durchtriebene Bursche sagte zum Schwarzen Spitzbuben: »Komm, wir sehen uns den Galgen einmal an; manche Leute behaupten ja, ein Dieb endet immer am Galgen.«

Sie stiegen zum Galgen hinauf und sahen sich alles gründlich an. Sagte der Durchtriebene Bursche: »Sollten wir nicht ausprobieren, wie es sich am Galgen stirbt? Dann wüßten wir, was uns bevorsteht, wenn sie uns beim Stehlen erwischen. Ich versuche es als erster.«

Der Durchtriebene Bursche legte sich den Strick um den Hals und sagte zum Schwarzen Spitzbuben: »Hier, zieh mich rauf, und wenn ich es oben satt habe, schlenkre ich die Beine, dann läßt du mich runter.«

Der Schwarze Spitzbube zog am Seil und hob den Durchtriebenen Burschen von der Erde weg in die Luft, und nach einem Augenblick schlenkerte der Durchtriebene Bursche mit den Beinen, und der Schwarze Spitzbube ließ ihn wieder herunter.

Der Durchtriebene Bursche nahm den Strick vom Nacken und sagte zum Schwarzen Spitzbuben: »Sowas Spaßiges wie Hängen hast du noch nie probiert. Wenn du es mal versuchen würdest, hättest du keine Angst mehr davor. Ich habe vor Wonne gestrampelt, und wenn du oben bist, strampelst du vor Vergnügen genauso.«

Sprach der Schwarze Spitzbube: »Ich versuche es auch, damit ich dann weiß, wie es ist.«

»Nur zu«, sagte der Durchtriebene Bursche, »und wenn du's satt hast, pfeif, dann laß ich dich runter.«

Der Schwarze Spitzbube legte sich den Strick um den Hals, und der Durchtriebene Bursche zog ihn hinauf: und als der Durchtriebene Bursche sah, daß der Schwarze Spitzbube oben am Galgen war, sagte er zu ihm: »Also, wenn du wieder herunter willst, dann pfeif, und wenn es dir da gefällt, wo du bist, dann strample mit den Beinen.«

Als der Schwarze Spitzbube einen Augenblick oben war, fing er an, mit den Beinen zu zappeln und auszuschlagen, und der Durchtriebene Spitzbube sagte immer wieder: »Oh, hast du einen Spaß, hast du einen Spaß, hast du einen Spaß! Wenn du denkst, du bist lange genug oben, dann pfeif.«

Aber der Schwarze Spitzbube pfiff noch immer nicht. Der Durchtriebene Bursche schlang das Seilende unten um den Galgenbaum, bis der Schwarze Spitzbube tot war; dann ging er zu ihm, nahm ihm das Geld aus der Tasche und sagte zu ihm: »Na, da du jetzt keine Verwendung mehr dafür hast, verwahre ich es jetzt.« Und er ging fort und ließ den Schwarzen Spitzbuben hängen. Dann begab er sich heim ins Haus des Schwarzen Spitzbuben, und dessen Frau fragte: »Wo ist dein Meister?«

Der Durchtriebene Bursche sagte: »Ich habe ihn da gelassen, wo er war, über die Erde erhoben.«

Die Frau des Schwarzen Spitzbuben fragte und fragte ihn nach ihrem Mann, bis er ihr zuletzt alles erzählte; doch er setzte hinzu, er wolle sie selber heiraten. Als sie das hörte, schrie sie, der Durchtriebene Bursche habe ihren Mann umgebracht und sei nichts als ein Dieb. Da gab der Durchtriebene Bursche Fersengeld. Es wurde Jagd auf ihn gemacht, aber er brachte es fertig, sich in einer Höhle zu verstecken, und die Verfolger rannten vorbei. Er blieb die ganze Nacht in der Höhle, und am nächsten Tag schlug er einen anderen Weg ein, und es gelang ihm, nach Irland zu flüchten.

Er langte am Haus eines Zimmermanns an und rief vor der Tür: »Laßt mich ein!«

»Wer bist du?« fragte der Zimmermann.

»Ich bin ein guter Zimmermann, falls du einen brauchst«, sagte der Durchtriebene Bursche.

Der Zimmermann öffnete die Tür und ließ den Durchtriebenen Burschen ein, und der Durchtriebene Bursche arbeitete nun bei ihm.

Als er ein oder zwei Tage im Haus war, schaute er sich darin um und sagte: »Du meine Güte! Was habt Ihr für ein ärmliches Haus, und dabei liegt der Speicher des Königs ganz in der Nähe!«

»Na und? Was soll das heißen?« sagte der Zimmermann.

»Es soll heißen«, sagte der Durchtriebene Bursche, »daß Ihr alles im Überfluß aus des Königs Speicher kriegen könntet, wenn Ihr nur schlau genug wärt.«

Der Zimmermann und seine Frau sagten, und sie wiederholten das: »Sie würden uns ins Gefängnis stecken, wenn wir mit so etwas anfingen.«

Der Durchtriebene Bursche lag ihnen beständig damit in den Ohren, daß sie in des Königs Speicher einbrechen sollten; sie würden alles im Überfluß darin finden; aber der Zimmermann weigerte sich, mit ihm zu gehen. Doch der Durchtriebene Bursche nahm ein paar Werkzeuge des Zimmermanns und ging selber, brach in des Königs Speicher ein und stahl dem König eine Last Butter und Käse; die trug er ins Zimmermannshaus.

Die Frau des Zimmermanns war mit den Sachen sehr zufrieden, und sie wünschte nun, daß in der nächsten Nacht ihr eigener Mann in das Vorratshaus ginge. Der Zimmermann zog mit dem Burschen los, sie gelangten in des Königs Speicher und nahmen eine große Menge von allem, was es da gab und was ihnen am besten gefiel.

Aber die Leute des Königs vermißten die Butter und den Käse und die andern Sachen, die aus dem Speicher gestohlen worden waren, und berichteten dem König davon.

Der König holte sich beim Wahrsager Rat, wie man die Diebe am besten fangen könne, und der Wahrsager empfahl, sie sollten eine Tonne mit weichem Pech unter das Loch stellen, durch das die Eindringlinge hereinkrochen. Das geschah, und in der nächsten Nacht zogen der Durchtriebene Bursche und sein Meister los, um in des Königs Speicher einzubrechen.

Der Durchtriebene Bursche schob seinen Meister zuerst hinein, und der Meister versank bis zur Mitte in dem weichen Pech und blieb darin kleben. Der Durchtriebene Bursche stieg nun auch ein, indem er auf jede Schulter seines Meisters einen Fuß setzte; er steckte zwei Ladungen von des Königs Butter und Käse durch das Loch nach draußen, und schließlich, im Hinausklettern, hieb er seinem Meister den Kopf ab. Den nahm er mit, während er den Rumpf im Pechfaß ließ. So ging er mit der Butter und dem Käse und dem Kopf heim und vergrub den Kopf im Garten.

Als die Dienstleute des Königs in den Speicher kamen, fanden sie in der Pechtonne einen kopflosen Rumpf und konnten nicht ausmachen, wer das war. Sie suchten jemanden zu finden, der ihn an den Kleidern erkannte; doch die Kleider waren von Pech bedeckt, so daß da nichts festzustellen war. Der König holte den Rat des weisen Mannes darüber ein, und der empfahl, Soldaten sollten den Rumpf auf Speerspitzen von Hof zu Hof tragen und aufpassen, ob jemand bei dem Anblick Kummer zeige oder einen Schmerzensschrei ausstoße. Der Leichnam wurde aus der Pechtonne gezogen und auf die Speerspitzen gelegt, und die Soldaten trugen ihn hoch erhoben auf den Speerspitzen von Hof zu Hof, und als sie am Haus des Zimmermanns vorüberkamen, stieß die Zimmermannsfrau einen qualvollen Schrei aus. Geschwind versetzte sich der Durchtriebene Bursche selber einen Hieb mit dem Böttcherbeil; dabei sagte er immer wieder zu der Frau: »Der Schnitt ist ja gar nicht so schlimm, wie du denkst!«

Der Anführer und seine Soldaten kamen herein und fragten: »Was für einen Kummer hat die Hausfrau?«

Sprach der Durchtriebene Bursche: »Ach, ich hab mich nur eben mit dem Böttcherbeil geschnitten, und sie kann kein Blut sehen!« Und er redete der Zimmermannsfrau immer weiter zu: »Hab doch nicht solche Angst, das heilt schneller, als du denkst.«

Die Soldaten nahmen an, der Durchtriebene Bursche sei der Zimmermann und das Weib seine Frau; und sie gingen hinaus und weiter von Hof zu Hof; aber außer der Zimmermannsfrau fanden sie keine, die einen Schrei ausstieß, wenn sie vorüberkamen.

Sie brachten den Leichnam zum Haus des Königs zurück, und der König holte wieder Rat bei dem weisen Mann ein, und diesmal lautete der, man solle den Leichnam an einem zugänglichen Platz im Freien aufhängen, und Soldaten sollten dabei wachen, daß ihn keiner weghole, und sie sollten aufpassen, ob irgendwer des Wegs komme, der Mitleid oder Kummer zeige.

Der Durchtriebene Bursche kam an ihnen vorüber und sah sie; er ging hin, beschaffte sich ein Pferd und hängte ihm einen Sack über den Rücken; in beiden Enden steckte je ein Fäßchen Whisky. Damit schritt er an den Soldaten vorüber, und zwar so, als wolle er die Tönnchen vor ihnen verbergen. Die Soldaten vermuteten, er habe ihnen etwas gestohlen oder führe sonst etwas Unrechtes bei sich, und ein paar rannten ihm hinterher und erwischten das alte Roß und den Whisky; aber der Durchtriebene Bursche flüchtete und ließ ihnen beides. Die Soldaten kehrten wieder zum Leichnam am Baum zurück und führten das Pferd samt den Tönnchen mit. Sie guckten nach, was in den Fäßchen war, und als sie begriffen, daß es sich um Whisky handelte, holten sie sich einen Becher und tranken fröhlich drauflos, bis schließlich kein einziger mehr bei Besinnung war und sie alle lagen und schliefen. Als das der Durchtriebene

Bursche merkte, schlich er sich heran und holte den Leichnam vom Baum. Er warf ihn dem Pferd über den Rücken und brachte ihn heim; dann machte er sich daran, den Toten im Garten zu begraben, da, wo der Kopf schon lag.

Als die Soldaten aus ihrem Schlaf erwachten, war der Leichnam fort; es blieb ihnen nichts anderes übrig, als zum König zu gehen und ihm das zu bekennen. Da holte der König den Rat des weisen Mannes ein, und der weise Mann erklärte allen, die zugegen waren, sein Rat sei folgender: Sie sollten das große, schwarze Schwein aus dem Koben holen und mit ihm von Hof zu Hof ziehen; und wenn sie an die Stelle kämen, wo der Leichnam begraben läge, so werde die Sau ihn herauswühlen. Sie gingen, holten das schwarze Schwein und zogen mit ihm von Hof zu Hof und versuchten zu entdecken, wo der Leichnam lag. Sie gingen von Haus zu Haus, bis sie schließlich an das kamen, in dem der Durchtriebene Bursche und die Zimmermannswitwe wohnten. Dort angelangt, ließen sie das Schwein frei über das Gelände streifen. Der Durchtriebene Bursche sagte: »Bestimmt habt ihr Hunger und Durst; kommt herein, ihr kriegt Essen und Trinken. Ruht euch nur aus, während das Schwein hier herumsucht.«

Sie traten ein, und der Durchtriebene Bursche hieß die Zimmermannswitwe, den Männern Essen und Trinken vorzusetzen. Das tat sie, und während sie ihr Essen vertilgten, ging der Durchtriebene Bursche hinaus, um nach dem Schwein zu sehen; und das Schwein war soeben auf den Leichnam gestoßen; und der Durchtriebene Bursche holte sich ein großes Messer und schnitt dem Tier den Kopf ab und begrub es samt dem Kopf im Garten neben dem Leichnam des Zimmermanns.

Als die Schweineführer herauskamen, war das Tier nirgends zu erblicken. Sie erkundigten sich, ob der Durchtriebene Bursche es gesehen habe; er antwortete, ja, er habe es gesehen; es habe den Kopf aufgereckt und nach oben gestarrt und sei hin und wieder zwei oder drei Schritte gegangen; und sie eilten schleunigst in die Richtung, die ihnen der Durchtriebene Bursche gewiesen hatte.

Als der Durchtriebene Bursche feststellte, daß sie außer Sicht waren, richtete er alles so her, daß sie das Schwein bestimmt nicht finden konnten. Die Schweinehüter suchten die ganze Gegend nach dem Tier ab, alle Stellen, wo man es vermuten konnte. Als alles vergebens blieb, half ihnen nichts: Sie mußten zum Königshaus gehen und berichten, was geschehen war.

Nun wurde wieder der Rat des weisen Mannes eingeholt, und der lautete, sie sollten ringsum im Land die Soldaten bei den Leuten einquartieren, und wo immer sie Schweinefleisch zu essen bekämen oder wo sie Schweinefleisch sähen, ohne daß die Leute nachweisen könnten, wie sie dazu gekommen wären, da würden sie diejenigen finden, die das Schwein getötet und alles übrige verbrochen hatten.

Sie befolgten den Rat des weisen Mannes, und die Soldaten wurden rings im Land bei den Leuten ins Quartier gelegt, und ein Trupp kam auch ins Haus der Zimmermannswitwe, wo der Durchtriebene Bursche war. Die Zimmermannswitwe kochte den Soldaten Essen, und etwas von dem Schweinefleisch wurde für sie zubereitet, und die Soldaten verzehrten es und lobten es über die Maßen. Der Durchtriebene Bursche wußte, was die Glocke geschlagen hatte, aber er ließ sich nichts anmerken. Die Soldaten bekamen ihr Nachtlager in der Scheune angewiesen, und als sie schliefen, schlich sich der Durchtriebene Bursche hinaus und tötete sie. Dann rannte er, so schnell die Beine ihn trugen, von einem Haus, wo Soldaten im Quartier lagen, zum andern, und trug überall hin das Gerücht, die Soldaten wären ins Land ausgesandt, damit sie in der Nacht aufstünden und die Leute in ihren Betten umbrächten; und tatsächlich brachte er es fertig, daß ihm die Leute glaubten, so daß sie alle die Soldaten töteten, die in den Scheunen schliefen; und als die Soldaten nicht zur festgesetzten Zeit zurückkehrten, machten sich ein paar Männer auf, um nachzusehen, was ihnen zugestoßen war. Und als sie anlangten, fanden sie die Soldaten tot in den Scheunen, wo sie geschlafen hatten; und in jedem Haus leugneten die Leute, daß sie etwas darüber wüßten.

Die Männer, die das Land nach den Soldaten durchstöbert hatten, gingen zum Königshaus und erzählten, was sich zugetragen hatte; der König schickte nach dem weisen Mann, um Rat von ihm einzuholen; der weise Mann kam, und der König berichtete. Nun gab der Weise dem König folgenden Rat: Er solle einen Schmaus ausrichten und einen Ball und alle Leute einladen; und falls dann derjenige zugegen wäre, der alles verbrochen hätte, dann würde er unter den Anwesenden der Keckste sein und die Königstochter selber um einen Tanz bitten. Die Leute wurden zu Schmaus und Tanz geladen und unter ihnen auch der Durchtriebene Bursche. Als der Schmaus vorüber war, begann der Ball: und der Durchtriebene Bursche ging hin und bat die Königstochter, mit ihm zu tanzen; und der weise Mann hatte ein Fläschchen voll schwarzer Farbe, damit machte er dem Durchtriebenen Burschen einen schwarzen Tupfen. Doch der Königstochter schien es, als sei ihr Haar nicht ganz in Ordnung; sie trat in ein Seitengemach, um es zu richten, und der Durchtriebene Bursche ging mit; und als sie in den Spiegel blickte, schaute er auch hinein und sah den schwarzen Tupfen, den ihm der Weise gemacht hatte. Als sie den Tanz miteinander beendet hatten, ging der Durchtriebene Bursche zum weisen Mann und fand Gelegenheit, ihm unbemerkt das Fläschchen zu stehlen, und nun machte er dem weisen Mann zwei schwarze Tupfen und zwanzig andern Männern je einen; und dann schob er das Fläschchen dahin zurück, wo er es gefunden hatte.

Danach begab er sich abermals zur Königstochter und bat sie um einen Tanz. Die Königstochter hatte auch ein Fläschchen und machte dem Durchtriebenen Burschen einen Tupfen ins Gesicht; aber der Durchtriebene Bursche zog ihr rasch und unbemerkt das Fläschchen aus der Tasche, und da er nun mit zwei Tupfen gezeichnet war, machte er zwanzig anderen Männern in der Gesellschaft auch je zwei Punkte und dem Ratgeber vier. Als dann der Tanz vorüber war, wurden ein paar Männer ausgesandt, um den mit den beiden schwarzen Tupfen zu suchen. Aber als sie sich umschauten, fanden sie zwanzig Männer mit zwei schwarzen Tupfen und vier schwarze Tupfen am Ratgeber; und der Durchtriebene Bursche brachte es fertig, an die Königstochter heranzukommen und ihr das Fläschchen wieder in die Tasche gleiten zu lassen. Der weise Mann schaute nach: Er hatte sein schwarzes Fläschchen; die Königstochter schaute nach: Sie hatte ihres. Da berieten der weise Mann und der König miteinander, und zuletzt beschlossen sie, daß sich der

König in die Gesellschaft begeben und sagen solle, der Mann, der all die Streiche begangen habe, sei ohne Zweifel ausnehmend gescheit; wenn er vortrete und sich zu erkennen gebe, solle er die Königstochter zur Frau und bei Lebzeiten die Hälfte des Reiches erhalten, nach seinem Tod aber das ganze. Und jeder einzelne von denen, die zwei schwarze Punkte im Gesicht hatten, meldete sich und erklärte, er sei der Gewitzte. Da traten der König und seine Räte wieder zusammen und grübelten, wie sich die Sache klären ließe; und diesmal entschieden sie, alle Männer, die zwei schwarze Tupfen auf dem Gesicht trügen, sollten sich zusammen in ein Zimmer setzen; danach solle man ein Kind holen; dem Kind müsse die Königstochter einen Apfel geben und es damit in die Kammer zu den Männern mit den zwei schwarzen Tupfen auf dem Gesicht schicken; einem von ihnen werde das Kind den Apfel hinhalten: Das sei dann der Rechte, der müsse die Königstochter bekommen.

So machten sie es, und als das Kind zu den Männern in die Kammer trat, hatte der Durchtriebene Bursche eine Brummpfeife da, und das Kind rannte zu ihm hin und gab ihm den Apfel. Da nahmen sie dem Durchtriebenen Burschen die Brummpfeife ab und setzten ihn an einen andern Platz und drückten dem Kind den Apfel noch einmal in die Hand; doch da der Durchtriebene Bursche die Brummpfeife vorher gehabt hatte, lief das Kind wieder zu ihm und bot ihm den Apfel abermals dar. Da bekam der Durchtriebene Bursche die Königstochter zur Frau.

Bald darauf spazierten die Königstochter und der Durchtriebene Bursche zur Dubliner Brücke; und als sie darüber gingen, fragte der Durchtriebene Bursche, wie der Ort hier heiße. Und die Königin erklärte ihm, dies sei die Dubliner Brücke in Irland. Sprach der Durchtriebene Bursche:

»Nun, viele Male hat mir meine Mutter vorausgesagt, ich würde damit enden, daß sie mich an der Dubliner Brücke in Irland hängen; jedesmal, wenn ich ihr einen Streich gespielt habe, hat sie mir das prophezeit.«

Und die Königstochter meinte: »Schön, wenn du Lust hast, mal an der Brückenmauer zu hängen, dann halte ich dich an meinem Taschentuch ein Weilchen in der Schwebe.«

Und sie schwatzten und scherzten darüber, und zuletzt bekam der Durchtriebene Bursche Lust, es zum Spaß zu tun; die Königstochter zog ihr Tuch aus der Tasche, und der Durchtriebene Bursche schwang sich über die Brüstung und hing am Taschentuch der Königstochter, das sie über den Rand hielt, und sie lachten einander an.

Aber die Königstochter hörte einen Schrei: »Das Königsschloß brennt!« Und sie fuhr zusammen, und das Tuch glitt ihr aus den Fingern; der Durchtriebene Bursche fiel und schlug mit dem Kopf gegen einen Stein und zertrümmerte sich den Schädel; der Schrei war nichts als ein Kinderspaß; aber die Königstochter mußte als Witwe heimgehen.

30 Die Geschichte vom Sohn des Königs von Irland und der Tochter des Königs mit der roten Mütze

In Irland lebte einmal ein König, der hatte zweimal geheiratet, und von jeder seiner beiden Frauen hatte er einen Sohn. Die zweite Frau war zum Sohn der ersten sehr böse, und ihren eigenen Jungen liebte sie zärtlich. Sie brachte den König dazu, daß er ihrem Sohn einen Shinty-Schläger von Gold und einen Ball von Silber kaufte. Der Sohn der ersten Frau besaß nur Schläger und Ball von Holz, aber mit diesem Schläger besiegte er seinen Bruder immer wieder.

Eines Tages gewann er seinem Bruder viele Tore ab. Das nahm der Jüngere ihm übel und warf ihm vor, daß er nur einen hölzernen Schläger hatte. Er sagte: »Mich hat der Vater lieber, und um mir das zu zeigen, hat er mir den goldenen Schläger geschenkt.« Das kränkte den Sohn der ersten Frau sehr. Er lief heim und schluchzte, als er am Schloß anlangte. Sein Vater kam heraus, ihm entgegen, und sagte: »Armer Junge, was ist los mit dir?« – »Der Bruder wirft mir vor, daß du ihn lieber hast und daß er einen goldenen Schläger von dir bekommen hat, und ich hab nur einen von Holz.« – »Gut«, sagte der Vater, »das soll er dir nicht mehr vorwerfen können; ich schenke dir einen goldenen Schläger und einen silbernen Ball.«

Der Junge erhielt beides, und als seine Stiefmutter das sah, war sie sehr ärgerlich und sagte, er solle ja nicht wagen, noch einmal mit ihrem Sohn zu spielen. Nun war er übler dran als zuvor, denn er hatte kein Geschöpf, das mit ihm spielte außer einer Jagdhündin, die es im Schloß gab. Er und die Hündin hingen bald so aneinander, daß sie Tag und Nacht unzertrennlich waren.

So verging eine gute Weile; aber eines Tages ging er vom Schloß fort und bis an den Strand. Er wanderte ihn entlang, das Gesicht dem Meer zugewandt; da erblickte er eine Nixe; sie streifte eben die fischschwanzgleiche Hülle von ihren Beinen. Sie versteckte sie in einer Felsspalte, und nun war sie eine Frau, so schön, wie er nur je eine gesehen hatte. Er beobachtete sie gespannt, um zu sehen, was sie vorhatte. Schließlich sprang sie in eine Bucht und fing an sich zu waschen. Da beschloß er, ihr die Hülle zu stehlen.

Er kroch auf Knien und Bauch heran, bis er die Hülle erwischt hatte. Dann schlich er sich fort und verbarg sich an einer Stelle, wo er sehen konnte, was die Meerfrau täte, wenn sie sie vermißte.

Sie kam zurück, und als sie die Hülle nicht da fand, wo sie sie hingelegt hatte, schaute sie sich rings um, und dann ging sie geradewegs zu dem Platz, wo sich der Sohn des Königs von Irland versteckt hielt. Sie sagte zu ihm: »Sohn des Königs von Irland, gib mir meine Hülle.« – »Nein, das tu ich nicht; du kriegst sie nur unter einer Bedingung.« – »Und welcher?« – »Daß du sie nicht wieder überziehst und daß du mich heiratest.« – »Das tu ich nicht, denn ich hab einem andern Mann die Heirat versprochen. Es wird noch eine lange Zeit dauern, bis er mich holen kommt, aber ich werde auf ihn warten. Aber, Sohn des Königs von Irland, nimm meinen Rat an und verdiene dir meinen Segen. Gib mir meine Hülle zurück, und ich verspreche dir, von nun an bin ich deine treue Freundin. Und wann immer du in der Klemme steckst oder in Not bist: kann ich dir helfen, so tu ich es. Du mußt viele Prüfungen durchstehen, von denen du noch nichts ahnst, aber wenn du meinem Rat folgst und redlich bist, so sollst du aus jeder Notlage und jeder Bedrängnis wieder herauskommen.« Als er das vernahm, reichte er ihr die Hülle. Die Meerjungfer sagte: »Mein Segen sei mit dir. Komm jeden Tag, sowie du aufgestanden bist, hier an den Strand, und wenn du mich brauchst, so wirst du mich sehen.«

Er lief fröhlich heim. Am nächsten Tag ging er wieder an den Strand und wanderte, das Gesicht den Wogen zugewandt, am Ufer hin; doch diesmal sah er nichts. Am Tag darauf kam er wieder, doch auch da erblickte er nichts. Er kam am dritten Tag und spähte nach der Meerjungfer um jede Biegung und in jede große und kleine Bucht. Als er aber zum letztenmal Ausschau hielt, erblickte er drei Schwäne, die schwammen am Ufer dahin. Einer war der Weiße Schwan mit dem glatten Hals, der strahlte wie der Sonnenschein an einem Frühlingsmorgen, wenn es geregnet hat. Er stand und starrte ihn an, und dann schwor er sich, er werde nicht ruhen noch rasten, weder auf See noch an Land, bis er eine Frau fände, die so schön war wie der Schwan. Die Schwäne schwammen auf dem Meer davon, er verlor sie aus den Augen.

Als er sich umwandte, sah er in einer Bucht neben sich die Meerjungfer. »Sohn des Königs von Irland«, sagte sie, »du hast dich in den Weißen Schwan mit dem glatten Hals verliebt. Geh heim und sag deinem Vater, er möge dir ein Boot verschaffen; darin sollst du fortfahren, und nimm Kurs in dieselbe Richtung wie die Schwäne.« Als sie das gesagt hatte, tauchte sie unter und verschwand.

Er ging heim zu seinem Vater und sagte ihm, er wolle fort über das Meer, und der Vater müsse ihm ein Boot verschaffen. »Das sollst du haben, und die Mannschaft dazu«, sagte der Vater. »Geh morgen an den Strand hinunter, und Boot und Mannschaft werden dort auf dich warten. Gonachry heißt es, und die Mannschaft soll dir in allem gehorchen.«

Er langte am Gestade an, und wie der Vater gesagt hatte, wartete dort auf ihn das Boot. Er ging an Bord und nahm Kurs in dieselbe Richtung, in der die Schwäne verschwunden waren. Lange segelten sie über das Meer, ohne Land zu sichten. Schließlich aber tauchte ein Ufer vor ihnen auf, und sie hielten stracks darauf zu. Als sie das Gestade erreichten, befahl der Sohn des Königs von Irland der Mannschaft, das Boot zu hüten; er wolle an Land gehen. Und das tat er. Er nahm in der Ferne vor einem großen Wald ein geräumiges Haus wahr und ging darauf zu. Das war das Schloß der großen Wal-Inseln. Noch bevor er beim Schloß anlangte, erblickte er einen alten Mann, der ihm entgegenkam. Als sie nahe genug beieinander waren, um sich zu unterhalten, sagte der Alte: »Sohn des Königs von Irland, du hast dir etwas Schwieriges vorgenommen, aber es gibt *sie*, und du kannst sie finden. Es wird nicht dein Schaden sein, wenn du meinen Rat befolgst, und ich will dir helfen. Bleib heute nacht bei mir, und morgen begleite ich dich.«

Sie langten beim Schloß an und traten ein. Der alte Mann sagte: »Du hast dich in den Schwan mit dem glatten Hals verliebt, die jüngste Tochter des Königs mit der roten Mütze, der auf der Großen Insel des Nebelgeistes wohnt. Viele Kämpen sind schon gekommen auf der Suche nach Sonnenschein, der jüngsten Tochter des Königs mit der roten Mütze, aber keiner ist zurückgekehrt, und dir wird es nicht anders gehen, falls du nicht kühn und treu bist und meinem Rat folgst. Hier hast du eine Nadel und einen Bogen und einen Pfeil; und die Nadel mußt du aufheben, bis du sie brauchst. Morgen früh stichst du mit deinem Boot Gonachry in See, und wenn du unter Segel gegangen bist, dann steck die Nadel in die Pfeilspitze und ziele senkrecht in die Luft, und in die Richtung, in die sie weist, wenn sie ins Boot fällt, in die mußt du fahren. Und ich will mit dir gehen, es wird dir nicht schaden, wenn ich dir helfe, bis du zurückkehrst. Ich habe einen Bruder, der lebt auf der Schönen Insel im Sternenschatten; in seinem Haus werden wir die nächste Nacht verbringen. Dann sagt er dir, was du tun sollst, und gibt dir noch etwas, das dir nützt. Doch bevor ich aufbreche, mußt du mir versprechen, daß du mich hier wieder an Land setzt, wenn du zurückkommst.« – »Das verspreche ich dir«, sagte der Sohn des Königs von Irland.

Als der Sohn des Königs von Irland und der alte Mann am nächsten Morgen ans Ufer kamen, fanden sie Gonachry schon unter Segel. Sobald sie an Bord gegangen waren, steckte der Sohn des Königs von Irland die Nadel in die Pfeilspitze, schoß den Pfeil senkrecht in die Luft und ließ das Schiff Kurs in die

Richtung nehmen, in die der Pfeil beim Niederfallen wies. Sie segelten einen ganzen Tag immer geradeaus. Bei Sonnenuntergang entdeckten sie vor sich Land und hielten gerade darauf zu. Als sie den Strand erreichten, hieß der alte Mann den Sohn des Königs von Irland an Land und zum Schloß gehen.

Er sprang ans Ufer und machte sich nach dem Schloß auf. Während er ging, staunte er sehr. Kein Stein und kein Fels, an dem er vorüberschritt, der ihm nicht sein eigenes, schimmerndes Bildnis gezeigt hätte. Schließlich erblickte er vor sich das Schloß und einen alten Mann, der ihm entgegenkam.

Als sie einander trafen, sagte der Alte: »Sohn des Königs von Irland, viel steht dir bevor, wovon du nichts ahnst. Aber *sie* gibt es, und man kann sie finden. Du mußt viele Prüfungen erdulden, doch wenn du kühn und treu bist und auf meinen Rat hörst, bestehst du alle. Doch tritt ein, du sollst heute nacht bei mir bleiben, und ich sage dir etwas, das dir nützt.« Er folgte dem alten Mann in das Große Schloß der Insel im Sternenschatten.

»Nun«, sprach der alte Mann, »du bist auf einer Reise, die für dich nicht leicht zu bewerkstelligen ist. Du hast geschworen, du willst nicht heiraten, bis du eine Frau siehst, so schön wie der Weiße Schwan mit dem glatten Hals. Das ist die jüngste Tochter des Königs mit der roten Mütze, der auf der Großen Insel des Nebelgeistes wohnt. Ein Bruder von mir lebt dort, morgen abend sind wir bei ihm, dann sagt er dir, was du tun mußt. Wenn du wieder an Bord der Gonachry bist, dann steck diesen Fingerhut auf die Pfeilspitze und schieße senkrecht in die Luft, und dann nimm Kurs in die Richtung, in die der Fingerhut weist, wenn er wieder herunterfällt. Ich will mit dir gehen, es kann nicht schaden, wenn ich dir helfe. Doch bevor ich mich aufmache, mußt du mir versprechen, daß du mich bei deiner Rückkehr wieder hier absetzest.«

Früh am nächsten Morgen gingen sie an Bord der Gonachry. Der Sohn des Königs von Irland steckte den Fingerhut an die Pfeilspitze und schoß den Pfeil senkrecht in die Luft und ließ das Schiff dann Kurs in die Richtung nehmen, in die der Fingerhut, als er herabfiel, wies. Sie segelten den ganzen Tag geradeaus. Bei Sonnenuntergang sahen sie vor sich Land und hielten stracks darauf zu. Als sie das Ufer erreichten, sagte der erste alte Mann zum Sohn des Königs von Irland: »Hast du deine Nadel?« – »Ja«, erwiderte er. – »Hüte sie gut, denn du wirst sie noch brauchen.« Der zweite Alte sagte: »Hast du deinen Fingerhut?« – »Ja«, sagte der Sohn des Königs von Irland. – »Hüte ihn gut, denn du wirst ihn noch brauchen. Jetzt geh an Land, immer geradeaus, bis du bei einem großen Schloß anlangst. Sollte mein Bruder dir entgegenkommen, bevor du beim Schloß bist, so sei guten Muts; kommt er dir jedoch nicht entgegen, so ist das ein böses Zeichen für deinen Erfolg. Wir warten hier auf deine Rückkehr.«

Der Sohn des Königs von Irland sprang ans Ufer und machte sich auf den Weg zum Schloß. Er wußte, daß das Schloß irgendwo auf der Insel stand, doch er erblickte es nicht. Er spähte scharf geradeaus, ob ihm der alte Mann entgegenkäme. Doch anstatt eines Schlosses und eines Mannes sah er vor sich ein Nebelwölkchen. Er war noch nicht weit gegangen, da breitete sich die kleine Wolke von Zaubernebel aus und verbarg ihm Erde wie Himmel. Nun dachte er, daß es mit ihm aus sei, weil er das Schloß nicht finden und weil kein Mensch ihn selber im Nebel entdecken könne. Voller Angst blieb er stehen. Kurz darauf wehte vom Meer ein leiser Windhauch herüber und fegte den Nebel weg, und er nahm vor sich das Schloß wahr. Schnurstracks ging er darauf zu, doch kein Mensch ließ sich blicken. Als er im Schatten der Schloßmauern anlangte, bemerkte er einen alten Mann, der kam zur Tür heraus und trat ihm entgegen. Der Alte sagte: »Sohn des Königs von Irland, dich hat Furcht überkommen, doch verlier nicht den Mut. Du mußt noch viele Prüfungen durchstehen, bevor du Sonnenschein gewinnst. Aber komm herein, und ich sage dir etwas, das dir nützt.«

Er trat ein. »Nun«, sprach der Alte, »hier hast du eine Schere und hier einen Bogen und einen Pfeil. Morgen früh mußt du dich auf den großen Felsen hinter dem Schloß stellen und die Schere auf die Pfeilspitze stecken und senkrecht in die Luft schießen. Dort, wohin die Schere im Fallen weist, in die Richtung mußt du gehen. Die drei Schwäne, die du gesehen hast, sind die drei Töchter des Königs mit der roten Mütze, der weit entfernt auf dieser Insel wohnt. Er hält sie verzaubert, bis ein Kämpe wie du kommt, sie zu suchen. Dann nimmt er den Zauber von ihnen, und sie werden drei schöne Mädchen. Schon viele Helden sind ihretwegen erschienen, aber die Prüfungen, die ihnen auferlegt wurden, waren so schwer, daß keiner eins von den Mädchen gewann. Doch da du so weit gelangt bist, will ich dir mit allem helfen, was ich für dich tun kann. Eben jetzt schwimmen die drei Schwäne auf dem Stillen Teich im Großen Garten mit den Goldapfelbäumen auf der Grünen Insel am äußersten Ende der Welt. Wenn du den Teich erreichst, dann krieche mit deinem Pfeil zu ihm hin, setz die Nadel an seine Spitze und ziele auf den Schwan, nach dem es dich verlangt. Sobald die Nadel trifft, fliegen die drei vom See fort und halten nicht inne, bis sie das große Schloß ihres Vaters, des Königs mit der roten Mütze, erreichen.«

Am andern Morgen ging er hinaus und stieg auf den großen Felsen hinter dem Schloß. Er steckte die Schere an die Pfeilspitze und schoß sie senkrecht in die Luft, und beim Fallen zeigte die Spitze aufs Meer unterhalb des Platzes, wo er stand. Da ging er fort in die Richtung, bis er am Ufer anlangte. Doch weiter konnte er nicht gehen. Da sagte er sich, er wolle umkehren und die Reise mit Gonachry fortsetzen. Doch bevor er davonging, schaute er sich um und sah vor sich auf der Flutgrenze die Seejungfer.

»Sohn des Königs von Irland«, sagte sie, »du denkst daran, umzukehren und mit Gonachry zur Grünen Insel zu fahren, aber das Schiff ist dir zu dem Zweck nicht nütze. Sowie du nämlich mit ihm auf See wärest, würde ein Zaubernebel von der Insel aufsteigen, der dich so weit in die Irre triebe, daß du nie wieder an Land kämest. Aber an dem Tag, da du mir meine Hülle gabst, habe ich versprochen, dir eine gute Freundin zu sein und dir in der Zeit der Not beizustehen. Und nun will ich dir aus der Klemme helfen. Komm, setz dich auf meinen Schwanz, mich führt der Zauberdunst des Nebelgeistes von der Großen Insel nicht in die Irre; ich setze dich sicher auf der Grünen Insel am Ende der Welt ab. Aber wenn ich dich auch hinbringe, dort abholen werde ich dich nicht. Der alte Mann, bei dem du letzte Nacht warst, wird zu den übrigen an Bord der Gonachry gehen, und wenn du sie brauchst, werden sie dich erreichen. Aber, Sohn des Königs von Irland, sieh zu, daß du den Mut nicht verlierst, bis sie kommen.«

Da setzte er sich auf den Schweif der Seejungfer. Sie kehrte ihr Gesicht dem Meer zu und schwamm pfeilschnell davon. Sie waren noch nicht weit gekommen, da bemerkte er eine kleine Nebelwolke, die von der Insel aufstieg. Der Nebel schwebte ihnen nach und näherte sich rasch. Im Nu hatte er sie überholt und hüllte sie und das Meer ein. Und er war so dick, daß der Königssohn vom Schwanz der Meerjungfer her nicht ihren Kopf sah. Da sagte sie: »Sohn des Königs von Irland, was würdest du jetzt mit deiner Gonachry anfangen?« – »Oh, was sonst, als den Kurs verlieren und nicht wissen wohin«, sagte er. Nun wurde der Nebel noch dicker und finsterer, und die Meerjungfer sprach: »Was immer du nun siehst oder hörst, paß auf, daß du den Kopf nicht wendest und daß du auf nichts, das vielleicht zu dir gesagt wird, Antwort gibst, bevor ich rede. Für mich ist es dasselbe, ob ich auf dem Meer schwimme oder untertauche. Ich stecke jetzt den Kopf unter Wasser, dann kann der Dunst von der Nebelinsel mich nicht vom Kurs abbringen.«

Sowie sie das gesagt hatte, steckte sie den Kopf unter Wasser und schwamm pfeilschnell weiter. Nun sah sich der Sohn des Königs von Irland allein, und Furcht überfiel ihn, er könne vom Schweif der Meerjungfer heruntergleiten. Doch er besann sich auf ihren Rat und tat, wie sie ihm befohlen hatte. Sie waren noch nicht weit gelangt, da hörte er neben sich ein Plätschern. Er schaute über die Schulter seitwärts, und es war ihm, als sähe er im Wasser eine Frau. Dann nahm er eine Hand im Wasser wahr und hörte eine Stimme: »Sohn des Königs von Irland, gib mir deine Hand, ich ertrinke.« Da vergaß er sein Versprechen und war drauf und dran, sie bei der Hand zu fassen, als die Meerjungfer den Kopf aus dem Wasser hob und ihm zurief: »Sohn des Königs von Irland, hüte dich und denk dran, wohin du unterwegs bist! Du selber bist viel mehr in Gefahr als die Dame dort. Ihr ist Meer und Luft eins. Sei auf der Hut, damit sie sich nicht auf andere Art an dich heranmacht.«

Nachdem sie das gesagt hatte, steckte sie den Kopf wieder

unter Wasser und schwamm noch schneller dahin, bis sie Land vor sich sahen. Sobald der Sohn des Königs von Irland das Land vor sich erblickte, hob sich sein Mut so sehr, daß er jede Furcht und jede Not, die er überstanden hatte, vergaß. Als sie dicht am Land waren, flog ihm eine Möwe über den Kopf und sagte zu ihm: »Sohn des Königs von Irland, hier ist ein Brief für dich, richte dich auf und faß zu!« Doch er besann sich auf sein Versprechen und gab keine Antwort. »Sohn des Königs von Irland«, sprach sie abermals, »nimm mir den Brief ab, er verrät dir etwas, wovon du nichts ahnst.« Doch er besann sich zum zweitenmal auf sein Versprechen und antwortete nicht. Als sie schon dicht am Ufer waren, lenkte das liebliche Land mit seinen schönen, früchtereichen Bäumen seine Aufmerksamkeit ganz und gar von allem ab, was ihm befohlen war und was er versprochen hatte. Als er solcherart verwirrt war, schoß die Möwe zum drittenmal zu ihm nieder und sagte: »Sohn des Königs von Irland, greif nach diesem Brief, denn er ist von deiner Stiefmutter, sie lädt dich ein zu deines Bruders Hochzeit.« Sobald er seines Bruders Namen hörte, richtete er sich auf und streckte die Hand aus, um den Brief zu erhaschen. Er spürte, wie er das Gleichgewicht verlor und im Begriff war, ins Wasser zu stürzen. Er wußte, daß er verloren war, wenn er ins Wasser fiel. Doch die Meerjungfer merkte, was gleich geschehen würde, und rief ihm wieder zu: »Sohn des Königs von Irland, denkst du nicht an dein Versprechen?« Aber er hatte sich so weit übergelehnt, daß er bestimmt abgestürzt wäre, hätten sie nicht schon das Ufer dicht vor sich gehabt – so schnellte sie ihn mit dem Schwanz aufs Trockene.

»Jetzt bist du an Land«, sagte sie. »Gib acht, daß du treu bist und nicht vergißt, was ich dir gesagt habe. Verlier nicht den Mut, denn das Boot wird kommen und dich suchen. Du wirst mit ihm zurückfahren zur Großen Insel des Nebelgeistes. Wenn du dort anlangst, empfängt dich am Ufer der König mit der roten Mütze samt seinen drei Töchtern und sagt zu dir: »Was willst du, und was hast du zu bieten?« Dann antwortest du, daß du ihm zeigen wirst, was du hast, wenn er und seine Töchter an Bord kommen, und der dritte alte Mann wird dir erklären, was du dann tun mußt. Mach Pfeil und Bogen bereit und wandere voran zum Stillen Teich im Großen Garten mit den Goldäpfeln, und sieh zu, daß du gut zielst. Und noch ein Rat: Paß auf, daß du in keiner Gefahr und in keiner Not auf See und an Land dein Versprechen vergißt. Mein Segen ist mit dir. Nun brauchst du mich nicht mehr.«

Darauf ging er fort zum Teich. Je weiter er kam, desto schöner wurden Bäume und Pflanzen, und schließlich vergaß er über dem herrlichen Land, was ihn hergeführt hatte und was vor ihm lag. Doch sogleich besann er sich auf den Rat der Meerjungfer, er möge auf der Hut sein, wenn er den See erreiche. Er hielt Ausschau und nahm den See vor sich wahr und sah die drei Schwäne, wie sie auf ihm schwammen. Sogleich ließ er sich auf die Knie nieder und kroch auf allen vieren weiter und nutzte jeden Baum und jeden Hügel zur Deckung, bis er in Bogenschußweite vor ihnen angelangt war. Da legte er den Pfeil quer auf den Bogen, spannte die Sehne, zielte, so genau er konnte, und ließ den Pfeil los. Der bohrte sich durch das Rückengefieder des weißen Schwans mit dem glatten Hals, und mit einem Schrei jähen Schmerzes schnellte sie sich in die Luft und flog davon, die andern beiden hinterdrein.

Er folgte ihnen mit dem Blick, bis er sie aus der Sicht verlor. Da blieb ihm nichts anderes übrig, als die gleiche Richtung einzuschlagen, und er marschierte voran, bis er das Meeresufer erreichte. Weiter konnte er nicht gehen.

Er wanderte hin und her, spähte in jeden Winkel, ob er vielleicht die Seejungfer entdeckte, bis er sich entsann, daß sie gesagt hatte, nun werde er sie nicht mehr sehen. Da schaute er aufs Meer hinaus und sah sein Boot Gonachry nahen. Sein Mut hob sich wieder, er ging stracks auf das Schiff zu, und die ersten Menschen an Bord, die er sah, waren die drei alten Brüder.

Sobald Gonachry das Ufer erreicht hatte, sprang er an Bord und befahl der Mannschaft zu wenden. Das taten sie. Er selber setzte sich ans Steuer und lenkte das Schiff, so genau er konnte, in die Richtung, die die Schwäne genommen hatten. Er hielt nicht an, bis er in der Ferne Land auftauchen sah; und wenn das auch weit von ihm war, er brauchte nicht lange, um es zu erreichen.

Als sie in die Nähe kamen, sagte der dritte alte Mann: »Sohn des Königs von Irland, sobald wir am Gestade anlangen, werden wir den König mit der roten Mütze und seine drei Töchter sehen; sie erwarten uns. Das erste, was er dich fragt, wird das sein: ›Was suchst du, und was hast du zu bieten?‹ Hüte dich, an Land zu gehen, sag ihm dagegen, wenn er und seine Töchter an Bord kämen, so wolltest du ihnen ein paar von den Dingen zeigen, die du zu bieten habest. Sie werden an Bord kommen, dann händige dem König zuerst die Nadel ein, dann den Fingerhut und zuletzt die Schere. Er wird eins nach dem andern seinen Töchtern reichen, erst der ältesten, dann der mittleren und schließlich der jüngsten. Und wenn dein Liebling sie behält, dann sei guten Mutes.«

Sie gewannen Land und fanden den König mit der roten Mütze und seine drei Töchter auf sie warten, genauso, wie der alte Mann es gesagt hatte. Der Sohn des Königs von Irland überflog sie mit einem Blick, und als er die jüngste Tochter des Königs mit der roten Mütze sah, sagte er: »Das ist mein Liebling, denn sie ist in meinen Augen so schön wie der Weiße Schwan mit dem glatten Hals.«

Dann rief der König mit der roten Mütze: »Sohn des Königs von Irland, was suchst du und was hast du zu bieten?« Der Sohn des Königs von Irland sagte: »Ich suche und ich will bieten. Wenn du und deine Töchter an Bord kommen, so wirst du ein paar von den Dingen sehen, die ich abzugeben habe.«

Sie kamen an Bord. Der Sohn des Königs von Irland reichte dem König mit der roten Mütze die Nadel. Der König betrachtete sie und gab sie seiner großen Tochter. Die große Tochter betrachtete sie nur flüchtig und reichte sie an die mittlere Tochter weiter. Die schenkte ihr nicht mehr Aufmerksamkeit als die Älteste und reichte sie weiter an die Jüngste. Der aber gefiel sie über die Maßen, und sie untersuchte Öhr wie Spitze gründlich. Als es Zeit wurde, sie zurückzugeben, schien es, als trenne sie sich ungern davon. Der Sohn des Königs von Irland merkte das und sagte zu ihr, wenn ihr die Nadel gefalle, so möge sie sie behalten. Nun händigte er dem König den Fingerhut ein, der König übergab ihn seiner ältesten Tochter, und die Töchter reichten ihn einander weiter, bis er wie die Nadel bei der jüngsten blieb. Darauf übergab er dem König die Schere, und sie blieb mit den andern Sachen im Besitz der Jüngsten.

»Nun«, sagte der König mit der roten Mütze, »Sohn des Königs von Irland, du hast dich in den Weißen Schwan mit dem glatten Hals verliebt und hast in Irland geschworen, du wolltest nicht rasten noch ruhen, bis du eine Frau sähest, die in deinen Augen so schön wäre wie der Schwan. Nun hast du sie erblickt, und sie ist Sonnenschein, meine Jüngste, und sie hat dich mit deiner Nadel, mit deinem Fingerhut und mit deiner Schere erwählt. Aber es ist schon mancher auf der Suche nach ihr gekommen, der nie zurückgekehrt ist, noch sie erhalten hat, und du bekommst sie nicht, bis du sie durch schwerere Prüfungen als die bisherigen gewonnen hast. Komm an Land und geh mit mir in mein Schloß, und wenn du jede Prüfung, die ich dir auferlege, bestehst, dann erlangst du sie.«

Der Sohn des Königs von Irland wandte sich seiner Mannschaft zu und sagte: »Ich weiß nicht, wann ich zurückkehre, doch haltet Gonachry zur Abfahrt bereit. Ohne Sonnenschein werde ich nicht kommen.«

Darauf sprang er ans Ufer, und der dritte alte Mann begleitete ihn. Sie schritten aus, bis sie am Schloß des Königs mit der roten Mütze anlangten. Der König führte sie in ein schönes Zimmer, klappte einen Spieltisch mitten darin auf und griff nach seinen Würfeln. »Nun komm her, Sohn des Königs von Irland«, sagte er, »und spiele mit mir, und wenn du mir Sonnenschein abgewinnst, ist deine erste Prüfung vorbei; verlierst du aber, so mußt du sterben.« Sie würfelten, und der Sohn des Königs von Irland gewann dreimal hintereinander. »Schön«, sagte der König mit der roten Mütze, »beim Würfeln hast du gewonnen, aber deswegen kriegst du sie noch nicht. Du mußt noch eine Probe bestehen, und falls dir das nicht dreimal hintereinander gelingt, so mußt du sterben.«

Er zog einen Vorhang zwischen die beiden Zimmerhälften und stellte seine drei Töchter auf die eine Seite, während er mit dem Sohn des Königs von Irland auf der anderen blieb. »Nun«, sagte er zum Sohn des Königs von Irland, »werden meine Töchter die Nadel dreimal durch den Vorhang stechen, und wenn du danach langst und es ist nicht die Jüngste, die die Nadel hält, so mußt du sterben.« Aber Sonnenschein kannte die Probe schon und flüsterte dem Sohn des Königs von Irland vorher ins Ohr, sie werde ihm das Nadelöhr hinhalten. Der König mit der roten Mütze kroch unter dem Vorhang durch und gab einer der Töchter die Nadel. Dann kroch er zurück und sagte zum Sohn des Königs von Irland: »Faß die Nadel.« – »Nicht, wenn die sie hält.« Der König duckte sich ein zweites Mal unter dem Vorhang durch und gab die Nadel der nächsten. Dann kam er wieder zurück und sagte zum Sohn des Königs von Irland: »Faß die Nadel.« Und wieder antwortete der Sohn des Königs von Irland: »Nicht, wenn die sie hält.« Der König kroch ein drittes Mal hinüber und reichte die Nadel seiner Jüngsten. Er kam heraus und hieß den Sohn des Königs von Irland danach greifen. Der Sohn des Königs von Irland trat an den Vorhang, sah das Nadelöhr und faßte zu.

»Du hast gewonnen«, sagte der König mit der roten Mütze, »und du sollst sie haben.« Unverzüglich wurde die Hochzeit gefeiert; und als sie vorüber war, sagte der König mit der roten Mütze: »Wenn du versuchst, von der Insel zu flüchten, ist dein Leben verwirkt und das deiner Frau dazu.«

Der Sohn des Königs von Irland verbrachte eine gute Zeit auf der Insel, doch die Mannschaft hielt das Boot Gonachry immer zur Abfahrt bereit. In einer Nacht, als der König mit der roten Mütze eingeschlafen war, sagte Sonnenschein zu ihrem Mann: »Jetzt sind Zeit und Gelegenheit für dich da, und wenn du sie nicht nutzest, erhältst du sie nie wieder.« – »Wir wollen uns fertigmachen und fortgehen«, sagte er.

Sie liefen fort und erreichten das Ufer. Sie gingen an Bord der Gonachry. Doch sowie Sonnenscheins Fuß die Schiffsplanken berührte, rief der König mit der roten Mütze in seinem Bett: »Gonachry sticht in See, und der Sohn des Königs von Irland ist mit meiner Tochter geflohen!« Aber seine Älteste ging zu ihm hinein und sagte: »Nein, du hörst nur den Wind, der im Garten durch die Wipfel fährt.« Sobald Gonachry vom Land abstieß, schrie er wieder: »Gonachry ist davon, und der Sohn des Königs von Irland ist mit meiner Jüngsten geflohen! Doch weit kommt er nicht, dann muß er mir büßen!«

Er sprang auf und rannte ihnen nach. Sonnenschein sah ihn nahen und sagte zu ihrem Mann: »Da kommt mein Vater, und wenn du nicht beherzt bist, versenkt er das Boot und ertränkt uns alle, denn ihn kann nichts auf der Welt töten, außer, es trifft einer das Mal, das er mitten auf der Fußsohle hat.«

Sie sahen ihn heranschwimmen und das Meer in Feuerfunken vor sich her spritzen. Solange er hinter ihnen war, vermochte der Sohn des Königs von Irland nicht auf die Fußsohle zu zielen. Doch als er neben dem Boot herschwamm, sprang Sonnenschein zu ihrem Mann und riß ihm Pfeil und Bogen aus den Händen. Sie zielte auf ihres Vaters Fußsohle, und als er an ihr vorüberschwamm, schoß sie den Pfeil in das Mal. Er drehte sich um sich selbst und war tot. Darauf wandte sich Sonnenschein zu ihrem Mann und sagte: »Sohn des Königs von Irland, nun sei mir treu, denn dir zuliebe habe ich meinen Vater getötet.«

Sie segelten weiter nach der Großen Insel im Sternenschatten und setzten den zweiten alten Mann an Land. Sobald seine Füße den Boden berührten, wandte er sich um und sagte: »Sohn des Königs von Irland, da du mir dein Versprechen gehalten hast, sollst du heut nacht bei mir bleiben.« Der Sohn des Königs von Irland ging mit dem alten Mann fort, und sie langten in seinem Schloß an. Das war nun wahrhaftig ein so prachtvoller Palast, wie er nie einen erblickt hatte. Es gab jede Sorte Essen und Trinken im Überfluß, besser als irgendwo sonst, und drinnen und draußen war der Sternenschatten zu sehen. Beim Abendessen sagte der Alte: »Sohn des Königs von Irland, ohne meinen Bruder und die Zauberkraft seiner Schere hättest du Sonnenschein nicht gefunden.«

Am nächsten Morgen nahmen sie Abschied von dem alten Mann und fuhren mit Gonachry fort. Sie segelten immer voran, bis sie an der Großen Insel der Wale anlangten. Da setzten sie den ersten alten Mann an Land, und sobald seine Sohlen den Strand berührten, wandte er sich um und sagte: »Sohn des Königs von Irland, du hast Sonnenschein mitbekommen, doch ohne meinen zweiten Bruder und die Zauberkraft seines Fingerhutes hättest du nie den Ort entdeckt, wo sie war. Aber dies ist meine innig geliebte Insel. Seit ich von ihr fort bin, habe ich nie satt zu essen bekommen.« Damit streckte er den Arm aus und holte aus einer Felsspalte eine große Angel mit Leine und Haken und Köder dran herunter. Er warf sie mit großem Schwung ins Meer aus und fing einen Wal und aß ihn auf. Dann warf er die Angel wieder und wieder aus, und bevor noch Gonachry außer Sicht war, fischte und verschlang er sieben Wale!

Der Sohn des Königs von Irland segelte zurück in eben den Hafen, aus dem er abgefahren war. Als er landete, sagte Sonnenschein zu ihm: »Du gehst jetzt in deines Vaters Haus, wo heute nacht dein Bruder Hochzeit feiert. Sobald dich die Windhündin kommen sieht, wird sie dir entgegenlaufen, doch paß auf, daß sie nicht dein Gesicht oder deine Haut berührt, denn tut sie es, so wirst du nicht mehr wissen, daß du mich je erblickt hast.« – »Sonnenschein«, sagte er, »es gibt nichts auf der Welt, das dich aus meinem Gedächtnis vertreiben könnte.« – »Dann denk daran, was ich dir gesagt habe, und guten Erfolg.«

Er ging fort, und als er dicht bei seinem väterlichen Schloß war, kam ihm die Windhündin entgegengerannt, und bevor er noch die Arme vors Gesicht heben konnte, sprang sie an ihm hoch und fuhr ihm mit ihrer Schnauze in den Mund. Sogleich vergaß er, daß er Sonnenschein jemals gesehen hatte.

Er gesellte sich zu den anderen, und sein Vater machte seinetwegen großes Aufheben, und seine Stiefmutter zeigte ihm mehr Freundlichkeit, als sie je getan hatte.

Sonnenschein sagte zu der Mannschaft der Gonachry: »Jener Mann ist fortgegangen, die Windhündin hat ihn geküßt, und er hat vergessen, daß er mich je erblickt hat. Wenn ich ihn nicht zurückhole, kommt er nicht wieder her. Ihr bleibt aber an Bord der Gonachry, bis ich wieder da bin!«

Sie sprang an Land und langte bei einem alten Schmied an, der einstmals für den König gearbeitet hatte. Den bat sie, er möge sie in seinem Haus wohnen lassen; doch zuerst schlug er ihr das ab, weil er für solch eine Dame keine passende Unterkunft habe. Sie sagte, wenn sie nur bleiben dürfe, so wolle sie selber das Haus schon in Ordnung bringen. Da erlaubte er ihr hereinzukommen und meinte, wenn es seiner Frau recht sei, er habe nichts dagegen. Da trat sie ein, und als die Schmiedsfrau sah, wie hübsch sie war, sprach sie: »Wenn Ihr mit solch einer Hütte vorlieb nehmen wollt, dann bleibt nur.«

Sie brachte das Haus des Schmieds mit Möbeln und allem, was man zum Wohnen braucht, prachtvoll in Ordnung.

In der Nähe gab es einen großen Brunnen, aus dem schöpften des Königs Diener das Wasser für ihn. Sonnenschein machte jeden Abend einen Spaziergang zu dem Brunnen, denn sie hoffte, unterwegs ihren Mann zu treffen; doch sie bekam ihn kein einziges Mal zu sehen.

Eines schönen Tages befahl sie dem Schmied, er möge ihr einen Hahn und eine Henne von Gold machen. Der Schmied meinte, soviel Gold besitze er nicht. Sie erwiderte, sie werde ihm geben, soviel er brauche. Der Schmied erhielt das Gold und fing mit der Arbeit an, aber er bekam den Hahn nicht zustande. Da bat sie sich von ihm den Hammer aus; bald hatte sie den Hahn und dann noch die Henne fertig. Der Schmied brünierte ihr die Goldtiere, und sie nahm sie an sich.

Am nächsten Abend ging sie wieder zum Brunnen. Sobald sie dort angelangt war, kam des Königs Haushofmeister, um Wasser für des Königs Fußbad zu holen. Als er sich über den Quell beugte, sah er auf dem Wasser Sonnenscheins Spiegelbild. Augenblicklich verliebte er sich in sie und setzte sich in den Kopf, sie zu heiraten. Sie erkundigte sich, wer er sei, und er antwortete, er sei des Königs Haushofmeister. Sie erklärte, sie wolle ihn unter einer Bedingung heiraten. »Was könntest du verlangen, das ich dir nicht zugeständte?« sagte er. »Nun, meine Bedingung ist die: Ich will von dir zuerst hundert Goldstücke und eine Flasche von des Königs Wein haben, und du sollst bis zum Tagesanbruch an meinem Bett Wache halten. Tust du das, so heirate ich dich morgen.« Er versprach ihr alles, was sie verlangt hatte.

Am Abend kam er, um bei ihr zu wachen, und überreichte ihr die hundert Goldstücke und eine Flasche Wein. Sie sagte ihm, sie sei es gewohnt, vor dem Schlafengehen erst eine Weile zu spielen. Darauf nahm sie den Hahn und die Henne und setzte sie auf den Tisch. Der Hahn sprang und pickte die Henne. »Oh«, sagte die Henne, »das hab ich nicht um dich verdient, als ich dir das Nadelöhr hinhielt.« Der Hahn versetzte der Henne einen zweiten Schnabelhieb. »Oh«, sagte die Henne, »das hab ich nicht von dir verdient, als ich dich vor der Windhündin warnte.« Das Schauspiel gefiel dem Haushofmeister über die Maßen; so etwas hatte er noch nie gesehen.

Nachdem sie zu Bett gegangen war, befahl sie dem Haushofmeister, ihr ein Glas von dem Wein zu reichen. Er ging zu dem Tisch, der auf der anderen Seite des Zimmers stand, ergriff die Flasche und versuchte, sie zu heben; aber sie rührte sich nicht. Seine Hand hing an der Flasche fest, die Flasche am Tisch und der Tisch am Fußboden, und in der Haltung mußte er die Nacht über ausharren. Am andern Morgen sagte die Frau zu ihm: »Was hast du da die ganze Nacht durch gemacht? Ist das die Art, wie du an meinem Bett Wache hältst? Du hast den Vertrag nicht erfüllt und das Geld und mich verloren.« – »Oh«, sagte der Haushofmeister, »die Nacht ist so kalt gewesen, daß mir die Hand an der Flasche festgefroren ist und die Flasche am Tisch und der Tisch am Estrich, und ich konnte nicht los. Jetzt ist es höchste Zeit, daß ich heimkomme, denn wenn der König aufsteht, bevor ich da bin, verlier ich meine Stellung.«

Die Frau rief nach dem Schmied, und er kam. Er packte den Haushofmeister und zerrte mit aller Macht an ihm, aber er konnte ihn nicht losreißen. Die Schmiedsfrau holte heißes Wasser und goß es um die Tischbeine, und sie lösten sich vom Estrich. Dann goß sie Wasser um den Flaschenboden, und die Flasche löste sich vom Tisch; doch obwohl sie dem Haushofmeister die Hände verbrühte, bekam er sie doch nicht von der Flasche los. »Oh«, rief der Haushofmeister, »die Zeit ist um, ich muß fort. Was fang ich nur an?« – »Geh so, wie du bist!« sagte die Frau. »Oh, wenn der König die Flasche zu sehen kriegt, bin ich meine Stellung los.« – »Dann mußt du eben in die Schmiede kommen.« Er ging mit ihr in die Schmiede. Sie befahl dem Schmied, des Haushofmeisters Hände ins Feuer zu halten, und sie selber machte sich dran, die Bälge zu treten. Bald schrie der Haushofmeister, sie möchten ihn loslassen, er könne den Schmerz nicht mehr ertragen. Als die Zeit schon fast verstrichen war, sagte die Frau: »Ich will noch etwas anderes mit dir versuchen.« Sie faßte die Flasche am Boden, kippte sie und goß ihm den Wein über die Hände, siehe, sie lösten sich von der Flasche. »Schön, da ich nun frei bin, komm ich nie wieder«, sagte der Haushofmeister und lief fort.

Am nächsten Abend traf sie am Brunnen des Königs Küchenmeister und versprach ihm, ihn zu heiraten, falls er ihr hundert Goldstücke nebst einem Topf von des Königs Fleischbrühe bringe und bis zum Morgen an ihrem Bett Wache halte. Er willigte in all dies ein, und es widerfuhr ihm in jeder Einzelheit das gleiche wie dem Haushofmeister, nur daß ihm die Hand am Topfdeckel festhing, der Deckel am Topf und der Topf am Estrich.

Am dritten Abend traf sie den Oberkutscher des Königs und willigte ein, ihn zu heiraten, falls er ihr hundert Goldstücke bringe und bis zum Morgen an ihrem Bett wache.

Am Abend kam er ins Schmiedshaus. Zur Schlafenszeit setzte die Frau den Hahn und die Henne auf den Tisch. »Oh, wie schön die sind!« sagte er. »Können sie reden?« – »Ja«, sagte die Frau. Da tat die Henne einen Sprung und pickte den Hahn. »Oh«, sagte der Hahn, »du hast den alten Schmied um die Arbeit gebracht und seine Stellung beim König einem andern Schmied gegeben.« – »Stimmt das?« fragte Sonnenschein den Kutscher. »Ja«, sagte er. »Schön, bevor ich dich heirate, mußt du das wieder ändern.« Dazu schwieg er. Nun tat der Hahn einen Satz und pickte die Henne. »Oh, das habe ich nicht um dich verdient, als ich dir das Nadelöhr hinhielt«, sagte da die Henne. Nachdem die Frau zu Bett gegangen war, sagte sie, sie habe vergessen, die Tür zu schließen. »Das mach ich schon«, sagte der Kutscher. Er stand auf und schloß die Tür, doch seine Hand haftete am Riegel, der Riegel an der Tür und die Tür an den Angeln, und er kam die ganze Nacht über nicht los. Am nächsten Morgen sagte sie zu ihm das gleiche wie zu den übrigen, und er antwortete wie sie.

Der Schmied und seine Frau kamen herzu und suchten ihn von der Tür wegzuzerren, doch sie vermochten es nicht. Nun mühten sie sich, die Tür aus den Angeln zu heben, doch auch das gelang ihnen nicht. Als die Zeit schon fast verstrichen war und er ebensoviel Schmerzen ausgestanden hatte wie die anderen, rieb ihm die Frau die Hände mit Balsam ein und ließ ihn gehen.

Am nächsten Abend sollte Sonnenscheins Mann eine vornehme Dame heiraten. Jeder in der Nähe des Schlosses erhielt eine

Einladung zur Hochzeit. Als sie zusammenkamen, fehlte etwas, und das war jemand, der die Gesellschaft mit Spielen unterhielt. Der Haushofmeister sagte, beim alten Schmied wohne eine Frau, die vollbringe die wunderlichsten Kunststücke. »O ja, die hab ich auch gesehen«, sagte der Koch. »O ja, ich auch«, sagte der Kutscher. »Sie hat einen Hahn und eine Henne, und die können reden. Sie haben mir alles gesagt, was ich je getan habe.« – »Her mit ihr«, sagte der König.

Sonnenschein kam, aber ihr Mann entsann sich nicht, daß er sie je gesehen hatte. Sie setzte den Hahn und die Henne auf den Tisch. Der Hahn tat einen Satz und pickte die Henne. »Oh, hab ich das um dich verdient, als ich dir das Nadelör hinhielt?« sagte die Henne. Nun sprang die Henne und pickte den Hahn. »Oh, hab ich das um dich verdient, als ich dich dreimal mit Nadel, Fingerhut und Schere gewann?« sagte der Hahn. Der Hahn sprang abermals und pickte die Henne. »Oh, das hab ich nicht um dich verdient, als ich dir zuliebe meinen Vater tötete«, sagte die Henne. Nun spitzte der Königssohn schon die Ohren. Der Hahn tat einen Satz und pickte die Henne zum drittenmal. »Tu das nicht, denn ich habe dich vor dem Kuß der Windhündin gewarnt«, sagte die Henne.

»Sonnenschein, meine Liebste von allen Frauen der Welt!« sagte der Königssohn und sprang auf sie zu, legte ihr die Arme um den Hals und küßte sie. Dann erzählte er allen, daß Sonnenschein seine Frau war und die Tochter des Königs mit der roten Mütze. Die Braut ließen sie gehen, und sie feierten nun einen Tag und ein Jahr lang, und wenn sie mittlerweile nicht aus dem Schloß fortgezogen sind, so sind sie noch immer dort.

31 Der Sohn des schottischen Freibauern, der dem Bischof Pferd und Tochter stahl und dann den Bischof selber

Es war einmal ein schottischer Freisasse, der hatte drei Söhne. Als der Jüngste in das Alter kam, da er einen Beruf ergreifen mußte, legte der Vater für jeden von ihnen dreihundert Mark beiseite. Der Jüngste bat ihn, er möge ihm sein Teil aushändigen, denn er wolle fortziehen und sein Glück suchen. Er ging in die große Stadt London. Eine Zeitlang war er dort und lernte, was der Diener eines vornehmen Herrn können und wissen muß. Schließlich machte er sich daran, einen Herrn zu suchen. Es kam ihm zu Ohren, daß der Bürgermeister von London einen Diener brauche. Er bewarb sich bei ihm, sie wurden einig, und er trat seinen Dienst an. Der Bürgermeister ging jeden Tag in der Woche aus und traf sich an einem bestimmten Platz mit dem Erzbischof von London. Dabei begleitete der Diener seinen Herrn, denn er folgte ihm stets. Als sich die Herren wieder einmal getrennt hatten und Bürgermeister und Diener zusammen auf dem Heimweg waren, sagte der Bursche: »Mit Eurer Erlaubnis, Herr – der Braune vom Bischof ist ein gutes Pferd!«

»Ja, mein Junge«, sagte der Herr, »er hat das beste Pferd in ganz London.«

»Was meint Ihr«, sagte der Diener, »wieviel würde er wohl für das Pferd nehmen, wenn er es verkaufen würde?«

»Oh, du Narr!« sagte sein Herr. »Ich hätte dich für gescheiter gehalten. Schon mancher hat versucht, dies Pferd zu kaufen; bis jetzt ist noch jeder abgewiesen worden.«

»Ich kehr um und versuch's«, sagte der Bursche.

Sein Herr kehrte mit ihm um, denn er wollte sehen, was sich nun ereignete. Dies war an einem Donnerstag. Der junge Mann fragte den Bischof, ob er sein Pferd verkaufen wolle. Der Bischof staunte und ergrimmte und sagte, er nehme nicht an, daß der Diener es kaufen könne.

»Aber schließlich ist doch jedes Tier zu kaufen«, versetzte der junge Mann.

»Dummer Kerl«, sagte der Bischof, »was bist du für ein Tölpel! Scher dich nach Hause, du kaufst mein Pferd bestimmt nicht.«

»Was wettet Ihr?« sagte der junge Mann, »morgen um diese Zeit habe ich Euer Pferd doch.«

»Du sprichst tatsächlich von meinem Pferd?« sagte der Bischof.

»Ja, von Eurem«, sagte der junge Mann. »Was wettet Ihr, daß ich es nicht stehle?«

»Darauf setze ich fünfhundert Mark«, sagte der Bischof.

»Nun«, erwiderte der junge Mann, »ich hab zwar nur ein Pfund, aber das setze ich ein und meinen Kopf dazu: Ich tu es doch.«

»Einverstanden«, sagte der Bischof.

»Wohlgemerkt«, sagte der junge Mann, »ich habe meinen Kopf und das Pfund an Euch verwettet, und wenn ich das Pferd doch stehle, gehört es mir.«

»Das ist klar«, sagte der Bürgermeister.

»Damit bin ich einverstanden«, sagte der Bischof.

Nun kehrten sie an diesem Abend heim.

»Armer Kerl«, sagte der Bürgermeister unterwegs zu seinem Diener. »Ich bin von Anfang an sehr zufrieden mit dir gewesen. Jetzt habe ich gar keine Lust, dich zu verlieren. Du bist närrisch. Der Bischof wird schon aufpassen, daß ihm keiner den Braunen stiehlt, weder du noch sonstwer. Natürlich läßt er ihn bewachen.«

Als die Nacht kam, brach der junge Mann auf und machte sich an die Arbeit: Er ging zum Haus des Bischofs. Und was kundschaftete er da aus? Sie hatten das Pferd in einem Zimmer und dabei ein paar Männer, die eifrig aßen und tranken. Er schaute sich um und merkte bald, daß er da noch einen anderen geriebenen Burschen zur Hilfe brauchte. Als er so um sich spähte, erblickte er einen von den lockeren Vögeln der Stadt.

»Wenn du eine Weile mit mir kommst«, sagte er, »kriegst du was für deine Mühe.«

»In Ordnung«, sagte der andere.

Sie machten sich zum Henker auf und trafen ihn richtig an.

»Könnt Ihr mir verraten«, fragte er den Henker, »wo ich einen Toten herkriege?«

»Ja«, versetzte der Henker, »gerade heute nachmittag ist ein Mann gehängt worden.«

»Wenn Ihr geht und ihn mir herschafft«, sagte der junge Mann, »soll das Euer Schade nicht sein.«

Der Henker war einverstanden und ging mit ihm dorthin, wo sich der Leichnam befand.

»Und wißt Ihr vielleicht auch«, fragte der junge Mann, »wo ich ein langes, festes Seil finde?«

»Ja«, sagte der Henker, »das hier, an dem er hängt, das könnt Ihr haben.«

Sie zogen mit dem Leichnam los, er und sein Gehilfe. Sie langten beim Haus des Bischofs an. Dort sagte er zum Gehilfen: »Bleib du hier und paß auf den da auf, bis ich oben auf dem Dach bin.«

Oben legte er erst seinen Mund, dann sein Ohr an den Schornstein, um festzustellen, wo sich die Männer befanden; denn sie sprachen jetzt laut, weil sie tüchtig getrunken hatten. Er entdeckte, wo sie saßen.

»Knüpf ihm das Seilende um den Hals«, sagte er zu seinem Gehilfen, »und wirf mir das andere Ende herauf.«

Er zog den Toten hoch bis auf den Schornstein. Die Männer im Zimmer unten wurden aufmerksam: Sie hörten, wie Ruß und Mörtelbrocken im Kamin herunterfielen. Er ließ den Leichnam allmählich in den Schornstein hinunter, bis er schließlich das helle Licht der Wachmänner auf des Toten Füße fallen sah.

»Seht mal her«, sagten sie, »was ist denn das? Oh, der schottische Dieb, was für ein Fuchs! Der stirbt lieber so, als daß er den Kopf verliert. Er hat sich selber umgebracht!«

Wie der Wind war der junge Mann wieder vom Dach herunter. Er schlüpfte hinein, mitten unter die Männer, und als sie das Pferd zur Tür hinaus führten, griff er als erster nach dem Zügel. Er schritt mit dem Pferd zum Stall und sagte den andern, sie sollten immer schon zu Bett gehen, jetzt sei ja nichts mehr zu befürchten.

»Schön«, sagte er zu dem anderen Burschen, »ich sehe, du bist ein fixer Kerl; sei morgen abend hier zur Stelle, dann treffe ich dich wieder.«

Dabei bezahlte er ihn, und der andere war sehr zufrieden. Er selber kehrte mit des Bischofs braunem Pferd in den Stall seines Herrn zurück. Er legte sich schlafen, und obwohl der Morgen früh heraufkam, früher noch kam sein Herr an die Tür.

»Ich gäbe allerhand drum«, sagte er, »wenn ich heute meinen armen Schotten hier vor mir sähe.«

»Ich bin hier, mein guter Herr«, sagte er, »und des Bischofs braunes Pferd steht neben mir.«

»Bravo, mein Junge!« sagte der Herr, »du bist ein tüchtiger

Kerl. Ich habe immer große Stücke auf dich gehalten; jetzt bist du in meiner Achtung noch gestiegen.«

Sie schickten sich auch an diesem Tage an, hinzugehen und den Bischof zu besuchen. Es war Freitag.

»Nun«, sagte der Diener, »gestern hab ich das Haus ohne Pferd verlassen; heute ist das anders.«

»Schön, mein Junge«, sagte sein Herr, »da du das Pferd gekriegt hast, bekommst du von mir einen Sattel.«

Sie machten sich auf, um den Bischof zu treffen, sein Herr und er jeder auf seinem Pferd. Sie sahen den Bischof auf sich zureiten, offensichtlich war er außer sich vor Wut. Als sie näher kamen, nahmen sie wahr, daß sein Pferd bei weitem nicht so gut war wie das, auf dem der Diener saß. Der Bischof und der Bürgermeister begrüßten einander. Der Bischof wandte sich an des Bürgermeisters Diener:

»Schuft!« sagte er, »Erzdieb!«

»Schlimmer könnt Ihr mich ja nicht beschimpfen!« sagte der Schotte. »Ich wüßte nicht, wieso zu Recht; denn Ihr wißt genau, ich habe Euch gesagt, was ich vorhatte. Hört auf zu schelten und bezahlt mir meine fünfhundert Mark.«

Das tat der Bischof, wenn auch nicht sehr gern; es blieb ihm nichts weiter übrig.

»Was würdet Ihr nun sagen«, fragte der Bursche, »wenn ich heute nacht Eure Tochter stehlen wollte?«

»Meine Tochter, du Lausekerl!« antwortete der Bischof, »meine Tochter stiehlst du nicht!«

»Ich wette um die fünfhundert Mark und um das braune Pferd«, sagte der Bursche, »ich stehle sie doch.«

»Und ich wette fünfhundert Mark, du tust es nicht!«

Sie gingen die Wette ein. Der Bursche und sein Herr ritten nach Hause. »Junger Mann!« sagte der Herr, »ich hab mal viel von dir gehalten, aber jetzt hast du dir was Schönes eingebrockt, gerade, als du's zu was gebracht hattest.«

»Macht Euch nichts draus, mein guter Herr«, sagte er, »auf alle Fälle probier ich's.«

Als die Nacht kam, machte sich des Bürgermeisters Diener auf zum Hause des Bischofs. Als er anlangte, sah er einen Herrn aus der Tür treten.

»Oh«, sagte er zu dem Herrn, »was ist heute nacht beim Bischof für ein Betrieb?«

»Eine große und wichtige Angelegenheit!« sagte der Herr, »ein Schuft von einem Schotten droht, des Bischofs Tochter zu stehlen; aber ich kann Euch versichern, weder er noch sonst einer wird sie stehlen; sie ist bestens bewacht.«

»Oh, da bin ich sicher!« sagte der Bursche und wandte sich ab. »Trotzdem gibt es einen Mann in England«, sagte er zu sich selber, »der es probieren muß.«

Er ging los und suchte des Königs Schneider auf. Er fragte, ob sie nicht ein paar feine Herrensachen fertig hätten.

»Nein«, sagte der Schneider, »ich habe nur Kleider für die Königstochter und ihre Ehrenjungfrau da.«

»Was wollt Ihr dafür haben«, erkundigte sich des Bürgermeisters Diener, »daß sie wer ein paar Stunden lang trägt?«

»Oh«, meinte der Schneider, »die kann ich Euch nicht geben. Das trau ich mich nicht.«

»Nur keine Sorge!« sagte der Bursche, »ich bezahl' Euch, und Ihr kriegt die beiden Stücke unbeschädigt und mit allem Drum und Dran zurück. Ich geb Euch hundert Mark!« sagte er.

Den Schneider gelüstete es sehr nach einer so großen Summe, also händigte er ihm die Kleider aus. Der Bursche kehrte zurück und traf seinen Gehilfen von gestern nacht. Sie verzogen sich an einen stillen Ort und schlüpften in die Kleider, die er vom Schneider erhalten hatte. Als sie sich zurechtgemacht hatten, so gut sie konnten, gingen sie wieder vor die Tür des Bischofs. Bevor sie dort anlangten, brachte der Bursche noch heraus, daß niemand aus der königlichen Familie beim Bischof je anklopfte, ganz gleich, wer den Bischof besuchen kam: Sie schabten nur mit der Fußspitze an die Tür. Er langte an der Tür an und schabte. In dieser Nacht stand drinnen ein Türhüter; er rannte zum Bischof und berichtete es ihm.

»Jemand von der Königsfamilie steht vor der Tür!« sagte er.

»Nein«, sagte der Bischof, »bestimmt nicht. Das ist der Dieb von einem Schotten, der dort steht.«

Der Türhüter spähte durchs Schlüsselloch und erblickte draußen, wie ihm schien, zwei Damen. Er lief wieder zu seinem Herrn und teilte ihm das mit. Sein Herr begab sich zur Tür, um selber hinauszulugen. Der draußen schabte inzwischen wieder und wieder an der Tür, während er gleichzeitig den Bischof für seine Narrheit schalt. Der Bischof schaute hin und hörte die Stimme der Königstochter. Er riß die Tür auf, der Bischof dienerte vor der Dame bis zum Erdboden. Sofort fing die Königstochter an, den Bischof dafür auszuschimpfen, daß er eine Wette über seine Tochter abgeschlossen hatte, und erklärte, da habe er etwas äußerst Verwerfliches angestellt.

»Es war sehr unrecht von Euch«, sagte sie, »daß Ihr das ohne mein Wissen getan habt, und es war sehr überflüssig, daß Ihr einen solchen Aufruhr erhoben und Euch so zum Narren gemacht habt.«

»Ihr werdet mir doch verzeihen«, sagte der Bischof.

»Ich kann Euch nicht verzeihen«, sagte sie.

Er führte die Prinzessin in die Kammer, in der seine Tochter saß und bei ihr die Wächter. Sie saß mitten in der Kammer auf einem Stuhl und die andern alle um sie herum.

Sagte die Königstochter zu ihr: »Meine Liebe, dein Vater ist ein sehr törichter Mann, daß er dich in solch eine Gefahr bringt; hätte er nämlich mich benachrichtigt und dich unter meinen Schutz gestellt, dann wäre jeder, der gewagt hätte, dir zu nahe zu kommen, nicht nur gehängt, sondern vielmehr lebendig verbrannt worden. Geht zu Bett«, sagte sie zu dem Bischof, »und entlaßt diese vielen Leute, damit nicht ganz London über Euch lacht.«

Er sagte den Männern, sie könnten nun gehen und sich schlafen legen, weil die Prinzessin selber und ihre Ehrenjungfer seine Tochter in ihre Obhut nähmen. Sowie die Prinzessin alle hinausgescheucht hatte, sagte sie zu der Bischofstochter:

»Komm mit mir, meine Liebe, zum königlichen Palast.« Er führte sie hinaus, wo das braune Pferd schon bereit stand; und sobald der Schotte beim Pferd angelangt war, warf er im Dunkeln das Kleid ab, das er über seinem eigenen trug. Er hob die Bischofstochter aufs Pferd; den andern Burschen schickte er mit den beiden Kleidern zum Schneider, bezahlte ihn und befahl ihm, in der nächsten Nacht wieder an Ort und Stelle zu sein. Er sprang vor dem Bischofshaus auf den Braunen und ritt fort zum Haus seines Herrn. So früh auch der Morgen heraufkam, noch früher kam sein Herr in den Stall. Der Bursche hatte die Bischofstochter in seinem Bett. Er wachte auf, als er seinen Herrn hörte.

»Ich gäbe allerhand drum«, sagte der Herr, »wenn ich heute meinen armen Schotten hier vor mir sähe!«

»Hier bin ich!« sagte der Bursche, »und die Bischofstochter ist auch da!«

Das war am Samstag. Er und sein Herr sollten auch an diesem Tag mit dem Bischof zusammenkommen. Der Bischof und der Bürgermeister trafen einander wie immer, und wenn der Bischof am Tag zuvor wütend ausgesehen hatte, so war das überhaupt nichts gegen das Gesicht, das er jetzt zog. Des Bürgermeisters Diener ritt auf seinem Pferd mit dem Sattel hinter seinem Herrn. Als er dem Bischof in die Nähe kam, brachte der kein anderes Wort heraus als »Dieb!« und »Schuft!«

»Haltet lieber den Mund!« sagte der Schotte, »Ihr habt kein Recht, mich so zu nennen. Gebt mir meine fünfhundert Mark.«

Der Bischof bezahlte. Er schalt den anderen weiter.

»Oh, Mann!« sagte der Schotte, »hört doch auf mit der Schimpferei. Ich wette mit Euch um zehnhundert Mark, daß ich Euch heute nach selber stehle.«

»Mich stehlen, du Lausekerl?« schrie der Bischof. »Das versuch du nur!«

Er wettete um die tausend Mark.

»Die tausend Mark krieg ich zurück!« sagte der Bischof, »aber ich setze fünfhundert dagegen: Du stiehlst mich nicht.«

Der Bürgermeister war Zeuge. Der Bursche und sein Herr begaben sich nach Hause.

»Mein Junge«, sagte der Herr, »ich habe bis jetzt immer große Stücke auf dich gehalten; aber jetzt verlierst du das Geld, das du gewonnen hast: Du kannst den Mann nicht stehlen.«

»Da hab ich keine Sorge«, versetzte der Diener.

Als die Nacht kam, brach er auf und gelangte zum Haus des Bischofs. Dann überlegte er sich, er wolle dahin gehen, wo er die Londoner Fischer finden konnte, und sehen, was sich bei ihnen auftreiben ließ. Als er bei den Fischern ankam, erkundigte er sich, ob sie frischgefangene Lachse hätten. Ja, antworteten sie, die haben wir. Da sagte er zu ihnen: »Wenn ihr mir soundso viele häutet, dann kriegt ihr von mir soundso viel Geld – oder soviel, wie ihr für recht und billig haltet.«

»Machen wir«, sagten die Fischer, und das taten sie. Sie gaben ihm so viele Fischhäute, wie er für einen langen, weiten Mantel zu brauchen meinte. Damit zog er ab zu den Schneidern. Er fragte sie: »Macht ihr mir bis Mitternacht aus den Fischhäuten ein Kleid? Ihr werdet gut bezahlt.« Sie nannten ihm die Summe, die sie dafür haben wollten. Sie nahmen Maß bei dem jungen Mann und fingen an zu nähen. Um zwölf war das Gewand fertig. Länger konnten sie auch nicht arbeiten, weil ja der Sonntag anbrach. Er ging fort mit dem Gewand, und als er nur noch ein paar Schritte von des Bischofs Kirche entfernt war, zog er es über. Er hatte sich einen Schlüssel für die Kirchentür verschafft und trat ein und ging schnurstracks zur Kanzel. Zufällig warf der Türhüter, während der Bischof schwerbewacht in seinem Hause saß, einen Blick in die Kirche. Er lief zu seinem Herrn und teilte ihm mit, in der Kirche schimmere ein Licht.

»Ein Licht?« sagte der Bischof. »Geh hin und sieh nach, was das für ein Licht ist.« Jetzt war es kurz nach zwölf.

Der Türhüter kam zurück: »Oh«, sagte er, »drinnen ist ein Mann und predigt.«

Der Bischof zog seine Uhr und stellte fest, daß der Sonntag soeben begonnen hatte. Er rannte zur Kirche hinüber. Als er den hellen Schimmer darin wahrnahm und den predigenden Mann und jede seiner Bewegungen, da ergriff ihn Furcht. Er öffnete die Tür ein bißchen weiter und streckte den Kopf vor, um ihn genauer zu sehen. Es gab keine Sprache unter den Sternen, von welcher der Mann auf der Kanzel nicht eine Weile Gebrauch machte. Als er zu den Sprachen überging, die der Bischof kannte, begann er den Bischof zu brandmarken als einen, der den Verstand verloren habe. Der Bischof rannte in die Kirche und warf sich vor der Kanzel auf die Knie. Dort fing er an zu beten, und als er das Licht sah, das um die Kanzel schimmerte, nahm er sich das, was er hören mußte, zu Herzen. Schließlich erklärte der Prediger: »Versprichst du aufrichtige Reue und willst du mit mir kommen, so soll dir vergeben sein.« – »Ja«, gab der Bischof zurück, »das will ich.«

»Komm auf eine kleine Weile mit, bis ich dich geprüft habe«, sagte er.

»Das will ich«, sagte der Bischof, »selbst wenn du von mir verlangtest, daß ich diese Welt verlasse.«

Er ging mit ihm, und der junge Mann schritt vor ihm her. Sie langten im Stall des Bürgermeisters an. Er holte einen Stuhl für den Bischof herbei und hieß ihn dort sitzen bleiben. Er ließ sich selber nieder. Sie brauchten kein Licht, denn wo immer sie waren, schimmerten des Dieners Kleider lampenhell. Darauf legte er dem Bischof in einigen Sprachen, die er verstehen konnte, und in andern, unverständlichen, die Schrift aus. So fuhr er fort, bis es Morgen wurde und die Zeit nahte, zu der sein Herr immer in den Stall kam. Als es fast soweit war, warf er das Fischhautgewand ab, bückte sich und versteckte es, denn nun dämmerte der Tag. Der Bischof schwieg nun, und der Bürgermeister trat ein.

»Ich gäb allerhand drum", sagte er, »wenn ich heute meinen armen Schotten hier vor mir sähe.«

»Ich bin hier«, versetzte der Diener, »und der Bischof ist auch bei mir.«

»He, mein Junge!« sagte sein Herr, »das war tüchtige Arbeit.«

»O du niederträchtiger Schuft!« schrie der Bischof, »hast du mich wirklich reingelegt?«

»Ich sag Euch, wie die Sache steht«, erklärte der Bürgermeister, »Ihr solltet lieber höflich zu ihm sein. Beschimpft ihn nicht. Er hat Eure Tochter, Euer Pferd und Euer Geld gekriegt; und was Euch betrifft, so wißt Ihr, er kann Euch nicht ernähren, so ist es besser, Ihr ernährt ihn. Nehmt ihn und Eure Tochter mit und richtet ihnen eine anständige Hochzeit aus.« Der junge Mann gab seine Stellung auf und ging mit dem Bischof nach Hause, und er und die Bischofstochter wurden nach Recht und Gesetz getraut, und der Vater bezeigte sich freundlich gegen die beiden. Und nun überlasse ich sie sich selber.

Es waren einmal ein König und eine Königin, und sie hatten auch einen Sohn; aber die Königin starb, und der König heiratete eine andere Frau. Der Sohn der ersten Königin hieß Mac Iain Direach. Er war ein hübscher Bursche und ein guter Jäger; es gab keinen Vogel, den er mit seinem Pfeil nicht erlegt hätte, und die Hirsche und Rehe tötete er aus weiter Entfernung; es gab keinen Tag, an dem er nicht mit seinem Bogen und seinem Köcher ausging und Wild heimbrachte. Aber einmal streifte er über den Berg und sah überhaupt kein Wild; ein blauer Falke flog an ihm vorbei, und er sandte ihm einen Pfeil nach; aber er schoß ihm nur eine Feder vom Flügel ab. Die hob er auf und steckte sie in seine Jagdtasche und nahm sie mit nach Hause; und als er heimkam, sagte seine Stiefmutter zu ihm: »Wo bleibt heute deine Beute?« Er steckte die Hand in die Jagdtasche und holte die Feder heraus und gab sie ihr. Und seine Stiefmutter nahm die Feder und sagte: »Ich lege es dir als Kreuz und Zauber auf und als Elend durch das Jahr; du sollst Wasser in den Schuhen haben und sollst frieren und schmutzig sein, bis du mir den Vogel verschaffst, von dem diese Feder stammt.«

Und er gab seiner Stiefmutter zurück: »Ich lege es dir als Kreuz und Zauber auf und als Elend durch das Jahr: Du sollst mit einem Fuß auf dem Herrenhaus stehen und mit dem andern auf dem Schloß, und dein Gesicht soll im Sturmwind sein, gleich wie der Wind bläst, bis ich zurückkehre.«

Und Mac Iain Direach ging fort, so schnell er konnte, um den Vogel zu suchen, von dem die Feder stammte; und seine Stiefmutter stand mit dem einen Fuß auf dem Schloß und mit dem andern auf dem Herrenhaus und mußte ihr Gesicht dem Sturm entgegenhalten, gleichviel wie lange er auch ausbleiben würde.

Mac Iain Direach war fort und durchstreifte die Einöde auf der Suche nach dem Falken, aber er konnte ihn nicht entdecken und noch viel weniger erjagen; und so ging er allein durch die Wildnis, und die Nacht brach herein. Die kleinen Vögel flatterten von den obersten Zweigen der Büsche herab von Dickicht zu Dickicht und ließen sich unter den Dornsträuchern zum

Schlafen nieder; aber er machte es nicht wie sie; erst als die Nacht blind und schwarz wurde, ging auch er hin und kroch unter einen Dornenbusch; und da kam kein anderer des Weges als Gille Mairtean, der Fuchs, und der sagte zu ihm: »Du machst ein langes Gesicht, Mac Iain Direach; und du triffst es heute nacht bei mir schlecht an. Ich hab selber nur ein Widderbein und eine Schafsbacke; aber das ist immer noch besser als gar nichts.«

Sie zündeten ein Feuer an und brieten das Fleisch und aßen das Widderbein und die Schafsbacke; und am Morgen sagte Gille Mairtean zu dem Königssohn: »O Sohn des Iain Direach, der Falke, den du suchst, ist bei dem großen Riesen mit den fünf Köpfen und den fünf Buckeln und den fünf Gurgeln. Ich will dir zeigen, wo sein Haus steht; und ich rate dir, geh zu ihm und verdinge dich ihm als Knecht; sei flink und willig, tu alles, was er dir aufträgt, und alles, womit er dich betraut; und sei sehr gut zu seinen Vögeln: Wohl möglich, daß er dir soweit vertraut, daß er dich seinen Falken füttern läßt; und wenn du das tun darfst, dann sei sehr gut zu dem Falken, bis deine Gelegenheit kommt; wenn der Riese einmal nicht daheim ist, lauf mit dem Falken fort, aber paß auf, daß auch nicht eine Feder von ihm irgend etwas im Hause berührt; geschieht das doch, so geht es dir übel.«

Mac Iain Direach sagte: »Ich gebe schon acht.« Und er machte sich auf zum Haus des Riesen; er langte dort an, er pochte an die Tür.

Der Riese brüllte: »Wer ist da?«

»Ich«, sagte Mac Iain Direach, »einer, der fragen kommt, ob du einen Burschen brauchen kannst.«

»Was für Arbeit hast du gelernt?« fragte der Riese.

»Ich kann Vögel und Schweine füttern«, sagte Mac Iain Direach, »und eine Kuh füttern und melken oder Ziegen und Schafe.«

»So einer wie du fehlt mir«, sagte der Riese.

Der Riese kam heraus, er setzte den Lohn für Mac Iain Direach fest; und Mac Iain Direach ging sorgsam um mit allem, was der Riese besaß, und war sehr freundlich zu den Hühnern und Enten; und der Riese merkte, wie gut er sich anließ. Er sagte, seit Mac Iain Direach gekommen sei, schmecke ihm das Geflügel doppelt so gut, und lieber habe er ein Huhn von denen, die er nun kriege, als zwei von denen früher. »Mein Bursche ist so gut, daß ich nachgerade denke, ich kann ihn auch den Falken füttern lassen«, und der Riese befahl Mac Iain Direach, auch dem Falken sein Futter und sein Wasser zu reichen. Und Mac Iain Direach gab sich mit dem Vogel die allergrößte Mühe. Als der Riese sah, wie gut Mac Iain Direach für den Falken sorgte, dachte er, er könne den Vogel wohl auch in seine Obhut geben, wenn er selber einmal von Hause fort sei. Und der Bursche behandelte den Falken immer mit der äußersten Sorgfalt.

Nun war der Riese überzeugt, in seinem Haus sei alles bestens bestellt, und eines Tages ging er fort. Mac Iain meinte, jetzt sei die Zeit gekommen, um mit dem Falken durchzubrennen; und er ergriff den Vogel, um mit ihm zu fliehen. Als er aber die Tür öffnete und der Falke das Licht erblickte, breitete er die Schwingen, um aufzufliegen, und das äußerste Ende einer Flügelfeder beruhrte einen Türpfosten, und der Türpfosten stieß einen durchdringenden Schrei aus. Der Riese kam in großen Sätzen heimgerannt und erwischte Mac Iain Direach und entriß ihm den Falken; und er sagte zu ihm: »Meinen Falken geb ich dir nie und nimmer, es sei denn, du beschaffst mir das Weiße Lichtschwert, das die Großen Frauen von Dhiurradh haben«; und damit schickte der Riese Mac Iain fort.

Mac Iain zog wieder aus und wanderte durch die Einöde; und der Gille Mairtean lief ihm über den Weg und sagte:

»Du machst ein langes Gesicht, Mac Iain Direach; du hast nicht getan, was ich dich geheißen habe, und willst es nicht tun; du triffst es heute nacht wieder schlecht an bei mir; ich habe nichts als ein Widderbein und eine Schafsbacke, aber das ist immerhin besser als gar nichts.«

Sie zündeten ein Feuer an und brieten das Hammelbein und die Schafsbacke; und am nächsten Tag sagte der Gille Mairtean: »Wir wollen ans Meer gehen.«

Sie brachen auf und langten am Meeresufer an, und der Gille Mairtean sagte:

»Ich will mich in ein Boot verwandeln, und du geh an Bord, dann bring ich dich hinüber nach Dhiurradh; geh zu den Sieben Großen Frauen und frag sie, ob sie einen Knecht brauchen und du bei ihnen bleiben kannst; und wenn sie von dir wissen wollen, was du gelernt hast, dann sag, du bist gut darin, Eisen und Stahl, Gold und Silber blank zu putzen und zum Funkeln zu bringen. Gib dir ja die größte Mühe, daß du ihnen alles und jedes recht machst, bis sie dir das Weiße Lichtschwert anvertrauen; und wenn du dann Gelegenheit findest, damit durchzubrennen, so nimmt dich ja in acht, daß du nicht mit der Scheide irgendein Ding im Hause anrührst, sonst stößt das einen Schrei aus, und dir geht es übel.«

Der Gille Mairtean verwandelte sich in ein Boot, und Mac Iain Direach schwang sich hinein und kam in Creagan nan Deargan an Land, an der Nordseite von Dhiurradh, und Mac Iain Direach sprang ans Ufer und ging hin, um sich bei den Sieben Großen Frauen zu verdingen. Er langte an und pochte an die Tür; die Sieben Großen Frauen kamen heraus und fragten, was er suche. Er sagte: »Ich komme fragen, ob ihr einen Burschen braucht«, und sie erkundigten sich, was er könne. Er sagte: »Ich kann Gold und Silber oder Eisen und Stahl blank putzen und weiß und funkelnd machen.« Sie sagten: »So einen brauchen wir«, und setzten seinen Lohn fest. Und sechs Wochen war er gewissenhaft und fleißig und brachte alles in die schönste Ordnung; und die Großen Frauen merkten es und sagten immer wieder zueinander: »Das ist der beste Bursche, den wir je gehabt haben; wir können ihm das Weiße Lichtschwert anvertrauen.«

Sie gaben ihm das Weiße Lichtschwert in seine Pflege; und er hütete es auf das sorgfältigste, bis er eines Tages, als die Großen Frauen nicht daheim waren, dachte, jetzt sei die Zeit für ihn da, um mit dem Weißen Lichtschwert auszureißen. Er steckte es in die Scheide und hob es sich über die Schulter; aber als er durch die Tür ging, berührte die Spitze der Scheide den Türsturz, und der Türsturz stieß einen gellenden Schrei aus; und die Großen Frauen kamen nach Hause gerannt und entrissen ihm das Schwert; und sie sagten zu ihm: »Wir geben dir das Weiße Lichtschwert nie und nimmer, es sei denn, du schaffst uns das Gelbe Füllen des Königs von Eirinn her.«

Mac Iain Direach ging ans Meerufer, und der Gille Mairtean

lief ihm in den Weg und sagte zu ihm: »Du machst ein langes Gesicht, Mac Iain Direach; du hast nicht getan, was ich dich geheißen habe, und willst es nicht tun; ich habe heute abend nur ein Widderbein und eine Schafsbacke, aber das ist immer noch besser als gar nichts.«

Sie zündeten ein Feuer an und brieten das Fleisch und wurden satt. Am nächsten Tag sagte der Gille Mairtean zu Mac Iain Direach: »Ich will mich in eine Barke verwandeln, und du geh an Bord, und ich will dich nach Eirinn bringen; und wenn wir in Eirinn anlangen, dann geh du ins Haus des Königs und frag, ob er dich als Stallburschen anstellt. Und wenn er das tut, sei behend und willig, alles zu verrichten, was getan werden muß, und halte die Pferde und das Geschirr in bester Ordnung, bis dir der König das Gelbe Füllen anvertraut; und wenn du die Gelegenheit abpassen kannst, reiß mit ihm aus; aber wenn du es aus dem Stall führst, gib acht, daß es nichts innerhalb des Tores anrührt, außer den Boden mit den Hufen, oder dein Unternehmen mißlingt dir.«

Und dann verwandelte sich der Gille Mairtean in eine Barke, Mac Iain ging an Bord, und die Barke segelte mit ihm nach Eirinn. Als sie dort das Land erreichten, sprang Mac Iain Direach an den Strand und ging zum Haus des Königs; und als er am Tor anlangte, fragte ihn der Pförtner, wohin er wolle, und er sagte: »Ich will sehen, ob der König einen Stallburschen braucht«; und der Türhüter ließ ihn vorbei, und er kam zum Haus des Königs; er pochte an die Tür, und der König kam heraus und fragte: »Was hast du hier zu suchen?«

Er sagte: »Mit Eurer Erlaubnis, ich komme, um zu sehen, ob Ihr einen Stallburschen braucht.«

Der König fragte: »Was hast du gelernt?«

Er sagte: »Ich kann die Pferde putzen und füttern und das Silber und den Stahl sauber und blank reiben.«

Der König setzte seinen Lohn fest, und er ging in den Stall; und er brachte alles und jedes in die beste Ordnung; er pflegte die Pferde mit aller Sorgfalt, fütterte sie gut und hielt sie sauber, und ihr Fell glänzte wie ein Spiegel; und die silber- und stahlgeschmiedeten Gebisse und Geschirre funkelten nur so; und der König hatte sie nie zuvor so prächtig gesehen. Und er sagte:

»Das ist der beste Stallbursche, den ich je gehabt habe; ich kann ihm das Gelbe Füllen anvertrauen.«

Der König gab Mac Iain Direach das Gelbe Füllen in seine Obhut, und Mac Iain Direach pflegte es mit der größten Sorgfalt und putzte es, bis sein Fell so glatt und schlüpfrig war und das Füllen so schnell, daß es dem einen Wind entlief und den anderen erhaschte. Der König hatte es nie in so guter Verfassung gesehen.

Eines Tages ging der König auf den Berg jagen, und Mac Iain Direach glaubte, nun sei die Zeit da, um mit dem Gelben Füllen zu entwischen; er trenste es mit seinem Zaum und legte ihm seinen Sattel auf; und als er es aus dem Stall führte und durch das Tor, peitschte es mit dem Schweif den Türpfosten, und der stieß einen gellenden Schrei aus.

Der König kam herbeigerannt und nahm Mac Iain das Füllen weg, und er sagte zu ihm: »Nie und nimmer geb ich dir das Gelbe Füllen, außer, du verschaffst mir die Tochter des Königs von Frankreich.«

Und Mac Iain Direach blieb nichts anderes übrig, als zu gehen; und als er schon fast am Ufer angelangt war, lief ihm der Gille Mairtean in den Weg und sagte zu ihm: »Du machst ein langes Gesicht, oh, Sohn des Iain Direach; du hast nicht getan, was ich dich geheißen habe, und willst es nicht tun; nun müssen wir nach Frankreich gehen. Ich will mich in ein Schiff verwandeln, du geh an Bord, und ich werde nicht lange brauchen, bis ich dich nach Frankreich gebracht habe.«

Der Gille Mairtean verwandelte sich in ein Schiff, und Mac Iain Direach segelte mit ihm nach Frankreich; und der Gille Mairtean lief absichtlich auf einen Felsen auf, daß er auf trockenem Land festsaß, und sagte zu Mac Iain Direach: »Nun geh hin zum Haus des Königs und bitte um Hilfe und sag, dein Kapitän sei umgekommen und sein Schiff gestrandet.«

Mac Iain ging zum Haus des Königs und pochte an die Tür; es kam jemand heraus, um zu sehen, wer da war; er erzählte seine Geschichte und wurde in die Festung eingelassen. Der König fragte ihn, woher er komme und was er hier tue.

Er erzählte ihm sein Mißgeschick: Daß ihn ein großer Sturm überkommen und den Kapitän über Bord gerissen habe; daß das Schiff gestrandet sei und auf einem Felsen festsäße, auf den die Wogen es getrieben hätten, und daß er nicht wisse, wie er es wieder flottbekommen solle.

Der König und die Königin und die ganze Familie, alle gingen zum Strand, um das Schiff zu besichtigen; und als sie es betrachteten, ertönte auf einmal an Bord wunderliebliche Musik, und die Tochter des Königs von Frankreich ging an Bord, um das Instrument zu sehen; und während sie in einer Kajüte waren, erklang die Musik aus der nächsten; und schließlich vernahmen sie die Musik vom Oberdeck und stiegen hinauf, und da sahen sie, daß das Schiff auf dem Meere schwamm und kein Land mehr zu erkennen war.

Und die Tochter des Königs von Frankreich sagte: »Was hast du mir für einen bösen Streich gespielt. Wohin fährst du mit mir?«

»Ich fahre mit dir nach Eirinn«, sagte Mac Iain Direach, »um dich dem König von Eirinn als seine Frau zu übergeben, damit ich von ihm das Gelbe Füllen erhalte, um es den Großen Weibern von Dhiurradh zu bringen, damit ich von ihnen das Weiße Lichtschwert erhalte und es dem Großen Riesen mit den fünf Köpfen, den fünf Buckeln und den fünf Gurgeln bringen kann, damit ich von ihm für meine Stiefmutter seinen Blauen Falken kriege – dann werde ich frei von Kreuz und Zauber und von den bösen Leiden dieses Jahres.«

Und des Königs von Frankreich Tochter sagte: »Lieber hätte ich dich selber zum Mann.«

Und als sie ans Ufer von Eirinn gelangten, verwandelte sich der Gille Mairtean in eine schöne Frau und sagte zu Mac Iain Direach:

»Laß du des Königs von Frankreich Tochter hier, bis wir zurückkommen, und ich geh mit dir zum König von Eirinn; an mir kriegt er eine Frau, daß er für immer genug hat.«

Mac Iain Direach ging mit dem Gille Mairtean, der die Gestalt einer schönen Jungfrau angenommen und die Hand unter Mac Iains Arm geschoben hatte. Als der König von Eirinn die beiden kommen sah, lief er ihnen entgegen; er holte das Gelbe Füllen aus dem Stall, legte ihm einen goldenen Sattel auf den Rücken und zäumte es mit einer silbernen Trense auf.

Mac Iain ging mit dem Füllen dorthin, wo des Königs von Frankreich Tochter wartete. Der König von Eirinn war hochzufrieden mit der jungen Gemahlin, die er erhalten hatte; er ahnte nicht im mindesten, daß er in Wahrheit Gille Mairtean bei sich hatte; und sie waren noch nicht lange zur Ruhe gegangen, als der Gille Mairtean auf den König sprang und ihm den Rücken zerbiß. Und der Gille Mairtean ließ den König von Eirinn jämmerlich verwundet zurück und rannte eilends dorthin, wo Mac Iain Direach und des Königs von Frankreich Tochter und das Gelbe Füllen waren.

Sagte der Gille Mairtean: »Ich will mich in ein Schiff verwandeln, und ihr geht an Bord, dann bring ich euch nach Dhiurradh.« Er wurde zum Schiff, und Mac Iain führte zuerst das Gelbe Füllen hinein, dann gingen er und des Königs von Frankreich Tochter hinterher, und der Gille Mairtean segelte mit ihnen nach Dhiurradh, und sie gingen am Nordende von Dhiurradh an Land; und als sie ans Ufer traten, sagte der Gille Mairtean: »Laß du das Gelbe Füllen und die Königstochter hier, bis du zurückkehrst; und ich will die Gestalt eines Füllens annehmen und will mit dir zu den Großen Weibern von Dhiurradh gehen, und an mir sollen sie soviel von einem Füllen haben, daß es ihnen für immer langt.«

Der Gille Mairtean verwandelte sich in ein Füllen, Mac Iain Direach legte ihm den goldenen Sattel auf den Rücken und zäumte ihn mit der silbernen Trense auf und ging so mit ihm zu den Sieben Großen Weibern von Dhiurradh. Als die Sieben Großen Weiber ihn kommen sahen, liefen sie ihm mit dem Weißen Lichtschwert entgegen und reichten es ihm. Mac Iain nahm dem Gille Mairtean den Goldsattel vom Rücken und die Silbertrense aus dem Maul und ließ ihn bei ihnen zurück; er selber ging mit dem Weißen Lichtschwert davon, dorthin, wo des Königs von Frankreich Tochter und das Gelbe Füllen warteten, das er vom König von Eirinn erhalten hatte; und die Großen Weiber von Dhiurradh bildeten sich ein, es sei das Gelbe Füllen des Königs von Eirinn, das sie erhalten hätten, und konnten es nicht abwarten zu reiten. Sie legten ihm einen Sattel auf den Rücken und zäumten es auf, und eine von ihnen saß auf, und die nächste setzte sich hinter die erste und wieder eine hinter die, und es blieb immer noch Platz für eine weitere, bis eine nach der anderen alle Sieben Großen Weiber auf des Gille Mairtean Rücken saßen, immer im Glauben, sie hätten nun das Gelbe Füllen unter sich.

Eine von ihnen versetzte dem Gille Mairtean einen Gertenhieb, und im selben Augenblick galoppierte er fort; er lief vorwärts und rückwärts mit ihnen durch die Bergmoore, und schließlich sprang er hoch bis zum Gipfel des Monadh-Berges von Dhiurradh und kam dort oben auf die große Felsspitze, und er schob sich auf dem Felsenturm vor und setzte seine beiden Vorderbeine an den äußersten Rand und schleuderte die Hinterbeine hochauf in die Luft und warf die Sieben Großen Weiber über die Klippe und lief lachend fort; und er langte dort an, wo Mac Iain Direach und die Tochter des Königs von Frankreich mit dem Gelben Füllen und dem Weißen Lichtschwert warteten.

Sagte der Gille Mairtean: »Ich will mich in ein Boot verwandeln, und du geh mit der Tochter des Königs von Frankreich an Bord und nimm das Gelbe Füllen und das Weiße Lichtschwert mit dir, und ich will dich zum Festland bringen.«

Der Gille Mairtean verwandelte sich in ein Boot; Mac Iain Direach brachte das Gelbe Füllen und das Weiße Lichtschwert an Bord und ging dann selber mit des Königs von Frankreich Tochter hinein; und der Gille Mairtean brachte sie ans Festland.

Als sie am Ufer anlangten, nahm der Gille Mairtean wieder seine eigene Gestalt an und sagte zu Mac Iain Direach: »Laß du hier des Königs von Frankreich Tochter, das Gelbe Füllen des Königs von Eirinn und das Weiße Lichtschwert zurück, und ich will mich in das Weiße Lichtschwert verwandeln; dann bring mich zu dem Riesen und gib mich ihm gegen den Falken, und er wird von mir soviel Schwert zu schmecken kriegen, daß er für immer genug dran hat.«

Der Gille Mairtean verwandelte sich in ein Schwert, und Mac Iain Direach brachte ihn zum Riesen; und als ihn der Riese kommen sah, setzte er den blauen Falken in einen Hühnerkorb und überreichte ihn Mac Iain Direach, und der ging damit fort, dorthin, wo er des Königs von Frankreich Tochter, das Gelbe Füllen und das Weiße Lichtschwert zurückgelassen hatte.

Der Riese ging mit dem Gille Mairtean in der Hand in sein

Haus und glaubte, es sei das Weiße Lichtschwert der Großen Weiber von Dhiurradh, das er trage, und fing an zu fechten und um sich zu hauen; aber schließlich bog sich der Gille Mairtean und schlug dem Riesen seine fünf Köpfe ab, und dann ging er dahin, wo Mac Iain Direach war, und sagte zu ihm: »Sohn von John dem Aufrechten, leg dem Füllen den Goldsattel auf und zäume es mit der Silbertrense, schwing dich darauf und setz des Königs von Frankreich Tochter hinter dich, und das Weiße Lichtschwert halte mit dem Rücken an Deine Nase; tust du das aber nicht und trifft dich der Blick deiner Stiefmutter dann, so ist er tödlich; sie wird dich behexen, und du wirst als Reisig-bündel zu Boden fallen. Liegt aber der Schwertrücken an deiner Nase und ist die Schneide zu ihr gerichtet, wenn sie dich zu behexen versucht, dann fällt sie selber als Reisigbündel um.«

Mac Iain Direach tat, wie ihn der Gille Mairtean geheißen hatte; und als er in Sicht des Hauses kam und ihn seine Stief-mutter mit ihren tödlich behexenden Augen anblickte, fiel sie als Reisigbündel zu Boden, und Mac Iain Direach zündete sie an und war nun frei von Furcht; und er hatte die beste Frau in Albain gewonnen, und das Gelbe Füllen war so geschwind, daß es dem einen Wind entlaufen konnte und den anderen einholte; und der blaue Falke versorgte ihn mit einer Fülle von Wild, und das Weiße Lichtschwert hielt jeden Feind von ihm ab, und Mac Iain Direach lebte in dauerhaftem Glück.

Sagte Mac Iain Direach zu Gille Mairtean: »Du bist willkom-men, du Märzbursche, streife du durch mein Gebiet und nimm dir jedes Tier, das du begehrst, und ich will meinen Dienern befehlen, daß sie keinen Pfeil auf dich abschnellen und daß sie dich nicht erschlagen, dich nicht und keinen deines Geschlech-tes, was immer du aus der Herde entführst.«

Sagte der Gille Mairtean: »Behalte du die Herden für dich; es gibt noch viele, die Widder und Schafe besitzen, genauso wie du, und ich krieg reichlich Fleisch anderswo, ohne daß ich dir Kummer bereite.« Und der Fuchs gab dem Sohn des Auf-rechten John seinen Segen und ging fort, und nun ist die Geschichte aus.

Zur Zeit der Schlacht von Culloden lebte in Beauly eine Witwe, die nur einen Sohn hatte; er hieß Donald Fraser. Er zog mit allen andern aus dem Clan zusammen in die Schlacht. Die Rebellen wurden geschlagen, und Donald floh nach Beauly, so rasch seine Beine ihn trugen. Seine arme Mutter war froh, daß sie ihn mit unverletzten Gliedern, heil und gesund, wiedersah, so elend, hungrig und müde, wie er auch war. Er jedoch war sich darüber im klaren, daß sein Leben keinen Penny wert war, falls er in der Hütte seiner Mutter übernachtete, denn die Rotröcke spürten denen nach, die dem Prinzen geholfen hatten, obwohl die meisten der Frasers von der Pressgang gezwungen worden waren, mit Lord Lavat, der dann geköpft wurde, zu ziehen. So irrte er drei Jahre lang herum, suchte Zuflucht in den Bergen, in Senken, Wäldern, zwischen den Felsen, in den Höhlen, die zwischen Bannock Loch und Bird's Loch im Oberland von Beauly liegen. Eines Tages, als die drei Jahre um waren, sagte er zu seiner Mutter: »Hör, ich habe dies Leben satt; jetzt sind wir bettelarm geworden und haben nichts zu essen und nichts anzuziehen. Ich geh und sehe zu, ob ich Arbeit kriege, mag werden, was will.«

»Du gehst nicht«, sagte sie, »bevor du von deiner Mutter einen Haferkuchen bekommen hast und ihren Segen.«

Am Morgen buk sie ihm einen Maitaghaferkuchen, und so machte er sich mit dem Haferkuchen und mit seiner Mutter Segen auf den Weg nach Inverness. Da kriegte er keine Arbeit. Von Inverness zog er weiter nach Nairn, und da fand er welche. Er mietete sich bei einem alten Mann im Haus ein, der bloß eine Tochter hatte. Mit der Zeit machte er sich an die Tochter heran und heiratete sie. Ich weiß nicht, was Donald in der Hochzeitsnacht überkam, jedenfalls stand er auf, zog sich seine Kleider an und ging fort und verließ sie. Er wanderte weiter, bis er in Keith anlangte; dort suchte er Arbeit zu kriegen, aber das wurde nichts. Von da zog er weiter nach Huntley, aber da fand er auch keine Arbeit. Schließlich war er schon fast am Verhungern, denn seit Nairn hatte er weder Brot zwischen die Zähne gekriegt, noch was getrunken. Es blieb ihm nichts weiter übrig, als zu betteln. So ging er in einen Bäckerladen und sagte: »Gebt mir in Gottes Namen was zu essen, ich sterbe vor Hunger.«

»Du kriegst weder Brot noch was zu trinken von mir, du widerlicher Hund«, sagte der Bäcker. »Wenn ich jedem von deiner Sorte, der daherkommt, was geben wollte, dann bliebe mir selber nicht mehr viel.«

»Oh«, sagte der arme Donald, »laßt mich nicht verhungern, gebt mir was zu essen, und ich mache für Euch, was Ihr wollt.«

»Was kannst du denn?« sagt der Bäcker.

»Arbeiten«, sagt Donald.

»Aber einen Arbeiter brauche ich jetzt nicht«, sagt der Bäcker, »und backen wirst du ja wohl nicht können.«

»Aber kann ich das nicht lernen?« sagt Donald.

»Klar kannst du das lernen«, sagt der Bäcker, »aber sieben Jahre dauert das schon.«

»Gebt mir was zu essen«, sagt Donald, »und morgen früh bin ich Euer Mann.«

Er diente bei dem Bäcker sieben Jahre, und wie die sieben Jahre herum sind, sagt der Bäcker zum Donald: »Ich bin mit dir sehr zufrieden. Du hast deine Zeit ehrlich abgedient, und heute wüßte ich nicht zu sagen, wo es einen besseren Handwerker als dich gibt. Ich weiß nicht, wie ich ohne dich zurechtkommen soll; aber wenn du noch mal sieben Jahre bei mir bleibst, kriegst du das hier (und er hielt ihm eine Handvoll Geld hin) für die vergangenen sieben Jahre und für die kommenden.«

»Morgen früh«, sagte Donald, »bin ich Euer Mann.«

Er diente dem Bäcker die zweiten sieben Jahre durch, und als sie um waren, machten sie dasselbe ab wie am Ende der ersten sieben Jahre, bloß mit dem Unterschied, daß Donald diesmal zum Schluß doppelt soviel Lohn kriegen sollte wie für die vierzehn Jahre, die er schon abgedient hatte. Sie wurden sich einig wie vorher, und der brave Donald diente bei dem Bäcker einundzwanzig Jahre. Als die einundzwanzig Jahre abgelaufen waren, sagt der Bäcker zu Donald: »Du hast jetzt drei mal sieben Jahre hinter dir, und wenn du mir noch mal sieben Jahre dienen willst, geb ich dir für die sieben soviel Lohn, wie du für die einundzwanzig zu kriegen hast.«

»Nein, jetzt bleib ich kein einziges Jahr mehr«, sagt Donald, »ich will nach Hause und meine Frau besuchen.«

»Deine Frau?« sagt der Bäcker, »du hast eine Frau? Du bist ein komischer Kauz. Einundzwanzig Jahre bist du hier und hast zu keinem einen Ton davon gesagt, daß du eine Frau hast. Aber hör mal«, sagt der Bäcker, »was möchtest du lieber haben: deine drei Löhne oder drei Ratschläge?«

Am andern Morgen kam Donald zeitig herunter, wie er es versprochen hatte.

»Na, wie steht's?« fragte der Bäcker. »Was willst du haben – die drei Löhne oder die drei Ratschläge?«

»Die drei Ratschläge«, sagt Donald.

»Schön. Der erste Rat«, sagt der Bäcker, »ist der: Halte dich auf der ordentlichen Straße, auch wenn sie einen Bogen macht; der zweite lautet: Bleib in keinem Haus, wo eine junge, schöne Frau mit einem alten, mürrischen Ehemann drin ist; und der dritte Rat heißt: Denk dreimal nach, bevor du die Hand hebst, um wen zu schlagen. Und hier hast du Geld für den Heimweg und außerdem drei Brote; aber denk dran: Du guckst sie dir weder an, noch brichst du sie durch, bevor du sie deiner Frau in den Schoß gelegt hast, so daß sie vielleicht dazu gut sind, euch zu versöhnen; denn du bist so lange von ihr fort gewesen, daß kein Mensch wissen kann, ob sie lebt oder tot ist und wie sie dich empfängt.«

Donald machte sich sofort auf den Weg nach Nairn. Er hatte die Absicht, die erste Nacht in Keith zu bleiben, die nächste würde er dann daheim sein. Auf der Straße zwischen Huntley und Keith überholte er einen Hausierer, der grüßte ihn freundlich und fragte: »Wo soll's hingehn?« – »Nach Keith«, antwortete Donald. Der Hausierer sagte: »Da bin ich aber froh! Dort will ich nämlich auch hin. Wir können uns auf dem Marsch unterhalten, da wird uns der Weg nicht so lang.«

So wanderten sie weiter, bis sie in einen Wald kamen; da meinte der Hausierer: »Hier gibt's eine Abkürzung, die spart uns drei Meilen bis Keith.«

»Dann geh du ruhig da lang«, sagt Donald. »Ich habe für meinen Rat teuer bezahlt. Ich nehme die Straße.«

Der Hausierer ging den Pfad durch den Wald lang, aber er war noch nicht weit gekommen, da hörte Donald ihn schreien: »Mörder! Mörder!«

Donald stürzte durch das Gehölz, dem Hausierer zu Hilfe; der lag da und war von zwei Räubern ausgeplündert.

»Da siehst du wohl, daß mein Rat Sinn hat«, sagt Donald. »Du bist ausgeraubt und kannst noch von Glück sagen, daß sie dich nicht umgebracht haben, gar nicht zu reden von der Zeit, die uns das gekostet hat. Heute schaffen wir es nicht mehr bis Keith.«

Sie stießen am Straßenrand auf ein Bauernhaus, und weil es schon spät war und sie bis Keith noch ein gutes Stück Weg vor sich hatten, traten sie ein und fragten, ob sie über Nacht bleiben dürften. Das erlaubten ihnen die Leute drinnen bereitwillig. Sie saßen um ein tüchtiges Feuer herum und rückten zusammen, die zwei konnten sich aufwärmen und kriegten auch reichlich zu essen.

Donald sah sich die Bäuerin an, das war eine junge und schöne Frau. Ihr alter, triefäugiger, ungekämmter Mann kam hereingehatscht. Als er drin war, sagt Donald zum Hausierer: »Hier bleib ich nicht. Ich hab für den Rat teuer bezahlt.«

»Du wirst doch wohl um diese Nachtzeit nicht auf die Straße wollen!« sagt der Hausierer. »Wenn du schon nicht im Haus bleiben magst, schlaf wenigstens in der Scheune.«

Damit war Donald einverstanden und legte sich in der Scheune schlafen; die Sachen behielt er an. Er hatte ein Strohbündel als Kissen, ein Strohbündel als Unterbett, Strohbündel rechts und links und eins über sich als Decke. Er steckte so tief im Stroh, daß er fast keinen Platz zum Atmen behielt.

Er war gerade erst eingeschlafen, da kamen zwei Leute herein und setzten sich genau auf das Strohbündel, unter dem er lag. Das war ihm sehr ungemütlich, aber er wagte sich nicht zu beschweren oder überhaupt den Mund aufzutun; statt dessen langte er ganz vorsichtig in die Tasche nach seiner Schere und schnitt dem Mann, der ihm zu Häupten saß, ein Stückchen vom Rock ab, weil ihm das genau in Mund und Augen kam. Als er es abgeschnitten hatte, schob er es in die Westentasche. Der Mann und die Frau, denn das waren sie, fingen nun an, feste miteinander zu schmusen. Schließlich sagte die Frau:

»Was für ein Jammer, daß der widerliche, alte Kerl nicht tot ist. Wenn du ihm das Rasiermesser an den Hals setzen würdest, durch die Gurgel ziehn tät ich's ihm selber.«

Und das war's, was passierte. Als Donald am Morgen aus der Scheune trat, hatten zwei Polizisten den armen Hausierer beim Wickel. Sie legten ihm Handschellen an und brachten ihn fort nach Aberdeen; sie beschuldigten ihn, er habe den Bauern ermordet. am Morgen hatte man nämlich den Bauern tot, mit durchgeschnittener Kehle, gefunden.

Donald lief ihnen nach Aberdeen hinterher. Der Hausierer wurde vor Gericht gebracht; er wurde schuldig befunden, und der Richter setzte sich die schwarze Kappe auf, um das Todesurteil zu verkünden. Im selben Augenblick steht Donald im Gerichtssaal auf und spricht: »Mylord, bitte schön, kann ein Mann, der nicht vorgeladen ist, als Zeuge aussagen?«

»Was hast du zu sagen?« fragte seine Lordschaft.

Da berichtete Donald, was sich in der Scheune zugetragen hatte, und er ersuchte darum, daß der Schatz der jungen Witwe vor Gericht geholt würde, in den Sachen, die er in der Mordnacht angehabt hatte; er, Donald, könne dann beweisen, daß der junge Mann schuldig sei und der Hausierer unschuldig.

Der junge Mann wurde in den Gerichtssaal geholt, und als er vor den Schranken stand, erkundigte sich Donald, ob ein Schneider im Saal sei.

»Ja«, sagt ein Mann gegenüber von ihm und steht auf.

»Sieh mal nach«, sagt Donald zu dem Schneider, »ob da vom Rockschoß ein Stück abgeschnitten ist.«

»Stimmt«, sagt der Schneider.

Darauf holte Donald das Stück, das er dem Mann vom Rock geschnitten hatte, aus der Westentasche, reichte es dem Schneider und fragte ihn, ob es an die Stelle passe.

»Ja«, sagte der Schneider. »Es ist genau das Stück, was hier vom Rockschoß abgeschnitten ist.«

Da berichtete Donald zum zweiten Mal, wie sich alles abgespielt hatte. Der Mann und die Frau wurden beide in Aberdeen für den Mord hingerichtet, und der Hausierer war frei.

Nun machte sich Donald nach Nairn auf, um seine Frau zu besuchen; aber bevor er die Stadt verließ, kaufte er sich eine

Pistole, Pulver und Kugeln. »Wer weiß«, sagte er, »was mir noch passiert, bevor meine Reise zu Ende ist.«

Schließlich langte der gute Mann bei Nacht in Nairn an, aber er fand sich doch glatt zu dem Haus seiner lieben Frau. Er machte die Tür auf, und sowie er eingetreten war, erkannte er ihre Stimme: Sie zankte sich mit einem anderen Mann. Da zog er seine Pistole, um den Mann zu erschießen; aber er besann sich auf den dritten Rat, den ihm der Bäcker gegeben hatte: »Denk dreimal nach, bevor du die Hand hebst, um irgendwen zu schlagen.«

Als der andere zu schimpfen aufhörte, fing die Frau an und sagte: »Du junger Taugenichts, ich habe bloß dich, und wenig Freude habt ihr zwei mir gemacht, dein Vater und du! Er ging mir in der Hochzeitsnacht durch, und ich hab keine Ahnung, ob er tot ist oder am Leben; aber dich hat er mir als Bürde zurückgelassen!«

Als Donald das vernahm, war er heilfroh, daß er nicht seinen Sohn erschossen hatte; so ging er dorthin, wo die beiden saßen, holte die Weißbrotlaibe aus seinem Rucksack und brach sie auf dem Knie seiner Frau. Aus dem ersten Laib rollte der Lohn für die ersten sieben Jahre; aus dem zweiten der für die zweiten sieben Jahre; und aus dem dritten der für die dritten sieben Jahre. Und nun lebten sie miteinander so glücklich, wie sich das jeder nur wünschen kann.

34   Die graue Katze

Es war einmal ein König, der heiratete, und die Königin gebar ihm einen Sohn. Sie starb, und er heiratete wieder. Auch die zweite Königin schenkte ihm einen Sohn, und die beiden Jungen wuchsen miteinander auf. Jeden Tag zog der König auf den Berg zur Jagd, und der älteste Sohn war dabei. Die Iochlach Ùrlair erklärte der Königin, sie sei rein närrisch, weil sie es nicht fertigbringe, den ältesten Sohn irgendwie aus dem Wege zu schaffen, da sie doch sehe: Er sei es, der des Vaters gesamten Besitz einmal erbe, während ihr eigener Junge keinen Fitzel davon kriegen werde. »Ihr tut ihm einfach das hier«, sagte sie, »in die Tasse, wenn er heimkommt: Das bringt ihn um.«

Aber kein anderer als der Jüngere hatte die beiden belauscht, und als er Vater und Bruder heimkehren hörte, rannte er ihnen entgegen. Der Knabe warnte seinen Bruder, ja nicht das zu trinken, was ihm die Mutter reichen würde, »denn«, sagte er, »die Iochlach Ùrlair hat die Mutter angewiesen, irgendwas hineinzutun, damit du stirbst. Aber erzähl das ja nicht weiter, ich habe Angst: Sonst bringt mich die Mutter um.« Als sie sich hinsetzten, nahm der Jüngling seine Tasse und ließ das Hündchen, das sie im Haus hielten, daraus trinken; und der kleine Hund verendete, bevor er sie ausgeschleckt hatte. Der Jüngling sagte kein Wort, er ließ sich auch nichts anmerken; und der König war recht bekümmert, als das Hündchen starb.

Am nächsten Tag gingen der König und sein Ältester wieder zur Jagd auf den Berg. Sowie sie fort waren, kam die Iochlach Ùrlair zur Königin. »Das hat nicht geklappt«, sagte sie, »aber schickt ihn mit einem Auftrag zu mir, dann steche ich ihn mit einer vergifteten Nadel.«

Der Jüngere belauschte die beiden, und als er Vater und Bruder kommen sah, rannte er ihnen entgegen und berichtete ihnen jedes Wort. »Wenn dich die Mutter mit einem Auftrag fortschickt, geh nicht!« sagte der Junge zu seinem Bruder. Als sie am nächsten Tag aufgestanden war und gefrühstückt hatte, bat die Königin den Jüngling, zur Iochlach Ùrlair zu gehen und ihr etwas auszurichten. Draußen sagte er zum Bruder: »Ich gehe ganz und gar fort, und du nimm das Erbe; denn deswegen wollte sie mich ja aus dem Weg schaffen.«

Der Junge war sehr traurig, daß der andere Abschied nahm. »Ich gehe hinein«, sagte er, »und sehe, ob ich meiner Mutter Geld stehlen kann, das bringe ich dir, ich will nicht, daß du ohne alles losziehst.« – »Ich mag aber kein unehrliches Geld, das bringt mir nichts Gutes«, sagte der Ältere. »Wenn ich es nicht auf redliche Art kriegen kann, vertrau ich lieber auf mein Glück.« Die beiden Brüder brachen zusammen auf, und eine kleine Strecke hinter dem Haus führte sie der Weg zu einem grünen Hügel. Hier fingen sie beide an zu weinen, und dann nahmen sie voneinander Abschied. Der Jüngere blieb mit dem Gesicht auf dem Hügel liegen und weinte den ganzen Tag lang. Der Ältere wanderte zum Pflegevater des Königs und kam am

Haus an, als es eben dunkelte. Es war keiner daheim als die Pflegemutter; sie saß an einem Feuerchen. »Willkommen, Königs Ältester«, sagte sie, »das war ja zu erwarten.« Sie bereitete ein Mahl, sie wusch ihm die Füße mit warmem Wasser und brachte ihn zu Bett; und sie legte ihm unter Kopf und Füße einen Schlummerstrohhalm.

Er schlief durch bis zum Morgengrauen, und als er aufstand, bereitete sie ihm das Frühstück. Sie reichte ihm ein Paar Schuhe und sagte: »Die Schuhe bringen dich bis an die Höhle, zu der du unterwegs bist. Wenn du am Eingang anlangst, so stell die Schuhe mit den Spitzen zu dem Weg, den sie kennen, und mit den Fersen zu dem, den sie nicht kennen, dann kehren sie zu mir zurück. Hier hast du dreißig Silberschillinge; sie sind alles, was ich habe, nimm sie mit. Wenn du in die Höhle eintrittst, findest du eine große, graue Katze; und wenn die Katze dir ins Gesicht lacht, dann lach du zweimal zurück.« Das versprach er der Pflegemutter; dann nahm er Abschied von ihr und brach auf. Die Schuhe trugen ihn geradewegs zum Höhleneingang; und als er anlangte, stellte er sie mit den Spitzen nach dem Weg, den sie kannten, und mit den Hacken zu dem, den sie nicht kannten, und sie liefen wieder nach Hause.

Er trat in die Höhle und erblickte darin die große, graue Katze. Die Katze lachte ihm ins Gesicht, und er lachte zweimal zurück. »Willkommen, Königs Ältester«, sagte die Katze. »Mancher Königssohn und mancher Rittersohn hat sich schon hierher aufgemacht und ist nicht wieder zurückgekehrt, ich fürchte, dir ergeht es nicht besser. Hier lebt ein gewaltiger Riese. Jeden Abend kommt er heim, und wenn auch nur ein Vogel hier hereingeflattert ist, der Riese merkt es sofort. Aber trotzdem will ich alles für dich tun, was ich kann.« Die Katze ging hinters Feuer, hob eine große Steinplatte von einer Grube, und kurz vor der Zeit, zu welcher der Riese gewöhnlich eintraf, ließ sie ihn hinuntersteigen und deckte die Grube wieder zu. Dort blieb er.

Nicht lange, und draußen nahte etwas mit Lärm, und sie fühlten, wie die Erde bebte. Das war kein anderer als der mächtige Riese mit den fünf Häuptern und den fünf Buckeln und den fünf Hälsen; in der einen Hand trug er eine Weidenrute, an der Fische aufgereiht waren, und in der andern eine, an der hingen tote, alte Weiber. »Hohoho!« sagte der Riese, »ich wittere hier einen Fremden!« – »Das ist nur ein kleiner Vogel, der kam hereingeflogen, ich habe ihn getötet und im Feuer verbrannt«, sagte die graue Katze. »Vielleicht ist es weiter nichts«, sagte der Riese. »Spute dich und koch mir diese Fische.« Sie kochte ihm die Fische, und er streckte sich zum Schlafen auf der Bank aus. Er schnarchte, daß sie dachten, das Haus bräche davon zusammen. Am nächsten Morgen aß er die restlichen Fische und zog ab. Sowie er außer Sicht war, ließ die graue Katze den Königssohn aus der Grube. Er bat sie um etwas zu essen, aber die Katze antwortete ihm, es sei kein Bissen da außer ein wenig ekligem Fisch. »Nicht weit von uns ist eine Stadt, dort gibt es alles, was wir brauchen«, sagte sie. »Hier ist Geld«, sagte der Königssohn und gab der Katze etwas von dem Silber. Im Nu war sie fort in die Stadt und kaufte Wein und Brot. Während die Katze fort war, beschloß er, die Höhle zu erkunden. Er entdeckte eine Tür, die war verschlossen. Er spähte durchs Schlüsselloch und sah, daß jeder Zollbreit vom Boden mit schwarzen Steinsäulen bedeckt war. Nun ging er zu einer andern Tür und lugte durchs Schlüsselloch. So weit er schauen konnte, sah er Gewehre und Säbel und feine Herrensachen. Er ging zu einer dritten Tür; da erblickte er eine schöne junge Dame – so schön, wie er noch nie eine gesehen hatte –, und die war ganz in Weiß gekleidet. Sie verbrachte die Zeit damit, daß sie eine Weile weinte und sich dann eine Weile das Haar kämmte. Als er die drei Zimmer besichtigt hatte und die Katze mit ihren Einkäufen zurückkehrte, aß er und trank er. »Wenn wir uns eine Woche lang weiter so ernähren, bis wir stark werden«, sagte die graue Katze zum Königssohn, »dann machen wir folgendes: Wir versuchen, ob wir den Riesen töten können, während er schläft.« – »Sehr gut«, gab der Königssohn zurück. So fuhren sie mit dem Einkaufen und dem Essen fort, bis die dreißig Schillinge alle waren. Jeden Tag, wenn die Katze aus dem Haus war, begab er sich zu dem Zimmer, in dem die Dame saß, und lugte die ganze Zeit durchs Schlüsselloch, bis die Katze zurückkam. Jeden Abend, wenn der Riese heimkehrte, tobte er und schalt die Katze und beharrte darauf, es sei ein Fremder im Haus.

Eines Nachts beschlossen sie, ihm den Garaus zu machen. Der Riese war eingeschlummert, und während er in schwerem Schlaf lag, warf die Katze reichlich Holz aufs Feuer und schob zwei Bratspieße in die Flammen. Der Riese schnarchte, daß die Höhle zitterte. Als die Eisenspieße weißglühend waren, hob die graue Katze die Steinplatte von der Grube und ließ den Königssohn heraus. Er stieg herauf, nahm einen der Spieße aus dem Feuer und stieß ihn dem Riesen in die Brust. Die graue Katze ergriff den andern Spieß und stieß ihn dem Riesen mit dem bißchen Kraft, das sie hatte, in eine andere Stelle. Der Riese stürzte brüllend und heulend hinaus. Aber was macht er? Er rennt seitwärts durch die Tür, und da hielten ihn die Spieße fest. Der Königssohn packte des Riesen Schwert und sagte: »Der Tod ist über dir! Was bietest du als Lösegeld?« – »Nicht wenig!« gab der Riese zurück. »In dem einen Zimmer steht eine Truhe voll Gold und Silber.« – »Die gehört mir!« sagte der Königssohn. »Tod über dir! Was bietest du als Lösegeld?« – »Ich habe ein Zimmer voll von schwarzen Steinsäulen, die sind nichts anderes als Königs- und Ritters- und Herzogssöhne. In dem Zimmer liegt eine Zauberrute, und wenn du sie damit schlägst, dann nehmen sie ihre rechte Gestalt wieder an. Und dann gibt es noch ein Zimmer, das liegt voll von ihren Kleidern und Waffen. Was die Rute bei den andern schafft, schafft sie auch für die graue Katze. Die ist eine verhexte Königstochter, und ich habe sie gefangen. Ich bin zu ihr sehr gut gewesen, das hat sie mir am Ende freilich böse gelohnt. Aber ich besitze noch was, das ist besser als alles andere – nämlich die Tochter vom König hier. Sie war hinausgeschwommen, da habe ich sie erwischt. Ich nehme an, die wirst du dir selber nehmen.« Obwohl der Riese ihm all dies erzählte, schlug ihm der Königssohn mit dem Schwert all seine Köpfe ab.

Das erste, was er danach tat, war, daß er zu dem Zimmer lief, wo die Dame saß, und sie herausließ. Dann gingen sie in das Zimmer, wo die schwarzen Steinsäulen und die magische Rute lagen. Er fand die Rute und versetzte der Katze damit einen Streich. Sofort verwandelte sie sich in eine feine, schöne Frau von ungefähr achtzehn Jahren. Da fing er an und schlug die Steinsäulen, und ein Königssohn sprang auf und dann ein Ritterssohn und ein Herzogssohn, immer weiter, bis das Zimmer von all diesen feinen Burschen voll war. Sie zogen sich in dem andern Raum ihre Kleider an. Dann teilten sie sich all das Gold und Silber, und die graue Katze bekam ihren guten Teil von allem, was da war. Der junge Mann und die Königstochter machten Hochzeit, und die graue Katze heiratete einen von den Rittern, die in dem Zimmer gewesen waren. Als die Hochzeiten und alles andere vorbei waren, dachte der Königssohn, jetzt wollte er heimgehen zu seinem Vater. Er nahm seine Frau mit, und Schätze hatten sie auch genug bei sich.

Nachdem der Prinz sein Vaterhaus verlassen hatte, sehnte sich sein Vater nach ihm, und alle waren sehr traurig, weil er fortgegangen war. Jeden Tag wanderte sein Bruder zu dem kleinen Hügel, wo er von ihm Abschied genommen hatte, um ihn zu beklagen; und keiner wußte, was ihm fehlte. Er wurde dünn und schwand immer mehr dahin. Sein Vater beschloß, ihm nachzuspüren und herauszubekommen, wohin er ginge. Er folgte ihm bis zu dem kleinen Hügel, und da fand er ihn, wie er auf dem Gesicht lag und weinte. »Du mußt mir sagen, was mit dir los ist«, sprach der Vater. Der Junge wollte nicht, aber der Vater ließ nicht von ihm ab. »Ich habe Angst, du tötest meine Mutter, wenn ich es dir verrate«, sagte er. »Das hier ist der Hügel, auf dem mein lieber Bruder von mir Abschied genommen hat. Den Abend lief er fort zum Pflegevater, und seitdem habe ich von ihm nichts gesehen und gehört.« Der König ging zum Haus des Pflegevaters, um von seiner Pflegemutter zu erfahren, was mit dem Jüngling passiert war. Die Pflegemutter konnte ihm nichts erzählen, außer, daß er fortgewandert war. Da kehrte der König nach Hause zurück und ließ die Hühnerfrau hinrichten. Die Königin aber schämte sich so sehr, daß sie sich zu Bett legte und nicht mehr lange am Leben blieb.

Als der Königssohn und sein Vater und sein Bruder einander trafen, herrschte große Freude. Der Königssohn überließ das Reich seinem Bruder – er hatte für sich selber übergenug. Nachdem er und seine Frau eine Zeit mit dem Vater verbracht hatten, kehrten sie in ihr eigenes Königreich zurück. Nun hatte der König nur noch den jüngsten Sohn, und der heiratete.

Es war einmal ein König von Albain, der hatte einen Sohn und eine Tochter. Ein ungeheurer Riese, der in einer Höhle hauste, kam und nahm die Tochter gewaltsam mit. Da wurde der König todkrank und starb. Er wurde begraben, und sein Sohn trauerte und klagte um ihn. Er ging Tag für Tag auf den Friedhof und weinte auf dem Grabstein, und manchmal schlief er über dem Weinen ein. Als er eines Tages wieder auf dem Stein schlief, kam ein großer und sehr häßlicher Kerl zu ihm und sprach: »Einen Tag und ein Jahr lang muß ich Euer Diener sein.«

Der junge König sagte zu ihm: »So einen häßlichen Mann mag ich nicht zum Diener, denn wenn dich meine anderen Leute sehen, kriegen sie Angst vor dir.«

»Und wenn schon, ich muß Euer Diener sein«, sagte der große Kerl. »Und Ihr hört besser auf, um Euern Vater zu jammern, sonst stößt Euch noch etwas Schlimmeres zu. Morgen trete ich bei Euch an.«

Der König ging nach Hause und war sehr bekümmert darüber, daß er an einen solchen Diener geraten war. Am nächsten Morgen klopfte es an die Tür; der König stand auf und öffnete, und ein hübscher Bursche trat ein und sagte: »Braucht Ihr heute einen Diener, König von Albain?«

»Nein«, sagte der König, »ich habe gestern schon einen häßlichen gekriegt. Andernfalls würde ich dich nehmen.«

Der große Bursche drehte sich einmal um sich selbst, und wen hatte der König vor sich? Keinen andern als den häßlichen Kerl von gestern! Der Bursche sagte zum König: »Meint Ihr den?«

»Ja, ja«, sagte der König, »aber verwandle dich wieder in den hübschen Jungen, und ich bin sehr froh, daß ich dich bekomme.«

Der Bursche drehte sich wieder um sich selbst und wurde so hübsch wie bei seinem Eintritt. Dann sagte er zum König: »Ich hab Euch dringend gebeten, nicht mehr um Euern Vater zu jammern.«

Der König ging an diesem Tag wieder zu dem Stein, unter dem sein Vater begraben lag, und entschlummerte darauf; da drang

eine Stimme zu ihm: »Schläfst du, junger König von Albain?«
Der König erwachte und sagte: »Nein, jetzt nicht mehr.« Die
Stimme sagte: »Ich will von dir hören, was den König von
Eirinn die letzten sieben Jahre so bekümmert, daß ihm das
Lachen vergangen ist.« Der König antwortete der Stimme:
»Wie soll ich das herausfinden?« Die Stimme sagte: »Wenn du
es nicht kannst, verlierst du den Kopf.«

An diesem Tag kehrte der König äußerst bekümmert heim; und
sein Diener trat ihm entgegen und sagte zu ihm: »Was ist heute
mit Euch los, König von Albain? Ihr seht sehr traurig aus.«
Der König gab zurück: »Das ist kein Wunder«, und der Bursche sagte: »Erzählt mir, was mit Euch los ist.« – »Es ist das«,
sagte der König, »ich muß dahinterkommen, was den König
von Eirinn die letzten sieben Jahre so bekümmert, daß ihm das
Lachen ganz vergangen ist.«

»Na!« sagte der Bursche, »hab ich Euch nicht so gebeten, nicht
mehr immerfort um Euern Vater zu klagen? Mancher beherzte
Held ist ausgezogen, um das herauszufinden, aber keinen hat
man je wiedergesehen. Ihr müßt Euch unter allen Umständen
aufmachen, und ich werde Euch begleiten. Wenn Ihr mit mir
schon nicht besser dran seid, schlimmer bestimmt nicht.«

Sie brachen am nächsten Morgen auf, und als der Tag fast vorüber war, sagte der König von Albain zu dem Burschen: »Wo
werden wir die Nacht zubringen?«

»Bei Eurer Schwester und dem Riesen«, sagte der Bursche.
»Aber nein«, sagte der König, »der bringt uns doch um.«
Der große Bursche sagte zum König: »Zwei Drittel Angst für
ihn und ein Drittel für uns.«

Am Abend langten sie in der Riesenhöhle an, aber der Riese
war nicht daheim, und als die Schwester den Bruder sah,
umfing sie ihn und küßte ihn und begann zu weinen. Auf die
eine Art freute sie sich, ihn zu sehen; aber auf die andere war sie
betrübt, denn sie fürchtete, der Riese werde ihn töten, und sie
bat die beiden fortzugehen, bevor der Riese nach Hause
komme. Der große Bursche erkundigte sich, wo der Riese sei,
und sie erklärte ihm, er sei zur Jagd auf dem Wildberg. Da sagte
er zum König: »Bleibt Ihr bei Eurer Schwester, und ich geh
dem Riesen entgegen.«

Der Bursche zog los und traf den heimkehrenden Riesen, und der sagte zu ihm: »Komm näher, wenn du zu einem Tänzchen Lust hast!«

Der Bursche ging hin, zog sein Schwert und schlug dem Riesen den Kopf ab. Er nahm den Kopf mit zurück in die Höhle und warf ihn dort in die Ecke und sprach zu des Königs Schwester: »Da habt Ihr seinen Kopf.«

Sie warf einen Blick darauf, weinte ein wenig und sagte: »Ich habe gewußt, daß du ein Held bist. Nun mußt du mir verraten, wohin ihr beiden unterwegs seid.«

Der Bursche antwortete: »Wir wollen herausfinden, was den König von Eirinn die letzten sieben Jahre so bekümmert, daß ihm das Lachen ganz vergangen ist.«

»Ach!« sagte sie, »zu dem Zweck habe ich viele ausziehen sehen, aber kein einziger ist zurückgekehrt.«

Dann kochte sie ihnen Essen und schickte sie zu Bett, und vor Tau und Tag war sie schon wieder auf den Beinen, um ihnen Frühstück zu machen. Der Riese hatte einen wunderschönen weißen Vogel, der trällerte all die Lieder anderer Vögel so gut wie seine eigenen; und der Bursche sagte zu seines Herrn Schwester: »Wir wollen den Vogel mitnehmen; denn wenn uns irgendwas dazu verhilft, mit dem König ins Gespräch zu kommen, dann er.«

Sie sagte: »Ihr bekommt ihn unter der Bedingung, daß ihr gut für ihn sorgt.«

Der Bursche gab zurück: »Wenn wir heil heimkommen, dann auch der Vogel.«

Sie fragte: »Wann, denkst du, kann ich euch zurückerwarten?«

Der Bursche meinte: »Wenn wir am Leben bleiben, nach einem Jahr.«

Darauf sagten sie der Königsschwester Lebewohl und brachen auf und langten in der Hauptstadt des Königs von Eirinn an. Es war Nacht, als sie den Palast des Königs erreichten. Der war von einer breiten, hohen Mauer umgeben, so daß keiner hineingelangen konnte, bis am Morgen das Tor geöffnet wurde. Sie blieben bis zum Morgen vor der Mauer, gingen herum und versuchten, sich warm zu halten. Diese Mauer war mit einer

Reihe von Eisenspießen besetzt, und auf jedem außer zweien steckte ein Männerkopf. Das waren die Köpfe derer, die ausgezogen waren, um des Königs Zustand zu erkunden. Da sagte der Bursche zum König von Albain: »Seht Ihr das? Vielleicht sind unsere Köpfe für die beiden leeren Spieße bestimmt.«

Der König meinte: »Da ist nichts zu machen. Ich fürchte, es kommt so.«

Der große Bursche sprach: »Nur Mut: Noch ist das nicht sicher.« Und er ging hin, setzte den Vogel auf einen der beiden Spieße und sagte zu ihm: »Wenn du je gesungen hast, dann tu es jetzt.«

Der Vogel begann zu singen, und der König von Eirinn hörte es und dachte, so bezaubernde Musik habe er noch nie vernommen. Er schob das Fenster in die Höhe und sah vor der Mauer zwei Männer stehen und auf einem der Spieße den schönen Vogel; und er befahl seinem Diener: »Geh hinaus und hole mir die Männer mit dem Vogel, damit ich ihm eine Weile zuhören kann; sag ihnen, sie sollen dafür gut bezahlt werden, und schärfe ihnen ein, sie sollen keinen andern merken lassen, daß sie hier hereinkommen.«

Der Diener ging hinaus und richtete ihnen aus, der König bäte sie herein, aber außer ihnen selber dürfe das keiner sehen, »und«, sagte er, »bringt den Vogel mit«.

»Aber sicher«, gab der große Bursche zurück.

Sie gingen hinein, und der große Bursche packte den Pförtner (der stand drinnen und bewachte die Tür) bei den Beinen und schlug ihm am Türpfosten den Schädel ein. Der Diener des Königs von Eirinn lief zu seinem Herrn und berichtete ihm, daß der große Bursche den Pförtner umgebracht hatte. »Geh und hol sie hier herein«, sagte der König, »damit ich den Vogel eine Weile trillern höre.«

Der große Bursche sprach: »Er soll ihn hören, wenn er gut bezahlt.«

Sie traten in des Königs Gemach ein, und der König sagte zu ihnen: »Was seid ihr für vermessene und rohe Männer, daß ihr meinem Pförtner den Schädel eingeschlagen habt!«

»Seid Ihr daran nicht selber schuld?« meinte der große Bursche.

»Wieso?« sagte der König.

»Das will ich Euch sagen«, erklärte der große Bursche. »Habt Ihr uns nicht durch Euern Diener befehlen lassen, daß kein anderer sehen dürfe, daß wir hineingingen? Sonst hätte ich Euern Pförtner gewiß nicht angerührt.«

Der König sagte: »Im Augenblick wollen wir es dabei lassen. Ich möchte euern Vogel eine Weile trillern hören und werde euch dafür bezahlen. Setzt den Vogel dort auf den Schrank.«

Der große Bursche setzte den Vogel auf den Schrank, und er begann zu trillern, und der König hörte mit großem Vergnügen zu und fragte: »Und welchen Lohn verlangt Ihr nun?«

Der große Bursche sprach: »Den, daß Ihr mir sagt, was Euch die letzten sieben Jahre hindurch so betrübt, daß Euch das Lachen ganz vergangen ist.«

»Ah!« sagte der König, »bildest du dir wirklich ein, daß ich euch das auf die Nase binde? Da ist schon mancher gekommen und hat das herausfinden und herumerzählen wollen und ist nicht wieder heimgekehrt; und genauso wird es dir und deinem Herrn ergehen. Auf der Mauer dort steckt auf jedem Spieß außer auf zweien ein Männerkopf; und heute, Punkt zwölf Uhr, werden dein und deines Herrn Kopf auf die beiden leeren gesteckt.«

Der große Bursche sagte zum König: »Das ist noch nicht so sicher. Ihr solltet es mir lieber erzählen; denn wenn Ihr es nicht freiwillig tut, werdet Ihr dazu gezwungen.«

»Du unverschämter Kerl! Antwortet man so dem König von Eirinn?«

»Genau so!« sagte der große Bursche, »und wenn Ihr es nicht freiwillig erzählt, werdet Ihr dazu gezwungen.«

Damit packte der große Bursche den König bei den Beinen und warf ihn über die sieben Querträger unter der Decke hin, fing ihn auf und warf ihn über die sieben Balken wieder zurück. Jetzt schrie der König: »Oh! Schone mein Leben, und ich erzähl dir, was du willst!«

Der große Bursche sagte: »Das würd ich Euch auch geraten haben.«

Der König sagte zu ihm: »Nun setzt euch. Vor sieben Jahren hatte ich hier ein paar Herren zu Gast. Nach dem Essen gingen wir auf die Jagd und sahen einen Hasen und hetzten ihn mit unsern Hunden und verfolgten ihn bis auf einen steilen, felsigen Berghang, wo es viele Löcher und Höhlen gab. Der Hase schlug einen Haken und lief auf die Höhlen zu und verschwand. Wir traten in die erste, auf die wir stießen, ein, und drinnen fanden wir einen großen Riesen, der saß da mit seinen zwölf Söhnen. Der Riese sagte: ›Sei gegrüßt, König von Eirinn. Setzt Euch an die andere Seite der Höhle.‹ Da setzten ich und die andern Herren uns hin, und der Riese sagte zu mir: ›Was möchtest du lieber: Mit dem giftigen Apfel spielen oder auf dem heißen Bratrost?‹ Und ich sagte: ›Versuchen wir's mit dem giftigen Apfel.‹ Jedesmal, wenn er den giftigen Apfel herüberwarf, tötete er damit einen der Herren; und wenn ich ihn zurückwarf, fing er ihn mit der Spitze eines Federmessers auf. Er brachte die zwölf Herren mit dem giftigen Apfel um. Und dann packten sie mich und hielten mich über ein großes Feuer von Eichenholz, bis ich fast verbrannt war; dann warfen sie mich aus der Höhle, und ich war kaum imstande, mich heimzuschleppen. Mein guter Bursche! Da ist mancher gekommen, um diese Geschichte herauszufinden, und hat sie nicht erfahren, aber ihr habt es nun. Das ist's, was mich die letzten sieben Jahre so gewurmt hat, daß mir das Lachen vergangen ist.«

Der große Bursche sagte: »Ich wünschte, das damals wäre heut gewesen: Dann hättet Ihr Euern Spaß gehabt. Sollten wir nicht heut auf die Jagd gehen und versuchen, ob wir den Hasen zu sehen kriegen?«

»Nein«, sagte der König, »ich hab genug von dem Hasen, ich gehe nicht.«

Der Bursche sagte: »Ich bring Euch schon dazu. Wenn Ihr nämlich nicht geht, dann werf ich Euern Kopf die Treppe runter wie einen Hockeyball.«

Daraufhin brachen der König von Eirinn, der König von Albain und der große Bursche zur Jagd auf. Sie trafen auf den Hasen, und der große Bursche sagte zum König von Eirinn: »Glaubt Ihr, das ist derselbe wie damals?«

Der König sagte: »Behaupten kann ich's nicht, aber er ähnelt ihm.«

Der Hase sprang davon, und sie verfolgten ihn, und er rannte wieder auf den steinigen Berghang, und dort verloren sie ihn zwischen den Höhlen und Löchern aus den Augen. Sie gingen in die Höhle, wo der Riese mit seinen zwölf Söhnen saß; und als sie eintraten, sagte der alte Riese: »Oh! König von Eirinn, kommt Ihr mich wieder besuchen?«

Der große Bursche sagte zum Riesen: »Zwei Drittel Angst für dich und ein Drittel für uns. Wozu hast du heute mehr Lust: mit dem giftigen Apfel zu spielen oder auf dem heißen Bratrost?«

Der Riese sagte: »Versuchen wir's mit dem giftigen Apfel.«

Der Riese ergriff den giftigen Apfel und schleuderte ihn zum großen Burschen hinüber, und der große Bursche fing ihn mit der Spitze seines Federmessers auf. Als der große Bursche den giftigen Apfel zurückwarf, tötete er einen der Riesensöhne, der neben dem Vater stand, und der König von Eirinn stieß ein freudiges Lachen aus, das kam ihm vom Herzensgrund. Und wenn manches Jahr verstrichen war, seit er zuletzt gelacht hatte: An dem Tag lachte er sich satt. Der große Bursche tötete die Riesensöhne mit dem Apfel; dann packten sie den Riesen, rissen ihm die Kleider ab, entzündeten ein mächtiges Feuer aus entrindetem Eichenholz und rösteten ihn darüber und warfen ihn aus der Höhle, und er konnte sich nicht rühren. Sie trugen all sein Gold und Silber fort und kehrten heim ins Haus des Königs von Eirinn. Dort verbrachten sie die Nacht, und der König war ungemein freundlich zu ihnen und wünschte, daß der große Bursche für immer bei ihm bliebe.

Am nächsten Tag traten der König von Albain und der große Bursche den Heimweg nach Albain an; und sie machten nicht Halt, bis sie dort angelangt waren, wo des Königs Schwester wohnte – sie, die mit dem Riesen verheiratet war, dem der große Bursche vor dem Aufbruch nach Eirinn den Kopf abgeschlagen hatte. Des Königs Schwester war sehr traurig und bangte um ihren Bruder; sie fürchtete, er werde nie wiederkehren, und als sie ihn sah, umfing sie ihn voller Entzücken, und sie verbrachten alle miteinander die Nacht in der Höhle. Am nächsten Tag zogen sie zusammen weiter, der König, seine Schwester und der große Bursche, und langten mit großem Frohlocken am Haus des Königs an. Da sagte der große Bursche: »Jetzt verlasse ich Euch. Falls Ihr je von Murdoch Mac Brian gehört habt – das ist mein Name. Ich war verpflichtet, Euch genausoviel beizustehen, wie ich es getan habe. Hört auf, um Euern Vater zu klagen, und Ihr braucht nichts mehr zu befürchten. Nun sag ich Euch Lebewohl und gehe fort.«

36 Donald Tölpel, der Sohn der Witwe

Es war einmal eine Witwe, die hatte einen Sohn, und der war nicht gerade klug. Sie hatten ihren Hafer geschnitten und zu Feimen aufgerichtet; da erhob sich ein großer Wind, warf die Schober um und verstreute die Halme. Eines Tages sagte die Mutter zu Donald: »Ich wünsche, daß du zum Wind gehst und von ihm verlangst, daß er für die Schober bezahlt.« – »Mach ich«, sagte Donald und marschierte los. Auf halbem Weg kam er zu einem Wirtshaus, und dort blieb er über Nacht; am Morgen wanderte er weiter. Er langte am Haus des Windes an und hielt die Hand vor das Türloch. »Wer verhält mir da den Atem?« fragte der Wind. »Das bin ich, Donald Tölpel, der Sohn der Witwe, und ich suche beim Wind Entschädigung für meine Schober.« – »Komm herein«, erwiderte der Wind, »und am Morgen kriegst du sie.« Donald trat ein, legte sich schlafen, und als er früh aufstand, sprach der Wind zu ihm: »Ich gebe dir eine Handmühle, die malt dir jede Sorte Mehl, die du willst, wenn du sagst: Mahle, Mühle, mahle!«

Donald nahm die Mühle und kam wieder zu dem Wirtshaus an der Straße, und dort erkundigten sich die Leute, was er denn als Entschädigung für die Feimen erhalten habe. Er berichtete ihnen, was ihm der Wind gesagt hatte. Aber sowie er schlief, nahmen sie ihm die Handmühle weg und stellten statt ihrer eine andere hin. Am Morgen brach Donald auf und langte daheim bei seiner Mutter an und erzählte, wie es ihm ergangen war. Er befahl der Mühle zu mahlen, aber die rührte sich nicht. Am nächsten Tag sagte die Mutter zu ihm: »Geh lieber wieder hin und sag dem Wind, daß die Mühle nichts taugt.« Donald trat die Reise an, machte Rast in dem Wirtshaus, und am nächsten Abend stand er wieder vor dem Haus des Windes. Er legte die

Hand über das Loch in der Tür, und der Wind brüllte zu ihm heraus: »Wer verhält mir den Atem?« – »Das bin ich, Donald Tölpel, der Sohn der Witwe; ich will vom Wind Entschädigung für meine Feimen.« – »Komm herein«, sagte der Wind, »morgen kriegst du sie.« Er blieb die Nacht über da, und am andern Tag gab ihm der Wind ein Stutenfüllen und sagte ihm, wenn er zu ihm sage: »Füllen, schüttle, schüttle dich!«, dann werde es auf der einen Seite einen Viertelscheffel Gold und auf der andern einen Viertelscheffel Silber niederprasseln lassen.

Er führte das Füllen fort und langte an dem Wirtshaus an der Landstraße an. Dort erkundigten sie sich, was er mit dem Füllen vorhabe, und Donald erzählte es ihnen. Aber sowie er eingeschlafen war, sagten sie zu dem Füllen: »Füllen, schüttle, schüttle dich!« Und das Stutenfüllen ließ wahrhaftig auf der einen Seite Gold und auf der andern Silber herunterprasseln. Aber davon ahnte der arme Donald nichts, und die Hausleute behielten das Füllen so gut wie die Mühle und stellten ihm statt dessen ein anderes hin. Er brachte der Mutter das Füllen heim, aber als er ihm befahl, sich zu schütteln, rührte sich das Tier gar nicht, und kein Gold und kein Silber fiel zu Boden. Nun sagte die Mutter zum drittenmal: »Du mußt wieder hingehen und vom Wind Entschädigung für die Schober verlangen!«

Also zog Donald abermals los, erreichte das Wirtshaus an der Straße, und am nächsten Abend stand er vor dem Haus des Windes. Als er die Hand vor das Loch in der Tür legte, schrie der Wind drinnen: »Wer verhält mir den Atem?« – »Das bin ich, Donald Tölpel, der Sohn der Witwe; ich suche beim Wind Entschädigung für meine Schober.« – »Komm herein und bleib über Nacht; morgen bezahl' ich dir die Feimen.« Er legte sich drin zum Schlafen hin, und am nächsten Tag reichte ihm der Wind einen Knüppel und einen Lederriemen und sprach zu ihm: »Der Riemen wird binden und der Knüppel wird schlagen, bis du selber ihnen aufzuhören befiehlst. Die Leute im Wirtshaus haben dir die Mühle und das Füllen, das du von mir bekommen hast, gestohlen, aber du kriegst sie zurück.«

Donald zog mit dem Riemen und dem Knüppel ab zum Wirtshaus am Wege und teilte dort mit, was der Wind ihm befohlen hatte, zu Riemen und Knüppel zu sagen. Sowie er eingeschla-

fen war, schrien die Leute vom Haus – denn sie waren überzeugt, etwas Gutes zu kriegen –: »Riemen, binde, Knüppel,
schlage!« Aber kaum hatten sie die Worte gesagt, da fing der
Riemen zu binden an und der Knüppel zu schlagen, bis jedermann im Haus Zeter und Mordio schrie und alle Donald
anflehten, er möge machen, daß die beiden aufhörten, und sie
würden ihm sofort die Mühle und das Fohlen zurückgeben.
Donald erhielt beides, und dann befahl er dem Riemen, nicht
mehr zu binden, und dem Knüppel, nicht mehr zu schlagen.
Darauf ging er heim zu seiner Mutter mit der Handmühle, die
ihnen jede Sorte Mehl mahlte, die sie sich wünschten, und mit
dem Füllen, das ihnen Gold und Silber nach Bedarf vor die
Füße schüttelte.

37 Die Vogelleber und die Tasche voll Gold

Also, es war einmal ein Mann, und zwar ein Witwer. Und er
heiratete wieder. Er hatte von der ersten Frau zwei Jungen, und
der älteste sagte zum Vater: »Vater! Wir wollen durch die Welt
ziehen und versuchen, was wir für uns tun können – die Stiefmutter ist zu uns nicht gut.« Der Vater fing an zu klagen, weil
sie ihn verlassen wollten. Sie nahmen liebevoll Abschied von
ihm, und er war sehr traurig, als sie fort waren.
Sie brachen auf und marschierten stramm voran. Als sie an
einer Mauer vorüberschritten, was sahen sie da vor sich?
Nichts anderes als einen Vogel, der saß daneben. Und er war
ganz wunderschön, einen ähnlichen hatten sie noch nie erblickt. Sie machten Jagd auf ihn und fingen ihn. Der Jüngere
klemmte ihn unter den Arm. Aber wen trafen sie? Niemand
anders als einen Herrn, ein kleines Stück von seinem Haus
entfernt.
Der Herr erkundigte sich, was das für ein Vogel sei, den der
Junge da unterm Arm trug. Er antwortete, den habe er vor
einem Weilchen gefangen. »Laß sehen«, sagte der Herr. Der
Junge hielt ihn ihm hin. Der Herr ergriff ihn, schaute ihm an
die Brust und riß ihm eine Feder aus. Dem Vogel war an die
Brust geschrieben, wer immer sein Herz esse, werde die beste

Frau bekommen, die einer kriegen könne; wer aber seine Leber esse, werde jeden Tag beim Aufstehen eine Tasche voll Gold unter seinem Kopfkissen finden.

»Was willst du für den Vogel haben?« fragte der Herr.

»Ich weiß nicht«, sagte der Junge.

»Willst du fünf Pfund in englischem Geld dafür nehmen?«

»Ist mir recht.«

Er nahm die fünf Pfund von dem Herrn und übergab ihm den Vogel. Der Herr begab sich nach Hause; die beiden Jungen nahm er mit.

»Geht in die Küche hinunter«, sagte er zu ihnen, »und wärmt euch auf.«

Die Jungen gingen in die Küche. Der Herr befahl einer der Mägde: »Hier, nimm den Vogel und rupf ihn und nimm ihn aus. Koch mir Herz und Leber; mit dem übrigen kannst du machen, was du willst.« Die Magd nahm den Vogel, ging in die Küche, holte Herz und Leber heraus und warf sie in die Pfanne.

Die Jungen guckten zu. Sie sahen Herz und Leber in der Pfanne. Der Herr läutete am andern Ende des Hauses nach der Magd, und sie ging fort. Als sie hinaus war, sagte der jüngere Bursche: »Ach, hab ich einen Hunger!« Und was machte er, während sie fort war, am andern Ende des Hauses? Er nahm die Leber aus der Pfanne und aß sie auf.

»So, du futterst das einfach auf und gibst mir keinen Bissen ab?«

»Ach, es war doch so ein winziger Happen!«

Der Ältere ging zur Pfanne, holte sich das Herz heraus und aß es auf.

Da kam die Magd zurück und fragte: »Wo ist das Fleisch aus der Pfanne geblieben?«

»Oh«, sagten die beiden, »das ist in die Asche gefallen, wir haben's rausgeklaubt. Wir haben gedacht, man kann's doch nicht wieder in die Pfanne tun – und es war bloß so wenig.«

»Fort mit euch, und rennt wie noch nie in euerm Leben, sonst bringt er euch um.«

»Gib uns was zu essen.«

Sie gab ihnen Wegzehrung mit, und sie sausten fort, so schnell die Beine sie trugen. Der Herr schellte abermals und fragte, ob sie Herz und Leber gar hätte.

»Als ich aus der Küche war, um euch zu bedienen, haben die Jungen sich drübergemacht und beides rein aufgefuttert.«

»Welchen Weg haben sie genommen?«

»Denselben, den sie gekommen sind.« Aber das stimmte gar nicht. Sie waren den entgegengesetzten gelaufen.

Er stürzte hinaus, um sie zu suchen, aber er konnte keinen von beiden entdecken und kehrte nach Hause zurück.

Als es dämmerte, langten sie am Haus einer alten Frau an und blieben dort über Nacht. Am Morgen, als sie aufgestanden waren, fand die Alte im Bett unter dem Kopfkissen eine Tasche voll Gold. Da sagte sie zu ihnen:

»Habt ihr je Unterricht gehabt, ihr Burschen?«

»Nein«, antworteten sie.

»Tätet ihr nicht besser dran, hierzubleiben und zur Schule zu gehen? Dort unten gibt's eine Schule, da könntet ihr was lernen und Bildung kriegen.«

»Und wer soll uns mit Essen versorgen?«

»Das mach ich schon.«

Sie gingen alle beide ein Jahr lang auf die Schule. Als das Jahr um war, sagten sie, nun wollten sie weiterziehen.

»Ihr seid wirklich entschlossen zu gehen?« sagte die alte Frau.

»O ja«, sagte der Ältere. »Jetzt haben wir ein bißchen was gelernt, nun müssen wir weiter.«

»Wenn ihr nun schon weggeht, hab ich euch was zu sagen.«

»Was denn?«

»Einer von euch beiden hat eine besondere Gabe an sich«, sagte die alte Frau, »und wißt ihr selber, welcher von euch das ist?«

»Nein«, sagten sie.

»Dann bleibt heute nacht noch hier, und einer soll am einen Bettende liegen und der andere am andern, dann werden wir am Morgen wissen, wer von euch die Gabe hat.«

Das taten sie und entdeckten, daß es der Jüngere war.

»Ich habe eine Truhe voll Gold, die ich euch verdanke; nehmt euch also, soviel ihr wollt.«

Also holten sie sich jeder eine Handvoll heraus, nahmen mit

Segenswünschen von der alten Frau Abschied und zogen davon. Sie wanderten und wanderten, bis sie zum Haus des Königs kamen, der in dem Land regierte. Das Haus war ihnen zu vornehm, sie gingen daran vorbei; doch sie waren noch nicht weit gelangt, da schickte ihnen die Königstochter einen Boten nach. Sie kehrten um und folgten ihm. Die Königstochter sagte zum älteren Burschen, sie wolle ihn zum Manne gewinnen. Also heirateten er und die Prinzessin.

Da sagte der jüngere Bursche: »Was soll ich nun anfangen? Jetzt bin ich ganz allein.«

»Hast du nicht genug Geld für dein ganzes Leben? Du brauchst dir wahrhaftig nichts daraus zu machen!«

»Aber ich mach mir was draus! Ich werde das tun: Ich heirate die Tochter der Witwe, die dort unten wohnt: und wenn sie auch arm ist, mir fällt es nicht schwer, sie reich zu machen.«

Also heiratete er. Jeden Morgen, wenn er aufstand, war die Tasche voll. Die Schwiegermutter fragte seine Frau: »Wo hat dein Mann all das Geld her?«

»Das weiß ich nicht. Ich hab nie gesehen, daß er eine Truhe hätte; es steht nirgends eine; und falls er Reisegeld mitgehabt hätte, so sollte ich meinen, ganz gleich, ob es viel war oder wenig, es müßte längst zu Ende sein.«

»Sieh zu, daß du rauskriegst, woher er es bekommt.«

Also fragte sie ihn: »Woher kriegst du das Geld, das du jeden Morgen hast?«

»Was macht's dir aus, woher ich's kriege, wenn ich dir reichlich gebe?«

So stritten sie miteinander jeden Tag, bis er ihr am Ende erzählte, woher er es hatte. Stracks ging sie hin und berichtete es ihrer Mutter.

Ihre Mutter verlangte, daß sie ihm ein Brechmittel eingäbe. Das tat die Frau, und er brach alles aus, was er im Magen hatte, auch die Vogelleber, und seine Frau erwischte sie und verschluckte sie, und von nun an war ihr die Gabe zuteil. Und sowie sie die erlangt hatte, machte sie weiter kein Federlesen: Keine drei Tage, und sie trieb ihn aus dem Haus und erklärte ihm, sie habe nicht vor, noch länger für ihn Geld auszugeben. Na, war das nicht ein nettes Mädel!

Er begab sich ins Haus eines Müllers, das ein Stück flußabwärts lag. Dort brachte er ein halbes Jahr zu. Indessen baute sie, die Frau, ein schönes, weißes Haus mit dem Gold, das sie jeden Tag aus der Tasche holte.

Eines Tages sagte die Müllersfrau zu ihm: »Wie übel ist dir alles ausgeschlagen, du Armer!«

»Da kann man nichts machen«, gab er zurück.

Die Müllersfrau sprach: »Ich sage dir, was du machen kannst.«

»Gut«, meinte er.

»Du gehst sofort nach dem Essen hinauf zum Haus deiner Frau. Da wird sie unterwegs sein. Du schleichst dich durch den Hintereingang in das und das Zimmer« – sie beschrieb ihm alles genau –, »und da findest du an einem Haken hängend eine große, schwarze Kapuze. Die nimm an dich, und wenn du sie kommen siehst, dann stülp ihr die Kapuze mit beiden Händen über den Kopf und wünsch dich, wohin du Lust hast, und sofort bist du dort.«

Er ging los und tat, wie die Müllersfrau ihn geheißen hatte. Er fand die Kapuze, traf vor der Tür seine Frau, stülpte ihr die Kapuze über den Kopf und wünschte sich auf die Grüne Insel am äußersten Rande der Welt, und im Nu waren sie beide dort, er und sie. Sprach sie: »Was hast du da Unseliges angestellt!«

»Überhaupt nicht«, sagte er. »Ich verlaß dich hier und gehe meiner Wege, und du wirst nicht lange am Leben bleiben; was anderes hast du auch nicht verdient.« Und damit riß er ihr die Kapuze ab und zog sie sich selber über den Kopf, um sich fortzuwünschen.

Sprach sie: »Sieh zu, ob du die beiden Äpfel dort oben auf dem Baum erreichen kannst, es verlangt mich sehr nach ihnen. Bring sie mir.«

Er kletterte hinauf in den Baum, doch da kam ein Windstoß und fegte ihm die Kapuze ab. Sie ergriff sie, wünschte sich fort und fand sich sogleich wieder daheim.

So war er nun allein auf der Insel und hatte zum Gefährten einzig sich selber. Im Wandern stieß er auf einen Baum mit roten Äpfeln, pflückte und aß ein paar, und siehe, es sproß ihm ein mächtiges Hirschgeweih, so schwer, daß er den Kopf nicht zu heben vermochte. Da probierte er jede Pflanze, jedes Kraut und jede Frucht, die auf der Insel wuchs, bis er an eine andere Sorte von Äpfeln geriet, die machte, daß ihm das Geweih wieder abfiel.

Er schweifte weiter auf der Insel umher, und siehe, da stieß er auf rote Brunnenkresse. Von der aß er, da verwandelte er sich in ein graues Stutenfohlen und fraß nun Gras wie jedes rechte Pferd oder jede Kuh. Doch wenn er nun auch Roßgestalt hatte, so war ihm doch Menschenverstand geblieben. Er versuchte herauszufinden, was ihn zurückverwandeln würde, und stieß auf grüne Brunnenkresse, die schwamm auf einem kleinen Bach; er aß davon und wurde zum Mann, wie er gewesen war.

Er nahm sein Taschentuch und sammelte hinein alles an Zauber, was es auf der Insel gab, alles, was Böses oder Gutes bewirken konnte. Er meinte, aus irgendeiner Richtung müsse sich doch ein Schiff zeigen; und als er am Ende wirklich ein Schiff in der Nähe vorüberfahren sah, schrie und brüllte er aus Leibeskräften. Ein Boot kam an Land; doch als ihn die Seeleute erblickten, glaubten sie, er sei der Teufel, und stießen eilends wieder ab. Da schrie er ihnen hinterher. Das Boot wendete und legte abermals an, und in ihm saß der Kapitän. Der fragte ihn, ob er denn ein Mensch sei. Der Bursche sagte, ja, das sei er.

»Womit bist du hergekommen?«

»Ich bin durch Hexerei hergetragen worden.«

»Sowas gibt es. Aber steig ein, und ich bringe dich von hier weg.«

Er raffte sich auf und ging zum Strand hinunter, und sie zogen ihn ins Boot und fuhren ihn von der Insel fort. Als sie daheim ankamen und er an Land gegangen war, ruhte und rastete er nicht, bis er das Haus seiner Frau erreicht hatte. Sie war nun eine große Dame geworden und sehr reich, und sie war überzeugt, daß er längst auf der Insel umgekommen sei, denn man hatte nie wieder von ihm gehört.

Er kaufte einen Korb und legte dahinein alles, was er mitgebracht hatte. Er machte sich daran, die Äpfel feilzuhalten. Eines Tages näherte er sich ihrem Haus und blieb davor stehen. Sie steckte den Kopf aus dem Fenster und schickte eine Magd zu ihm hinunter, um zu fragen, wieviel die Äpfel kosten sollten.

»Ich habe zwei Sorten«, sagte er. »Ein paar sind für große Damen, von denen kostet das Stück fünf Pfund englisches Geld.«

Da schickte sie die Magd wieder herunter, diesmal mit fünf Pfund englischem Geld, um einen der Äpfel zu kaufen. Er reichte ihr einen roten. Die Magd lief damit zurück, treppauf; die Frau des Burschen ergriff ihn; sie hielt den Kopf noch aus dem Fenster gestreckt, während sie ihn aß. Da sproß ihr ein Hirschgeweih auf dem Kopf, und sie war nicht imstande, ihn zurückzuziehen. Es blieb ihr nichts weiter, als zu kreischen und zu schreien. Ein Arzt nach dem andern kam, um nach ihr zu sehen, doch keiner war imstande, etwas für sie zu tun. So verging der Tag und die Nacht.

Am nächsten Tag kam er wieder, doch ohne den Korb. Er ging ins Haus und in das Zimmer, in dem sie war.

»Hast du das schon lange, Frau?« sagte er.

»Nein, nein«, erwiderte sie, »das ist mir erst vor kurzem passiert.«

»Was würdest du dem geben, der dir dies Geweih abnimmt?«

»Viel. Ich würde ihm alles geben, was er verlangt.«

»Für mich ist es eine Kleinigkeit, dich davon zu befreien. Ich gebe dir ein Brechmittel, das nimmst du ein, und dann wirst du das Geweih wieder los.«

»Nein, das will ich nicht, das will ich auf keinen Fall!« sagte sie.

»Dann bleib so, wie du bist!«

»Komm zurück!« sagte sie, »ja, ja, gib mir das Mittel.«

Er gab ihr ein ganz starkes Brechmittel und zwang sie, jeden Tropfen davon zu trinken. Sie brach alles heraus, was sie im Magen hatte. Er erwischte die Vogelleber, säuberte sie und aß sie.

Sodann gab er ihr einen von den grünen Äpfeln, und sowie sie ihn verzehrt hatte, fiel das Geweih von ihrem Kopf ab. Da begriff sie, daß es war. Und nun drangen sie und ihre Mutter in ihn, er solle sich doch wieder mit ihr zusammentun; beide beteuerten, dann werde er so gut dran sein wie zuvor. Er willigte ein und zog zu ihnen.

Eines Tages beim Mittagsmahl sagte er ihnen, er habe etwas, das sollten sie als Nachtisch kosten. Und er setzte ihnen die rote Brunnenkresse vor, die aus ihm ein graues Stutenfohlen gemacht hatte, und nötigte sie beide, seine Frau und die Alte, ihre Mutter, davon zu essen. Sowie sie das aber getan hatten, wurden sie zu zwei grauen Stutenfohlen.

Nun ergriff er eine Peitsche und fiel damit über die beiden her und trieb sie aus dem Zimmer. Er legte ihnen allen beiden einen Zaum an und brachte sie zum Müller, dem schenkte er sie. Er heiratete und wohnte in dem Schloß und wurde schließlich noch ein großer Herr.

38 Der einfältige Junge

Es lebte in Schottland einmal eine Witwe, die einen Sohn hatte, und das war ein sehr einfältiger Junge; so einfältig, daß man ihn nicht aus den Augen lassen durfte und daß er keinen Schimmer davon hatte, wie man etwas kaufte oder verkaufte. Eines Tages hatte seine Mutter neun Yard Homespun zu verkaufen; und ein paar Meilen entfernt fand ein Markt statt, bei dem sie den Stoff gern feilbieten wollte; aber sie selber konnte nicht hingehen, und sie hatte keinen weiter, den sie schicken konnte, als ihren Jungen. Sie zerbrach sich den Kopf darüber, wie sie verhindern konnte, daß er irgendwas Unsinniges damit anstellte und sich übers Ohr hauen ließ. Endlich kam sie zu dem Entschluß, da der Markt drei Tage dauerte, wollte sie ihn jeden Tag mit drei Yard losschicken: Bei einer so kleinen Menge konnte er sich nicht gar so weit unter den Preis drücken lassen. So schickte sie ihn denn mit dem ersten Stück Stoff fort und schärfte ihm ein, er solle es wieder heimbringen, falls er nicht genug Kauflustige finde und einen guten Preis herausschlage. Auf dem Markt beachtete keiner den dummen Jungen und sein kleines Bündel, und er wandte sich eben um und wollte den Heimweg antreten, als ihn ein Fleischer anredete und ihn fragte, ob er ihm die drei Yard Tuch verkaufen wolle. »Klar«, sagte der Junge, »wenn ich was dafür kriege.« – »Ich gebe dir die beiden besten Sachen, die du in deinem ganzen Leben zu sehen gekriegt hast«, sagte der Fleischer und zog aus seiner Tasche eine Maus und eine Biene. Bald begann die Biene zu fiedeln und die Maus zu tanzen, und sie waren das sonderbarste Paar, das ihr je gesehen habt. »Gemacht!« rief der dumme Junge aus und rannte mit der Maus und der Biene heim zu seiner Mutter. Als sie sah, wofür er ihren Stoff hergegeben hatte, war sie so zornig, daß sie ihn kräftig verdrosch. Am Tag darauf jedoch befahl sie ihm, die nächsten drei Yard zu nehmen und besser als die ersten zu verkaufen, oder aber sie werde ihn fürchterlich vertrimmen und ihm eine Woche lang nichts als Wasser und Brot geben.

Unser einfältiger Junge kam auf den Markt und hielt, Schafskopf, der er war, wieder nach dem Fleischer Ausschau. Sehr bald sah er ihn kommen. »Hast du noch mehr Homespun zu verkaufen, mein kleiner Freund?« fragte der Mann. Da gab ihm der Junge die nächsten drei Yard, und was denkt ihr wofür? Für einen langen Lederstrick, der, so sagte er, von selber binden, und für einen Stock zum Hafergrützerühren, der von selber schlagen werde. »Die werden's meiner Mutter heimzahlen!« sagte der einfältige Junge. Als er heimkam, geriet sie in großen Zorn, weil er sich zum zweitenmal hatte betrügen lassen; aber der Strick hielt sie bald fest, und der Stock erteilte ihr eine solche Tracht Prügel, daß sie zu elend und verschreckt war, um noch ein Wort zu sagen.

Nun lebte damals ein reicher Mann, der eine einzige Tochter hatte, und sie war ein sehr stumpfsinniges Mädchen, so dumm, daß sie wie ein Klotz dasaß und vor sich hinbrütete; und sie hatte noch nie in ihrem Leben gelacht. Und der Vater sagte, er werde sie keinem zur Frau geben, außer, der Bräutigam könne sie dreimal zum Lachen bringen.

Und als der einfältige Junge zum Mann herangewachsen war, hörte er das eines Tages und bat seine Mutter um Erlaubnis, hinzugehen und zu probieren, ob er das stumpfsinnige Mädchen nicht zum Lachen bringen könne. Sie sagte: »Meinetwegen«, denn das Mädel würde einmal reich sein, und er war einfältig genug, um die Katze im Herdwinkel lachen zu machen. »Na, wir werden sehen!« Und er ging zu dem Haus, wo das Mädchen wohnte. Bald, nachdem er eingetreten war, setzte er die Maus und die Biene auf den Tisch und pfiff ihnen, bis die eine anfing zu pfeifen und die andre zu tanzen, und als das ernsthafte Mädchen (das sehr hübsch war, mit schneeweißer Haut und Augen wie Schlehen) sie erblickte, schlug sie die Hände zusammen und lachte eine Viertelstunde lang. Der Vater klatschte in die Hände und rief: »Gut gemacht!« und: »Noch mal!«

Nun müßt ihr wissen, daß zwar ihr Vater sich, solange sie auf der Welt war, ärgerte, sie wie einen Ölgötzen dasitzen zu sehen, daß aber ihre Mutter – die auch eine ziemlich dumme Frau war – sich daran überhaupt nicht störte. Die war sehr darauf erpicht, daß sie einen reichen, fetten, alten Kerl heiratete, den der Vater für so einfältig hielt wie den Jungen und das Mädel zusammengenommen.

So kam es, daß der Junge, als er am nächsten Abend ins Haus trat, den andern Liebhaber am Tisch sitzen fand, und die Mutter fütterte ihn mit Brot und Käse und schönen Worten. Als unser einfältiger Junge ihn erblickte, zog er den Lederstrick und den Rührstock aus der Tasche, und der Strick band den fetten Mann, und der Rührstab schlug auf ihn ein, bis er um Gnade brüllte. Da klatschte das Mädchen in die Hände und lachte, bis ihr die Seiten wehtaten.

Am nächsten Morgen schickte die Mutter nach allen beiden Liebhabern. Sie sagte dem Jungen, daß er ein Schuft sei und noch am Galgen enden werde, und das verdiene er auch, und ihre Tochter kriege er nie und nimmer; dem Alten aber erklärte sie, er könne das Mädchen haben, und noch am selben Abend solle die Hochzeit sein.

Aber der einfältige Junge war entschlossen, sich nicht ausbooten zu lassen; so schlich er sich zum Fenster und steckte die Biene hinein. Die Biene stach den Mann in die Nase, so daß er herumrannte, beide Hände ans Gesicht gepreßt, und das Mädel saß ihm gegenüber und lachte, bis ihr die Tränen über die Backen liefen; und jedesmal, wenn sie die dicke Nase und die verschwollenen Augen des fetten, alten Mannes ansah, fing sie von neuem an. Ihr Vater hörte den Lärm und kam herein; da sah er sie, vor Lachen außerstande zu reden. Er war so entzückt, daß er erklärte, kein anderer als der einfältige Junge, der sie dreimal zum Lachen gebracht, solle sie haben. So wurden sie am nächsten Tag getraut und waren von nun an ihr ganzes Leben lang glücklich.

39   Die drei Soldaten

Früher einmal stand in Dublin in Eirinn ein Regiment, und das trat eine lange Reise an. Es waren ein Sergeant, ein Korporal und ein einfacher Soldat, die hatten in der Stadt Liebchen. Am Tag der Abreise gingen sie zu ihnen auf einen Abschiedsbesuch und versäumten dabei die Zeit, und das Regiment zog ohne sie ab. Sie liefen ihm hinterher und wanderten und wanderten, bis schließlich die Nacht einbrach. Da sahen sie weit vor sich ein Licht; und wenn das Haus auch weit weg war, so brauchten sie doch nicht lange, bis sie dort anlangten. Sie traten ein, der Fußboden war sauber gefegt, ein Feuer brannte, aber keiner war da. Sie setzten sich ans Feuer und ließen sich schmoren. Nach einer Weile stand der einfache Soldat auf – er hieß John –, um nachzuschauen, was in der Kammer war, denn darin brannte Licht. Es stand drinnen ein Tisch, darauf jede Sorte Essen und dabei eine brennende Kerze. Er ging hin und fing an zu essen; aber die andern wollten ihn zurückhalten und meinten, das dürfe er doch nicht. Als sie merkten, daß er sich nicht stören ließ, kamen sie auch herein und fingen selber an zuzulangen. In der Kammer standen auch drei Betten, und nun legte sich jeder in eins. Sie lagen aber noch nicht lange, da kamen drei große, rote Mädels herein, und jedes streckte sich vor einem der Betten aus; und als es Morgen wurde und Zeit zum Aufstehen, erhoben sie sich und gingen fort. Als die Soldaten aufstanden, fehlte auf dem Tisch überhaupt nichts, als hätten sie gar nichts weggenommen. Sie setzten sich hin und frühstückten. Dann sagte der Sergeant, nun wollten sie sich lieber wieder aufmachen, dem Regiment hinterher; aber John meinte, das sollten sie nur bleiben lassen: Solange es hier Essen und Quartier für sie gebe, ginge er bestimmt nicht fort. Als die Zeit fürs Mittagessen da war, setzten sie sich an den Tisch und aßen zu

Mittag; nach dem Abendbrot legten sie sich nieder, jeder in sein Bett. Die Mädels kamen auch in dieser Nacht und legten sich hin wie in der vorigen. Als es Morgen wurde, erhoben sie sich und gingen davon. Als die Burschen aufstanden, war der Tisch gedeckt, und nicht das Geringste fehlte darauf. Sie setzten sich hin und aßen, und der Sergeant erklärte, nun müßten sie aber auf alle Fälle weiterziehen. John sagte nein, das kommt gar nicht in Frage. Sie vertilgten ihr Mittag- und ihr Abendbrot wie gehabt; sie legten sich zu Bett, und die Mädchen kamen und legten sich auch hin. Am Morgen gab die Älteste dem Sergeanten eine Börse und sagte: »Jedesmal, wenn du die aufmachst, ist sie voll Gold und Silber.«

Sie sagte zur Mittleren: »Was willst du deinem geben?«

»Ich gebe ihm ein Tuch, und jedesmal, wenn er es ausbreitet, steht jede Sorte Essen darauf.« Sie reichte dem Korporal das Tuch und sagte zur Jüngsten: »Und was gibst du deinem?«

»Ich gebe ihm eine Pfeife, und jedesmal, wenn er darauf bläst, wird er mitten im Regiment sein.« Sie gab ihm die Pfeife; sie wünschten ihnen Glück und Segen und gingen fort.

»Dabei belaß ich's nicht«, sagte John; »bevor ich weiterziehe, will ich wissen, wer sie sind.« Er folgte ihnen und sah, wie sie in eine Schlucht hinabstiegen; und als er sich eben anschickte, hinunterzuklettern, kamen sie ihm weinend wieder entgegen.

»Was ist los mit euch?« sagte er.

»Viel!« sagten sie, »wir sind verzaubert, solange, bis wir drei Burschen finden, die drei Nächte mit uns verbringen, ohne uns eine Frage zu stellen; und wenn du weggeblieben wärst, statt uns zu folgen, dann wären wir jetzt erlöst.«

»Könnt ihr denn nicht noch auf eine andere Art erlöst werden?« fragte er.

»Ja«, sagten sie. »Hinter dem Haus steht ein Baum, und wenn ihr nach einem Jahr und einem Tag kommt und den Baum ausreißt, dann sind wir erlöst.«

John kehrte zu den andern zurück und sagte ihnen, was er erlebt hatte, und sie beschlossen miteinander, daß sie nach Dublin zurückkehren wollten, weil es keinen Sinn hatte, dem Regiment hinterherzuziehen. So kehrten sie nach Dublin zurück.

In der Nacht sagte John: »Ich habe Lust, heute nacht hinzugehen und die Königstochter zu besuchen.«

»Bleib du lieber zu Haus!« sagten die andern.

»Ich gehe auf alle Fälle«, sagte er. Er ging und langte am Haus
des Königs an; er klopfte an die Tür; eine von den Edelfrauen
fragte ihn, was er wolle, und er erklärte, er wolle die Königstochter sprechen. Die Königstochter kam zu ihm heraus und
fragte ihn, was er mit ihr zu schaffen habe. »Ich will Euch eine
Pfeife geben«, sagte er, »und wenn Ihr darauf blast, seid Ihr
mitten im Regiment.« Sowie sie die Pfeife hatte, trieb sie ihn
die Treppe hinunter und schlug ihm die Tür vor der Nase
zu.

»Wie ist dir's ergangen?« fragten die andern.

»Sie hat mir die Pfeife abgeschwatzt«, sagte er.

Er ruhte nicht, bis er den Sergeanten dazu übertölpelt hatte,
daß der ihm die Börse lieh.

»Jetzt will ich gehen«, sagte er, »und die Königstochter wieder
besuchen.«

Er ging fort und langte bei dem Haus an; er sah die Königstochter; sie schmeichelte ihm die Börse ab und trieb ihn die
Treppe hinunter wie zuvor, und er kehrte heim. Er ruhte nicht,
bis er den Korporal betölpelt hatte, daß der ihm das Tuch lieh.
Er ging wieder dorthin, wo die Königstochter war.

»Was willst du mir diesmal geben?« sagte sie.

»Ein Tuch, und wenn du es ausbreitest, steht jede Sorte Essen
darauf.«

»Zeig her«, sagte sie.

»Wir wollen es ausbreiten«, sagte er. Er entfaltete es, und die
eine Ecke wollte nicht richtig liegen. Er befahl ihr, sich auf die
Ecke zu stellen, sie stellte sich darauf; er stellte sich auf die
andere und wünschte sich fort auf die fernste Insel der Tiefe;
und er und die Königstochter und das Tuch waren in fünf Minuten dort. Das war die hübscheste Insel, die je einer erblickt
hat, und nichts drauf als Bäume und Früchte. Nun gingen sie
los, kreuz und quer über die Insel, und schließlich wurde er
müde. Sie kamen zu einer hübschen, kleinen Höhle, und er
legte ihr den Kopf in den Schoß und packte ihre Schürze mit
beiden Fäusten, damit sie nicht fortkönnte, ohne daß er es

merkte. Sowie er schlief, band sie sich die Schürze ab, ließ ihn liegen und nahm das Tuch mit fort; sie stellte sich darauf, wünschte sich in ihr Vaterhaus und war sofort dort. Als er aufwachte, hatte er nichts, um sich Essen zu verschaffen; rundum sah er nur Bäume und Vögel. Er lebte von den Früchten, die es auf der Insel gab, und fand Äpfel; und als er die eine Sorte aß, da saß ihm auf einmal ein Hirschkopf auf den Schultern; und als er die andere Sorte aß, hatte er wieder seinen eigenen.

Er sammelte nun eine Menge von den Äpfeln und steckte die eine Art ins eine Ende seines Beutels und die andere Sorte ins andere Ende. Er sah ein Schiff vorüberfahren und winkte; da kam ein Boot ans Ufer, sie holten ihn an Bord. Der Kapitän nahm ihn zum Essen mit hinunter in die Kajüte, und er ließ den Sack an Deck. Die Matrosen machten den Beutel auf, um zu sehen, was drin war; als sie die Äpfel erblickten, stürzten sie sich drauf. Sie aßen die Sorte, die machte, daß ihnen Hirschgeweihe wuchsen, da fingen sie an miteinander zu kämpfen, bis die drauf und dran waren, das Schiff zu zerschlagen. Als der Kapitän den Lärm hörte, kam er heraufgerannt, und als er sie sah, sagte er zu John: »Du schlechter Kerl, was hast du jetzt mit meinen Männern angestellt?«

»Warum sind deine Männer so unverschämt«, sagte John, »daß sie hingehen und einem Mann den Sack durchsuchen? Was gibst du mir«, sagte John, »wenn ich sie wieder so mache, wie sie vorher waren?« Der Kapitän erschrak und sagte, er wolle ihm am ersten Hafen, den sie erreichten, das Schiff und die Ladung übergeben. Darauf machte John den Sack wieder auf und gab ihnen die andere Sorte zu essen, und die Hörner fielen wieder von ihnen ab. Das Schiff war ganz mit Gold beladen, und sie segelten nach Dublin. Als sie ankamen, sagte der Kapitän zu ihm: »Jetzt kannst du dich um Schiff und Ladung kümmern, ich hab nichts mehr damit zu schaffen.«

»Nur Geduld!« sagte John, »laß uns erst ein paar Tage warten und zusehen, wie es dann mit uns steht.«

Er ging am Morgen fort, um in der Stadt Äpfel zu verkaufen; dabei hatte er nur noch Lumpen am Leib. Er schritt durch die Stadt, bis er vor dem Haus des Königs anlangte; da sah er die

Königstochter, wie sie aus dem Fenster guckte. Sie bat, er solle ihr ein Pfund Äpfel heraufschicken. Er sagte: »Kostet doch erst mal, wie sie Euch schmecken.« Und damit warf er ihr einen Apfel von der Sorte zu, die machten, daß einem ein Hirschkopf wuchs. Sie aß den Apfel auf, und auf einmal hatte sie einen Hirschkopf mit Geweih auf den Schultern!

Nun ließ der König bekanntmachen, wenn irgendein Mann, ganz gleich wer, seine Tochter heilen würde, dann kriege er einen Viertelscheffel Gold, einen Viertelscheffel Silber und die Prinzessin zur Frau.

So saß sie viele Tage und wartete, aber keiner, der kam, konnte ihr auch nur ein bißchen helfen. John kam in seinen zerfetzten Kleidern vor die Tür und verlangte Einlaß; als die Diener einen solchen Kerl erblickten, wollten sie ihn wegschicken, aber die Königstochter hatte einen kleinen Bruder, der sah, wie das Gesinde ihn aussperrte, und erzählte das seinem Vater, und sein Vater sagte: »Und wenn es der Bettler vom Anger wäre!« Er schickte John einen Diener hinterher und ließ ihm bestellen, er solle umkehren, und John kam zurück. Der König sagte zu ihm: »Kannst du meine Tochter heilen?«

»Versuchen will ich's!« antwortete er.

Sie führten ihn hinauf in die Kammer, wo die Königstochter war. Er setzte sich nieder und zog aus der Rocktasche ein Buch, wo gar nichts drinstand, und stellte sich, als ob er drin lese.

»Hast du einem armen Soldaten eine Pfeife abgeschwatzt, die ihn mitten in sein Regiment bringen würde, wenn er drauf bliese?«

»Das hab ich«, sagte sie.

»Wenn sich die nicht findet«, sagte er, »kann ich dich nicht heilen.«

»Sie ist da«, sagte sie. Die Mägde brachten ihm die Pfeife. Als er die Pfeife erhalten hatte, reichte er ihr ein Stück Apfel, und eins der Geweihe fiel von ihr ab. »Mehr kann ich heute nicht tun«, sagte er, »aber ich komme morgen wieder her.« Damit ging er hinaus, und seine alten Kameraden trafen ihn. Sie verdienten sich jetzt ihr Brot damit, daß sie für einen Maurer Kalk löschten und Wasser schleppten. Er erkannte sie, aber sie erkannten ihn nicht. Er tat nicht dergleichen, doch er gab ihnen zehn Schillinge und sagte: »Trinkt auf das Wohl dessen, der sie euch gab.« Damit ließ er sie stehen und kehrte auf das Schiff zurück.

Am nächsten Tag ging er zur Königstochter; er holte das Buch heraus und sagte zu ihr: »Hast du einem armen Soldaten eine Börse abgeschwatzt, die jedesmal, wenn man sie aufmacht, voll Gold und Silber ist?«

»Hab ich«, sagte sie.

»Wenn sich die nicht findet«, sagte er, »kann ich dich nicht heilen.«

»Sie ist da«, sagte sie, und die Mägde brachten ihm die Börse. Als er sie erhalten hatte, reichte er ihr ein Stück Apfel, und das zweite Geweih fiel von ihr ab.

»Heute kann ich nichts weiter tun«, sagte er, »aber ich komme morgen abend wieder.«

Er ging dorthin, wo seine Kameraden waren, und gab ihnen wieder zehn Schillinge und sagte zu ihnen: »Trinkt damit aufs Wohl dessen, der sie euch gegeben hat.« Dann kehrte er aufs Schiff zurück. Der Kapitän sagte zu ihm: »Was ist nun, kümmerst du dich nun um Schiff und Ladung?«

Sagte er: »Gedulde dich noch ein oder zwei Tage, bis wir sehen, wie es mit uns steht.«

Am nächsten Abend suchte er die Königstochter abermals auf. Er zog wie gewohnt das Buch hervor: »Hast du einem armen Soldaten ein Tuch abgelistet, das jedesmal, wenn man es ausbreitet, voll mit jeder Art Essen ist?«

»Das hab ich«, sagte sie.

»Wenn sich das Tuch nicht findet, kann ich dir nicht helfen«, sagt er.

»Es ist da«, sagt sie. Die Mägde brachten es ihm; sowie er es erhielt, reichte er ihr einen ganzen Apfel, und als sie ihn aufgegessen hatte, war sie wieder wie zuvor. Nun kriegte er einen Viertelscheffel Gold und einen Viertelscheffel Silber, und der König sagte zu ihm, er solle sie zur Frau haben. »Morgen komm ich wieder«, sagte er. Er ging auch diesmal zu seinen alten Kameraden, gab ihnen zehn Schillinge und sagte: »Trinkt damit aufs Wohl dessen, der sie euch gegeben hat.«

Sagten sie: »Es wäre uns angenehm zu wissen, was für ein Freund uns jeden Abend so beschenkt.«

»Wißt ihr noch«, sagte er, »wie wir zusammen in dem Haus waren und wie wir den drei Mädels versprochen haben, daß wir ein Jahr drauf wiederkommen wollen?«

Da erkannten sie ihn. »Die Zeit ist schon längst vorbei«, sagten sie.

»Sie ist nicht vorbei«, sagte er, »morgen abend ist es soweit.« Er ging zum Kapitän zurück und sagte ihm, er möge mit der Ladung fortsegeln, er werde ihn nicht behelligen, er habe selber genug.

Am Morgen ging er am Haus des Königs vorüber, und die Königstochter sagte zu ihm: »Heiratest du mich heute?«

»Nein, und morgen auch nicht!« sagte er. Er kehrte zu den Kameraden zurück und bereitete sie für ihren Marsch vor. Er gab dem Sergeanten die Börse und dem Korporal das Tuch und behielt selber die Pfeife. Er kaufte drei Pferde, und sie ritten in großer Eile zu dem Haus. Sowie sie angelangt waren, rissen sie an dem Baum, und er fiel schon beim ersten Zerren um. Die drei Mädels kamen ganz weiß zu ihnen und lächelten und waren erlöst. Nun nahm jeder seine mit; sie kehrten nach Dublin zurück und heirateten.

40 Der Rote Stier von Norwegen

Es lebte einmal ein König, der hatte drei Töchter; die beiden älteren waren hochfahrend und häßlich, aber die jüngste war das sanfteste und schönste Geschöpf, das man je gesehen hatte, und nicht nur Vater und Mutter waren auf sie stolz, sondern das ganze Land. Nun geschah es einmal, daß die Prinzessinnen abends davon sprachen, wen sie heiraten würden. »Unter einem König will ich keinen!« sagte die älteste Prinzessin. Die zweite Prinzessin war bereit, einen Prinzen oder sogar einen Großherzog zu nehmen. »Ach, ach«, sagte die Jüngste lachend, »ihr wollt beide so hoch hinaus; na, ich wäre schon mit dem ›Roten Stier von Norwegen‹ zufrieden.«

Schön, sie dachten nicht mehr an die Sache bis zum nächsten

Morgen; als sie da beim Frühstück saßen, hörten sie vor der Tür das fürchterlichste Gebrüll, und das war kein anderer als der ›Rote Stier von Norwegen‹, der seine Braut holen kam. Ihr könnt euch drauf verlassen, alle hatten gräßliche Angst, denn der ›Rote Stier‹ war so ziemlich das abscheulichste Geschöpf auf der Welt. Und der König und die Königin wußten nicht, wie sie ihre Tochter retten konnten. Zuletzt beschlossen sie, ihn mit der alten Hühnerfrau davonzuschicken. Also setzten sie ihm die auf den Rücken, und er trabte mit ihr fort, bis er an einen großen, schwarzen Wald kam; da warf er sie ab und kehrte wieder um und brüllte dabei noch viel lauter und gräßlicher als vorher. Da schickten sie nacheinander alle Mägde hinaus und dann die beiden ältesten Prinzessinnen; aber keiner erging es besser als der alten Hühnerfrau; und am Ende blieb ihnen nichts übrig, als ihr jüngstes, ihr Lieblingskind hinauszuschicken.

Die Dame und der Stier kamen durch viele schreckliche Wälder und Einöden, bis sie endlich an einem prächtigen Schloß anlangten, wo eine große Gesellschaft versammelt war. Der Schloßherr drang in sie zu bleiben, obwohl er sich sehr über die liebliche Prinzessin und ihren sonderbaren Begleiter verwunderte. Als sie eintraten und sich unter die andern mischten, entdeckte die Prinzessin eine Nadel, die dem Stier im Fell steckte; sie zog sie heraus, und zu aller Überraschung stand da auf einmal nicht mehr ein furchteinflößendes, wildes Tier, sondern der schönste Prinz, den man je erblickt hat. Ihr könnt euch denken, wie entzückt die Prinzessin war, als sie sah, wie er ihr zu Füßen fiel und ihr dankte, daß sie seine grausame Verzauberung durchbrochen hatte! Alle im Schloß jubelten darüber; aber ach! Im gleichen Augenblick verschwand er plötzlich, und obwohl sie jeden Winkel nach ihm durchstöberten, konnten sie ihn nirgends finden. Die Prinzessin jedoch beschloß, in der ganzen Welt nach ihm zu suchen, und wanderte viele beschwerliche Wege, aber sie konnte nichts von ihrem Liebsten erfahren. Als sie einmal durch einen finsteren Wald schritt, verlor sie den Pfad, und da die Nacht hereinbrach, glaubte sie, nun müsse sie gewiß vor Kälte und Hunger sterben. Da sah sie aber ein Licht durch die Bäume schimmern und ging weiter, bis sie eine Hütte erreichte, in der eine alte Frau hauste. Die holte sie herein und bot ihr Essen und Nachtquartier. Am Morgen gab ihr die Alte drei Nüsse, die sollte sie nicht knacken, bevor ihr war, als werde ihr das Herz brechen und abermals brechen. Damit zeigte ihr die Alte den Weg, sagte: Gott mit dir, und die Prinzessin setzte ihre mühselige Wanderung fort.

Sie war noch nicht weit gegangen, als eine Gesellschaft von Herren und Damen an ihr vorüberritt, die alle fröhlich darüber plauderten, was für Lustbarkeiten sie zur Hochzeit des Herzogs von Norwegen erwarteten. Dann holte sie eine Gruppe von Leuten ein, die alle Arten schöner Sachen trugen; und auch sie waren auf dem Wege zu des Herzogs Hochzeit. Und schließlich kam sie an ein Schloß, wo nichts zu sehen war als Köche und Bäcker, einige rannten hierhin, einige dorthin, und alle waren so geschäftig, daß sie nicht wußten, was als erstes tun. Während sie all das betrachtete, hörte sie hinter sich das Getöse von Jägern, und einer rief: »Platz für den Herzog von Norwegen!« Und wer ritt vorbei? Kein anderer als der Prinz, zusammen mit einer schönen Dame. Ihr könnt glauben, bei diesem traurigen Anblick war ihr, als müsse ihr das Herz brechen und noch mal brechen; so knackte sie eine von den Nüssen, und heraus kam ein winziges Weiblein, das Wolle krempelte. Da trat die Prinzessin ins Schloß ein und bat, die Dame sprechen zu dürfen. Sowie die das Weiblein so emsig an der Arbeit sah, bot sie der Prinzessin an, sie könne sich dafür aus dem Schloß aussuchen, was sie wolle. »Ich lasse sie Euch«, sagte die Prinzessin, »nur unter der Bedingung, daß Ihr Eure Hochzeit mit dem Herzog von Norwegen einen Tag aufschiebt und daß ich in der Nacht allein in seine Kammer gehen darf.« So begierig war die Dame auf die Nuß, daß sie einwilligte. Und als die finstere Nacht hereingebrochen war und der Herzog fest schlief, wurde die Prinzessin allein in seine Kammer gebracht. Sie ließ sich auf dem Bettrand nieder und begann zu singen:

»Zog so weit dir nach, bin nun nah bei dir,
Lieber Herzog von Norwegen, kehr dich her zu mir!«

Doch obwohl sie dies wieder und wieder sang, wachte der Herzog nicht auf, und am Morgen mußte ihn die Prinzessin verlassen, ohne daß er ahnte, daß sie dagewesen war. Da knackte sie die zweite Nuß, und heraus sprang ein winziges Weiblein, das spann und entzückte die Dame dermaßen, daß sie dafür bereit war, die Hochzeit noch einen weiteren Tag aufzuschieben; aber der Prinzessin erging es in der zweiten Nacht nicht besser als in der ersten; und fast verzweifelt knackte sie die dritte Nuß, die enthielt ein winziges Weiblein, das haspelte Garn. Und die Dame brachte es unter den gleichen Bedingungen wie zuvor in ihren Besitz. Als sich der Herzog an diesem Morgen ankleidete, fragte ihn sein Diener, was das sonderbare Gesinge und Gestöhne bedeute, das man zwei Nächte lang in seinem Zimmer gehört habe. »Ich hab nichts gehört«, sagte der Herzog, »das mußt du dir eingebildet haben.« – »Nehmt heute Nacht keinen Schlaftrunk«, sagte der Mann, »und paßt auf, daß Ihr Euer Schlummerkissen beiseite legt; dann werdet Ihr schon hören, was mich zwei Nächte lang wachgehalten hat.« Der Herzog befolgte den Rat, und die Prinzessin kam herein und setzte sich seufzend an sein Bett und glaubte, dies sei das letzte Mal, daß sie ihn je zu sehen bekäme. Als der Herzog die Stimme seiner innig geliebten Prinzessin vernahm, fuhr er auf, und mit vielen zärtlichen Worten der Überraschung und Freude erklärte er ihr, daß er lange in der Gewalt einer Zauberin gewesen sei, aber ihre Macht über ihn sei nun glücklich gebrochen dadurch, daß sie einander wiedergefunden hatten. Die Prinzessin, glückselig, das Werkzeug zu seiner zweiten Erlösung zu sein, willigte ein, ihn zu heiraten; und von der Hexe, die in Angst vor des Herzogs Zorn aus dem Land flüchtete, hat kein Mensch je wieder etwas gehört. Nun rannte im Schloß wieder alles herum und kochte und briet und buk und deckte den Tisch. Und die Hochzeit, die sofort stattfand, beendete die Abenteuer des ›Roten Stiers von Norwegen‹ und die Irrfahrten der Königstochter.

Es war einmal ein König in Albain, der Cumhal hieß, und er besaß einen großen Hund, der immer auf die Herden aufpaßte. Wenn die Kühe hinausgeschickt wurden, führte der Hund sie zu einer Stelle, wo gutes Gras wuchs, und er hütete sie dort den ganzen Tag über, und am Abend brachte er sie heim.

In der Nähe vom Königshaus wohnten Leute, die hatten einen Sohn, und sie schickten ihn jeden Abend mit Aufträgen zum König. Einmal war ein schöner, sonniger Abend, und der Junge ging wieder als Bote zum Haus des Königs hinüber; er hatte einen Ball und einen Schläger und spielte unterwegs Shinty. Ein Hund begegnete ihm, und der Hund fing an, mit dem Ball zu spielen; er nahm ihn ins Maul und rannte damit fort. Schließlich versetzte der Junge dem Ball in der Hundeschnauze einen Schlag und trieb ihn dem Hund in den Schlund; er stopfte ihn mit dem Schlägergriff hinunter, so daß der Hund erstickte; und da er den Hund erstickt hatte, mußte er nun selber hingehn und statt des Hundes des Königs Vieh hüten. Morgens mußte er die Tiere hinaustreiben auf gutes Gras und mußte den ganzen Tag bei ihnen bleiben und sie hüten, damit sie nicht etwa gestohlen würden; und abends mußte er sie heimbringen wie vordem der Hund. Weil er nun den Hund getötet hatte und ihn ersetzen mußte, nannten ihn die Leute »Cu Chumhai«, das heißt Cuals Hund, und später änderten sie den Namen in Cuchullin.

Eines schönen Tages brachte Cuchullin das Vieh hinaus und trieb die Herde auf eine Ebene, die dort war, und paßte auf sie auf; da erblickte er einen Riesen, der war so groß, daß er dachte, er könne den Himmel zwischen seinen Beinen hindurch sehen; er kam auf die Seite herüber, wo Cuchullin saß, und trieb einen großen Ochsen vor sich her; und der Ochse hatte zwei gewaltige Hörner, deren Spitzen rückwärts statt nach vorn gerichtet waren. Der Riese schritt mit dem Ochsen zu Cuchullin hin und sagte:

»Ich will mich hier ein Weilchen schlafen legen, und wenn du einen andern Riesen siehst, der mir hinterherkommt, dann weck mich auf. Kann sein, daß ich nicht leicht wachzukriegen bin; aber weck mich ja auf, wenn du kannst.«

»Und wie kriegt man dich wach?« fragte Cuchullin.

»Indem du den dicksten Stein nimmst, den du finden kannst«, sagte der Riese, »und mich damit auf die Brust schlägst. Das macht mich munter.«

Der Riese lag da und schlief, und sein Schnarchen klang wie Donner. Aber er sollte seinen Schlummer nicht lange genießen: Bald sah Cuchullin einen anderen Riesen nahen, der so groß war, daß er meinte, er könne den Himmel zwischen seinen Beinen hindurch sehen.

Cuchullin rannte hin und fing an, den ersten Riesen zu rütteln, aber er bekam ihn nicht wach. Er stieß und knuffte ihn, aber das half überhaupt nichts. Schließlich wuchtete er einen großen Stein hoch und ließ ihn dem Riesen auf die Brust fallen. Der Riese erwachte, setzte sich auf und sagte: »Ist noch einer gekommen?«

»Aber ja doch! Da drüben ist er!« sagte Cuchullin und zeigte mit dem Finger hin.

Der Riese schlug die Hände zusammen und sagte: »Ach, ist er da!« und sprang auf die Füße.

Der andere Riese kam heran und schrie: »Ja! Krummbein, du hast mir meinen Ochsen gestohlen!«

»Ich hab ihn dir nicht gestohlen, Schlotterbein«, sagte Krummbein, »ich habe ihn vor aller Augen als mein Eigentum mitgenommen!«

Schlotterbein ergriff ein Horn des Ochsen, um ihn mitzunehmen, und Krummbein packte das andere. Schlotterbein tat einen schnellen Ruck an dem Horn, das er in der Hand hielt, und riß es vom Knochen ab; er warf es mit aller Kraft von sich, daß es mit der Spitze nach unten bis an den Ansatz in die Erde fuhr. Darauf ergriff er den Knochen, und die beiden zerrten an dem Ochsen, jeder bemüht, ihn dem anderen zu entreißen.

Schließlich spaltete sich der Kopf des Ochsen in zwei Hälften, und das ganze Tier riß bis zur Schwanzwurzel mitten durch. Da warfen sie den Ochsen von sich und fingen an zu raufen, und wie sie sich balgten! Keiner hätte sagen können, wer von ihnen der Stärkere war.

Cuchullin beeilte sich, Krummbein beizuspringen. Er konnte nicht hoch genug reichen, um Schlotterbein mit dem Schwert, das er bei sich führte, einen Hieb beizubringen, aber er begann, ihm hinten an den Beinen herumzuschneiden; er versuchte, sich eine Treppe da hinauf zu machen, um sie zu erklimmen und dem Riesen so einen Schwertstreich zu versetzen.

Schlotterbein spürte, wie ihm etwas hinten an den Beinen herumstocherte, faßte hin, ergriff Cuchullin und schleuderte ihn weg; und wo fiel Cuchullin hin? Ihr werdet's nicht glauben: Mit den Füßen voraus ins Horn des Ochsen, und da kam er nun nicht wieder heraus. Aber in dem Moment, wo Schlotterbein Cuchullin wegschleuderte, erhielt Krummbein die Gelegenheit, Schlotterbein beizukommen; Schlotterbein ging zu Boden, und Krummbein machte ihm den Garaus.

Als er das getan hatte, schaute er sich nach Cuchullin um, aber er konnte ihn nicht entdecken, so brüllte er: »Wo steckst du, kleiner Held, der mir geholfen hat?«

Sprach Cuchullin: »Hier im Horn!«

Der Riese machte sich daran, ihn herauszuziehen, aber er brachte die Hand nicht weit genug ins Horn hinein; doch schließlich spreizte er die Beine und zwängte die Hand ins Horn hinab und erwischte Cuchullin mit zwei Fingern und kriegte ihn heraus. Beim Sonnenuntergang zog Cuchullin mit dem Vieh heim – und mehr habe ich von der Sache nicht gehört.

42 Der Schwarze Stier von Norwegen

Vor langer Zeit lebte in Norwegen eine Dame, die hatte drei Töchter. Die Älteste sagte zur Mutter: »Mutter, back mir einen Haferkuchen und brat mir ein Stück Fleisch, denn ich will fort, mein Glück suchen.« Die Mutter tat das, und die Tochter ging fort zu einer alten Hexe von Waschweib und erzählte ihr, was sie vorhatte. Die Alte forderte sie auf, den Tag bei ihr zu bleiben und da aus der Hintertür zu gucken und aufzupassen, was sie zu sehen kriege. Am ersten Tag zeigte sich gar nichts. Am zweiten blieb das Mädchen noch da und bekam wieder nichts zu sehen. Am dritten Tag spähte sie wieder, und da erblickte sie eine sechsspännige Kutsche, die kam die Straße langgefahren. Sie rannte hinein und berichtete der alten Frau, was sie gesehen hatte. »Ah, gut!« sagte die Alte, »die ist für dich.« Also nahmen die in der Kutsche sie mit, und ab ging's im Galopp.

Am nächsten Tag sagte die zweite Tochter zur Mutter: »Mutter, back mir einen Haferkuchen und brat mir ein Stück Fleisch, denn ich will fort, mein Glück suchen.« Die Mutter tat das, und die Tochter ging fort zu der alten Frau, genau wie die Schwester. Am dritten Tag spähte sie zur Hintertür hinaus und erblickte eine vierspännige Kutsche, die auf der Straße herangerollt kam. »Ah, gut!« sagte die Alte, »die ist für dich.« Die in der Kutsche halfen ihr hinein, und ab ging's.

Die dritte Tochter sagte zur Mutter: »Mutter, back mir einen Haferkuchen und brat mir ein Stück Fleisch, ich will fort, mein Glück suchen.« Die Mutter tat es, und fort ging sie zu der alten Frau. Die befahl ihr, aus der Hintertür zu spähen und aufzupassen, was sie da zu Gesicht bekomme. Das tat sie, und als sie wieder hereinkam, sagte sie, sie habe gar nichts gesehen. Am zweiten Tag machte sie dasselbe und sah wieder nichts. Am dritten Tag spähte sie wieder, und als sie danach ins Haus trat, sagte sie zu der Alten, sie habe nichts entdecken können als einen mächtigen schwarzen Stier, der auf der Straße herantrotte und brumme. »Ah, gut!« sagte die Alte, »der ist für dich.« Als das Mächen das hörte, war es vor Kummer und Schrecken ganz außer sich; aber ehe es noch wußte, wie ihm geschah, saß es auf seinem Rücken, und ab ging's.

Sie trabten und trabten immer weiter, bis der Dame vor Hunger schwach wurde. »Iß aus meinem rechten Ohr«, sagte der Schwarze Stier, »und trink aus meinem linken, und heb auf, was du übrig behältst.« Das tat sie und fühlte sich wunderbar erfrischt. Und immer weiter ging's in schnellem Tempo, bis sie endlich ein großes, schönes Schloß vor sich sahen. »Dort müssen wir diese Nacht einkehren«, sprach der Stier, »denn dort wohnt mein älterer Bruder.« Und bald waren sie angelangt. Diener hoben sie ihm vom Rücken und geleiteten sie hinein, und ihn schickten sie für die Nacht fort in eine Koppel. Am Morgen, als sie den Stier wieder herbeiführten, brachten sie die Dame in ein schönes, prachtvolles Zimmer und reichten ihr einen herrlichen Apfel und befahlen ihr, den nicht anzubrechen, bis sie nicht in der schlimmsten Lage sei, in die ein

Mensch überhaupt kommen könne: Dann werde ihr der Apfel heraushelfen. Einer von den Dienern hob sie dem Stier wieder auf den Rücken, und nachdem sie weit geritten war, viel weiter, als ich sagen kann, erblickten sie vor sich ein noch schöneres Schloß, noch viel weiter fort als das erste. Sagte der Stier zu ihr: »Dort drüben müssen wir über Nacht bleiben, denn dort wohnt mein zweiter Bruder.« Und gleich darauf waren sie an Ort und Stelle. Die Diener hoben sie herunter und geleiteten sie hinein, den Stier aber schickten sie für die Nacht aufs Feld. Am Morgen führten sie die Dame in ein schönes, wohlausgestattetes Zimmer und gaben ihr die feinste Birne, die sie je erblickt hatte, und befahlen ihr dabei, sie ja nicht anzubrechen, bis sie nicht in der übelsten Lage sei, in die ein Mensch überhaupt kommen könne: Dann werde ihr die Birne heraushelfen. Wieder hoben die Diener sie auf und setzten sie dem Stier auf den Rücken, und ab ging's. Lang und schnell war der Ritt, bis sie vor sich das gewaltigste Schloß sahen – und das lag am allerweitesten fort –, das sie je erblickt hatten. »Dort müssen wir übernachten«, sagte der Stier, »denn dort wohnt mein jüngster Bruder.« Und im Nu waren sie an Ort und Stelle. Die Diener hoben sie herab, geleiteten sie hinein und schickten den Stier für die Nacht aufs Feld. Am Morgen brachten sie sie in ein Gemach, das war von allen das herrlichste, und gaben ihr eine Pflaume und befahlen ihr, die ja nicht anzubrechen, bis sie nicht in der allerübelsten Lage sei, in die ein Mensch überhaupt kommen könne: Die Pflaume werde ihr heraushelfen. Bald holten sie den Stier heran, setzten ihm die Dame auf den Rücken, und fort ging's.

Und sie ritt und ritt immer weiter, bis sie an eine finstere, abscheuliche Schlucht gelangten, da hielt der Stier an, und die Dame ließ sich hinabgleiten. Sagte der Stier zu ihr: »Hier mußt du bleiben, während ich hingehe und mit dem Teufel kämpfe. Du mußt dich auf den Stein dort setzen, aber rühre ja weder Hand noch Fuß, bis ich zurückkomme, oder ich finde dich nie wieder. Und wenn alles um dich her blau wird, dann habe ich den Teufel geschlagen; aber wenn alle Dinge rot werden, dann hat er mich besiegt.« Sie setzte sich auf den Stein nieder, und nicht lange, so färbte sich alles um sie her blau. Überglücklich hob sie den einen Fuß und legte ihn über den andern, so heilfroh war sie, daß ihr Gefährte Sieger geworden war. Nun kehrte der Stier zurück und suchte sie, aber er konnte sie nicht mehr finden.

Lange saß sie da, und bitterlich weinte sie, bis sie müde wurde. Schließlich stand sie auf und ging fort, sie wußte nicht wohin. Sie wanderte und wanderte, bis sie zu einem großen Hügel von Glas kam; da versuchte sie mit Händen und Füßen hinaufzukommen, aber sie brachte es nicht fertig. Sie lief ganz um den Hügel herum, schluchzte und suchte nach einem Weg darüber, und endlich gelangte sie zum Haus eines Schmiedes; und der Schmied versprach ihr, wenn sie ihm sieben Jahre lang dienen wolle, so werde er ihr Schuhe von Eisen machen, mit denen könne sie den Glasberg erklettern. Als die sieben Jahre um waren, erhielt sie ihre Eisenschuhe, erklomm den Glasberg, und siehe, sie kam beim Haus der alten Waschfrau an. Dort sagte ihr ein stattlicher junger Ritter, der ein paar blutige Hemden zum Waschen hereingegeben hatte, welche Frau auch immer seine Hemden sauber kriege, die werde er heiraten. Die Alte hatte schon gewaschen, bis sie ganz erschöpft war, und dann hatte sie ihre Tochter angestellt, und beide wuschen und wuschen und wuschen immer wütender in der Hoffnung, den jungen Ritter zu kriegen; aber sie konnten anstellen, was sie wollten, sie brachten keinen Fleck heraus. Schließlich befahlen sie dem fremden Mädchen, sich an die Arbeit zu machen; und sowie die anfing, verschwanden die Flecken, und die Hemden wurden rein und sauber. Aber die Alte spiegelte dem Ritter vor, ihre Tochter sei es, die das geschafft hatte. So sollten also der Ritter und der Waschfrau Tochter zusammengegeben werden, und das fremde Mädchen war außer sich bei dem Gedanken, denn sie hatte den Ritter von Herzen lieb. Da besann sie sich auf ihren Apfel. Sie brach ihn in zwei Hälften und fand ihn gefüllt mit Gold und köstlichen Schmucksachen, den kostbarsten, die sie je erblickt hatte. »All das«, sagte sie zur Tochter der Alten, »gebe ich dir unter der Bedingung, daß du die Hochzeit einen Tag lang aufschiebst und mir erlaubst, daß ich in der Nacht allein in sein Zimmer gehe.« So willigte die Tochter ein; aber inzwischen hatte die Alte schon einen Schlaftrunk angerührt und dem Ritter gereicht; der trank ihn und wachte bis zum Morgen nicht ein einziges Mal auf. Die ganze lange Nacht schluchzte das Mädchen und sang:

»Sieben lange Jahre dient' ich für dich,
Den gläsernen Hügel erstieg ich für dich,
Das blutige Hemd wrang und rieb ich für dich,
Nun wach doch auf und blicke auf mich!«

Am nächsten Tag wußte sie sich vor Kummer keinen Rat. Da brach sie die Birne auf und fand sie voll von Schmucksachen, noch viel kostbarer, als sie im Apfel gesteckt hatten. Mit diesen Juwelen erhandelte sie sich die Erlaubnis, eine zweite Nacht beim jungen Ritter in der Kammer zu verbringen; aber die Alte gab ihm wieder einen Trunk ein, und er schlief abermals bis zum Morgen. Die ganze Nacht seufzte und sang sie wie zuvor ohne Unterlaß:

»Sieben lange Jahre dient' ich für dich,
Den gläsernen Hügel erstieg ich für dich,
Das blutige Hemd wrang und rieb ich für dich,
Nun wach doch auf und blicke auf mich!«

Aber er schlief weiter, und sie verlor nun fast die letzte Hoffnung. Doch an diesem Tag, als er zur Jagd draußen war, fragte ihn einer, was das für ein Geschrei und Gestöhne gewesen sei, das sie die ganze letzte Nacht in seinem Schlafgemach vernommen hatten. Er sagte, er habe überhaupt kein Geschrei gehört. Aber sie beteuerten ihm, es sei ganz deutlich gewesen; und er beschloß, die kommende Nacht wach zu bleiben und aufzupassen. Das war nun die dritte Nacht, und das Mädchen lebte zwischen Hoffnung und Verzweiflung; sie brach ihre Pflaume auf, und darin steckte der allerschönste Edelsteinschmuck von den dreien. Sie verhandelte ihn wie zuvor, und genau wie zuvor brachte die Alte dem jungen Ritter den Schlaftrunk in die Kammer. Aber er sagte ihr, diese Nacht brächte er ihn nur hinunter, wenn sie ihn süßer mache. Und während sie fortging, um ein bißchen Honig dazu zu holen, goß er den Trank aus und stellte sich bei der alten Frau, als habe er ihn doch schon geschluckt. Nun legten sich alle zu Bett, und wie zuvor fing das Mädchen an zu singen:

>»Sieben lange Jahre dient' ich für dich,
Den gläsernen Hügel erstieg ich für dich,
Das blutige Hemd wrang und rieb ich für dich,
Nun wach doch auf und blicke auf mich!«

Er hörte sie und wandte sich ihr zu. Und sie erzählte ihm alles, was ihr widerfahren war, und er erzählte ihr alles, was ihm begegnet war. Und er machte, daß die alte Waschfrau und ihre Tochter verbrannt wurden. Und sie beide heirateten, und soviel ich weiß, leben sie glücklich bis zu diesem Tag.

43 Thomas Daumen

Es war einmal einer, der hieß Thomas Daumen, und der war nicht größer als der Daumen eines handfesten Mannes. Einmal ging Thomas spazieren, da kam ein derber Hagelschauer, und Thomas suchte Schutz unter einem Sauerampferblatt. Währenddessen wurde eine Viehherde vorbeigetrieben, in der befand sich auch ein großer, scheckiger Stier, der weidete dort, wo der Ampfer stand, und schluckte unversehens Thomas Daumen mit. Seine Mutter und sein Vater vermißten ihn und gingen auf die Suche. Sie kamen an dem scheckigen Stier vorbei, da sprach Thomas Daumen:

>»Ihr sucht mich
überall auf den Wiesen und im Moor;
dabei sitz ich mutterseelenallein
im scheckigen Bullen.«

Da stachen sie den scheckigen Bullen ab und suchten Thomas Daumen in seinen Mägen und Eingeweiden; aber den Dickdarm, in dem er saß, warfen sie weg.

Da kam eine alte Frau des Wegs und hob den Dickdarm auf; und während sie so weiterging, kam sie über einen Sumpf.

Thomas sagte etwas zu ihr, und die Alte erschrak sehr und schleuderte den Dickdarm von sich.

Da kam ein Fuchs vorüber und nahm den Darm mit sich, und Thomas stieß den Jagdruf aus: »Hallo-ho, der Fuchs! Hallo-ho, der Fuchs!«

Da sprangen die Hunde dem Fuchs hinterher und erwischten

ihn und fraßen ihn auf; und obwohl sie auch den Dickdarm fraßen, so rührten sie doch Thomas Daumen nicht an.

Thomas ging heim zu seiner Mutter und seinem Vater und hatte ihnen eine kuriose Geschichte zu erzählen.

44 Die Vogelschlacht

Es war einmal eine Zeit, da versammelten sich alle Tiere auf der Erde und auch alle Vögel zur Schlacht. Der Sohn des Königs von Seilstadt sagte, er wolle gehen und die Schlacht mit ansehen, und er werde seinem Vater, dem König, bestimmt Bescheid heimbringen, wer in diesem Jahr König über die Tiere sein werde. Als er anlangte, war die Schlacht schon vorbei; nur ein großer, schwarzer Rabe und eine Schlange waren noch mitten im Kampf, und es schien, als werde die Schlange den Sieg über den Raben erringen. Als der Königssohn das sah, sprang er dem Raben bei und hieb der Schlange mit einem Streich den Kopf ab. Sowie der Rabe wieder zu Atem kam und wahrnahm, daß die Schlange tot war, sagte er: »Dafür, daß du heute so freundlich zu mir warst, will ich dir etwas zeigen. Komm jetzt auf meine Schultern.« Der Königssohn saß auf den Raben auf, und der flog mit ihm, ohne anzuhalten, über sieben Berge, sieben Täler und sieben Hochmoore.

»Nun«, sagte der Rabe, »siehst du das Haus dort drüben? Da geh jetzt hin. Eine Schwester von mir wohnt darin, und ich verbürge mich dafür, daß du willkommen bist. Und wenn sie dich fragt: Hast du meinesgleichen gesehen? Dann sag, ja, das hab ich. Aber vergiß ja nicht, mich morgen früh hier an dieser Stelle zu treffen.« Der Königssohn wurde an diesem Abend gut, wie es sich geziemt, aufgenommen. Er bekam Essen und Trinken jeder Art, warmes Wasser für seine Füße und ein weiches Bett für seine Glieder.

Am nächsten Tag ließ ihn der Rabe abermals auf sieben Berge und sieben Täler und sieben Hochmoore hinunterschauen. Sie sahen in der Ferne eine Hütte, und bald langten sie bei ihr an. Er wurde darin ebenso gut aufgenommen wie am Abend zuvor, erhielt Essen und Trinken in Hülle und Fülle, warmes

Wasser für seine Füße und ein weiches Bett für seine Glieder, und am nächsten Tag war es dasselbe.

Am dritten Morgen erblickte er nicht wie sonst den Raben – nein, statt seiner sah er doch tatsächlich den hübschesten Burschen, der ihm je vor die Augen gekommen war, mit einem Bündel in der Hand.

Der Königssohn erkundigte sich bei dem Burschen, ob er wohl einen großen, schwarzen Raben bemerkt hätte. Sagte der Bursche zu ihm: »Den Raben siehst du nie wieder, denn der Rabe bin ich. Ich war verzaubert; dadurch, daß du mich getroffen habe, bin ich nun erlöst, und dafür kriegst du dies Bündel. Nun«, sagte der Bursche, »wirst du denselben Weg zurückgehen und wirst in jedem Haus eine Nacht liegen wie zuvor. Aber du darfst unter keinen Umständen das Bündel aufschnüren, das ich dir gegeben habe, bis du an dem Ort anlangst, wo du am liebsten wohnen möchtest.«

Der Königssohn wandte seinen Rücken dem Burschen zu und sein Gesicht seinem Vaterhaus; und er erhielt von den Schwestern des Raben Nachtquartier genau wie auf dem Hinweg. Als er in die Nähe seines Vaterhauses kam, wanderte er durch einen dichten Wald. Ihm schien, das Bündel werde schwer, und er dachte: Jetzt guck ich nach, was drin ist.

Als er es aufknüpfte, staunte er mächtig. Plötzlich sah er vor sich das großartigste Haus, das er je erblickt hatte. Ein großes Schloß mit einem Obstgarten darum, in dem es jede Frucht und jedes Kraut gab. Er stand voller Verwunderung und Betrübnis, weil er sein Bündel aufgemacht hatte – es stand nicht in seiner Macht, alles wieder einzupacken –, und er hätte doch gewünscht, dieser herrliche Wohnsitz läge in dem hübschen, grünen Tälchen gegenüber seinem Vaterhaus; aber auf einmal sah er einen mächtigen Riesen, der auf ihn zuschritt.

»Da hast du dir aber einen schlechten Bauplatz für dein Haus ausgesucht, Königsohn«, sagte der Riese.

»Ja, aber ich will es ja gar nicht hierher haben«, sagte der Königsohn, »hier steht es nur durch einen unglücklichen Zufall.«

»Was gibst du mir zur Belohnung, wenn ich es wieder in das Bündel zurückstecke?«

»Was willst du denn haben?« sagt der Königssohn.

»Daß du mir den ersten Sohn gibst, den du kriegst, sobald er sieben Jahre alt ist«, sagt der Riese.

»Wenn ich einen habe, kriegst du ihn«, sagt der Königssohn. Im Nu steckte der Riese Blumen- und Obstgarten und Schloß wieder in das Bündel. »Nun«, sagte der Riese, »geh du deine Straße, ich geh' meine; aber denk an dein Versprechen, und falls du es vergessen solltest, dann werd' ich dich erinnern.«

Der Königssohn machte sich wieder auf den Weg, und nach vier Tagen langte er an dem Ort an, der ihm der liebste war. Er löste das Bündel, und der nämliche Wohnsitz wie zuvor erstand vor ihm. Und als er das Schloßtor öffnete, sieht er doch die schönste Jungfrau, die ihm je vor die Augen gekommen ist. »Nur voran, Königssohn«, sagte das hübsche Mädchen, »alles ist für dich bereit, falls du mich heute heiraten willst.« – »Da bin ich dabei!« sagte der Königssohn. Und sie heirateten noch am selben Abend.

Doch als sieben Jahre und ein Tag um waren, was für einen großen Mann sahen sie da auf das Schloß zukommen? Keinen andern als den Riesen. Der Königssohn besann sich auf das Versprechen, das er ihm gegeben und von dem er der Königin bis zu diesem Tage nichts erzählt hatte. »Laß mich das mit dem Riesen abmachen«, sagte die Königin.

»Schick deinen Sohn heraus«, sagt der Riese, »denk an dein Versprechen.«

»Du kriegst ihn«, sagte der König, »sowie ihn seine Mutter für die Reise fertiggemacht hat.«

Die Königin putzte den Jungen des Kochs fein heraus und führte ihn an der Hand zum Riesen.

Der Riese zog mit ihm ab, aber er war noch nicht weit gekommen, da gab er dem Bürschchen eine Rute in die Hand und fragte ihn: »Wenn dein Vater die Rute hier hätte, was würde er damit machen?«

»Wenn mein Vater die Rute hätte, würde er die Hunde und Katzen verdreschen, wenn sie sich an des Königs Essen heranmachen«, sagte der Kleine.

»Du bist der Junge vom Koch!« sagte der Riese. Er packte ihn bei den Knöcheln und schmetterte ihn an den Felsen, neben dem er gerade stand. Dann kehrte er rasend vor Zorn zum Schloß zurück und sagte, wenn sie ihm nicht den Königssohn herausrückten, dann lasse er vom Schloß keinen Stein auf dem andern. Sagte die Königin zum König: »Wir versuchen es trotzdem. Der Junge vom Kellermeister ist genauso alt wie unser Sohn.« Sie putzte den Kellermeisterssohn fein heraus und führte ihn an der Hand zum Riesen. Der Riese war noch nicht weit gekommen, da gab er ihm die Rute in die Hand. »Wenn dein Vater die Rute hier hätte«, sagte der Riese, »was täte er damit?«

»Er würde die Hunde und Katzen verdreschen, wenn sie des Königs Flaschen und Gläsern zu nahe kämen.«

»Du bist der Kellermeisterjunge!« sagt der Riese und zerschmettert ihm ebenfalls den Schädel. Rasend vor Wut kehrte er um. Die Erde bebte unter seinen Sohlen, und das Schloß mit allem, was darin war, wankte. »Heraus mit deinem Sohn!« sagt der Riese, »oder in einem Augenblick ist kein Stein von deinem Haus mehr auf dem andern.« So blieb ihnen nichts mehr übrig, sie mußten den Sohn dem Riesen übergeben.

Der Riese brachte ihn in sein Haus und zog ihn als seinen eigenen Sohn auf. Eines schönen Tages, als der Riese ausgegangen war, vernahm der Bursche in einem Zimmer im Oberstock des Riesenhauses die lieblichste Musik, die ihm je zu Ohren gedrungen war. Er lugte hinein, da erblickte er das schönste Gesicht, das er je gesehen hatte. Das Mädchen winkte ihn näher zu sich und befahl ihm, für diesmal zu gehen, aber unbedingt um Mitternacht wieder herzukommen.

Und wie er es versprochen hatte, so tat er es. Im Handumdrehen war die Riesentochter neben ihm und sagte: »Morgen wirst du zwischen meinen beiden Schwestern wählen dürfen, welche du heiraten willst; aber sag, daß du keine von beiden willst, sondern mich. Mein Vater will, daß ich den Sohn des Königs der Grünen Stadt heirate, aber ich kann ihn nicht leiden.«

Am Morgen holte der Riese seine drei Töchter hervor und sagte: »Nun, Sohn des Königs von Seilstadt, du hast dadurch, daß du so lange bei mir gelebt hast, nichts eingebüßt. Du wirst eine von meinen beiden älteren Töchtern zur Frau bekommen und am Tag nach der Trauung mit ihr von hier fort und nach Hause ziehen.«

»Wenn du mir diese hübsche Kleine gibst«, sagte der Königssohn, »nehme ich dich beim Wort.«

Der Riese wurde rot vor Zorn, und er sagte: »Bevor du sie kriegst, mußt du mir erst drei Aufgaben verrichten.«

»Nur zu«, sagte der Königssohn. Der Riese führte ihn zum Kuhstall. »Nun«, sagte er, »da liegt der Mist von hundert Kühen, sieben Jahre hat ihn hier keiner mehr rausgeschafft. Ich gehe heute fort, und wenn der Stall vor dem Abend nicht so sauber ist, daß ein goldener Apfel darin von einem Ende zum andern rollt, kriegst du nicht bloß meine Tochter nicht, sondern ich lösche heute Nacht meinen Durst mit einem Trunk von deinem Blut.«

Der Königssohn fing an, den Stall auszumisten; aber genausogut hätte einer versuchen können, das große Meer auszuschöpfen. Als Mittag vorüber war und der Bursche blind vor Schweiß, der ihm in die Augen rann, kam die jüngste Tochter des Riesen zu ihm und sagte: »Du wirst deine Strafe abkriegen, Königssohn.«

»O ja«, sagte der Königssohn.

»Komm her«, sagte sie, »und ruh dich aus.«

»Das will ich tun«, sagte er, »auf mich wartet so und so nur der Tod.« Er setzte sich neben sie. Er war so müde, daß er an ihrer Seite einschlief. Als er wieder erwachte, war die Riesentochter nicht mehr zu sehen, aber der Kuhstall war so blitzblank, daß ein goldener Apfel von einem Ende zum andern gerollt wäre. Da kam der Riese herein und sagte: »Du hast den Kuhstall ausgemistet, Königssohn?«

»Hab ich«, sagte er.

»Das hat doch jemand anders getan«, sagte der Riese.

»Du jedenfalls nicht«, sagte der Königssohn.

»Schon gut«, sagte der Riese, »da du heute so tüchtig warst, wirst du morgen das Stalldach mit Vogelfedern decken. Um diese Zeit mußt du morgen fertig sein, und keine zwei Federn dürfen dieselbe Farbe haben.«

Vor Sonnenaufgang war der Königssohn schon auf den Beinen; er griff sich seinen Bogen und seinen Köcher voller Pfeile, um Jagd auf Vögel zu machen. Er lief in die Moore, aber das nützte ihm nichts; so leicht ließen sich die Vögel nicht erwischen. Er rannte ihnen nach, bis er blind vom Schweiß war, der ihm in die Augen troff. Wer kam aber gegen Mittag? Niemand anders als die Riesentochter.

»Du hetzest dich ja mächtig ab, Königssohn«, sagte sie.

»Das tu ich«, sagte er, »und ich habe nichts erlegt als diese zwei Amseln, und beide haben die gleiche Farbe.«

»Komm her auf diesen hübschen, kleinen Hügel und ruh dich aus«, sagte die Riesentochter.

»Das will ich gern«, sagte er und dachte dabei, daß sie ihm wohl auch diesmal helfen würde. Er setzte sich neben sie, und nicht lange, da schlief er ein.

Als er wieder aufwachte, war die Riesentochter fort. Er dachte, am besten ginge er zurück zum Haus, und da sah er tatsächlich den Kuhstall mit Federn gedeckt. Als der Riese heimkam, sagte er: »Du hast den Stall gedeckt, Königssohn?«

»Hab ich«, sagte er.

»Das hat sonstwer getan«, sagte der Riese.

»Du nicht«, sagte der Königssohn.

»Schon gut!« sagte der Riese. »Nun«, sagte er, »neben dem See dort unten steht eine Föhre, und in ihrem Gipfel ist ein Elsternnest. Die Eier, die du darin findest, die will ich zum Frühstück haben. Fünf sind es, und kein einziges darf einen Sprung kriegen oder zerbrechen.«

Frühmorgens ging der Königssohn zu dem Baum; der war nicht schwer zu finden. Seinesgleichen gab es im ganzen Wald nicht. Vom Boden bis zum ersten Ast waren es fünfhundert Fuß. Der Königssohn versuchte immer wieder an einer anderen Stelle hinaufzuklimmen. Da kam sie, die ihm jedesmal heraushalf.

»Du schabst dir die Haut von Händen und Füßen ab.«

»Ach ja«, sagte er. »Ich bin rascher wieder unten als oben.«

»Jetzt ist nicht die Zeit zum Rasten«, sagte die Riesentochter. Sie steckte einen Finger nach dem andern in den Stamm, bis sie für den Königssohn eine Leiter gemacht hatte, auf der er hinauf zum Elsternnest gelangen konnte. Als er am Nest war, sagte sie: »Beeil dich jetzt mit den Eiern, denn meines Vaters Atem sengt mir den Rücken.« In der Hast ließ sie den kleinen Finger ganz oben im Baum stecken. »Jetzt«, sagte sie, »läufst du schleunigst mit den Eiern nach Hause, und heute abend wirst du mich heiraten, wenn du es fertigbringst, mich zu erkennen. Ich und meine beiden Schwestern werden die gleichen Kleider tragen und nicht voneinander zu unterscheiden sein; aber schau mich an, wenn mein Vater sagt: Geh zu deiner Frau, Königssohn! Dann wirst du sehen, daß mir an einer Hand der kleine Finger fehlt.«

Er brachte die Eier zum Riesen.

»Schon gut«, sagte der Riese, »mach dich fertig zur Hochzeit!«

Und dann gab es wahrhaftig Hochzeit, und was für eine! Riesen und vornehme Herren, und der Sohn des Königs von der Grünen Stadt war mitten unter ihnen. Sie wurden getraut, und der Tanz begann, und was für ein Tanz! Das Riesenhaus bebte vom Dach bis zum Keller. Aber die Schlafenszeit rückte heran, und der Riese sprach: »Es ist Zeit, daß du zur Ruhe gehst, Sohn des Königs von Seilstadt; such dir deine Frau aus diesen dreien heraus und nimm sie mit.«

Sie streckte die Hand aus, woran der kleine Finger fehlte, die ergriff er.

»Du hast auch diesmal Glück gehabt. Aber wer weiß? Das Blatt kann sich noch wenden«, sagte der Riese.

Aber sie zogen sich zur Nachtruhe zurück.

»Schlaf jetzt nicht ein«, sagte sie, »oder es ist dein Tod. Wir müssen fliehen, schnell, schnell, sonst bringt mein Vater dich ganz gewiß um.«

Sie schlichen sich hinaus und schwangen sich auf das blaugraue Stutenfüllen im Stall. »Wart einen Augenblick«, sagte sie, »ich will ihm noch einen Streich spielen.« Sie eilte ins Haus, schnitt einen Apfel in neun Schnitze und legte zwei davon ans Kopfende des Bettes, zwei ans Fußende und zwei an die Küchentür, zwei an die Haustür und einen vors Haus.

Der Riese wachte auf und rief: »Schlaft ihr?«

»Noch nicht«, antworteten die Apfelstücke am Kopfende des Bettes. Als eine Weile vergangen war, rief er wieder. »Noch nicht!« sagten die Schnitze am Fußende. Eine Zeitlang drauf schrie er abermals. »Immer noch nicht!« sagten die Stücke an der Küchentür. Der Riese rief wieder. Die Schnitze an der

Haustür gaben Antwort. »Jetzt macht ihr euch von mir fort!«
sagt der Riese. »Noch nicht!« sagt das Stück vor der Haustür.
»Ihr flieht!« sagt der Riese. Er sprang auf die Beine und lief ans
Bett, aber das war kalt und leer.

»Ich laß mich von meiner eignen Tochter hinters Licht führen!«
sagt der Riese. »Nun aber hinterher!«

Als der Morgen graute, sagte die Riesentochter: »Meines Vaters
Atem sengt mir den Rücken. Schnell«, sagte sie, »greif dem
grauen Füllen ins Ohr, und was immer du darin findest, wirf es
hinter dich.«

»Da ist ein großer Schlehenzweig«, sagte er.

»Wirf ihn hinter dich«, sagte sie.

Kaum hatte er das getan, da lag hinter ihnen ein Schwarzdorn-
wald von zwanzig Meilen, so dicht, daß kaum ein Wiesel
durchschlüpfen konnte. Der Riese kam, mit dem Kopf voran,
blindlings angejagt, da zerschrammte er sich Gesicht und Hals
in den Dornen.

»Wieder die Streiche meiner Tochter«, sagte der Riese. »Aber
hätt' ich meine große Axt und mein Holzmesser hier, dann
brauchte ich nicht lange, und der Weg wäre mir gebahnt.« Er
kehrte nach Hause zurück, um sich die große Axt und das
Holzmesser zu holen, und wahrhaftig, er war im Nu wieder da
und hieb nun wie toll mit der großen Axt drein. Nicht lange,
und er hatte sich durch den Schwarzdorn Bahn gebrochen.
»Ich lasse Axt und Holzmesser hier liegen, bis ich zurückkomme«, sagte er. »Wenn du sie liegenläßt«, sagte eine Nebelkrähe, die in einem Baum saß, »stehlen wir sie dir.«

»Das sieht dir ähnlich«, sagte der Riese, »da bring ich sie doch
lieber heim.« Er kehrte um und trug sie nach Hause. Als der
Tag heiß wurde, fühlte die Riesentochter, wie ihr des Vaters
Atem den Rücken versengte.

»Steck dem Füllen den Finger ins Ohr, und gleich, was du
findest, wirf es hinter dich.«

Er erwischte einen Grausteinsplitter, und im Handumdrehen
ragte hinter ihnen ein grauer Fels auf, zwanzig Meilen hoch
und zwanzig Meilen breit. Der Riese nahte in vollem Galopp,
aber über den Fels kam er nicht hinweg.

»Die Kniffe meiner eignen Tochter sind das Übelste, was ich je erlebt habe!« sagte der Riese, »aber hätt' ich meine Brechstange und meine mächtige Hacke da, dann wollt' ich mir schnell einen Weg auch durch diesen Felsen hauen.« Es half nichts, er mußte umkehren, um sie zu holen, und nun hackte er wie toll den Stein in Stücke. Nicht lange, und er hatte sich eine Straße durch den Fels gemacht.

»Ich laß das Werkzeug hier, noch mal kehre ich nicht um.«

»Wenn du es hierläßt, stehlen wir's dir«, sagte die Nebelkrähe.

»Mach, was du willst, ich hab keine Zeit umzukehren.«

Als die Sonne unterging, sagte die Riesentochter wieder, sie spüre, wie ihr des Vaters Atem den Rücken senge. »Schau dem Füllen ins Ohr, Königssohn, oder wir sind verloren.« Er tat es, und diesmal entdeckte er darin eine Blase voll Wasser. Er warf sie hinter sich, und da lag hinter ihnen ein Süßwassersee, zwanzig Meilen lang und zwanzig Meilen breit.

Der Riese kam herangerast, aber bei dem Tempo, das er am Leibe hatte, war er im Handumdrehen mitten in dem See und ging unter und kam nicht wieder herauf.

Am nächsten Tag kamen die beiden Flüchtlinge in Sichtweite seines Vaterhauses. »Nun«, sagte sie, »mein Vater ist ertrunken und kann uns nichts mehr tun. Aber bevor wir weiterreiten«, sagte sie, »geh du in dein Elternhaus und sag, daß du mich mitbringst; aber nimm dich ja in acht, laß dich von keinem Menschen und keinem Tier küssen, denn wenn du das tust, wirst du nicht mehr wissen, daß du mich je erblickt hast.«

Er ging, und jeder, dem er begegnete, hieß ihn mit Freuden willkommen. Er warnte Vater und Mutter, sie möchten ihm keinen Kuß geben; aber das Unglück wollte es, daß die alte, graue Windhündin im Haus war; sie erkannte ihn und sprang an ihm hoch und leckte ihm den Mund; und da vergaß er die Riesentochter.

Sie blieb neben dem Brunnen sitzen, neben dem sie der Königssohn zurückgelassen hatte; doch er kam nicht wieder. Als es dunkelte, kletterte sie auf einen Eichbaum, der neben dem Brunnen stand, und lag die ganze Nacht in einer Astgabel.

In der Nähe hatte ein Schuhmacher sein Haus, und am nächsten Tag um die Mittagszeit bat der seine Frau, ihm einen Trunk aus dem Brunnen zu holen. Als die Schustersfrau beim Quell anlangte, sah sie auf dem Wasser das Spiegelbild der Jungfrau im Baum, hielt es für ihr eigenes und dachte: Ich hab ja gar nicht gewußt, daß ich so schön bin! Sie warf den Krug fort, den sie in der Hand hielt, daß er auf dem Boden zerbrach, und schritt ohne Kanne und ohne Wasser ins Haus zurück.

»Wo ist das Wasser, Frau?« sagte der Schuhmacher.

»Du watschelnder, gemeiner, unverschämter alter Kerl, ich hole schon viel zu lange Wasser und Holz für dich und spiele bei dir Magd!«

»Frau, du mußt doch verrückt geworden sein. Los, Tochter, geh du und hol deinem Vater was zu trinken.«

Die Tochter ging hinaus, und ihr passierte das gleiche. Sie hatte nie vermutet, daß sie so schön sei; und jetzt schritt sie nach Hause. »Her mit dem Wasser!« sagte ihr Vater.

»Du sackleinener Schuhkerl, denkst du, ich passe dazu, bei dir die Magd zu spielen?«

Der arme Schuhmacher war überzeugt, sie seien beide nicht richtig im Oberstübchen, und ging selber hinaus an den Brunnen. Da sah er im Quell das Spiegelbild des Mädchens; er schaute in den Baum hinauf und erblickte die schönste Frau, die ihm je vor Augen gekommen war.

»Dein Sitz ist schwank, aber dein Gesicht ist schön«, sagte der Schuhmacher. »Komm herunter und in mein Haus, du hast eine Rast nötig.« Der Schuhmacher begriff, daß es ihr Spiegelbild gewesen war, das seine Leute um den Verstand gebracht hatte. Er nahm sie mit nach Hause und sagte ihr, er besitze nur eine ärmliche Hütte, aber sie solle von allem, was es darin gebe, ihr Teil bekommen.

Als ein oder zwei Tage verstrichen waren, kam ein Trupp junger Herren ins Haus, um sich Schuhe machen zu lassen, denn der Königssohn wäre heimgekehrt und wolle nun heiraten. Da erblickten die Burschen die Riesentochter, und sie war das hübscheste Mädchen, das sie je gesehen hatten. »Da hast du aber eine hübsche Tochter!« sagten die Burschen zum Schuhmacher. »Stimmt, hübsch ist sie«, sagte der Schuster, »aber meine Tochter ist sie nicht.« – »Heiliger Strohsack!« sagte einer von ihnen, »ich gäb' hundert Pfund drum, wenn ich sie zur Frau kriegte.« – »Das täten wir auch!« sagten die beiden anderen. Der arme Schuhmacher erklärte, daß sie ihn nichts angehe. »Aber«, sagten sie, »frag sie heut abend, und morgen schick uns Bescheid.«

Als die jungen Herren fortgegangen waren, erkundigte sie sich beim Schuster: »Was haben sie über mich gesagt?«

Der Schuhmacher berichtete es ihr.

»Geh ihnen nach«, sagte sie, »ich will einen von ihnen heiraten; und laß ihn seine Börse mitbringen.«

Der Jüngling kam zurück und überreichte dem Schuhmacher hundert Pfund als Mitgift. Die Hausbewohner begaben sich zur Ruhe; und als sich das Mädchen zu Bett gelegt hatte, bat sie den Burschen, ihr einen Becher mit Wasser zu reichen, der am andern Ende der Kammer auf dem Tisch stand. Er ging hin; aber dann konnte er sich von dort nicht mehr wegrühren und hielt so den Becher die ganze Nacht in der Hand.

»Du«, sagte sie, »warum willst du dich denn nicht hinlegen?«

Aber er konnte nicht von der Stelle, bis es heller Tag war. Der Schuhmacher kam zur Kammertür, und sie befahl ihm, diesen Tölpel von einem Jungen fortzubringen. Der Freier verzog sich und ging heim, aber den beiden andern erzählte er nicht, was ihm widerfahren war. Als nächstes kam der zweite Junge, und ihm erging es nicht anders. Als sie sich zu Bett gelegt hatte, sagte sie: »Schau doch nach, ob die Tür zugeklinkt ist.« Dem Burschen blieb die Hand an der Klinke haften, und er kam die ganze Nacht hindurch nicht wieder frei, erst am hellen Morgen. Mit Schimpf und Schande zog er ab. Gleichviel erzählte er dem andern Jungen nicht, was ihm widerfahren war, und in der dritten Nacht kam der. Und es erging ihm wie den beiden vorigen. Ein Fuß hing ihm am Boden fest, er konnte weder vor noch zurück, und so blieb er die ganze lange Nacht durch kleben. Am Morgen gab er Fersengeld, ohne sich noch ein einziges Mal umzublicken.

»Nun«, sagte das Mädchen zum Schuster, »die Felltasche mit dem Geld gehört dir, ich brauche es nicht. Dir wird es zunutze kommen, und mir hat deine Freundlichkeit geholfen.«

Der Schuhmacher hatte die bestellten Schuhe fertig, und an

eben diesem Tag sollte der Königssohn Hochzeit machen. Der Schuster sollte mit den Schuhen für die jungen Leute zum Schloß gehen, und das Mädchen sagte zu ihm: »Ich würde den Königssohn gern mal zu sehen bekommen, bevor er heiratet.«

»Komm mit«, sagte der Schuhmacher, »ich bin mit den Dienern im Schloß gut bekannt, und du sollst den Königssohn und die ganze Gesellschaft sehen.«

Als aber die Herren die schöne Frau erblickten, die da gekommen war, zogen sie sie mit ins Trauzimmer und schenkten ihr ein Glas Wein ein. Als sie sich anschickte, es auszutrinken, schoß eine Flamme aus dem Kelch, und eine goldene Taube und ein silberner Täuberich flatterten heraus. Sie flogen im Raum herum, da fielen drei Gerstenkörner auf den Fußboden. Der silberne Täuberich stürzte sich darauf und pickte sie auf. Da sagte die goldene Taube zu ihm: »Dächtest du noch daran, wie ich dir den Stall ausgemistet habe, du äßest mir nicht alles weg.« Abermals fielen drei Gerstenkörner, und der silberne Täuberich stürzte sich darauf und pickte sie weg wie zuvor. »Dächtest du noch daran, wie ich den Stall gedeckt habe, du äßest mir nicht alles weg.« Wieder fielen drei Körner, und der silberne Täuberich stürzte sich darauf und pickte sie auf. »Dächtest du noch daran, wie ich das Elsternnest geplündert habe, du äßest mir nicht alles weg«, sagte die goldene Taube. »Ich hab meinen kleinen Finger beim Herunterholen eingebüßt, und er fehlt mir immer noch.«

Da besann sich der Königssohn und wußte, wer vor ihm stand. Er sprang zu ihr hin und küßte sie von der Hand bis zum Mund. Und als der Priester kam, wurden sie zum zweitenmal getraut. Und da hab ich sie verlassen.

45 Die Kiste

Es war einmal ein König, und der wünschte, bevor er starb, seinen Sohn noch als Ehemann zu erleben. Sein Sohn sagte, dann wolle er also ausziehen, um sich eine Frau zu suchen, und der Vater gab ihm fünfzig Pfund dafür mit. Er marschierte einen ganzen Tag durch, und als es Abend wurde, trat er in ein Wirtshaus, um dort zu übernachten. Er kam in eine Kammer, in der ein lustiges Feuer brannte, und als er sein Essen erhalten hatte, gesellte sich der Hausherr auf ein Schwätzchen zu ihm. Der junge Mann berichtete ihm, zu welchem Zweck er unterwegs war. Da sagte der Wirt: »Wenn das so ist, brauchst du nicht weiterzugehen. Gegenüber von deiner Kammer liegt ein kleines Haus; der Mann, der dort wohnt, hat drei hübsche Töchter; wenn du dich morgens ans Fenster stellst, wirst du eine nach der andern sehen, wie sie kommt, um sich anzuziehen. Sie gleichen einander alle wie ein Ei dem andern, so daß du sie nicht voneinander unterscheiden kannst, nur daß die Älteste ein Mal hat. Es sind schon viele dagewesen und haben sie heiraten wollen, aber keiner hat eine von ihnen gekriegt, denn wer immer eine will: Er muß sagen, ob die, auf die er's abgesehen hat, die Jüngere oder die Ältere ist; und trifft er's richtig, dann muß er hundert Pfund für sie zahlen.« – »Ach!« sagte der Königssohn, »ich habe nur die Hälfte von hundert.« – »Ich gebe dir die andere Hälfte dazu«, sagte der Hausherr, »wenn du mich bezahlst, sobald ein Jahr und ein Tag um ist. Bezahlst du mich aber nicht, so schneid ich dir vom Wirbel bis zur Sohle einen Streifen Haut herunter.«

Als er am Morgen aufgestanden war, trat er ans Fenster; da sah er die Mädchen kommen, um sich anzukleiden; und nach dem Frühstück ging er hinüber zum Haus ihres Vaters. Als er eintrat, wurde er in eine Kammer geführt, und der Hausherr kam, um sich mit ihm zu unterhalten. Der junge Mann berichtete vom Zweck seiner Reise und sagte: »Ich höre, Ihr habt drei schöne Töchter.« – »Die hab ich; aber ich fürchte, nicht du wirst die kaufen.« – »Auf alle Fälle versuche ich mein Heil bei ihnen«, sagte er. Die drei wurden hergeholt, und der Vater sagte: »Schau sie dir an, welche dir am besten gefällt. Und dann sag mir: Ist sie die Ältere oder die Jüngere?« Er dachte: Ich nehme die mit dem Mal, da weiß ich, daß es die Älteste ist. Sie aber freute sich sehr, daß sie es war, die er wollte. Er fragte ihren Vater, wieviel er für sie zahlen müsse, und der Vater sagte, sie koste hundert Pfund. Er kaufte sie, nahm sie mit ins Haus seines Vaters, und sie heirateten. Kurz darauf verschied sein Vater.

Ein oder zwei Tage nach dem Tod des alten Königs war der junge König auf der Jagd; da sah er ein großes Schiff heransegeln und am Ufer anlegen. Er ging hinunter, um den Kapitän zu fragen, was er an Bord habe. »Eine große Fracht Seide«, antwortete der Kapitän. Der junge König sagte: »Du mußt mir für meine Frau ein Kleid von deiner besten Seide geben.« – »Wahrhaftig«, meinte der Kapitän, »du mußt ja eine vorzügliche Frau haben, wenn es unbedingt die beste Seide sein soll, die ich an Bord habe.« – »Die habe ich auch«, sagte der König. »Viele gibt es bestimmt nicht, die an sie heranreichen.« – »Willst du mit mir wetten«, sagte der Kapitän, »daß ich bei all ihrer Vortrefflichkeit nicht die Erlaubnis kriege, deine Kammer zu betreten?« – »Ich wette, worum du willst, die Erlaubnis kriegst du nicht.« – »Gut. Was setzest du ein?« fragte der Kapitän. »Ich verpfände mein Erbe«, sagte der König. Und der Kapitän sagte: »Ich verpfände alle Seide im Schiff dafür: Ich kriege sie doch.« Der Kapitän kam ans Ufer, und der König ging an Bord.

Der Kapitän suchte die Hühnerfrau auf, um zu probieren, ob sie es irgendwie fertigbringen würde, ihn diese Nacht in des Königs Schlafkammer zu schmuggeln. Die Hühnerfrau dachte eine Weile nach, dann sagte sie: »Das ist nicht zu schaffen.« Der Kapitän stand auf und wandte sich zum Gehen. »Halt mal«, sagte sie, »gerade fällt mir was ein. Ich stehe mit ihrer Dienstmagd auf gutem Fuß; ich werd ihr sagen, ich habe Nachricht von meiner Schwester, daß sie im Sterben liegt; ich sage der Königin, daß ich gehen muß und meine Schwester besuchen; daß ich eine große Kiste mit wertvollen Sachen habe und sie um die Freundlichkeit bitte, die Kiste in ihre Schlafkammer zu stellen, bis ich wieder da bin.« Sie suchte die Königin auf, erbat und erhielt die Erlaubnis. Nun stieg der Kapitän in die Kiste, die Hühnerfrau rief des Königs Dienstleute herbei, und sie trugen die Kiste in die Kammer. Die Frau des Königs war allein drinnen und langweilte sich, denn der König kam nicht nach Hause. Schließlich ging sie zu Bett; bevor sie hineinstieg, zog sie einen goldenen Ring vom Finger und nahm eine Goldkette vom Hals und legte beides auf einen Tisch, der dem Bett gegenüber stand. Als der Mann in der Kiste dachte, sie habe Zeit genug zum Einschlafen gehabt, klappte er den Deckel auf, stieg heraus, nahm Ring und Kette und kletterte in die Kiste zurück. Frühmorgens kam die Hühnerfrau und erbat ihre Kiste: die Diener wurden gerufen, und sie schleppten die Kiste wieder an ihren alten Ort. Sobald alle aus dem Hause waren, stieg der Kapitän heraus und ging zum Schiff hinunter; er hielt dem König Kette und Ring unter die Nase. Da meinte der König, der Kapitän sei mit seiner Frau zusammengewesen, sonst hätte er nicht die Kette und den Ring haben können. Er sagte zu dem Kapitän: »Setzest du mich auf die andere Seite vom See über?« Der Kapitän sagte: »Das will ich wohl machen.« Sobald der Kapitän ihn übergesetzt hatte, kehrte er um und ging zum Haus des Königs, um dort einzuziehen. Die Frau des Königs wußte nicht, was sie mit sich anfangen sollte, da der König nicht heimgekommen war. Sie ging hin und zog sich Mannskleider an und ging hinunter ans Ufer; da traf sie ein Boot und sagte zu den Männern drin: »Bringt ihr mich wohl auf die andere Seite hinüber?« Sie setzten sie über, und sie wanderte fort, bis sie an ein Herrenhaus kam; da klopfte sie an die Tür, und die Dienstmagd kam heraus. Die Königin sagte: »Weißt du, ob dein Herr einen Stallburschen braucht?« Die Magd sagte: »Das weiß ich nicht, aber ich frage ihn.« Sie ging hinein und fragte ihren Herrn, ob er einen Stallburschen brauche. Er antwortete, ja, und befahl, daß sie hereinkomme; er stellte sie ein, und sie blieb und verrichtete die Arbeit im Stall. Nun kam jede Nacht eine Herde wilder Tiere und ging in eine leere Scheune, die der Herr besaß; ein wilder Mann folgte ihnen; ein Bart bedeckte sein Gesicht. Sie bat ihren Herrn beständig, noch einen Burschen mit ihr zu schicken: Sie wollten ihn fangen. Ihr Herr sagte: »Das tu ich nicht. Sie gehen uns nichts an, und sie haben uns nichts getan.« Eines Nachts ging sie allein hin; den Schlüssel zum Scheunentor hatte sie heimlich an sich genommen; sie lag in einem Loch versteckt auf der Lauer, bis der wilde Mann und die Tiere hereinkamen; da holte sie rasch die Diener des Herrn, und sie fingen den wilden Mann. Sie brachten ihn herein und schoren ihm den Bart; als der Bart herunter war, erkannte sie ihn, aber sie ließ sich nichts merken, und er erkannte sie nicht. Am Morgen war er drauf und dran zu gehen, aber sie bat ihren Herrn, ihn dazubehalten; ihr sei die Arbeit zu schwer, sie brauche Hilfe. Der Herr befahl ihr, ihn bei sich zu behalten. Sie ließ ihn bei sich wohnen, und er und sie misteten zusammen den Stall aus.

Bald danach bat sie ihren Herrn um Urlaub für einen kurzen Besuch daheim, sie wolle nach ihr Leuten sehen. Das gestand der Herr ihr zu. Sie sagte, sie möchte gern ihren Gehilfen mit haben und die beiden besten Pferde im Stall.

Als sie dahinritten, fragte sie ihn, was ihn dazu gebracht habe, mit diesen wilden Tieren zu gehen, und was er früher getrieben habe. Er wollte ihr nichts erzählen. Sie ritten weiter, bis sie an den Gasthof kamen, wo er das halbe Hundert Pfund erhalten hatte. Als sie sich dem Haus zuwandte, weigerte er sich, es zu betreten. Sie sagte zu ihm: »Hast du was Unrechtes getan, weil du nicht hinein willst?« Er antwortete: »Von dem Mann da drin habe ich ein Halbhundert Pfund.« – »Hast du sie ihm zurückgezahlt?« fragte sie. Und er antwortete: »Nein, und weil ich sie nicht nach einem Jahr und einem Tag bezahlt habe, darf er mir einen Streifen Haut vom Wirbel bis zur Sohle herausschneiden.« – »Das geschähe dir recht«, sagte sie, »ich werde aber die Nacht in diesem Wirtshaus bleiben, ich muß dort hinein.« Sie hieß ihn, die Pferde in den Stall bringen, und sie traten in den Hof. Er stand in der Stalltür und ließ den Kopf hängen. Der Hausherr kam heraus und sah ihn. »Na, mein Großer, da habe ich dich ja«, sagte er, »wirst du mir heute mein Geld zahlen?« – »Nein«, sagte er. Darauf gingen sie hinein, und der Wirt und seine Leute machten sich daran, ihm den Streifen Haut abzuschälen. Sie hörte den Lärm und erkundigte sich, was sie mit ihrem Gehilfen vorhätten. Sie sagten: »Wir schneiden ihm vom Wirbel bis zur Sohle einen Streifen Haut herunter.« – »Wenn ihr das macht«, sagte sie, »dann gebt nur acht, daß er dabei keinen Tropfen Blut verliert! Holt ein Leinentuch, stellt ihn drauf, und wenn nur ein einziger Tropfen darauf fällt, dann kommt noch ein Hautstreifen herunter, nämlich von euch.« Da blieb ihnen nichts anderes übrig, als ihn loszulassen; sie wußten sich keinen Rat. Frühmorgens ging sie hinüber ins Haus ihres Vaters und nahm ihn mit. Wenn er am Abend zuvor dagegen gewesen war, das Wirtshaus zu betreten, so war er nun siebenmal so sehr dagegen, ins Haus ihres Vaters zu gehen. »Hast du dort auch etwas angestellt, weil du nicht hinein willst.« – »Ich hab dort vor einer Weile eine Frau gekriegt.« – »Was ist aus ihr geworden?« – »Ich weiß nicht.« – »Mach dir keine Gedanken, was immer dir auch passiert, du mußt dir nur alles ruhig gefallen lassen, wie es kommt.« Als ihr Vater ihn erblickte, sagte er: »Da hab ich dich ja! Wo ist deine Frau?« – »Ich weiß nicht.« – »Was hast du ihr angetan?« fragte der Vater. Er konnte nicht sagen, was er ihr angetan hatte. Nun, da war weiter nichts zu tun, als ihn an einem Baum aufzuhängen. Sie wollten aus der Hinrichtung einen Festtag machen, und eine Menge Herren sollten kommen, um sie mit anzusehen. Sie fragte ihren Vater, was er ihrem Gehilfen antun wolle. »Wir werden ihn aufhängen: er hat eine Frau von mir gekauft und weiß nicht, was mit ihr passiert ist.« Sie ging hinaus, um die vornehmen Leute in die Stadt einreiten zu sehen; und den Herrn, der auf dem schönsten Pferd saß, fragte sie nach dessen Preis. »Hundert«, sagte er. »Und wenn's fünfhundert wären«, sagte sie, »er gehört mir.« Sie befahl ihrem Diener, das Pferd zu erschießen. Sie fragte ihren Vater, ob ihr Gehilfe für seine Frau bezahlt habe. Der Vater sagte: »Ja.« – »Wenn er bezahlt hat«, sagte sie, »hast du mit ihm nichts zu schaffen; er kann mit ihr tun, was er will. Ich habe das schönste Pferd gekauft, das heute in die Stadt gekommen ist, und habe meinem Gehilfen befohlen, es zu erschießen; und wer untersteht sich zu sagen, das ist nicht mein Recht?« Da war nichts zu machen, sie mußten ihn loslassen. Sie konnten ihm nichts tun, denn er hatte sie ja gekauft.

Nun ging sie ins Haus ihres Vaters und bat eine von ihren Schwestern, ihr ein Kleid zu geben. »Was willst du mit einem Kleid?« fragte die andere. »Darüber mach dir keine Gedanken; verderbe ich es, so bezahl ich dafür.« Als sie das Kleid anzog, erkannten Vater und Schwestern sie. Ihr Vater und die Schwestern sagten ihrem Mann, daß sie bei ihm sei, aber er glaubte ihnen nicht. Sie legte die Frauensachen ab und zog wieder Männerzeug an. Sie gingen fort, er und sie; sie ritten weiter, bis sie in die Nähe seines alten Hauses kamen. »Nun«, sagte sie, »hier wollen wir übernachten. Setz dich oben auf die Treppe, und paß gut auf, was ich mit dem Mann drinnen reden werde.«

Sie traten ein, und als sie Platz genommen hatten, begann sie mit dem Hausherrn ein Gespräch. »Ich dachte«, sagte sie zu dem Kapitän, »hier wohnt ein König? Wie hast du das Haus bekommen?« – »Es stimmt, früher war der hier; du bist ja fremd hier; ich kann dir also erzählen, auf welche Art ich's mir verschafft habe.« – »Das kannst du«, sagte sie. »Ich werde die Geschichte nicht unter die Leute bringen; die Sache geht mich nichts an.« Er berichtete ihr haarklein, wie ihn die Hühnerfrau in die Kiste gesteckt hatte, und dann das übrige bis dahin, wie am Morgen der König davongezogen war. Aber der Gehilfe schrieb das alles auf.

Am andern Morgen hatte der Hausherr vor, zu Gericht zu gehen; er sagte zu ihr: »Wenn du keine Eile hast, könntest du mitkommen und bei den Verhandlungen zuhören.« – »Gern«, sagte sie, »aber dann möchte ich auch, daß mein Gehilfe mit dabei ist.« Sie stieg mit dem Kapitän in die Kutsche, und der Gehilfe ritt hinterher. Als die Gerichtsverhandlung vorüber war, sagte sie: »Ich habe ein oder zwei Worte zu sagen; wäre es euch wohl genehm, mich reden zu lassen?« Sie sagten: »Laß hören, was du zu sagen hast.« Sie sagte zu ihrem Gehilfen: »Steh auf und gib ihnen, was du gestern abend aufgeschrieben hast.« Als sie das Geschriebene lasen, sagte sie: »Was verdient so ein Mann?« – »Hängt ihn auf, falls er hier ist!« sagten sie. »Da habt ihr ihn!« sagte sie, »macht mit ihm, was ihr wollt!« Sie und der König kamen wieder in ihr Haus und lebten miteinander wie zuvor.

46   Der Bruder und der Liebste

In Kinlochin in Badenoch lebte ein reicher Pächter, und bei ihm wohnte ein armer, alter Mann. Der Arme fischte immerfort, und der Reiche beneidete ihn, weil er so viele Fische fing. »Ich beneide dich mächtig darum, wie du dich mit Mahlzeiten versorgst«, sagte der Pächter zum Armen, »ich denke, ich gehe mal mit und fische auch.« Sie zogen los und fingen an zu angeln, und es ging ausgezeichnet. Der Pächter war hoch entzückt, wieviel er fing, und entschied, es sei Zeit zur Heimkehr – sie hatten wirklich jeder eine ordentliche Ladung. Sie packten sich die Fische auf den Rücken und brachen auf.

Aber unterwegs senkte sich ein Nebel über sie, und sie waren genötigt, die Fische im Stich zu lassen. Ein Stückchen entfernt sahen sie ein Licht; sie gingen darauf zu und langten bei einem Haus an. Sie spähten durch ein schmales Fenster hinein und erblickten einen gedeckten Tisch, entdeckten aber sonst niemanden als eine hübsche, junge Frau: und als die sie kommen sah, fing sie zu jammern an. Der Arme sagte, er habe keine Lust hineinzugehen. »Du bist kein Soldat!« sagte der Pächter. »Wir müssen auf alle Fälle was zu essen kriegen, und wenn außer dem Mädchen keiner da ist, um uns davon abzuhalten, nehmen wir's uns.« Sie fragten die junge Frau, was sie so sehr bekümmere. Sie erwiderte: »Ich weine euretwegen, weil ihr ganz bald umgebracht werdet.« Die Männer fragten, warum sie selber hierbleibe. Sie erzählte ihnen, sie sei vom Nebel überfallen worden, genau wie sie, als sie die zwei Kühe ihres Vaters gesucht habe. »Dreizehn Leute kommen zu dem Essen, das ich gerade koche, und heute in einer Woche soll ich ihren Häuptling heiraten – aber ehe ich das tue, sollen sie mir lieber den Kopf abhauen.« Sie gab ihnen soviel Essen, wie sie wollten. »So viele Männer kommen nie zusammen«, sagte der Pächter zu dem Mädchen, »ohne daß sie Waffen bei sich haben; also zeig uns jetzt alle verborgenen Winkel im Haus.« Das tat sie, und die erste Kammer, die sie öffnete, war voll von toten Männern.

Es gab noch eine zweite, aber das Mädchen zögerte, sie vor ihnen aufzuschließen; am Ende tat sie es doch. Siehe, da saßen zwei Jünglinge darin, und die Männer fragten, wer die beiden seien. »Mein eigener Bruder«, sagte sie, »und noch ein Junge, der ist mitgegangen, um mich zu suchen. Ich habe sie versteckt, vielleicht können sie entwischen.« – »Also«, sagte der Pächter, »wenn ihr Pfeifen hört, dann antwortet mir und springt mir bei, oder aber, wenn ich die Arbeit ganz allein mache, bring ich als erste euch zwei um.« – »Wir tun's schon«, sagten sie. Nun öffnete das Mädchen die Tür zu dem Zimmer, in dem die Waffen aufbewahrt wurden. Der Pächter nahm sich die beiden besten Gewehre und dazu noch je ein Schwert für sich und den

Armen. Durchs Fenster krochen sie in eine Kammer, in der Heu lag, darunter versteckten sie sich.

Sie hockten dort noch nicht lange, da kamen die Leute vom Haus heim: zwölf Männer und ihr Anführer. Sie brachten zwei von des Pächters Kühen mit und eine, die dem Armen gehörte. »Ich habe gute Lust, auf sie loszufeuern, was die Flinte hält«, sagte der Pächter zum Armen, als er sah, wie sie die Kühe schlachteten. Der Arme bat und drängte ihn, Geduld zu haben; er sagte ihm: »Laß sie erst fertig werden! Warte ab, bis sie nicht mehr alle stehen!« Also ließ der Pächter sie in Ruhe. Als die Männer die Kühe geschlachtet hatten, hoben sie den Herdstein auf und warfen die Häute in ein Loch darunter, das Fleisch steckten sie in ein anderes. So standen die Dinge.

Dann befahl der Anführer, sie sollten sich alle zu Tisch setzen und zulangen, und bei Maria, das taten sie! Nachdem sie eine Weile gegessen hatten, verlangten sie zu trinken. »Es ist kein Tropfen Wasser im Haus«, sagte das Mädchen. Sie wollte selber zur Quelle hinausgehen, aber das erlaubten sie ihr nicht. Der Anführer bat einen von den Burschen, Wasser zu holen, und richtig zog der los. Aber sowie der Kerl auf dem Weg zum Brunnen war – bei Maria! – da kroch der Pächter eilends durchs Fenster, und kaum bückte der Räuber den Kopf über den Brunnen, da war der Pächter nicht faul und schlug ihm den Kopf ab. Inzwischen kam es denen im Haus vor, als trödele der Wasserholer recht lange draußen herum; also schickten sie ihm den nächsten hinterher, er solle ihm Beine machen. Bei Maria! Kaum hatte dieser Kerl den Kopf über den Brunnen gebückt, da schlug der Pächter zu und hieb auch ihm den Kopf ab. Nun schickten sie den nächsten, und dem erging es nicht anders: Sowie er den Kopf unten hatte, war es mit ihm aus. Jetzt befahl der Anführer sämtlichen Männern, nach draußen zu gehen, und stellte sich selber an die Spitze, denn er dachte nicht anders, als daß das Haus von einer Streife umzingelt sei. Als sie hinauskamen, stürzte der Pächter zur Tür und pfiff, aber – bei Maria! – kein Mensch antwortete ihm! Offenbar hatten seine Freunde Angst. Und genauso war es. Also griff er die Räuber selber an und brachte alle um bis auf den Anführer. Bei Maria, was war der Pächter für ein Soldat! Der Anführer lief weg. Der

Pächter schoß mit dem Gewehr auf ihn und tötete auch ihn. So war das.

Als der Pächter zurückkam, lag der arme, alte Mann halbtot vor Angst im Heu. Der Pächter fiel über ihn her und brachte ihn fast um. Dann sagte er zu dem Mädel: »Das wäre nun erledigt, den Kerl brauchst du nicht mehr zu heiraten!« – »Das höre ich mächtig gern!« sagte das Mädchen. »Und jetzt laß mich zu denen in der Kammer«, sagte der Pächter, »damit ich herausfinde, warum sie mir nicht geantwortet haben.« Sie öffnete ihm die Tür, und sie traten ein. »Ach, die haben keinen Mut mehr gehabt!« sagte sie. »Und was soll ich mit ihnen machen? Ich denke, ich blase ihnen das Licht aus.« – »Ach, laß sie lieber laufen«, erwiderte sie. »Dann gehen sie mit mir fort. Sie verlangen nichts von allem, was es hier gibt.« Der Pächter sagte: »Zunächst einmal tu ich ihnen nichts; erst muß ich mich umsehen.« Er öffnete eine Tür, und – bei Maria! – da war ein Raum, über und über voll von Schätzen. Als er das ganze Haus untersucht hatte, fragte der Pächter, welchen von den zwei Burschen sie behalten wolle, denn einen von den beiden werde er für ihre Feigheit töten. Sie entschied sich, und – bei Maria! – sie wählte den Liebsten. So tötete der Pächter den Bruder. Und so war das.

Der Pächter gab ihnen, soviel sie tragen konnten, von den Kleidern und den andern kostbaren Sachen, und dann ließ er sie laufen. Nun fragte er den Armen, was er lieber wolle, bleiben und die Hütte besetzt halten oder fortgehen und Pferde holen, mit denen sie alles fortschaffen konnten. Dem alten Mann gefiel keins von beiden; aber es war ihm immer noch lieber fortzugehen, und das tat er auch und gab vor, er wolle Pferde beschaffen. Aber das Ende vom Lied war, daß der arme, alte Mann, als er daheim anlangte, solche Angst hatte, daß er um keinen Preis noch einmal zurückgegangen wäre. So mußte der Pächter selber losziehen und sich um Pferde kümmern, und als er zu Hause ankam, hätte er den Alten fast umgebracht. Dann nahm er die Pferde und den armen, alten Mann dazu, kehrte zur Räuberhütte zurück, schaffte die kostbarsten Sachen dort fort und brannte das übrige an. Er kehrte heim und gab dem armen Mann, so feige er auch gewesen war, einen ordentlichen

Anteil. Aber mir haben sie kein Fitzel gegeben, sondern mich mit leeren Händen abziehen lassen.

46a   Der Bauer O'Draoth

Es war einmal ein Bauer, und der hatte eine Frau. Er arbeitete Tag für Tag auf dem Feld, und wenn er heimkam, redete seine Frau ihn stets an: »Der Bauer O'Draoth!« Das heißt soviel wie Faulsack oder Trantüte oder Geldrausschmeißer. Kein anderes Wort gönnte sie ihm als »Bauer O'Draoth!«, »Du bist der Bauer O'Draoth!«

Als er an einem Abend noch spät draußen war, nicht weit von der Straße, erblickte er ein paar Reiter. Er ging näher, um sie sich anzugucken, da sah er, wie sie einen kleinen Beutel fallen ließen. Aber – bei Maria! – er schaute nicht mal hin. Doch als er sich dann auf den Heimweg machte, überlegte er sich, er wollte doch zu dem Säckchen hingehen und feststellen, was drin war. Er marschierte zurück, nahm es auf und trug es nach Hause; dort warf er es seiner Frau zu und befahl ihr, es gut aufzuheben. Sie trug den Beutel an einen unbeobachteten Ort und schaute hinein. Als sie entdeckte, was drin war, steckte sie ihn weg, kam wieder zum Mann und sagte: »Ach! Du darfst wirklich nicht mehr so herumwirtschaften. Du bist ja vollkommen abgeschlagen! Ich denke, ich schicke dich zur Schule.« Er widersprach und erklärte, es falle ihm gar nicht ein, jetzt noch auf die Schule zu gehen, wenn er nun einmal als Kind nicht dazu gekommen sei – sehr verständlich, daß der Arme das sagte. Aber sie setzte ihm so schmeichelnd und verschlagen zu, daß er schließlich nachgab. In der Schule angelangt, bat er um ein Buch; er bekam eins, und der Schulmeister erkundigte sich, was er wünsche. Er antwortete, er wolle Unterricht nehmen. Jedesmal, wenn sich den Schülern Gelegenheit bot, hänselten sie ihn und zerrten ihn herum und machten sich über ihn lustig. So trottete er, bevor die Schule zu Ende war, wieder heim und erklärte seiner Frau, dahin gehe er nie wieder. »Warum?« fragte sie. »Die Bengels haben mir kein einziges Haar auf dem Kopf gelassen!« sagte er. »Oh, dann sollst du nicht mehr hingehen!«

sagte sie. »Wirtschafte nur wieder auf dem Acker herum wie sonst, das ist immer noch besser, als wenn sie dir weiter die Kopfhaut herunterziehen. Aber ich werde dem Schulmeister tüchtig die Meinung sagen, weil dir die Bengel so zugesetzt haben.«

Nun ging er wieder wie gewohnt aufs Feld. Aber wer kam jetzt an? Niemand anders als die beiden Reiter, die er auf der Landstraße gesehen hatte. »Komm, wir gehen rüber zu dem armen Mann, der da jeden Tag dicht an der Straße arbeitet!« sagte der eine zum andern. »Schaden kann's nicht!« sagte der andere. Also gingen sie zu ihm hin und fragten, ob er in der Gegend wohne, und er sagte ja, das täte er. »Hast du hier herum irgendwas gefunden oder gesehen?« fragte sie. Er antwortete ja, er habe was gefunden, und sie fragten, was. Der Mann sagte, es sei ein Säckchen gewesen. Sie erkundigten sich, was er damit gemacht habe. Er sagte, er habe es seiner Frau gegeben. Da gingen sie mit ihm heim in seine Hütte, und das erste Wort, das er zu seiner Frau sagte, war: »Wo ist das Säckchen, das ich dir an dem Tag gegeben habe, wo ich's auf der Landstraße fand?« Sie erwiderte, er habe nie ein Säckchen gefunden und ihr gegeben. »Doch!« sagte er. »Wann soll das denn gewesen sein?« fragte sie. »Ach, weißt du das nicht?« sagte er, »das war doch der Tag, bevor ich zur Schule ging!«

»Beim Allmächtigen!« sagten sie, »wenn das der Tag ist, an dem du das Säckchen gefunden hast, dann können wir wieder abziehen.« Sie ritten davon, und das Säckchen mit allem, was drin war, blieb der Frau des Bauern O'Draoth.

47   Wie die Katzen zuerst nach Spanien kamen

Der Bürgermeister von Edinburgh und einer von den Ratsherren waren gute Freunde; sie kannten einander schon viele Jahre, und die Bekanntschaft hatte sich zu einer festen Freundschaft entwickelt. Zu der Zeit, da unsere Geschichte beginnt, waren sie beide sehr reich, denn jeder hatte in seinem Gewerbe oder durch Handel ein schönes Vermögen angesammelt. Keinem von beiden kam es in den Sinn, daß einmal Armut sie plagen könne. Nun, der Bürgermeister hatte keine Kinder, doch der Ratsherr besaß zwei Töchter; aber schließlich, als schon keiner mehr daran geglaubt hätte, bekam der Bürgermeister eine Tochter. Am selben Tag wurde der Ratsherr Vater eines Sohnes. Die Familien lebten miteinander einträchtig dahin; die beiden Männer waren stets zusammen, und die beiden Haushalte waren so gut wie einer. So kam es, daß der Bürgermeister eines Tages zum Ratsherrn sprach: »Du und ich, wir kennen uns schon seit vielen Jahren, Brüder können nicht mehr aneinander hängen, und genauso ist es mit unseren Familien. Ich möchte alles dazu tun, daß die Freundschaft hält, wenn wir einmal nicht mehr auf der Welt sind, und darum habe ich einen großen Wunsch: Laß uns deinen Sohn und meine Tochter miteinander verheiraten, obwohl sie erst acht Jahre alt sind.« Wie immer tat der Ratsherr bereitwillig, was sein Freund richtig fand. Die Kinder wurden insgeheim verheiratet – weder sie noch ihre Mütter sollten davon wissen, bevor die beiden achtzehn Jahre alt sein würden. Die Mitgift der Bürgermeistertochter entsprach dem Reichtum ihres Vaters, und der Ratsherr stand nicht zurück und sorgte genauso gut für seinen Sohn. Der Kontrakt wurde so fest gemacht, wie das Gesetz es nur irgend zuließ, und der Bürgermeister sollte ihn in aller Heimlichkeit wohl verwahren.

Ein paar Jahre danach traf den Ratsherrn das Unglück: Er verlor sein gesamtes Geld, und kurze Zeit darauf starb er an gebrochenem Herzen und ließ seine Familie sehr arm zurück. Man sollte meinen, der Bürgermeister hätte schleunigst allem Mangel in der Ratsherrnfamilie abgeholfen, aber leider muß ich berichten, daß er ihnen den Rücken kehrte. Und da nur er allein von der Heirat zwischen seiner Tochter und dem Ratsherrnsohn wußte, beschloß er, kein Wort darüber verlauten zu lassen und sich unter seinen Bekannten nach einem begüterten Schwiegersohn umzusehen.

Um diese Zeit passierte es einmal, daß der Bürgermeister und seine Frau verreisten und die Tochter daheimließen. Zufällig entdeckte sie die Papiere über ihre Heirat mit dem Ratsherrnsohn. Da verließ der Ratsherrnsohn gerade die Schule, auf die auch das Mädchen ging, und wechselte in eine billigere über.

Die Bürgermeistertochter lief sofort zu ihm und fragte aus ihm heraus, weshalb er die frühere Schule verlassen hatte. Und dann suchte sie auch seine Mutter auf und versprach, sie wolle für ihn bezahlen, und der Junge kehrte auf die alte Schule zurück. Von da an faßten sie und der Ratsherrnsohn eine große Zuneigung füreinander, aber sie sagte ihm nie, daß sie beide verheiratet waren.

Eines Tages traf der Bürgermeister sie, wie sie miteinander die Straße entlangschlenderten: Er war wütend, ging heim und berichtete seiner Frau, daß er ihre Tochter und den Ratsherrnsohn miteinander getroffen habe; sie seien offenbar vertrauter, als ihm lieb sei, und er wolle den Jungen aus dem Königreich fortschicken. Als die Frau das hörte, fing sie an zu weinen, denn sie dachte an die alte Freundschaft, die mit des Ratsherrn Armut geendet hatte. Der Bürgermeister beabsichtigte, dem Jüngling ein Schiff und jede beliebige Fracht anzubieten und ihn nach Spanien zu schicken, denn er wollte sichergehen, daß der Junge nie wiederkam. Das erklärte er seiner Frau und hatte dabei keine Ahnung, daß vor der Tür die Tochter horchte. Zu der Zeit waren die jungen Leute achtzehn Jahre alt.

Die Bürgermeistertochter steckte sich die Papiere in den Busen und ging fort, um sich mit ihrem Schatz zu treffen. Sie begaben sich in ein Gasthaus, und nachdem sie eine Menge geredet hatten, erzählte sie ihm, daß sie beide seit ihrem achten Jahr verheiratet seien, und zeigte ihm den Kontrakt. Sie berichtete ihm auch, was der Vater plante, und riet ihm, auf den Vorschlag einzugehen. Sie wies ihn an, eine Fracht Kohle und eine Katze und einen Kater mitzunehmen; am Ende werde er merken, wozu die Katzen und die Kohle gut seien. Sieben Jahre werde er fort sein, und sieben Jahre werde sie auf ihn warten und keinen anderen heiraten.

Der Bürgermeister brannte darauf, den jungen Mann so bald wie möglich loszuwerden. Unter seinen Bekannten streute er aus, daß er auf die Art dem Sohn seines alten Freundes helfen wolle; dabei hätte er gern ein nettes Sümmchen dafür gegeben, ihn tot zu sehen. Die Bürgermeistertochter wußte genau, was ihr Vater, so gütig er sich auch stellte, ihrem Schatz am liebsten angetan hätte.

Nach einigem Aufschub war das Schiff bereit, und mit schwerem Herzen nahm der junge Mann Abschied von dem schönen Mädchen; und sie hätte die Welt darum gegeben, bei ihm zu sein – und nun wußte keins, ob es das andere je wiedersehen würde. Ohne Zwischenfall erreichte das Schiff Spanien. Der König von Spanien ließ nachfragen ,was sie geladen hätten, und als er hörte, es sei Kohle, war er entzückt, denn in ganz Spanien war keine Kohle aufzutreiben. Nun waren die Spanier berüchtigt für ihre Wildheit: Es hieß, sie ließen keinen Mann lebendig wieder aus dem Königreich. Und eben deswegen hatte der Bürgermeister den Burschen nach Spanien geschickt. Doch statt ihn zu töten, bat ihn der König zum Essen. Als sie bei Tisch saßen und bevor das Mahl aufgetragen wurde, bemerkte er, daß vor jedem Anwesenden ein kräftiger Schlegel lag; als er sich aber erkundigte, was der sonderbare Brauch zu bedeuten habe, sagten sie ihm, ohne diese Stöcke bekämen sie keinen Bissen in den Mund: Das werde er gleich merken.

Sowie das Essen ausgetragen wurde, stürzten zu Hunderten Ratten hervor und fielen darüber her. Jeder ergriff seinen Schlegel, drosch auf die Ratten ein und hielt sie von den Speisen ab. Da besann sich der junge Mann auf die Katzen und erkundigte sich beim König, was er dafür gebe, wenn einer sie instand setze zu essen, ohne nach dem Stock zu langen. Der König entgegnete: Für den, der das fertigbringe, sei ihm keine Belohnung zu groß. Sogleich schickte der Kapitän nach den beiden Katzen, und beim nächsten Mahl setzte er sich auf jedes Knie eins von den Tieren. Wie immer stürzten die Ratten hervor. Aber im selben Augenblick sprangen die Katzen schon auf sie los und taten ganze Arbeit; und was nicht totgebissen wurde, floh.

Der König und die Edelleute rissen Mund und Augen auf, während sie den Katzen zuschauten; denn eine Katze hatten sie noch nie zu sehen gekriegt. Sie fragten, ob der Herr diese sonderbaren, hilfreichen Untiere, die eine solche Heldentat vollbracht hätten, wohl verkaufen wolle. Der Ratsherrnsohn erwiderte, sie seien ihm weder für Gold noch Silber feil, aber schenken wolle er sie dem König. Der König war über einen Mann von solcher Großzügigkeit derart entzückt, daß er nicht wußte, was er für ihn tun, wie er ihn belohnen solle. Er kaufte die Fracht Kohle und befahl, das Schiff mit gemünztem Gold zu beladen. Dazu schenkte er ihm einen Anzug für sich, ein Gewand für seine Frau und Kleider für seine Schwestern, alles so fein, wie man es in ganz Schottland nicht fand; dazu schenkte er ihm ein schwarzes Pferd, wie es in der ganzen Christenheit kein zweites gab, und darüber hinaus noch viele kostbare Sachen. Schließlich bereitete der Ratsherrnsohn alles für die Abreise vor, und er und der König schieden als die besten Freunde, jeder vom andern höchst angetan; und der Ratsherrnsohn war nun reicher als sein Vater in seiner besten Zeit.

Das Schiff landete glücklich in Schottland, und da nun seit seinem Aufbruch von Leith sieben Jahre verstrichen waren, beschloß der junge Mann, auf seinem neuen Pferd nach Edinburgh zu reiten; die Kleider nahm er mit. Damals gab es keine Brücken über die schottischen Flüsse. Als er oberhalb von Aberdeen an einem gewissen Fluß anlangte, standen da neun Leute und warteten darauf, ihn zu überqueren; aber der Fluß war hochgeschwollen. Der junge Mann wies sie an, daß jeder eine Strähne vom Schweif des Rappen packte, und so brachte er die neun heil hinüber. Als er vom Fluß fortritt, erblickte er einen Herrn, der mit seinem Wagen auf den Fluß zufuhr und dann anhielt, denn er war außerstande hinüberzukommen. Der Ratsherrnsohn kehrte um, band des Herrn Pferd an den Schweif des Rappen und holte sie über den Fluß. Zufällig nahmen beide dieselbe Straße, und der Fremde erzählte dem Ratsherrnsohn ganz unbefangen alles über seine Familie und seine Vorfahren und seinen Vater, den Bürgermeister von Aberdeen, und dann sagte er, jetzt sei er gerade unterwegs nach Edinburgh, um die Bürgermeistertochter zu heiraten. Am nächsten Abend sei die Verlobung, und da der junge Mann nach Edinburgh reite, sei er herzlich eingeladen. Der kühne Bursche war auf dem Weg nicht übermäßig gesprächig gewesen, und bestimmt war *die* Neuigkeit nicht danach angetan, ihn froh zu stimmen und ihm die Zunge zu lösen. Er wollte allein sein, und so schützte er große Eile vor und sagte, er könne nicht auf den andern warten, obschon sie beide nach Edinburgh wollten.

Der Fremde erkundigte sich nach seinem Namen. »Frühergutundjetztverworfen«, erwiderte er. »Ihr habt einen sonderbaren Namen«, sagte der andere, »den kann ich nicht schreiben.« Der Jüngling erbat sich sein Taschenbuch und trug seinen rechten Namen darin ein, und danach trennten sie sich mit dem Versprechen, einander in Edinburgh zu treffen. Nun setzten beide ihre Reise fort, der Ratsherrnsohn, um das Haus seiner Mutter zu suchen, der andere auf dem Weg zum Hause des Bürgermeisters. Der Ratsherrnsohn fand seiner Mutter Haus, aber sie erkannte ihn nicht. Er fragte, ob er bei ihr wohnen könne. »So übel auch die Welt mit mir umgesprungen ist«, erwiderte sie, »noch bin ich doch in der Lage, einem Herrn ein Bett zu bieten.« Er war sehr freigebig mit seinem Geld, gab für alles, was er erbat, eine Guinea und wollte keinen Penny Wechselgeld nehmen.

Der Sohn des Bürgermeisters von Aberdeen begab sich geradenwegs zum Haus des Bürgermeisters von Edinburgh. Bis zu diesem Augenblick ging für ihn alles ganz nach Wunsch: Die Verlobung und alle übrigen Formalitäten verliefen angenehm, und nichts sprach dagegen, daß anderntags die Hochzeit folgte. Freunde der beiden jungen Leute waren versammelt und blieben bis spät in den Abend, und die gesamte Schar war glücklich und vergnügt. Dann besann sich der Bräutigam auf seinen Reisegefährten, der ihm versprochen hatte, heute zu kommen; er suchte seinen Namen herauszubringen, alle staunten darüber, und er zog sein Notizbuch, um ihn nachzulesen. Die Braut nahm ihm das Buch aus der Hand, und als sie gelesen hatte, sagte sie kein Wort, sondern verließ heimlich die Gesellschaft und lief schnurstracks ins Haus der Witwe. Die Witwe liebte sie herzlich, denn sie hatte von ihr, seit ihr Sohn fortgereist war, viel Gutes erfahren. Als das Mädchen eintrat, fragte es die Witwe, ob sich bei ihr irgendein Fremder aufhalte; die Witwe antwortete, das sei der Fall, aber sie dürfe nicht darüber reden. Die Bürgermeistertochter nahm eine Kerze und betrat ihres Liebsten Kammer gegen den Willen der Witwe. Sie erklärte ihr, der Mann dort sei ihr Sohn, und stieg stracks zu ihm ins Bett. Und als nun seine Frau, seine Mutter und seine beiden Schwestern den Ärmsten im Bett alle auf einmal küßten, wäre

er um ein Haar erstickt. Endlich begaben sich im Haus der
Witwe alle zur Ruhe; doch im Hause des Bürgermeisters dachte
in diesem Augenblick keiner an Schlaf: Die Bürgermeistertochter war verschwunden, und obwohl ihretwegen jede
Glocke und jede Trommel in der Stadt gerührt wurde, fand
sich keine Spur. Als der Ratsherrnsohn am Morgen aufgestanden war, legten er, seine Frau und die beiden Schwestern die
kostbaren spanischen Gewänder an und gingen spazieren.
Mehrere Male schlenderten sie am Haus des Bürgermeisters
vorbei, doch ihre Kleider waren so prächtig, daß keiner sie
erkannte. Als sie zum letztenmal vorübergingen, hörte der
Ratsherrnsohn den Bürgermeister sagen: »Hätte die Dame
dort nicht solche Kleider an, würde ich behaupten, sie wäre
meine Tochter.«
Der Ratsherrnsohn machte auf dem Absatz kehrt und sprach:
»Sie ist deine Tochter, alter Knabe. Obwohl du mir einen guten
Dienst erwiesen hast, bekommst du von mir nicht viel Dank:
Du hast getan, was du konntest, um sie mir fernzuhalten. Sie
ist jetzt meine Frau, und wir scheren uns keinen Pfifferling um
irgendwas, das du uns tun kannst.« Als der kühne Bursche den
Sohn des Aberdeener Bürgermeisters sah, entschuldigte er sich
bei ihm für das, was er getan hatte, erklärte aber, er und seine
Liebste seien seit ihrem achten Jahr miteinander verheiratet,
und zeigte ihm, was die Väter geschrieben hatten. Er habe aber
zwei Schwestern, setzte er hinzu, ebenso liebenswürdig und
schön wie die Bürgermeistertochter, und obendrein sei er imstande, eine größere Mitgift zu geben als der Bürgermeister.
Das vernahm der junge Mann aus Aberdeen mit Freude und
wählte eine von den Ratsherrntöchtern. Sie heirateten, und die
beiden Hochzeiten wurden am selben Abend gefeiert. Die
Ratsherrnfamilie und die des Bürgermeisters wurden miteinander wieder so vertraut wie ehedem, und der Bürgermeister
verbrachte den Rest seiner Tage zufrieden und glücklich unter
einem halben Dutzend wunderhübscher Enkelkinder; und
seine Tochter bereute nie, daß sie dem armen Sohn des Ratsherrn treu geblieben war. Und obendrein durfte sie sich rüh-
men, daß durch sie die ersten Katzen ins Königreich Spanien
gelangt waren.

48 Der Viehhändler von Ronachan

Im kleinen Dorf Ronachan an der Westküste von Cantire lebte einst ein Viehhändler, dessen Geschäft es war, Rinder zu kaufen und dann auf Märkte und Jahrmärkte zu treiben, um sie mit Gewinn wieder zu verkaufen. Dabei verdiente er manchmal ganz ordentlich, zuweilen aber auch wenig oder nichts.

Eines Tages hatte er eine schöne Herde zusammen und zog mit ihr auf einen Jahrmarkt, wo er die Tiere günstig verkaufte; mit fröhlichem Herzen und einem Beutel voll Geld trat er den Heimweg wieder an. Aber er war noch nicht weit auf seiner Straße gekommen, als er auf eine Räuberbande stieß, die ihn bis auf den letzten Penny ausnahm. Das erfüllte ihn mit großem Kummer, denn er wußte nicht, wie er daheim seinen Gläubigern unter die Augen treten sollte; obendrein war er in der Gegend fremd und besaß nun nichts mehr, womit er ein Nachtquartier hätte bezahlen können. Die Nacht brach an, er erspähte in einiger Entfernung ein kleines Haus und marschierte darauf los. Er stellte fest, daß es eine Scheune war, in der Stroh und Hafer lagen. So verkroch er sich im Stroh, um eine lange, kummervolle Nacht zu verbringen.

Gegen Mitternacht erwachte er, denn die Räuberbande kam in die Scheune, um zu essen und zu trinken und die Beute zu teilen. Der arme Viehhändler hielt sich mucksmäuschenstill und fürchtete jeden Augenblick, sie würden ihn entdecken und umbringen. Als die Räuber eine Weile getrunken hatten, fingen sie an, sich über die Teilung der Beute zu streiten. Der Viehhändler beobachtete sie durch eine Lücke im Stroh und dachte: Bei denen ist nun mein Geld. Und dann sah er zu, wie sie es, Banknoten und Gold, zwischen sich ausbreiteten. Da langte er flink an seine Schuhe, fuhr mit den Händen drüber, daß sie von der Wichse schwarz wurden, und wischte sich dann mit den Wichsehänden kräftig übers Gesicht; und als alle Räuber miteinander stritten und sagten: »Wo ist mein Teil?«, da sprang der Viehhändler plötzlich aus seinem Strohloch hervor und schrie: »Und wo ist *mein* Teil?«

Als die Räuber ihn mit seinem kohlschwarzen Gesicht erblickten, dachten sie, er sei der böse Feind selber. So rannten sie, hast du, was kannst du, davon und ließen ihre gesamte Beute liegen. Der Viehhändler packte zusammen, was an Geld da war, lief in die entgegengesetzte Richtung und verbarg sich dann bis zum Morgengrauen an einem sicheren Ort. Und als er das Geld zählte, stellte er fest, daß er in dieser Nacht nicht schlecht verdient hatte, denn er hatte das Eigene zurückgewonnen und ein hübsches Sümmchen drüberher. Dann begab er sich gemächlich zurück nach Ronachan, war imstande, seine Gläubiger zu bezahlen, und hatte einen guten Grundstock für den nächsten Handel.

49   Der Schifferssohn

Auf der Insel Skye lebte ein alter Schiffer, der einen Bauernhof besaß. Er hatte nur einen einzigen Sohn, und dem kaufte er ein Boot, damit er selbständig wäre. Der Sohn war ein verschwenderischer Bursche: Was immer er auf seinen Touren verdiente, gab er an Land aus. Doch so verschwenderisch er war, trotzdem hatte es eine Frau auf ihn abgesehen und lag ihm dauernd damit in den Ohren, er solle sie heiraten; und da er sie anders nicht loswurde, verkaufte er das Boot und nahm Dienst bei der Armee. Nun erhielt er am Tag Sixpence Sold. Aber das Soldatenleben paßte ihm nicht, und er beschloß, zu desertieren und an Bord irgendeines Schiffes zu gehen, wo ihm sein Essen sicher war. Also lief er davon und heuerte beim Kapitän einer Schaluppe an. Mit dieser Schaluppe machte er drei Fahrten nach England.
Als er bei der dritten Fahrt in England in einer Kneipe saß und trank, kam er mit dem Kapitän eines Segelschiffs ins Gespräch. »Dich würde ich ja gern anheuern, Großer!« sagte der Kapitän vom Segelschiff, »wenn du mitmachst, kriegst du bei mir guten Lohn.« Der Bursche ließ sich überreden. Dann kehrte er auf die Schaluppe zurück und erzählte, was sich zugetragen hatte. »Na«, sagte der Schaluppenkapitän, »so ungern wie dich habe ich noch keinen laufen lassen.« – »Da ist ja nun nichts zu machen«, sagte der Bursche. »Ich kenne den Kapitän von diesem Schiff«, meinte der Schaluppenkapitän, »wenn du einverstan-

den bist, geh ich zu ihm und probiere, ob ich dich wieder freikriege.« – »Ist mir recht«, erwiderte der Bursche. So begab sich der Schaluppenkapitän zum Schiffskapitän und sagte: »Ihr habt einen von meinen Jungen übernommen.« – »Stimmt«, antwortete der Schiffskapitän. »Wärt Ihr bereit, den Vertrag rückgängig zu machen?« fragte der Schaluppenkapitän. »Wenn Ihr das tätet, würde ich ihm ebenso guten Lohn zahlen wie Ihr.« – »Was wollt Ihr ihm zum Lohn zulegen?« erkundigte sich der Schiffskapitän. »Einen Anzug«, erwiderte der Schaluppenkapitän. »Na«, sagte der Schiffskapitän, »ich bin sicher, es ist leichter für mich, ihm Lohn und obendrein einen Anzug zu geben, als für Euch. Und wenn Ihr mir auf die Art zeigt, was für ein tüchtiger Kerl er ist, trenne ich mich keinesfalls von ihm.« – »Ja, da kann man nichts machen«, antwortete der Schaluppenkapitän. »Übrigens hat er noch eine gute Eigenschaft. Ganz gleich, wo Ihr vor Anker geht, er versorgt Euch mit Wild.«

Der Bursche segelte mit dem Schiffskapitän davon, fort nach Indien. Als sie dort anlangten, nahm er seine Flinte und ging auf die Jagd, und auf dem Schiff hatten sie an jedem Tag Wild zu essen. Als sie Fracht geladen hatten, segelten sie wieder nach England. Am ersten Tag nach der Rückkehr nahm der junge Mann die Flinte und hing sich sein Plaid um und ging zur Jagd. Es war neblig; Nieselregen fiel, und er schritt gerade an einer Baumgruppe vorüber, da drang ihm das jämmerlichste Gestöhn in die Ohren, das er je gehört hatte. Er schaute zwischen die Bäume, und da sah er doch wahrhaftig eine Frau, die lag halbtot da. Sein erster Gedanke war, daß er mit keiner Weibsperson was zu tun haben wollte; aber dann tat sie ihm in ihrem Elend so leid, daß er nicht einfach vorbeigehen konnte. Er trat zu ihr, wickelte sie in sein Plaid und trug sie auf dem Rücken fort. Er langte an einem Gasthaus an, klopfte an die Tür und bat die Wirtin, für die Frau ein Zimmer bereitzumachen, und das tat die Wirtin sofort.

Er trug die Frau in die Kammer und bat die Wirtin, sie gesund zu pflegen, er werde dafür bezahlen. Außerdem wies er die Wirtin an, die Frau nicht fortzulassen, bis er von der nächsten Fahrt zurückgekehrt sei. Er segelte ab und war noch gar nicht lange unterwegs, da hatte sich die Frau schon erholt. Die Wirtin behielt sie aber da; und sowie er zurück und wieder an Land war, begab er sich zu dem Gasthaus. Und nun war er bis zur nächsten Fahrt immerzu zwischen dem Schiff und dem Wirtshaus unterwegs. Unmittelbar vor der Abreise fragte er die Frau, ob sie ihn zum Manne wolle. Sie antwortete, ihn lieber als jeden andern auf der Welt, und so gingen sie zum Pfarrer und ließen sich trauen, und – bei Maria! – sie war selig.

Aber am Tag, bevor das Schiff abfuhr, ging der Schiffsbesitzer an den Kai; und auf dem Weg dorthin sah er eine Frau aus dem Fenster schauen. Tränen stiegen ihm in die Augen, er kehrte heim, setzte sich ins Zimmer und stützte den Kopf in die Hand. Seine Frau fragte, was ihm fehle. »Soll ich nicht traurig sein?« antwortete er. »Ich bin an einem Haus vorbeigekommen, da hat eine aus dem Fenster geschaut, die war unserer Tochter wie aus dem Gesicht geschnitten!« – »Aber deswegen war sie es doch nicht«, sagte die Frau, und er: »Aber sie war ihr ähnlich wie ein Ei dem andern!« – »Was sollte sie denn dort halten«, sagte die Frau. Er bat sie mitzukommen, um zu sehen, ob es die Tochter wäre oder nicht. So gingen sie zusammen zu dem Gasthaus und sahen die Frau aus dem Fenster schauen. Sowie die Mutter sie erblickte, erkannte sie die Tochter. Sie rannte sofort ins Gasthaus und verlangte, zu ihr geführt zu werden. »Ich kann Euch nicht hineinlassen«, sagte die Wirtin. Aber das Mädchen guckte durch die Tür, und als es die Mutter erblickte, lief es ihr entgegen und fiel ihr um den Hals. Vater und Mutter waren selig, daß sie sie gefunden hatten, und überglücklich bei dem Gedanken, sie wieder daheim zu haben. »Was ist dir zugestoßen, Tochter?« fragten Vater und Mutter. »Ich war mit andern im Wald, da überfiel mich plötzlich ein Schmerz. Ich blieb hinter den andern zurück, aber ich rief ihnen nicht hinterher, weil ich dachte, mir würde gleich besser, aber mir wurde immer schlimmer, schließlich konnte ich gar nicht mehr weiter, ich mußte mich hinlegen, und wenn nicht ein freundlicher junger Mann vorbeigekommen wäre und mich weggetragen hätte, dann wäre ich bestimmt gestorben. Er hat mich hier ins Haus gebracht und angeordnet, daß sie mich gut versorgten, er würde alles bezahlen. Er und ich haben geheiratet. Er ist Matrose auf dem und dem Schiff, und heute muß er auf die Fahrt.« – »Es scheint«, sagte der Vater, »das ist einer, wie man ihn nicht alle Tage findet.«

Der Vater ging nach Hause und schrieb einen Brief an den Schiffskapitän, darin stand, er solle den Jüngling an Bord zu keiner Arbeit anstellen; und für den Burschen selber waren dreihundert Pfund Sterling beigefügt. Der Kapitän übergab dem jungen Mann das Geld; »und«, sagte er, »der Schiffseigentümer erlaubt dir, Däumchen zu drehen.« – »Kommt nicht in Frage«, sagte der junge Mann. »Das Geld nehme ich, aber faulenzen tu ich nicht.« – »Wie du willst«, sagte der Kapitän.

Als sie in Übersee anlangten, ging der Bursche wie gewohnt auf Jagd. Er ging in die Stadt und kaufte für die dreihundert Pfund drei Damenkleider. Als er zurückkam, fragte ihn der Kapitän: »Was hast du gekauft?« – »Drei Damenkleider«, antwortete er. »ich gabe dir für jedes hundertfünfzig Pfund, wenn du sie mir überläßt«, sagte der Kapitän. »Nein, die kriegt keiner außer der einen, für die ich sie gekauft habe.«

Nachdem sie die Fracht genommen hatten, segelten sie nach England zurück. Sowie sie anlangten, kam der Eigentümer an Bord und fing mit dem Kapitän ein Gespräch über den Matrosen an. Der Kapitän sagte, so einer sei ihm noch nie über den Weg gelaufen. »Er hat für die dreihundert Pfund drei Damenkleider gekauft«, sagte der Kapitän, »und obwohl ich ihm für jedes hundertfünfzig Pfund geboten habe, wollte er sie mir nicht ablassen. Er sagte, die solle keine haben als die eine, für die er sie gekauft hätte.« – »Dann will ich doch auch die Probe machen«, sagte der Eigentümer, »und sehen, ob er sie mir verkauft.« – »Stellt ihn ruhig auf die Probe, bestimmt tut er's nicht«, antwortete der Kapitän. »Wo ist er?« fragte der Eigentümer. »Dort unten«, sagte der Kapitän. Der Eigentümer suchte ihn auf. »Du hast drei schöne Damenkleider«, sagte er. »Ja, die hab ich«, sagte der Matrose. »Ich geb dir für jedes zweihundert Pfund«, sagte der Eigentümer. »Und wenn auch, Ihr kriegt sie nicht«, sagte der Matrose. »Na gut, dann kommt ein Stück mit mir spazieren«, sagte der Schiffseigentümer.

Sie gingen ans Ufer und wanderten landeinwärts. Als sie an dem Gasthof anlangten, stürzte der Matrose hinein und fragte, ob die Frau, die er dort gelassen habe, noch da sei. Sie sagten, nein. Aber ganz bald erschienen sie und ihre Mutter, und als die Mutter den Matrosen sah, war sie von ihm nicht weniger entzückt als seine Frau. Dann wurde die Hochzeit für den Matrosen und die Schiffseigentümertochter ausgerichtet, und alle waren froh und glücklich. Der Schwiegervater bot dem Burschen an, nun selbst als Kapitän auf Fahrt zu gehen, aber er lehnte das ab und sagte, es wäre niederträchtig, dem Kapitän das Schiff abzunehmen, aber als Frachtaufseher wolle er gern fahren. So fuhr er als Frachtaufseher mit dem Kapitän. Drei Seereisen machte er im ganzen: Dann blieb er für immer daheim. Er war reich genug, und er und seine Frau lebten miteinander glücklich und zufrieden.

50 Nighean Righ Fo Thuinn. Die Tochter des Königs Untersee

Einmal waren die Fhinn neben dem Beinn Eudainn in einer sehr stürmischen Nacht zusammen; der Regen stürzte vom Himmel, und vom Norden her fiel Schnee. Um Mitternacht klopfte ein wunderliches Geschöpf an Fionns Tür. Das Haar reichte ihr bis zu den Fersen, und sie rief ihn an, sie unter sein Dach zu lassen. Fionn hob eine Ecke der Plane und starrte sie an. »Du sonderbares, häßliches Ding«, sagte er, »das Haar hängt dir bis zu den Hacken herab, wie kannst du wagen, mich um Einlaß zu bitten?«

Sie ging fort und stieß einen Schrei aus. Sie langte bei Oisean an und bat ihn, sie unter sein Dach zu lassen. Oisean hob eine Ecke seiner Plane an und erblickte sie.

»Du sonderbares, häßliches Ding, wie kannst du mich bitten, dich einzulassen?« sagte er. »Das Haar hängt dir bis zu den Hacken herab. Du kommst mir nicht herein.«

Sie ging fort und stieß einen Schrei aus.

Sie langte bei Diarmaid an und rief ihm laut zu, er solle sie unter sein Dach einlassen.

Diarmaid lüftete eine Falte seiner Plane und erblickte sie.

»Du bist ein sonderbares, häßliches Ding. Das Haar hängt dir bis auf die Fersen herab, aber komm herein«, sagte er. Sie kam herein unter sein Dach.

»Oh Diarmaid«, sagte sie, »ich habe sieben Jahre damit zugebracht, daß ich über Meer und See gefahren bin, und all die Zeit habe ich keine Nacht wie diese verbracht, bis du mich eingelassen hast. Laß mich an dein Feuer kommen und mich wärmen.«

»Komm her«, sagte Diarmaid.

Als sie herantrat, zogen sich die Fhinn zurück, so abscheulich sah sie aus.

»Geht auf die andere Seite hinüber«, sagte Diarmaid, »und laßt das Geschöpf ans Feuer.«

Sie gingen alle auf die andere Seite und ließen sie am Feuer hocken, aber sie blieb nicht lange dort, sondern versuchte, unter Diarmaids Decke zu schlüpfen, um sich zu wärmen.

»Du wirst reichlich keck«, sagte Diarmaid. »Erst bittest du mich, unters Zeltdach kommen zu dürfen, dann willst du ans Feuer, und jetzt verlangst du, daß ich dich mit unter meine Decke lasse: Aber meinetwegen, komm.«

Sie schlüpfte unter die Decke, und er schob eine Falte zwischen sie und sich. Sie lag noch nicht lange so, als er aufschreckte und sie anstarrte, da erblickte er neben sich das schönste Mädchen, das vom Anfang bis zum Ende der Welt je gelebt hat. Er rief den anderen zu, sie sollten zu ihm herüberkommen, und sagte zu ihnen:

»Sind Männer nicht oft unfreundlich! Ist dies nicht die schönste Frau, die je einer gesehen hat?«

»Das ist sie«, sagten sie, als sie sie aufdeckten, »die schönste Frau, die je einer zu sehen bekommen hat!«

Sie schlief und merkte nicht, daß sie sie anblickten. Er ließ sie schlafen und weckte sie nicht, aber kurze Zeit darauf wurde sie munter und sagte zu ihm: »Diarmaid, bist du wach?«

»Ja«, sagte Diarmaid.

»Wo möchtest du das schönste Schloß, das du je vor Augen gehabt hast, am liebsten stehen haben?«

»Wenn ich die Wahl hätte, oben auf dem Beinn Eudainn«, gab Diarmaid zurück und schlief wieder ein, und sie sagte nichts mehr zu ihm.

Einer von ihnen ritt früh, noch vor Tag, aus und sah vor sich auf dem Berg ein Schloß stehen. Er rieb sich die Augen und schaute noch einmal hin: Wirklich, da stand es. Er kehrte nach Hause zurück, aber er sagte kein Wort davon.

Ein anderer zog aus und sah es, und auch der sagte kein Wort. Dann wurde es heller Tag, und zwei kamen herein und berichteten, daß da tatsächlich ein Schloß stünde.

Sprach sie, indem sie sich aufrichtete: »Steh auf, Diarmaid, bleib nicht länger liegen, geh hinauf zu deinem Schloß!«

»Wenn da nur ein Schloß wäre, zu dem ich gehen könnte!« sagte er.

»Schau doch raus, ob ein Schloß da ist.«

Er schaute hinaus und erblickte ein Schloß und kam wieder herein. »Ich will zu dem Schloß hinaufgehen, wenn du mit mir kommst.«

»Das will ich gern, Diarmaid, aber du darfst mir nicht dreimal sagen, wie du mich zuerst gefunden hast.«

»Ich will überhaupt nie sagen, wie ich dich zuerst gefunden habe«, meinte Diarmaid.

Die beiden gingen zusammen zum Schloß. War das schön! Nicht das Geringste fehlte, was in ein Schloß hineingehört; selbst einen Gänsehirten gab es. Fleisch stand auf dem Tisch, und es gab Mägde und Knechte, die warteten auf.

Sie verbrachten drei Tage miteinander in dem Schloß, und am Ende der drei Tage sagte sie zu ihm: »Allmählich bereitet es dir Kummer, daß du nicht mit den anderen zusammen bist.«

»Aber nein, denk doch das nicht!« sagte er.

»Du gehst am besten wieder zu den Fhinn, und dein Essen und Trinken ist bestimmt nicht schlechter als jetzt«, sagte sie.

»Und wer kümmert sich um die Windhündin und ihre drei Jungen?« sagte Diarmaid.

»Ach«, sagte sie, »was soll der Windhündin und ihren drei Jungen schon zustoßen?«

Als er das hörte, ging er fort. Er ließ ihr seinen Segen zurück und langte beim Volk der Fhinn und bei seinem Mutterbruder Fionn an, und sie hießen ihn mit allen Ehren willkommen, aber im Herzen waren sie ihm übel gesinnt, weil die Frau zuerst zu ihnen gekommen war und sie ihr den Rücken gekehrt hatten, er aber hatte ihre Wünsche erfüllt und war so gut damit gefahren.

Sie ging vor dem Schloß spazieren, nachdem er fortgezogen war, und was sah sie? Einer kam in großer Eile heran. Da meinte sie, bis er bei ihr angelangt sei, bliebe sie besser draußen; und wer war der Ankömmling? Niemand anders als Fionn. Er begrüßte sie und faßte sie bei der Hand.

»Du zürnst mir, Maid«, sagte er.

»Oh, nicht im geringsten, Fhinn«, sagte sie. »Komm herein auf einen Trunk.«

»Wenn du mir meine Bitte erfüllst«, sagte Fionn.

»Worum konntest du mich bitten, das ich dir nicht gewähren möchte«, sagte sie.

»Ich hätte gern eines von den Windhundjungen.«

»Oh, das ist keine große Bitte«, sagte sie; »wähl dir eins aus und nimm es mit.«

Das tat er und ging fort.

Als es Abend wurde, kam Diarmaid. Die Hündin lief ihm draußen entgegen und stieß einen gellenden Schrei aus.

»Es ist wahr, mein Mädel, eins von deinen Jungen ist fort. – Und du, hättest du daran gedacht, wie ich dich zuerst gefunden habe, wie dir das Haar zu den Hacken hing, dann hättest du das Junge nicht fortgelassen.«

»Du, Diarmaid, was hast du da gesagt?«

»Oh«, gab Diarmaid zurück, »ich bitte um Vergebung.«

»Oh, die sollst du haben«, sagte sie, und er schlief im Schloß in dieser Nacht, und sein Essen und Trinken waren wie gewöhnlich.

Am Morgen ging er dorthin, wo er am Tag zuvor gewesen war, und während er fort war, ging sie spazieren, und während sie umherstreifte, was sah sie? Einen Reiter, der auf sie zukam. Sie blieb draußen, bis er bei ihr angelangt war.

Es war kein anderer als Oisean, Fionns Sohn.

Sie begrüßten einander mit ehrerbietigen Worten. Sie bat ihn, sie zu begleiten, er möge einen Trunk von ihr entgegennehmen, und er sagte: »Ja, gern«, sofern sie ihm seine Bitte erfülle.

»Was für eine Bitte hast du?« fragte sie.

»Eins von den Jungen der Windhündin.«

»Das sollst du haben«, sagte sie, »such dir eins aus.«

Er nahm sich eins und ritt fort.

Als es Abend wurde, kehrte Diarmaid nach Hause zurück, und die Windhündin lief ihm draußen entgegen und stieß zwei gellende Schreie aus.

»Es ist wahr, mein Mädel, es ist dir noch eins fortgenommen worden. Aber hätte sie daran gedacht, wie ich sie zuerst gefunden habe, sie hätte keins von deinen Jungen weggegeben. Als ihr Haar bis auf die Fersen herunterhing.«

»Diarmaid! Was hast du da gesagt?« fragte sie.

»Verzeih mir«, sagte Diarmaid.

»Das will ich«, sagte sie, und sie faßten einander an den Händen und gingen miteinander ins Haus, und an diesem Abend gab es Essen und Trinken wie immer.

Am Morgen zog Diarmaid aus, und eine Weile, nachdem er gegangen war, begab sie sich hinaus, um ein wenig umherzuschlendern. Da sah sie an diesem Tag wieder einen Reiter nahen, und er war in großer Hast. Sie dachte, sie wolle warten und nicht heimgehen, bis er sie erreicht habe. Es war kein anderer als wieder einer von den Fhinn.

Er ging mit höflichen Worten auf die junge Maid zu, und sie begrüßten einander mit aller Ehrerbietung.

Sie bat ihn, mit ihr hineinzugehen und einen Trunk von ihr anzunehmen. Er sagte, das wolle er gern, sofern sie ihm seine Bitte erfülle.

Auch diesmal erkundigte sie sich, um welche Bitte es sich wohl handle.

»Eins von den Jungen der Windhündin«, sagte er.

»Obwohl das eine unangenehme Sache für mich ist«, sagte sie, »will ich es dir geben.«

Er ging mit ihr ins Schloß, empfing einen Trunk von ihr, erhielt das Junge und ritt fort.

Als es Abend wurde, kam Diarmaid. Die Windhündin lief ihm entgegen und stieß drei gellende Schreie aus, die scheußlichsten, die je ein Mensch gehört hat.

»Ja, es ist wahr, mein Mädel, heute hast du kein einziges mehr«, sagte Diarmaid, »aber wenn sie daran gedacht hätte, wie ich sie zuerst gefunden habe, hätte sie das Junge nicht fortgelassen; als ihr das Haar bis auf die Hacken herunterhing, hätte sie mir das nicht angetan.«

»Du, Diarmaid, was hast du gesagt?«

»Oh, vergib mir«, sagte Diarmaid. Er ging heim, und da war weder seine Frau noch das Bett mehr da wie sonst. Am Morgen erwachte er in einem Moorloch. Da stand kein Schloß mehr, kein Stein lag mehr auf dem anderen. Er brach in Tränen aus und sagte sich, er wolle nicht ruhen, nicht mit Kopf noch Fuß, bis er sie fände.

Er zog fort, durch die Schluchten. Weder Haus noch Herd stand auf seinem Weg. Er warf einen Blick über die Schulter, und was sah er? Nichts anderes als die Windhündin, eben verendet. Er griff sie beim Schwanz und warf sie sich über die Schulter und wollte sich nicht von ihr trennen, so lieb war sie ihm. So wanderte er weiter. Da erblickte er über sich einen Hirten.

»Hast du heute oder gestern eine Frau gesehen, die hier lang kam?« fragte Diarmaid den Hirten.

»Gestern, frühmorgens, habe ich eine Frau gesehen, und sie hatte einen tüchtigen Schritt am Leibe«, sagte der Hirt.

»Welchen Weg hat sie genommen?«

»Sie ging dort hinunter zum Ufer, dann hab ich sie nicht mehr gesehen.«

Diarmaid folgte demselben Weg, bis er nicht weiter kam. Da erblickte er ein Schiff. Er stemmte das schlanke Ende seines Speers unter die Brust und sprang hinein und setzte über das Wasser. Er warf sich zu Boden, streckte sich am Hang eines Berges aus und schlief ein, und als er erwachte, war kein Schiff mehr zu sehen. »Ich bin ein bedauernswerter Mann«, sagte er, »nie wieder komme ich von hier fort, aber das hilft nun nichts.«

Er ließ sich auf einem Hügel nieder. Aber er saß noch nicht lange, da sah er ein Boot nahen mit einem Ruderer drin.

Er trat ans Ufer hinunter, er packte die Windhündin beim Schwanz und warf sie hinein und sprang hinterher.

Dann schwamm das Boot hinaus, übers Meer, und es tauchte hinunter, und er war eben untergegangen, da sah er Grund und eine Ebene, auf der man dahinwandern konnte. Das tat er und marschierte darauf los.

Er schritt noch nicht lange dahin, als er auf eine Blutlache traf. Er nahm das Blut auf in ein Tuch und schob es in die Tasche. »Es war die Hündin, die das ausbrach«, sagte er. Er wanderte weiter, und nach einer Weile fand er die nächste Lache und nahm sie ebenso auf und steckte sie in die Tasche. Und er traf die dritte und tat dasselbe mit ihr. Und dann entdeckte er eine kurze Strecke entfernt eine Frau, die, als sei sie nicht recht bei Verstand, Binsen auflas. Er ging auf sie zu und fragte sie, was sie für Neuigkeiten wisse. »Ich kann nichts erzählen, bevor ich die Binsen zusammen habe«, sagte sie.

»Erzähl doch beim Sammeln!« sagte Diarmaid.

»Ich bin in großer Eile«, sagte sie.

»Was ist das hier für ein Land?«

»Das hier«, sagte sie, »ist das Reich Untersee.«

»Das Reich Untersee!«

»Ja«, sagte sie.

»Wozu brauchst du die Binsen, daß du sie sammelst?«

»Das will ich dir erklären. Ich merke, du bist ein Fremder.«

»Ja, das kannst du wohl sagen.«

»Die Tochter des Königs von Untersee ist heimgekehrt, sie war sieben Jahre lang verzaubert, und sie ist krank, und alle Quacksalber der Christenheit sind versammelt, und keiner hilft ihr, und ein Bett von Binsen ist das, was sie am heilsamsten findet.«

»Also gut, ich stünde sehr in deiner Schuld, wenn du mich zu dieser Frau bringen wolltest.«

»Schön, ich sorge dafür. Ich stecke dich in diese Binsengarbe, ich werde die Binsen über dich und unter dich binden und dich auf dem Rücken tragen.«

»Das schaffst du doch nicht«, sagte Diarmaid.

»Das überlaß nur mir«, sagte sie.

Sie steckte Diarmaid in das Bündel und lud es sich auf den Rücken. (War das nicht ein tüchtiges Mädel!) Als sie in der Kammer der Königstochter angelangt war, ließ sie das Bündel auf den Boden herab.

»Oh! Gib mir das schnell!« sagte die Tochter des Königs von Untersee.

Er sprang aus der Binsengarbe und sprang zu ihr hin, und sie faßten einander an den Händen und freuten sich und waren glücklich.

»Drei Teile meines Wehs sind geschwunden, aber gesund bin ich nicht und werde es nicht sein. Jedesmal, wenn ich auf dem Weg hierher an dich dachte, erbrach ich mein Herzblut.«

»Nun gut, ich habe diese drei Lachen Herzblut von dir aufgenommen, tu du sie in einen Trunk, und alles ist wieder gut.«

»Nein«, sagte sie, »ich nehme sie nicht; sie werden mir nicht das mindeste helfen, weil ich eines nicht bekommen kann, und das kriege ich nie im Leben.«

»Was ist das?« fragte er.

»Es führt zu nichts, wenn ich es dir erzähle; du wirst es nicht bekommen, so wenig wie irgendwer sonst auf der Welt; schon viele haben es vergeblich versucht.«

»Wenn es auf der Welt ist, werde ich es kriegen, und nun sag es mir«, befahl Diarmaid.

»Es sind drei Züge aus dem Becher von Righ Magh an Ioghnaidh, dem König des Flachlandes der Wunder, und die hat kein Mensch je erhalten, und ich bekomme sie auch nicht.«

»Oh!« sagte Diarmaid, »so viele gibt es nicht auf der Welt, daß sie mich davon zurückhalten könnten. Sag mir, ob der Mann weit von hier lebt.«

»Nein, er wohnt in einem Land nicht fern von dem meines Vaters; aber da ist ein kleiner Fluß, und auf ihm segelt ein Schiff vor dem Wind ein Jahr und einen Tag lang, ehe du ans andere Ufer kommst.«

Er ging fort und langte an dem Flüßchen an und verbrachte eine gute Weile damit, an ihm hinzuwandern.

»Ich komme nicht darüber, sie hat die Wahrheit gesprochen«, sagte Diarmaid.

Das Wort war ihm noch nicht vom Munde, da stand mitten im Flüßchen ein kleiner, braunroter Mann.

»Diarmaid, Sohn von Duibhne, du sitzest in der Klemme«, sagte er.

»Da hast du recht«, sagte Diarmaid.

»Was würdest du einem Mann geben, der dich herausholt? Komm her und stell deinen Fuß in meine Hand.«

»Oh! Mein Fuß paßt doch nicht in deine Hand!« sagte Diarmaid.

»Und ob.«

Diarmaid ging hin und setzte den Fuß in des andern Hand. »Nun, Diarmaid, du bist auf dem Weg zu König Magh an Iunai.«

»Das stimmt«, sagte Diarmaid.

»Und du gehst zu ihm auf der Suche nach dem Becher.«

»So ist es«, sagte Diarmaid.

»Ich will selber mit dir gehen.«

»Tu das«, sagte Diarmaid.

Diarmaid erreichte das Haus des Königs vom Wunderflachland. Er schrie hinein, sie sollten ihm den Becher herausbringen oder mit ihm kämpfen, und sie schickten ihm den Becher nicht.

Es kamen vierhundert starke Helden und vierhundert mächtige Helden heraus, und nach zwei Stunden war von ihnen keiner mehr am Leben.

Diarmaid schrie wieder hinein, sie sollten ihm den Becher herausbringen oder aber mit ihm kämpfen.

Kampf sollte er kriegen, nicht aber den Becher. Achthundert starke Helden wurden herausgesandt und achthundert mächtige Helden; aber nach drei Stunden war von ihnen keiner mehr am Leben.

Diarmaid schrie wieder, sie sollten ihm den Becher herausbringen oder aber mit ihm kämpfen.

Da wurden neunhundert starke Helden und neunhundert mächtige Helden herausgesandt, und nach vier Stunden war von ihnen keiner mehr am Leben.

»Woher«, sagte der König, als er nun selber in seinem Tor stand, »kommt der Mann, der eben mein Reich zugrunde gerichtet hat? Wenn es dem Helden beliebt, laßt ihn berichten, woher er kommt.«

»Dem Helden beliebt es; ich bin ein Held aus dem Volk der Fhinn. Ich bin Diarmaid.«

»Weshalb hast du nicht eine Botschaft hereingesandt und sagen lassen, wer da stand? Dann hätte ich nicht mein Reich an dich verschwendet, denn du würdest jeden Mann töten. Sieben

Jahre, bevor du geboren warst, wurde es in den Büchern niedergeschrieben. Was verlangst du?«

»Den heilenden Becher aus deiner eigenen Hand.«

»Kein Mann hat je meinen Becher bekommen außer dir; ich kann ihn dir leicht geben, aber es ist mein eigener, der für mich auf der Tafel steht.«

Diarmaid bekam den Becher vom König vom Wunderflachland.

»Ich will jetzt ein Schiff mit dir fortschicken, Diarmaid«, sagte der König.

»Großen Dank, o König. Ich stehe sehr in deiner Schuld; aber ich habe eine eigene Fähre.«

Hier nahmen der König und Diarmaid voneinander Abschied. Als er sich vom König getrennt hatte, besann er sich darauf, daß er am Tag zuvor auch nicht ein einziges Wort über den kleinen, rostroten Mann gesagt und daß er ihn nicht mit ins Haus genommen hatte. Erst als er wieder in die Nähe des Flüßchens kam, fiel er ihm wieder ein, und er wußte nicht, wie er nun über den Bach setzen sollte.

»Da hilft nun nichts«, sagte er. »Jetzt werde ich nicht durch die Furt kommen, und zum König zurückzukehren, das verbietet mir die Scham.«

Während er noch sprach, was richtete sich vor ihm auf? Niemand anderes als der kleine, rostrote Mann aus dem Bach.

»Du sitzt in der Klemme, Diarmaid.«

»Das stimmt.«

»Und heute mehr als jemals sonst.«

»Das ist wahr. Ich habe bekommen, was ich wollte, und nun kann ich nicht hinüber.«

»Obwohl du mir all das angetan hast, und obwohl du gestern kein Wort von mir gesagt hast: Setz deinen Fuß in meine Hand, und ich hebe dich über den Bach.«

Diarmaid setzte den Fuß in seine Hand, und er hob ihn über den Bach.

»Ich nehme an, du willst jetzt mit mir reden, Diarmaid«, sagte er.

»Das will ich«, sagte Diarmaid.

»Du bist im Begriff, die Tochter des Königs von Untersee zu

heiraten; sie ist das Mädchen, das du auf der ganzen Welt am liebsten hast.«

»O ja!«

»Du mußt zu der Quelle drüben hinter dem Wald gehen. Neben ihr findest du eine Flasche, die fülle mit dem Wasser und nimm sie mit. Wenn du bei der Maid anlangst, gieß Wasser in den Becher und dahinein einen Schluck von dem Blut, sie wird ihn austrinken. Füll den Becher wieder und tu den zweiten Schluck Blut ins Wasser, und sie trinkt ihn wieder aus. Nun füll ihn zum drittenmal und tu den dritten Schluck Blut dazu, und sie trinkt ihn aus, und nun wird sie kein bißchen Schmerz mehr spüren. Wenn du ihr den Becher das letztemal gegeben hast und sie wieder gesund ist, dann wirst du von allen Leuten, die du je zu Gesicht bekommen hast, sie am wenigsten leiden können.«

»Oh!« sagte Diarmaid, »das ist unmöglich!«

»Doch; und der König wird wissen, daß du gegen sie Abneigung gefaßt hast. Sie wird sagen: ›Diarmaid, du magst mich nicht mehr.‹ Sag ihr, daß es so ist. Weißt du auch, wer zu dir spricht?« fragte der kleine, rostrote Mann.

»Nein«, sagte Diarmaid, »das tu ich nicht.«

»Ich bin ein Bote aus der andern Welt, der dir geholfen hat, weil du ein so warmes Herz hast und andern Gutes tust. König Untersee wird kommen und wird dir viel Gold und Silber dafür bieten, daß du seine Tochter geheilt hast. Du darfst kein bißchen nehmen, außer daß der König ein Schiff mit dir nach Eirinn schickt, dorthin, woher du kommst.«

Diarmaid ging davon; er langte bei der Quelle an, fand die Flasche und füllte sie mit Wasser; er nahm sie mit und erreichte das Schloß des Königs Untersee. Als er eintraf, wurde er mit Ehrerbietung begrüßt.

»Kein Mann hat je zuvor den Becher erlangt«, sagte sie.

»Ich hätte ihn von jedem auf der Welt erlangt; niemand hätte vermocht, mich zur Umkehr zu zwingen«, sagte Diarmaid.

»Ich hätte nicht gedacht, daß du den Becher bekommen würdest, obwohl du ausgezogen bist; doch ich sehe, du hast ihn«, sagte sie.

Er tat einen Schluck Blut ins Wasser im Becher, und sie trank.

Sie leerte den Becher zum zweiten und zum dritten Mal; und als sie ihn das dritte Mal ausgetrunken hatte, fühlte sie nicht den kleinsten Schmerz mehr. Sie war heil und gesund. Als sie so genesen war, faßte er Abneigung wider sie; kaum ertrug er ihren Anblick.

»O Diarmaid!« sagte sie, »du faßt Widerwillen gegen mich.«

»Oh!« sagte er, »ja!«

Darauf ließ der König in der Stadt ausrufen, daß sie geheilt sei, und Musik wurde angestimmt, und die Klage verstummte. Der König suchte Diarmaid auf und sagte: »Nun sollst du Silber die Fülle nehmen dafür, daß du sie geheilt hast, und sollst sie zur Frau bekommen.«

»Ich will die Maid nicht haben, und ich will nichts annehmen außer einem Schiff, das mit mir nach Eirinn gesandt wird, wo die Fhinn versammelt sind.«

Ein Schiff segelte mit ihm ab, und er erreichte die Fhinn und seinen Mutterbruder, und Jubel und Freude über seine Rückkehr brach bei ihnen aus.

51 Die sommersprossige Häuslerstochter mit den gestutzten Haaren

Es war einmal ein Grundbesitzer, der sich einbildete, er sei ein sehr gescheiter Mann. Nun wohnte auf seinem Land ein armer Häusler, der war beim Wildern erwischt worden. Der Gutsbesitzer ließ ihn holen und erklärte ihm, er werde ihm jetzt drei Fragen stellen, die müsse er ihm beantworten, oder er werde für seine Wilderei davongejagt. In drei Tagen, sagte der Grundbesitzer, müsse der Häusler wieder zu ihm kommen und ihm als erstes sagen: Was ist das Reichste auf der Welt? Zum zweiten: Was ist das Ärmste auf der Welt? Und drittens: Welches Geschöpf gehe zuerst auf vier Füßen, dann auf zweien und schließlich auf dreien? – Der Arme schlich sich mit hängendem Kopf heim. Er legte sich hin wie aufs Totenbett. Er ahnte nicht im mindesten, wie er sich aus der Sache herausziehen sollte.

Er hatte aber eine sommersprossige Tochter mit kurzgeschorenen Haaren. Die kam und erkundigte sich, was ihm denn fehle;

ihn müsse, meinte sie, noch was anderes plagen als irgendeine Krankheit. Er berichtete ihr die Fragen, die ihm der Grundherr gestellt hatte, und daß er in drei Tagen hingehen und die Antwort bringen müsse, sonst würden sie alle davongejagt.

»Ach was!« sagte sie, »mach dir deswegen keine Sorgen. Die Fragen sind kinderleicht. Das Reichste auf der Welt ist das Meer; du kannst Tag und Nacht Wasser daraus schöpfen, aber das Meer wird so voll bleiben wie je. Das Ärmste auf der Welt ist das Feuer, denn es macht nichts aus, wie groß es ist, es wird verglimmen und läßt nur Asche zurück.«

»Und was«, fragte der Vater, »ist das Geschöpf, das zuerst auf vier Füßen geht?«

»Das ist der Mensch«, sagte sie. »Er kriecht auf allen vieren, bevor er laufen lernt. Wenn er laufen gelernt hat, geht er auf seinen zwei Beinen, und wenn er alt wird, dann geht er auf seinen zwei Beinen und stützt sich auf einen Stock. Dann hat er drei Beine. und nun geh zum Herrn und bring ihm seine Antworten.«

Der Arme sprang auf und lief zum Grundbesitzer. Als er anlangte, sagte der Herr:

»Na, bist du soweit?«

»Ich denke schon.«

»Wie lauten die Antworten?«

Er sagte dem Grundherrn, was seine Tochter ihn geheißen hatte.

»Oh«, sagte der Herr, »wer immer dir diese Antworten in den Mund gelegt hat, deinem Kopf sind sie nicht entsprungen. Du mußt mir gestehen, von wem du sie hast, oder ich laß dich nicht am Leben.«

Verängstigt wie er war, berichtete der Häusler dem Gutsherrn, es sei seine eigene Tochter, die ihm die Antworten eingegeben habe.

»Schön«, sagte der Gutsherr, »die wollen wir uns anschauen.«

Er ging mit dem Häusler, um sich die sommersprossige Tochter mit den kurzgestutzten Haaren anzugucken.

»Bist du das gewesen, die deinem Vater die Antworten vorgesagt hat?«

»Ja. Jemand mußte ja für ihn antworten, wenn Ihr ihm schon so hart zugesetzt habt.«

»Schön. Ich kann nicht leugnen, daß du sehr gut geantwortet hast. Wenn du die Tochter eines Gutsherrn wärest, so würde ich dich heiraten. Aber ich will was anderes für dich tun. Ich habe da drüben ein kleines Gut, das will ich dir schenken.«

»Vielen Dank, aber mit einem Gut kann ich nichts anfangen. Wenn Ihr es meinem Vater überschreiben würdet, dann wäre mir das sehr lieb.«

»Na schön«, sagte der Herr und überschrieb das Gütchen ihrem Vater und gab ihr die Besitzurkunden.

»Nun bin ich Gutsbesitzerstochter«, sagte sie.

»Ja, und ich nehme an, du wirst mich jetzt heiraten.«

»Nein, das tu ich nicht.«

»Warum nicht?«

»Wenn ich Euch heirate, schickt Ihr mich dann vielleicht fort.«

»Nein, das täte ich nicht.«

»Doch, Ihr tätet es.«

»Wenn du nichts Schlimmes anstellst, ganz bestimmt nicht.«

»Gut. Ich heirate Euch unter zwei Bedingungen.«

»Und was für Bedingungen stellst du?«

»Daß ich am Tag, an dem Ihr mich wegschickt, drei Bürden aus dem Schloß mitnehmen kann, mit denen ich tun darf, was ich will.«

»Einverstanden«, sagte er.

»Gut, wenn ich das schriftlich bekomme, dann heirate ich Euch.«

»Das kannst du schriftlich haben«, sagte der Gutsherr.

Er setzte es schriftlich auf, falls er sie nach der Heirat wegschicke, dürfe sie dreierlei Lasten aus dem Schloß tragen, was immer sie wähle, und damit tun, wie ihr gefalle.

Der Herr und die sommersprossige Tochter mit den kurzgestutzten Haaren heirateten und wurden sehr glücklich. Nicht lange, und sie bekamen einen Sohn. Die sommersprossige Tochter mit den kurzen Haaren führte das Gut besser als der Herr selber. In der Nähe wohnten ein paar Häusler, und wenn die mit dem Pflügen begannen, dann ließen sie ihre Tiere hinaus auf den Berg. Nun lebten dort zwei Häusler als Nachbarn, und der eine besaß eine tragende Stute, der andere aber einen alten, weißen Wallach. Die Nachbarn pflegten zusammen zu pflügen, und wenn sie fertig waren, ließen sie den Wallach und die Stute auf dem Berg frei. Die Stute fohlte draußen auf dem Hügel, und der Wallach, die Stute und das Fohlen blieben bis zum Herbst zusammen im Freien. Als es Zeit wurde, die Ernte einzubringen, gingen die Häusler ihre Tiere holen; und was machte das Fohlen? Es lief dem Wallach des Nachbarn hinterher. Da beanspruchte der Nachbar das Füllen für sich, weil es seinem Wallach folgte. Die beiden Kleinbauern gerieten heftig aneinander, und es blieb nichts anderes übrig: Sie mußten zum Herrn gehen und ihn bitten zu entscheiden. Sie gingen zum Gutsbesitzer und trugen ihm den Fall vor.

»Kommt morgen mit dem Fohlen und der Stute und dem Wallach zum Schloß!« befahl der Herr; »dann werde ich entscheiden.«

Am nächsten Tag brachen die beiden Häusler mit dem Fohlen und der Stute und dem Wallach auf. Vor dem Schloß lag ein Feld mit einem Tor an jedem Ende.

»Geht und bringt die Pferde in die Mitte vom Feld«, sagte der Herr, »und dann stellt euch jeder an ein Tor. Wem das Tier gehört, dem das Füllen nachläuft, dem gehört auch das Füllen.«

Sie brachten die Pferde in die Feldmitte, und dann begaben sie sich jeder an ein Tor. Aber ach, das Fohlen lief dem Wallach hinterdrein. Der Häusler, dem die Stute gehörte, ging höchst mißvergnügt über den Verlust seines Fohlens nach Hause. Der andere freute sich mächtig, daß das Füllen seinem Wallach gefolgt war. Der Stutenbesitzer wußte sich nicht zu helfen, aber als er hörte, der Gutsherr habe das Schloß verlassen, dachte er, er wolle hingehen, die sommersprossige Tochter mit den kurzgestutzten Haaren aufsuchen und um Rat fragen. Als er anlangte, sprach er:

»Oh, was für ein Unrecht hat mir der Herr getan, als er mich um das Fohlen brachte!«

»Ja, wirklich, das war eine üble Geschichte.«

»Ich bin gekommen, um dich um Rat zu fragen.«

»Wenn ich dir einen Rat gebe, dann schwatzest du aus, woher du ihn hast.«

»Das mach ich nie.«

»Gut«, sagte sie. »Morgen geht der Herr dort oben in der Bucht fischen. Sieh zu, daß du vor ihm da bist. Nimm dir ein Säckchen Salz mit, und wenn du ihn kommen siehst, dann fang an, das Salz neben der Bucht auszusäen und in alle Gräben, die du siehst. Dann kommt er bestimmt herüber und fragt, was du da machst. Sag ihm, das Salz werde so gewiß dort aufgehen und wachsen, wie das Fohlen in dem Wallach gediehen sei statt in seiner Mutterstute. Aber versprich mir, daß du lieber stirbst als dem Herrn gestehst, daß ich dir das geraten habe!«

»Ich sag' ihm nichts«, beteuerte der Häusler.

Am nächsten Tag ging er mit einem Säckchen voll Salz ans Seeufer. Er war dort noch nicht lange, da sah er den Herrn mit der Angelrute über der Schulter herankommen. Nun begann der Häusler das Salz an der Bucht zu säen, in die Gräben und an jeden tieferliegenden Flecken. Der Herr blieb stehen, schaute ihm eine Weile zu und kam dann heran.

»Was machst du da, du unglückseliger Narr?«

»Also wirklich«, sagte der Häusler, »wir sind daheim knapp dran mit Salz, deswegen säe ich hier welches. Ich denke, im Nassen wächst es.«

»Ach, geh. Weißt du nicht ganz genau, daß Salz nicht wächst, weder hier noch sonstwo?«

»Ich weiß doch nicht«, sagte der Häusler. »Wenn ein Fohlen in einem Wallach wächst statt in einer Stute, dann kann wohl auch Salz hier gedeihen.«

Der Herr stand stocksteif. »Das hast du dir nicht in deinem Kopf ausgedacht«, sagte er. »Sag mir, wer dir diese Worte in den Mund gelegt hat, oder du mußt sterben.«

Der Häusler war so verängstigt, daß er dem Herr gestand, es sei seine Frau, die ihm das zu sagen geraten habe. Der Herr begab sich schnurstracks nach Hause zu seiner Frau.

»Schön, meine Liebe«, sagte er, »da du den Mund nicht halten konntest und dich in meine Entscheidungen gemischt hast, ziehst du jetzt auf der Stelle ab.«

»Wahrhaftig«, sagte sie, »ich war sicher, daß es heute oder morgen so kommen würde. Aber denk dran, wenn du mich heute wegschickst, mußt du mir dein Versprechen halten und mich drei Lasten wegtragen lassen, und ich muß mit ihnen machen dürfen, was ich will.«

»Du kannst sie dir nehmen«, sagte der Herr.

Sie ging, und das erste, was sie aufhob und forttrug, war die Wiege mit dem Erben. Dann kam sie ins Haus zurück und holte die Truhe mit den Besitzurkunden zu ihres Mannes Gut heraus und stellte sie neben die Wiege. Und dann kam sie zurück und sagte zu ihm: »Setz dich auf den Stuhl da, damit ich dich hinaustragen kann.« Der Herr setzte sich auf den Stuhl. Als sie ihn hinausgeschleppt hatte, trug sie die Wiege mit ihrem Sohn und die Besitzurkunden wieder hinein und verschloß die Tür.

»Jetzt geh«, sagte sie. »Der Erbe ist mein und die Besitzurkunden sind mein. Du geh deiner Wege!«

Und von da an konnte der Herr nicht anders: Er ließ dem sommersprossigen Mädel mit dem kurzgestutzten Haar den Willen!

52 Die Tochter des Bürgermeisters

Es lebten einmal auf einem Pachthof zwei Brüder, die waren einander gute Freunde. Jeder hatte einen Sohn; und als einer von ihnen starb, machte er den Bruder zum Vormund.

Der Junge wuchs auf und führte nun seiner Mutter den Hof beinah so gut, wie es sein Vater gekonnt hätte. Eines Nachts sah er im Traum die schönste Dame der Welt. Der Traum wiederholte sich noch zweimal; da beschloß er, sie und keine andere zu heiraten. Er mochte nicht mehr auf dem Hof bleiben und wurde blaß, und sein Onkel konnte sich nicht erklären, was ihm fehlte; immer wieder fragte er ihn, was mit ihm los sei.

»Also meinetwegen, Vaterbruder«, sagte der Bursche eines Tages, »ich habe im Traum die schönste Frau der Welt gesehen, sie und keine andere will ich heiraten; und nun will ich fortziehen und sie überall auf der Erde suchen, bis ich sie gefunden habe.«

Sprach der Onkel: »Brudersohn, ich habe hundert Pfund; die gebe ich dir. Zieh los, und wenn sie aufgebraucht sind, komm wieder zu mir; dann kriegst du noch einmal hundert Pfund.«

So nahm der Bursche die hundert Pfund und ging nach Frankreich, und dann ging er nach Spanien und durch die ganze Welt, aber die Dame, die er im Schlaf erblickt hatte, fand er nicht. Schließlich kam er nach London und hatte all sein Geld ausgegeben, und seine Kleider waren abgetragen, und er wußte nicht, wie er für die Nacht Unterkunft finden sollte. So irrte er durch die Straßen.

Da nahm er auf einmal eine alte Frau wahr, die freundlich und ehrbar aussah; er redete sie an, ein Wort ergab das andere, und bald erzählte er ihr, was ihm widerfahren war; und sie war hocherfreut, einem Landsmann zu begegnen. Sie sagte: »Ich stamme auch aus dem Hochland, obwohl ich jetzt in dieser Stadt wohne.« Und sie nahm ihn in ihr Häuschen mit und gab ihm Essen und Kleider.

Und sie sagte: »Geh jetzt spazieren; vielleicht siehst du hier an einem Tag, was du sonst nicht in einem Jahr gesehen hast.«

Am andern Tag streifte er wieder durch die Stadt, und da sah er an einem Fenster eine Frau und erkannte sie sofort, denn sie war die Dame, die er im Traum erblickt hatte, und er lief zurück zu der alten Frau.

»Wie ist es dir heute ergangen, Gäle?« fragte sie.

»Gut!« sagte er. »Oh, ich habe die Dame gefunden, die ich im Traum gesehen habe!« sagte er. Und er erzählte ihr alles.

Da erkundigte sich die Alte nach dem Haus und der Straße, und als sie beides vernahm, sagte sie: »Gesehen hast du sie zwar, aber dabei wird es auch bleiben. Sie ist die Tochter vom Bürgermeister von London. Aber ich bin ihre Amme, und ich wäre von Herzen froh, wenn sie einen Landsmann von mir zum Manne nähme. Nun, geh du morgen aus. Ich gebe dir feine Hochlandkleider; du wirst die Dame bei ihrem Spaziergang in der und der Straße treffen. Sie geht zusammen mit den drei Mädchen, die ihr Gesellschaft leisten. Du tritt ihr auf den Rocksaum; und wenn sie sich dann umdreht, um zu sehen, was los ist, dann sprich sie an.«

Schön, das tat der Bursche. Er ging aus und fand die Dame und setzte den Fuß auf ihren Kleidersaum, und der Rock riß vom

Bund; und als sie sich umwandte, sagte er: »Ich bitte Euch sehr um Vergebung, das war ein unglücklicher Zufall.«

»Ihr wart nicht schuld«, sagte sie, »sondern der Schneider, weil er das Kleid so lang gemacht hat.«

Und sie schaute ihn an, und als sie sah, wie hübsch er war, sagte sie: »Wollt Ihr so freundlich sein und mit mir ins Haus meines Vaters kommen und einen Imbiß nehmen?«

So ging der Bursche mit, ließ sich im Zimmer nieder, und bevor sie ihn irgend etwas fragte, setzte sie ihm Wein vor und sagte: »Erst ein Trunk, dann eine Geschichte.«

Als er das Glas geleert hatte, fing er an und erzählte ihr alles, was sich zugetragen hatte, wie er sie im Traum erblickt hatte und wann, und sie hörte das mit großem Wohlgefallen.

»Und ich habe dich in derselben Nacht im Traum gesehen«, sagte sie.

Er ging an diesem Tag fort, und die Alte, bei der er wohnte, erkundigte sich, wie er vorangekommen war, und er berichtete ihr alles, was geschehen war; und sie ging zur Bürgermeisterstochter und erzählte ihr alles erdenkliche Gute über den jungen Burschen; und danach war er oft im Haus des Bürgermeisters; und schließlich erklärte die Tochter, sie wolle ihn heiraten. »Aber ich fürchte, wir schaffen es nicht«, sagte sie. »Geh für ein Jahr nach Hause, und wenn du zurückkommst, werde ich es schon fertigbringen, dich zum Mann zu bekommen«, sagte sie. »Es ist in diesem Land nämlich Gesetz: Niemand darf heiraten, außer der Bürgermeister selbst führt die Braut an der Hand dem Bräutigam zu«, sagte sie und nahm liebevoll Abschied von ihm.

Schön, der Bursche beherzigte den Rat des Mädchens und zog fort und brachte daheim alles in Ordnung und erzählte seinem Onkel, was er erlebt hatte; doch als das Jahr fast verstrichen war, brach er wieder nach London auf und hatte die zweiten hundert Pfund mit und ein paar gute Hafermehlkuchen.

Unterwegs, wen traf er? Einen jungen, englischen Edelmann, der dieselbe Straße langmarschierte; und sie kamen ins Gespräch.

»Wohin willst du?« fragte der Engländer.

»Ich? Ich gehe nach London«, sagte er. »Als ich zuletzt dort war, habe ich auf einer Straße Leinsamen ausgeworfen, und nun will ich sehen, ob alles noch so ist, wie ich es zurückließ. Wenn alles gut ist, nehme ich es mit; wenn nicht, laß ich es dort.«

»Na, hör mal«, sagte der andere, »das ist doch dummes Zeug. Wie kann Leinsamen so liegen, wie du ihn zurückgelassen hast? Er muß längst aufgeschossen und von Enten und Gänsen zusammengetreten und von Hühnern aufgefressen sein. Ich will auch nach London; aber ich gehe hin, um die Tochter vom Bürgermeister zu heiraten.«

Schön, sie marschierten zusammen weiter, und zu guter Letzt kriegte der Engländer Hunger; er hatte aber nichts zu essen bei sich, und kein Haus war in der Nähe; so sagte er zu dem andern: »Gibst du mir was von deinem Essen ab?«

»Gut«, sagte der Gäle, »ich hab bloß ganz dürftiges Essen mit – Haferbrot. Ich geb Euch was davon, wenn Ihr es eßt; aber wenn ich ein vornehmer Herr wäre wie Ihr, dann würde ich nie ohne meine Mutter auf Reisen gehn.«

»Wie kann ich mit meiner Mutter reisen?« sagte der Engländer. »Sie ist längst tot und begraben und modert in der Erde; aber auch wenn es nicht so wäre, warum sollte ich sie mitnehmen?«

Und er langte nach dem Haferkuchen und aß ihn auf, und sie marschierten weiter.

Nicht lange, und ein Regenschauer überfiel sie, und der Gäle hatte ein grobes Plaid, in das er sich wickelte; doch der Engländer hatte keins und sagte zu dem andern:

»Leihst du mir dein Tuch?«

»Ich will Euch einen Zipfel leihen«, sagte der Gäle; »aber wenn ich ein vornehmer Herr wäre wie Ihr, würde ich nie ohne mein Haus auf Reisen gehen und würde mich nicht dem ersten besten für eine Gefälligkeit zu Dank verpflichten.«

»Du bist ein Narr«, sagte der Engländer, »mein Haus ist vier Stockwerke hoch. Wie soll ein Mensch das mitschleppen?«

Aber er schlug sich das andere Ende des Hochländerplaids um die Schultern, und so schritten sie weiter.

Nun, es dauerte nicht lange, da kamen sie an ein Flüßchen; es war vom Regen geschwollen, und eine Brücke gab es nicht –

dazumal gab es nicht so viele Brücken wie heute –; der Engländer hatte keine Lust, sich die Füße naßzumachen, und sagte zum Hochländer: »Trägst du mich hinüber?«

»Schön«, sagte der Gäle, »mir macht das nichts aus; aber wenn ich ein vornehmer Herr wäre wie Ihr, dann würde ich nicht ohne meine eigene Brücke reisen und würde mich nicht irgendwem für eine Gefälligkeit zu Dank verpflichten.«

»Du bist ein verrückter Kerl«, sagte der Engländer. »Wie kann ein Mensch mit einer Brücke aus Stein und Kalk herumreisen?«

Aber nichtsdestoweniger ließ er sich von seinem Reisekameraden huckepack durch das Flüßchen tragen, und dann wanderten sie weiter bis nach London. Da begab sich der Engländer ins Haus des Bürgermeisters, und der andere ging zu dem kleinen Haus seiner alten Landsmännin, die Amme der Bürgermeisterstochter gewesen war.

Nun, der englische Edelmann erzählte dem Bürgermeister alles, was er unterwegs erlebt hatte, und sagte: »Ich hab da einen Gälen getroffen, der war ein richtiger Blödmann, der größte Einfaltspinsel, der mir je vorgekommen ist. Erzählte mir, er hätte hier voriges Jahr auf der Straße Leinsamen ausgestreut und käme jetzt, den zu holen, falls er ihn so fände, wie er ihn zurückgelassen hätte; wenn aber nicht, würde er ihn dalassen; und wie, bitte, soll er den nach einem Jahr wiederfinden? Dann hat er mir gesagt, ich solle nie ohne meine Mutter und ohne mein Haus und ohne meine Brücke reisen; wie kann ein Mensch das alles mitschleppen? Aber wenn er auch ein Spinner war, gutmütig war er dabei, denn er hat mir was von seinem Essen abgegeben und einen Zipfel von seinem Plaid und hat mich über den Fluß getragen.«

»Soweit ich das verstehe, hatte er seinen Verstand durchaus so gut beisammen wie der Mann, der mit ihm gesprochen hat«, sagte der Bürgermeister; er war nämlich ein gescheiter Mann. »Ich werde Euch erklären, was er meinte«, sprach er.

»Schön, ich werde beweisen, daß er ein vollkommener Idiot war«, sagte der Engländer.

»Er hat in dieser Stadt ein Mädchen zurückgelassen«, sagte der Bürgermeister, »und kommt jetzt, um festzustellen, ob sie noch genauso denkt wie zu der Zeit, als er fortging. Ist das der Fall, will er sie mitnehmen; wenn nicht, verläßt er sie; das ist der Leinsamen. Und Eure Mutter hat Euch ernährt; ein Herr wie Ihr aber sollte selber eine Wegzehrung bei sich haben. Er meinte, es schickt sich nicht für Euch, daß Ihr Euch von ihm abhängig macht. Der Einfaltspinsel war sein Wanderkamerad!« sagte der Bürgermeister. »Und ein Herr wie Ihr sollte selber einen Unterschlupf haben. Daheim ist Euer Haus Euer Unterschlupf. Eine Brücke ist dazu da, daß sie einem über den Fluß hilft; und ein Mann sollte immer imstande sein, ohne Hilfe über einen Fluß zu gelangen. Der Bursche hatte recht und war kein Pinsel, sondern ein gescheiter Kerl; ich möchte ihn gern sehen«, sagte der Bürgermeister, »und wenn ich eine Ahnung hätte, wo er steckt, so würde ich hingehen und ihn holen.«

Schön, am nächsten Tag begab sich der Bürgermeister in das Haus, in dem der Bursche sich befand, und lud ihn zum Mittagessen ein; und der Bursche kam und sagte dem Bürgermeister, daß er alles richtig verstanden habe.

»Nun«, sagte er, »da das Gesetz hier vorschreibt, daß kein Mann heiraten darf, außer, der Bürgermeister führt ihm die Braut zu, wärt Ihr wohl so freundlich, mir das Mädchen zu geben, das zu heiraten ich gekommen bin, falls sie nämlich ihre Meinung nicht geändert hat? Ich werde alles vorbereiten.«

Und der Bürgermeister sagte: »Das mach ich, mein Junge, morgen oder wann immer es dir recht ist. Für einen so gewitzten Jungen tät ich sogar noch mehr«, sagte er.

»Gut, ich bin morgen in dem und dem Haus mit meinem Mädchen bereit«, sagte der Bursche und ging zur Amme.

Am andern Morgen verkleidete sich die Bürgermeisterstochter und begab sich ins Haus der Amme, und der Gäle hatte einen Geistlichen da, und der Bürgermeister kam herein und nahm seine eigene Tochter bei der Hand; aber sie wollte ihre Hand dem Burschen nicht geben.

»Gib die Hand her, Mädel!« sagte der Bürgermeister. »Es ist eine Ehre für dich, wenn du einen so gescheiten Burschen zum Mann kriegst.« Und er gab sie mit ihm zusammen, und sie waren nach dem Gesetz ein Ehepaar.

Danach ging der Bürgermeister wieder nach Hause; er hatte

vor, am selben Abend seine Tochter dem englischen Ehemann zuzuführen. Aber die Tochter war nicht aufzufinden. Er war Witwer, und sie führte ihm den Haushalt. Und sie war nirgends zu finden.

»Schön«, sagte der Bürgermeister. »Ich wette, der Gäle hat sie schließlich gekriegt.« Und der Gäle kam mit der Tochter herein und erzählte ihm alles genau, wie es sich zugetragen hatte von Anfang bis Ende, und daß er in seinem eigenen Land ein wohlhabender Mann war.

Und der Bürgermeister sagte: »Schön, da ich selber dir meine Tochter zugeführt habe, ist die Ehe geschlossen, und ich bin froh, daß sie einen so schlauen Burschen wie dich zum Mann hat.«

Und sie feierten die Hochzeit ein Jahr und einen Tag lang und lebten von da an glücklich und vergnügt, und wenn sie nicht gestorben sind, so leben sie noch heute.

53   Die Hexe mit dem Haar

Es war einmal ein Mann, der hatte drei Söhne, und in seinem Garten war jedem Sohn ein Baum und ein Brunnen bestimmt: Mußte einer sterben, so würde sein Baum verdorren und sein Brunnen versiegen. Der Älteste sagte zu dem andern: »Ich gehe mein Glück suchen; dies Haus lasse ich euch.« Und damit zog er fort. Als es dämmerte, langte er bei einer kleinen Hütte an und trat ein und zündete Feuer an und setzte sich hin. Nachdem er eine Weile dagesessen hatte, kam ein erbärmliches Frauenzimmer vor die Tür. Er hieß sie nähertreten, aber sie sagte, sie komme nicht herein, falls er nicht seine Hunde anbinde. »Dazu habe ich nichts bei mir«, sagte er. »Dann nimm das hier!« sagte sie und reichte ihm ein Haar. »Das hält doch nicht!« sagte er. »Aber ja!« sagte sie, »das hält sogar ein großes Schiff vor Anker.« Also band er die Hunde mit dem Haar an. So standen die Dinge.

Nun machte es sich das Weib erst an dieser Seite vom Feuer bequem, dann an der andern, und wärmte sich. »Nanu, Alte!« sagte er, »du wirst aber auf einmal groß!« – »Das sind nur meine Federchen, die sträuben sich von der Hitze!« sagte sie. »Du wirst ja riesig!« – »Ja, das werd' ich!« sagte die alte Hexe, »und du sieh nun zu, wie du dir hilfst, falls die Hunde nichts für dich tun können.« Da rief er nach den Hunden; sie aber sagte: »Haar, zieh dich zu, zieh dich zu und schnür' den Schurken die Köpfe ab. Und dann – bei Maria! – stürzten sich die Alte und der Bursche aufeinander, und sie machten aus dem Steinboden Sumpf und aus dem Sumpf Steinboden; wo sie am wenigsten einsanken, versanken sie bis an die Knie, und wo sie am tiefsten versanken, versanken sie bis an die Augen, bis die Hexe meinte: »Nun, das wäre geschafft.« Sie warf ihn zu Boden und machte ihm den Garaus. Einer von den Bäumen in seines Vaters Garten verdorrte, und eine von den Quellen versiegte, und der mittlere Sohn sagte: »Jetzt ist der Bruder gestorben. Ich will ihn suchen gehen.«

Er brach auf und gelangte zur selben kleinen Hütte wie sein Bruder und dachte, die sei ihm zum Übernachten eben recht. Doch er war noch nicht lange da, und schon wieder kam dieses Weib. Er lud sie ein näherzutreten. Sie sagte, das täte sie nicht, sie habe Angst vor seinen Hunden. Er antwortete, wenn das so sei, werde er sie von ihr abhalten; zum Anbinden habe er nichts bei sich. »Hier hast du ein Haar«, sagte sie, »damit binde sie und sprich: Haar, zieh dich zusammen, zusammen! Laß sie nicht heran!« Dat tat er, und nun kam sie herein.

Sie machte es sich am Feuer bequem und wärmte sich. »Nanu, Alte, du wächst aber!« sagte er. »Das sind nur meine Federchen, die sträuben sich von der Hitze!« sagte sie. »Ach, Alte! Jetzt wirst du ja riesig!« sagte er. »Ja, das werd' ich, und du sieh nun zu, wie du dir hilfst!« sagte die Hexe. Er rief nach den Hunden, und die Hexe schrie: »Haar, zieh dich zu, zieh dich zu! Schnür' den Schurken die Köpfe ab!« Das Haar zog sich zusammen und schnitt den Hunden die Köpfe ab. Die Alte und der Bursche stürzten sich aufeinander, sie machten aus dem Steinboden einen Sumpf und aus dem Sumpf Steinboden; wo sie am wenigsten einsanken, versanken sie bis an die Knie, und wo sie am tiefsten versanken, versanken sie bis an die Augen, bis die Hexe meinte: »Nun, das wäre geschafft.« Sie warf ihn zu Boden und machte ihm den Garaus. Ein weiterer Baum in seines Vaters Garten verdorrte, und noch ein Brunnen versiegte. Der jüngste Bruder sagte: »Nun sind alle beide tot. Ich gehe und werde nicht ruhen noch rasten, bis ich herausgefunden habe, wie sie umgekommen sind.« Seine Verwandten waren tief bekümmert um diesen letzten.

Er brach auf und langte bei dem Hüttchen an, trat ein und machte Feuer. Er saß noch nicht lange, da merkte auch er, daß sich das Weib der Hütte näherte. Er lud sie ein, hereinzukommen und sich mit zu wärmen. »Ich kann nicht«, sagte sie, »ich habe Angst vor deinen Hunden.« – »Die halt ich von dir ab, sie tun dir nichts«, antwortete er. Aber das genüge ihr nicht, sie müsse selber etwas zum Anbinden finden: Und sie reichte ihm ein schwarzes Haar. Er sagte, das werde seine Hunde nicht halten. »Und ob!« sagte sie, »das hält das größte Schiff vor Anker.« Was tat er? Er warf das Haar ins Feuer. Als die Hexe das Haar prasseln hörte, fragte sie, was das sei. Er gab zurück, das wisse er nicht. Den Hunden befahl er: »Platz!« Da saßen sie dicht neben ihm und rührten sich nicht.

Nun trat die Hexe ein und machte es sich vor dem Feuer bequem und wärmte sich. »Nanu«, sagte er, »Alte, du wirst aber groß!« – »Das sind nur meine Federchen, die sich von der Hitze sträuben«, sagte sie. »Ach, Alte! Wie riesig du wirst!« – »O ja!« sagte die Hexe. »Du bist der letzte, nun sieh zu, wie du dir hilfst!« Er schrie nach den Hunden. »Haar, zieh dich zu, zieh dich zu! Schneid den Schurken die Köpfe ab!« rief die Hexe. Aber das geschah nicht. Die Hunde machten sich an die Arbeit, so daß er die Hexe zu Boden warf. »Der Tod ist über deinem Kopf, alte Hexe!« sagte er, »was bietest du als Lösegeld? – »Nicht wenig!« sagte sie. »Du bist gekommen, um dein Glück zu suchen! Ich bin's, die deine zwei Brüder getötet hat, sie liegen hier. Da hinten stehen zwei Töpfe, einer mit Heilsalbe und einer mit Salbe wider den Tod; und wenn du sie mit dem Zeug in den Töpfen einreibst, dann stehen sie wieder auf, so lebendig, wie sie gewesen sind. In der Mauer dort steckt eine Truhe mit Gold und eine mit Silber. Du bist gekommen, um dein Glück zu machen; nun hast du genug erlangt, dabei kannst du es lassen.« – »Weiter hast du nichts als Lösegeld, alte Hexe?« sagte er. »Nichts mehr«, sagte sie. »Na gut, alte Hexe, viel ist's nicht, aber es gehört mir!« sagte er und schlug ihr den Kopf ab. Er fand seine Brüder, rieb sie mit dem Zeug aus dem Topf ein, und sie erhoben sich heil und gesund und standen bei ihm. Und die beiden Brunnen füllten sich wieder, und die beiden Bäume trieben neu aus; und da wußte der Vater, daß seine drei Söhne am Leben waren. Sie zogen heim und nahmen alle Schätze mit; aber mir haben sie weder Gold noch Silber abgegeben; sie haben mich einfach mit leeren Händen nach Hause geschickt.

54 Der Ritter von Grianaig und Iain, der Sohn des Soldaten

Der Ritter von Grianaig hatte drei Töchter, die waren so, daß man ihresgleichen nirgendwo finden oder sehen konnte. Da kam ein Ungeheuer aus dem Meer und nahm sie mit, und niemand wußte, wohin es sie gebracht hatte, noch, wo man sie suchen könnte.

In der Stadt lebte ein Soldat, und der hatte drei Söhne, und um die Weihnachtszeit spielten sie Shinny, und der Jüngste sagte: »Kommt, wir gehen auf den Rasen des Ritters von Grianaig und schlagen ein Tor in den Rasen.« – »Das machen wir nicht«, sagten die beiden anderen, »dem Ritter wird das überhaupt nicht gefallen, und außerdem muß er dann bloß an seine eigenen Töchter denken, die fort sind, und wird traurig.« – »Ganz egal«, sagte Iain, der jüngste Sohn, »wir gehen hin und stellen ein Tor auf. Ich scher' mich nicht um den Ritter von Grianaig, ganz egal, ob es ihm gefällt oder ob er wütend wird.«

Sie gingen hin und spielten Shinny, und Iain gewann seinen Brüdern drei Tore ab. Der Ritter steckte den Kopf aus dem Fenster und sah sie, und es packte ihn großer Zorn, daß jemand es wagte, auf seinem Rasen Shinny zu spielen und ihn so schmählich an der Verlust seiner Kinder zu erinnern. Sprach er zu seiner Frau: »Wer besitzt die Unverschämtheit, auf meinem Grund und Boden Shinny zu spielen und mir den Verlust meiner Kinder zurückzurufen? Laß sie sofort herbringen, sie sollen ihre Strafe kriegen!« Die drei Burschen wurden vor den Ritter geführt; es waren hübsche Kerle.

»Was fällt euch ein«, sagte der Ritter, »auf meinem Grund und Boden Shinny zu spielen und mir den Verlust meiner Kinder in den Sinn zu rufen? Dafür müßt ihr bestraft werden.«

»Bestraft nicht«, sagte Iain; »aber da es uns zugestoßen ist, daß wir dein Mißfallen erregen, solltest du uns auf ein Schiff setzen, und wir machen uns auf die Suche nach deinen Töchtern; und wenn sie an Lee oder Luv, auf der Windseite oder unter den vier braunen Grenzen der Tiefe sind, dann entdecken wir sie, bevor ein Jahr und ein Tag verstrichen sind, und bringen sie dir nach Grianaig zurück.«

»Obwohl du der Jüngste bist, findest du in deinem Kopf den besten Rat; wir wollen euch das Schiff bauen lassen.«

Zimmerleute wurden herbeigerufen, und in sieben Tagen war das Schiff fertig. Essen und Trinken wurde hineingeschafft, soviel die Burschen für die Fahrt brauchen mochten. Sie richteten den Bug zum Meer und das Heck nach dem Land, und ab ging die Fahrt; und in sieben Tagen langten sie an einem weißen Sandstrand an, und als sie an Land gingen, fanden sie da sechzehn Männer mit einem Aufseher, die in eine Felswand Sprenglöcher bohrten.

»Wo sind wir hier?« fragte der Kapitän.

»Hier ist der Ort, wo die Kinder des Ritters von Grianaig sind; sie sollen drei Riesen heiraten.«

»Wie kommen wir zu ihnen?«

»Dazu gibt es kein Mittel, als daß wir dich in diesem Fischkorb die Felswand hinaufziehen.«

Der älteste Sohn stieg in den Korb, und als er auf halber Höhe des Felsens war, kam ein stämmiger, schwarzer Rabe angeflogen und setzte ihm mit Klauen und Flügeln zu, bis er fast blind und taub war. Es blieb ihm nichts anderes übrig als umzukehren.

Der zweite stieg in den Korb, und als er auf halber Höhe war, kam der stämmige, schwarze Rabe angeflogen und stürzte sich auf ihn, und er war gezwungen, umzukehren wie der andere.

Zuletzt stieg Iain in den Korb. Als er halb oben war, kam der stämmige, schwarze Rabe angeflogen und stürzte sich auf ihn und bearbeitete ihm das Gesicht.

»Schnell, rauf mit mir!« rief er, »ehe er mir hier die Augen aushackt!«

Sie zogen ihn auf den Gipfel. Als er oben war, kam der Rabe zu ihm und sagte: »Gibst du mir einen Priem?«

»Du teurer Spitzbube! Den hast du nicht um mich verdient.«

»Denk nicht mehr dran, ich will dir ein guter Freund sein. Jetzt geh zum Haus des ältesten Riesen, da wirst du die Ritterstochter sehen, wie sie näht, und ihr Fingerhut ist naß geweint.«

Er marschierte drauflos, bis er beim Haus des Riesen anlangte. Er trat ein. Die Ritterstochter saß und nähte.

»Was bringt denn dich her?« sagte sie.

»Was hat dich selber hergebracht, daß ich nicht auch herkommen könnte?«

»Ich bin nicht aus freien Stücken hier.«

»Das weiß ich. Wo ist der Riese?«

»Auf dem Berg, jagen.«

»Wie ruft man ihn heim?«

»Man schüttelt draußen die Streitkette, und niemand ist in Luv und Lee oder der Tiefe, der ihm standhalten kann, außer dem jungen Iain aus Albain, dem Sohn des Soldaten, und der ist erst sechzehn und viel zu jung, um mit dem Riesen zu kämpfen.«

»In Schottland gibt's noch manchen, der so stark ist wie Iain, der Sohn des Soldaten, selbst wenn der Soldat ihm beistünde.«

Er ging hinaus. Er zog kräftig an der Kette, vermochte ihr kein Glied zu dehnen und kniete nieder. Er stand auf, rüttelte wieder daran und zerbrach ein Glied. Der Riese auf seinem Jagdhügel hörte es.

»Aha!« sagte er, »wer außer dem jungen Iain, dem Soldatensohn aus Schottland, könnte meine Streitkette bewegen, und der ist erst sechzehn; der ist noch zu jung!«

Der Riese steckte die Jagdbeute an eine Weidenrute und lief heim.

»Bist du der junge Iain aus Schottland, der Sohn des Soldaten?«

»Ach was!«

»Wen gibt es in Lee oder Luv oder in den vier braunen Grenzen der Tiefe außer dem jungen Iain, dem Soldatensohn aus Schottland, noch, der meine Schlachtkette bewegen könnte?«

»In Schottland ist noch mancher so stark wie der junge Iain, der Soldatensohn, auch wenn der Soldat selber ihm beistünde.«

»So ist es mir prophezeit worden.«

»Kümmre dich nicht um Prophezeiungen.«

»Auf welche Art willst du dich mit mir messen?«

»Wenn meine Mutter und ich uns in die Haare geraten sind und ich meinen Willen durchsetzen wollte, so haben wir miteinander gerungen; einmal kriegte sie die Oberhand und zweimal nicht.«

Sie packten zu und umklammerten einander hart, und der Riese zwang Iain auf die Knie.

»Ich sehe«, sagte Iain, »du bist der Stärkere.«

»Das ist bekannt«, sagte der Riese.

Sie traten erneut an. Sie verbogen und zerrten einander. Iain trat den Riesen mit dem Hacken gegen den Knöchel und setzte ihn auf den Boden. Er wünschte sich den Raben her.

Der stämmige, schwarze Rabe kam angeflogen und stürzte sich mit Klauen und Schwingen auf den Riesen, auf sein Gesicht und seine Ohren, bis er ihn geblendet und taub gemacht hatte.

»Hast du eine Waffe, um dem Ungeheuer den Kopf abzuschneiden?«

»Hab ich nicht.«

»Steck mir die Hand unter den rechten Flügel, da findest du ein kleines, scharfes Messer, das hab ich, um die Knospen vom Wildrosenstrauch zu schneiden. Damit schneid ihm den Kopf ab.«

Er schob dem Raben die Hand unter den rechten Flügel und fand das Messer und schnitt dem Riesen den Kopf ab.

»Jetzt, Iain, geh hinein zur großen Tochter des Ritters von Grianaig. Sie wird dich bitten, nicht weiter zu gehen, sondern umzukehren; hör nicht darauf, sondern zieh weiter, und du wirst zur mittleren Tochter kommen; und jetzt gib mir einen Priem.«

»Den sollst du haben, du hast ihn dir wahrhaftig verdient. Ich geb dir von meinem Tabak die Hälfte.«

»Die will ich nicht. Es sind noch viele lange Tage bis zum Maifest.«

»So läßt mich mein Glück nicht im Stich, daß ich am Maitag noch hier bin.«

»Du weißt, was geschehen ist, aber nicht, was noch vor dir liegt. Mach dir Wasser warm, wasch dich; über der Tür wirst du ein Töpfchen mit Balsam finden; reib dir die Haut damit ein und geh allein schlafen, und morgen wirst du heil und gesund sein, und dann sollst du zum Haus des nächsten Riesen gehen.«

Er trat ein und tat, wie ihn der Rabe geheißen hatte. Er ging am Abend zu Bett und war am Morgen, als er aufstand, heil und gesund.

»Es ist besser für dich«, sagte die große Tochter des Ritters, »wenn du nicht noch weiter gehst und dich in noch mehr Gefahr bringst. Hier gibt es Gold und Silber die Fülle. Wir wollen es mitnehmen und umkehren.«

»Das tu ich nicht«, sagte er. »Ich nehme die Straße, die vor mir liegt.«

Er marschierte drauflos, bis er bei dem Haus anlangte, in dem sich die mittlere Tochter des Ritters von Grianaig befand. Er trat ein, und da saß sie und nähte und weinte ihren Fingerhut naß.

»Was bringt denn dich her?«

»Was hat dich selber hergebracht, daß ich nicht auch herkommen könnte?«

»Ich bin nicht aus freien Stücken hier.«

»Das weiß ich. Warum weinst du?«

»Ich habe nur noch eine Nacht, dann muß ich den Riesen heiraten.«

»Wo ist er?«

»Er ist auf dem Berg und jagt.«

»Wie ruft man ihn heim?«

»Man schüttelt draußen am Haus die Streitkette, und keinen gibt es in Luv oder Lee oder in den vier braunen Grenzen der Tiefe, der es fertigbringt, sie zu rütteln, außer dem jungen Iain

348

aus Schottland, dem Sohn des Soldaten, und er ist noch zu jung, er ist erst sechzehn.«

»In Schottland gibt es Männer, die genauso stark sind wie der junge Iain, der Soldatensohn, sogar wenn der Soldat ihm beisteht.«

Er ging hinaus und ruckte an der Kette, und er fiel auf beide Knie. Er erhob sich und zog wieder und zerbrach drei Glieder darin.

Der Riese auf dem Jagdhügel hörte das.

»Aha!« sagte er, spießte die Jagdbeute an eine Weidenrute und nahm die über die Schulter und lief heim.

»Wer außer dem jungen Iain, dem Soldatensohn aus Schottland, könnte meine Schlachtkette bewegen? Aber er ist noch zu jung; er ist doch erst sechzehn?«

»Es gibt Männer in Schottland, die genauso stark sind wie der junge Iain aus Schottland, des Soldaten Sohn, auch wenn der Soldat selber ihm beistünde.«

»Es ist uns prophezeit worden.«

»Ich scher mich nicht um eure Prophezeiungen.«

»Wie möchtest du dich am liebsten mit mir messen?«

»In den harten Umarmungen des Ringens.«

Sie packten einander, und der Riese zwang ihn auf die Knie.

»Mein Leben gehört dir«, sagte Iain, »du bist stärker als ich. Laß uns noch einmal versuchen.«

Sie traten noch einmal an, und Iain trat den Riesen mit dem Hacken gegen den Knöchel und setzte ihn auf den Boden.

»Rabe!« sagte er, »jetzt wär dein Flügelschlag gut!«

Der Rabe kam herbeigeflogen, stürzte sich mit Schnabel, Klauen und Schwingen auf den Riesen, blendete ihn und machte ihn taub.

»Hast du eine Waffe?«

»Hab ich nicht.«

»Steck die Hand unter meinen rechten Flügel, und du findest da ein kleines, scharfes Messer, das ich zum Rosenknospensammeln benutze; schneid ihm den Kopf ab.«

Er schob die Hand tief unter die rechte Schwinge des Raben und fand das Messer und schnitt dem Riesen den Kopf ab.

»Jetzt geh hinein, wasch dich mit warmem Wasser, du wirst das

Töpfchen mit Balsam finden, damit reib dich ein, geh zu Bett, und morgen bist du wieder heil und gesund. Diese hier wird bestimmt schlauer und mundfertiger sein als die vorige, wenn sie dich bittet, umzukehren und nicht weiter zu gehen; aber hör nicht auf sie. Und jetzt gib mir einen Priem.«

»Den sollst du haben; wahrhaftig, du hast ihn dir verdient.«

Er ging hinein und tat, wie der Rabe ihn geheißen hatte. Als er am Morgen aufstand, war er heil und gesund.

»Du solltest lieber umkehren«, sagte die mittlere Tochter des Ritters, »statt dich noch weiter in Gefahr zu bringen; hier gibt es Gold und Silber die Fülle.«

»Das tu ich nicht. Ich geh weiter.«

Er marschierte drauflos, bis er zu dem Haus kam, in dem die kleine Tochter des Ritters war; er trat ein, und da saß sie und nähte, und ihr Fingerhut war naß von Tränen.

»Was bringt denn dich her?«

»Was hat dich selber hergebracht, daß nicht auch ich kommen könnte?«

»Ich bin nicht aus freien Stücken hier. Bist du der junge Iain aus Schottland, der Sohn des Soldaten?«

»Der bin ich; und warum weinst du?«

»Ich habe nur noch diese Nacht Aufschub, dann muß ich den Riesen heiraten.«

»Wo ist er?«

»Auf dem Berg, jagen.«

»Wie ruft man ihn heim?«

»Man rüttelt draußen die Streitkette.«

Er ging hinaus, ruckte an der Kette und fiel aufs Gesäß.

Er stand wieder auf und schüttelte noch einmal und zerbrach vier Glieder darin und machte ein gewaltiges Gerassel. Das hörte der Riese auf dem Jagdberg; er warf sich die Weidenrute mit der Beute über die Schulter.

»Wer in Lee oder Luv oder in den vier braunen Grenzen der Tiefe könnte meine Schlachtkette rütteln außer dem jungen Iain aus Schottland, dem Sohn des Soldaten; und wenn er es sein sollte, sind meine zwei Brüder schon tot?«

Er kam heim mit all seiner Wucht, und vor ihm und hinter ihm erzitterte die Erde.

»Bist du der junge Iain, des Soldaten Sohn?«

»Ach was.«

»Wer bist du in Lee und Luv und in den vier braunen Grenzen der Tiefe, der meine Schlachtkette schütteln kann außer dem jungen Iain aus Schottland, dem Soldatensohn? Und er ist noch zu jung, er ist erst sechzehn.«

»Gibt es in Schottland nicht viele, die so stark sind wie der junge Iain, der Soldatensohn, auch wenn der Soldat ihm beistünde?«

»Davon ist in unsern Prophezeiungen nicht die Rede.«

»Es schert mich nicht, was in euern Prophezeiungen gesagt ist.«

»Wie möchtest du dich mit mir messen?«

»In den engen Banden des Ringens.«

Sie packten einander, und der Riese setzte ihn auf den Hintern.

»Laß mich los, mein Leben gehört dir.«

Sie packten einander erneut; er trat den Riesen mit dem Hakken an den Knöchel und warf ihn auf Schultern und Gesäß zu Boden.

»Stämmiger schwarzer Rabe, wenn du jetzt hier wärst!«

Kaum hatte er das Wort gesprochen, da kam der Rabe angeflogen. Er bearbeitete den Riesen mit Schnabel und Klauen und Schwingen, Gesicht, Augen, Ohren.

»Hast du eine Waffe da?«

»Hab ich nicht.«

»Steck die Hand tief unter meinen rechten Flügel, da findest du ein kleines, scharfes Messer, das ich zum Heidelbeersammeln benutze; schneid ihm den Kopf ab.

Das tat er.

»Jetzt«, sagte der Rabe, »ruh dich aus wie in der vorigen Nacht, und wenn du mit den drei Rittertöchtern zum Felsenrand zurückkehrst, dann laß dich zuerst hinunter, und sie sollen hinterherkommen, und nun gib mir einen Priem.«

»Den kriegst du; du hast ihn dir wahrhaftig verdient. Hier hast du das Ganze.«

»Ich will bloß einen Priem; es sind noch viele Tage bis zum Maifest. Was hinter dir liegt, weißt du, aber nicht, was noch kommt.«

Am Morgen holten sie sich Esel von der Weide und packten ihnen alles Gold und Silber, das die Riesen besessen hatten, auf den Rücken, und er und die drei Rittertöchter langten am Felsenrand an. Als sie am Abgrund waren, fürchtete er, eins von den Mädchen könne vom Schwindel überkommen werden, und ließ sie eine nach der andern im Korb hinab. Sie hatten jede eine goldene, fein mit Diamanten besetzte Kappe auf, die in Rom geschmiedet war, und ihresgleichen fand sich in der ganzen Welt nicht noch einmal. Die der Jüngsten behielt er. Dann wartete er und wartete, aber so geduldig er harrte, der Korb kam nicht wieder herauf, um ihn zu holen. Die andern gingen an Bord und fuhren fort nach Grianaig.

Ihn ließen sie zurück, und er hatte nicht die Macht, von der Insel fortzukommen. Der Rabe flog zu ihm heran.

»Du hast nicht auf meinen Rat gehört!«

»Das ist wahr. Hätt ich's getan, wär ich besser dran.«

»Da hilft nun nichts, Iain. Wer nicht hören will, muß fühlen. Gib mir einen Priem.«

»Sollst du haben.«

»Geh zum Haus des Riesen und bleib da die Nacht.«

»Willst du nicht mitkommen und mir den Trübsinn vertreiben?«

»Ich bleibe nicht; das schickt sich nicht für mich.«

Am Morgen kam der Rabe zu ihm.

»Jetzt geh zu des Riesen Pferdestall, und wenn du flink und behende bist, dort steht ein Roß, dem sind Ufer und Meer gleich, das kann dich aus dieser Not retten.«

Sie gingen miteinander zum Stall, einem steinernen, der in einen Felsen gehauen war, mit einer Tür von Stein dran. Die Tür schlug unaufhörlich zu und sprang wieder auf, vor und zurück, vom Morgen in die Nacht und von der Nacht bis zum Tage.

»Jetzt paß auf«, sagte der Rabe, »und nutze die Gelegenheit und versuch, ob du es schaffst hineinzukommen, wenn sie offen ist, ohne daß sie dich erwischt.«

»Versuch lieber du das zuerst, du kennst dich hier besser aus.«

»Auch gut.«

Der Rabe stieß sich ab und hüpfte hinein, die Tür riß ihm eine Feder aus der Schwinge, und er stieß einen gellenden Schrei aus.

»Armer Iain, wenn du mit so wenig Schmerz wie ich hineingelangen könntest, wollte ich nicht klagen.«

Iain rannte zurück, nahm einen Anlauf, tat einen Satz, um hineinzukommen, die Tür erwischte ihn und riß ihm das halbe Gesäß ab. Er stieß einen Schrei aus und fiel tot auf den Stallboden hin. Der Rabe hob ihn auf und trug ihn auf den Schwingen aus dem Stall in das Haus des Riesen. Er legte ihn auf einen Tisch, das Gesicht nach unten; er flog hinaus und sammelte Kräuter, und er bereitete Salben, mit denen er ihn bestrich, und in zehn Tagen war Iain so gesund wie nur je zuvor.

Er ging hinaus, spazieren, und der Rabe kam mit.

»Nun, Iain, folge du meinem Rat. Wundere dich über nichts, was du auf dieser Insel vielleicht noch zu sehen bekommst. Gib mir einen Priem.«

Er marschierte rund um die Insel und wanderte durch eine Schlucht; da sah er drei starke Helden auf dem Rücken ausgestreckt, jeder mit einem Speer auf der Brust, und alle in tiefem Schlaf und in Schweiß gebadet.

»Mir scheint, das ist erbarmenswert. Was kann es schaden, wenn man die Speere von ihnen nimmt?« Er trat heran und befreite sie von den Speeren. Die Helden erwachten und standen auf.

»Gib zu, daß du der junge Iain aus Schottland bist, der Sohn des Soldaten. Nun bist du durch Zauber gebunden, mit uns über das Südende dieser Insel zu gehen, vorbei an der Höhle des Schwarzen Fischers.«

Er ging fort mit den drei starken Helden. Sie sahen eine dünne Rauchfahne aus einer Höhle dringen. Sie traten heran. Einer der Helden ging hinein, und da fand er drinnen eine Hexe sitzen, und der kleinste Zahn in ihrem Mund hätte eine Stricknadel in ihrem Schoß abgegeben, einen Stab in ihrer Hand oder einen Schürhaken für die Glut. Ihre Nägel ringelten sich bis zu den Ellbogen und eine Flechte ihres grauen Haares reichte bis zu den Zehen; sie bot keinen erfreulichen Anblick.

Sie ergriff eine Zauberkeule, sie schlug ihn und verwandelte ihn in einen nackten Felsen. Die andern draußen wunderten sich, warum er nicht zurückkäme.

»Geh hinein«, sagte Iain zum nächsten, »und sieh nach, was deinen Kameraden drin hält.«

Er trat ein, und die Alte tat mit ihm das gleiche wie mit dem Ersten. Der Dritte ging hinein, und sie verfuhr mit ihm wie mit den vorigen. Zuletzt ging Iain hinein. Drinnen war eine große, rotköpfige Katze, und die wirbelte eine ganze Karrenladung roter Asche um sich auf, um ihn blind und taub zu machen. Er versetzte ihr einen Tritt, der ihr den Schädel zerschmetterte. Er wandte sich zur Alten.

»Nicht, Iain! Diese Männer sind verzaubert, und um sie von dem Zauber zu erlösen, mußt du zur Insel der Großen Weiber gehen und von dort eine Flasche Lebenswasser holen; und wenn du sie damit einreibst, hebt sich der Zauber, und sie erwachen wieder zum Leben.«

Iain wandte sich in tiefem Trübsinn um.

»Du hast meinen Rat nicht befolgt«, sagte der Rabe, »und hast noch mehr Mühsal über dich gebracht. Leg dich heute abend hin, und wenn du morgen früh aufstehst, sollst du das Pferd mitnehmen und es füttern und tränken. Meer oder Land ist ihm das gleiche, und wenn du die Insel der Großen Weiber erreichst, werden dir sechzehn Stallburschen entgegenlaufen, sie werden sich alle erbieten, das Pferd an deiner Statt zu füttern und hereinzuführen, aber laß sie das nicht tun. Sag, daß du der Stute selber Futter und Wasser geben willst. Wenn du sie im Stall zurückläßt, wird jeder von den sechzehn den Schlüssel drehen, aber du dreh jedesmal zurück. Und nun gib mir einen Priem.«

»Wahrhaftig, den sollst du haben.«

Er legte sich für die Nacht schlafen, und am Morgen putzte und sattelte er das Roß und ritt davon. Er richtete den Kopf des Pferdes aufs Meer zu und die Kruppe nach dem Land, und die Stute galoppierte mit aller Macht übers Wasser, bis sie an der Insel der Großen Weiber anlangten. Als er landete, liefen ihm sechzehn Stallburschen entgegen, und jeder von ihnen begehrte, das Pferd hineinzuführen und zu füttern.

»Ich selber bring sie hinein und versorge sie; ich gebe sie keinem von euch in die Hand.«

Er führte sie hinein, und als er herauskam, drehte jeder von den Burschen den Schlüssel um, und hinter jedem drehte er den Schlüssel zurück. Das Pferd warnte ihn, sie würden ihm jede Art Getränk anbieten, aber er dürfe nichts davon nehmen außer Wasser und Molke. »Und«, sagte die Stute, bevor er sich von ihr trennte, »paß gut auf, daß du nicht einschläfst, sondern nutze die Gelegenheit, dich davonzustehlen.«

Er trat ein, und jede Art Trunk stand umher, und jede Art boten sie ihm an, aber er nahm keinen Tropfen von irgend etwas außer Molke und Wasser. Sie tranken und tranken, bis sie um die Tafel herumlagen, der Länge nach ausgestreckt.

Als die andern schliefen, verließ er die Kammer; da vernahm er die lieblichste Musik, die er je gehört hatte. Er schritt weiter und hörte an einer andern Stelle noch süßere Musik. Er kam an eine Treppe und hörte immer wunderbarere Musik; da schlummerte er ein.

Die Stute brach aus dem Stall aus und kam dorthin, wo er lag, und versetzte ihm einen Tritt und weckte ihn.

»Du hast nicht auf meinen Rat gehört«, sagte sie, »und wer weiß, ob du jetzt noch kriegen kannst, was du suchst.«

Kummervoll erhob er sich; er ergriff ein Lichtschwert, das in einer Ecke der Kammer stand, und schlug den sechzehn Burschen die Köpfe ab. Er erreichte die Quelle, füllte die Flasche und lief zurück. Das Pferd kam ihm entgegen, und er richtete den Kopf der Stute zum Meer und die Kruppe zum Land und galoppierte wieder auf die andere Insel hinüber. Der Rabe wartete schon auf ihn.

»Jetzt bring die Stute zurück in den Stall, und du leg dich für die Nacht hin; morgen sollst du gehn und die Helden wieder zum Leben erwecken und die Alte erschlagen; und morgen sei nicht so töricht wie bis jetzt.«

»Willst du heute nacht nicht mit mir kommen und mir den Trübsinn vertreiben?«

»Nein, das taugt nicht für mich.«

Am Morgen erreichte er die Höhle. »Alles Heil sollst du haben, Iain«, sagte die Alte, »alles Heil, aber keine Gesundheit.«

Er spritzte das Wasser auf die drei Felsen und schlug der Alten mit der flachen Hand den Schädel ein. Die Felsen verwandelten sich wieder in lebendige Helden. Sie begaben sich hinaus und gingen nach dem Südende der Insel. Der Rabe kam zu Iain geflogen.

»Jetzt geh du heim, nimm das Pferd mit, dem Meer und Ufer gleich sind. Die drei Töchter des Ritters sollen Hochzeit machen; zwei sollen deine beiden Brüder zum Mann bekommen und die dritte den Aufseher, der über die Männer am Felsen gesetzt war. Die Kappe laß bei mir. Wenn du in Not gerätst, brauchst du nur an mich zu denken, und ich bin bei dir. Wenn dich jemand fragt, woher du kommst, so sag, du kommst von hinten; und fragt dich jemand, wohin du gehst, so sag, du gehst nach vorn.«

Er sprang auf die Stute, er richtete ihren Kopf aufs Meer zu und ihre Kruppe zum Land, und fort war er und hielt nicht und rastete nicht, bis er an der alten Kirche zu Grianaig angelangt war; da war eine Wiese und ein Quell mit einem Büschel Binsen, und er sprang vom Pferd ab.

»Jetzt«, sagte das Pferd, »nimm dein Schwert und schlag mir den Kopf ab.«

»Wahrhaftig, das will ich nicht! Es sollte mir leid tun und wäre kein schöner Dank.«

»Du mußt es tun. In mir steckt ein verzaubertes Mädchen, und der Zauber weicht nicht von mir, bevor du mir den Kopf abgeschlagen hast. Ich und der Rabe, wir hatten einander lieb, er als junger Mann und ich als Mädchen, und die Riesen haben uns verhext und aus ihm einen Raben gemacht und ein Pferd aus mir.«

Er zog sein Schwert, er wandte dem Pferd den Rücken, holte zu einem gewaltigen Schwung aus und schlug ihm den Kopf ab und ließ Kopf und Leib liegen. Er ging weiter und begegnete einer alten Frau.

»Woher kommst du?« fragte sie.

»Von hinten.«

»Wo gehst du hin?«

»Nach vorn.«

»Das ist die Antwort eines Landstreichers.«

»Eine Antwort, die gut paßt für eine unverschämte Alte wie dich.« Er ging mit ihr ins Haus und bat sie um einen Trunk und erhielt ihn.

»Wo ist dein Mann?« fragte er.

»Er ist beim Ritter und holt sich Gold und Silber, denn er soll eine Kappe für seine jüngste Tochter machen, wie ihre Schwestern sie haben; und so etwas wie die Kappen findet sich nicht in ganz Schottland.«

Der Schmied kam herein.

»Was ist dein Gewerbe, Junge?«

»Ich bin Schmied.«

»Das ist gut. Da kannst du mir helfen, eine Kappe für des Ritters Jüngste zu machen. Sie soll heiraten.«

»Weißt du denn nicht, daß du so etwas nicht zustandebringst?«

»Ich muß es versuchen; schaffe ich's nicht, werd ich morgen gehängt. Ich wollte, du machtest mir die Arbeit.«

»Schließ mich in die Schmiede ein, behalte das Gold und das Silber. Morgen früh hab ich die Kappe für dich bereit.«

Der Schmied schloß ihn ein. Er wünschte den Raben herbei. Der Rabe kam, er brach durchs Fenster herein und trug die Kappe im Schnabel.

»Jetzt schlag mir den Kopf ab.«

»Das zu tun wäre mir ein Jammer und obendrein ein schlechter Dank.«

»Du mußt es tun. Ich bin ein junger Bursche, der verhext ist, und ich werde von dem Zauber nicht wieder frei, bevor der Kopf herunter ist.«

Er zog das Schwert und hieb ihm mit einem Schwung den Kopf ab. Das war nicht schwer. Am Morgen kam der Schmied herein; Iain gab ihm die Kappe, und dann schlief er ein. Eine Weile darauf kam ein vornehm aussehender Jüngling mit braunem Haar herein und weckte ihn.

»Ich«, sagte er, »bin der Rabe, und nun bin ich erlöst.«

Er ging mit ihm zu der Quelle, wo er das tote Pferd zurückgelassen hatte, und eine junge Frau trat ihnen entgegen, so wunderschön wie nur je ein Mensch eine zu sehen bekommen hat.

»Ich«, sagte sie, »bin das Pferd, und nun bin ich erlöst.«

Der Schmied ging mit der Kappe zum Haus des Ritters. Die Magd begab sich zu der jüngsten Schwester und sagte: »Hier habt Ihr die Kappe vom Schmied.« Die jüngste Rittertochter schaute die Kappe an.

»Die hat er nie und nimmer gemacht. Sag dem Lügenbold, er soll den herbringen, der ihm die Kappe gemacht hat, oder aber er wird unverzüglich gehängt.«

Der Schmied ging und holte den Mann, der ihm die Kappe gegeben hatte, und als sie ihn erblickte, war sie überglücklich. Alles wurde aufgeklärt. Iain und des Ritters Jüngste wurden Mann und Frau, aber für seine Brüder war es aus mit dem Hochzeitmachen. Sie wurden mit Knütteln und Peitschen aus der Stadt gejagt.

55   Das ungerechte Urteil

Einmal gingen zwei Männer im Shin Lachse fischen, und einer von ihnen fiel dabei in die gefährliche Tiefe beim Wasserfall. Der andere zog ihm mit dem Fischhaken heraus, blendete ihm dabei aber ein Auge. Nun, was tat der Gerettete? Er verklagte seinen Freund wegen des eingebüßten Auges. Sie gingen zum Richter, und der Richter war so töricht zu entscheiden, der eine müsse dem andern für den Verlust der Sehfähigkeit Schadenersatz zahlen. Das ganze Land redete über den Urteilsspruch, jeder erklärte, dem Mann sei übel Recht gesprochen worden, und der nächste, der in den Shin falle, werde auf diesen Spruch hin ersaufen müssen, denn kein Mensch könne sich's leisten, einem andern das Leben unter Gefahr für das eigene zu retten und dann obendrein eine Buße zu zahlen.

Ein paar Tage darauf ging der Richter ein Stück spazieren, vorbei an einem grünen Hügel, wo ein paar kleine Mädchen spielten. Sie saßen da in Reihen, eine obenan, und vor ihr standen zwei andere. »Nun«, sagte die Kleine, »ich bin der ungerechte Richter, und du sollst der Mann sein, der sein Auge eingebüßt hat«, und so fuhren sie fort, und der Richter blieb stehen und hörte zu. Sie redeten lange hin und her, und am Ende stand die kleine Richterin auf und sagte: »Mein Urteil lautet: Laß den Mann wieder in den Fluß gehen und stell ihm dann die Wahl, ob er ersaufen will, wenn er sich nicht selber raushilft, oder ob er lieber rausgehoben werden und dabei sein Auge verlieren will. Wenn er aber das wählt, dann soll er nie wieder ein Wort hören lassen, sondern nach Hause gehen und dankbar sein.«

Der Richter war so betroffen, daß er heimging, den Mann vor sich lud, den Urteilsspruch widerrief und dem Querulanten zum Lohn eine Tracht Prügel verordnete.

56   Assynter-Streiche

Einst bat den Assynter seine Frau, er möge ihr Spinnrad zum Flicken wegbringen. Der Wind fing sich in dem Rad, daß es sich drehte; da warf er es zu Boden und sagte: »Na bitte, dann geh nur heim!« Darauf nahm er seinen Weg über den Berg, und als er daheim anlangte, fragte er seine Frau, ob das Rad schon heimgekommen sei. »Nein«, gab sie zurück. »Na, das hab ich mir gedacht. Ich hab absichtlich die Abkürzung genommen. Es wird bald dasein.«

Eines Tages hielt ein Wanderer am Haus des Assynters an und fragte nach der Uhrzeit. Der Assynter nahm eine große Sonnenuhr und legte sie dem Fremden in den Schoß: »Da, sieh selber.«

Als er einen Wagen mit vier Rädern sah, rief er aus: »Tüchtig, die beiden kleinen! Die zwei großen holen sie heute bestimmt nicht mehr ein!«

Er trug ein Kind zur Taufe. Der Geistliche, der ihn kannte, sagte: »Ich bin nicht so recht sicher, ob du geeignet bist, das Kind über die Taufe zu halten.« – »Aber klar doch, obwohl, er ist wirklich schwer wie ein Ochse.« Diese Antwort zeigte nicht viel Verstand; nun fragte der Geistliche, wie viele Gebote es gäbe? Der Assynter erwiderte kühn: »Zwanzig.« – »Oh, so wird das nichts. Geh erst mal wieder heim und lern deinen Katechismus.« Auf dem Rückweg traf der Assynter zufällig einen Nachbarn. »Sag mal, wieviel Gebote gibt's? Es muß 'ne Masse sein, denn mit zwanzig gab sich der Pfarrer nicht zufrieden.« Als er über diesen Punkt aufgeklärt worden war, marschierte er zu dem Geistlichen zurück, und um das Baby warmzuhalten, steckte er es in den Rockärmel und schnürte den unten mit einer Strippe zu. Doch während er dahinschritt, löste sich der Strick, das Baby fiel heraus und glitt in eine Schneewehe. Der Assynter entdeckte dies Versehen erst, als er schon in der Kirche war. »Tut mir mächtig leid«, sagte er, »jetzt hab ich nicht ein bißchen von Kenneth da.« (Nebenbei gesagt, keiner, der seinen Verstand beisammen hat, nennt ein ungetauftes Kind bei einem Namen, das bringt Unglück, und dies Kind kam im Schnee um.)

Einst wanderte der Assynter bis nach Tain, um Mehl zu kaufen. Ein Mann holte ihn ein und erkundigte sich, wie spät es sei. »Na ja, zuletzt war es zwölf; aber wenn es noch schlägt, muß es so ziemlich zwanzig sein.«

Eines Tages trug er zwei Beutel mit Käse zu Markt. Der eine zerriß, und die Käse bewiesen, indem sie schnell bergab rollten, ein Vermögen zur Ortsveränderung, das nicht eher entdeckt zu haben, er sehr bedauerte, denn sie waren recht schwer. Daher öffnete er den zweiten Beutel und schickte seinen Inhalt dem des ersten nach, während er selber gemächlich weiterschritt. Auf dem Markt war er überrascht, seine Käse nicht wiederzufinden. Er wartete den ganzen Tag lang und fragte dann seine Mutter um Rat, die ihm empfahl, am Fuße des Hügels nachzusehen. Da fand er sie zu seiner großen Freude allesamt.

Als er zum erstenmal einen Hasen erblickte, hielt er ihn für eine Hexe und verdrückte sich rückwärtsgehend vor ihm, wobei er das Vaterunser hersagte. Unglücklicherweise fiel er dabei in einen Teich, und dort wäre er ertrunken, hätte ihm seine Frau nicht herausgeholfen.

Von Assynt reden die Sutherlander wie die Thebaner von Böotien.

57   Fionns Behexung

Eines Tages, als Fionn Mac Chumhail und die anderen Fians in den Bergen auf der Jagd waren, erhob sich ein Schneesturm, und noch bevor sie Wild erlegt hatten, wurden sie vom Abend überrascht. Müde und erschöpft, wie sie waren, machten sie sich auf den Heimweg. Als sie so mürrisch dahinstapften, trafen sie am oberen Ende einer Schlucht auf eine graue Hütte, und sie traten ein, um sich auszuruhen. Sie zündeten ein Feuer an. Nun verfielen die Burschen in lärmende Ausgelassenheit, und während die Birkhühner schmorten, ließen sie die Trinkhörner kreisen und erzählten einander Geschichten aus der alten Zeit. Wie das so ist: Die Erinnerung an die Tapferkeit ihrer Vorfahren begeisterte sie, und sie beteuerten allesamt, wer heute nacht komme, um die Fians zu behelligen, sei es Mann oder Tier, oder sich eine Frechheit gegen Fionn herausnehme, der könne einem leid tun. Als sie mitten in diesem Gerede waren, kam ein schlanker, brauner Hase herein und sprang ohne die geringste Scheu ein- oder zweimal auf der Glut hin und her, daß die Asche bis zu den Dachsparren aufstob, und war im Nu wieder draußen.

Doch die Fians ließen sich durch das sonderbare Tier keinen Augenblick verwirren. Sie setzten ihm nach ins Dunkel; aber draußen war es nicht nur finster, sondern auch neblig, so daß einer den andern nicht mehr sehen konnte. Fionn und seine zwölf Burschen folgten dem Hasen bergauf am Schluchtenrand über Stock und Stein und verloren ihn nicht aus dem Auge, bis er ins Fenster eines halbverfallenen alten Hauses sprang, das neben einem grünen Hügel stand. Und wem gehörte das Haus? Keinem andern als dem Gelbgesicht, einem Riesen, der von behexten Ebern und von Menschenfleisch lebte. Sie traten ein, um sich umzuschauen, doch sie entdeckten keine Spur von dem Hasen. Statt dessen war eine Frau drinnen, die buk gerade, denn das Gelbgesicht war von der Jagd in den Bergen noch nicht heimgekehrt. Sie gab ihnen Essen und Trinken und sagte, sie täten gut, wieder abzuziehen, bevor das Gelbgesicht zurückkomme. Fionn erwiderte, er sei noch nie vor einem Menschen davongelaufen, und beim Gelbgesicht wolle er damit nicht anfangen – und sie traten tiefer ins Haus. »Bleibt dort hinten!« sagte die Frau.

Sie hatten sich kaum niedergelassen, als sie an der Tür Getrappel hörten, und wer war da? Kein anderer als das Gelbgesicht und seine Burschen! Er schleppte auf dem Rücken einen großen, dicken Eber mit tödlichen Hauern. Er schüttelte den

Schnee ab, und die Schwelle und das Haus in seinen Grundfesten erbebten. »Ich wittere einen Fremden, Weib! Wen hast du hier?« sagte das Gelbgesicht. Die Frau berichtete ihm, sie habe Besuch erhalten, nachdem er fortgegangen sei. »Heraus mit deinen Burschen, Fionn!« sagte das Gelbgesicht, »nehmt uns unsere Last ab!« Fionn schlug niemandem etwas ab, also schickte er sechs von seinen Burschen hinaus zum Gelbgesicht. Doch kaum hatten sie die Schwelle überschritten, da schlug das Gelbgesicht sie mit seiner Zauberrute und verwandelte sie in Steinsäulen; dann setzte er sie an der Nordseite vor die Tür als Schirm gegen das Schneetreiben. Da ließ er sie stehen, und er und seine Kerle schleppten den Eber herein. Sie ließen sich kaum Zeit, ihn flüchtig abzukratzen, dann steckte das Weib ihn so, wie er war, in den großen Kessel. Bevor er noch recht gekocht hatte, hieb das Gelbgesicht den Fleischspieß in den Trumm und hob ihn heraus und warf ihn auf den Fußboden, und unverzüglich hockten er und seine Kerle sich darum herum. Jeden Knochen, den sie abgenagt hatten, warfen sie nach Fionn und seinen Männern. Das war ein schlechtes Mahl für die, aber was half's? Fionn schwieg und dachte nach, und das war kein Wunder. Als sie den Eber verschlungen hatten – und das dauerte nicht lange –, befahl das Gelbgesicht seiner Frau, den goldenen Apfel vom Dachbalken herunterzuholen, damit Fionn die lange Winternacht hindurch Unterhaltung habe. Sie holte den Apfel herunter und reichte ihn ihm. Sie begannen, den Apfel nacheinander zu werfen, und nicht lange, so hatte das Gelbgesicht alle Männer Fionns umgebracht. Er merkte aber, daß er Fionn mit dem Apfel nicht besiegen konnte, und sagte, sie müßten miteinander ringen. Sie packten sich gegenseitig; aber wenn sie auch gerungen hätten bis zum heutigen Tag, das Ungetüm hätte es nicht fertiggebracht, Fionn zu werfen. Als das Gelbgesicht begriff, daß es seinen Meister gefunden hatte, befahl er seiner Frau, das Kuchenblech aufs Feuer zu legen, damit sich Fionn die Füße wärmen könne, denn gewiß sei ihm in dieser Frostnacht kalt. Sie legte das Blech auf die Flammen, bis es rot glühte, dann umringten sie Fionn allesamt (das war der Augenblick, in dem er sagte: Ein Mann allein ist kein Mann) und setzten ihn auf das Blech, bis ihm die

Beine bis zu den Hüften verbrannt waren. Nun konnte er nicht mehr sitzen. Das Gelbgesicht stieß ein krächzendes Lachen aus und trieb ihm den Fleischspieß durchs Gesäß, so daß er weder aufstehen konnte noch sitzen. Nun dachte das Gelbgesicht, es sei aus mit ihm, und warf ihn in die Ecke. Nie zuvor war Fionn in einer schlimmeren Lage gewesen. Da besann er sich darauf, daß er das Horn der Helden bei sich trug und daß es bis in alle fünf Fünftel Irlands hinein zu vernehmen war. Sowie alle im Haus schliefen, kroch er im Dunkeln lautlos hinaus, bis hinauf auf den Hügel, und stieß dort dreimal ins Horn.

Die andern Fians aber hatten schon die ganze Zeit über in Kummer und Tränen nach Fionn gesucht. Sie glaubten ihn tot und durchstöberten jeden erdenklichen Winkel nach ihm. Schließlich, als sie schon verzweifelten und aufgaben, hörte der Braune Diarmaid, sein Schwesternsohn, das Horn, und sowie er das tat, gab er Antwort. Er wußte, daß Fionn das Horn hatte in Todesnot erklingen lassen. Er begriff, daß die Dinge schlimm standen, und schwur auf sein Schwert, daß er nicht essen noch trinken wolle, bevor er seinem Mutterbruder Hilfe gebracht habe. Er nahm seine Keule auf, er und seine Burschen; über Berg und Ebene eilten sie, und obwohl der Weg weit war, so brauchten sie nicht lange, um den Ort zu erreichen. Sie fanden Fionn in üblem Zustand, außerstande zu sitzen oder sich zu erheben, im Windschatten eines Busches. Diarmaid fragte, was ihm zugestoßen sei.

»Es macht nichts!« sagte Fionn und erzählte ihm alles, wie es sich zugetragen, wie das Gelbgesicht seine Burschen geschlagen und ihn selber mißhandelt hatte, und riet dem Schwestersohn umzukehren, damit ihm nicht das gleiche widerfahre. Mit ihm sei es ohnehin aus. Diarmaid schwur und sagte, er werde nicht umkehren, bevor er nicht die Schande getilgt habe, und ohne ein weiteres Wort begab er sich zum Haus des Gelbgesichts. Drin war nur die Frau beim Backen; sie gab ihnen Essen und Trinken und erzählte alles. Sie berichtete ihnen, das Gelbgesicht sei in den Bergen auf der Jagd, und sie täten besser daran sich zu verziehen, bevor er heimkehre, oder es könnte ihnen so ergehen wie Fionn. »Sei dem, wie ihm wolle«, sagte Diarmaid, »wir gehen nicht, bevor wir die Schande getilgt haben.« Und sie ließen sich drinnen nieder. »Also bleibt hinten«, sagte sie.

Sie saßen noch nicht lange, da hörten sie an der Tür Getrappel. Wer kam? Kein anderer als das Gelbgesicht mit seinen Kerlen; er schleppte auf dem Rücken einen großen, bösartigen Eber mit riesigen Hauern. Er schüttelte den Schnee ab, daß die Schwelle und das Haus in den Grundfesten erbebten, und schrie: »Weib, ich wittere vor mir einen Fremden! Wen hast du heute abend hier?« Sie erzählte ihm, es sei Diarmaid mit seinen Jünglingen. »Heraus mit deinen Jungs, Diarmaid!« sagte das Gelbgesicht, »nehmt uns die Last ab.« Da ging Diarmaid selbst hinaus, und bevor das Gelbgesicht noch Zeit gehabt hatte, nach rechts oder links zu blicken, erschlug er die Hälfte der Kerle und stapelte sie an der Südseite vor der Tür auf, gegenüber von Fionns Männern. »Du bist ein übler Gast!« sagte das Gelbgesicht. – »Wenn du von mir nichts Schlimmeres erlebst, bevor es tagt, brauchst du dich nicht zu beklagen!« sagte Diarmaid, und ohne weiteres Wort trug er den Eber hinein. Sie zogen ihm das Fell ab und nahmen ihn aus, wie es sich gehört, und kochten ihn, und er und seine Männer ließen sich's schmecken: Jeden Knochen, den sie abgenagt hatten, warfen sie nach dem Gelbgesicht und seinen Kerlen. »Du bist ein übler Gast!« sagte das Gelbgesicht. – »Wenn du von mir, bevor es tagt, nichts Schlimmeres erlebst, dann beklag dich nicht«, sagte Diarmaid und erbat sich den Apfel, um dem Gelbgesicht die lange Winternacht zu verkürzen. Das Weib holte den Apfel vom Dachbalken herunter, und das Spiel begann. Mit dem ersten Wurf erschlug Diarmaid zwei, die rechts vom Gelbgesicht saßen. »Du bist ein übler Gast!« sagte das Gelbgesicht. »Wenn du von mir nichts Schlimmeres erlebst, bevor es tagt, dann beklag dich nicht!« sagte Diarmaid. Das Gelbgesicht warf den Apfel zurück, aber er konnte Diarmaids Burschen nichts anhaben. Doch Diarmaid tat den nächsten Wurf mit dem Apfel, und diesmal erschlug er zwei, die dem Gelbgesicht zur Linken saßen. Und so ging es weiter, bis er auch den letzten erschlagen hatte, während das Gelbgesicht beständig wiederholte: »Du bist ein übler Gast«, und Diarmaid ihm ebenso beständig die nämliche Antwort gab.

Als sie des Spiels mit dem goldenen Apfel müde waren, sagte Diarmaid zum Gelbgesicht, sie sollten nun lieber eine Runde ringen; und als sie miteinander kämpften, dauerte es nicht lange, da lag das Gelbgesicht mit dem Rücken auf dem nackten Steinboden. »Du bist ein übler Gast«, sagte das Gelbgesicht und stieß dabei ein gepeinigtes Grunzen aus. »Wenn du von mir nichts Schlimmeres erlebst, bevor es tagt, dann beklag dich nicht!« sagte Diarmaid und befahl der Frau, sie solle das Backblech übers Feuer legen, um das Gelbgesicht zu wärmen, sicher fröre er doch, gerade erst von der Jagd in den Bergen zurück. Das Backblech wurde glührot erhitzt, dann hob Diarmaid das Gelbgesicht an, und nun war er an der Reihe, auf dem Blech zu hocken. »Auweh, au, au«, sagte das Gelbgesicht. »Mach dir nichts draus«, sagte Diarmaid, »deine gelben Knochen würden in Brand geraten, wenn ich dir nicht hülfe«, und er hielt ihn auf dem Blech fest, bis ihm die Beine verbrannt waren bis an die Hüften. Nun war das Gelbgesicht außerstande zu sitzen, und geschwind trieb ihm Diarmaid den Spieß durchs Gesäß; da konnte er weder sitzen noch aufstehen, und so warf er ihn in die Ecke. Als er es siebenmal überdrüssig war, ihn dort stöhnen zu hören, packte ihn Diarmaid bei der Hand und sagte: »Der Tod ist über dir, alter Mann, und was ist dein Bußgeld? Sieh zu, daß du mir die Strafe abkaufst, die du dir mit deinem Spiel verdient hast.« – »Oh! Oh! Ach«, sagte das Gelbgesicht, »ich habe kein Lösegeld als einen Becher mit Balsam, der liegt am Fuße des Felsens dort drüben, und der wird Fionn heilen!« Als Diarmaid von dem Becher hörte, stand er davon ab, Lösegeld zu verlangen. Er mochte seinen Oheim nicht noch länger im Windschutz des Strauches hocken lassen, so ging er zu der Höhle. Er fand sogleich den Becher, ergriff ihn und lief schnell damit zu Fionn. Er wusch ihm dreimal seine Wunden. Beim erstenmal wuchsen ihm die Beine bis zu den Knien; beim zweitenmal wuchsen sie ihm bis zu den Knöcheln, und beim drittenmal war Fionn gesund und unverletzt, heil und kraftvoll wie sonst. Eine Handvoll Wasser aus dem Kelch genügte, um die Burschen aus ihrer Verzauberung zu erlösen. Dann ging er zum Gelbgesicht. »Elender Kerl«, sagte er, »schwör mir, daß du nie wieder gegen die Fians deine Kniffe gebrauchst und sie nie wieder verhext.« Das schwor das Gelbgesicht und noch vieles dazu, und Diarmaid gab großmütig ihm und seinen Kerlen zur Genüge Wasser aus dem Kelch, und dann nahmen sie voneinander Abschied. Und um es kurz zu machen, der Becher blieb bei den Fians, und dort habe ich ihn auch gelassen.

58   Der Schäferssohn

Es war einmal ein Schäferssohn aus Broadford, ein sehr vernünftiger Junge und geachtet wegen seiner Anstelligkeit. Er hatte einen Onkel väterlicherseits, der war Kaufmann in Perth, und da der Junge ein guter Schüler war, ließ der Onkel ihn als Ladenjungen zu sich kommen. So zog er zu seinem Onkel und arbeitete drei Jahre bei ihm tüchtig und rechtschaffen. Als die drei Jahre um waren, wurde er leichtsinniger und setzte sich's in den Kopf, auf eine Tanzschule zu gehen. Das tat er und brachte drei Jahre damit zu, tanzen zu lernen. Und am Ende der drei Jahre konnte niemand an seiner Tanzkunst etwas aussetzen.

Ein Schiff lief im Hafen ein, und der Junge starrte beständig die Gestalt am Bug an. In deren Kopf verliebte er sich und ging zum Kapitän, um zu fragen, ob er auf dem Schiff überallhin mitsegeln könne. Das erlaubte ihm der Kapitän. Er ging in den Laden zu seinem Onkel und sagte dem, er habe sich in die Gallionsfigur verliebt und segle nun um die Welt, bis er die Frau finde, deren Kopf der Schnitzer abgebildet habe. Fünfhundert Pfund Sterling besaß er, das war alles, was er hatte, und der Onkel schenkte ihm noch zwei Anzüge auf die Reise. So ging er an Bord.

Am Tag darauf stachen sie in See. Mehrere Tage segelten sie dahin, dann fragte ihn der Kapitän, wie weit er mit wolle. Der Jüngling erzählte, er sei in Perth Ladendiener gewesen und habe sich gleich an dem Abend, an dem der Kapitän mit seinem Schiff gekommen sei, in die Gallionsfigur verliebt; und er werde keine Ruhe finden, bis er die Frau finde, nach der sie geschaffen sei.

»Hätte ich das schon bei der Abfahrt gewußt«, sagte der Kapitän, »dann hätte ich dich nicht an Bord gelassen. Auf welches Gewerbe verstehst du dich am besten?« – »Am besten bin ich in den Wissenschaften und als Tänzer«, erwiderte der Schäferssohn. »Die Frau da ist so hochnäsig, daß sie nicht geruht, die Mahlzeiten mit ihrem Vater und ihrer Mutter einzunehmen«, sagte der Kapitän. »Wieviel Geld hast du?« – »Fünfhundert Pfund Sterling«, sagte der Schäferssohn. »Wenn bei unserer Ankunft die acht Schiffe ihres Vaters im Hafen liegen«, sagte der Kapitän zum Schäferssohn, »dann gibt es am Abend einen Ball.«

Als der Hafen in Sichtweite vor ihnen lag, nahmen sie wahr, daß die acht Schiffe vor Anker lagen. Sie verabredeten, was sie tun wollten, falls jemand kam, um sie zu holen. Während die Matrosen das Schiff vertäuten, brachte der Kapitän alles und jedes an Bord in Ordnung. Auf einem Tisch stellte er ein Halbdutzend Kerzen auf und legte eine Menge Bücher dazu. Dann begab er sich an Land und traf den Schiffseigentümer; der freute sich so, den Kapitän zu sehen, daß er sofort den großen Ball ansagte. Alle vornehmen Damen und Herren der Stadt folgten der Einladung, und der Ball wurde eröffnet; aber die Tochter des Schiffseigentümers geruhte nicht zu erscheinen. Als der Ball in vollem Gange war, ließ der Kapitän die Bemerkung fallen, er habe einen bedeutenden Herrn aus Schottland an Bord; sicher würde der solch eine Gesellschaft sehr genießen. Darauf erwiderte der Schiffseigentümer, er werde sich glücklich schätzen, wenn ein solcher Herr sie mit seiner Anwesenheit beehre. Nun zögerte der Kapitän: So recht wisse er doch nicht, ob der Herr sich dazu herbeilassen würde. (Ihr müßt denken: der Schäferssohn!) Nun meinte der Schiffseigentümer, einer solchen Gesellschaft werde sich jeder gern anschließen, und es sei angebracht, ihn einzuladen. So brachen sie beide auf und gingen zum Schiff, der Kapitän und der Eigentümer. Nachdem sie in die Kajüte hinuntergestiegen waren, grüßte der Kapitän den Schäferssohn respektvoll, und der Eigentümer desgleichen, und der letztere fragte den jungen Mann äußerst höflich, ob er auch sein Gast sein wolle, und der Schäferssohn bejahte: Es sei ihm ein großes Vergnügen, sie zu begleiten. Als sie anlangten, hatten beide Herren ihn unterge-

hakt, führten ihn zu den Gästen und boten ihm den besten
Sessel im Haus an. (Jetzt stellt euch den Schäferssohn vor!)
Der Kapitän fragte ihn, ob er einen Reel mit ihm tanzen wolle,
und er sagte: Gern. Er tanzte den Reel mit ihm, und wie! Nie
zuvor hatten sie dort jemanden so über den Estrich fliegen
sehen. (Prachtvoller Gäle! Hätte er nur den Kilt getragen!) Die
Frauen stießen und drängten sich, jede wollte ihm am nächsten
sitzen. Bei all den großen Damen sprach es sich herum, daß ein
vornehmer Schotte in die Stadt gekommen sei und daß sie nie
einen so schönen Mann über den Estrich hatten fegen sehen.
Der Kapitän brachte ihn wieder zum Tanzen, und nun kam die
Tochter des Eigentümers, um ihn zu beobachten.
Der Reel war noch nicht halb vorüber, da hatte sie sich schon
Hals über Kopf in ihn verliebt. (War der Schäferssohn nicht
gut! Hätte er bloß den Kilt angehabt!) Der Eigentümer erwog,
den Ball zu beschließen und den Mann, wenn irgend möglich,
dazubehalten. Aber der Schäferssohn fühlte sich nun so bedeu-
tend, daß er keine Lust hatte. Doch sie nötigten ihn so, daß er
nachgab und über Nacht blieb; und sie, die seit fünf Jahren
nicht mit ihrem Vater und ihrer Mutter bei Tisch gesessen hatte,
saß nun bei ihnen. Als er am nächsten Tag aufstand, gab er dem
Mädel, das ihm die Schuhe geputzt hatte, dreihundert Pfund.
Das machte ihnen allen ungeheuren Eindruck; klar, er mußte
ein schwerreicher Mann sein! Und das Mädchen verlangte vom
Vater, er solle ihn ihr zum Mann verschaffen. Der Vater redete
dem Schäferssohn zu und versprach ihm all seinen Reichtum.
Der Schäferssohn erwiderte, da, wo er herkomme, gäbe es Damen und Reichtümer die Menge. Sie setzten ihm mächtig zu,
aber er lehnte erst einmal ab – mindestens gehe er erst noch
einmal auf eine Reise. Als das Schiff am nächsten Tag in See
stach und davonfuhr, blieb die Besitzerstochter am Hafen stehen, solange sie noch ein Segel erkannte.
Der Schäferssohn berichtete dem Kapitän, wie die Dinge zwischen ihm und dem Mädchen standen, und der Kapitän war
entzückt und schenkte ihm dreihundert Pfund als Ersatz für
die dreihundert, die er dem Mädel fürs Schuhputzen gegeben
hatte. Sechs Wochen verstrichen, dann kehrten sie zum selben
Hafen zurück. Als sie in Sicht kamen, wußte das Mädchen

gleich, daß er es war, und zum Willkomm für ihn legten sie den ganzen Weg vom Haus bis zum Kai einen Teppich aus! Während sie ihn dann vom Kai abholten, drängten ihr Vater und ihre Mutter den jungen Mann, sie zu heiraten, nicht erst später, sondern sofort! Sie feierten Hochzeit, und danach gingen der Brautvater und der junge Mann zum Kapitän und ließen ihn wählen, welches von den acht Schiffen er am liebsten haben wollte. Der Kapitän suchte sich das aus, das er zuvor schon immer gehabt hatte. Nun waren sie alle froh und glücklich und gut Freund miteinander, und so blieb es.

59   Wie Finn ins Königreich der Großen Männer ging

Finn und seine Mannen lagerten am Hafen von Howth auf dem Berg, vor dem Wind geschützt, doch von der Sonne beschienen; von dort konnten sie jeden sehen und blieben selbst dabei unentdeckt. Da erblickten sie einen Flecken, der sich vom Westen her näherte. Zuerst hielten sie ihn für einen schwarzen Regenschauer; aber als er herankam, merkten sie, daß es ein Boot war, das mit vollen Segeln in den Hafen jagte. Drei Männer saßen darin; einer lenkte den Bug, einer steuerte am Heck, und einer bediente in der Mitte die Takelung. Sie legten an und zogen das Boot hinauf aufs trockene, graue Gras, siebenmal soweit, wie es lang war, dorthin, wo die Schüler der Stadt keinen Unfug damit treiben konnten. Danach schritten sie weiter zu einer schönen Wiese, und der erste hob eine Handvoll runder Kiesel oder Meergeröll auf und befahl ihnen, sich in ein prächtiges Haus zu verwandeln, so prächtig wie nur eins in ganz Irland; und sofort stand das Haus da. Der zweite hob einen flachen Stein oder ein Stück Schiefer auf und befahl ihm, zu Dachziegeln zu werden und das Haus zu bedecken, so daß in ganz Irland kein besseres Dach zu finden sei, und sogleich trug das Haus ein stolzes, dichtes Dach. Der dritte las ein Bündel Hobelspäne auf und befahl ihnen, zum Balkenwerk im Haus zu werden, so daß es in ganz Irland kein besseres gäbe; und so geschah es.

Das verwunderte Finn gewaltig; er stieg zu den Männern hinab und forschte sie aus. Er fragte, woher sie kämen und wohin sie gingen. Sie sagten: »Wir sind die drei Helden, die der König der Großen Männer ausgesandt hat, daß sie mit den Fians kämpfen.« Da erkundigte er sich: »Was für einen Grund hat er dazu, was bezweckt ihr mit euerm Kommen?« Sie sagten, sie wüßten es ja nicht genau, aber gehört hätten sie davon, daß die Fians starke Männer seien; und sie hätten vor, sie als Helden zum Kampf herauszufordern. »Ist Finn daheim?« fragten sie. »Nein, das ist er nicht«, gab Finn zurück. Schließlich hängt ein Mann an seinem Leben! Danach legte ihnen Finn den Zauber auf, daß sie sich nicht von dem Ort, wo sie jetzt waren, wegrühren konnten, bis sie ihn wiedersahen.

Er ging fort, machte sein ledernes Boot fertig und kehrte das Heck landwärts und den Bug meerwärts; er hißte die bestickten, gewaltigen Segel am langen, starken, lanzenförmigen Mast und schnitt in der wirbelnden Umarmung des Windes die Wogen, getrieben von einer sanften Brise, die vom Berg her wehte, und von der reißenden Flut, die über die tangbedeckten Felsen fegte und Weiden vom Hügel losriß, Blätter aus dem Baum peitschte und Heidekraut entwurzelte. Finn lenkte den Bug, steuerte am Heck und bediente das Tauwerk in der Mitte, und er gönnte weder Kopf noch Fuß Rast, bevor er am Königreich der Großen Männer angelangt war. Er ging an Land und zog sein Lederboot ins graue Gras. Er schritt weiter und traf einen riesigen Wanderer. Finn erkundigte sich, wer er sei. »Ich bin«, erwiderte der andere, »der Rothaarige Feigling des Königs der Großen Männer; und«, sagte er zu Finn, »du bist genau der, nach dem ich suche. Groß ist meine Wertschätzung für dich und mein Respekt vor dir; du bist das Niedlichste, was ich je gesehen habe. Du gibst einen Zwerg für den König ab, und dein Hund (– das war Bran!) ist das richtige Schoßhündchen. Schon lange fehlt dem König ein Zwerg und ein Schoßhund.« Er nahm Finn mit; aber ein anderer Großer Mann trat herzu und war drauf und dran, ihm Finn wegzunehmen. Die beiden rauften miteinander; doch als sie sich gegenseitig die Kleider zerrissen hatten, überließen sie Finn die Entscheidung. Er wählte den ersten. Der nahm Finn mit zum Königspalast, wo die Helden und vornehmen Edelleute zusammenliefen, um den kleinen Mann zu sehen. Der König hob ihn auf den Handteller und schritt, Finn auf der einen flachen Hand und Bran auf der anderen, dreimal um die Stadt. Er stellte ihm am Fußende seines eigenen ein Bett auf. Finn hielt sich ruhig, paßte auf und beobachtete alles, was im Hause vor sich ging. Er merkte, daß der König bei Einbruch der Nacht aufstand, hinausging und erst zurückkam, wenn schon der Morgen graute. Das verwunderte ihn sehr, und schließlich fragte er den König, weshalb er Nacht für Nacht fortgehe und die Königin sich selbst überlasse.

»Warum fragst du?« sagte der König.

»Um meine Neugier zu stillen«, sagte Finn, »denn die ist groß.«

Nun hatte der König eine große Zuneigung für Finn gefaßt; nichts, was er sah, bereitete ihm mehr Vergnügen als Finn. »Es gibt«, sagte er, »ein riesiges Ungeheuer, das verlangt meine Tochter zur Frau und dazu noch das halbe Königreich; und im ganzen Reich gibt es außer mir keinen, der ihm standhalten kann. Also muß ich jede Nacht hinaus und mit ihm kämpfen.«

»Gibt es wirklich keinen außer Euch«, sagte Finn, »der ihm gewachsen ist?«

»Keinen«, sagte der König, »nicht einmal für eine einzige Nacht.«

»Ein Jammer«, sagte Finn, »und so etwas nennt sich Königreich der Großen Männer. Ist er größer als Ihr?«

»Darüber zerbrich dir nicht den Kopf«, sagte der König.

»Ich zerbreche ihn mir aber«, sagte Finn. »Legt Euch heut nacht hin und schlaft, ich gehe hinaus und stell mich ihm entgegen.«

»Du?« sagte der König, »dich erledigt er mit einem Finger!«

Als die Nacht kam und alle sich schlafen legten, schickte sich der König wie üblich zum Fortgehen an; doch schließlich setzte Finn seinen Willen durch, und der König ließ ihn hinaus. »Ich werde ihn schon schlagen«, sagte er, »es sei denn, er weiß einen Trick.«

»Ja, es ist bestimmt ein vorzüglicher Gedanke, dich gehen zu lassen«, sagte der König, »wenn ich mir vorstelle, wie er mir schon zu schaffen macht!«

»Schlaft ruhig fest heute nacht«, sagte Finn, »und laßt mich gehen. Wenn er zu wild über mich herfällt, geb ich Fersengeld und komme wieder heim.«

Finn brach auf und langte an dem Platz an, wo der Kampf stattfinden sollte. Er konnte niemanden entdecken und begann, hin und her zu gehen. Endlich sah er, wie das Meer ans Ufer schlug mit Wogen wie Feuerbrände und pfeilschnelle Schlangen, bis dicht vor seine Füße. Ein riesiges Ungeheuer tauchte heraus, blickte ihn an und wieder von ihm weg. »Was für ein Pünktchen seh ich da?« sagte es.

»Das bin ich«, sagte Finn.

»Und was hast du hier zu suchen?«

»Ich bin eine Bote vom König der Großen Männer. Er ist schwer von Kummer gebeugt, denn soeben ist die Königin gestorben, und ich komme, um zu fragen, ob du so gut sein willst, heute nacht wieder nach Hause zu gehn, ohne dem Königreich Ungelegenheiten zu bereiten.«

»Das mach ich«, sagte das Ungeheuer und schritt davon, indem es mit rauher Stimme ein Liedchen brummte.

Als es soweit war, ging Finn heim und legte sich in sein Bett zu Füßen des königlichen Bettes. Als der König erwachte, rief er in großer Bangnis aus: »Nun ist mein Reich verloren, und meinen Zwerg und mein Schoßhündchen hat er umgebracht!«

»Das hat er nicht«, sagte Finn, »ich bin schon hier, und Ihr habt ordentlich geschlafen, was, wie Ihr sagt, bei Euch selten vorkommt.«

»Wie bist du denn bloß entwischt?« sagte der König, »winzig wie du bist, wo ich selber alle Mühe mit ihm habe?«

»Ja«, sagte Finn, »Ihr seid groß und stark, aber ich bin schnell und behende.«

Als sich der König in der nächsten Nacht zum Aufbruch anschickte, bat Finn ihn abermals, sich schlafen zu legen. »Ich halte schon für Euch stand, oder aber es müßte ein beßrer Held als der dort kommen.«

»Er bringt dich um«, sagte der König.

»Darauf laß ich's ankommen«, sagte Finn.

Er ging fort, und wie in der Nacht zuvor sah er niemanden und fing an, hin und her zu gehen. Er sah die Wogen als Feuerbrände und pfeilschnelle Schlangen heranschießen, und der riesige Mann trat heran. »Bist du heute nacht hier?« sagte er.

»Bin ich, und dies ist meine Botschaft: Als die Königin in den Sarg gelegt wurde und der König vernahm, wie sie den Sarg zunagelten, wie der Schreiner hämmerte, brach ihm vor Leid und Kummer das Herz; und nun schickt mich das Parlament und läßt dich bitten, daß du heut nacht heimgehst, bis der König begraben ist.« Das Ungetüm zog auch in dieser Nacht ab, indem es mit rauher Stimme ein Liedchen brummte; und als es soweit war, begab sich Finn nach Hause.

Am Morgen erwachte der König in großer Bangnis und rief aus: »Mein Reich ist verloren, und meinen Zwerg und mein Schoßhündchen hat er umgebracht!« Doch er jubelte laut, als er einsah, daß Finn und Bran am Leben waren und daß er hatte schlafen können, wie so lange nicht.

Finn ging nun die dritte Nacht ans Meer, und alles geschah wie zuvor. Er erblickte niemanden und begann, auf und ab zu marschieren. Er sah das Meer nahen, bis es fast seine Füße umspülte; das riesige Ungetüm tauchte auf; es sah das schwarze Pünktchen und fragte, wer das sei und was er wolle. »Ich bin hier, um mit dir zu kämpfen«, sagte Finn.

Finn und der Riese begannen miteinander zu kämpfen. Finn wich zurück, und der ungeheure Mann folgte ihm. Finn rief Bran zu: »Willst du zusehen, wie er mich umbringt?« Bran hatte eine giftige Klaue; er tat einen Satz und schlug den riesigen Mann mit der Giftklaue ans Brustbein und riß ihm Herz und Lunge heraus. Finn zog sein Schwert Mac-a-Luin, hieb ihm den Kopf ab, band ein Hanfseil darum und schleifte ihn zum Königspalast. Er zerrte ihn zur Küche und schob ihn vor die Tür. Am Morgen vermochte der Diener weder, den Kopf wegzurollen, noch die Tür zu öffnen. Der König stieg hinunter; er sah das ungeheure Haupt, packte es beim Schopf und hob es an; da begriff er, daß es der Kopf des Mannes war, der ihn schon so lange zum Kampf herausforderte und ihm den Schlaf raubte.

»Wie um alles in der Welt«, fragte er, »kommt der hierher? Das hat doch bestimmt nicht mein Zwerg getan?«

»Und warum nicht?« sagte Finn.

In der nächsten Nacht wollte der König selbst an den Kampfplatz gehen, »denn«, sagte er, »heute nacht kommt einer, der noch größer ist; er wird das Reich verwüsten und dich umbringen, den ich so gern um mich habe; und das ist ganz und gar kein Spaß«. Aber Finn ging dennoch, und alles ereignete sich wie zuvor: Es kam ein gewaltiger Mann und forderte Rache für seinen Sohn und das Königreich oder aber Kampf. Er und Finn traten an, und Finn wich zurück. Er sprach zu Bran: »Willst du zusehen, wie er mich umbringt?« Bran winselte und schlich sich fort und setzte sich am Ufer hin. Finn wich weiter zurück und schrie abermals nach Bran. Bran tat einen Satz und schlug den riesigen Mann mit der Giftklaue und riß ihm Herz und Lunge aus. Finn hieb dem Riesen den Kopf ab und schleifte den heim und ließ ihn vor dem Palast liegen. Der König erwachte in großem Entsetzen und rief aus: »Mein Königreich ist verloren, und meinen Zwerg und mein Schoßhündchen hat er umgebracht!« Finn richtete sich in seinem Bett auf und sagte: »Hat er nicht!« Und der König freute sich gewaltig, als er hinausging und den Kopf vor dem Haus erblickte.

In der nächsten Nacht kam eine riesige Hexe an Land, und der Zahn, der ihr aus dem Maul ragte, hätte gut einen Spinnrocken abgegeben. Sie schlug herausfordernd an ihren Schild, daß es klirrte. »Du«, sagte sie »hast mir meinen Mann und meinen Sohn umgebracht.«

»Hab ich«, sagte Finn. Sie stürzten sich aufeinander, und es war für Finn schwieriger, dem Zahn der Riesenhexe auszuweichen als ihrer Hand. Als sie ihn nahezu erledigt hatte, schlug Bran sie mit der Giftklaue und tötete sie wie die andern. Finn schleifte den Kopf mit und ließ ihn vor dem Haus liegen. Der König erwachte in großer Bangnis und rief aus: »Mein Reich ist verloren, und meinen Zwerg und meinen Schoßhund hat sie umgebracht!«

»Hat sie nicht«, gab Finn zurück; und als sie hinausgingen und den Kopf sahen, sagte der König: »Nun werden ich und mein Reich Frieden haben: Die Mutter der Brut ist tot. Aber sag mir, wer bist du? Mir ist prophezeit worden, es würde Finn-mac-Coul sein, der mir zu Hilfe kommt, und der ist jetzt erst achtzehn Jahre alt. Also wer bist du, und wie heißt du?«

»Es hat noch keiner auf Kuh- oder Roßhaut gestanden, dem ich meinen Namen verweigern würde«, sagte Finn. »Ich bin Finn, der Sohn Couls, der ein Sohn von Looäch war, der ein Sohn von Trein war, der ein Sohn von Finn war, der ein Sohn von Art war, der ein Sohn des jungen Hochkönigs von Irland war; und jetzt ist es für mich Zeit heimzugehen. Ich mußte arg von meinem Weg abweichen, um in dein Königreich zu gelangen, und gekommen bin ich, um herauszufinden, womit ich dich gekränkt habe. Warum schickst du mir drei Helden, daß sie mich zum Kampf fordern und meine Männer umbringen?«

»Du hast mich niemals gekränkt«, sagte der König, »und ich bitte dich tausendmal um Verzeihung. Ich habe die Helden nicht zu dir geschickt. Sie haben dir nicht die Wahrheit gesagt. Das sind drei Männer, die mit drei Elfenfrauen schöngetan haben, und die haben ihnen ihre Hemden geschenkt; und wenn sie die auf dem Leib tragen, wird jeder allein mit hundert Männern fertig. Aber sie müssen die Hemden jede Nacht ausziehen und über die Stuhllehnen hängen; wenn sie ihnen dann einer wegnimmt, haben sie am nächsten Tag nicht mehr Kraft als andere Leute.«

Der König erwies Finn jede Ehre und schenkte ihm alles, was er ihm schenken konnte; und als Finn fortging, begleiteten ihn der König und die Königin und das ganze Volk hinab ans Ufer und riefen ihm ihre Segenswünsche nach.

Nun fuhr Finn in seinem Lederboot davon und segelte nahe am Land hin; da erblickte er einen jungen Mann, der am Strande entlangrannte und nach ihm rief. Finn steuerte noch dichter ans Ufer und fragte ihn, was er wünsche.

»Ich bin ein guter Diener«, sagte der Bursche, »und suche einen Herrn.« – »Worauf verstehst du dich?« fragte Finn. »Ich bin«, sagte er, »der beste Wahrsager unter der Sonne.« – »Dann spring ins Boot!« Der Wahrsager sprang ins Boot, und sie segelten davon.

Sie waren noch nicht weit gelangt, da kam ein zweiter junger Mann angerannt. »Ich bin ein guter Diener«, sagte er, »und suche einen Herrn!« – »Worauf verstehst du dich?« fragte Finn. »Ich bin ein guter Dieb: Es hat keinen besseren.« – »Dann spring ins Boot!« und Finn nahm auch ihn mit.

Sie sahen einen dritten jungen Mann herbeirennen und hörten ihn rufen; Finn steuerte zum Land hin. »Was für einer bist du?« fragte Finn. »Ich bin der beste Kletterer unter der Sonne. Ich trage auf dem Rücken hundert Pfund an eine Stelle, wo sich selbst am ruhigsten Sommertag nicht mal eine Fliege hält.« – »Spring herein!« Und auch dieser kam mit. »Jetzt hab ich meine Dienerschaft beisammen«, sagte Finn, »mit denen muß ich es schaffen.«

Sie fuhren weiter und ruhten und rasteten nicht, bis sie den Hafen am Berg von Howth erreichten. Da fragte Finn den Wahrsager, was die drei großen Männer jetzt machten.

»Sie haben gerade zu Abend gegessen«, sagte der Bursche, »und ziehen sich zum Schlafen aus.«

Er fragte ein zweites Mal. »Jetzt«, sagte er, »liegen sie in den Betten, und ihre Hemden hängen über den Stuhllehnen.«

Nach einer Weile fragte ihn Finn wieder: »Was machen die großen Männer jetzt?« – »Jetzt schlafen sie fest«, verkündete der Wahrsager.

»Nun wäre es eine feine Sache, wenn ein Dieb hinginge und ihnen die Hemden stähle.« – »Das tät ich gern«, sagte der Dieb, »aber die Türen sind zugesperrt, und ich kann nicht hinein.« – »Setz dich auf meinen Rücken«, sagte der Kletterer, »ich bring dich hinein.« Er trug ihn auf dem Rücken bis zum Schornstein und ließ ihn über den Rand hinunter, und der Dieb stahl die Hemden.

Finn begab sich dorthin, wo seine Männer lagerten; und am Morgen zogen sie zu dem Haus, in dem die drei großen Männer sich befanden. Sie schlugen an ihre Schilde, daß es klirrte, und forderten sie auf, zum Kampf herauszukommen.

Sie traten vors Haus. »Viele Tage lang«, sagten sie, »waren wir besser zum Kampf aufgelegt als heute«, und sie gestanden Finn alles. »Ihr wart frech«, sagte Finn und zwang sie zu schwören, daß sie ihm von nun an treu sein wollten und bereit zu jedem Unternehmen, das er ihnen auftrug.

60 Was drei Viehhändlern aus dem Hochland dadurch widerfuhr, daß sie Englisch lernten

In einem der abgelegenen Täler von Cantire – aber in welchem, das haben die Leute inzwischen vergessen – wohnten drei Hochländer mit ihren Familien, alle untereinander gut Freund. Sie planten, mit einer Rinderherde zu einem Markt zu ziehen, der ein ganzes Ende von ihren Hütten entfernt abgehalten wurde. Die drei Viehtreiber konnten nur Gälisch; aber ihr Vieh wurden sie mit Gewinn los. Danach beschlossen sie, den Abend getrennt voneinander zu verbringen; sie wollten sich, jeder selbständig, auf dem Jahrmarkt belustigen, versprachen einander aber, hernach wieder im Wirtshaus zusammenzutreffen. Und jeder von ihnen wollte eine englische Wendung oder einen Satz lernen, den er mit heimnehmen könnte, damit sie und ihre Frauen einen Spaß hätten, wenn sie erst wieder in Cantire wären.

Sie hielten getreulich Wort, und jeder gabelte für sich einen Brocken Englisch auf; und als sie sich am späten Abend wieder trafen, sagten sie das Gelernte her. Der erste wußte: »Wir drei Hochlandmänner.« Der zweite konnte aussprechen: »Das Geld im Beutel.« Und der dritte hatte sich eingeprägt: »Ein guter Grund.« Sie amüsierten sich mit ihrem Englisch bis zum Schlafengehen und versprachen sich mit ihren Kenntnissen daheim einen guten Jux.

Am Morgen waren sie zeitig aus den Betten und brachen nach Cantire auf. Aber sie waren noch nicht weit gelangt, als sie am Wegrand einen Toten fanden. Sie standen verblüfft da und starrten den Leichnam an, als ein Herr geritten kam; und als er die drei Hochländer und den Toten sah, fragte er: »Wer hat den Mann dort umgebracht?« Sie wußten, daß er Englisch sprach: so sagten sie untereinander auf Gälisch. »Das ist eine gute Gelegenheit, unser Englisch zu nutzen.« Folglich, als der Herr abermals fragte: »Wer hat den Mann dort getötet?«, antwortete der erste: »Wir drei Hochländer.« – »Warum habt ihr den Mann umgebracht?« fragte der Herr. »Das Geld im Beutel!« erwiderte der zweite. »Und war das der Grund, weswegen ihr ihn beraubt und ermordet habt?« fragte der Herr. »Ein guter

Grund!« sagte der dritte. »Oh, ihr elenden Schurken!« rief der Herr, gab seinem Pferd die Sporen und galoppierte fort, um Hilfe zu holen; indessen setzten die Hochländer ihren Weg nach Cantire fort und waren dabei nicht wenig stolz, daß sie imstande gewesen waren, sich mit einem englischen Herrn in seiner Landessprache zu unterhalten.

Aber sie waren noch nicht in der nächsten Stadt angelangt, da kamen ihnen schon die Gendarmen entgegen, um sie für den Mord zu verhaften; sie wurden abgeführt und ins Gefängnis gesteckt. Und als man sie durchsuchte, fand sich bei ihnen das Geld, das sie bei ihrem Viehhandel verdient hatten; und da man meinte, die Summe sei für drei arme Hochländer zu groß, glaubten die Engländer, sie stamme aus der Börse des Ermordeten. So wären die drei Hochland-Treiber um ein Haar gehängt worden; und es wäre dazu gekommen, hätte sich nicht ein Mann gefunden, der sowohl Gälisch als auch Englisch sprach; und er legte dem Richter den Fall dar und verschaffte ihnen die Freiheit.

Und bis sie wieder heimkamen, konnten sich ihre Frauen nicht erklären, was aus ihnen geworden war; sie fürchteten, ihre Männer wären unterwegs von Räubern umgebracht worden. Und die drei Hochländer schworen, sie würden nie wieder ein Wort Englisch lernen, denn es müsse eine üble Sprache sein, die sie fast an den Galgen gebracht hätte.

61 Die Seejungfrau

Es war einmal ein armer, alter Fischer; und in einem Jahr fing er so gut wie überhaupt nichts. Als er eines schönen Tages wieder auf dem Meer sein Glück versuchte, hob sich neben seinem Boot eine Seejungfer aus dem Wasser und fragte ihn, ob er etwas gefangen habe. Der alte Mann verneinte. »Was gibst du mir zur Belohnung, wenn ich dir eine Menge Fische schicke?«

»Ach!« sagte der Alte, »ich habe nicht viel, was ich erübrigen könnte.«

»Gibst du mir den ersten Sohn, den du bekommst?« fragte sie.

»Den wollt' ich dir schon geben, wenn ich einen kriegen sollte; aber ich habe keinen und werde nie einen haben«, sagte er. »Ich und meine Frau sind alt geworden.«

»Nenne mir alles, was du besitzest.«

»Ich hab nur eine alte Stute, eine alte Hündin, mich und meine Frau. Jetzt kennst du sämtliche Geschöpfe auf der ganzen, weiten Welt, die zu mir gehören.«

»Also, hier sind drei Körner für dich, die gib noch heute abend deiner Frau; und hier sind noch drei, die gib deiner Hündin, und die drei hier gib der Stute; und die drei hier, die steck hinterm Haus in die Erde. Und deine Frau wird drei Söhne gebären, die Stute drei Fohlen, die Hündin drei Junge, und hinter deinem Haus werden drei Bäume wachsen – jedes zu seiner Zeit. Und die Bäume werden ein Zeichen sein: Wenn einer von den Söhnen stirbt, wird einer von den Bäumen verdorren. Nun fahre heim, und wenn dein Junge drei Jahre alt ist, dann denke an mich. Und von jetzt an wirst du Fische im Überfluß haben.«

Alles geschah, wie es die Seejungfer vorausgesagt hatte, und er selber fing Fische im Überfluß; aber als die ersten drei Jahre ihrem Ende zugingen, verfiel der alte Mann in Kummer, das Herz war ihm schwer, während ein Tag nach dem andern kam und wieder schwand. Als der Jahrestag da war, fuhr er mit dem Boot hinaus wie gewohnt, aber seinen Sohn nahm er nicht mit.

Die Seejungfer hob sich neben dem Boot aus dem Wasser und fragte: »Bringst du mir deinen Sohn?«

»Ach! Ich hab ihn nicht mit. Ich hab vergessen, daß heute der Tag ist.«

»Schon gut!« sagte die Seejungfer, »du sollst ihn noch einmal vier Jahre behalten, sieh zu, ob der Abschied dann leichter wird. Sieh, der hier ist genauso alt wie er«, und sie hob einen großen, strammen Säugling hoch. »Ist dein Sohn genauso hübsch?«

Frohlockend und voller Wonne fuhr er heim, denn nun durfte er seinen Sohn noch vier Jahre behalten, und er holte immer weiter eine Menge Fische aus dem Meer; doch als sich auch diese vier Jahre ihrem Ende näherten, befielen ihn Kummer und Leid, er aß nicht und hockte stumm da, seine Frau konnte sich nicht vorstellen, was ihm fehlte. Diesmal wußte er sich keinen Rat, aber er beschloß, daß er seinen Sohn wiederum nicht mitnehmen wolle. Er fuhr zum Fischen aus wie zuvor, und die Seejungfer erhob sich neben dem Boot aus dem Wasser und fragte ihn: »Bringst du mir deinen Sohn?«

»Ach!« sagte der alte Mann, »ich hab ihn auch diesmal vergessen.«

»Schön, fahr nach Hause«, sagte die Seejungfer, »und heute in sieben Jahren wirst du mich bestimmt nicht vergessen, doch dann wird dir der Abschied von ihm nicht leichter fallen. Fische bekommst du aber wie bisher.«

Der alte Mann kehrte freudig heim; er durfte den Sohn noch sieben Jahre behalten, und er dachte, bevor die zu Ende gingen, wäre er selber tot und würde die Seejungfer nicht wiedersehen. Doch gleichviel, auch das Ende dieser sieben Jahre rückte heran und brachte dem alten Mann Sorgen und Not. Er hatte weder am Tag noch in der Nacht Ruhe. Eines Tages fragte der älteste Sohn den Vater, ob ihm jemand Kummer bereite. Der Alte erwiderte, ja, das täte jemand, aber keiner, der zu ihm oder zu sonstwem gehörte. Der Bursche sagte, er *müsse* erfahren, was es sei. Schließlich erzählte ihm der Vater, wie die Sache zwischen ihm und der Seejungfer stand.

»Gräm dich nicht deswegen«, sagte der Sohn, »ich werde mich dir nicht widersetzen.«

»Aber du sollst nicht, du sollst nicht gehen, mein Sohn – obwohl ich nie wieder einen Fisch fangen würde.«

»Wenn du nicht erlauben willst, daß ich mitkomme, dann geh in die Schmiede; laß den Schmied ein großes, starkes Schwert für mich machen, und ich geh mein Glück suchen.«

Der Vater ging zur Schmiede, und der Schmied machte ein tüchtiges Schwert für ihn. Der Vater kam damit zurück. Der Bursche ergriff es und schüttelte es ein- oder zweimal, und es zersprang in hundert Stücke. Er bat seinen Vater, in die Schmiede zurückzugehen und ihm ein anderes, doppelt so schweres Schwert zu beschaffen, und der Vater tat das; aber mit dem nächsten Schwert geschah das gleiche – es zerbrach in zwei Hälften. Der Alte kehrte wieder zur Schmiede zurück, und der Schmied fertigte nun ein Schwert an, so groß, wie er noch nie eines gemacht hatte. »Da hast du dein Schwert«, sagte er, »der muß eine ordentliche Faust haben, der diese Klinge schwingt.«

Der alte Mann übergab das Schwert seinem Sohn; der schüttelte es ein- oder zweimal. »Das tut's«, sagte er; »höchste Zeit, daß ich mich auf den Weg mache.«

Am nächsten Morgen legte er dem Rappen, den die Stute geboren hatte, einen Sattel auf und nahm die Welt zum Pfühl, und sein schwarzer Hund lief neben ihm her. Als er ein Stück vorangekommen war, stieß er am Straßenrand auf einen Schafskadaver. An dem Aas fraßen ein großer Hund, ein Falke und ein Otter. Er sprang vom Pferd und schnitt den Kadaver für sie in Teile: drei für den Hund, zwei für den Otter und einen für den Falken.

»Dafür«, sagte der Hund, »falls dir einmal schnelle Füße oder scharfe Zähne nützen können, denk an mich! Dann bin ich bei dir.«

Sagte der Otter: »Falls du dringend jemanden brauchen solltest, der bis auf den Grund eines Sees tauchen kann, dann denk an mich, und ich bin bei dir.«

Sagte der Falke: »Falls dich eine Bedrängnis überkommt, in der dir schnelle Fittiche oder zupackende Klauen helfen können, so denk an mich, und ich bin bei dir.«

Dann ritt er weiter, bis er am Haus eines Königs anlangte; bei dem verdingte er sich als Hirte, und sein Lohn sollte davon abhängen, wieviel Milch die Kühe gaben. Er zog mit ihnen aus, aber die Weide war mager. Als der Tag zu Ende ging und er sie heimtrieb, gaben sie nur wenig Milch, und an diesem Abend bekam er nur sehr knapp zu essen und zu trinken.

Am nächsten Tag trieb er sie weiter fort, und schließlich langte er in einem engen Tal an, in dem das Gras so üppig grünte, wie er es noch nie gesehen hatte.

Aber gerade, als er sich anschickte, die Tiere heimwärts zu treiben, wen sah er kommen? Niemand anders als einen gewaltigen Riesen mit gezücktem Schwert. »Hiu! Hau! Hogaraich!« sagte der Riese. »Auf dein Fleisch warte ich schon so lange, daß mir die Zähne stumpf werden. Das Vieh gehört mir, es weidet auf meinem Land. Und du bist ein toter Mann.«

»Nicht doch«, sagte der Hirte. »Man kann nie wissen, aber möglicherweise sagt sich das leichter, als es sich tut.«

Sie packten einander, er und der Riese. Er sah, daß er weit weg von seinem Freund und seinem Feind sehr nah war. Er zog das große, alles durchschneidende Schwert und stürzte sich auf den Riesen, und während sie im Kampf vor- und zurücksprangen, tat der schwarze Hund einen Satz auf des Riesen Rücken. Der Hirt holte mit seinem Schwert aus, und im Nu war der Riese geköpft. Der Bursche sprang auf das schwarze Pferd und ritt fort, um des Riesen Haus zu suchen. Er langte an einer Tür an; und da der Riese so hastig aufgebrochen war, hatte er Tür und Tor offengelassen. Der Hirte trat ein, und wahrhaftig, da drinnen war eine Pracht! Geld gab es in Menge, und im Schrank hingen alle möglichen Kleider mit Gold und Silber, eins immer feiner als das andere. Als es dunkel wurde, kehrte er ins Königshaus zurück; aber er nahm nicht das geringste aus dem Haus des Riesen mit. Und als die Kühe an diesem Abend gemolken wurden, nun, da hatten sie Milch. Diesmal bekam er ein gutes Abendbrot, zu essen und zu trinken, soviel er wollte, und der König war hochzufrieden, daß er einen solchen Hirten gefunden hatte. So ging es eine Zeitlang weiter; aber schließlich war das Tälchen abgeweidet, und nun hatten die Kühe nicht mehr viel zu fressen.

Da dachte er, er wolle sich noch ein wenig weiter auf des Riesen Land umsehen. Er fand einen großen, grasbewachsenen Park, kehrte um, holte die Kühe und trieb sie hinein.

Die Tiere weideten noch nicht lange, da kam ein ungeheurer, wilder Riese in voller Wut angetobt. »Hiu! Hau! Hoagaraich!« schrie der Riese. »Heut abend lösch' ich meinen Durst mit deinem Blut!«

»Man kann nie wissen«, sagte der Hirt, »aber das sagt sich leichter, als es sich tut.«

Und sie stürzten sich aufeinander, die Klingen klirrten aneinander. Aber schließlich sah es aus, als erlange der Riese den Sieg. Da rief der Hirt nach seinem Hund, und mit einem Satz packte der schwarze Hund den Riesen beim Hals, und geschwind schlug ihm der Hirte den Kopf ab.

An dem Abend kam er sehr müde heim, aber es wäre ein Wunder

gewesen, wenn des Königs Kühe nicht Milch gehabt hätten. Die ganze Familie war entzückt über solch einen Hirten.

So ließ er die Kühe eine Zeitlang dort weiden; doch als er eines Abends heimkehrte, wurde er nicht wie sonst freudig von der Milchmagd begrüßt; statt dessen weinten und wehklagten alle.

Er fragte, was es für einen Grund zum Jammern gäbe. Die Milchmagd erklärte, in der Bucht lebe ein riesiges Ungetüm mit drei Köpfen, das müsse jedes Jahr ein Opfer erhalten, und diesmal sei das Los auf die Königstochter gefallen. »Und«, sagte die Magd, »morgen mittag muß sie das Ungeheuer am oberen Ende der Bucht treffen. Aber dort drüben ist ein vornehmer Freier, der wird sie retten.«

»Was für ein Freier?« fragte der Hirt.

»Oh«, sagte die Milchmagd, »der ist ein mächtiger General, und wenn er das Untier umbringt, heiratet er die Königstochter, denn der König hat gesagt, ganz gleich, wer seine Tochter rettet, der kriegt sie zur Frau.«

Als am nächsten Tag die Zeit heranrückte, gingen die Königstochter und dieser Kriegsheld hin, um sich dem Untier zu stellen, und sie kamen in die schwarze Schlucht am oberen Ende der Bucht. Sie waren noch nicht lange da, als sich das Ungeheuer mitten im Wasser regte; doch sowie der General dies Scheusal von einer Bestie mit seinen drei Köpfen erblickte, bekam er es mit der Angst zu tun und stahl sich fort und versteckte sich. Und die Königstochter stand mit Furcht und Zittern ohne Retter da. Aber plötzlich nahm sie einen mannhaften, hübschen Jüngling wahr, der auf einem schwarzen Pferd zu ihr heranritt. Er trug ein köstliches Gewand und war voll bewaffnet, und sein schwarzer Hund trottete hinter ihm her.

»Du machst ein trauriges Gesicht, Mädchen«, sagte der Jüngling. »Was tust du hier?«

»Oh, das laß nicht deine Sorge sein«, erwiderte die Königstochter. »Auf alle Fälle bin ich hier nicht mehr lange.«

»Das würde ich nicht sagen«, gab er zurück.

»Gerade ist ein Held davongerannt, wie du wahrscheinlich auch gleich«, sagte sie.

»Ein Held ist einer, der den Kampf besteht«, sagte der Jüngling. Er legte sich neben ihr hin und sagte ihr, falls er etwa einschlafe, solle sie ihn wecken, sowie sie sehe, daß das Untier dem Land zustrebe.

»Und wie weckt man dich?« fragte sie.

»Mich weckst du, indem du mir deinen goldenen Ring an den kleinen Finger steckst.«

Sie saß noch nicht lange neben ihm, da sah sie, wie sich das Untier auf das Ufer zu bewegte. Sie zog sich den Ring ab und schob ihn dem Burschen an den kleinen Finger. Er wachte auf und trat dem Ungeheuer mit Schwert und Hund entgegen. Was gab es da für ein Getöse und Gesprudel! Der Hund tat sein Bestes, und die Königstochter saß bei dem Lärm, den das Untier machte, vor Angst wie gelähmt. Bald waren sie unten, bald oben. Schließlich schlug er dem Scheusal einen der Köpfe ab. Es stieß ein furchtbares Gebrüll aus, und der Sohn der Erde, das Echo, schrie zurück, und das Ungeheuer wirbelte die Bucht vom Anfang bis zum Ende auf, und im Handumdrehn war es verschwunden.

»Glück und Sieg waren mit dir, Bursche«, sagte die Königstochter. »Für eine Nacht bin ich sicher, aber das Untier kommt immer wieder, bis ihm auch die beiden anderen Köpfe abgeschlagen sind.«

Er nahm den Kopf, zog eine Weidenrute hindurch und befahl ihr, ihn am nächsten Tage mitzubringen. Sie schritt mit dem Kopf auf der Schulter heim, und der Hirt ritt zu seinen Kühen zurück; aber sie war noch nicht weit gekommen, als dieser vornehme General sie sah und ihr drohte, er werde sie töten, falls sie nicht sage, er sei es, der dem Untier den Kopf abgehauen habe.

»Oh«, sagte sie, »das will ich schon tun. Wer anders als du hat dem Untier den Kopf abgeschlagen!«

Sie langten im Königshaus an, und der General trug den Drachenkopf auf der Schulter. Alles jubelte, weil sie heil und lebendig heimkam, sie und dieser große Feldherr mit dem blutenden Ungeheuerkopf in der Hand. Am andern Tag gingen sie fort, und keiner zweifelte im geringsten daran, daß der Held die Königstochter nun wieder retten werde.

Sie langten an der nämlichen Stelle an und standen noch nicht lange da, als das furchtbare Ungeheuer sich in der Mitte der Bucht rührte, und der Held stahl sich fort wie gestern; aber bald danach kam der Mann auf dem schwarzen Pferd. Er trug ein anderes Gewand, doch sie wußte, daß es derselbe Bursche war.

»Da bin ich aber froh, dich zu sehen«, sagte sie. »Ich hoffe, du führst dein großes Schwert heute genauso wie gestern. Komm her und ruh dich aus.« Aber sie saßen noch nicht lange, als sie das Untier mitten in der Bucht toben sahen.

Der Bursche legte sich neben der Königstochter hin und sagte: »Falls ich einschlafe, bevor das Biest kommt, weck mich.«

»Wie weckt man dich?«

»Indem du mir deinen Ohrring ansteckst.«

Er war kaum eingeschlafen, als die Königstochter schon schrie: »Wach auf! Wach auf!« Aber er schlummerte weiter. Da nahm sie sich den Ring vom Ohr und steckte ihn an seins. Sogleich erwachte er und sprang auf, dem Untier entgegen; und ja, da ging's drüber und drunter mit Hin und mit Her der Länge, der Quer, ein Spritzen und Toben, ein Platschen und Wogen! So trieben sie es viele Stunden, und als der Abend nahte, schlug er dem Scheusal den zweiten Kopf ab. Er zog ihn auf die Weidenrute, sprang auf sein schwarzes Pferd und ritt fort, um seine Herde zu hüten. Die Königstochter ging mit den Köpfen des Untiers nach Hause. Der General trat ihr entgegen, nahm ihr die Köpfe ab und befahl ihr zu sagen, daß er es gewesen sei, der auch diesmal dem Ungeheuer den Kopf abgehauen habe. »Wer sonst als du?« sagte sie. Sie langten mit den Köpfen im Königshaus an. Da freuten sich alle und jubelten. Und wenn der König am ersten Abend Hoffnung gefaßt hatte, so war er nun überzeugt, daß dieser große Held seine Tochter retten würde, und es war überhaupt keine Frage, daß dem Untier morgen auch das dritte Haupt abgeschlagen würde.

Am andern Tag gingen die beiden zur gleichen Zeit fort. Wie gewohnt versteckte sich der Offizier. Die Königstochter begab sich zum Ufer. Der Held auf dem schwarzen Pferd kam und legte sich neben ihr hin. Sie weckte den Burschen und steckte ihm den zweiten Ohrring ans Ohr, und er stürzte sich auf das

Ungeheuer. Und wenn das Biest an den Tagen zuvor das Wasser aufgewirbelt und gebrüllt und getobt hatte, an diesem Tag gebärdete es sich noch entsetzlicher. Gleichviel, er schlug ihm den dritten Kopf ab, aber, das könnt ihr glauben, nicht ohne Kampf! Er zog ihn auf die Weidenrute, und sie schritt mit den Köpfen heim. Als sie beim Königshaus anlangten, strahlten alle, und am anderen Tag sollte der General die Königstochter zur Frau bekommen. Die Hochzeit war im Gang, und jedermann im Schloß wartete begierig auf den Priester. Doch als der kam, wollte sie nur denjenigen zum Mann nehmen, der die Köpfe von der Weidenrute abstreifen könne, ohne die Rute zu zerschneiden.

»Wer anders sollte die Köpfe von der Rute ziehen können als der Mann, der sie daraufgefädelt hat?« sagte der König.

Der General versuchte es, aber er war nicht imstande, sie zu lösen; und schließlich war im ganzen Haus kein Mann, der nicht versucht hatte, die Köpfe von der Rute zu ziehen, aber keiner vermochte es. Der König erkundigte sich, ob sich beim Haus noch jemand befände, der versuchen könne, die Köpfe von der Rute zu streifen. Sie sagten ihm, der Hirt habe es noch nicht probiert. Der König schickte nach dem Hirten, und der brauchte nicht lange, da hatte er die Köpfe rund um sich geworfen.

»Wart ein bißchen, mein Bursche«, sagte die Königstochter, »der Mann, der dem Untier die Köpfe abgeschlagen hat, der hat meinen Ring und meine beiden Ohrringe.«

Der Hirt griff in die Tasche und warf die Goldsachen auf den Tisch.

»Du bist mein Mann«, sagte die Königstochter. Der König war nicht so entzückt, als er sah, daß es der Hirt war, der seine Tochter heiraten sollte; doch er befahl, man solle ihn in ein besseres Kleid stecken. Aber seine Tochter sprach und sagte, er besitze selber ein Kleid, so fein wie nur irgendeins im Schloß, und so stellte es sich auch heraus. Der Hirt legte das Goldkleid des Riesen an, und sie heirateten am selben Abend.

Nun waren sie Mann und Frau, und alles stand vortrefflich. Eines Tages schlenderten sie an der Bucht entlang, und da kam ein Untier heraus, noch seltsamer und fürchterlicher als das erste, und nahm ihn ohne Umstände mit ins Meer. Die Königstochter trauerte und weinte, blind vor Kummer, um ihren Mann; sie irrte unablässig am Wasser hin und starrte auf das Meer. Ein alter Schmied begegnete ihr, und sie erzählte ihm, was ihrem Eheliebsten zugestoßen war. Der Schmied riet ihr, all ihren schönsten Schmuck dort ans Ufer zu legen, wo das Ungeheuer ihren Mann geholt hatte; und das tat sie. Das Untier steckte die Nase aus dem Wasser und sagte: »Du hast schönen Schmuck, Königstochter.«

»Noch schöner ist der Edelstein, den du mir genommen hast«, erwiderte sie. »Gönne mir einen Blick auf meinen Mann, und du sollst ein Stück von dem haben, was du hier liegen siehst.«

Das Untier brachte ihn herauf.

»Gib ihn mir zurück, und du sollst alles haben, was du hier siehst«, sagte sie. Das Ungeheuer tat, was sie sagte. Es warf ihn heil und lebendig aus der See ans Ufer.

Eine Weile später, als sie an der Bucht entlangspazierten, holte das nämliche Ungeheuer die Königstochter ins Wasser. An diesem Abend trauerte jeder in der Stadt. Ihr Mann irrte mit Kummer und Tränen bei Tag und bei Nacht am Ufer hin und her. Da begegnete ihm der alte Schmied. Der Schmied sagte ihm, es bestünde nur eine Möglichkeit, das Ungeheuer zu töten, und zwar so: »In der Mitte der Bucht liegt eine Insel, und da lebt Eillid Chaisfhion – die weißfüßige Hirschkuh mit den schlanksten Beinen und dem geschwindesten Lauf; und selbst, wenn man sie fangen könnte, so wird doch eine Nebelkrähe aus ihr herausfliegen; und selbst, wenn man die fangen könnte, so würde eine Forelle aus ihr herausspringen; die aber hält im Maul ein Ei, und in dem Ei sitzt die Seele des Untiers; und wenn das Ei zerbricht, so ist das Untier tot.«

Nun, es gab keinen Weg zu der Insel, denn das Ungeheuer versenkte jedes Boot und jedes Floß, das sich dort ins Meer wagte. Da beschloß der Bursche, er wolle versuchen, mit seinem schwarzen Pferd über die Meerenge zu setzen, und mit einem Satz folgte ihm der schwarze Hund. Er erblickte die Eillid und hetzte ihr den schwarzen Hund nach, doch wenn der schwarze Hund auf der einen Seite der Insel war, so war die

Eillid auf der andern. »Oh! Jetzt müßte ich den großen Hund vom Schafskadaver dahaben!« Kaum hatte er das ausgesprochen, da war der kühne Hund an seiner Seite und setzte der Eillid nach, und es dauerte nicht lange, da hatte er sie erlegt. Aber sowie er sie gepackt hatte, hüpfte eine Nebelkrähe aus ihr heraus.

»Ach, hätte ich jetzt den grauen Falken mit dem scharfen Auge und den schnellen Fittichen hier!« Kaum hatte er es gesagt, da schoß der Falke bereits der Krähe hinterher, und er brauchte nicht lange, um sie zu erlegen; doch als die Krähe ans Ufer fiel, sprang die Forelle aus ihr heraus.

»Oh, Otter, daß du jetzt bei mir wärest!«

Kaum gesagt, war schon der Otter an seiner Seite; er sprang ins Wasser und holte aus der Tiefe die Forelle herauf; doch sowie er mit ihr am Gestade angelangt war, sprang ihr das Ei aus dem Maul. Der Bursche tat einen Sprung und setzte den Fuß drauf. In demselben Augenblick stieß das Untier ein Gebrüll aus und schrie: »Zerbrich das Ei nicht, und du bekommst alles, was du willst!«

»Gib mir meine Frau zurück!«

Im Handumdrehen stand sie neben ihm. Sowie er sie in den Armen hielt, zertrat er das Ei, und das Ungeheuer starb.

Nun war das Untier tot, und was war das für ein Anblick! Es sah fürchterlich aus. Zweifellos, die drei Köpfe fehlten ihm, aber dafür waren ihm an Rücken und Bauch rund um die alten neue Köpfe gewachsen, alle mit Augen, und fünfhundert Füße dazu. Doch gleichviel, sie ließen es liegen und gingen heim, und an dem Abend strahlten und frohlockten alle in des Königs Haus. Und bis jetzt hatte er dem König noch nicht erzählt, daß er die Riesen getötet hatte. Der König erwies ihm hohe Ehren, und er war nun ein großer Mann.

Eines Tages gingen er und seine Frau spazieren, da entdeckte er in einem Wald neben der Bucht ein kleines Schloß; er fragte seine Frau, wer darin wohne. Sie erklärte, niemand wage sich in die Nähe, denn es sei noch keiner, der dort hingegangen war, zurückgekommen.

»Da muß etwas geschehen«, sagte er, »noch heute abend seh ich nach, wer dort wohnt.«

»Geh nicht, geh ja nicht«, sagte sie, »noch nie ist einer zurückgekehrt, der in das Schloß hineinging.«

»Sei dem, wie ihm wolle«, sagte er. Er ging fort, begab sich zu
dem Schloß. Als er an der Tür anlangte, traf er auf der Schwelle
ein altes Weiblein, das ihn schmeichlerisch begrüßte. »Willkommen, und alles Glück für dich, Fischerssohn! Wie freue ich
mich, dich zu sehen! Groß ist die Ehre für dies Königreich, daß
einer wie du es betritt. Dein Kommen schenkt dieser kleinen
Hütte Ruhm! Tritt als erster ein – Ehre den Edlen! Tritt ein und
ruh dich aus.«

Er trat ein, doch als er ihr nah genug war, versetzte sie ihm mit
ihrer Zauberkeule einen Schlag auf den Hinterkopf, und sofort
sank er zu Boden.

An diesem Abend herrschte Leid im Königsschloß, und am
Morgen jammerten sie im Fischerhaus, denn sie sahen, daß ein
Baum verdorrt war. Der mittlere Sohn des Fischers sagte, sein
Bruder sei tot, und er schwor, er wolle ausziehen und entdek-
ken, wo der Leichnam seines Bruders liege. Er sattelte sein
schwarzes Pferd und ritt seinem schwarzen Hund hinterdrein –
denn die drei Söhne des Fischers hatten jeder ein schwarzes
Pferd und einen schwarzen Hund. Und geradenwegs, ohne
abzuschweifen, folgte er seinem Bruder auf dem Fuß, bis er am
Königshaus anlangte.

Nun glich dieser seinem älteren Bruder so, daß die Königstochter ihn für ihren Mann hielt. Er blieb im Schloß. Sie
berichteten ihm, was seinem Bruder zugestoßen war, und nun
hielt es ihn nicht länger, er mußte zum Schlößchen der alten
Frau, mochte es gut enden oder schlimm. Er ritt fort, und es
erging dem mittleren Sohn in allem genauso, wie es dem ältesten ergangen war. Mit einem Streich der Zauberkeule streckte
ihn die Alte neben seinem Bruder zu Boden.

Als der jüngste Sohn des Fischers sah, daß auch der zweite
Baum verdorrte, sagte er, daß nun seine beiden Brüder tot seien
und daß er herausfinden müsse, wie sie umgekommen seien. Er
sprang auf sein schwarzes Pferd und folgte dem Hund, wie
seine Brüder es getan hatten, und ritt, ohne anzuhalten, bis er
am Königshaus angelangt war. Der König freute sich sehr, ihn
zu sehen, aber sie wollten ihn nicht zum Schwarzen Schloß –

denn so nannten sie es – fortlassen. Doch es hielt ihn nicht, und so erreichte er das Schloß.

»Willkommen und alles Glück für dich, Fischerssohn! Wie freue ich mich, dich zu sehen! Komm herein und ruh dich aus«, sprach das alte Weib.

»Geh selber vor mir hinein, Alte, ich mag keine Schmeichelreden draußen vor der Tür; geh hinein und laß uns dann hören, was du zu sagen hast.«

Das alte Weib ging hinein, und als sie ihm den Rücken wandte, zog er sein Schwert und hieb ihr den Kopf ab; aber das Schwert flog ihm aus der Hand. Und im Nu fing die Alte ihren Kopf mit beiden Händen und hob ihn sich wieder auf den Hals, und er saß so fest wie zuvor. Der Hund sprang sie an, und sie schlug den kühnen Hund mit der Zauberkeule, und da lag er. Doch das machte den Jüngling nicht fauler. Er stürzte sich auf die Alte und rang mit ihr; er erwischte die Zauberkeule, ein Schlag, und im Handumdrehen lag die Alte auf der Erde. Er ging ein Stück weiter hinein, und da sah er seine beiden Brüder Seite an Seite liegen. Er gab jedem einen Schlag mit der Zauberkeule, und sie sprangen auf die Beine, und was fanden sie jetzt für eine Beute! Gold und Silber gab es im Schloß der Alten, ein Gegenstand immer kostbarer als der andere! Sie zogen zurück ins Königshaus, und dann gab es dort große Freude!

Der König wurde alt. Der älteste Fischerssohn wurde zum König gekrönt, und das Brüderpaar blieb ein Jahr und einen Tag lang in seinem Haus, dann traten die beiden mit dem Gold und Silber der Alten die Heimreise an und mit allen möglichen prachtvollen Sachen, die der König ihnen schenkte; und wenn sie inzwischen nicht gestorben sind, dann leben sie bis zum heutigen Tag.

62   Die drei weisen Männer

Es war einmal ein Pächter, der war sehr reich, aber er hatte sich nie nach einer Frau umgeschaut, obwohl er alt genug war, um verheiratet zu sein. So nahm er eines Tages Pferd und Sattel und ritt zum Haus eines andern Pächters, der eine Tochter hatte, um zu sehen, ob sie als Frau für ihn passe. Als er anlangte, bat ihn der andere herein und setzte ihm Essen und Trinken vor; dabei sah er die Tochter und dachte: Die könnte mir schon gefallen. Also sagte er zum Vater: »Ich denke, allmählich wird es für mich Zeit zum Heiraten; ich will mich nach einer Frau umsehen.«

Der Mann berichtete seiner Frau, was der Ankömmling gesagt hatte, und sie befahl der Tochter, schleunigst das Haus in Ordnung zu bringen; der und der sei gekommen und schaue sich nach einer Frau um, und sie solle gescheit sein und zeigen, wie gewandt sie sei. Nun schön, die Tochter war willig genug, so fing sie an, das Haus in Ordnung zu bringen, und das erste, woran sie dachte, war, das Feuer neu anzulegen. So rannte sie aus dem Haus zum Torfstapel. Während sie sich nun bückte und Torf in die Schürze sammelte, fiel ihr doch oben vom Stapel ein großer Brocken auf Kopf und Schultern. Da dachte sie bei sich: »Ach, wenn ich nun schon mit dem Mann verheiratet wäre und trüge ein Kind und dieser Riesenbrocken Torf wär' mir auf den Kopf gefallen, dann wär' es bestimmt aus mit mir und meiner ganzen Nachkommenschaft!« Und sie brach in einen Strom von Tränen aus, setzte sich hin und klagte und jammerte. Die Mutter wartete ungeduldig auf die Rückkehr der Tochter; schließlich ging sie hinaus und fand sie, wie sie weinend beim Torfstapel saß, und fragte: »Was ist dir denn passiert?« Und die Tochter sagte: »Oh, Mutter, der Torfstapel ist mir auf den Kopf gefallen, und ich hab gedacht, wenn ich nun mit dem Mann schon verheiratet wär' und ein Kind erwartete, dann wäre es aus mit mir und meiner gesamten Nachkommenschaft!« Und die Mutter sagte: »Das ist wohl wahr, Tochter, das ist wirklich wahr!« Und sie setzte sich hin und weinte ebenfalls. Inzwischen wurde es dem Vater kalt; er wunderte sich, wo die Frauen blieben, und ging gleichfalls hinaus, und als er sie fand, berichteten sie ihm, was geschehen war, und er sagte: »Wahrhaftig, das wäre ein Unglück gewesen!« Und auch er begann, laut zu schluchzen und zu jammern. Schließlich kam der Freier selbst heraus und fand sie alle weinend hinter dem Torfstapel, und als sie ihm erzählt hatten, worüber sie weinten, sagte er: »Macht euch nichts draus. Kann ja sein, das

kommt überhaupt nie vor. Geht rein und heult nicht mehr.«
Dann legte er seinem Pferd den Sattel auf und ritt wieder heim;
und im Reiten dachte er: »Was bin ich für ein Narr, daß ich
mein Leben lang hier kleben bleibe. Da sitz' ich und weiß von
der Welt nicht mehr als ein Strunk. Ich weiß, wie man Korn
anbaut, aber das ist auch alles. Ich will in die Welt ziehen und
sie mir ansehn, und ich komm' nicht wieder heim, bevor ich
drei Leute gefunden habe, die so weise sind wie die närrisch,
die ich dort beim Torfstapel sitzengelassen habe, wie sie heulten.« Als er nach Hause gekommen war, brachte er alles in
Ordnung, stieg aufs Pferd und ritt fort. Und viele Tage lang
reiste er durch das gälische Reich und durch das gälische Hochland und durch fremde Länder und erfuhr vieles. Am Ende
kam er eines Abends in ein Tal mit einem Fluß; am Fluß lag eine
schöne, grüne Wiese, und darauf standen drei Männer. Sie glichen einander wie ein Ei dem andern und trugen auch gleiche
Kleider: einen langen Rock mit kurzen Hosen und einen
breiten Gürtel um die Mitte und Mützen auf dem Kopf. (Was
für ein Anzug ist das? Das ist die Kleidung, die hier die Männer
tragen. Ich kann mich gut an meinen Vater erinnern; er hatte sie
immer an.) Der Pächter grüßte sie. Die drei erwiderten kein
Wort. Sie schauten ihn an, und dann neigten sie langsam einander die Köpfe zu, und so standen sie zehn Minuten lang mit
gesenkten Köpfen da. Dann hoben sie die Köpfe wieder, und
einer von ihnen sagte: »Wenn ich draußen hätte, was ich drin
habe, dann gäb' ich dir ein Lager für die Nacht.« Der zweite
sagte: »Wenn ich getan hätte, was noch ungetan ist, dann gäb'
ich dir ein Lager für die Nacht.« Und der dritte sagte: »Ich hab
nicht mehr als gewöhnlich, komm mit mir.« Also folgte der
Pächter dem alten Mann zu seinem Haus und wunderte sich
dabei, was das alles heißen sollte. Als sie hineingegangen waren
und sich gesetzt hatten, staunte er noch mehr, denn sein Wirt
bot ihm nichts zu trinken an, ehe er ihm alles über seine Reise
berichtet hatte. Dann sagte er: »Ein Trunk ist rascher als eine
Geschichte«, und dabei lachte der alte Mann auf und schlug auf
den Tisch, und eine schöne Frau kam herein und reichte dem
Pächter einen großen Becher mit gutem, starkem Bier. Und er
trank es und dachte dabei: »Wenn ich die zur Frau hätte, dann

wär' sie besser als die andere, die ich weinend am Torfstapel zurückgelassen habe.« Der alte Mann lachte abermals und sagte: »Wenn zwei einverstanden wären, dann könnte es sein.« Der Pächter staunte, daß der Alte seine Gedanken wußte und darauf antwortete, aber er sagte nichts. Dann schlug der Alte wieder auf den Tisch, und ein Mädchen kam herein, und der Pächter dachte: »Wenn ich die zur Frau hätte, dann wär' sie besser als das Mädel, das ich heulend am Torfstapel zurückgelassen habe.« Der alte Mann stieß wiederum ein kleines Lachen aus und sagte: »Wenn drei einverstanden wären, dann könnte auch das sein«, und das Mädchen setzte einen kleinen Topf aufs Feuer. Der Pächter betrachtete das kleine Gefäß und dachte: Der muß eine kleine Familie haben. – »Ach«, sagte der Mann, »es kommt schon hin.«

»Also hör«, sagte der Pächter, »ich muß einfach wissen, was das alles bedeutet. Ich will in diesem Haus weder essen noch trinken, außer, du sagst es mir. Ich habe euch gegrüßt, und ihr habt die Köpfe gesenkt und zehn Minuten lang keine Antwort gegeben. Als ihr spracht, hab ich euch nicht verstehen können, und jetzt scheinst du meine Gedanken zu wissen.« Da sagte der Alte: »Setz dich hin, und ich werde dir alles erklären. Unser Vater war ein sehr weiser Mann. Wie weise er war, haben wir erst gemerkt, als er schon lange von uns gegangen war. Wir sind drei Brüder, und auf dem Totenbett vermachte unser Vater uns dies schöne Stück Land, und wir besitzen es gemeinsam und noch vieles dazu. Unser Vater ließ uns schwören, daß wir über wichtige Sachen nur flüsternd beraten sollten. Als du kamst, beugten wir die Köpfe und flüsterten, wie wir's immer machen, denn Männer sind nicht imstande, sich flüsternd zu streiten, und wir zanken nie miteinander. Mein erster Bruder hatte den Leichnam seiner Schwiegermutter im Haus, und in ein Trauerhaus mochte er keinen Fremden bitten. Morgen soll sie begraben werden: Wenn das draußen gewesen wäre, was er drin hatte, dann hätte er dir ein Lager für die Nacht gegeben. – Mein zweiter Bruder hat eine Frau, die nichts macht, bevor sie nicht drei Stockschläge gekriegt hat. Danach ist sie so wie andre Weiber und eine gute Ehefrau; er mochte nicht, daß Fremde zusehen, wie er sie schlägt, und er wußte doch, ohne

393

das würde sie nichts tun: Wenn er getan hätte, was noch ungetan war, dann würde er dir ein Lager für die Nacht geben. – Ich
hatte nicht mehr zu tun als gewöhnlich. – Du hast deine Geschichte erzählt, und als meine Frau hereinkam, erriet ich
deinen Gedanken. Wär' ich tot und du und sie wären willens,
dann könntest du sie heiraten. Ebenso könntest du, wenn ich
und du und meine Tochter willens wären, die Tochter heiraten.
Also nun«, sagte der alte Mann, »setz dich hin und iß. Der
kleine Topf kommt schon hin, er genügt für uns. Meine Leute
essen außerhalb.«

Am nächsten Tag sagte der alte Mann: »Ich muß zum Haus
meines Bruders zu dem Begräbnis gehen. Du bleib hier.« –
»Nein«, sagte der Pächter, »ich bleibe nicht im Haus eines
Mannes, wenn er nicht daheim ist. Ich gehe mit dir zum Be-
gräbnis.« Als sie zurückkamen, blieb er eine Zeitlang bei dem
alten Mann. Er heiratete die Tochter und erhielt einen schönen
Teil von dem Besitz. Und nun sagt: Hat der Torfstapel dem
Pächter nicht Glück gebracht?

63   Die Witwe und ihre Töchter

Es war einmal eine arme Witwe, die hatte drei Töchter, und
alles, wovon sie sich ernährten, war ein Kohlgarten. Aber jeden
Tag kam ein großes, graues Pferd auf das Stückchen Land und
fraß von dem Kohl. Sagte die älteste Tochter zur Mutter:
»Heute will ich hinausgehen; ich nehme das Spinnrad mit und
scheuche das Pferd aus dem Kohl.« – »Tu das«, meinte die
Mutter. Sie ging hinaus. Das Pferd kam; sie nahm den Rocken
vom Rad und schlug das Pferd damit. Der Rocken haftete am
Pferd, und ihre Hand blieb an dem Rocken hängen. Fort ging
das Pferd, bis sie an einen grünen Hügel kamen; da rief es: »Tu
dich auf, tu dich auf, grüner Hügel, und laß den Königssohn
ein; tu dich auf, tu dich auf, grüner Hügel, und laß die Tochter
der Witwe ein.« Der Berg öffnete sich, und sie traten ein. Drin
wärmte er Wasser für ihre Füße und bereitete ein weiches Bett
für ihre Glieder, und sie legte sich zur Nacht hin. Früh am
nächsten Morgen stand er auf und schickte sich an, zur Jagd zu

gehen. Er gab ihr die Schlüssel des ganzen Hauses und sagte ihr, sie dürfe jede Kammer öffnen, nur eine einzige nicht. »Was du auch siehst, die eine laß zu. Und wenn ich heimkomme, mußt du mein Essen fertig haben. Wenn du eine gute Frau bist, heirate ich dich.«

Als er fort war, öffnete sie ein Zimmer nach dem andern, und eines war immer noch schöner als das vorige. So kam sie schließlich an das verbotene. Sie dachte: »Was kann drin sein, daß ich's nicht auch öffnen sollte?« Da schloß sie auf und trat ein, und es waren lauter vornehme Damen drin, allesamt tot, und sie stand bis zum Knie im Blut. Da lief sie schnell wieder hinaus und wollte sich den Fuß sauber wischen; doch soviel sie auch wusch und rieb, sie bekam das Blut nicht mehr herunter. Da spazierte eine kleine Katze heran und sagte: »Wenn du mir ein Tröpfchen Milch gibst, dann mach ich, daß dein Fuß wieder so sauber ist wie zuerst.« – »Du! Du häßliches Ding! Scher dich ja fort! Bildest du dir vielleicht ein, ich krieg ihn nicht besser sauber als du?« – »Aber ja, mach es nur ganz so, wie du denkst. Du wirst schon sehen, was dir passiert, wenn er wieder nach Hause kommt.«

Nach einer Weile kehrte er heim, und sie stellte ihm die Mahlzeit hin, und sie setzten sich an den Tisch. Doch bevor sie einen Bissen nahmen, erkundigte er sich: »Bist du heute eine gute Frau gewesen?« – »Aber ja«, antwortete sie. »Zeig mir deinen Fuß, und ich sag dir, ob du's warst oder nicht.« Sie hielt ihm den saubern hin. »Nun laß mich den andern sehen.« Als er das Blut erblickte, sagte er: »Oho!« Er stand auf, nahm die Axt und schlug ihr den Kopf ab; dann warf er sie in die Kammer zu den anderen. Er legte sich schlafen, und früh am nächsten Morgen ging er wieder zum Garten der Witwe. Da sagte die zweite Tochter zur Mutter: »Heute geh ich hinaus und verscheuche das graue Pferd aus dem Kohl.« Sie ging hinaus und nahm ihre Näherei mit. Sie schlug das Pferd mit dem Leinentuch, das sie säumte, das Tuch klebte am Pferd fest, und ihre Hand haftete an dem Tuch. Das Pferd setzte sich in Bewegung, und sie langten an dem Hügel an. Er rief den Berg an wie das erste Mal; der Hügel öffnete sich, und sie traten ein. Er wärmte Wasser für ihre Füße und bereitete ein weiches Bett für ihre Glieder, und sie legte sich für die Nacht hin. Frühmorgens schickte er sich an, jagen zu gehen, und sagte ihr, sie dürfe jede Kammer öffnen, nur, was immer sie sehe, nicht die eine. Sie schloß alle Zimmer nacheinander auf, bis sie an das letzte, kleine kam, da dachte sie: »Was kann da schon Besonderes drin sein, was in den andern nicht ist, daß ich's nicht aufmachen soll?« Also steckte sie den Schlüssel ins Schloß, drehte ihn, stieß die Tür auf und trat ein, und die Kammer war voller toter Damen und unter ihnen ihre eigene Schwester, und sie stand bis zum Knie in Blut. Da machte sie, daß sie wieder hinaus kam, und wusch und rieb sich; und die kleine Katze spazierte herbei und sagte zu ihr: »Wenn du mir ein Tröpfchen Milch gibst, dann mach ich, daß dein Fuß wieder so sauber ist wie erst.« – »Du! Du häßliches Ding! Scher dich weg! Bildest du dir vielleicht ein, ich krieg ihn nicht besser sauber als du?« – »Paß nur auf«, sagte die Katze, »was mit dir passiert, wenn er nach Hause kommt.« Als er kam, stellte sie ihm die Mahlzeit hin, und sie setzten sich an den Tisch. Sprach er: »Bist du heute eine gute Frau gewesen?« – »Aber ja«, sagte sie. »Laß mich deinen Fuß sehen, und ich sag dir, ob du's warst oder nicht.« Sie hielt ihm den saubereren Fuß hin. »Nun zeig mir den anderen.« Sie hielt ihn hin. »Oho!« sagte er, nahm die Axt und schlug ihr den Kopf ab; dann legte er sich für die Nacht hin.

Frühmorgens sagte die jüngste Tochter zur Mutter, während sie eben einen Strumpf strickte: »Heute geh ich mit meinem Strumpf hinaus und laure dem grauen Pferd auf. Ich will sehen, was mit meinen beiden Schwestern passiert ist, und ich komme dann und erzähle es dir.« – »Tu das«, sagte die Mutter, »und sieh zu, daß du nicht auch fortbleibst.«

Sie setzte sich hinaus, und das Pferd kam. Sie schlug mit dem Strumpf nach ihm. Der Strumpf klebte am Pferd fest und ihre Hand haftete an dem Strumpf. Das Pferd setzte sich in Bewegung, das Mädchen lief mit, und sie langten bei dem grünen Hügel an. Er rief die gleichen Worte aus wie die beiden ersten Male, und sie traten ein. Er wärmte Wasser für ihre Füße und bereitete ein weiches Bett für ihre Glieder, und sie legten sich für die Nacht hin. Am Morgen schickte er sich an, zur Jagd zu gehen, und sagte zu ihr: »Wenn du dich wie eine gute Frau benimmst, bis ich zurückkomme, dann ist in ein paar Tagen unsere Hochzeit.« Er gab ihr die Schlüssel und schärfte ihr ein, sie könne jede Kammer im Haus öffnen, nur nicht die kleine: »Sieh zu, daß du die nicht aufmachst.« Sie schloß eine nach der andern auf, und als sie zu dieser einen kam, dachte sie: »Was kann wohl da drin sein, daß ich sie nicht öffnen darf wie die andern?« Sie schob den Schlüssel ins Schloß und drehte ihn und stieß die Tür auf, da erblickte sie ihre beiden toten Schwestern, und sie versank bis zu beiden Knien im Blut. Sie lief hinaus und fing an, ihre Füße zu waschen und zu scheuern, aber sie brachte nicht das kleinste bißchen Blut von ihnen herunter. Da kam die kleine Katze zu ihr heranspaziert und sagte: »Gib mir ein Tröpfchen Milch, und ich mache, daß deine Füße wieder so sauber sind wie erst.« – »Die will ich dir gern geben, Mauzchen; wenn du mir die Füße säuberst, geb ich dir soviel Milch, wie du nur willst!« Die Katze leckte ihr die Füße so rein, wie sie gewesen waren. Bald darauf kehrte der König heim; sie stellte ihm das Mahl hin, und sie setzten sich an den Tisch. Bevor sie einen Bissen aßen, sagte er zu ihr: »Bist *du* heute eine gute Frau gewesen?« – »So einigermaßen«, sagte sie, »ich habe keinen Grund, mich zu brüsten.« – »Laß mich deine Füße sehen«, sagte er. Sie zeigte sie ihm. »Du warst eine brave Frau«, sagte er; »und wenn du noch ein paar Tage so durchhältst, dann werden du und ich heiraten.« Am Morgen ging er fort zur Jagd. Als er fort war, kam das Kätzchen zu ihr spaziert. »Jetzt will ich dir erklären, auf welche Art du am schnellsten seine Frau wirst«, sagte die Katze. »Im Haus gibt es eine Menge alter Truhen. Hol drei von ihnen vor und scheure sie. Dann sagst du ihm am nächsten Abend, daß er die Truhen, eine nach der andern, deiner Mutter ins Haus bringen muß, da sie hier nutzlos herumstehen und es noch eine Masse anderer gibt; du sagst ihm, daß er unterwegs keine davon öffnen darf und daß du ihn verlassen wirst, wenn er es doch tut; daß du auf einen Baum kletterst und ihm nachschauen und es sehen wirst, wenn er eine aufmacht. Dann, wenn er wieder auf der Jagd ist, schließt du die Kammer auf und holst deine beiden Schwestern heraus; du streichst mit dem Zauberknüttel über sie hin, dann werden sie wieder lebendig und geheilt sein, so wie zuvor. Dann reinigst du sie und steckst jede in eine Truhe, und du selber kriechst in die dritte hinein. Und in die Truhen packst du soviel Silber und Gold mit hinein, daß deine Mutter und deine Schwestern ihr Leben lang ausgesorgt haben. Wenn er die Truhen im Haus deiner Mutter abgesetzt hat und zurückkehrt, wird er in furchtbare Wut geraten; er wird zum Haus deiner Mutter stürmen und die Tür einrennen; sieh zu, daß du dann hinter der Tür stehst, und schlag ihm mit der Riegelstange den Kopf ab; und dann wird er ein Prinz sein, so schön wie zuvor, und wird dich heiraten. Sag deinen Schwestern, wenn er unterwegs versucht, die Truhen zu öffnen, so sollen sie rufen: ›Ich seh dich, ich seh dich!‹ Dann wird er denken, daß du von deinem Baum herunter rufst.«

Und die Jüngste machte alles so, wie das Kätzchen ihr geraten hatte, und er trug, sowie er heimgekehrt war, die Truhen fort, eine nach der anderen, zuerst die beiden mit den Schwestern und dann die letzte mir ihr selber. Und jedesmal, wenn er in die Schlucht kam, durch die der Weg führte, dachte er, hier könne sie ihn von ihrem Baum aus nicht sehen; da schickte er sich an, die Truhe abzusetzen, um nachzuschauen, was darin sei. Da rief die in der Truhe: »Ich seh dich, ich seh dich!«

»Glück und Segen über deinen hübschen, kleinen Kopf!« sagte er, »wenn du mal nicht eine tüchtige Strecke weit sehen kannst!«

Als er aber zum drittenmal wieder heimkehrte und die jüngste Tochter nicht im Hügelhaus vorfand, geriet er in furchtbare Wut; er stürmte zurück zur Hütte der Witwe, und als er bei der Tür anlangte, rannte er die Tür ein. Sie stand dahinter und schlug ihm mit der Türstange den Kopf ab. Da wurde er zu einem Königssohn, so schön, wie nur je einer gelebt hat; so stand er drinnen, und sie waren froh und glücklich. Sie und er heirateten, und die beiden ließen ihrer Mutter und den Schwestern soviel Gold und Silber, daß sie es nun ihr Leben lang gut hatten.

Es war einmal ein König von Lochlin, der hatte drei Töchter; eines Tages gingen sie zu einem Spaziergang aus, da kamen drei Riesen und nahmen die Königstöchter mit, und keiner wußte, wohin sie gegangen waren. Da schickte der König nach dem Wahrsager und fragte ihn, ob er wisse, wohin seine Töchter gegangen wären. Der Wahrsager sagte dem König, drei Riesen hätten sie mitgenommen, und sie wären tief in der Erde bei ihnen, und es gebe keinen Weg, sie zu erlangen, als indem man ein Schiff baue, das zu Meer wie zu Lande segele; und so kam es, daß der König bekanntmachen ließ, wer immer ein Schiff baue, das auf dem Land wie auf dem Wasser segele, werde des Königs älteste Tochter zur Frau erhalten.

Es lebte dort eine Witwe, die hatte drei Söhne, und der älteste sagte eines schönen Tages zur Mutter: »Back mir einen Haferkuchen und brat mir einen Hahn; ich gehe fort und fälle Holz und baue ein Schiff, das auf die Suche nach den Königstöchtern fährt.« Die Mutter sagte zu ihm: »Was ist dir lieber, ein großer Haferkuchen mit meinem Fluch oder ein kleiner mit meinem Segen?«

»Gib mir einen großen, er wird wenig genug sein, bis ich das Schiff fertig habe.« Er bekam den Haferkuchen und ging los. Er kam an einen großen Wald, und bei dem Wald floß ein Fluß, und er setzte sich ans Ufer, um den Haferkuchen zu verzehren. Eine große Uruisg kam aus dem Fluß und bat um ein Stück vom Haferkuchen. Er sagte, er werde ihr kein Bröckchen geben, er habe selber lange nicht genug. Dann fing er an, Holz zu fällen, und jeder Baum, den er umlegte, stand sofort wieder aufrecht da, und so war es, bis die Nacht kam.

Als es dunkel war, ging er traurig heim, tränenüberströmt und blind vor Kummer. Die Mutter fragte: »Wie ist es dir heute ergangen, mein Sohn?« Er sagte: »Alles ist elend schlecht gelaufen: jeder Baum, den ich gefällt habe, stand sofort wieder aufrecht da.«

Ein oder zwei Tage später sagte der mittlere Bruder, daß nun er gehen wolle, und bat die Mutter, ihm einen Kuchen zu backen und einen Hahn zu braten; und genauso, wie es dem ältesten ergangen war, ging es auch ihm.

Die Mutter sagte dasselbe zum Jüngsten, und *er* wählte den kleinen Haferkuchen. Die Uruisg kam und bat um einen Teil vom Kuchen und vom Hahn. Er sagte zu ihr: »Das sollst du haben.« Als die Uruisg ihren Teil vom Kuchen und vom Hahn gegessen hatte, sagte sie zu ihm: »Ich weiß so gut wie du selber, was dich hergebracht hat. Geh du aber heim und komm bestimmt wieder hierher zu mir, wenn ein Jahr und ein Tag vergangen sind. Dann wird das Schiff fertig sein.«

Und so kam es: Als ein Jahr und ein Tag vorüber waren, ging der jüngste Sohn der Witwe hin und fand, daß die Uruisg das Schiff zu Wasser gelassen hatte; voll ausgerüstet, schwamm es auf dem Fluß. Da segelte er denn davon, und drei Herren, die vornehmsten im Königreich, die des Königs Töchter heiraten sollten, fuhren mit. Sie segelten noch nicht lange, da erblickten sie einen Mann, wie er einen Fluß austrank. Der Sohn der Witwe fragte ihn: »Was machst du da?«

»Ich trinke den Fluß aus.«

»Komm lieber mit, und ich gebe dir Essen und Lohn und bessere Arbeit als das.«

»Abgemacht«, sagte er.

Sie waren noch nicht weit vorangekommen, als sie einen Mann trafen, der in einem Pferch einen jungen Stier aufaß. »Was machst du da?« fragte er.

»Ich bin dabei, hier alle Jungstiere im Pferch aufzuessen.«

»Komm lieber mit, und du kriegst Arbeit und Lohn, besser als rohes Fleisch.«

»Abgemacht«, sagte er.

Sie fuhren eine kurze Strecke, da sahen sie einen andern Mann mit dem Ohr an der Erde liegen.

»Was machst du da?« fragte er.

»Ich höre zu, wie das Gras durch die Erde stößt.«

»Komm mit, und du kriegst Essen und bessern Lohn, als hier zu liegen, mit dem Ohr am Boden.«

So segelten sie auf und ab, als der Mann, der lauschte, sagte: »Hier ist der Ort, wo die Königstöchter und die Riesen im Erdinnern sind.«

Der Sohn der Witwe und die drei, die sich zu ihnen gesellt hatten, wurden in einem Fischkorb in ein großes Loch hinuntergelassen, das dort war. Sie erreichten das Haus des ältesten Riesen.

»Haha!« sagte der Riese, »ich weiß wohl, was du hier suchst. Du suchst die Königstochter, aber die kriegst du nicht, außer, du hast einen Mann, der soviel Wasser trinken kann wie ich.«

Er ließ den Mann, der den Fluß austrank, gegen den Riesen zum Wett-Trinken antreten; und bevor er auch nur halb genug hatte, platzte der Riese. Da gingen sie weiter zum zweiten.

»Hoho! Haha!« sagte der, »ich weiß wohl, was dich herbringt. Du suchst die Königstochter. Aber die kriegst du nicht, außer, du hast einen Mann, der ebensoviel Fleisch essen kann wie ich.«

Er ließ den Mann, der den Jungstier aufaß, zum Wettessen gegen den Riesen antreten; doch bevor er auch nur halb satt war, platzte der Riese. Da gingen sie weiter zum dritten.

»Heio!« sagte der Riese, »ich weiß, was dich herbringt; aber die Königstochter kriegst du auf gar keinen Fall, außer, du bleibst ein Jahr und einen Tag als mein Diener bei mir.«

»Abgemacht«, sagte er, und er schickte im Korb erst die drei Männer hinauf und dann die Königstöchter. Die drei großen Herren warteten am Höhleneingang, bis sie hinaufkämen, und gingen mit ihnen zum König und erzählten dem, daß sie selber alle die kühnen Taten vollbracht hätten.

Als das Jahr und der Tag vorüber waren, sagte er zu dem Riesen: »Jetzt gehe ich!«

Der Riese sagte, er besitze einen Adler, der ihn in der Höhle nach oben und hinaus tragen werde. Der Riese schickte den Adler mit ihm fort und gab ihm fünfzehn Jungstiere zum Fraß für den Vogel mit; doch der war noch nicht bis zur Hälfte nach oben geflogen, da waren die Jungstiere gefressen, und der Adler kehrte zurück.

Da sagte der Riese zu ihm: »Du mußt noch ein Jahr und einen Tag bei mir bleiben, und dann schick ich dich fort.« Als das Ende des Jahres gekommen war, sandte er den Adler mit ihm und mit dreißig Jungstieren fort. Diesmal gelangten sie weiter hinauf als beim vorigen Mal; doch der Adler fraß die Jungstiere auf und kehrte um. »Du mußt noch ein Jahr bei mir bleiben«, sagte der Riese, »und dann will ich dich fortschicken.« Das Ende dieses Jahres kam, und der Riese schickte sie fort mit sechzig Jungstieren als Fraß für den Adler; doch als sie an der Höhlenmündung anlangten, waren die Jungstiere gefressen, und der Vogel wandte sich zur Rückkehr; da schnitt sich der Sohn der Witwe ein Stück Fleisch aus dem eigenen Schenkel und gab das dem Adler, und mit einem Flügelschlag war der auf der Erdoberfläche.

Zum Abschied schenkte ihm der Adler eine Pfeife und sagte dabei zu ihm: »Kommt je ein Mißgeschick über dich, so pfeife, und ich bin bei dir.«

Er gönnte seinem Fuß keine Rast und schüttete keine Erdkrume aus seinem Schuh, bevor er des Königs Hauptstadt erreicht hatte. Dort ging er zu einem Schmied und fragte ihn, ob er einen Knecht brauche, der den Blasebalg bedient. »Doch«, sagte der Schmied, »den brauche ich schon.« Er war noch nicht lange dort, da sandte des Königs älteste Tochter nach seinem Herrn. »Ich höre«, sagte sie, »du bist der beste Schmied in der Stadt; aber wenn du mir nicht eine goldene Krone machst, so wie ich sie hatte, als ich noch beim Riesen war, laß ich dir den Kopf abschlagen.« Der Schmied kehrte voll Kummer nach Hause zurück, und seine Frau erkundigte sich, was es im Königshaus Neues gäbe. »Erbärmliche Neuigkeiten!« sagte der Schmied, »die Königstochter verlangt von mir eine goldene Krone genau wie die, welche sie unter der Erde beim Riesen getragen hat; doch wie soll ich wissen, wie die Krone beim Riesen aussah?« Der Blasebalgknecht sagte: »Mach dir deswegen keine Gedanken. Verschaff mir reichlich Gold, und ich werde die Krone bald fertig haben.«

Auf des Königs Befehl erhielt der Schmied soviel Gold, wie er verlangte. Der Knecht begab sich in die Schmiede und verschloß die Tür hinter sich; und dann fing er an, das Gold in Stückchen zu zerbrechen und aus dem Fenster zu werfen. Jeder, der vorüberkam, las sich von dem Gold auf, das der Blasebalgbursche hinausschleuderte. Und nun blies er in die Pfeife, und im Handumdrehen war der Adler da. »Flieg hin«, sagte er zu ihm, »und hol mir die goldene Krone, die beim ältesten Riesen über der Tür liegt.« Der Adler flog fort, und nicht lange, so kehrte er mit der Krone zurück. Der Bursche gab sie dem Schmied. Der Schmied lief fröhlich und heiter mit der Krone zur Königstochter. »Na schön«, sagte sie, »wenn ich nicht wüßte, daß es unmöglich ist, so würde ich glauben, das müßte die Krone sein, die ich beim Riesen trug.« Des Königs mittlere Tochter sagte zum Schmied: »Wenn du mir nicht eine silberne Krone machst wie die, welche ich beim Riesen hatte, kostet dich das den Kopf.« Der Schmied schlich sich trübselig heim; aber seine Frau wartete schon vor der Tür auf ihn, begierig, Neuigkeiten zu erfahren und Schmeicheleien zu vernehmen. Aber es war so, daß der Knecht sagte, er wolle die Silberkrone schon machen, wenn er reichlich Silber erhalte. Der König ordnete an, dem Schmied vollauf Silber zu geben. Der Knecht schloß sich in der Schmiede ein, zerbrach das Silber in kleine Stücke und warf sie zum Fenster hinaus. Dann pfiff er, und der Adler erschien. »Flieg hin«, sagte er, »und bring mir die Silberkrone, die des Königs mittlere Tochter beim Riesen trug.«

Der Adler flog davon und war nicht lange unterwegs, bis er die Silberkrone brachte. Der Schmied lief fröhlich und heiter mit der Silberkrone zur Königstochter. »Na schön«, sagte sie, »die gleicht wunderbar der Krone, die ich beim Riesen hatte.« Des Königs Jüngste sagte dem Schmied, er solle für sie eine Krone aus Kupfer machen wie die, welche sie beim Riesen getragen habe. Diesmal verlor der Schmied nicht den Mut, und der Heimweg ward ihm nicht so sauer. Der Knecht fing an, das Kupfer zu zerstückeln und zur Tür und zum Fenster hinaus zu werfen; und aus allen Enden der Stadt liefen die Leute herbei und sammelten das Kupfer auf, wie sie Gold und Silber aufgelesen hatten. Er blies in die Pfeife, und der Adler stand neben ihm. »Flieg zurück«, sagte er, »und hol mir die Kupferkrone, die des Königs Jüngste beim Riesen trug.« Der Adler flog davon und brauchte nicht lange, bis er wieder da war. Der Bursche gab die Krone dem Schmied. Der Schmied lief fröhlich, heiter zur jüngsten Königstochter und gab sie ihr. »Schön!« sagte sie, »wenn es irgendeinen Weg gäbe, sie zu kriegen, so wär ich sicher, das ist genau die Krone, die ich drunten beim Riesen trug.« Da sagte der König zum Schmied, er müsse ihm erzählen, wo er das Kronenschmieden gelernt habe, »denn«, sagte er, »ich wüßte nicht, daß es in meinem ganzen Reich noch einen wie dich gäbe«.

»Also gut«, sagte der Schmied, »mit Eurer Erlaubnis, o König, nicht ich hab die Kronen gemacht, sondern der Knecht, der mir den Blasebalg drückt.«

»Den muß ich sehen«, sagte der König, »der muß mir auch eine Krone machen.«

Der König befahl, eine Kutsche mit vier Pferden zu bespannen: Seine Diener sollten den Schmiedsknecht holen. Als die Kutsche bei der Schmiede vorfuhr, war der Schmiedsknecht drinnen, rußig und verdreckt, und trat und zog den Blasebalg. Die Pferdeknechte kamen und fragten nach dem Mann, der den König besuchen solle. Der Schmied sagte: »Dort drüben, am Blasebalg, das ist er.«

»Uff!« sagten sie, packten ihn und warfen ihn kopfüber in die Kutsche, als hätten sie es mit einem Hund zu tun.

Sie waren noch nicht weit gekommen, da blies er in die Pfeife, und sofort war der Adler neben ihm, und er sagte zu ihm: »Wenn du mir je was Gutes getan hast: Hol mich hier raus und füll hier Steine rein!« sagte er. Das tat der Adler. Der König stand draußen und wartete auf die Kutsche; und als er den Schlag öffnete, wäre er um ein Haar umgekommen, denn die Steine stürzten auf ihn herunter. Sofort ließ er die Pferdeknechte greifen und aufhängen, weil sie dem König eine solche Schmach angetan hatten.

Nun schickte der König andere Pferdeknechte mit der Kutsche los; und als sie in der Schmiede anlangten, sagten sie: »Uff, uff! den schwarzen Kerl dort sollen wir zum König holen?« Sie packten ihn und warfen ihn in die Kutsche, als hätten sie mit einem Torfballen zu tun. Aber sie kamen nicht weit mit ihm, da blies er in die Pfeife, und sofort war der Adler neben ihm, und er sagte zu ihm: »Hol mich hier raus und füll allen Schmutz, den du kriegen kannst, hier rein.« Als die Kutsche am Königspalast anlangte, ging der König hin, um den Schlag zu öffnen. Da flog ihm sämtlicher Schmutz und Kehricht um den Kopf. Nun geriet der König in große Wut und befahl, die Pferdeknechte sofort aufzuhängen. Jetzt schickte er seinen Leibdiener aus; und als der in die Schmiede kam, faßte er den schwarzen, balgtretenden Knecht bei der Hand. »Der König schickt mich, dich zu holen. Wasch dir lieber den Kohlestaub ein bißchen vom Gesicht.« Das tat der Bursche; er wusch sich blank und sauber, und des Königs Leibdiener nahm ihn bei der Hand und setzte ihn in die Kutsche. Sie waren noch nicht lange unterwegs, da blies er in die Pfeife. Der Adler kam, und er bat ihn, unverzüglich das goldene und silberne Gewand zu bringen, das beim ersten Riesen lag; und nicht lange, so war der Adler damit zurück. Er putzte sich mit dem Anzug des Riesen heraus. Und als sie am Königspalast anlangten, trat der König an die Kutsche und öffnete den Schlag, und da war der feinste Mann, der ihm je vor Augen gekommen war. Der König nahm ihn mit hinein, und er berichtete dem König von Anfang bis Ende, was ihm widerfahren war. Die drei vornehmen Herren, die drauf und dran gewesen waren, die Prinzessinnen zu heiraten, wurden gehängt, und er bekam des Königs älteste Tochter zur Frau; und sie feierten Hochzeit zwanzig Nächte und zwanzig Tage lang; und als ich von ihnen fortging, tanzten sie noch, und soviel ich weiß, machen sie ihre Kapriolen auf dem Tanzboden bis zum heutigen Tag.

65   Die drei Witwen

Es waren einmal drei Witwen, und jede von ihnen hatte einen Sohn. Dòmhnull hieß der Sohn von der einen.

Dòmhnull besaß vier junge Stiere, und die übrigen Söhne hatten jeder nur zwei. Sie schimpften darüber immerzu und sagten, er verbrauche mehr Gras als sie. Eines Nachts gingen sie in den Pferch, packten Dòmhnulls Jungstiere und töteten sie. Als Dòmhnull morgens aufstand und hinausging, um nach seinen Stieren zu sehen, fand er sie tot.

Er zog ihnen die Häute ab, salzte sie ein und nahm eine davon mit in die große Stadt, um sie zu verkaufen. Der Weg war so lang, daß die Nacht über ihn hereinbrach, bevor er die große Stadt erreichte. Er ging in einen Wald und legte sich die Haut über den Kopf. Da kam eine Schar Vögel und ließ sich auf der

Haut nieder; er streckte die Hand aus und packte einen. Gegen Morgengrauen ging er weiter; er begab sich zum Haus eines Herrn.

Der Herr kam an die Tür und erkundigte sich, was er da unter der Achsel trage. Er sagte, er habe einen Wahrsager. »Was kann einem der denn weissagen?« – »Ach, alles, was es gibt«, sagte Dòmhnull. »Dann laß ihn was prophezeien«, sagte der Herr. Dòmhnull preßte die Haut zusammen, und der Vogel krächzte. »Was sagt er?« fragte der Herr. »Er sagt, daß Ihr den Wunsch hegt, ihn zu kaufen, und daß Ihr zweihundert Pfund Sächsisch für ihn bezahlen werdet«, sagte Dòmhnull. »Na ja, sicher, das stimmt schon! Wenn ich wüßte, er prophezeit mir, dann gäb ich das für ihn«, sagte der Herr.

Also kaufte der Herr Dòmhnull den Vogel ab und bezahlte zweihundert Pfund Sächsisch für ihn.

»Seht zu, daß Ihr ihn nicht an irgendwen verkauft, wer weiß, vielleicht komm ich selber noch mal seinetwegen her. Ich gäbe ihn Euch nicht mal für dreitausend Pfund Sächsisch, wenn ich nicht gerade arg in der Klemme säße.«

Dòmhnull wanderte heim, und von da an gab der Vogel nicht die Spur einer Weissagung von sich.

Beim Essen begann Dòmhnull, sein Geld zu zählen. Und wer schaute ihm dabei zu? Die beiden, die ihm die Jungstiere erschlagen hatten. Sie kamen herein.

»Ach, Dòmhnull«, sagten sie, »wie bist du an all das Geld gekommen, das du da hast?«

»So, wie ihr 's auch könnt. Ich bin euch ja wirklich dankbar, daß ihr die Jungstiere für mich getötet habt«, sagte er. »Schlagt eure eigenen tot, zieht ihnen die Haut ab und bringt die Häute in die große Stadt und ruft aus: ›Wer kauft eine Rindshaut?‹ und ihr kriegt eine Masse Geld.«

Sie erschlugen ihre Jungstiere und häuteten sie. Sie trugen die Häute in die große Stadt und fingen an zu schreien: »Wer kauft eine Rindshaut?« So schrien sie sich den ganzen Tag über die Seele aus dem Leib, und als die Leute in der großen Stadt es satt hatten, sie zu foppen, kehrten die beiden nach Hause zurück.

Nun wußten sie nicht, was sie machen sollten. Sie waren wütend, weil sie ihre Jungstiere getötet hatten. Da sahen sie

Dòmhnulls Mutter zum Quell gehen; sie packten sie und erwürgten sie.

Als Dòmhnull sich allmählich Sorgen machte, weil seine Mutter so lange ausblieb, ging er hinaus, um sie zu suchen. Er kam zum Brunnen, da fand er sie tot.

Er wußte nicht, was er tun sollte. Da nahm er sie mit sich nach Hause.

Am Morgen zog er ihr ihre besten Kleider an und trug sie in die große Stadt. Dort ging er mit ihr auf den Schultern zum Haus des Königs. Als er dort anlangte, stand er unversehens vor einem großen Brunnen.

Er ging hin, stieß einen Stock am Rand des Brunnens in den Boden und stellte die Tote so auf, daß sie mit der Brust auf dem Stab lehnte. Dann ging er an die Tür, klopfte, und die Dienstmagd kam heraus.

»Richte dem König aus«, sagte er, »daß dort drüben eine ehrbare Frau ist und daß sie was mit ihm zu verhandeln hat.«

Die Dienstmagd teilte das dem König mit.

»Sag ihm, er soll ihr bestellen, daß sie herüberkommen soll«, sprach der König.

»Der König bittet dich, ihr zu sagen, daß sie herüberkommen soll«, verkündete die Magd dem Dòmhnull.

»Ich gehe nicht hin; geh du selber. Ich bin müde genug.«

Die Magd ging wieder hinauf und berichtete dem König, dem Mann falle es gar nicht ein, zu der alten Frau zu gehen.

»Dann geh eben selber«, sagte der König.

»Wenn sie dir keine Antwort gibt«, sagte Dòmhnull zu der Magd, »dann stoß sie ein bißchen an; sie ist taub.«

Die Magd langte bei der Alten an.

»Gute Frau«, sagte sie zu ihr, »der König bittet Euch, zu ihm zu kommen.«

Die Tote rührte sich nicht. Die Magd versetzte ihr einen kleinen Puff, und sie sagte immer noch kein Wort. Dòmhnull sah aus der Entfernung alles mit an.

»Zieh ihr den Stock unter der Brust weg«, sagte Dòmhnull, »sie schläft.«

Sie zog ihr den Stock unter der Brust weg, und da stürzte sie kopfüber in den Brunnen.

Da erhob er ein Geschrei: »O weh, o weh! Meine Mutter ist im Brunnen ertrunken! Was soll ich nun tun!« Und er schlug die Hände zusammen und heulte so, daß man ihn drei Meilen entfernt noch hören konnte.

Der König kam heraus. »O mein Bursche, red nicht davon, und ich will für deine Mutter bezahlen. Wieviel verlangst du für sie?«

»Fünfhundert Pfund Sächsisch!« sagte Dòmhnull.

»Du kriegst das noch in dieser Minute!« sagte der König.

Dòmhnull bekam die fünfhundert sächsischen Pfunde. Er ging dorthin, wo seine Mutter war; er zog ihr die Kleider aus und warf sie in den Brunnen.

Er ging heim und zählte sein Geld. Da kamen die beiden andern vor seine Hütte, um zu sehen, ob er um seine Mutter klage. Sie fragten ihn: »Wo hast du all das Geld her?«

»Da, wo ihr's auch kriegen könnte, wenn ihr wollt«, sagte er.

»Wie denn?«

»Tötet eure Mütter und nehmt sie auf die Schultern und tragt sie in die große Stadt und ruft: ›Wer kauft tote alte Weiber?‹ Dann kriegt ihr ein Vermögen.«

Als sie das hörten, liefen sie heim, und alle beide schlugen mit einem Stein in einem Strumpf auf ihre Mütter ein, bis sie tot waren.

Am nächsten Tag zogen sie in die große Stadt. Sie hoben an zu rufen: »Wer kauft tote alte Weiber?« Und da war niemand, der *das* zu kaufen wünschte.

Als die Leute in der großen Stadt es müde waren, sie zu foppen, hetzten sie ihnen die Hunde hinterher.

Als sie in der Nacht heimkamen, legten sie sich hin und schliefen. Sowie sie am Morgen aufgestanden waren, gingen sie zu Dòmhnull, packten ihn und steckten ihn in ein Faß. Sie trugen es bergauf, um es von einem Felsgipfel hinunterzurollen. Dabei ließen sie sich Zeit. Der eine sagte zum andern: »Der Weg ist weit, und der Tag ist heiß; wir könnten uns eigentlich einen Schluck genehmigen.« Sie traten ins Wirtshaus und ließen ihn im Faß draußen auf der Landstraße. Da hörte er ein Getrappel nahen, das war nichts anderes als ein Schäfer mit hundert Schafen. Der Schäfer kam heran, und Dòmhnull im Faß fing an, auf der Maultrommel zu spielen, denn die hatte er bei sich. Der Schäfer schlug mit seinem Stab gegen die Tonne. »Wer ist da drin?« fragte er. »Ich«, sagte Dòmhnull. »Und was machst du da drin?« erkundigte sich der Schäfer. »Ich verschaffe mir hier drin ein Vermögen!« sagte Dòmhnull, »so einen Ort mit Gold und Silber hat noch nie jemand gesehen. Gerade habe ich tausend Börsen gefüllt; fast habe ich schon genug beisammen.«

»Schade«, sagte der Hirt, »daß du mich nicht ein Weilchen hineinläßt.«

»Kommt gar nicht in Frage. Da müßte mir einer schon viel bieten, damit ich ihn hier hereinließe.«

»Willst du mich wirklich nicht hineinlassen? Nicht einmal für ein Minütchen? Hättest du nicht trotzdem immer noch reichlich für dich?«

»Also meinetwegen, armer Kerl, da du's so nötig hast, laß ich dich halt rein. Schlag den Boden aus dem Faß und komm her; aber lange bleibst du mir nicht drin«, sagte Dòmhnull.

Der Hirt schlug den Boden aus dem Faß, und Dòmhnull stieg heraus; er ergriff den Schäfer bei den Schenkeln und stopfte ihn kopfunter in die Tonne.

»Hier ist weder Silber noch Gold«, sagte der Hirt.

»Du siehst nichts, bevor der Boden wieder drauf ist!« sagte Dòmhnull.

Dann ging er hin und wickelte sich in das Plaid, das der Schäfer umgehabt hatte, und als er das Plaid umhatte, folgte ihm der Hund. Nicht lange danach kamen die beiden andern aus dem Wirtshaus, packten das Faß, hoben es sich auf die Schultern und gingen damit fort.

Der Schäfer sagte unablässig von Minute zu Minute: »Ich bin's, der drin ist! Ich bin's, der drin ist!« – »Ach, du bist's, Schurke! Nicht möglich, du?«

Sie langten auf der Felsspitze an und ließen das Faß mit dem Hirten drin den Fels hinabrollen.

Als sie zurückkehrten, wen erblickten sie? Niemand anders als Dòmhnull mit seinem Plaid und seinem Hund und seinen hundert Schafen in einem Pferch.

Sie gingen zu ihm hin.

»O Dòmhnull«, sagten sie, »wie kommst du denn hierher?«

»So, wie ihr's auch könnte, wenn ihr's versuchen wollt. Als ich im Jenseits angelangt war, haben sie dort zu mir gesagt, ich hätte noch massenhaft Zeit hinzukommen, und schafften mich wieder hierher, zusammen mit hundert Schafen, damit ich ein bißchen zu Geld komme.«

»Und würden sie uns dasselbe geben, wenn wir hingingen?« fragten sie.

»Klar doch. Das machen die«, sagte Dòmhnull.

»Aber wie kommen wir hin?« fragten sie.

»Genau auf die Art, wie ihr mich hingeschickt habt«, sagte er.

Sie zogen los und nahmen zwei Fässer mit, um sich oben hineinzusetzen.

Als sie auf dem Gipfel anlangten, kroch der eine in sein Faß, und der andere stieß ihn den Felsen hinunter. Der im Faß stieß unten ein Gebrüll aus, dann zersprang ihm beim Aufprall der Schädel.

Der andere fragte Dòmhnull: »Was hat er gesagt?«

»Er schreit: Kühe und Schafe, Reichtum und Gewinn!« sagte Dòmhnull.

»Runter mit mir, runter mit mir!« sagte der andere.

Er verschwendete keine Zeit, um ins Faß zu steigen. Er tat einen Kopfsprung hinab und zerschlug sich den Schädel.

Dòmhnull ging nach Hause und hatte nun das Land für sich allein.

66   Die Erbschaft

Es war einmal ein Pächter, und der war wohlhabend. Er hatte drei Söhne. Als er auf dem Totenbett lag, rief er sie zu sich und sagte:

»Meine Söhne, ich werde nun von euch gehen; laßt unter euch keinen Streit aufkommen, wenn ich nicht mehr da bin. In der und der Lade im Geschirrschrank in der Hinterstube werdet ihr eine Summe in Gold finden; teilt ehrlich und gerecht, führt zusammen den Hof und lebt miteinander so wie mit mir.« Und bald darauf tat der alte Mann den letzten Atemzug. Die Söhne begruben ihn; und als alles vorbei war, gingen sie an die Schublade, und als sie den Kasten herauszogen, war nichts darin.

Eine Weile standen sie da und sagten kein Wort. Dann meinte der Jüngste: »Wer kann wissen, ob da je Geld drin war?« Der zweite sprach: »Bestimmt ist dort Geld gewesen, ganz gleich, wo es jetzt steckt.« Und der Älteste sagte: »Unser Vater hat nie eine Lüge über die Lippen gebracht. Bestimmt hat hier Geld gelegen, wenn ich auch die Sache nicht verstehe. Kommt«, fuhr der Älteste fort, »laßt uns zu Vaters altem Freund gehen. Er hat ihn gut gekannt; er ist mit ihm zur Schule gegangen, und keiner hat soviel wie er von Vaters Angelegenheiten gewußt. Laßt uns gehn und ihn um Rat fragen.«

So gingen die Brüder ins Haus des alten Mannes und berichteten ihm, was sich zugetragen hatte. »Bleibt bei mir«, sagte der Alte, »und ich denke über die Sache nach. Verstehen kann ich sie nicht; aber ihr wißt ja, euer Vater und ich waren die besten Freunde. Als er Kinder kriegte, wurde ich bei euch Pate, und als ich Kinder kriegte, hielt er sie über die Taufe. Ich weiß, daß euer Vater nie eine Lüge ausgesprochen hat.« Und er behielt alle drei da und gab ihnen zehn Tage lang Essen und Trinken.

Dann schickte er nach den drei Burschen, hieß sie sich setzen und sagte:

»Es war einmal ein junger Mann, der war arm und verliebte sich in die Tochter eines reichen Nachbarn, und sie in ihn; aber weil er so arm war, konnte es keine Hochzeit geben. So versprachen sie sich einander, und der junge Mann ging fort und blieb allein in seinem Haus. Nach einer Weile kam ein anderer Freier, und weil er reich war, brachte der Vater das Mädchen dazu, daß sie in die Ehe einwilligte, und nach einer Weile wurden sie auch getraut. Aber als der junge Ehemann danach zu ihr kam, fand er sie weinend und wehklagend und fragte: »Was hast du denn?« Lange wollte die junge Frau nicht mit ihrem Kummer herausrücken, aber schließlich erzählte sie ihm alles, was vorgefallen war und wie sie sich einem andern versprochen hatte. »Zieh dich an«, sagte ihr Mann, »und folge mir.« So zog sie sich das Hochzeitskleid wieder an, und er holte sein Pferd aus dem Stall und ließ sie hinter sich aufsitzen und ritt zum Haus des andern Mannes, und als er dort angelangt war, schlug er an die Tür und schrie: »Ist jemand drinnen?« Und als der andere antwortete, ließ er die Frau dort an der Tür stehen, sagte nichts und kehrte nach Hause zurück. Der andere aber stand auf, zündete ein Licht an, und wen fand er da als die Braut im Hochzeitskleid.

»Was bringt dich her?« fragte er. »Er«, sagte die Braut. »Ich bin heute mit ihm getraut worden, und als ich ihn von unserm Versprechen erzählte, hat er mich hergebracht und hier stehenlassen.«

»Setz dich hin«, sagte der arme Mann, »bist du nicht getraut?« Er holte sein Pferd aus dem Stall, ritt zum Pfarrer und holte ihn ins Haus, und vor dem Pfarrer entband er die Frau von dem Versprechen, das sie ihm einst gegeben hatte, und reichte ihr ein paar Zeilen, in denen stand, sie sei frei; dann hob er sie aufs Pferd und sagte: »Nun kehr zu deinem Mann zurück.«

So ritt die Braut in ihrem Hochzeitskleid in der Dunkelheit fort. Sie war noch nicht weit gekommen, da gelangte sie in einen dichten Wald, wo drei Räuber sie anhielten und packten. »Aha!« sagte der eine, »Wir haben lange umsonst gewartet, aber da haben wir die Braut selber.« »Oh!« sagte sie, »laßt mich gehen: Laßt mich zu meinem Mann. Derjenige, dem ich verlobt war, hat mich freigelassen. Hier sind zehn Pfund in Gold – nehmt sie und laßt mich weiterreiten.« Und so bat und flehte sie lange und berichtete, was ihr geschehen war. Zuletzt sagte einer von den Räubern, der ein besseres Herz hatte als die übrigen: »Komm! Wenn die beiden soviel getan haben, dann will ich selber dich heimbringen.« – »Nimm das Geld!« sagte sie. »Ich will keinen Penny haben«, sagte der Räuber; aber die beiden andern sagten: »Gib's uns!« Und sie nahmen die zehn Pfund. Die Frau ritt heim, und der Räuber brachte sie bis vor die Haustür ihres Mannes und ging dann fort; sie trat ein und zeigte ihrem Mann das Geschriebene, und sie waren beide zufrieden und froh.

»Nun«, sagte der Alte, »wer von allen diesen hat am besten gehandelt, was meint ihr?«

Der älteste Sohn sagte: »Ich denke, der Ehemann, der sie zu dem Verlobten schickte, war der ehrliche, großmütige Mann: Er hat recht gehandelt.«

Der zweite sagte: »Ja, aber der Mann, dem sie versprochen war, hat noch besser getan, als er sie dem Ehemann zurückschickte.«

»Also«, sagte der Jüngste, »ich weiß ja nicht, aber vielleicht waren die weisesten von allen die Räuber, die das Geld kriegten.«

Da erhob sich der alte Mann und sagte: »*Du* hast deines Vaters Gold und Silber. Ich habe euch zehn Tage hier behalten; ich habe euch gut beobachtet. Ich weiß, daß euer Vater nie eine Lüge ausgesprochen hat, und du hast das Geld gestohlen.« Und so mußte der Jüngste die Tatsache gestehen, und das Geld fand sich und wurde gerecht verteilt.

67 *Mally Whuppie*

Es waren einmal ein Mann und eine Frau, die hatten zu viele Kinder, und sie konnten nicht genug zu essen für sie beschaffen, so nahmen sie die drei jüngsten und ließen sie in einem Wald zurück. Die Kinder liefen und liefen und konnten kein Haus entdecken. Allmählich wurde es dunkel, und sie hatten großen Hunger. Endlich sahen sie ein Licht und gingen darauf zu, und es fand sich, daß da ein Haus war. Sie klopften an die Tür, und eine Frau öffnete und fragte, was sie wollten. Sie sagten, ob sie sie wohl einließe und ihnen ein Stück Brot gäbe. Die Frau sagte, das könne sie nicht tun, denn ihr Mann sei ein Riese, und wenn er heimkomme, werde er sie umbringen. Sie bettelten darum, daß sie doch ein Weilchen bleiben dürften; sie würden fortgehen, bevor er käme. So nahm sie die Kinder herein und sagte ihnen, sie sollten sich vors Feuer setzen, und gab ihnen Milch und Brot; aber kaum hatten sie zu essen angefangen, da pochte es gewaltig an die Tür, und eine schreckliche Stimme sagte:

»Fie, fei, fo, fam,

es riecht nach Mensch, Frau, Kind oder Mann!

Wen hast du da, Frau?« – »Ach«, sagte die Frau, »bloß drei arme, kleine Mädel, verfroren und verhungert, und sie gehen gleich wieder. Du wirst sie nicht anrühren, Mann.« Er sagte nichts, aber er verschlang seine ungeheure Menge Abendbrot und ordnete an, sie sollten die ganze Nacht dableiben. Nun hatte er selber drei Mädel, und sie sollten mit den drei Fremden im selben Bett schlafen. Das jüngste von den drei fremden Mädchen hieß Mally Whuppie, und sie war sehr gewitzt. Sie merkte, daß der Riese, ehe sie zu Bett gingen, ihr und den Schwestern Strohseile um die Hälse legte, den eigenen Töchtern aber legte er goldene Ketten um. So nahm sich Mally in acht und schlief nicht ein, sondern wartete, bis sie sicher war, daß alle andern im tiefsten Schlaf lagen. Dann schlüpfte sie aus dem Bett und nahm sich und den Schwestern die Strohseile von den Hälsen, den Riesenmädchen aber nahm sie die goldenen Ketten ab. Dann legte sie den Riesentöchtern die Strohseile um und sich und den Schwestern das Gold und legte sich wieder ins Bett. Mitten in der Nacht stand der Riese auf, bewaffnete sich mit einer großen Keule und tastete nach den Hälsen mit dem Stroh. Es war dunkel. Er riß die eigenen Mädchen heraus auf den Fußboden, schlug sie tot und legte sich dann wieder schlafen, wobei er dachte, er habe alles bestens erledigt. Mally dachte, nun sei es an der Zeit, daß sie und die Schwestern sich aus dem Staube machten, so weckte sie die andern, hieß sie stille sein, und sie schlüpften aus dem Haus. Sie entkamen unbeschadet und rannten und rannten und blieben nicht einen Augenblick stehen bis zum Morgen; da sahen sie vor sich ein prächtiges Haus. Es stellte sich heraus, daß es des Königs Haus war; so ging Mally hinein und erzählte dem König ihre Geschichte. Er sagte: »Schön, Mally, du bist ein gescheites Mädel und hast deine Sache gut gemacht. Aber wenn du sie noch besser machen und noch einmal zurückgehen und dem Riesen das Schwert stehlen würdest, das hinter seinem Bett hängt, dann würde ich meinem ältesten Sohn deine älteste Schwester zur Frau geben.« Mally sagte, probieren wolle sie es. Also wanderte sie wieder zurück, brachte es fertig, sich ins Riesenhaus zu schleichen, und verkroch sich unter dem Bett. Der Riese kam nach Hause, aß eine mächtige Portion Abendbrot auf und legte sich zu Bett. Mally wartete ab, bis er schnarchte, dann kroch sie hervor und langte über den Riesen weg und nahm das Schwert von der Wand. Aber als sie es über das Bett hob, rasselte es, und der Riese fuhr auf, und Mally sauste aus der Tür, das Schwert hatte sie mit; und sie rannte, und er rannte, bis sie an die »Haarbrücke« kamen; und sie gelangte darüber, aber er konnte nicht, und er sagte: »Weh dir, Mally Whuppie! Laß dich nie wieder sehn, oder ich schlag dich zu Brei!« Und sie sagte: »Noch zweimal, du großer Lümmel! Aller guten Dinge sind drei!« So brachte Mally dem König das Schwert, und ihre Schwester bekam den Prinzen zum Mann.

»Schön«, sagte der König, »du hast deine Sache gut gemacht, Mally; aber wenn du sie noch besser machen und den Geldbeutel stehlen würdest, der unter des Riesen Kopfkissen liegt, dann wollte ich meinem zweiten Sohn deine zweite Schwester zur Frau geben.« Und Mally sagte, probieren könne sie es ja. Sie machte sich auf zum Haus des Riesen und schlich sich hinein und versteckte sich wieder unter dem Bett und wartete, bis der Riese sein Abendbrot verschlungen hatte und im besten Schlaf lag und schnarchte. Da schlüpfte sie vor, schob die Hand vorsichtig unters Pfühl und zog die Börse hervor; aber als sie gerade aus der Tür huschte, wachte der Riese auf und rannte hinter ihr her, und sie rannte, und er rannte, bis sie zur »Haarbrücke« kamen, und sie gelangte darüber, aber er konnte nicht, und er sagte: »Wehe dir, Mally Whuppie! Laß dich nie wieder sehn, oder ich schlag dich zu Brei!« – »Einmal noch, grober Kerl«, sprach sie, »einmal noch bin ich dabei.« So brachte Mally dem König den Geldbeutel, und ihre zweite Schwester bekam des Königs zweiten Sohn zur Frau.

Danach sagte der König zu Mally: »Mally, du bist ein tüchtiges Mädchen, aber wenn du was noch Schwierigeres fertigbringen und dem Riesen den Ring stehlen würdest, den er am Finger trägt, dann wollte ich dir selber meinen jüngsten Sohn zum Manne geben.« Mally sagte, probieren wolle sie es. Also marschierte sie zurück zum Riesenhaus und versteckte sich unter dem Bett. Es dauerte nicht lange, und der Riese kam heim, und nachdem er eine gewaltige Portion Abendbrot verschlungen hatte, ging er zu Bett, und bald schnarchte er laut. Mally kroch hervor und langte ins Bett und kriegte des Riesen Hand zu fassen und zog und zog, bis sie den Ring ab hatte; aber als sie ihn gerade vom Finger herunter hatte, fuhr der Riese auf, packte sie bei der Hand und sagte: »Jetzt hab ich dich, Mally Whuppie, und wenn ich dir soviel Böses angetan hätte wie du mir, was würdest du nun mit mir anfangen?«

Mally überlegte, was sie anstellen könnte, um ihm zu entkommen, dann sagte sie: »Ich würde dich in einen Sack stecken und würde die Katze mit reinstecken und den Hund dazu und eine Nadel, Garn und eine Schere, und ich würde dich an die Wand hängen, und ich würde in den Wald gehen und den dicksten Stock aussuchen, den ich finden könnte, und dann würde ich wieder nach Hause kommen und dich runterholen und tothauen.«

»Schön, Mally«, sagte der Riese, »genau das werde ich mit dir machen.«

Also nahm er sich einen Sack und steckte Mally hinein und Katze und Hund dazu und Nadel und Faden und Schere und hängte sie an die Wand und ging in den Wald, um sich einen Stock auszusuchen.

Mally sang: »Oh, wenn ihr säht, was ich sehe!«

»Oh«, sagte die Riesenfrau, »was siehst du denn, Mally?«

Aber Mally sagte kein Wort außer »Oh, wenn Ihr säht, was ich sehe!« Die Riesenfrau bat Mally, sie möge sie zu sich hinauf in den Sack nehmen, damit sie sähe, was Mally sah. Also nahm Mally die Schere und schnitt ein Loch in den Sack und nahm Nadel und Faden mit heraus und sprang hinunter und half der Riesenfrau hinauf und in den Sack hinein und nähte das Loch zu.

Die Riesenfrau sah nichts und fing an, Mally zu bitten, sie möge sie wieder herunterlassen; aber Mally kümmerte sich nicht darum, sondern versteckte sich hinter der Tür. Heim kam der Riese, in der Hand einen großen, dicken Baum, und holte den Sack herunter und fing an, auf ihn einzudreschen. Seine Frau schrie: »Mann, das bin ich!« Aber der Hund bellte und die Katze miaute, und er erkannte die Stimme seiner Frau nicht. Aber Mally wollte nicht, daß des Riesen Frau getötet würde, so kam sie hinter der Tür vor, und der Riese sah sie und rannte ihr nach, und er rannte, und sie rannte, bis sie an die »Haarbrücke« kamen, und sie gelangte darüber, aber er konnte nicht, und er sagte: »Wehe dir, Mally Whuppie! Laß dich nie wieder

bei mir sehen, oder ich schlag dich zu Brei!« – »Jetzt nie mehr, grober Kerl«, sprach sie, »jetzt hab ich alle drei!«
So brachte Mally dem König den Ring und bekam den jüngsten Prinzen zum Mann und sah den Riesen nie wieder.

68   Maol a Chliobain

Es war einmal eine Witwe, die hatte drei Töchter, und sie sagten zu ihr, sie wollten fortgehen und ihr Glück suchen. Sie buk ihnen drei Haferkuchen. Sie sagte zu der Großen: »Was willst du lieber, die kleine Hälfte und meinen Segen oder die große Hälfte und meinen Fluch?« – »Lieber möchte ich«, sagte sie, »die große Hälfte und deinen Fluch.« Sie sagte zur Mittelsten: »Was willst du lieber, die große Hälfte und meinen Fluch oder die kleine Hälfte und meinen Segen?« – »Lieber möchte ich«, sagte sie, »die große Hälfte und deinen Fluch.« Sie sagte zu Maol a Chliobain, der Jüngsten: »Was willst du lieber, die große Hälfte und meinen Fluch oder die kleine Hälfte und meinen Segen?« – »Lieber möcht ich die kleine Hälfte und deinen Segen.« Das gefiel ihrer Mutter, und sie gab ihr die Hälften der beiden anderen noch dazu. Sie zogen los, aber die beiden Ältesten wollten die Jüngste nicht bei sich haben und banden sie an einem Felsen fest. Dann gingen sie weiter; aber der Segen ihrer Mutter kam und machte sie frei. Und als die beiden zurückschauten, wen sahen sie? Niemand anders als sie mit dem Felsen auf dem Rücken. Sie ließen sie eine Weile in Ruhe, bis sie an einen Torfstapel kamen; an dem banden sie sie an. Aber der Segen ihrer Mutter kam und machte sie frei. Sie liefen eine Weile weiter, dann schauten sie sich um, und wen sahen sie kommen? Niemanden anders als sie mit einem Torfstapel auf dem Rücken. Sie ließen sie eine Weile in Ruhe, bis sie an einem Baum anlangten, an dem banden sie sie an; aber der Segen ihrer Mutter kam und machte sie frei; und als sie zurückschauten, wen sahen sie? Niemanden anders als sie, mit einem Baum auf dem Rücken.
Da merkten sie, daß sie ihr nichts anhaben konnten; sie banden sie los und ließen sie mitkommen. Sie gingen, bis die Nacht sie

überfiel. Sie erblickten weit vor sich ein Licht; und obwohl es weit entfernt war, so brauchten sie nicht lange, bis sie es erreicht hatten. Sie traten ins Haus. Das Haus aber gehörte keinem andern als einem Riesen. Sie baten darum, über Nacht bleiben zu dürfen. Das wurde ihnen gewährt, und sie mußten sich mit den drei Töchtern des Riesen in dasselbe Bett legen. Der Riese kam heim und sagte: Hier drin riecht es nach den fremden Mädchen. Die Riesentöchter trugen Bernsteinketten um den Hals, und sie selber trugen Roßhaarkordeln. Sie alle schliefen, nur Maol a Chliobain schlief nicht. In der Nacht befiel den Riesen Durst, er rief seinem kahlen, grindigen Knecht zu, er solle ihm Wasser bringen. Der grindige Knecht sagte: »Hier drin ist kein Tropfen.« – »Bring eins von den fremden Mädchen um«, sagte er, »und bring mir ihr Blut.« – »Wie soll ich sie denn erkennen?« fragte der kahle, grindige Knecht. »Meine Töchter haben Schnüre mit Bernsteinbrocken um den Hals, die anderen Roßhaarkordeln.«

Maol a Chliobain hörte den Riesen und legte so schnell sie konnte den Riesentöchtern ihre und ihrer Schwestern Roßhaarkordeln um und befestigte sich und den Schwestern die Bernsteinschnüre der Riesentöchter um den Hals; dann legte sie sich ohne einen Laut wieder hin. Der kahle, grindige Knecht kam, tötete eine von den Riesentöchtern und brachte dem Alten das Blut. Der verlangte mehr. So tötete er die nächste. Wieder verlangte der Riese mehr, und er tötete auch die dritte.

Maol a Chliobain weckte die Schwestern, lud sie sich auf den Rücken und setzte sich in Marsch. Sie nahm ein goldenes Tuch mit, das auf dem Bett gelegen hatte, und das schrie.

Der Riese nahm sie wahr und folgte ihr. Die Feuerfunken, die sie mit den Hacken aus den Steinen schlug, trafen den Riesen am Kinn; und die Funken, die der Riese mit den Fußspitzen aus den Steinen schlug, trafen Maol a Chliobain am Hinterkopf. So liefen sie, bis sie an einen Fluß kamen. Sie riß sich ein Haar aus dem Kopf und machte daraus eine Brücke und rannte über den Fluß, und der Riese konnte ihr nicht folgen. Maol a Chliobain sprang über den Fluß, aber der Riese konnte nicht springen.

»Du bist dort drüben, Maol a Chliobain.« – »Das bin ich,

wenn's auch für dich hart ist.« – »Du hast mir meine drei kahlen, braunen Töchter umgebracht.« – »Ich hab sie umgebracht, wenn's auch hart für dich ist.« – »Und wann kommst du wieder?« – »Wenn die Geschäfte mich zu dir führen.«

Sie schritten weiter, bis sie das Haus eines Pächters erreichten. Der Pächter hatte drei Söhne. Sie erzählten, was ihnen widerfahren war. Sagte der Pächter zu Maol a Chliobain: »Verschaff mir den feinen Kamm von Gold und den groben Kamm von Silber, die der Riese hat, und ich geb meinen ältesten Jungen deiner ältesten Schwester zum Mann.« – »Abgemacht«, sagte Maol a Chliobain.

Sie ging fort; sie erreichte das Haus des Riesen; unerkannt trat sie ein; sie nahm die Kämme an sich und schlich sich hinaus. Der Riese entdeckte sie und stürzte ihr nach, bis sie an den Fluß kamen. Sie sprang darüber, doch der Riese konnte nicht springen. »Du bist drüben, Maol a Chliobain.« – »Bin ich, wenn's auch hart für dich ist.« – »Du hast meine drei kahlen, braunen Töchter umgebracht.« – »Hab ich, wenn's auch hart für dich ist.« – »Du hast mir meinen feinen Goldkamm und meinen groben Silberkamm gestohlen.« – »Hab ich, wenn's auch hart für dich ist.« – »Wann kommst du wieder?« – »Wenn mich die Geschäfte zu dir führen.«

Sie gab dem Pächter die Kämme, und ihre große Schwester und der älteste Pächtersohn wurden Mann und Frau. »Ich will meinen mittleren Sohn deiner mittleren Schwester geben, wenn du mir des Riesen Lichtschwert holst.« – »Abgemacht«, sagte Maol a Chliobain. Sie ging fort und erreichte das Riesenhaus; sie kletterte in einen Baum hinauf, der über dem Quell des Riesen stand. In der Nacht kam der kahle, grindige Knecht mit dem Lichtschwert, um Wasser zu schöpfen. Als er sich bückte, um den Eimer zu heben, kletterte Maol a Chliobain herab, stieß ihn in den Brunnen und ertränkte ihn; dann nahm sie das Lichtschwert und ging fort.

Der Riese folgte ihr, bis sie am Fluß anlangte; sie sprang hinüber, und der Riese konnte ihr nicht folgen. »Du bist da drüben, Maol a Chliobain.« – »Bin ich, wenn's auch hart für dich ist.« – »Du hast meine drei kahlen, braunen Töchter umgebracht.« – »Hab ich, wenn's auch hart für dich ist.« – »Du hast mir meinen feinen Goldkamm und meinen groben Silberkamm gestohlen.« – »Hab ich, wenn's auch hart für dich ist.« – »Du hast mir meinen kahlen, grindigen Knecht umgebracht.« – »Hab ich, wenn's auch hart für dich ist.« – »Du hast mir mein Lichtschwert gestohlen.« – »Hab ich, wenn's auch hart für dich ist.« – »Wann kommst du wieder?« – »Wenn mich die Geschäfte zu dir führen.« Sie langte mit dem Lichtschwert im Haus des Pächters an, und die mittlere Schwester und der mittlere Sohn des Pächters wurden Mann und Frau. »Ich geb dir meinen Jüngsten«, sagte der Pächter, »wenn du mir den Bock bringst, den der Riese hat.« – »Abgemacht«, sagte Maol a Chliobain. Sie ging fort und erreichte das Haus des Riesen; aber als sie den Bock packte, erwischte der Riese sie. »Was würdest du mir antun«, sagte der Riese, »wenn ich dir soviel angetan hätte wie du mir?« – »Ich würde machen, daß du soviel Milchhafergrütze ißt, bis du platzt. Dann würde ich dich in einen Sack stecken und an den Firstbalken hängen; ich würde unter dir Feuer anzünden und würde mit Knütteln auf dich eindreschen, bis du als Bündel dürren Reisigs auf den Fußboden fällst.« Der Riese kochte Hafergrütze mit Milch und gab ihr die zu trinken. Sie beschmierte sich Mund und Gesicht damit und ließ sich umfallen, als sei sie tot. Der Riese steckte sie in einen Sack und hängte sie an den Dachbalken; dann ging er mit seinen Knechten fort, um im Wald Holz zu holen. Des Riesen Mutter war im Haus. Als der Riese fort war, fing Maol a Chliobain an: »Ich, ich bin im Licht! Ich bin in der goldenen Stadt!« – »Läßt du mich auch rein?« fragte die alte Frau. »Nein, ich laß dich nicht herein.« Schließlich ließ die Alte den Sack herunter. Maol steckte die Alte samt Katze und Kalb und Sahneschüssel hinein, nahm den Bock und ging fort. Als der Riese mit seinen Knechten kam, fingen sie allesamt an, mit Knütteln auf den Sack loszudreschen. Die alte Frau schrie: »Ich, ich bin's, die drinsteckt!« – »Das weiß ich«, sagte der Riese und drosch weiter. Der Sack fiel herab wie ein Reisigbündel, und darin war niemand anders als seine Mutter. Als der Riese sah, wie es stand, raste er Maol a Chliobain hinterher; er folgte ihr, bis er den Fluß erreichte. Maol a Chliobain sprang hinüber, und der Riese konnte nicht springen. »Du bist da drüben, Maol

a Chliobain.« – »Bin ich, wenn's auch hart für dich ist.« – »Du
hast mir meine drei kahlen, braunen Töchter umgebracht.« –
»Hab ich, wenn's auch hart für dich ist.« – »Du hast mir meinen goldenen und meinen silbernen Kamm gestohlen.« – »Hab
ich, wenn's auch hart für dich ist.« – »Du hast meinen kahlen,
grindigen Knecht umgebracht.« – »Hab ich, wenn's auch hart
für dich ist.« – »Du hast mir das Lichtschwert gestohlen.« –
»Hab ich, wenn's auch hart für dich ist.« – »Du hast meine
Mutter umgebracht.« – »Hab ich, wenn's auch hart für dich
ist.« – »Du hast meinen Bock gestohlen.« – »Hab ich, wenn's
auch hart für dich ist.« – »Wann kommst du wieder?« – »Wenn
die Geschäfte mich zu dir führen.« – »Wenn du hier wärst und
ich dort«, sagte der Riese, »was tätest du, um mir zu folgen?« –
»Ich würde mich hinlegen und trinken, bis ich den Fluß ausge-
trocknet hätte.« Der Riese streckte sich aus und trank, bis er
platzte. Maol a Chliobain und des Pächters Jüngster wurden
Mann und Frau.

69   Der junge König von Easaidh Ruadh

Als der junge König von Easaidh Ruadh sein Erbe angetreten
hatte, verbrachte er seine Zeit mit Festen und Lustbarkeiten
und tat, wonach ihm gerade der Sinn stand. Nahe bei seinem
Schloß hauste ein Gruagach, den man Lockengestrüpp
nannte.
Er dachte bei sich, er wolle hingehen und mit ihm Schach
spielen. Er ging zum Wahrsager und sprach zu ihm: »Ich habe
mich entschlossen, hinzugehen und mit dem Gruagach Lok-
kengestrüpp Schach zu spielen.« – »Ach!« sagte der Wahrsager,
»so einer bist du also? Bist du so dreist, daß du mit dem Gruagach Lockengestrüpp Schach spielen willst? Ich gebe dir den
guten Rat: Überleg dir's und laß es bleiben.« – »Das mach ich
nicht«, sagte er. »Also schön, dann rat ich dir, solltest du gegen
den Gruagach Lockengestrüpp gewinnen, laß dir als Spielpreis
das Mädchen mit der rauhen Haut und den gestutzten Haaren
geben, das hinter der Tür steht; und bevor du sie kriegst, wird
er schon ein paar Kniffe probieren.« Der junge König legte sich

an diesem Abend schlafen, und so früh auch der Tag kam: Noch früher war er auf den Beinen; er konnte es nicht erwarten, gegen den Gruagach zu spielen. Er langte bei ihm an, begrüßte den Gruagach mit ehrerbietigen Worten, und der Gruagach begrüßte ihn. Sagte der Gruagach zu ihm: »Oh, junger König von Easaidh Ruadh, was führt dich heute zu mir? Willst du eine Partie Schach mit mir spielen?« Sie setzten sich und begannen. Der König siegte. »Fordere deinen Gewinn, damit ich mich löse.« – »Mein Gewinn soll das Mädchen mit der rauhen Haut und den gestutzten Haaren sein, das du hinter der Tür hast.« – »Ich habe außer ihr drinnen noch manche schöne Frau«, sagte der Gruagach. »Ich will aber keine andere.« – »Einen Segen für dich und einen Fluch für den, der dir deine Weisheit beibrachte!« Sie traten ins Haus des Gruagach, und der Gruagach befahl zwanzig jungen Mädchen, sich in eine Reihe zu stellen. »Nun triff deine Wahl.« Eine nach der anderen trat vor, und jede sagte: »Ich bin es, die du suchst! Du wirst doch kein Narr sein und mich stehenlassen?« Aber der Wahrsager hatte ihn angewiesen, keine andere zu nehmen als die letzte. Als die vortrat, sagte er: »Das ist meine.« Er ging mit ihr fort, und als sie ein Stück vom Hause entfernt waren, wandelte sich ihre Gestalt, und sie war auf einmal die schönste Frau, welche die Erde je trug. Der König ging heim voller Jubel darüber, daß er eine so bezaubernde Frau bekommen hatte.

Er langte zu Hause an und begab sich zur Ruhe. Und wenn der Tag schon früh kam, noch früher war der König auf den Beinen, um zum Gruagach zu gehen. »Ich muß heute unbedingt zu ihm und noch einmal gegen ihn spielen«, sagte er zu seiner Frau. »Oh!« sagte sie, »er ist mein Vater, und wenn du zum Spiel mit ihm gehst: Nimm ja keinen anderen Siegespreis an als das braune, zottige Füllen mit dem hölzernen Sattel.«

Der König ging, um den Gruagach zu treffen, und bestimmt war die gegenseitige Begrüßung der beiden nicht herzlicher als beim erstenmal. »Ja!« sagte der Gruagach, »wie hat dir gestern deine junge Frau gefallen?« – »Oh, ausgezeichnet.« – »Bist du heute gekommen, um mit mir zu spielen?« – »Freilich.« Sie fingen an, und an diesem Tag gewann der König gegen den Gruagach. »Fordere deinen Preis, und sei dabei gescheit.« –

»Mein Preis ist das braune, zottige Füllen mit dem hölzernen Sattel.«

Sie gingen zusammen dahin, wo das braune, zottige Füllen stand. Er führte es aus dem Stall, und der König schwang sich auf seinen Rücken, und fort ging's wie im Flug! Er langte daheim an. Seine Frau breitete die Arme nach ihm aus, und diese Nacht waren die beiden miteinander froh.

»Mir wäre es lieber«, sagte seine Frau, »wenn du nicht mehr zum Gruagach gingest, um mit ihm zu spielen; denn wenn er gewinnt, bringt er Unglück über dich.« – »O nein«, sagte er, »ich gehe auf jeden Fall heute hin und spiele mit ihm.«

Er zog los, um mit dem Gruagach zu spielen. Als er anlangte, dachte er: Der Gruagach freut sich mächtig. »Da bist du ja«, sagte der. »Da bin ich.« Sie spielten, und an dem Tag gewann der Gruagach: für den König ein verwünschter Sieg. »Fordere deinen Preis«, sagte der junge König von Easaidh Ruadh, »und mach es mir nicht zu schwer, sonst schaffe ich es nicht.« – »Mein Preis ist«, sagte der Gruagach, »daß ich es dir mit Kreuz und Zauber auferlege: Bis ein Jahr voll ist, mußt du mir vom König von den Eichenfenstern das Lichtschwert beschaffen, und tust du das nicht, soll das Geschöpf mit den gestutzten Haaren, das noch ungehobelter ist als du und noch weniger taugt, dir Kopf und Hals und Leben nehmen.« Der König zog heim, betrübt, traurig, jämmerlich, düster. Die junge Königin kam ihm entgegengelaufen und sagte zu ihm: »Lieber Himmel! Heut abend siehst du nicht so aus wie sonst.« Ihr Antlitz und ihre Herrlichkeit heiterten den König ein wenig auf, als er sie anschaute; aber als er sich auf einen Stuhl niederließ, um sie an sich zu ziehen, war ihm das Herz so schwer, daß der Stuhl unter ihm zusammenbrach.

»Was drückt dich und was könnte dich drücken, das du mir nicht sagen solltest?« fragte die Königin. Der König berichtete, wie es gekommen war. »Ha!« sagte sie, »warum grämst du dich? Du hast die beste Frau und das zweitbeste Pferd von Eirinn. Wenn du meinem Rat folgst, wird dir kein Haar gekrümmt.«

So früh der Tag anbrach: noch früher stand die Königin auf und bereitete alles vor, denn der König war im Begriff, seine Reise anzutreten. Sie zäumte das braune, zottige Stutfüllen und legte ihm seinen hölzernen Sattel auf, und obwohl der aus Holz war, funkelte er doch von Gold und Silber. Er schwang sich auf, die Königin küßte ihn und wünschte ihm Sieg für den Kampf. »Ich brauche dir nichts zu sagen. Halte du dich an den Rat deiner Gefährtin, des Stutfüllens, sie wird dir mitteilen, was du tun mußt.« Er brach auf, und es war nicht trostlos, auf dem Rükken des braunen Pferdes zu sitzen.

Sie holten den geschwinden Märzenwind ein, der vor ihnen dahinfuhr, und der geschwinde Märzenwind holte sie nicht ein. Als Abend und Finsternis hereinbrachen, langten sie am Schloß des Königs von den Eichenfenstern an.

Sagte das braune, zottige Stutfüllen zu ihm: »Wir sind am Ende der Reise und brauchen nicht weiter; halte dich an meinen Rat, und ich bringe dich hin, wo das Lichtschwert des Königs von den Eichenfenstern ist; und wenn du es ohne einen Kratzer und ohne Knirschen davonträgst, haben wir das Schwierigste von der Reise geschafft. Der König sitzt jetzt beim Essen, und das Lichtschwert ist in seinem Schlafgemach. Es hat am Ende einen Knauf, und wenn du es aus dem Fensterrahmen vorziehst, dann tu das sacht.« Er kam an das Fenster, wo das Schwert steckte. Er erwischte es und zog, es glitt sacht heraus bis zur Spitze, und dann stieß es ein Kreischen aus. »Nun aber schleunigst fort!« sagte das Stutfüllen. »Keine Zeit zum Trödeln. Ich weiß, der König von den Eichenfenstern hat gespürt, daß wir das Schwert herausgeholt haben.« Der König hielt das Schwert in der Hand, und das Stutfohlen galoppierte mit ihm davon. Als sie ein Stück vorangekommen waren, sagte das Füllen: »Jetzt wollen wir anhalten, und du schau dich um, wen du hinter dir siehst.« – »Ich sehe«, sagte er, »einen Schwarm brauner Pferde wie toll hinter uns herrasen.« – »Wir sind noch schneller als die«, sagte das Stutfüllen. Sie galoppierten weiter, und als sie eine gute Strecke vorangekommen waren, sagte das Füllen: »Jetzt schau dich um, wen du kommen siehst!« – »Ich sehe einen Schwarm schwarzer Pferde, und eins darunter mit weißem Stirnfleck, und es rast heran und rast wie toll, und ein Mann sitzt auf ihm.« – »Das ist das beste Pferd in Eirinn; es ist mein Bruder und hat drei Monate länger gesaugt als ich; und er wird an mir vorüberschwirren; dann versuche es fertigzubringen, wenn er an mir vorüberfegt, daß du dem den Kopf abschlägst, der auf ihm sitzt; denn im Vorbeireiten wird er zu dir hinschauen, und kein Schwert in seinem Palast könnte ihm den Kopf abschlagen außer eben dem, das du in der Hand hältst.« Als dieser Mann vorüberritt, drehte er ihm das Gesicht zu, um ihn anzuschauen; der König zog das Schwert und schlug ihm den Kopf ab, und das zottige braune Füllen fing ihn mit dem Maul auf.

»Das war der König von den Eichenfenstern. Spring auf das schwarze Pferd«, sagte das Stutfüllen, »und laß den Leichnam hier, und reite heim so schnell es dich trägt, und ich will dir folgen, so gut ich kann.« Der König sprang auf das schwarze Pferd, und: Hui! Fort ging's wie im Flug, und sie erreichten das Haus lange vor Tag. Die Königin war ohne Rast, bis er kam. Sie stimmten Musik an und legten den Kummer beiseite. Am Morgen sagte er: »Ich muß heute gehen und den Gruagach besuchen, um zu sehen, ob er den Zauber von mir nimmt.« – »Denk dran, der Gruagach wird dich nicht wie sonst empfangen. Er wird wüten und rasen, wenn er dich erblickt, und er wird fragen: Wie hast du es gekriegt? Und du wirst sagen, wenn nicht der Knauf am Ende wäre, so hättest du es nicht bekommen. Dann wird er sich aufrichten, um zu sehen, was für ein Knauf am Schwert sitzt, und du wirst an der rechten Seite seines Halses ein Mal erblicken; dahinein stoße die Schwertspitze. Triffst du nicht in das Mal, dann sind du und ich verloren. Der König von den Eichenfenstern war sein Bruder, und er weiß, daß der andere sich von seinem Schwert nicht trennen würde, außer, er ist tot. Der Tod der beiden steckt in dem Schwert; aber es gibt kein anderes Schwert, das ihnen etwas anhaben kann.« Die Königin küßte ihn und rief das Kampfesglück an, ihm beizustehen, und er zog fort.

Der Gruagach trat ihm an derselben Stelle wie zuvor entgegen. »Hast du das Schwert?« – »Ja.« – »Wie hast du's gekriegt?« – »Wenn es nicht oben den Knauf hätte«, sagte er, »wäre es mir nicht gelungen.« – »Laß mich das Schwert sehen.« – »Daß ich es dir vorzeige, gehört nicht mit zu dem, was du mir aufgegeben hast.« – »Wie hast du das Schwert gekriegt?« – »Wenn es nicht am Ende den Knauf trüge, hätte ich es nicht geschafft.«

Der Gruagach reckte den Kopf hoch, um nach dem Schwert zu spähen; der König erblickte das Mal; blitzschnell stieß er das Schwert in das Mal, und der Gruagach fiel tot zu Boden.

Der König kehrte heim, und als er zu Hause anlangte, fand er all seine Hüter und Wächter mit den Rücken aneinander gefesselt, aber seine Frau und Liebste und sein Pferd waren nicht mehr da, sondern waren geraubt.

Als er sie losband, sagten sie zu ihm: »Ein gewaltiger Riese ist gekommen und hat deine Frau und deine beiden Pferde mitgenommen.« – »Schlaf wird nicht über meine Augen kommen, Ruhe nicht über mein Haupt, bis ich meine Frau und meine beiden Pferde zurückerlangt habe.« So sprach er und trat seine Wanderung an. Er wandte sich auf die Seite, wo er die Pferdespuren erblickte, und folgte ihnen emsig. Dämmerung und späte Stunde überfielen ihn, doch er hielt nicht an, bis er den Rand eines grünen Waldes erreichte. Da sah er die Überreste eines Feuers und dachte: »An dem Platz zünde ich mir auch eines an und verbringe hier die Nacht.«

Er saß noch nicht lange, da kam der schlanke Hund aus dem grünen Wald zu ihm herangestrichen.

Er begrüßte den Hund höflich, und der Hund begrüßte ihn.

»Oh, oh!« sagte der Hund. »Das war eine üble Lage, in der sich gestern abend deine Frau und deine beiden Pferde befanden, beim Riesen!«

»Deswegen folge ich ja heute nacht ihrer Spur mit Kummer und Elend; aber da kann man nichts machen.«

»O König«, sagte der Hund, »ein leerer Magen tut nicht gut.« Der Hund lief in den Wald, schleppte ein paar Hasen heran, sie bereiteten sie zu und wurden satt. »Eigentlich denke ich«, sagte der König, »daß ich genausogut wieder nach Hause ziehen kann. Dem Riesen bin ich doch nicht gewachsen.« – »Mach doch das nicht«, sagte der Hund. »Du hast überhaupt nichts zu befürchten, König. Es wird sich alles finden. Vor allem schlaf erst mal über allem.«

»Solange mir nicht einer für meine Sicherheit bürgt, hält mich die Angst wach.«

»Schlaf du nur«, sagte der Hund, »ich passe auf, daß du sicher bist.«

Der König legte sich hin, streckte sich am Feuer aus und schlief ein. Als es Zeit wurde, sagte der Hund zu ihm: »Steh auf, König, und iß einen Bissen, daß du zu Kräften kommst für deine Reise. Nun«, sagte der Hund, »wenn du in die Klemme kommst oder nicht weiter weißt, dann ruf mich zu Hilfe, und ich bin im Nu bei dir.« Sie nahmen mit guten Wünschen voneinander Abschied, und er zog fort. Gegen Abend kam er an eine riesige Felsenklippe, und da erblickte er die Spuren eines Feuers.

Er dachte: Ich sammle mir trocknes Holz und zünde mir hier auch ein Feuer an. Er hatte noch nicht lange gesessen und sich gewärmt, als der eisgraue Falke vom grauen Felsen zu ihm herabgeflogen kam. »Oh, oh«, sagte er, »das war eine üble Lage, in der sich gestern abend deine Frau und deine Pferde befanden, beim Riesen!«

»Da kann man nichts machen«, sagte er. »Ich hab selber einen guten Teil von dem, was sie auszustehen haben, mit abgekriegt, und wenig von dem Vorteil, der für sie beide dabei herausspringt.«

»Nur Mut«, sagte der Falke. »Du wirst von dem Nutzen schon noch etwas abbekommen. Aber ein leerer Magen tut nicht gut«, sagte der Falke. »Wie soll ich hier zu Essen kommen?« sagte er. »Das werden wir gleich haben«, sagte der Falke. Er flog davon, und nicht lange, da kam er mit drei Enten und acht Birkhühnern im Schnabel zurück. Sie richteten ihr Mahl zu und verzehrten es. »Du mußt schlafen«, sagte der Falke. »Wie soll ich das ohne einen, der über mir wacht und mich vor Bösem behütet?« – »Schlaf du nur, König, ich passe auf, daß du sicher bist.«

Er ließ sich zu Boden fallen, streckte sich und schlief ein. Am Morgen trieb ihn der Falke zum Aufstehn. »Wenn du in die Klemme kommst oder nicht weiter weißt, denk dran, du kannst zu jeder Zeit auf meine Hilfe zählen.« Er marschierte geschwind und ausdauernd dahin. Die Nacht brach an, und die kleinen Waldvögel im dichten Gehölz schwätzten über den Wildrosenwurzeln und auf den Zweigenden, und bald schwiegen sie. Aber für ihn brachte die Stille keine Ruhe, bis er an einen breiten Fluß kam; und am Ufer entdeckte er die Spuren eines Feuers. Der König blies in die Glut, bis sie zur Flamme wurde. Er saß noch nicht lange, da kam der braune Flußotter. »Oh, oh!« sagte der Otter, »das war eine üble Lage, in der sich gestern abend deine Frau und deine beiden Pferde befanden, beim Riesen.« – »Da kann man nichts machen. Ich hab einen guten Teil von dem abgekriegt, was sie auszustehen haben, und wenig von dem Nutzen, der dabei für sie herausspringt.« – »Nur Mut! Noch vor morgen Mittag wirst du deine Frau zu sehen bekommen. O König«, sagte der Otter, »was du brauchst, ist Essen.« – »Wo soll ich hier Essen herkriegen?« sagte der König. Der Otter schwamm durch den Fluß und kam mit drei prächtigen Lachsen wieder heraus. Sie bereiteten sie zu und aßen. Sagte der Otter zum König: »Jetzt muß du schlafen.« – »Wie kann ich das, ohne daß jemand für mich wacht?« – »Schlaf du nur, ich bewache dich.« Der König schlief. Am Morgen sagte der Otter zu ihm: »Heut abend wirst du mit deiner Frau zusammensein.« Er schied mit Dank und guten Wünschen vom Otter. »Nun«, sagte der, »solltest du in Not geraten, ruf mich um Hilfe, und ich werde dasein.« Der König wanderte weiter, bis er einen Felsen erreichte, in dem eine tiefe Spalte klaffte. Er blickte in den Abgrund hinunter, und am Grunde sah er seine Frau und die beiden Pferde; aber er wußte nicht, wie er zu ihnen hinabgelangen sollte. Er schritt um den Felsen herum, bis er an seinen Fuß kam, und da fand er eine schöne Straße, die hineinführte. Er trat ein, und als er weiterging, begann die Frau zu weinen. »Ach, ach«, sagte er, »das ist schlimm! Da weinst du nun, wo ich selber so viel Plagen auf mich genommen habe, um deinetwegen herzukommen.« – »Oh!« sagten die Pferde, »er soll sich vor uns stellen, dann hat er nichts zu fürchten, bis wir hier herauskommen.« Sie bereitete ihm Essen und klopfte ihm die Erde von den Kleidern; und nach einer Weile führte sie ihn vor die Pferde. Als der Riese kam, sagte er: »Hier riecht es nach einem fremden Kerl!« Sagte sie: »Mein Schatz: Du meine Freude und meine Milchkuhherde! Hier riecht es nach gar nichts als nach dem Pferdemist.« Nach einer Weile kam er, um den Pferden Futter vorzuwerfen, und die Pferde stürzten sich auf ihn und brachten ihn nahezu um, mit genauer Not konnte er fortkriechen. »Meine Güte!« sagte sie, »die sind imstande und töten dich!«

»Wenn ich selber meine Seele hüten müßte«, sagte er, »dann hätten sie mir schon lange den Garaus gemacht.« – »Und wo, Lieber, ist deine Seele? Ich will gut darauf aufpassen.« Er sagte: »Sie steckt im Herdstein.« Als er am Morgen fortgegangen war, putzte sie den Herdstein, bis er nur so funkelte. Als es dämmrig wurde, kam der Riese heim. Sie setzte ihren Mann vor die Pferde. Der Riese ging hin, um die Pferde zu füttern, und sie schlugen ihn noch ärger zusammen. »Warum hast du den Herdstein so geputzt?« fragte er. »Weil deine Seele in ihm steckt.« – »Ich merke schon, wenn du wüßtest, wo meine Seele ist, du würdest sehr um sie besorgt sein.« – »Aber sicher«, sagte sie. »Dort steckt sie nicht«, sagte er, »sie steckt in der Türschwelle.« Am nächsten Tag putzte sie die Schwelle und rieb sie, bis sie nur so funkelte. Als der Riese heimkehrte, ging er die Pferde füttern, und die Pferde bissen und traten ihn noch ärger zusammen. »Warum hast du die Schwelle so geputzt?« – »Weil deine Seele darin steckt.« – »Ich merke schon, wenn du wüßtest, wo meine Seele ist, du würdest gut auf sie aufpassen.« – »Aber sicher doch«, sagte sie. »Dort steckt sie nicht«, sagte er. »Unter der Schwelle liegt eine große Steinplatte. Unter der Platte liegt ein Hammel. Der Hammel hat eine Ente im Bauch, und die Ente hat in ihrem Bauch ein Ei; und in diesem Ei steckt meine Seele.« Als der Riese am nächsten Morgen fortgegangen war, hoben sie die Steinplatte auf, da sprang der Hammel heraus und davon. »Hätte ich jetzt den schlanken Hund aus dem grünen Walde da, er brächte mir den Hammel bald.« Der schlanke Hund aus dem grünen Wald kam gelaufen, den Hammel im Maul. Als sie den Hammel aufschnitten, flog die Ente heraus und flog im Nu mit den anderen Enten am Himmel dahin. »Hätt' ich jetzt den eisgrauen Falken vom grauen Felsen da, er brächte mir die Ente bald.« Der eisgraue Falke vom grauen Felsen kam geflogen, die Ente im Schnabel; als sie die Ente aufschnitten, um ihr das Ei aus dem Bauch zu holen, sprang das Ei fort, tief ins Meer. »Hätt' ich jetzt den braunen Flußotter da, er brächte mir das Ei bald.« Der braune Otter kam gelaufen, das Ei im Maul, und die Königin erwischte das Ei und zermalmte es zwischen ihren Händen. Nun war es eben Abend geworden, und der Riese kehrte heim,

eben, als sie das Ei zerdrückte; da fiel er tot um, und keiner hat
ihn je von der Stelle gebracht. Sie nahmen eine Menge von
seinem Gold und Silber mit. Sie verbrachten eine fröhliche
Nacht bei dem braunen Flußotter, eine bei dem eisgrauen Falken vom grauen Felsen und eine beim schlanken Hund vom
grünen Wald. Sie kamen heim und richteten ein kräftiges Festmahl aus, wie es den Helden gebührt, und lebten von nun an
glücklich und zufrieden.

70 Der Rote Riese

Es waren einmal zwei Witwen, die lebten jede auf einem
kleinen Stück Boden, das sie von einem Bauern pachteten. Die
eine hatte zwei Söhne, und die andere hatte einen; und allmählich wurde es für die mit den beiden Jungen Zeit, daß sie sie
fortschickte, ihr Glück zu suchen. So befahl sie eines Tages
ihrem Ältesten, eine Kanne zu nehmen und ihr Wasser vom
Brunnen zu holen, damit sie ihm einen Kuchen backen könne;
und je nachdem, wie viel oder wie wenig Wasser er bringe, so
groß oder klein werde der Kuchen ausfallen; und dieser Kuchen werde alles sein, was sie ihm auf die Reise mitzugeben
habe.
Der Bursche zog mit der Kanne zum Brunnen ab und füllte sie
mit Wasser, und dann machte er sich auf den Heimweg. Da
aber die Kanne einen Sprung hatte, war der größte Teil des
Wassers ausgelaufen, bevor er daheim anlangte. So fiel sein Kuchen recht klein aus; aber so klein er war, die Mutter fragte den
Sohn, ob er willens sei, die Hälfte davon mit ihrem Segen zu
nehmen; denn, sagte sie ihm, nähme er den ganzen, so kriege er
ihn nur mit ihrem Fluch. Der junge Mann dachte, daß er wohl
eine weite Strecke wandern müsse und nicht wissen könne,
wann oder wie er etwas anderes zu essen auftreiben werde; also
sagte er, er wolle gern den ganzen Kuchen haben, ganz gleich,
was aus seiner Mutter Verwünschung entstünde. So gab sie ihm
den ganzen und ihren Fluch dazu. Da nahm er seinen Bruder
beiseite und gab ihm ein Messer, das sollte er aufbewahren, bis
er zurück sei, und jeden Morgen betrachten; solange es glän-

zend bleibe, könne er sicher sein, es gehe ihm gut; werde es aber matt und rostig, dann sei ihm bestimmt etwas Schlimmes zugestoßen.

So machte sich der junge Mann auf, um sein Glück zu suchen. Und er wanderte den ganzen Tag lang und den nächsten dazu, und am dritten Nachmittag kam er an eine Wiese, auf der saß ein Hirte bei seiner Schafherde. Und er trat an den Hirten heran und fragte ihn, wem die Schafe gehörten; und der Mann antwortete:

> »Der Rote Ries' vom Irenland
> Lebt' einst in Bellygen
> Und stahl Malcolm die Tochter,
> Dem König vom Schottenland.
> Er schlägt sie, er bindet sie
> Und wirft sie hin aufs Stroh;
> Mit 'ner Silberrute peitscht er sie,
> Macht's alle Tage so.
> Wie der Römer Julian
> Fürcht' er keinen andern Mann.
> Doch es heißt, daß irgendwann
> Einer ihn verderben kann.
> Ist noch ungeboren heut,
> Bleib' er's doch für alle Zeit.«

Darauf setzte der junge Mann seine Wanderung fort; und er war noch nicht lange marschiert, als er einen weißgelockten Alten erspähte, der eine Schweineherde hütete; und er ging zu ihm hin und erkundigte sich, wem die Schweine gehörten. Da antwortete der Greis:

> »Der Rote Ries' vom Irenland
> Lebt' einst in Bellygen
> Und stahl Malcolm die Tochter,
> Dem König vom Schottenland.
> Er schlägt sie, er bindet sie
> Und wirft sie hin aufs Stroh;
> Mit 'ner Silberrute peitscht er sie,
> Macht's alle Tage so.
> Wie der Römer Julian
> Fürcht' er keinen andern Mann.

Doch es heißt, daß irgendwann
Einer ihn verderben kann.
Ist noch ungeboren heut,
Bleib' er's doch für alle Zeit.«

Da ging der Jüngling weiter und langte bei einem andern sehr alten Mann an, der hütete Ziegen; und als der Bursche fragte, wessen Besitz die Geißen seien, lautete die Antwort:

»Der Rote Ries' vom Irenland
Lebt' einst in Bellygen
Und stahl Malcolm die Tochter,
Dem König vom Schottenland.
Er schlägt sie, er bindet sie
Und wirft sie hin aufs Stroh;
Mit 'ner Silberrute peitscht er sie,
Macht's alle Tage so.
Wie der Römer Julian
Fürcht' er keinen andern Mann.
Doch es heißt, daß irgendwann
Einer ihn verderben kann.
Ist noch ungeboren heut,
Bleib' er's doch für alle Zeit.«

Dieser alte Mann riet ihm auch, er möge sich vor den nächsten Tieren hüten, die er treffen werde, denn sie seien von ganz anderer Art als die, welche er bisher zu Gesichte gekriegt habe.

So schritt der junge Mann weiter, und bald erblickte er eine Unmenge fürchterlicher Tiere, jedes mit zwei Köpfen, und auf jedem Kopf vier Hörner. Und er war mächtig erschrocken und rannte fort, so schnell ihn die Füße trugen, und war heidenfroh, als er zu einem Schloß gelangte, das da auf einem Hügel stand, und die Tür sperrangelweit offen. Er rannte hinein, um drin Schutz zu suchen, da fand er drin neben dem Küchenfeuer eine alte Frau. Er bat sie, die Nacht über bleiben zu dürfen, denn er sei von seiner langen Wanderung müde, und die Alte sagte ja, bleiben könne er schon, aber es sei für ihn kein guter Ort, denn das Schloß gehöre dem Roten Riesen, der ein fürchterliches Ungeheuer mit drei Köpfen sei und keinen Lebendigen, der ihm in die Hände falle, verschone. Der Junge wäre gern fortgelaufen, aber er hatte Angst vor den Untieren vor dem Schloß; so flehte er die Alte an, sie möge ihn, so gut sie könne, verstecken und dem Riesen nicht verraten, daß er da sei. Er meinte, wenn er nur die Nacht überstehe, werde er am Morgen entwischen können, ohne die Ungeheuer zu treffen, und so davonkommen. Aber er saß noch nicht lange in seinem Versteck, da kam schon der furchtbare Riese hereingestapft; und sobald er drinnen war, hörte der Junge ihn brüllen:

> »Drinnen such' und draußen such',
> Ich wittre, wittre Menschenruch!
> Sei er lebendig oder tot,
> Sein Herz eß ich zum Abendbrot!«

Bald entdeckte das Ungeheuer den armen jungen Mann und zerrte ihn aus seinem Loch hervor. Und als er ihn rausgeholt hatte, erklärte er ihm, daß er ihm das Leben schenken wolle, falls er ihm drei Fragen beantworten könne. Die erste lautete: Ob zuerst Irland oder Schottland bewohnt war? Die zweite war: Ob der Mann für die Frau gemacht worden sei oder die Frau für den Mann? Die dritte war: Ob erst die Menschen oder erst die Tiere geschaffen worden seien? Der Bursche war außerstande, auch nur eine der Fragen zu beantworten, also ergriff der Rote Riese einen Schlegel und hieb ihm eins über den Kopf und verwandelte ihn in eine Steinsäule.

Am Morgen, nachdem dies geschehen war, zog der jüngere Bruder das Messer heraus, um es zu betrachten, und zu seinem Kummer fand er es braun vor Rost. Er sagte seiner Mutter, nun sei für ihn die Zeit gekommen, gleichfalls auf Wanderschaft zu gehen; also verlangte sie von ihm, daß er mit der Kanne um Wasser zum Brunnen ging, damit sie ihm einen Kuchen backen könne. Da die Kanne zerbrochen war, brachte er so wenig Wasser heim wie der andere, und der Kuchen war genauso klein wie der erste. Sie fragte, ob er den ganzen Kuchen zusammen mit ihrer Verwünschung haben wolle oder den halben mit ihrem Segen; und wie sein Bruder dachte er, es sei besser, den ganzen Kuchen zu haben, was immer aus ihrem Fluch entstehen möge. So wanderte er davon; und er kam zum Hirten, der bei seiner Schafherde saß, und erkundigte sich, wem die Schafe gehörten, und der Mann antwortete ihm wie seinem Bruder.

Der zweite Sohn setzte seine Wanderung fort und kam zu dem Schweine- und dem Ziegenhirten und endlich zu den fürchterlichen Tieren und in das Schloß zu der Alten am Küchenfeuer, und der Riese machte es mit ihm nicht anders als mit seinem Bruder.

Die andere Witwe und ihr Sohn erfuhren von einer Elfe, was sich zugetragen hatte, und der junge Mann beschloß, daß er auch auf die Wanderschaft gehen und versuchen wolle, ob er irgendwas tun könne, um seine beiden Freunde zu erlösen. So gab ihm seine Mutter eine Kanne, um zum Brunnen zu gehen und Wasser heimzubringen, damit sie ihm einen Kuchen für die Reise backen könne. Und er zog los, und als er das Wasser heimtrug, rief ihm ein Rabe über ihm zu, er solle hingucken: Dann werde er sehen, daß ihm das Wasser auslaufe. Und er war ein gescheiter junger Mann: Als er merkte, wie das Wasser auslief, raffte er eine Handvoll Lehm auf und verschmierte die Löcher damit, so daß er Wasser genug heimbrachte, daß man einen großen Kuchen damit backen konnte. Als ihm seine Mutter die Wahl ließ, den halben Kuchen zusammen mit ihrem Segen zu nehmen oder den ganzen mit ihrem Fluch, da zog er den halben vor; und doch war der halbe viel größer als das, was die beiden Jungen zusammen gekriegt hatten.

Nun machte er sich auf den Weg; und nachdem er eine weite Strecke marschiert war, begegnete er einer alten Frau, die fragte ihn, ob er ihr wohl ein Stück von seinem Haferkuchen geben wolle. Und er sagte ja, das täte er gern, und er gab ihr ein Stück; und dafür reichte sie ihm eine Zauberrute und sagte, die werde ihm noch sehr zustatten kommen, wenn er drauf achte, sie recht zu nutzen. Und dann erzählte ihm die Alte – sie war eine Elfin – was ihm alles widerfahren werde und was er unter solchen Umständen tun solle; und darauf verschwand sie im Handumdrehn vor seinen Augen. Er ging eine lange Strecke weiter, und dann traf er den alten Mann, der die Schafe hütete; und als er sich erkundigte, wessen Schafe das seien, lautete die Antwort:

> »Der Rote Ries' vom Irenland
> Lebt' einst in Bellygen
> Und stahl Malcolm die Tochter,

Dem König vom Schottenland.
Er schlägt sie, er bindet sie
Und wirft sie hin aufs Stroh;
Mit 'ner Silberrute peitscht er sie,
Macht's alle Tage so.
Wie der Römer Julian
Fürcht' er keinen andern Mann.
Doch es heißt, daß irgendwann
Einer ihn verderben kann.
Nun ahn ich ja, sein End ist nah,
Die Zeit, daß er verderbe;
Und du wirst sein, ich seh es ein,
Von seinem Land der Erbe.«

Als er an den Ort kam, wo die scheußlichen Tiere standen, stockte er nicht, noch rannte er weg, sondern schritt kühn mitten zwischen ihnen durch. Eins kam mit aufgerissenem Maul auf ihn zugelaufen, um ihn zu verschlingen; da schlug er es mit seiner Rute, und augenblicklich fiel es ihm tot zu Füßen. Bald erreichte er des Riesen Schloß; er klopfte an und ward eingelassen. Die Alte, die am Feuer saß, warnte ihn vor dem furchtbaren Riesen und berichtete ihm, was das Geschick der beiden Brüder gewesen war; doch er ließ sich nicht einschüchtern. Bald kam das Ungeheuer herein, indem es sprach:

»Drinnen such' und draußen such',
Ich wittre, wittre Menschenruch!
Sei er lebend oder tot,
Sein Herz eß ich zum Abendbrot!«

Geschwind entdeckte er den jungen Mann und befahl ihm hervorzukommen auf den Estrich. Und dann stellte er ihm die drei Fragen; aber dem jungen Mann hatte die gute Elfe alles gesagt, so war er imstande, sämtliche Fragen zu beantworten. Als der Riese das merkte, begriff er, daß er seine Macht verloren hatte. Da hob der Jüngling eine Axt und schlug dem Ungeheuer die drei Köpfe ab. Darauf bat er die Alte, ihm zu zeigen, wo die Königstochter lag, und die alte Frau führte ihn treppauf und schloß viele Türen auf, und aus jeder kam eine schöne Dame heraus, die dort vom Riesen eingesperrt worden war; und eine von den Damen war die Königstochter. Die alte Frau führte ihn auch in ein Kellerverlies hinunter, und da standen zwei steinerne Säulen, die brauchte er nur mit seiner Rute anzurühren; da erwachten seine beiden Freunde und Nachbarn wieder zum Leben. Und all die Gefangenen waren überglücklich über ihre Befreiung, und alle erkannten an, daß sie sie dem umsichtigen jungen Mann verdankten. Am nächsten Tag brachen alle nach dem Königshof auf, und einen stattlichen Trupp gaben sie ab! Und der König gab seine Tochter dem jungen Mann zur Frau, der sie erlöst hatte, und jedem von den andern Jünglingen ein Edelfräulein; und so lebten sie alle glücklich bis an ihr Ende.

71 Die Geschichte von Sgire mo Chealag

Es war einmal ein junger Bursche, der ging nach Sgire mo Chealag, um sich eine Frau zu suchen, und heiratete eine Pächterstochter; und ihr Vater hatte nur sie. Und als die Zeit zum Torfstechen kam, gingen die vier zum Torfmoor.

Nach ein paar Stunden schickten sie die junge Frau heim, um Essen zu holen; und als sie ins Haus gegangen war, sah sie über ihrem Kopf den Packsattel des gesprenkelten Füllens hängen; da fing sie zu weinen an und sprach zu sich selber: »Was tu ich, wenn der Packsattel etwa herunterfällt und mich umbringt und all meine Nachkommenschaft?«

Inzwischen stachen die andern weiter Torf und wunderten sich, wo sie nur blieb. Sie schickten ihr die Mutter hinterher, die sollte nachsehen, woran es hing; und als die Alte anlangte, fand sie die junge Frau weinend.

»Daß mir das zustoßen soll!« sagte sie.

»Was ist dir zugestoßen?«

»Oh!« sagte sie, »als ich hereinkam, sah ich über meinem Kopf den Packsattel des gesprenkelten Füllens, und was soll ich bloß machen, wenn er herunterfällt und mich umbringt und mit mir meine ganze Nachkommenschaft?«

Die Alte schlug die Hände zusammen. »So ein Unglück! Wenn das passiert, was machst du dann bloß oder was mach ich mit dir!«

Die Männer im Torfmoor fanden, die Frauen blieben reichlich

lange aus; ihnen knurrte der Magen. So ging schließlich der Alte heim, um nachzusehen, was die Frauen zurückhielt; und als er eintrat, fand er die beiden, wie sie weinten und die Hände zusammenschlugen.

»Oh, um alles in der Welt!« sagte er, »was ist euch zugestoßen?«

»Oh!« sagte die alte Frau, »als deine Tochter heimgekommen ist, stell dir vor, da hat sie doch den Packsattel vom gesprenkelten Füllen über ihrem Kopf gesehen; was soll sie machen, wenn er etwa herunterfällt und sie umbringt und ihre ganze Nachkommenschaft mit?«

»Daß mich das treffen mußte!« sagte der Alte, indes er die Hände zusammenschlug, »wenn das passierte!«

Als es dämmerte, kam der junge Mann, hungrig wie ein Wolf, und fand sie allesamt tränenüberströmt.

»Oh, um alles in der Welt«, sagte er »was ist denn euch zugestoßen?« Der Alte erzählte es ihm.

»Aber«, sagte der junge Mann, »der Packsattel ist ja gar nicht heruntergefallen.«

Er aß sein Abendbrot, dann legte er sich schlafen, und als es Morgen war, sagte er zu sich selber: »Ich will nicht ruhen, bis ich drei andere gefunden habe, die genauso verdreht sind wie die hier.«

Darauf wanderte er durch Sgire mo Chealag und ging dort in ein Haus; und darin war kein einziger Mann, nur ein paar Frauen, die spannen an fünf Rädern.

»Ich kann nicht glauben«, sagte er, »daß euch das Haus hier gehört.«

»Na«, sagten sie, »das tut's auch nicht. Aber du selber gehörst doch wohl auch nicht hierher.«

»Tu ich auch nicht«, sagte er.

»Also«, sagten sie, »die Männer, die hier leben, sind so dumm, daß wir ihnen alles einreden können, wozu wir Lust haben.«

»Na gut«, sagte er, »hier hab ich einen goldenen Ring, den geb ich der von euch, die ihren Mann am besten zum Narren hält.«

Zu dem Mann, der als erster heimkehrte, sagte seine Frau: »Du bist krank.«

»Ist wahr?« sagte er.

»Aber sicher doch«, sagte sie. »Zieh deine Sachen aus und leg dich hin.«

Das tat er, und als er im Bett lag, sagte sie zu ihm: »Jetzt bist du tot.«

»Ist wahr?« sagte er.

»Aber sicher doch!« sagte sie. »Mach die Augen zu und rühr weder Hand noch Fuß.«

Und jetzt war er tot.

Darauf kam der zweite heim, und seine Frau sagte zu ihm: »Das bist du nicht.«

»Ach, ich bin's nicht?« sagte er.

»Keinesfalls.«

Und er ging fort und verzog sich in den Wald.

Danach kam der dritte in sein Haus, und er und seine Frau begaben sich zur Ruhe. Und am Morgen lud man die Nachbarn zum Begräbnis des Toten; aber die Frau des dritten wollte ihren Mann nicht aufstehen und mitgehen lassen.

Als sie den Leichenzug am Fenster vorbeiwandern sahen, hieß sie ihn sich erheben. Er sprang hastig auf und suchte nach seinen Kleidern, aber seine Frau sagte ihm, er trage sie ja am Leibe.

»Ist's wahr?« sagte er.

»Klar«, sagte sie, »mach schnell, daß du sie einholst.«

Also rannte er los, hast du, was kannst du. Und als die Begräbnisgesellschaft einen splitternackten Mann heranrasen sah, meinten die Leute, da nahe ein Verrückter; sie ließen Begräbnis Begräbnis sein und gaben Fersengeld. Und der nackte Mann stand am Sargende. Und da kam aus dem Wald noch einer und sagte zu dem Nackten:

»Kennst du mich?«

»Nein«, sagte der andere, »ich kenne dich nicht.«

»Tatsache? Na, wenn ich Thomas wäre, dann würde mich meine eigene Frau ja erkennen. Aber«, sagte er, »warum hast du nichts an?«

»Nichts an? Wieso? Meine Frau hat mir gesagt, ich hab meine Kleider am Leib.«

»Es war meine Frau«, sagte der Mann im Sarg, »die mir gesagt hat, ich bin tot.«

Und als die Männer den Toten reden hörten, ergriffen sie die Flucht, und die Frauen kamen herzu und führten sie nach Hause; und es war die Frau des Toten, die den Ring kriegte.

Und da sah der junge Ehemann drei vor sich, die genauso einfältig waren wie diejenigen, die er daheim zurückgelassen hatte, und trat den Rückweg an.

Und da sah er ein Boot, das zum Fischfang auslief, und zwölf Männer gingen an Bord, und als sie ins Boot sprangen, zählten sie sich ab. Und als sie an Land gingen, waren im Boot nur noch elf, und keiner wußte, wer verlorengegangen war, denn derjenige, der alles zählte, zählte sich selber nie mit. Und der junge Mann sah sich das mit an.

»Was gebt ihr mir dafür, wenn ich den finde, den ihr verloren habt?«

»Wenn du den findest, kriegst du alles, was du willst!« sagten sie.

»Setzt euch hin«, sagte er, »einer neben den andern.« Und er packte einen derben Stock und versetzte dem ersten einen schmerzhaften Hieb.

»Merk dir, daß du im Boot drin warst!«

So schlug er weiter, bis er alle zwölf Männer dazu gebracht hatte, daß sie auffuhren und dann ihr Blut ins Gras vergossen.

Und obwohl sie zerprügelt und verletzt waren, kümmerte sie das nicht, sie freuten sich herzlich, weil der Verlorene wieder gefunden war; und nachdem sie den jungen Mann bezahlt hatten, veranstalteten sie ihm zu Ehren ein Fest.

Die Pächter von Sgire mo Chealag hatten einen See, in dem sie Fische auszusetzen pflegten; und nun mußten sie ihn trockenlegen, um Fische für das Festmahl zu kriegen. Und als der See trocken lag, fand sich kein einziger Fisch darin, nur ein großer Aal. Da sagten sie: »Das ist das Ungeheuer, das unsere Fische gefressen hat.« Sie fingen ihn und trugen ihn fort, um ihn im Meer zu ersäufen. Und als der junge Mann auch dies noch sah, ging er heim; und unterwegs erblickte er vier Männer, die eine Kuh aufs Dach zu heben suchten, damit sie da oben das Gras, das dort wuchs, abfressen könnte. Nun war ihm vollends klar, daß die Leute in Sgire mo Chealag Dummköpfe waren; er

sagte: »Was gebt ihr mir, wenn ich euch das Gras runter-
hole?«

Er stieg hinauf und schnitt das Gras und warf es der Kuh vor
und marschierte weiter.

Da sah er einen Mann kommen, der fuhr eine Kuh im Leiterwa-
gen; und die Leute in der Stadt hatten herausgefunden, daß der
Mann die Kuh gestohlen hatte; folglich wurde über ihn Gericht
gehalten, und der Richterspruch lautete: Das Pferd solle mit
dem Tod bestraft werden, weil es die Kuh gefahren habe.

Und damit ihr seht, daß die Geschichte wahr ist: Es war dies,
was den Barden Iain Lom dazu brachte zu sagen:

> Wie das Gesetz seit Urzeiten war, so
> Nicht in Sgire mo Chealag;
> Wenn sie richten, wird das Wagenpferd verdammt.

72   Cathal O'Cruachan und der Pferdehirt

Vor einer ganzen Weile lebten Cathal O'Cruachan und der Hirt
des Gestüts.

Sie trafen einander und wetteten, wer im Shinnyspiel gewänne.
Das Shinnyspiel sollte drei Tage dauern, und am Ende der Zeit
sollte Cathal, falls er gewänne, das beste Pferd aus dem Gestüt
erhalten, und falls er verlöre, sollte er dem Pferdehirten seine
Frau übergeben.

Sie trafen einander am ersten Tag, und Cathal O'Cruachan
gewann, und der Hirte verlor.

Da sagte der Hirt zu Cathal: »Komm morgen dort und dorthin, dann laß ich die Pferde an dir vorbeilaufen.«

Bevor Cathal früh loszog, sagte seine Frau zu ihm: »Denk dran,
nimm keins von den Pferden, bis ein schwarzbraunes, zottiges
Stutfohlen kommt: Das wird von allen das letzte sein.«

Sie trafen einander, und der Gestütshirt ließ die Pferde an Cathal vorbeilaufen; aber Cathal suchte sich keines aus, bis
schließlich das schwarzbraune, zottige Stutfohlen kam. Da
sagte er: »Das will ich«, und als er es am Zügel hatte, wanderte
er höchst zufrieden mit ihm heim.

Aber ach, es jammert mich! Er freute sich nicht lange an seinem

Glück. Als er daheim anlangte, erzählten sie ihm, daß, während er fort gewesen sei, ein Riese seine Frau entführt habe. Er schwur, daß er sich nicht den Schlamm aus den Schuhen gießen noch die Strümpfe auswringen wolle, bis er seine Frau gefunden oder auf der Suche nach ihr sein Leben eingebüßt habe.

In der Morgendämmerung brach er auf und wanderte, bis seine Sohlen schwarz und seine Schuhe durchlöchert waren; bis sich die kleinen Vögel mit den gelben Schwänzen unter den Büschen und in den Baumwipfeln niederließen, die Flügel zusammenfalteten und sich zur Ruhe begaben, während sich die kleinen, behenden, hübschen Eichhörnchen, so gut sie konnten, Felsspalten suchten; sie alle ließen sich zum Schlaf nieder, doch nicht so Cathal O'Cruachan. Er sah in weiter Ferne ein Häuschen mit einem Licht drin; und so weit der Weg dorthin auch war, er brauchte nicht lange dazu.

Wem gehörte das Haus? Niemand anders als dem Hund vom Great Mull. Der freundliche Hund sagte: »Cathal O'Cruachan, armer Kerl, deine hübsche Frau ist vorige Nacht hier mit einem mächtigen Riesen vorübergekommen, er trug sie auf der Schulter.«

Der freundliche Hund nahm Cathal gastlich auf und bewirtete ihn mit reichlich Fleisch von roten Hirschen und Hindinnen, von Schafen und Hammeln; er gab ihm ein Lager von Ziegenfell und eine Decke von Schaffell. Und Cathal schlief so behaglich wie nur je. Als er am Morgen aufstand, setzte ihm der Hund ein gutes Frühstück vor und sagte beim Abschied: »Wenn du in Not oder Gefahr gerätst und dir jemand mit flinken Beinen nützen kann, so denk an mich, und im Augenblick bin ich bei dir.«

Cathal wanderte, bis seine Sohlen schwarz und seine Schuhe durchlöchert waren; die kleinen Vögel mit den gelben Schwänzen ließen sich nieder, falteten die Flügel zusammen und begaben sich unter den Büschen und in den Baumwipfeln zur Ruhe; die kleinen, behenden, hübschen Eichhörnchen wählten sich Ruheplätze, so gut sie sie fanden; sie alle ließen sich zum Schlafen nieder, doch nicht Cathal O'Cruachan. Er sah in weiter Ferne ein Häuschen mit einem Licht darin; doch so weit der Weg dorthin auch war, er brauchte dazu nicht lange.

Er trat ein, und wem gehörte das Haus? Niemand anders als dem Falken vom Rock of the Ledge. Der Falke sagte zu ihm: »Armer Kerl, gestern abend ist deine schöne Frau mit dem mächtigen Riesen hier vorbeigekommen; er trug sie auf der Schulter.« Der Falke vom Rock of the Ledge nahm ihn gastlich auf und bewirtete ihn mit Waldhuhn und Schneehuhn, mit Birkhuhn und dem Fleisch jeder seltenen Vogelart. Dann bettete er ihn in einen Haufen Federn. »Schlaf in Frieden, Cathal O'Cruachan, der Falke vom Rock of the Ledge ist ein guter Wächter.«

Er schlief friedlich, und als er am Morgen aufstand, setzte ihm der Falke ein gutes Frühstück vor und sagte beim Abschied: »Wenn du in Not oder Gefahr gerätst und jemand mit zwei schnellen, starken Flügeln kann dir nutzen, so denk an mich, und im Nu bin ich bei dir.«

Cathal brach nun auf und wanderte, bis seine Sohlen schwarz und seine Schuhe löcherig waren, bis sich die kleinen Vögel mit den gelben Schwänzen in den Baumwipfeln niederließen, die Flügel zusammenfalteten und sich zur Ruhe begaben, während sich die kleinen, behenden, hübschen Eichhörnchen, so gut sie konnten, Felsspalten suchten; sie alle ließen sich zum Schlafe nieder, doch nicht so Cathal O'Cruachan. Er sah in weiter Ferne ein Häuschen mit einem Licht; und so weit der Weg dorthin auch war, er brauchte dazu nicht lange.

Er trat ein, und wem gehörte das Haus? Niemand anders als dem braunen Zaunkönig vom Fluß. Er bekam vom Zaunkönig Brot- und Käsekrumen zum Abendessen und einen Haufen Moos als Bett, und Cathal fand das ebenso behaglich wie das Federbett des Falken.

Am Morgen, als Cathal sich verabschiedete, sagte der Zaunkönig: »Solltest du je in Not oder Gefahr geraten und ich kann dir nützen, so denk an mich, und im Nu bin ich bei dir.«

Am Abend dieses Tages langte er am Haus des Riesen an. Als ihn seine Frau erblickte, sagte sie: »Du mußt dich verstecken, denn sowie der Riese heimkommt, tötet er dich.« Und sie verbarg ihn, so gut sie konnte.

Als der Riese von der Jagd auf dem Berg zurückkehrte und eintrat, sprach er: »Ho! Ho! Hoagich! Ich wittere hier den

Geruch eines Verräters.« – »Das ist bloß ein Vogel, den die Katze hereingebracht hat und den ich brate«, sagte die Frau.

Als der Riese zu Bett ging, hob die Frau zu reden an und sagte: »Dich kann keiner umbringen, so stark du bist.« – »Nicht, wenn mich wer von vorn angreift«, versetzte der Riese. »Aber hast du draußen vor der Tür den Baumstumpf gesehen? Mitten drin steckt ein Schaf, und im Bauch des Schafes steckt ein Ei; und solange das Ei heil bleibt, ist mein Leben sicher.«

Am Morgen erhob sich der Riese und brach zur Jagd auf dem Berg auf. Kaum war er hinter dem Berg verschwunden, da rannte Cathal mit der Axt hinaus. Als er den Baumstumpf gespalten hatte, sprang ein Schaf heraus und lief blitzschnell fort. Er schaute ihm nach und begriff, daß es die reine Narrheit gewesen wäre, ihm nachzujagen. Da sprach er zu sich selber: »Wie gut, wenn jetzt der Hund vom Great Mull hier wäre!« Kaum waren ihm die Worte vom Munde, da hatte sich der Hund schon in die Brust des Schafes verbissen. Er kam mit ihm herbeigelaufen und legte es Cathal vor die Füße. Cathal schnitt das Schaf auf, da hüpfte sogleich ein Vogel heraus und flog fort. Da sprach Cathal zu sich selber: »Wie gut, wenn jetzt der Falke vom Rock of the Ledge hier wäre!« Fast noch ehe ihm das Wort vom Mund war, kam der freundliche Falke angeflogen, im Schnabel die tote Taube; er legte sie Cathal vor die Füße. Kaum hatte Cathal sie aufgeschnitten, da fiel ein Ei aus ihr und rollte in einen nahen Steinhaufen.

Im selben Augenblick rief die Frau: »Oh! Cathal O'Cruachan! Spute dich! Der Riese ist schon über den Berg und rennt über Stock und Stein!« Da sprach Cathal: »Wie gut könnte jetzt der braune Zaunkönig vom Fluß helfen!« Und fast ehe er die Worte ausgesprochen hatte, war der Zaunkönig schon im Steinhaufen und kam mit dem Ei im Schnabel wieder heraus. Nun war der Riese schon dicht am Zaunkönig, aber der hielt Cathal das Ei hin, und Cathal legte es auf den Boden, setzte den Fuß drauf und zertrat es. Und kaum hatte er das Ei zerbrochen, da fiel der Riese fünfzig Schritt entfernt hin und war tot.

Cathal O'Cruachan und seine Frau blieben über Nacht im Haus des Riesen. Am nächsten Tag packten sie alles Gold und Silber zusammen, das sie dort fanden. Und sie nahmen auch den braunen Zaunkönig mit heim, den Falken vom Rock of the Ledge und den Hund vom Great Mull. Und als sie zu Hause angelangt waren, richteten sie für sich, die Nachbarn und für die hilfreichen Freunde ein großes, reiches Festmahl.

Als das Fest zu Ende ging, sagte der Hund: »Wir müssen fort.« Aber Cathal sprach: »Ihr sollt nicht gehen.« – »Ich muß unter allen Umständen fort«, sagte der Hund. »Sonst wird mein Haus von Füchsen, Iltissen und Mardern ausgeraubt.« Der Falke sagte: »Ich muß auch fort, denn mein Haus wird von Nebelkrähen und Raben ausgeraubt.« – »Ich will zusammen mit meinen Freunden gehen«, sagte der Zaunkönig, »denn sie sind stark, und ich bin schwach. Da hab ich unterwegs Gesellschaft.« Der Falke sagte zum Zaunkönig: »Spring mir zwischen die Flügel, und kein anderer Vogel rührt dich an, bis du daheim bist.«

Da schied Cathal O'Cruachan von seinen Freunden. Ich habe mich von ihnen an der Tür verabschiedet und bin nach Hause gegangen.

73 Wie sich Coineach und Gilbert in Frankreich benahmen

Es war in den alten Zeiten, da lebte in Cantire ein Weber namens Gilbert, der hatte einen Lehrling namens Coineach.

Eines Tages sagte Gilbert zu Coineach: »Wir rackern uns ab, und die Leute zahlen uns kaum was dafür, und ich hab eine große Familie, und wir sind alle halbverhungert; was fangen wir bloß an?«

Coineach erwiderte: »Wir machen folgendes. Behaltet allen Stoff, bis Ihr Euer Geld kriegt, und wenn sie nicht mit ihrem Geld kommen, verkaufen wir den Stoff.«

So arbeiteten sie beide aus Leibeskräften, bis sie eine große Menge Stoff hatten. Und als die Leute ihnen das Geld nicht brachten, machten sie sich auf und gingen mit den Stoffen weit fort und verkauften sie; und jeder von ihnen kriegte dafür einen feinen Anzug, und so zogen sie fort nach Frankreich, und da ließen sie sich in einem von den Gasthäusern von Paris nieder und lebten in Saus und Braus.

Der Stadtausrufer ging durch die Straßen und bot dem eine große Belohnung, der hinginge und eine Brücke hütete, die eben gebaut werden sollte und bei der irgendwelche wüste Störenfriede immer alles das einrissen, was eben gebaut worden war. Coineach ging hinaus und teilte dem Stadtausrufer mit, sein Herr werde die Brücke bewachen und alle töten, die sich daran vergriffen. Dann berichtete Coineach seinem Meister, daß sie zur Brücke müßten. »Ph!« sagte Gilbert, »ich wollte, ich wär' daheim bei meiner armen Frau und den Kindern. Wir werden beide umkommen.«

Coineach sagte: »Ach, habt keine Angst! Kommt nur mit, Ihr sollt die ganze Ehre davontragen, wenn wir's geschafft haben.«

Also gingen sie los und verkrochen sich in einem Loch dicht bei der Brücke, um aufzupassen, was sich zeigen würde. Nachdem die Nacht ein Stück vorgerückt war, tauchten zwei riesengroße Männer auf; sie kamen und rissen die Brücke ein. Gilbert zitterte und bebte. Coineach hob einen schweren Stein auf und warf ihn einem der großen Kerle an den Kopf. Der Riese meinte, es sei sein Gefährte, der ihn geschlagen hätte, und geriet in Zorn. Coineach war ein Künstler im Steinewerfen; er sagte zu seinem Herrn: »Und jetzt noch einen.« Und er wiederholte das Spiel. Der Riese begriff nicht, woher der Stein geflogen kam; denn Coineach und Gilbert hockten ja in ihrem Versteck; so fuhr er wieder seinen Freund an: »Was fällt dir ein, mich zu schlagen?« Nun fingen sie wild zu streiten an, bald setzten sie den Zank mit den Fäusten fort, und dann stürzten beide auf der Brücke hin.

Coineach wartete ab, bis die Gelegenheit für ihn günstig war, dann sprang er aus seinem Loch und schnitt ihnen beiden die Köpfe ab. Darauf trugen Coineach und Gilbert die Köpfe in die Stadt Paris, und der Stadtrat gab ihnen eine große Summe Geld, und alle bestaunten die beiden Hochländer als große und wunderbare Männer.

Es war noch etwas anderes, was Coineach und Gilbert widerfuhr.

Es war nach der Geschichte mit der Brücke und den Riesen, und Coineach und Gilbert lebten auf großem Fuße in einem

von den Pariser Gasthöfen, als der Stadtausrufer zum zweiten
Male seine Runde ging und verkündete, wer auch immer einen
wilden Eber erschlüge, der im Wald lebte und alle Leute um-
brächte, die dort des Weges kämen, der solle die Königstochter
zur Frau haben. Coineach ging hinaus und sagte zu dem Stadtausrufer: »Mein Herr macht das, der wird ihn erschlagen.«
Dann berichtete er seinem Meister, er müsse sich nun aufmachen und zu dem Wildeber gehen. Gilbert zitterte und bebte.
»Oh! Was tu ich bloß?« sagte er. »Der bringt mich doch um!
Und was fang ich mit der Königstochter an, wo ich doch schon
eine Frau habe?«
Coineach empfahl ihm, sich doch an die Brücke und den Riesen zu erinnern, und sagte zu seinem Meister: »Habt doch
keine Angst! Ich erledige die Arbeit für Euch, und Ihr sollt die
Ehre davontragen.«
So zogen Coineach und Gilbert hinaus zum Wald, und eine
große Menge Leute folgte ihnen, um zu sehen, wie sie mit dem
Untier zu Rande kämen; aber sie hielten sich wohlweislich in
sicherer Entfernung. Coineach und Gilbert marschierten in
den Wald, und der wilde Eber bemerkte sie und stürzte sich aus
dem Dickicht, um ihnen den Garaus zu machen. Gilbert zitterte und bebte und kletterte auf einen Baum, so rasch er
konnte. Der Eber entdeckte ihn und begann, die Erde rund um
den Baum aufzuwühlen, damit sich die Wurzeln aus dem Boden lösten. Wenn Gilbert vorher gezittert hatte, jetzt schlot-
terte er, und Coineach tat keinen Schritt, um ihm beizustehen.
Die andern schauten aus der Ferne zu.
Bald hatte der Eber die Wurzeln freigelegt, und der Baum
senkte sich zu Boden, und Gilbert mit. Gilbert zitterte und
bebte. Aber als der Baum endgültig fiel, fiel Gilbert dem Wildeber auf den Rücken, so daß er rittlings auf ihm saß. Da tat
Coineach einen Schritt vorwärts und schrie der Gesellschaft
der Zuschauer zu: »Mein Herr meint, es lohnt sich nicht, das
Tier zu töten, aber er will drauf reiten.« Und dann ging Coineach an seinen Herrn heran und tötete den Eber. Die Zuschauer jubelten.
Nun, Gilbert hatte kein Verlangen nach der Königstochter,
und es erwies sich, daß auch sie kein Verlangen nach ihm trug.

So bestimmte der König, ihr Vater, daß Gilbert zu Frau und Kindern nach Cantire gehen und viele Reichtümer mitnehmen solle und daß Coineach bei der Königstochter in Frankreich bleiben solle. Und so geschah alles. Coineach heiratete die Prinzessin, und Gilbert zog zurück nach Cantire, wo er sich nun nicht mehr an seinem Webstuhl abrackern mußte, denn er hatte genug, um bis in seine alten Tage davon gut leben zu können.

74 Binsenkleid

Binsenkleid war eine Königstochter, und ihr Vater wollte, daß sie heiratete: aber sie mochte den Mann nicht heiraten. Ihr Vater sagte, sie habe die Pflicht, ihn zu nehmen, und sie wußte nicht, was sie anfangen sollte. Da ging sie zur Hühnerfrau, um sie zu fragen, was sie machen sollte. Und die Hühnerfrau sagte: »Sag, du nimmst ihn nicht, außer, sie geben dir ein Kleid von gehämmertem Gold.« Ja, sie gaben ihr ein Kleid von gehämmertem Gold; aber sie hatte keine Lust, ihn dafür zu nehmen. So ging sie wieder zur Hühnerfrau, und die Hühnerfrau sagte: »Sag, du nimmst ihn nicht, außer, sie geben dir ein Kleid, das aus allen Vögeln unter dem Himmel gemacht ist.« Da schickte der König einen Mann mit einem großen Haufen von Körnern aus, und der Mann rief allen Vögeln in der Luft zu: »Jeder Vogel soll sich eine Erbse holen und eine Feder herlegen.« Da holte sich jeder Vogel eine Erbse weg und legte eine Feder nieder; und die Leute nahmen all die Federn und machten daraus ein Kleid und gaben es der Prinzessin, aber sie mochte den Mann deswegen doch nicht nehmen. Also, sie ging wieder zur Hühnerfrau und fragte, was sie anfangen sollte; und die Hühnerfrau sagte: »Sag, du nimmst ihn nicht, außer, sie geben dir ein Kleid von Binsen und ein Paar Pantoffeln.« Nun, sie gaben ihr ein Binsenkleid und ein Paar Pantoffeln, aber deswegen mochte sie ihn doch nicht nehmen. Also, sie ging wieder zur Hühnerfrau, und die Hühnerfrau sagte, jetzt könne sie ihr nicht mehr helfen.
Da lief sie also von ihres Vaters Haus fort und wanderte weit, weit weg, viel weiter, als ich euch erzählen kann; und schließ-

lich langte sie am Haus von einem König an und ging hinein. Und die drinnen fragten sie, was sie da suche, und sie antwortete, sie suche eine Stellung; da nahmen sie sie in Dienst und steckten sie in die Küche; da wusch sie das Geschirr und schaffte die Asche raus und all das. Und als der Sonntag kam, gingen sie alle zur Kirche und ließen sie daheim, damit sie das Essen koche. Und da kam eine Elfe zu ihr und sagte ihr, sie solle das Kleid aus gehämmertem Gold anziehen und in die Kirche gehen. Und sie antwortete, sie könne nicht gehen, weil sie ja das Essen kochen müsse; und die Elfe befahl ihr zu gehen, und sie wolle das Essen für sie kochen. Und sie sagte:

> »Ein Torfstück brenn' das andre an,
> Ein Topf setz' heut den andern in Gang,
> Ein Spieß mach' heut den andern drehn,
> Daß Binsenkleid zur Kirche kann gehn.«

Also zog Binsenkleid ihr Gewand aus gehämmertem Gold an und ging fort in die Kirche. Und der Königssohn verliebte sich in sie; aber sie kam heim, bevor die Kirche aus war, und er konnte nicht rauskriegen, wer sie war. Und als sie heimkam, fand sie das Essen fertig, und keiner merkte, daß sie fort gewesen war.

Nun, am nächsten Sonntag kam die Elfe wieder und befahl ihr, das Kleid aus den Federn aller Vögel aus der Luft anzuziehen und zur Kirche zu gehen; sie würde für sie das Essen kochen. Gut, sie zog das Federkleid an und ging zur Kirche. Und sie kam heraus, bevor der Gottesdienst aus war; und als der Königssohn sah, daß sie hinausgegangen war, ging er auch; aber er konnte nicht dahinterkommen, wer sie war. Und sie kam heim und zog das Federkleid aus und fand das Essen fertig vor, und keiner merkte, daß sie fort gewesen war.

Am Sonntag drauf kam die Elfe wieder zu ihr und befahl ihr, das Binsenkleid und die Pantoffeln anzuziehen und abermals zur Kirche zu gehen. Schön, sie tat es; und diesmal saß der Königssohn gleich neben der Tür, und als er Binsenkleid hinausschlüpfen sah, bevor die Kirche aus war, schlüpfte er mit hinaus und packte sie. Und sie wand sich von ihm los und rannte heim; aber sie verlor einen von ihren Pantoffeln, und den hob er auf. Und er ließ im ganzen Land ausrufen, daß er jede, die den Pantoffel anziehen könne, heiraten würde. So probierten alle Hofdamen, mit dem Fuß in den Pantoffel zu kommen, aber keiner paßte er. Und die alte Hühnerfrau kam und zwang ihre Tochter, ihn anzuprobieren, und sie stutzte und schnitt ihr den Fuß zurecht, auf die Art paßte ihr der Pantoffel. So war der Königssohn drauf und dran, sie zu heiraten. Und er ritt mit ihr fort zur Kirche, er vorn und sie hinter ihm; und sie kamen in einen Wald, und da saß ein Vogel auf einem Baum, und als sie vorüberritten, sagte der Vogel:

>»Behackte Füß', gezwackte Füß',
Sie sitzt auf des Königs Pferd,
Doch feine Füß' und kleine Füß',
Sie versteckt sich hinterm Herd.«

Und als der Königssohn das hörte, warf er die Hühnerfrautochter herunter und ritt wieder heim und guckte hinter den Kessel, und da fand er Binsenkleid, wie sie um ihren Pantoffel weinte. Und er probierte ihr den Pantoffel an, und der paßte genau. So heiratete er sie.

Und nun lebten sie froh und glücklich und tranken nie aus einem leeren Becher.

75 Binsenröckchen

Es waren einmal ein König und eine Königin, wie es viele gibt; wenige haben wir gesehen, und ebenso wenige werden wir wohl zu sehen kriegen. Die Königin, die starb und ließ ein hübsches, kleines Mädelchen zurück, und sie hatte nichts, was sie dem kleinen Mädelchen geben konnte, außer einem kleinen roten Kälbchen, und sie sagte dem Mädelchen, was immer sie brauchen würde, das Kälbchen würde ihr's geben. Der König heiratete wieder, und zwar eine böse Frau, die selber drei häßliche Töchter hatte. Die konnten die Kleine nicht leiden, weil sie so hübsch war; sie nahmen ihr all ihre schönen Kleider weg, die ihr die Mutter gegeben hatte, und zogen ihr ein Röckchen aus Binsen an und befahlen ihr, daß sie sich in den Küchenwinkel hocke, und nun nannte jeder sie Binsenröckchen. Sie kriegte nichts zu essen außer dem, was die andern übrig ließen, aber sie machte sich nichts draus, denn sie ging zu ihrem roten Kälbchen, und das gab ihr alles, worum sie bat. Sie kriegte vom Kälbchen gutes Essen, aber weil das Kälbchen gut zu Binsenröckchen war, befahl die böse Stiefmutter, es abzustechen. Binsenröckchen dauerte das Kälbchen sehr, und sie setzte sich hin und weinte. Da sagte das tote Kälbchen zu ihr:

»Nimm mich auf, Bein für Bein,
Und leg mich unter den grauen Stein,

und was immer du brauchst, komm und verlang es von mir, und ich geb dir's.« Die Weihnachtszeit kam, und alle andern zogen ihre feinen Kleider an und machten sich auf in die Kirche. Binsenröckchen sagte: »Oh, wie gern möchte ich auch in die Kirche gehen!« Aber die andern sagten: »Was willst du in der Kirche, du garstiges Ding? Bleib du mal zu Hause und koch das Essen!« Als sie fort in die Kirche waren, wußte Binsenröckchen nicht, wie sie das Essen machen sollte, aber sie ging zu dem grauen Stein hinaus und erzählte dem Kälbchen, daß sie kein Essen machen konnte und daß sie so gern in die Kirche gehen wollte. Das Kälbchen gab ihr feine Kleider und befahl ihr, ins Haus zu gehen und zu sagen:

»Ein Torf brenn' den andern an,
Ein Topf setz' den andern in Gang,
Ein Spieß mach' den andern drehn,
Daß ich kann zur Kirche gehn.«

Binsenröckchen zog sich die feinen Kleider an, die ihr das Kälbchen gegeben hatte, und ging fort in die Kirche, und da war sie die großartigste und schönste Dame. Es war ein junger Prinz in der Kirche, und er verliebte sich in sie. Vor dem Segen stahl sie sich fort und war vor allen andern wieder daheim, riß sich die feinen Sachen vom Leib und fuhr in ihr Binsenröckchen, und das Kälbchen hatte schon den Tisch gedeckt, und das Mittagessen war fertig, und alles war in schönster Ordnung, als die andern kamen. Die drei Schwestern sagten zu Binsenröckchen: »Oh, Mädel, du hättest bloß sehen sollen, was für eine feine, hübsche Dame heut in der Kirche war! Der junge Prinz war ganz verliebt in sie!« Sie sagte: »Oh, ich wollte, ihr würdet mich morgen mit euch zur Kirche gehen lassen!« Denn sie gingen immer drei Tage nacheinander zur Kirche. Sie sagten:

»Was soll so eine wie du in der Kirche, garstiges Ding? Für dich ist der Küchenwinkel gut.« Am nächsten Tag gingen sie fort und ließen sie zurück, aber sie ging wieder zu ihrem Kälbchen, und das befahl ihr, wieder dieselben Worte zu sagen wie gestern, und es gab ihr noch feinere Kleider, und sie ging wieder in die Kirche, und alle Welt starrte sie an und fragte sich, woher solch eine große Dame bloß kommen mochte. Und was den jungen Prinzen betraf, der verliebte sich noch mehr in sie und gab den Befehl, man solle aufpassen, wo sie hingehen würde. Aber sie war im Handumdrehen fort, bevor irgendwer sie sah, und hatte ihre feinen Sachen aus- und das Binsenröckchen wieder angezogen, und das Kälbchen war mit dem Tischdecken schon fertig und hatte alles fürs Mittagessen bereit.

Am Tag darauf kleidete das Kälbchen sie noch herrlicher ein als die beiden ersten Male, und sie ging wieder in die Kirche. Der junge Prinz war richtig da, und er stellte an der Tür eine Wache auf, die sie festhalten sollte, aber sie sprang ihnen über die Köpfe weg und verlor dabei einen ihrer schönen Seidenpantoffel. Sie langte vor den andern daheim an und fuhr in ihr Binsenröckchen, und das Kälbchen hatte alles fertig. Der junge Prinz ließ ausrufen, daß er diejenige heiraten würde, deren Fuß in den Seidenpantoffel paßte. Alle Damen aus dem ganzen Land zogen hin, um den Pantoffel anzuprobieren, und darunter auch die drei Schwestern, aber keiner paßte der Schuh, denn sie hatten häßliche, breite Füße. Die Hühnerfrau nahm ihre Tochter her und schnitt ihr Zehen und Fersen ein Stück ab und zwängte ihr den Pantoffel über, und nun war der Prinz genötigt, sie zu heiraten, denn sein Versprechen mußte er halten. Als er mit ihr dahinritt, auf dem Weg zur Kirche, sie saß hinter ihm, fing ein Vogel zu singen an und sang immer wieder:

> »Behackte Füß', gezwackte Füß',
> Sie sitzt auf des Königs Pferd,
> Doch feine Füß' und kleine Füß',
> Sie versteckt sich hinterm Herd.«

Der Prinz sagte: »Was singt der Vogel da?« Aber die Hühnerfrau sagte: »Das garstige, verlogene Ding! Kümmer dich nicht darum, was er sagt!« Doch der Vogel sang immer weiter dieselben Worte. Der Prinz sagte: »Oh, da muß noch jemand da sein,

der den Pantoffel nicht anprobiert hat!« Aber sie sagten: »Da
ist keine weiter als ein armes, schmutziges Ding, das im Küchenwinkel hockt und ein Binsenröckchen trägt.« Der Prinz
jedoch war entschlossen, den Pantoffel Binsenröckchen anprobieren zu lassen. Sie aber rannte fort zu dem grauen Stein, wo
das rote Kalb sie feiner denn je anzog, und sie lief zum Prinzen,
und der Pantoffel sprang ihm von selber aus der Tasche und ihr
an den Fuß, und der Prinz nahm sie zur Frau, und sie waren
glücklich ihr Leben lang.

76   Der König, der seine Tochter heiraten wollte

Es war einmal ein König, der heiratete und bekam nur eine
einzige Tochter. Als seine Frau starb, wollte er nur eine heiraten, der ihre Kleider paßten. Eines Tages probierte seine Tochter das Kleid ihrer Mutter an, und sie lief zu ihrem Vater hin,
um ihm zu zeigen, wie es ihr paßte. Es paßte ihr vollkommen.
Als der Vater sie sah, wollte er keine andere als sie heiraten.
Weinend ging sie zu ihrer Muhme, und die Pflegemutter sagte
zu ihr: »Was ist los mit dir?« Sie sagte, daß ihr Vater darauf
bestehe, sie zu heiraten. Die Muhme wies sie an, ihm zu sagen:
Sie werde ihn nicht heiraten, bis er ihr ein Kleid aus Schwanen-
daunen verschafft habe. Er zog aus, und als ein Jahr und ein Tag
verstrichen waren, kehrte er zurück und brachte das Kleid mit.
Da lief sie wieder zur Muhme, um sich Rat zu holen. »Sag
ihm«, meinte die Muhme, daß du ihn nicht heiratest, bis er dir
ein Kleid aus Moor-Wollgras verschafft.« Er zog fort, und als
ein Jahr und ein Tag vorüber waren, kehrte er heim und brachte
ein Kleid aus Moor-Wollgras mit. »Jetzt sag ihm«, befahl die
Muhme, »daß du ihn nicht heiratest, bevor er dir ein Seiden-
kleid bringt, das vor Gold und Silber von selbst steht.« Als ein
Jahr und ein Tag vergangen waren, kam er mit dem Kleid zurück. »Nun sag ihm«, riet die Muhme, »daß du ihn nicht
heiratest, bevor er dir einen goldenen und einen silbernen
Schuh bringt.« Er beschaffte ihr einen goldenen und einen silbernen Schuh. »Sag ihm nun«, befahl die Muhme, »daß du ihn
erst dann heiratest, wenn er dir eine Truhe bringt, die von

außen und von innen abgeschlossen werden kann und für die es gleich ist, ob sie auf dem Meer oder an Land ist.« Als sie die Kiste erhalten hatte, faltete sie die besten Kleider ihrer Mutter und die eigenen zusammen und packte sie hinein. Dann stieg sie selber in die Truhe und bat ihren Vater, sie aufs Meer zu setzen, um auszuprobieren, wie seetüchtig sie sei. Der Vater ließ die Kiste zu Wasser; und sowie sie auf den Wellen schaukelte, schwamm sie fort und immer weiter, bis sie nicht mehr zu sehen war.

Auf der andern Seite des Meeres landete sie. Ein Hirt kam vorbei und versuchte, die Truhe aufzubrechen, denn er erhoffte sich einen guten Fund. Als er die Truhe aufzubrechen versuchte, rief's da drinnen: »Tu das nicht! Aber sag deinem Vater, er soll herkommen, und er kriegt etwas, das ihm sein ganzes Leben lang nützt.« Sein Vater kam und nahm sie mit sich in sein Haus. Er war aber Hirt bei einem König, und das Königshaus stand nahe.

»Wenn ich doch Erlaubnis bekäme«, sagte sie, »in dem großen Haus dort drüben zu dienen.«

»Die brauchen keine«, sagte der Hirt, »außer als Küchenhilfe.«

Der Hirt ging hinüber, um ein Wort für sie einzulegen, und sie wurde Küchenmagd, Gehilfin des Kochs. Als die andern zur Kirche gingen und sie fragten, ob sie auch mit wolle, sagte sie nein, sie habe ein kleines Brot zu backen und könne nicht fort. Als sie weggegangen waren, begab sie sich ins Haus des Hirten und legte das Schwanendaunenkleid an. Sie ging zur Kirche und saß gegenüber vom Königssohn. Der Königssohn faßte Liebe zu ihr. Bevor der Pfarrer zu Ende gepredigt hatte, ging sie fort, langte im Hirtenhaus an, wechselte die Kleider und war vor den andern wieder in der Küche. Als die übrigen heimkehrten, sprachen sie über die vornehme Dame, die mit in der Kirche gewesen war.

Am nächsten Sonntag sagten sie zu ihr: »Gehst du mit zur Kirche?« Und sie antwortete, nein, sie habe ein kleines Brot zu backen. Sowie sie fort waren, lief sie ins Hirtenhaus und zog das Kleid aus Moor-Wollgras an und ging zur Kirche. Der Königssohn saß auf demselben Platz wie am vergangenen Sonntag, und sie saß ihm gegenüber. Vor den andern ging sie hinaus, wechselte die Kleider und war längst wieder im Haus, als sie zurückkehrten; und als die übrigen hereinkamen, sprachen sie alle über die reiche, vornehme Dame, die mit in der Kirche gewesen war. Am dritten Sonntag sagten sie zu ihr: »Kommst du mit in die Kirche?« Und sie sagte nein, sie habe ein kleines Brot zu backen. Sowie sie fort waren, lief sie ins Hirtenhaus, zog das Kleid an, das vor Gold und Silber von selber stand, fuhr in den Goldschuh und in den Silberschuh und ging zur Kirche. Der Königssohn saß auf dem Platz, den sie am vorigen Sonntag eingenommen hatte, und sie ließ sich auf dem seinigen nieder. An diesem Sonntag stand eine Wache an den Türen. Sie erhob sich, sah einen Spalt und schlüpfte durch nach draußen; aber sie erwischten einen ihrer Schuhe.

Der Königssohn sagte: Welcher Frau auch immer dieser Schuh passe, die wolle er heiraten.

Viele probierten den Schuh an und hackten sich Zehen und Fersen ab, um den Fuß hineinzuzwängen; aber keiner wollte es gelingen. Oben im Wipfel eines Baums saß ein kleiner Vogel, der bei jeder, die den Schuh probierte, immerfort sagte: »Klein, klein, du kommst nicht rein, aber die Kleine, die dem Koch hilft.« Als er keine finden konnte, welcher der Schuh paßte, legte sich der Königssohn zu Bett, und seine Mutter ging in die Küche, um die Sache zu besprechen. »Wollt ihr mir den Schuh nicht mal zeigen?« sagte die Magd. »Es kommt bestimmt nichts dran.«

»Du! Du häßliches, dreckiges Ding, dir wird er grad passen!«

Die Königin ging und berichtete das ihrem Sohn.

»Steht es nicht sowieso fest«, sagte er, »daß er ihr nicht paßt? Kannst du ihr da den Spaß nicht machen?«

Sowie der Schuh auf dem Fußboden stand, sprang er ihr von selber an den Fuß. »Was gebt ihr mir«, sagte sie, »wenn ich euch auch den andern Schuh zeige?« Sie lief zum Hirtenhaus hinüber und zog die Schuhe an und das Kleid, das vor Gold und Silber von selber stand. Als sie zurückkehrte, brauchten sie nur noch nach dem Pfarrer zu schicken, und sie und der Königssohn wurden Mann und Frau.

Es war einmal ein König, der hatte vier Töchter, und als seine
Frau starb, sagte er, er wolle nur eine heiraten, der die Kleider
seiner toten Frau paßten. Eines Tages probierten es die Töchter, und Morag, die Jüngste, konnte die Sachen tragen. Der
König sah sie aus einem Fenster, da wünschte er, sie zu heiraten. Sie ging zum Bruder ihrer Mutter und fragte ihn um Rat.
Er wies sie an zu versprechen, daß sie den König heirate, wenn
er ihr ein Kleid aus Vogeldaunen und ein Kleid von den Farben
des Himmels, mit Silber durchwoben, bringe. Das schaffte der
König heran, nun sagte der Mutterbruder, sie solle ein Kleid
von der Farbe der Sterne, durchwoben mit Gold, verlangen
und dazu gläserne Schuhe. Aber das erlangte der König auch
und gab es ihr. Da steckte sie die Kleider und die Schuhe in eine
Kiste und lief damit fort zum Mutterbruder, und der gab ihr ein
Füllen mit einem Zauberzaum. So ritt sie fort, nach der einen
Seite vom Füllen saß sie, und auf der andern hing die Kiste mit
den Kleidern. Sie ritt zu einem Königspalast und versteckte die
Kiste an einem Hügel unter einem Binsendickicht; das Füllen
ließ sie laufen und wanderte in den Palast mit nichts am Leib als
einem Hemd und einem weißen Unterrock. Sie verdingte sich
beim Koch, wurde häßlich und schmutzig und schlief auf einer
Bank am Küchenfeuer, und ihre Arbeit war, den ganzen Tag
lang unter dem großen Kessel das Feuer anzublasen. Eines Tages kam der Königssohn nach Hause zurück, und sie wollten
ein Fest geben. Morag ging zur Königin und bat um die Erlaubnis, es anzusehen, aber die Königin war darüber sehr zornig.
Sie hielt ein Becken mit Wasser in der Hand, das warf sie nach
ihr, und es zerbrach. Morag ging zum Hügel, holte das Kleid
von Daunen und Silber heraus und schüttelte ihren Zauberzaum; das Füllen kam, sie saß auf und ritt zu dem Fest. Der
Königssohn nahm sie bei der Hand und nahm sie so ehrenvoll
auf wie nur irgendeine und setzte sie auf seinen Schoß, und als
der Schmaus vorbei war, da war kein Reel, den er nicht mit ihr
tanzte. Er fragte, woher sie käme, und sie sagte: »Aus dem
Königreich der zerbrochenen Becken.« Und der Prinz sagte,
von diesem Land habe er noch nie im Leben gehört, obwohl er

weit gereist sei. Sie lief weg und kehrte in die Küche zurück, und dort redeten alle über die schöne Dame. Sie erkundigte sich nach ihr, da sagten die anderen: »Rede nicht über Dinge, von denen du nichts verstehst, du dreckige kleine Krabbe!«

Dann gab der Prinz noch ein Fest, und da ging sie wieder zur Königin und bat, daß sie dabeisein dürfe, und die Königin war wütend und warf einen Leuchter nach ihr, und der zerbrach. Und Morag ging zum Hügel, holte ein anderes Kleid heraus, zog es an und schüttelte den Zauberzaum, das Füllen kam, sie saß auf und ritt zum Fest. Der Königssohn hatte auf jeder Seite von der Tür acht Mann aufgestellt, die sollten sie fangen. Er wartete schon auf sie, nahm sie bei der Hand und setzte sie auf seinen Schoß, und als der Schmaus vorbei war, da war kein Reel, den er nicht mit ihr tanzte. Er fragte wieder, woher sie käme, und sie sagte, aus dem Land der zerbrochenen Leuchter. Und der Prinz sagte, von diesem Land habe er noch nie im Leben gehört, so weit er auch gereist sei. Da rannte sie fort, mitten zwischen den Männern vor der Tür durch, aber einen von ihren gläsernen Schuhen verlor sie dabei.

Nun wurde der Königssohn krank vor lauter Traurigkeit; er sagte, er wolle nur die Frau heiraten, an deren Fuß der Schuh passen würde, und alle Damen kamen und probierten, und manche schnitten sich Zehen und Fersen ab, aber das nützte ihnen nichts. Nun fragte der Königssohn, ob es denn wirklich sonst keine mehr gebe. Und siehe, da steckte ein kleines Geschöpf den Kopf durch die Tür und sagte: »Wenn du's nur wüßtest: die du suchst, ist die Magd vom Koch!« Da erfuhr er von seiner Mutter die Geschichte mit dem Waschbecken und dem Leuchter. Der Schuh wurde anprobiert und saß, und der Prinz sollte Morag heiraten. Alle waren verzweifelt und schmähten sie; doch sie ging hinaus zu ihrer Truhe, schüttelte den Zauberzaum und schmückte sich und kehrte auf dem Füllen zurück, hinter sich ein Pony mit der Kiste. Nun fielen alle, die sie geschmäht hatten, auf die Knie, und sie bekam den Prinzen zum Mann. Und ich habe auf der Hochzeit keinen Bissen abgekriegt!

Es war einmal ein Herr, der hatte zwei kleine Mädchen. Die ältere war häßlich und böse, aber die jüngere war ein hübsches, gutes Ding; aber die Häßliche war der Liebling von Vater und Mutter. So behandelten sie die Jüngste auf jede Art schlecht und schickten sie zum Viehhüten in den Wald, und zu essen bekam sie weiter nichts als ein bißchen Hafergrütze und Molke.

Nun war unter dem Vieh aber ein rotes Kalb, und eines Tages sagte es zu dem Mädchen: »Gib die Hafergrütze und die Molke dem Hund und komm mit mir!«

So folgte das Mädchen dem Kalb durch den Wald, und sie kamen zu einem hübschen Häuschen, wo feines Essen für sie bereitstand; und nachdem sie sich all die guten Sachen hatten schmecken lassen, gingen sie zurück, und das Mädchen hütete weiter die Herde.

Jeden Tag nahm das Kalb sie nun mit und bewirtete sie mit Leckerbissen, und jeden Tag wurde sie schöner. Das enttäuschte Vater und Mutter und die häßliche Schwester. Sie hatten erwartet, daß die grobe Behandlung sie um die Schönheit bringen werde, und nun lagen sie auf der Lauer und paßten auf, bis sie sahen, wie das Kalb das Mädchen zu dem Schmaus fortführte. Da beschlossen sie, das Kalb zu töten, und nicht nur das: Sie zwangen das Mädchen, es selber mit der Axt zu erschlagen. Die häßliche Schwester würde dem Kalb den Kopf halten, und das Mädchen, das es liebte, sollte ihm den Schlag versetzen und es umbringen. Sie konnte weiter nichts tun als weinen; aber das Kalb hieß sie, nicht zu weinen, sondern zu tun, was es ihr sage. Und sein Plan war, sie solle die Axt nicht auf seinem Kopf niedergehen lassen, sondern statt dessen auf dem Kopf des Mädchens, das es hielt; dann solle sie ihm auf den Rücken springen, und sie wollten fliehen. Schön, der Tag, an dem das Kalb umgebracht werden sollte, kam heran, und alles war bereit – das häßliche Mädchen hielt ihm den Kopf, und dem schönen Mädchen hatten sie die Axt in die Hand gedrückt. So hob sie die Axt und ließ sie auf den Kopf der häßlichen Schwester niedersausen; und in der Verwirrung, die nun entstand, schwang sie sich dem Kalb auf den Rücken, und das lief mit ihr davon, und es flog nur so dahin, bis sie auf eine Wiese kamen, wo eine Menge Binsen wuchsen; und weil das Mädchen nicht viel Kleider anhatte, pflückten sie Binsen und machten ein Röckchen für sie, und dann brachen sie wieder auf und liefen und liefen, bis sie am Haus des Königs anlangten. Sie gingen hinein und erkundigten sich, ob dort eine Magd gebraucht würde. Die Herrin sagte, sie brauchten ein Küchenmädchen, und sie wollten Binsenröckchen nehmen. So sagte Binsenröckchen, sie wolle bleiben, wenn sie auch das Kalb behalten würden. Darein willigten sie ein. So blieben das Mädchen und das Kalb zusammen im Hause des Königs, und alle waren mit ihr zufrieden, und als Weihnachten herankam, sagten sie, sie solle zu Hause bleiben und das Essen kochen, während alle andern in die Kirche gingen. Als sie fort waren, fragte das Kalb, ob sie wohl auch gern ginge. Sie sagte ja, das wohl, aber sie habe ja keine Kleider und könne das Essen nicht im Stich lassen. Das Kalb sagte, die Kleider wolle es ihr geben, und das Essen werde es auch bereiten. Es ging hinaus und kam wieder mit einem prächtigen Gewand, ganz aus Seide und Atlas, und einem Paar wunderhübscher Pantoffel. Das Mädchen streifte das Kleid über, und bevor sie ging, sagte sie:

>»Ein Torf brenn' den andern an,
> Ein Topf setz' den andern in Gang,
> Ein Spieß mach' den andern drehn,
> Daß ich kann zur Kirche gehn.«

So ging sie in die Kirche, und keiner erkannte, daß es Binsenröckchen war. Sie wunderten sich, wer die schöne Dame sein könnte; und sobald der junge Prinz sie erblickte, verliebte er sich in sie und beschloß, er müsse herausfinden, wer sie war, bevor sie heimgelangte; aber Binsenröckchen ging vor den andern fort, damit sie rechtzeitig heimkam, um ihr Kleid abzulegen und nach dem Essen zu schauen.

Als der Prinz sah, daß sie davonging, eilte er zur Tür, um sie zurückzuhalten, aber sie sprang an ihm vorbei, und in der Hast verlor sie einen Schuh. Der Prinz behielt den Schuh, und Binsenröckchen kam richtig heim, und die Leute im Haus sagten, daß das Essen sehr fein sei.

Nun war der Prinz entschlossen herauszukriegen, wer die Dame war, und schickte einen Diener mit dem Schuh durch das ganze Land. Jede Dame sollte ihn anprobieren, und der Prinz versprach, diejenige zu heiraten, der er passen würde. Der Diener ging in viele, viele Häuser, aber er konnte keine Dame finden, deren Fuß in den Schuh paßte, der war so klein und niedlich. Zuletzt kam er zu dem Haus einer Hühnerfrau, und deren Tochter hatte kleine Füße. Zuerst wollte der Schuh ihr nicht passen, aber sie schnitt ein bißchen von den Fersen ab und stutzte die Zehen, bis sie in den Schuh hineinkam. Nun war der Prinz sehr zornig. Er wußte genau, es war nicht die Dame, die er wollte; aber da er versprochen hatte, jede zu heiraten, die den Schuh anziehen konnte, mußte er sein Versprechen halten.

Der Hochzeitstag rückte heran, und als sie allesamt zur Kirche ritten, flog ein kleiner Vogel durch die Luft und sang:

> »Gezwackte Füß', behackte Füß',
> So sitzt sie auf dem Pferd,
> Doch feine Füß' und kleine Füß',
> so hockte sie hinterm Herd.«

»Was sagst du da?« fragte der Prinz. »Oh«, sagte die Hühnerfrau, »gibst du etwa acht auf das, was ein Vogel sagt?« Aber der Prinz sprach: »Sing das noch mal, schönes Vögelchen.« So sang der Vogel:

»Gezwackte Füß', behackte Füß',
So sitzt sie auf dem Pferd,
Doch feine Füß' und kleine Füß',
So hockt sie hinterm Herd.«

Der Prinz wandte sein Pferd und ritt heim und ging geradewegs in seines Vaters Küche, und da saß Binsenröckchen. Er erkannte sie augenblicklich, sie war so schön; und als sie den Schuh anprobierte, paßte er ihr, und so heiratete der Prinz Binsenröckchen, und sie lebten glücklich und bauten ein Haus für das rote Kalb, das so freundlich zu ihr gewesen war.

Es waren einmal ein König und eine Königin, die hatten eine Tochter, und die Königin starb, und der König heiratete eine andere Frau. Und die neue Königin war böse zu der Tochter der ersten; immer schlug sie sie und warf sie zur Tür hinaus. Sie schickte sie zum Schafehüten fort und gab ihr nur so wenig mit, von dem bißchen konnte sie nicht leben. Doch in der Herde war ein gehörntes, graues Schaf, das kam zu ihr und brachte ihr Essen.

Die Königin wunderte sich, daß die Stieftochter weiterlebte, obwohl sie doch von ihr so wenig bekam, und das erzählte sie der Hühnerfrau. Die Hühnerfrau dachte, sie würde mal ihre eigene Tochter hinschicken, damit sie aufpasse, woher die Königstochter was zu essen bekäme, und so ging Ni Mhaol Charach, die Tochter der Hühnerfrau, das kahle, räudige Ding, zusammen mit der Königintochter hüten. Aber das gehörnte, graue Schaf wollte nicht zu dem Mädchen kommen, solange Ni Mhaol Charach da war, und Ni Mhaol Charach blieb den ganzen Tag bei ihr. Die Tochter der Königin sehnte sich nach ihrem Essen, und sie sagte: »Leg den Kopf auf meine Knie, und ich lause dich.« Und Ni Mhaol Charach legte den Kopf aufs Knie der Königintochter und schlief ein.

Das Schaf kam mit Essen zur Tochter der Königin, aber das Auge, das im Hinterkopf des kahlen, schwarzhäutigen Mädchens, der Hühnerfrautochter, war, stand offen, und sie sah alles mit an, was vor sich ging, und als sie erwachte, lief sie heim und berichtete es ihrer Mutter, und die Hühnerfrau erzählte es der Königin, und als die Königin begriff, wie das Mädchen zu Essen kam, ruhte sie nicht, bis das graue Schaf geschlachtet wurde.

Das Schaf kam zur Tochter der Königin und sagte zu ihr: »Sie werden mich schlachten, aber bring du meine Haut beiseite und sammle meine Knochen und roll sie in meine Haut, dann werd ich wieder lebendig und will wieder zu dir kommen.«

Das Schaf wurde geschlachtet, und die Tochter der Königin stahl das Fell und suchte die Knochen und Hufe zusammen, aber sie vergaß die Hinterzehen. Das Schaf wurde wieder lebendig, doch es war lahm. Es kam zur Königstochter gehinkt und sagte: »Du hast getan, was ich von dir verlangt habe; aber die Hinterzehen hast du vergessen.«

Und von da an brachte es ihr wieder Essen.

Es gab da einen jungen Prinzen, der ritt immer an ihr vorbei, wenn er zur Jagd wollte; und weil er sah, wie hübsch sie war, fragte er seine Leute: »Wer ist das?« Und sie erzählten es ihm, und er gewann sie lieb und ritt oft dort entlang; aber das kahle, schwarzhäutige Mädchen, die Tochter der Hühnerfrau, kriegte das spitz und erzählte es ihrer Mutter, und die Mutter berichtete es der Königin.

Die Königin wollte wissen, was für ein Mann das war, und die Hühnerfrau horchte herum, bis sie es herausbekam, und dann erzählte sie es der Königin. Als die Königin erfuhr, wer er war, dachte sie sofort, sie könnte ihm doch lieber die eigene Tochter an den Weg stellen; und sie holte die Tochter der ersten Königin ins Haus und schickte dafür die eigene Tochter mit der Herde hinaus; und die erste Tochter mußte nun kochen und alle Arbeit im Haus verrichten.

Aber einmal war die Tochter der ersten Königin kurz unterwegs, und der Prinz traf sie und schenkte ihr ein Paar goldene Schuhe. Er wollte sie gern in der Kirche wiedersehen, aber ihre Stiefmutter ließ nicht zu, daß sie hinging.

Doch als alle andern schon fort waren, machte sie sich fertig und lief ihnen nach und setzte sich an einen Platz, wo er sie sehen konnte. Aber sie stand auf und ging fort, bevor sich die Leute zerstreuten, und als die Stiefmutter nach Hause kam, war sie schon längst wieder daheim und hatte alles fertig. Und so ging es auch am nächsten Sonntag. Aber als sie das drittemal da war, hatte sich der Prinz vorgenommen, mit ihr zu gehen, und er saß dicht an der Tür und ließ sie nicht aus den Augen, und als sie sich fortstahl, stand er auf und lief ihr nach. Sie rannte heim und verlor im Schlamm einen Schuh, und er hob ihn auf, und weil er sie nirgends mehr sah, sagte er, diejenige, deren Fuß in den Schuh passe, die solle seine Frau werden.

Die Königin wollte gern, daß der Schuh ihrer eigenen Tochter paßte; und sie versteckte die Tochter der ersten Königin, damit sie dem Prinzen nicht vor die Augen kam, bis sie versucht hätte, ob der Schuh ihrer eigenen Tochter paßte.

Als der Prinz kam, um ihr den Schuh anzuprobieren, war ihr Fuß zu groß. Aber sie war ganz versessen darauf, den Fuß in den Schuh zu zwängen, und sprach mit der Hühnerfrau darüber. Die Hühnerfrau schnitt ihr die Zehenspitzen ab, und nun brachte sie den Fuß in den Schuh.

Als der Hochzeitstag kam, wurde die Tochter der ersten Königin in einem Winkel hinter dem Feuer versteckt.

Die Leute waren alle versammelt, da kam ein Vogel ans Fenster und rief:

»Blut ist im Schuh, und der hübsche Fuß ist im Winkel hinter dem Feuer!«

Einer von den Gästen sagte: »Was redet der Vogel da?« Und die Königin antwortete: »Es hat nichts zu bedeuten, was der sagt; er ist ein widerliches, geschnäbeltes, verlogenes Ding!« Der Vogel kam wieder ans Fenster; und als er zum drittenmal kam, sagte der Prinz: »Wir wollen gehen und horchen, was der sagt.«

Und er stand auf und ging hinaus, und der Vogel rief: »Blut ist im Schuh, und der hübsche Fuß ist im Winkel hinterm Feuer.«

Er ging wieder hinein und befahl, daß der Winkel hinter dem Feuer durchsucht werde. Und sie durchsuchten ihn und fanden die Tochter der ersten Königin und an ihrem einen Fuß den goldenen Schuh. Sie wuschen das Blut aus dem zweiten Schuh und probierten ihn ihr an, und er paßte, und er gehörte zu dem andern Schuh. Der Prinz verließ die Tochter der zweiten Königin und heiratete die Tochter der ersten Königin und nahm sie mit, und von nun an war sie reich und glücklich.

80 Der Geist von Eld

In der alten Zeit lebte hinter dem Beinn nan Sian ein Ziegenhirt namens Herden-Gorla, der hatte drei Söhne und eine Tochter. Ihr, Goldhaar, waren die Jungtiere anvertraut. Eines schönen Tages, als sie die Kitze oben auf dem Berg hütete, wand sich ein Kranz von Schäfchenwolken, weiß wie frisch gefallener Schnee, um den Berg, umzingelte die einsame Goldhaar, und sie ward nicht mehr gesehen.

Als ein Jahr und ein Tag vorüber waren, sagte Ardan, der älteste

Sohn des Hirten: »Vor einem Jahr ist meine Schwester Goldhaar von uns gegangen, und ich schwöre nun, daß ich nicht ruhen will noch rasten, bei Tag nicht und nicht bei Nacht, bis ich sie aufgespürt habe oder ihr Los teile.«

»Wenn du das gelobt hast, mein Sohn«, sagte der Vater, »will ich dich nicht hindern; aber es hätte sich geziemt, daß du deinen Vater um seine Zustimmung befragt hättest, bevor dir das Wort über die Lippen gegangen wäre. Steh auf, Frau, backe deinem Ältesten einen Kuchen. Er tritt eine lange Reise an.«

Die Mutter erhob sich und buk zwei Kuchen, einen großen und einen kleinen.

»Nun, mein Sohn«, sprach sie, »willst du den großen haben und deiner Mutter Mißfallen dazu, weil du ohne Erlaubnis gehst, oder willst du den kleinen mit ihrem Segen?«

»Gib mir den großen«, sagte er, »und behalt den kleinen samt dem Segen für die, welche das vorziehen.«

Er ging davon, und im Nu war er außer Sicht. Er platschte durch jeden Tümpel, schritt über jeden Hügel. Er wanderte geschwind und schonte kein Glied, keinen Muskel, keine Sehne. Er holte den schnellen Märzenwind vor sich ein; doch der schnelle Märzenwind, der ihm folgte, vermochte ihn nicht einzuholen. Schließlich überfiel ihn der Hunger. Er ließ sich auf einem grauen Stein nieder, um den Kuchen zu verzehren, und der schwarze Rabe der Wildnis saß über ihm auf einem Felsvorsprung.

»Einen Happen für mich, einen Happen für mich, Sohn des Herden-Gorla«, sagte der Rabe.

»Keinen Happen kriegst du von mir und keinen Schluck, du häßliches, schwarzes, bösäugiges Tier. Es langt kaum für mich«, sagte der Sohn Gorlas.

Und als er das gesagt hatte, stand er wieder auf. Er holte den schnellen Märzenwind vor sich ein, doch der schnelle Märzenwind, der ihm folgte, vermochte nicht, ihn einzuholen. Das Moor erbebte, wenn er herankam. Der Tau fiel vom feinen Gezweig des braunen Heidekrautes. Der Moorhahn flüchtete in seinen fernsten Schlupfwinkel. Der Abend begann zu dunkeln. Die schwarzen, düsteren Nachtwolken segelten heran, und die sanften Seidenwolken des Tags zogen davon. Die kleinen, bunten Vögel suchten Rast in den heimeligsten Nischen, die sie unter den Sträuchern finden konnten, oder auf den Zweigen; nicht so jedoch der Sohn Gorlas.

Schließlich sah er ein kleines, erleuchtetes Haus; obwohl es noch weit weg lag, brauchte er nicht lange, und er stand davor. Als er eintrat, erblickte er einen mächtigen alten Mann mit grauem Haar, der hatte sich auf einer Seite des Feuers auf einer langen Bank ausgestreckt, und auf der andern Seite kämmte eine schöne Jungfrau ihre üppigen goldenen Locken.

»Nur herein, Bursche«, sagte der Alte. »Du bist willkommen. Oft hat meine helle Lampe die Bergwanderer angelockt. Komm her. Du sollst Wärme und Obdach erhalten und alles, was die Berghütte bietet. Setz dich hin, und wenn es dir gefällt, so laß deine Neuigkeiten hören.«

»Ich bin auf der Suche nach einer Stellung«, sagte der älteste Hirtensohn. »Die helle Lampe in deinem Haus hat mich angelockt, ich begehre Wärme und Unterkunft für die Nacht.«

»Wenn du auf ein Jahr bei mir bleibst, um meine drei schwarzbraunen, hornlosen Kühe zu hüten, dann sollst du guten Lohn kriegen und keinen Grund zur Klage.«

»Ich würd' es ihm nicht raten«, sagte die Jungfrau.

»Unerbetenen Rat hat noch nie einer geschätzt«, sagte der Sohn Gorlas. »Ich nehme dein Angebot an, Herr: Beim Morgengrauen bin ich dein Knecht.«

Noch bevor die Hirsche im Wald zu röhren begannen, molk die Jungfrau mit dem Goldhaar und dem Silberkamm die drei schwarzbraunen, hornlosen Kühe. »Da hast du sie«, sagte der Alte, »gib auf sie acht, folge ihnen, weise ihnen nicht den Weg und hindere sie nicht; sie werden sich ihre Weide selber suchen. Laß sie gehen, wie sie wollen; halte dich hinter ihnen, und was immer dir in den Weg kommt, trenne dich nicht von ihnen. Behalte sie und nur sie im Auge; und was immer du sonst siehst oder hörst, achte nicht darauf. Das ist deine Pflicht; sei gewissenhaft und fleißig und trau meinem Wort: Dein Fleiß wird dir gelohnt!« Der Jüngling zog mit den Tieren davon, doch er war noch nicht lange unterwegs, da erblickte er einen goldenen Hahn und eine silberne Henne, die vor ihm vorbeirannten. Er machte Jagd auf sie; doch obwohl er mehrmals dicht daran war, gelang es ihm doch nicht, sie zu packen. Er kehrte von der vergeblichen Verfolgung um an den Platz, wo die drei schwarzbraunen Kühe grasten, und gab wieder acht auf sie; doch er folgte ihnen noch nicht lange, da erblickte er eine Rute von Gold und eine von Silber, die vor ihm auf der Ebene dahinhüpften und tanzten, und sofort schoß er los, um sie zu fangen. »Die müssen doch leichter zu erwischen sein als die Vögel, die mir ein Schnippchen schlugen«, sagte er; doch soviel Mühe er sich bei der Jagd auch gab, er konnte sie nicht packen. Er begab sich wieder ans Viehhüten, da sah er einen Hain von Obstbäumen, an denen hing jede Art von Früchten, die er je in seinem Leben erblickt hatte, und dazu zwölf Sorten, die ihm noch nie vor Augen gekommen waren. Er stopfte sich mit ihnen voll. Die schwarzbraunen Kühe wandten die Köpfe heimwärts, und er folgte ihnen.

Die Jungfrau mit dem Goldhaar molk sie, doch statt der Milch floß ihnen nur eine dünne, wäßrige Brühe aus den Eutern. Der alte Mann begriff, wie die Sache stand.

»Falscher, unzuverlässiger Bursche«, sagte er, »du hast dein Versprechen gebrochen!« Er hob seinen Zauberstab, schlug den Jungen und verwandelte ihn in eine Steinsäule; die stand nun drei Tage und drei Jahre in der Berghütte als Denkmal des Wort- und Vertragsbruches.

Als wieder ein Tag und ein Jahr vergangen waren, sagte der rote Ruais, Gorlas zweiter Sohn: »Nun sind es zwei Tage und zwei Jahre, seit meine schöne Schwester fort ist, und ein Tag und ein Jahr, seitdem mein großer Bruder fortzog. Und ich schwöre: Ich will sie suchen gehen und ihr Los teilen.« So wie es mit dem älteren Bruder gegangen war, so trug es sich in allem mit dem zweiten zu, und auch aus ihm wurde ein steinernes Denkmal zur Erinnerung an Falschheit und Vertragsbruch.

Ein Jahr und einen Tag später sprach der Jüngste, der braunhaarige, freundliche Covan: »Jetzt sind es drei Tage und drei Jahre, seit wir meine schöne Schwester verloren haben. Meine lieben Brüder sind fortgezogen, um sie zu suchen. Nun, Vater, wenn es dir recht ist, erlaube mir, ihnen zu folgen und ihr Los zu teilen, und gib nicht zu, daß die Mutter mich zurückhält. Ich bitte dich um deine Zustimmung. Weise mich nicht ab.«

»Meine Zustimmung und meinen Segen sollst du haben, Covan; und die Mutter wird dich nicht zurückhalten.«

»Soll ich dir«, sagte die Mutter, »ohne meinen Segen den großen Kuchen backen oder den kleinen von Herzen und mit meiner Liebe?«

»Gib mir deinen Segen, Mutter, und dazu so viel oder so wenig, wie du willst, ich bin's zufrieden. Wenn ich auch die ganze Welt besäße: Mit deinem Fluch dazu wär' sie ein elendes Erbe. Ich schätze den Muttersegen gewiß nicht gering.«

Der braunhaarige Covan, Gorlas dritter Sohn, nahm Abschied, und als sein Vater und seine Mutter hinter ihm im Nebel verschwanden, war ihm das Herz schwer. Er schritt schnell dahin und langte im Wald der Rehe an. Er ließ sich unter einem Baum nieder, um den Kuchen zu verzehren, den ihm die gütige Mutter gebacken hatte.

»Einen Happen, einen Happen für mich«, krächzte der schwarze Rabe der Wildnis. »Covan, gib mir einen Happen, ich verschmachte.«

»Aber sicher, armer Kerl«, sagte Covan. »Wahrscheinlich hast du es nötiger als ich. Das langt schon für uns beide. Muttersegen ist dabei.«

Er stand auf und setzte seinen Weg fort. Er suchte Zuflucht bei dem alten Mann und machte sich dran, die drei schwarzbraunen Kühe zu hüten. Er sah den goldenen Hahn und die silberne Henne, aber er wandte die Augen davon ab und folgte den Kühen. Er sah die Rute von Gold und die Rute von Silber, aber er besann sich auf sein Versprechen und lief ihnen nicht hinterher. Er gelangte zu dem Hain und erblickte die lockenden Früchte, doch er rührte sie nicht an. Die drei schwarzbraunen Kühe zogen am Wald vorbei. Sie langten vor einem weiten Moor an, wo die Heide brannte, und gingen darauf zu. Die Flammen breiteten sich aus und drohten, sie alle zu verschlingen; doch die Kühe gingen mitten hinein. Er suchte sie nicht aufzuhalten, denn das hatte er versprochen. Er folgte ihnen durch das Feuer, und kein Haar auf seinem Kopf wurde angesengt. Danach erblickte er einen breiten Fluß, der war geschwollen von den Bergströmen. Die Kühe schritten hindurch, und Covan folgte ihnen furchtlos. Ein Weilchen danach er-

blickte er auf einer grünen Wiese eine schöne Kirche, windge-
schützt und im Sonnenglanz, aus der klangen süße Lieder und
heilige Hymnen. Das Vieh lagerte sich, und der braunhaarige
Covan trat in die Kirche, um die Botschaft Gottes zu vernehmen. Er lauschte noch nicht lange, da stürzte ein flinker Jüngling mit aufgeregter Miene und keuchendem Atem herein, um
ihm zu berichten, daß die Kühe im Kornfeld seien, und ihm zu
befehlen, sie herauszutreiben.

»Geh, laß mich«, sagte Covan. »Es wäre leichter für dich, mein
guter Bursche, sie selber herauszutreiben, als so mit keuchendem Atem herzurennen und mir Bescheid zu sagen. Ich will
der frohen Botschaft lauschen.«

Kurze Zeit darauf kam derselbe Jüngling zurück, erhitzt, mit
wildem Blick und keuchender Brust.

»Raus, raus, Sohn des Herdengorla, unsere Hunde jagen die
Kühe! Kommst du nicht augenblicklich heraus, so siehst du sie
nie wieder!«

»Fort, guter Bursche!« sagte der braunhaarige Covan. »Es
wäre leichter für dich, deine Hunde zurückzupfeifen, als so
keuchend herzurennen, um mir Bescheid zu sagen.«

Als der Gottesdienst vorüber war, ging der braunhaarige Covan nach draußen und fand die drei schwarzbraunen Kühe an
eben dem Platz ruhend, wo er sie verlassen hatte. Sie erhoben
sich und wandten sich zum Heimweg, und Covan folgte ihnen.
Er war noch nicht weit gelangt, da kam er an eine Ebene, so
kahl, daß er auf dem Boden die kleinste Nadel hätte entdecken
können, und dort weidete eine Stute mit einem munteren Fohlen, und beide waren so fett wie der Seehund im weiten Ozean.

»Das ist wunderlich«, sagte der braunhaarige Covan. Ganz
bald danach sah er eine andere Ebene mit üppigem Gras, da
standen wieder eine Stute und ein Fohlen, aber sie waren so
dürr, daß sich in ihrem Rücken keine Schusterahle aufrecht
gehalten hätte. Danach erblickte Covan einen See, an dessen
oberem Ende eine große Schar frohgemuter, schöner Jünglinge
dahinzog. Sie wanderten singend dem Land der Sonne zu, um
dort im Schatten duftender Bäume zu lagern. Er hörte die Bä-
che murmeln, die durch das Land der Sonne rannen, den
Vogelsang, Melodien und Instrumente, die er nie gehört hatte.

Er nahm andere Scharen elender Leute wahr, die am Unterende des Sees dahinzogen ins Land der Finsternis. Schrecklich war das Geschrei, das sie ausstießen, jammervoll, wie sie die Hände rangen. Nebel und finstere Wolken lagen über dem Land, in das sie wanderten, und Covan vernahm Donnergrollen. »Das ist wahrlich sonderbar«, sagte er, aber er folgte den drei schwarzbraunen Kühen.

Nun drohte die Nacht stürmisch zu werden, und er wußte kein Haus und keinen Schlupfwinkel, wo er sie hätte verbringen können. Doch da begegnete ihm der Hund von Maol-mòr, und kaum hatte er ihn getroffen, da lud ihn dieser großzügige Gastgeber ein, nicht mürrisch oder widerwillig, sondern wirtlich und herzlich, er möge die Nacht bei ihm verbringen und all seine Müdigkeit abwerfen. In einer warmen Höhle nahm sich der Hund von Maol-mòr sorgsam seiner an – kein Wasser drang von oben oder von unten zu ihnen – und bot ihm Lamm- oder Zickleinfleisch, soviel er nur wolle, wenn er damit zufrieden sei, und am Morgen bekam er noch eine reichliche Wegzehrung für den Tag.

»Nun leb wohl, Covan«, sagte sein Wirt. »Guten Erfolg: Wo immer du gehst, möge Glück dein Gefährte sein. Ich habe dir Gastfreundschaft geboten, und du hast sie nicht verschmäht. Du hast freundlich und heiter genommen, was ich dir bot; du hast die Nacht in meiner Höhle zugebracht; du hast mir vertraut; du bist mein Freund geworden; ich werde dich nicht enttäuschen. Nun gib acht auf meine Worte: Gerätst du je in Not, kann dich je Schnellfüßigkeit und entschlossenes Handeln retten, dann denke an den Hund von Maol-mòr, wünsche ihn herbei, und ich werde an deiner Seite sein.«

Am nächsten Abend erfuhr er die nämliche Freundschaft und Freigebigkeit von dem berühmten Gastgeber, dem tatkräftigen, weitreisenden schwarzen Raben von Corrinan-creag, der nie in Schlaf verfiel und nie den Sonnenaufgang erlebte, ohne daß er sich beschafft hatte, was für ihn selber reichte und für den, der als Gast kam und wieder ging. Hüpfend und flügelschlagend wies er Covan den Weg über einen Ziegenpfad zu einer geschützten Nische unter einem Felsvorsprung. Dort lud er ihn ein, die Nacht bei ihm zu verbringen und all seine Müdigkeit abzulegen. Er wurde reichlich mit Hammelfleisch und Wild versorgt, und als er in der Frühe aufbrach, sagte der Rabe: »Covan, Sohn des Herden-Gorla, nimm mit, was du brauchst. Die Wegzehrung des Gastes hab ich nie vergessen. Und denk an mein Wort, kommst du je in Not, wo dir Mut und ein starker Flügel nützt, so denk an mich. Warm ist deine Brust, freundlich dein Auge. Du hast mir vertraut, und du hast vordem schon den schwarzen Raben der Einöde gefüttert. Ich bin dein Freund, bau auf mich.«

In der dritten Nacht fand er gleich gute Gefährtenschaft und Gastlichkeit von dem Doran-donn, einem Otter, dem scharfäugigen, geschickten, tatkräftigen Sucher, der, solange sich im Meer oder an Land etwas fand, nie ohne Essen für Mann oder Knabe war. In seinem Bau war das Maunzen von Wildkatzen und das Knurren von Dachsen zu hören; doch Covan folgte ihm ohne Scheu, Furcht und Schrecken geradewegs zum Höhleneingang in einen Hügel; dort lud ihn der Otter ein, die Nacht bei ihm zu verbringen und all seine Müdigkeit abzuwerfen. Und gut bewirtete er, der beständige Wanderer, Covan in dieser Nacht – wenn allerbester Fisch und ein trockenes, behagliches, weiches Bett ihm genügten.

»Ruh dich die Nacht aus, Covan«, sagte er. »Du bist herzlich willkommen. Schlaf sanft, der Doran-donn ist ein guter Wächter.«

Als der Tag anbrach, geleitete Doran seinen Gast ein Stück Weges.

»Leb wohl, Covan«, sagte er. »Du hast mich zum Freund gewonnen, und wenn du je in Not gerätst und kannst einen brauchen, der den Strom durchschwimmt und unter die Wogen taucht, so denk an mich, und ich bin bei dir.«

Covan schritt aus und fand die drei schwarzbraunen Kühe in der Höhle, in der er sie verlassen hatte, und als es an diesem Tag dunkelte, erreichten sie heil und gesund die Hütte auf dem Berg. Willkomm und Freundlichkeit erwarteten ihn drinnen, und er wurde gern und reichlich bewirtet. Der alte Mann erkundigte sich, wie es ihm seit seinem Aufbruch ergangen sei, und er berichtete. Der Alte lobte ihn dafür, daß er sich mit nichts, was er gesehen, zu schaffen gemacht hatte, bis er zum

Haus der süßen Hymnen kam, denn dies alles sei nur Blendwerk gewesen, um ihn zu verleiten.

»Gleich will ich dir das Geheimnis aufdecken und dir erklären, was dich so sehr verwundert hat«, sagte der Alte. »Zuerst aber fordere deinen Lohn, und du sollst ihn erhalten.«

»Ich hoffe, dir wird er nicht sauer«, sagte Covan, »und mir ist er übergenug. Gib mir gesund und lebendig, wie sie waren, als sie mein Vaterhaus verließen, meine geliebte Schwester und meine Brüder wieder; Gold und Silber verlang ich nicht.«

»Du begehrst viel, junger Mann«, sagte der Alte. »Zwischen dir und deiner Forderung liegen mehr Schwierigkeiten, als du überwinden kannst.«

»Nenne sie«, sagte Covan, »und laß mich mit ihnen fertigwerden, so gut ich vermag.«

»Also merk auf. Dort auf dem hohen Berg gibt es ein flüchtiges, schlankes Reh. Seinesgleichen ist nirgends. Weißfüßig und weißgefleckt ist es und trägt ein Geweih wie die Hirsche. Auf dem schönen See beim Land der Sonne schwimmt eine Ente, herrlicher als jede andere, die grüne Ente mit dem Goldhals. In der dunklen Flußtiefe von Corri-But schwimmt ein Lachs mit weißem Bauch und roten Kiemen, und seine Seiten sind wie reinstes Silber. Nun bring mir das gefleckte, weißfüßige Reh vom Berg her, die schöne Ente mit dem goldenen Hals und den Lachs, der sich von jedem andern unterscheidet – dann will ich dir von deiner Schwester und deinen Brüdern, die du liebst, erzählen.«

Der braunhaarige Covan brach augenblicklich auf; die Jungfrau mit dem goldenen Haar und dem silbernen Kamm folgte ihm.

»Faß Mut, Covan«, sagte sie, »du hast den Segen deiner Mutter und den Segen der Armen mit dir. Du hast dein Versprechen gehalten; du hast dem Haus der süßen Hymnen Ehrfurcht erwiesen. Geh und gedenke meiner Abschiedsworte. Verzweifle nie.«

Er suchte den Berg auf und erblickte das Reh. Seinesgleichen gab es auf dem Berg nicht; doch wenn er auf dem einen Gipfel anlangte, befand sich das Reh auf dem andern, und ebensogut hätte er versuchen können, die rastlosen Himmelswolken zu erhaschen. Er war drauf und dran zu verzweifeln, da besann er sich auf die Worte der Jungfrau mit dem Goldhaar: »Ach, hätte ich jetzt den flinkfüßigen Hund von Maol-mòr da!« sagte er. Kaum hatte er das Wort ausgesprochen, da stand der gute Hund neben ihm, umkreiste den Hügel ein oder zweimal und legte ihm dann das gefleckte Reh der Berge vor die Füße.

Nun begab sich Covan zum See und erblickte die grüne Ente mit dem goldenen Hals, wie sie über ihm dahinflog. »Ach, hätte ich jetzt den schwarzen Raben der Wildnis bei mir, den flügelschnellsten und augenschärfsten«, sagte er. Kaum hatte er es ausgesprochen, da sah er den schwarzen Raben der Wildnis heranschießen, und einen Augenblick später legte er ihm die grüne Ente mit dem Goldhals vor die Füße.

Nun erreichte er die dunkle Flußtiefe und sah den silberglänzenden, schönen Lachs, wie er von Ufer zu Ufer schwamm. »Oh, hätte ich jetzt den Otter da, den Doran-donn, der die Ströme durchschwimmt und unter den Wogen hindurchtaucht«, sagte Covan. Und im Nu, wer saß am Flußufer, wenn nicht Doran-donn? Er schaute Covan freundlich ins Gesicht – dann war er verschwunden, und dann trug er aus der dunklen Wassertiefe den weißbäuchigen, rotleuchtenden Lachs und legte ihn Doran zu Füßen. Nun wandte er sich heimwärts und trug Reh, Ente und Lachs auf die Schwelle der Berghütte.

»Erfolg und Glück seien mit dir«, sagte der alte Mann. »Wer mit einer Schwierigkeit nicht fertig wird, hat sich nicht genug ins Zeug gelegt. Tritt ein, Covan; und wenn die Jungfrau mit dem Goldhaar die drei schwarzbraunen Kühe gemolken hat, will ich dir alles erklären.

Du hast dein Elternhaus nicht ohne deines Vaters und deiner Mutter Einwilligung verlassen. Der Segen deines Vaters und deiner Mutter waren bei dir, Covan. Du hast dem Hungrigen in seiner Not keinen Brocken versagt: Der Segen der Armen war bei dir, Covan. Du bist einen Vertrag eingegangen, du hast etwas versprochen und hast es gehalten, und die Belohnung der Redlichen ist dein. Du hast den goldenen Hahn und die silberne Henne gesehen, den lockenden Glanz, mit dem Gold und Silber das Auge verblenden; und du hast dich auf dein Versprechen besonnen und bist auf dem Pfad der Pflicht weitergeschritten. Das Glück begleitete dich, Covan. Der Versucher erprobte dich wieder mit der Rute von Gold und der Rute von Silber, die leichter zu erhaschen schienen. Du hast dich auf dein Versprechen besonnen und bist den Tieren gefolgt. Als er dich nicht durch Gold und Silber verführen konnte, versuchte er dich mit den schönen Früchten des Hains, aber du hast dich von ihnen abgewandt. Dann versuchte er deinen Mut durch Feuer und Flut, aber du bist mitten hindurchgeschritten. Du hörtest heilige Hymnen, du betratest die Kirche und tatest gut daran. Doch selbst hierhin folgte dir der Versucher. Gut war deine Antwort: Ich will der wahren Botschaft lauschen. Du sahst die kahle Weide und Stute und Fohlen, glücklich mitten in der Kargheit. So ist es oft in der Welt, Covan. Da gibt es Mangel im gastlichen Haus, aber gleichzeitig Frieden, Glück und Gedeihen. Du hast die üppige Weide erblickt, und jedes vierfüßige Geschöpf darauf verendete fast, so dürr war es. So geht es im Hause des Geizhalses zu. Er hat Überfluß, doch nicht das Herz, ihn zu nutzen, und inmitten der Fülle herrscht Dürftigkeit. Du hast den schönen See erblickt und hörtest die frohen Lieder der glücklichen Scharen, die nach dem Lande der Sonne wanderten: Das sind die, welche meinem Rat gefolgt sind und in ihrem Leben weise waren. Du hast das jämmerliche Geheul derer vernommen, die ins Land der Finsternis zogen. Das waren die Leute ohne Sinn und Verstand und ohne Redlichkeit und Treue, die jede Warnung in den Wind schlugen und nun jammervoll klagen. Du hast die Freundlichkeit der Armen nicht verschmäht, hast die Bedürftigen nicht beschämt, so hast du ihr Herz gewonnen. Du hast dein Versprechen gehalten, bist den Kühen gefolgt. So hast du die Belohnung verdient. Schwierigkeiten haben dich nicht abgeschreckt. Und du hast gefunden, daß der Hund von Maol-mòr, der schwarze Rabe der Wildnis und der braune Otter des Stroms ihren Wert haben.

Und nun, Covan, Sohn des Herden-Gorla, hör mir zu: Du sagst: Gib mir meine schöne Schwester und meinen lieben Bruder zurück. Deine Schwester soll mit dir heimgehen, aber deine Brüder leben zwar, doch für ihre Faulheit und Untreue müssen sie unbehaust und freundlos durch die Welt irren. Geh du in dein Vaterhaus, Covan, und bewahre im Herzen, was du gesehen und gehört hast.«

»Und wer bist du, der zu mir spricht?« sagte Covan.

»Ich bin der Geist von Eld, die Stimme der Ewigkeit«, sagte der alte Mann. »Leb wohl, Covan. Der Segen der Alten zieht mit dir.«

81 Der Rätselritter

Es war einmal ein König, der heiratete eine große Dame; und sie starb bei der Geburt ihres ersten Sohnes. Und ein wenig später heiratete er eine andere und bekam auch von ihr einen Sohn. Die beiden Jungen wuchsen auf. Da fiel es der Königin ein, daß nicht ihr Sohn das Königreich erben würde, und sie faßte den Plan, den Ältesten zu vergiften. So befahl sie der Köchin, sie sollte dem Erben Gift in seinen Becher tun; aber das Glück wollte es, daß der jüngere Bruder sie belauschte und seinen Bruder warnte, er solle ja aus dem Becher nicht trinken, und das tat er. Aber die Königin wunderte sich, daß der Junge nicht starb; sie dachte, es sei nicht genug Gift im Becher gewesen, und sie befahl der Köchin, an diesem Abend mehr in den Trunk zu träufeln. Das tat sie; und als die Königin den Trunk zurechtmachte, sagte sie, wenn er das im Leibe habe, werde er nicht mehr lange leben. Aber der Bruder hörte sie wieder und warnte den andern wie vorher. Der Älteste dachte, er wolle den Trunk in eine kleine Flasche füllen, und sagte zum Jüngeren: »Wenn ich in diesem Hause bleibe, wird sie mich gewiß auf die eine oder andere Art umbringen; je schneller ich hier verschwinde, desto besser. Ich will die Welt zu meinem Kopfkissen machen; wer weiß, was für ein Glück mir zufällt.« Sein Bruder sagte: »Ich geh mit.« So schlichen sie sich in den Stall, sattelten zwei Pferde und machten sich aus dem Staub.

Sie waren noch nicht weit vom Haus entfernt, als der Älteste sagte: »Wir sind zwar abgerückt, aber eigentlich wissen wir ja gar nicht, ob überhaupt Gift in dem Becher war. Träufle dem Pferd was ins Ohr, dann sehen wir's.« Das Pferd tat noch ein paar Schritte, dann fiel es zu Boden. »Auf alle Fälle war das bloß ein Klappergestell von einem Pferd«, sagte der Älteste, und sie stiegen zu zweit auf das eine Pferd, das sie noch hatten, und so ritten sie weiter. »Aber«, sagte der Älteste, »ich kann es kaum glauben, daß Gift in dem Trank ist. Laß es uns an diesem Pferd ausprobieren.« Er träufelte ihm etwas aus dem Fläschchen ins Ohr, und sie kamen nicht mehr weit, da fiel das Pferd tot um. Sie überlegten sich, es sei gewiß gut, ihm die Haut abzuziehen, denn die würde sie in der Nacht warm halten; es war nun schon spät am Abend. Als sie morgens erwachten, sahen sie zwölf Raben herbeifliegen; die ließen sich auf dem Pferdekadaver nieder, und nicht lange, so fielen sie tot herunter.

Sie gingen hin und sammelten die Raben auf und nahmen sie mit; und in der ersten Stadt, in die sie gelangten, übergaben sie die Vögel einem Bäcker und baten ihn, davon ein Dutzend Pasteten zu machen. Sie nahmen sie mit und setzten ihre Reise nun fort. Bei Einbruch der Nacht, als sie in einem großen, dichten Wald waren, kamen vierundzwanzig Räuber aus dem Dickicht und forderten ihre Börse von ihnen; doch sie erwiderten, Börsen hätten sie nicht, wohl aber ein bißchen Essen, das trügen sie bei sich. »Besser als gar nichts!« Und die Räuber stürzten sich darüber her; aber sie hatten kaum ein paar Bissen verschluckt, da sanken sie schon nach rechts und links zu Boden. Als die beiden sahen, daß die Räuber tot waren, durchwühlten sie ihre Taschen und erbeuteten eine Menge Gold und Silber. Nun marschierten sie weiter, bis sie den Rätselritter erreichten.

Das Haus des Rätselritters stand am schönsten Ort des Landes, und wenn das Haus schon ansehnlich war, seine Tochter war es noch viel mehr. Ihresgleichen gab es auf der ganzen Welt nicht noch einmal, so schön war sie. Aber keiner sollte sie heiraten dürfen außer dem Mann, der dem Ritter eine Frage stellte, die der nicht lösen konnte. Die beiden Burschen meinten, sie wollten hingehen und diesem Ritter eine Nuß vorlegen, die er nicht knacken konnte; und der Jüngste sollte sich stellen, als ob er des Älteren Diener wäre. Sie betraten das Haus des Rätselritters mit dieser Frage: »Einer tötete zwei, und zwei töteten zwölf, und zwölf töteten vierundzwanzig, und zwei kamen bei der Sache davon.« Und sie wurden hoch geehrt und mit großer

Ergebenheit behandelt, solange der Ritter das Rätsel noch nicht gelöst hatte.

So lebten sie eine Weile beim Ritter; doch eines Tages kam eine von den Gefährtinnen der Ritterstochter zum vermeintlichen Diener und bat ihn, ihr das Rätsel zu lösen. Er nahm ihr das Plaid ab und ließ sie laufen; aber die Lösung verriet er ihr nicht. Und so erging es den zwölf Jungfrauen einer nach der andern, Tag für Tag, und der letzten sagte er, daß niemand auf der Welt die Antwort wisse außer seinem Herrn unten. Nun, der Diener erzählte seinem Herrn alles so, wie es geschah. Aber dann kam eines Tages die Ritterstochter selber zum ältesten Bruder, und sie war so schön, und sie bat ihn, die Frage zu lösen. Da brachte er es nicht fertig, sie abzuweisen, und so kam es, daß er ihr alles erzählte; doch er behielt ihr Plaid. Und der Rätselritter ließ ihn holen und löste das Rätsel. Und er sagte zum Ältesten, nun könne er wählen: Entweder verliere er seinen Kopf, oder er werde in einem lecken Boot ohne Essen und Trinken, ohne Ruder und Schöpfkelle ausgesetzt. Der Jüngling sagte: »Bevor das alles geschieht, habe ich dir eine andere Frage zu stellen.« – »Rede«, sagte der Ritter. – »Ich und mein Diener, wir waren eines Tages im Forst auf der Jagd. Mein Diener schoß auf eine Häsin, sie stürzte, er zog ihr das Fell ab und ließ sie laufen. Und so tat er es zwölfen: Er zog ihnen das Fell ab und ließ sie gehn. Und schließlich kam eine große, schöne Häsin, auf die schoß ich selber und zog ihr das Fell ab, und dann ließ ich sie laufen.« – »Wahrhaftig, mein Junge, dein Rätsel ist nicht schwer zu lösen«, sagte der Ritter. Und so bekam der Bursche die Ritterstochter zur Frau, und sie feierten eine große, fröhliche Hochzeit, die dauerte ein Jahr und einen Tag. Der Jüngste zog nun, da es der Bruder so gut getroffen hatte, nach Hause, und der Älteste gab ihm jedes Recht über das heimische Königreich. Nun wohnten vor der Grenze zum Königreich des Rätselritters drei Riesen, die erschlugen und ermordeten immerzu des Ritters Leute und raubten sie aus. Eines Tages sagte der Rätselritter zu seinem Schwiegersohn, wenn er ein rechter Mann sei, dann werde er hingehen und die Riesen töten, da sie dem Land immerfort solchen Schaden zufügten. Und so war es, er zog aus und stellte sich den Riesen entgegen und kam zurück mit ihren drei Köpfen und warf sie dem Ritter vor die Füße. »Ohne Zweifel, du bist ein tüchtiger Bursche, und von nun an soll dein Name lauten: der Ritter mit dem weißen Schild.« Der Name des Ritters mit dem weißen Schild verbreitete sich nah und fern.

Der Bruder des Ritters mit dem weißen Schild war ungemein stark und klug, und ohne daß er wußte, wer der Ritter mit dem weißen Schild war, dachte er, er wolle eine List wider ihn versuchen. Der Held mit dem weißen Schild wohnte nun auf den Ländereien der Riesen, und die Ritterstochter mit ihm. Sein Bruder kam und forderte ihn zum Kampf auf. Die Männer stürzten sich aufeinander, und sie rangen miteinander vom Morgen bis zum Abend. Schließlich, als sie müde, schwach und kampfunfähig waren, sprang der Held mit dem weißen Schild über einen großen Schutzwall und forderte den andern auf, am Morgen wieder mit ihm zusammenzutreffen. Dieser Sprung beschämte den jüngeren Bruder, und er sagte zum älteren: »Kann wohl sein, daß du morgen um dieselbe Zeit nicht so behende bist.« Nun ging der jüngere Bruder müde und schläfrig zu einer ärmlichen, kleinen Hütte, die nahe beim Haus des Ritters mit dem weißen Schild lag, und am Morgen traten sie abermals beherzt zum Kampf an. Und der Held mit dem weißen Schild begann zurückzuweichen, bis er rückwärts in den Fluß trat. »In dir muß Blut von meinem Blut fließen, sonst könnte mir das nicht geschehen sein.« – »Von welchem Blut bist du?« fragte der Jüngste. »Ich bin der Sohn von Ardan, dem großen König von Albain.« – »Dann bin ich dein Bruder.« Nun erkannten sie einander. Sie hießen einander willkommen und wünschten einer dem andern Glück, und nun nahm der Held mit dem weißen Schild den jüngeren Bruder mit in den Palast, und seine Frau, die Ritterstochter, freute sich, den Schwager zu sehen. Er blieb eine Zeitlang bei ihnen, dann dachte er, er wolle nun wieder zurückgehen in sein eigenes Königreich; und als er an einem großen Palast vorüberging, sah er, wie dort vor dem Schloß zwölf Männer miteinander Shinny spielten. Er dachte, er wolle hingehen und eine Weile mitspielen; aber sie spielten nicht lange zusammen, da gerieten sie in Streit, und der Schwächste von ihnen erwischte ihn und schüttelte ihn wie ein Kind. Er dachte: Unter diesen zwölf Recken brauch ich gar nicht erst die Hand zu erheben. Und er fragte, wessen Söhne sie seien. Sie sagten, sie seien die Kinder eines einzigen Vaters, des Bruders vom Helden mit dem weißen Schild, aber jeder habe eine andere Mutter. »Ich bin euer Vater«, sagte er und fragte sie, ob ihre Mütter noch am Leben seien. Ja, das seien sie, erwiderten die zwölf. Er ging mit ihnen und suchte die Mütter auf, und als sie alle bereit waren, ihn zu begleiten, nahm er die zwölf Frauen und die zwölf Söhne mit nach Hause, und soviel ich weiß, sind seine Nachkommen bis heute die Könige von Alba.

82   *Moorachug und Meenachug*

Moorachug und Meenachug gingen Obst auflesen, und was Moorachug aufhob, aß Meenachug weg. Moorachug ging eine Rute suchen, um Meenachug zu verdreschen, weil sie seinen Teil Früchte mitaß.

»Was gibt's bei dir Neues, o Voorachai?« sagte die Rute.

»Meine Neuigkeit ist die, daß ich eine Rute suche, um Meenachug zu verdreschen, weil sie mir meinen Teil Obst wegißt.«

»Du kriegst mich nicht, bevor du mir eine Axt verschafft hast, mit der du mich abhauen kannst.«

Er langte bei der Axt an.

»Was gibt es bei dir Neues, o Voorochai?«

»Meine Neuigkeit ist die, daß ich eine Axt suchte, um eine Rute abzuhauen – die Rute, um Meenachug zu verdreschen, weil sie mir meinen Teil Obst wegißt.«

»Du kriegst mich nicht, bevor du dir nicht einen Stein verschafft hast, um mich zu schleifen.«

Er langte beim Stein an.

»Was gibt es bei dir Neues, o Voorochai?« sagte der Stein.

»Meine Neuigkeit ist die, daß ich einen Stein suche, um die Axt zu schleifen – die Axt, um die Rute abzuhauen – die Rute, um Meenachaig zu verdreschen, weil sie mir meinen Teil Obst wegißt.«

»Du kriegst mich nicht«, sagte der Stein, »bevor du nicht Wasser geholt hast, um mich zu netzen.«

Er langte am Wasser an.

»Was gibt es heute bei dir Neues, o Voorochai?« sagte das Wasser.

»Meine Neuigkeit ist die: Ich suche Wasser für den Stein – den Stein, um die Axt zu schleifen – die Axt, um die Rute abzuhauen – die Rute, um Meenachaig zu verdreschen – weil sie mir meinen Teil Obst wegißt.«

»Mich kriegst du nicht«, sagte das Wasser, »bevor du nicht einen Hirsch dazu bringst, daß er in mir schwimmt.«

Er langte beim Hirsch an.

»Was gibt's bei dir heute Neues, o Voorochai?« sagte der Hirsch.

»Meine Neuigkeit ist die: Ich suche – den Hirsch, damit er im Wasser schwimmt – Wasser für den Stein – Stein, Axt zu schleifen – Axt, Rute abzuhauen – Rute, Meenachaig zu verdreschen: Denn sie ißt mir meinen Teil Obst weg.«

»Mich kriegst du nicht«, sagte der Hirsch, »bevor du einen Hund herschaffst, der mich hetzt.«

Er langte beim Hund an.

»Was gibt's bei dir heute Neues, o Voorochai?« sagte der Hund.

»Meine Neuigkeit ist die: Ich suche den Hund, daß er den Hirsch hetzt – Hirsch, daß er im Wasser schwimmt – Wasser für den Stein – Stein, um die Axt zu schleifen – Axt, um Rute abzuhauen – Rute, um Meenachaig zu verdreschen: Sie ißt mir meinen Teil Obst weg.«

»Mich kriegst du nicht«, sagte der Hund, »bevor du mir Butter verschafft hast, um mir die Füße damit einzureiben.«

Er langte bei der Butter an.

»Was gibt es bei dir heute Neues, o Voorochai?«

»Meine Neuigkeit ist die: Ich suche – Butter für des Hunds Füße – Hund, um den Hirsch zu hetzen – Hirsch, um im Wasser zu schwimmen – Wasser für den Stein – Stein, um die Axt zu schleifen – Axt, um Rute abzuhauen – Rute, um Meenachaig zu verdreschen – sie, die mir meinen Teil Obst wegißt.«

»Mich kriegst du nicht«, sagte die Butter, »bevor du mir eine Maus verschafft hast, die mich kratzt.«

Er langte bei der Maus an.

»Was gibt es heute bei dir Neues, o Voorochai?« sagte die Maus.

»Meine Neuigkeit ist die: Ich suche – Maus, um Butter zu kratzen – Butter an die Füße vom Hund – Hund, um Hirsch zu hetzen – Hirsch, um im Wasser zu schwimmen – Wasser für Stein – Stein, um Axt zu schleifen – Axt, um Rute abzuhauen – Rute, um Meenachaig zu verdreschen – denn sie ißt mir meinen Teil Obst weg.«

»Mich kriegst du nicht«, sagte die Maus, »bevor du nicht eine Katze dazu bringst, daß sie mich jagt.«

Er langte bei der Katze an.

»Was gibt es heute bei dir Neues, o Voorochai?« sagte die Katze.

»Meine Neuigkeit ist die: Ich suche – Katze, Maus zu jagen – Maus, Butter zu kratzen – Butter an die Füße vom Hund – Hund, Hirsch zu hetzen – Hirsch, im Wasser zu schwimmen – Wasser für den Stein – Stein, Axt zu schleifen – Axt, Rute abzuhauen – Rute, Meenachaig zu verdreschen – sie, die mir meinen Teil Obst wegißt.«

»Mich kriegst du nicht«, sagte die Katze, »bevor du mir Milch verschafft hast.«

Er langte bei der Kuh an.

»Was gibt es bei dir heute Neues, o Voorochai?« sagte die Kuh.

»Meine Neuigkeit ist die: Ich suche – Milch für die Katze – Katze, Maus zu jagen – Maus, Butter zu kratzen – Butter an die Füße vom Hund – Hund, Hirsch zu hetzen – Hirsch, Wasser zu durchschwimmen – Wasser für den Stein – Stein, Axt zu schleifen – Axt, Rute abzuhauen – Rute, Meenachaig zu verdreschen – denn sie ißt mir meinen Teil Obst weg.«

»Milch von mir kriegst du nicht, bis du mir vom Scheunenknecht ein Bündel Heu verschaffst.«

Er langte beim Knecht an.

»Was gibt es heute bei dir Neues, o Voorochai?« sagte der Knecht.

»Meine Neuigkeit ist die: Ich suche – Bund Heu für die Kuh Kuh, die mir Milch für Katze gibt – Katze, Maus zu ja-

gen – Maus, Butter zu kratzen – Butter an die Füße vom
Hund – Hund, Hirsch zu hetzen – Hirsch, im Wasser zu
schwimmen – Wasser für den Stein – Stein, Axt zu schleifen –
Axt, Rute abzuhauen – Rute, Meenachaig zu verdreschen – sie,
die mir meinen Teil Obst wegißt.«

»Du kriegst kein Heu von mir«, sagte der Knecht, »bevor du
mir von der Hausfrau, die am Kneten ist, einen Haferkuchen
verschafft hast.«

Er langte bei der Frau an, die beim Teigkneten war.

»Was gibt es heute bei dir Neues, o Voorochai?« sagte die teig-
knetende Hausfrau.

»Meine Neuigkeit ist die: Ich suche – Haferkuchen für den
Knecht – vom Knecht Heu für die Kuh – Milch von der Kuh für
die Katze – Katze jagt dann Maus – Maus kratzt dann Butter –
Butter an die Füße vom Hund – Hund, um den Hirsch zu
hetzen – Hirsch, damit er durchs Wasser schwimmt – Wasser
für den Stein – Stein, um die Axt zu schleifen – Axt, um Rute
abzuhauen – Rute, um Meenachaig zu verdreschen – sie, die
mir meinen Teil Obst wegißt.«

»Du kriegst von mir keinen Haferkuchen, bevor du mir Wasser
reingeholt hast, mit dem ich ihn knete.«

»Wie soll ich Wasser reinbringen? Hier ist kein Topf, nur das
Sieb für den Sauerbrei.«

Moorachug nahm das Sieb für den Sauerbrei mit. Er langte am
Wasser an, und jeder Tropfen, den er ins Sieb füllte, lief durch.
Da flog ihm eine Nebelkrähe an den Kopf und rief: »Kleiner
Dummkopf, kleiner Dummkopf!«

»Nebelkrähe, da hast du recht!« sagte Moorachug.

»Braunen Lehm und Moos! Braunen Lehm und Moos!« sagte
die Krähe.

Moorachug verschmierte das Sieb mit braunem Lehm und
Moos und brachte so der teigknetenden Frau Wasser; er bekam
einen Haferkuchen von ihr und brachte ihn dem Scheunen-
knecht – erhielt vom Knecht das Bund Heu für die Kuh – Milch
von der Kuh für die Katze – Katze jagte Maus – Maus kratzte
Butter – Butter salbte dem Hund die Füße – Hund jagte
Hirsch – Hirsch schwamm durchs Wasser – Wasser netzte
Stein – Stein schliff Axt – Axt hieb Rute ab – Rute, um Meena-

chaig zu verdreschen, die seinen Teil Obst aufaß – und als Moorachug zurückkam, war Meenachag gerade geplatzt.

83 Der braune Bär aus der grünen Schlucht

Es war einmal ein König von Eirinn, der hatte drei Söhne. John hieß der jüngste, und von ihm sagten die Leute, er hätte seinen Verstand nicht ganz beisammen. Und der gute, weltliche König verlor das Augenlicht und die Kraft seiner Beine. Die beiden ältesten Brüder sagten, sie wollten ausziehen und drei Flaschen voll Wasser von der grünen Insel suchen. Und so kam es, daß diese beiden Brüder fortzogen. Der Narr aber sagte: »Ich denke, ich reite auch los.« Und in der ersten großen Stadt in seines Vaters Königreich, in der er anlangte, da sieht er doch seine beiden Brüder, diese Lumpenhunde!

»Ach du meine Güte!« sagte der Jüngste, »hier steckt ihr?« – »Jetzt aber nichts wie heim!« sagten sie, »und zwar fix, sonst geht dir's ans Leben!«

»Nur keine Angst, Jungens. Ich hab gar keine Lust, bei euch zu bleiben.«

Nun setzte John seine Reise fort, bis er an einen großen, wüsten Wald kam. »Hoho!« sagte John zu sich selber, »gemütlich ist das für mich nicht, hier alleine spazierenzugehen.« Die Nacht brach nun an, und es wurde ganz schön dunkel. John band den lahmen Schimmel, auf dem er saß, an einen Baum und kletterte selber in den Wipfel. Er saß noch nicht lange oben, da erblickte er einen Bären, der mit einer glühenden Kohle im Maul herantrottete.

»Komm runter, Königssohn von Eirinn«, sagte er.

»Ach nein, lieber nicht. Ich denke, hier bin ich sicherer.«

»Aber wenn du nicht runterkommen willst, komm ich rauf«, sagte der Bär.

»Hältst du mich auch für einen Dummkopf?« sagte John. »Ein zottiges, watschelndes Geschöpf wie du, und einen Baum raufklettern?«

»Aber wenn du nicht runterkommst, steig ich rauf!« sagte der Bär und machte sich unverzüglich dran, den Baum zu erklettern.

»Himmel! Du kannst das auch?« sagte John. »Also geh unten vom Stamm weg, und ich komme runter, daß wir reden können.«

Der Königssohn von Eirinn stieg herab, und sie fingen an, sich miteinander zu unterhalten. Der Bär erkundigte sich, ob er Hunger hätte.

»Na ja, wenn du gestattest«, sagte John, »ein bißchen knurrt mir der Magen schon.«

Der Bär unternahm einen kleinen Spaziergang, legte sich auf die Lauer und fing einen Rehbock. »Nun, Königssohn von Eirinn«, sagte der Bär, »möchtest du dein Teil von dem Bock lieber gekocht oder roh?«

»Die Art Essen, die ich gewohnt bin, ist sozusagen mit Bedacht gekocht«, sagte John, und so machten sie es, John bekam sein Teil geschmort.

»Nun«, sagte der Bär, »leg dich zwischen meinen Pfoten hin, und du hast bis morgen keinen Grund, dich vor Kälte oder Hunger zu fürchten.«

Frühmorgens fragte der Bär: »Schläfst du, Königssohn von Eirinn?«

»Nicht sehr tief«, sagte er.

»Also, es ist jetzt Zeit für dich, daß du dich auf die Beine machst. Du hast eine lange Reise vor – zweihundert Meilen. Bist du aber ein guter Reiter, John?«

»Es hat schon schlechtere gegeben«, sagte er.

»Dann steigst du am besten auf meinen Rücken.«

Das tat er, und beim ersten Sprung lag John auf dem Boden.

»Sachte, sachte!« sagte John. »Aber du bist wirklich nicht schlecht. Am besten kommst du zurück, und wir probieren's noch mal.« Und nun klammerte er sich mit Zähnen und Krallen an dem Bären fest, bis sie die zweihundert Meilen hinter sich gebracht hatten und am Haus des Riesen anlangten.

»Nun, John«, sagte der Bär, »jetzt gehst du hin und verbringst die Nacht im Haus dieses Riesen. Du wirst ihn ganz hübsch bärbeißig finden, aber sag ihm nur, daß es der braune Bär aus der grünen Schlucht war, der dich hier für eine Nacht abgesetzt hat. Und mach dir keine Sorge, du kriegst schon ein Bett und eine Stärkung.«

Also verließ er den Bären und ging zum Haus des Riesen.

»Königssohn von Irland«, sagte der Riese, »daß du kommen würdest, ist mir prophezeit worden; und wenn ich schon deinen Vater nicht kriege, so hab ich jetzt immerhin den Sohn. Ich weiß nicht, ob ich dich mit den Füßen in die Erde stampfe oder mit meinem Atem in den Himmel puste.«

»Weder noch«, sagte John, »denn es war der braune Bär aus der grünen Schlucht, der mich hergebracht hat.«

»Komm herein, Königssohn von Eirinn«, sagte er, »und du sollst für diese Nacht gut aufgenommen werden.«

Und das war die Wahrheit. John erhielt nach Herzenslust Essen und Trinken. Aber um die Geschichte kurz zu machen: Der Bär brachte John Tag für Tag weiter bis zum dritten Riesen.

»Na«, sagte der Bär, »mit diesem dritten Riesen bin ich nicht näher bekannt, aber du wirst nicht lange bei ihm im Haus sein, da mußt du mit ihm ringen. Und wenn er zu hart mit dir umspringt, dann sag: »Wenn ich den braunen Bären aus der grünen Schlucht da hätte, dann wär ich Herr über dich.«

Sowie John hereintrat, sagte der Riese: »Hoho! Wenn ich schon deinen Vater nicht erwischt habe, jetzt habe ich seinen Sohn!«

Und sie stürzten sich aufeinander. Sie machten weichen Sumpf aus dem starren Fels. An der härtesten Stelle sanken sie ein bis zum Knie und an der weichsten bis an die Hüften; und sie trieben Springquellen aus jedem Felsen. Der Riese verrenkte John ein oder zweimal schmerzhaft die Glieder. »Sachte, sachte«, rief John. »Hätt' ich jetzt den braunen Bären aus der grünen Schlucht hier, sprängest du nicht so munter auf mich los!«

Und kaum hatte er das Wort ausgesprochen, da war der braune Bär an seiner Seite.

»Ja, ja«, sagte der Riese, »Königssohn von Eirinn, nun, ich weiß über deine Angelegenheit besser Bescheid als du selber.«

Und so kam es, daß der Riese seinem Schäfer befahl, den besten Hammel, den er auf dem Berg hatte, herzubringen und seinen Kadaver vor die Haustür zu werfen. »Jetzt, John«, sagte der Riese, »kommt gleich ein Adler und läßt sich auf diesem Hammelkadaver nieder. Und am Ohr hat dieser Adler eine Warze sitzen, die mußt du mit dem Schwert abhauen, aber dabei darfst du keinen Tropfen Blut fließen lassen.«

Der Adler kam, doch er fraß noch nicht lange, da trat John dicht an ihn heran und hieb ihm mit einem Schlag die Warze ab, ohne daß ein Tropfen Blut floß. »Nun«, sagte der Adler, »setz dich auf meine Schultern, denn ich weiß über deine Angelegenheit besser Bescheid als du selber.«

John gehorchte, und bald schwebten sie über dem Meer und bald über dem Land und immer hoch oben, bis sie die Grüne Insel erreichten.

»Nun, John«, sagte der Adler, »spute dich und füll' deine drei Flaschen; denk dran, daß jetzt eben die schwarzen Hunde fort sind.«

Als er die drei Flaschen mit dem Quellwasser füllte, erblickte er neben sich ein kleines Haus. John sagte sich, daß er hineingehen wolle, um zu sehen, was drin sei. Und in der ersten Kammer, die er öffnete, sah er eine volle Flasche. Er goß ein Glas daraus ein und trank es aus; und als er schon am Gehen war, warf er noch einen Blick auf die Flasche; da war sie genauso voll wie vorher. »Die nehm ich auch mit!« sagte er.

Dann trat er in eine andere Kammer und sah einen Laib Brot; er schnitt ein Stück davon ab, doch der Laib war so vollständig wie zuvor. »Ihr Götter! Dich laß ich sicher nicht hier«, sagte John. Er ging weiter zur nächsten Kammer. Da sah er einen großen Käse, schnitt ein Stück davon ab, aber der Käse war so heil und ganz wie zuvor. »Und den will ich auch haben!« sagte er. Dann ging er in die nächste Kammer, und da sah er den allerhübschesten Schatz von einer Frau, der ihm je vor Augen gekommen war. »Es wäre ein großer Jammer, meine Liebe«, sagte John, »wenn ich deine Lippen nicht küssen würde.«

Bald danach sprang John dem Adler wieder auf den Rücken, und der brachte ihn auf demselben Weg wieder zurück bis zum Haus des Riesen. Der bekam gerade den Pachtzins gezahlt, und es wimmelte von Pächtern und Riesen, und es gab Essen und Trinken im Überfluß.

»Na, John!« sagte der Riese, »hast du in deines Vaters Haus in Eirinn je soviel zu trinken gesehen?«

»Pah, mein Held!« sagte John, »mein Großer, ich habe einen

Trank, der wirklich mal was anderes ist!« Er goß dem Riesen ein Glas aus der Flasche ein, aber die Flasche war voll wie zuvor.

»Schön«, sagte der Riese, »ich geb dir zweihundert Pfund in Banknoten, einen Zaum und einen Sattel für die Flasche.«

»Also abgemacht«, sagte John, »nur, daß das erste Liebchen, das ich je gehabt habe, sie kriegen muß, wenn sie hier lang kommt.«

»Soll sie«, sagte der Riese, aber, um es kurz zu machen, er ließ den Brotlaib und den Käse bei den andern Riesen zurück, mit derselben Abmachung, daß sein erstes Liebchen sie kriegen sollte, falls sie des Weges käme.

Nun langte John in seines Vaters Hauptstadt in Eirinn an und sah seine beiden Brüder, wie er sie verlassen hatte – die Lumpenhunde!

»Kommt lieber mit, Jungs«, sagte er, »und ihr kriegt jeder einen Anzug und ein Pferd samt Sattel und Zaum.« Sie folgten, doch als sie nicht mehr weit vom Haus des Vaters waren, dachten sich die Brüder, daß sie ihn am besten umbrächten; also fielen sie über ihn her. Und als sie glaubten, daß er tot sei, warfen sie ihn hinter einen Damm, nahmen ihm die drei Flaschen Wasser ab und ritten heim.

John lag noch nicht lange dort, da knarrte seines Vaters Schmied eine Ladung rostigen Eisens vorüber. John schrie: »Wer immer der Christenmensch ist, der da kommt, oh! hilf mir!«

Der Schmied las John vom Boden auf und warf ihn zwischen das Eisen; und weil das so rostig war, drang der Rost in jede Wunde, jede schlimme Stelle, die John hatte, und so kam es, daß John eine grindige Haut und einen kahlen Kopf bekam. Hier wollen wir John sich selbst überlassen und zurückgehen zu dem hübschen, kleinen Schatz, den John auf der Grünen Insel zurückgelassen hatte. Sie wurde blaß und nahm zu, und als Dreiviertel vom Jahr vorüber waren, gebar sie einen feinen Jungen. »Oh in aller Welt«, sagte sie, »wie bin ich dazu gekommen?«

»Peinlich, peinlich!« sagte die Hühnerfrau, »aber mach dir deswegen keine Gedanken. Hier hast du einen Vogel, und sowie er den Vater deines Sohnes erblickt, hüpft er ihm auf den Kopf.«

Alle Leute auf der Grünen Insel, von einem Ende bis zum andern, wurden zusammengeholt und durchs Haus geschleust, zur Hintertür herein, zur Vordertür wieder hinaus; aber der Vogel rührte sich nicht, und der Vater des Kindes fand sich nicht. Da sagte sie denn, sie wolle so lange durch die Welt ziehen, bis sie den Vater des Kindes entdeckt habe. Sie kam nun zu dem Haus des großen Riesen und sah die Flasche. »Ei!« sagte sie, »wer hat dir diese Flasche gegeben?«

Sagte der Riese: »Das war der junge John, der Königssohn von Eirinn, der hat sie hiergelassen.«

»Also gut, die Flasche gehört mir«, sagte sie. Und um es kurz zu machen: Sie kam zu den sämtlichen Riesen und nahm die Flasche mit und den Brotlaib und den Käse, bis sie zu guter Letzt zum Haus des Königs von Eirinn gelangte. Da wurden die fünf Fünftel von Eirinn zusammengerufen, und die Edelleute wurden zur Hintertür hineingesteckt und zur Vordertür wieder hinaus, doch der Vogel rührte sich nicht. Da fragte sie, ob es sonst noch jemanden gäbe, irgendwen in Eirin, der nicht hier gewesen sei.

»Ich hab daheim einen kahlköpfigen, grindigen Knecht«, sagte der Schmied, »aber –«

»Grindig oder nicht, her mit ihm!« sagte sie. Und kaum hatte der Vogel den Kopf des kahlen, grindigen Knechts erspäht, da flatterte er auf und ließ sich auf dem kahlen Haupt des grindigen Burschen nieder. Sie umfing ihn und küßte ihn. »Du bist der Vater meines Kindes.«

»Aber John«, sagte der große König von Eirinn, »du hast mir also die Flaschen mit dem Wasser verschafft.«

»Ja, das war ich wirklich«, sagte John.

»Gut, was willst du also mit deinen Brüdern machen?«

»Mach mit ihnen genau das, was sie mit mir vorhatten!« Und so geschah es. John heiratete die Tochter des Königs der Grünen Insel, und sie feierten eine prachtvolle Hochzeit, die dauerte sieben Tage und sieben Jahre, und du konntest nichts weiter hören als gluck-gluck und plopp-plopp, kräftigen Klang und Zapfenziehen. Von den Fußsohlen bis zu den Fingerspitzen steckten sie in Gold und zermalmten es, sieben Jahre und sieben Tage lang.

84 Die Geschichte von der Nebelkrähe

Es war einmal ein Pächter, der hatte drei Töchter. Sie stampften Wäsche im Fluß. Da kam eine Nebelkrähe herangeflogen und fragte die Älteste: »Willst du mich heiraten, Pächterstochter?«

»Du häßliches Ding! Dich heirate ich doch nicht! Eine Nebelkrähe ist ein scheußliches Tier«, gab sie zurück.

Am nächsten Tag kam die Krähe zur zweiten und fragte sie: »Willst du mich heiraten?«

»Nein, wahrhaftig nicht!« sagte sie. »Eine Nebelkrähe ist ein scheußliches Tier!«

Am dritten Tag fragte er die Jüngste: »Pächterstochter, willst du mich heiraten?«

»Ja, ich heirate dich«, sagte sie, »die Nebelkrähe ist ein hübsches Tier.« Und am Tag darauf heirateten sie.

Die Nebelkrähe sagte zu ihr: »Was möchtest du lieber, daß ich bei Tag eine Krähe und bei Nacht ein Mann bin, oder eine Krähe bei Nacht und ein Mann bei Tage?«

»Ich möchte lieber, daß du tags ein Mann bist und eine Krähe bei Nacht«, sagte sie. Und von da an war er tagsüber ein prächtiger Bursche und eine Krähe bei Nacht. Ein paar Tage, nachdem sie geheiratet hatten, nahm er sie mit sich in sein Haus.

Als ein Dreivierteljahr vorüber war, wurde ihnen ein Sohn geboren. In der Nacht ertönte vor dem Haus die allerschönste Musik, die man je vernommen hatte. Jedermann schlief ein, und das Kind wurde weggeholt. Am Morgen kam ihr Vater an die Tür und erkundigte sich, wie es allen gehe. Er war sehr traurig, daß das Kind weggeholt war, und er fürchtete, er selber werde beschuldigt werden.

Als abermals ein Dreivierteljahr vergangen war, wurde ihnen abermals ein Sohn geboren. Nun hielt jemand im Haus Wache. Da ertönte wie beim vorigen Mal draußen die herrlichste Musik; jedermann schlummerte ein, und das Kind wurde weggeholt. Am Morgen kam ihr Vater an die Tür. Er fragte, ob alles in Ordnung sei, aber das Kind war fort, und er wußte sich vor Kummer nicht zu lassen.

Als nochmals ein Dreivierteljahr verstrichen war, bekamen sie wieder einen Sohn. Wie gewöhnlich wachte jemand im Haus, und wie zuvor ertönte um das Haus Musik; jedermann schlummerte ein, und das Kind wurde fortgeholt. Als sie am Morgen aufstanden, zogen er und seine Frau und seine Schwägerinnen fort zu einem andern Haus, das sie besaßen. Unterwegs sagte er zu ihnen: »Seht nach, ob ihr etwas vergessen habt.« Die Frau sagte: »Ich habe meinen groben Kamm vergessen.« Da fiel die Kutsche, in der sie saßen, zusammen und war ein dürres Reisigbündel, und er flog als Krähe davon.

Ihre beiden Schwestern kehrten heim, und sie ging ihm nach. Wenn er auf einem Hügelgipfel verhielt, dann lief sie hin und versuchte ihn zu fangen; aber wenn sie auf dem Gipfel anlangte, dann war er schon wieder im Tal auf der anderen Seite. Als die Nacht anbrach und sie müde war, hatte sie keinen geschützten Platz, um auszuruhen. Da sah sie in der Ferne ein kleines Haus, in dem Licht brannte, sie ging darauf zu, und es dauerte nicht lange, so hatte sie es erreicht.

Als sie angelangt war, stand sie verloren vor der Tür. Da sah sie beim Haus einen kleinen Jungen und fühlte sich sehnlich zu ihm hingezogen. Die Hausfrau hieß sie eintreten, sie wisse, wie ihr zumute sei, und kenne ihren Weg. Sie legte sich hin, und sowie der Tag nahte, erhob sie sich. Sie ging hinaus, und als sie draußen war, lief sie von Hügel zu Hügel und hielt nach einer Nebelkrähe Ausschau. Sie erblickte eine auf der Höhe, aber sowie sie oben angelangt war, saß die Nebelkrähe schon wieder unten in der Senke, und kam sie in der Senke an, saß die Nebelkrähe auf einem anderen Gipfel. Als die Nacht anbrach, hatte sie keinen geschützten Platz, um auszuruhen. Da sah sie in der Ferne ein kleines, erleuchtetes Haus, und so fern es auch war, sie brauchte nicht lange, bis sie es erreichte. Sie ging an die Tür. Da sah sie auf dem Fußboden ein Bürschchen, zu dem sie sich sehnsüchtig hingezogen fühlte. Die Hausfrau bereitete ihr ein Lager. Kaum war der Tag gekommen, da ging sie wie gewohnt hinaus. Sie verbrachte diesen wie die anderen. Als die Nacht nahte, langte sie bei einem Haus an. Die Hausfrau lud sie ein hereinzukommen, sie wisse, wie ihr zumute sei und wohin sie wolle; ihr Mann habe nur eine kleine Weile zuvor das Haus verlassen, sie solle klug sein, dies sei die letzte Nacht, in der sie ihn sehen werde; sie möge nicht einschlafen, sondern darum ringen, ihn festzuhalten. Doch sie schlief ein. Er kam dorthin, wo sie lag und ließ einen Ring auf ihre rechte Hand fallen. Als sie nun erwachte, suchte sie ihn zu fassen und erwischte eine Feder aus seinem Fittich. Die ließ er bei ihr zurück und flog fort. Als sie am Morgen aufstand, wußte sie nicht, was beginnen. Die Hausfrau sagte ihr, er sei über einen Berg von Gift geflogen, über den sie nicht gehen könne ohne Hufeisen an Händen und Füßen. Sie gab ihr Männerkleider und riet ihr, bei einem Schmied in die Lehre zu gehen, bis sie imstande sei, sich Hufeisen zu machen.

Sie lernte so gut schmieden, daß sie sich für Hände und Füße Hufeisen machen konnte. So stieg sie über den Giftberg. Am gleichen Tag, da sie ihn überklettert hatte, sollte ihr Mann mit der Tochter eines großen Herrn getraut werden, der in der Stadt lebte.

An diesem Tag fand in der Stadt ein Pferderennen statt, und jedermann sollte dabei sein außer der Fremden, die über den Giftberg gestiegen war. Der Koch kam zu ihr und fragte sie, ob sie nicht an seiner Statt das Hochzeitsmahl bereiten wolle, so daß er selber zu dem Rennen gehen können.

Sie willigte ein. Und sie gab gut acht, wo der Bräutigam seinen Platz an der Tafel hatte.

Sie ließ den Ring und die Feder in die Suppe fallen, die vor ihm stand. Mit dem ersten Löffelvoll holte er den Ring heraus, mit dem nächsten die Feder. Als der Geistliche vortrat, um die Trauung zu vollziehen, wollte er nicht heiraten, bevor er nicht herausgefunden hatte, von wem das Mahl bereitet worden war. Sie holten den Koch des Herrn herbei, doch der sagte, er habe es nicht getan.

Nun holten sie die herauf, die in Wahrheit gekocht hatte. Er sagte, das sei seine angetraute Frau. Der Zauber fiel von ihm ab. Sie kehrten zurück über den Giftberg, indem sie die Hufeisen hinter sich und ihm zuwarf, wenn sie ein Stück vorangekommen war, und so folgte er ihr dann. Als sie über den Berg gelangt waren, gingen sie in die drei Häuser, in denen sie gewesen war. Das waren die Häuser seiner Schwestern, und sie nahmen die drei Söhne mit sich und kehrten heim in ihr eigenes Haus und waren glücklich.

85 John Gaick, der tapfere Schneider

John Gaick war seines Zeichens Schneider, aber als Mann von Temperament wurde er der Schneiderei überdrüssig und wünschte irgendeinen andern Weg einzuschlagen, der ihn zu Ehre und Ruhm führen würde. Dieser Wunsch zeigte sich zuerst eher in dem Abscheu gegen jedwede Arbeit als in irgendeiner bestimmten Tätigkeitsrichtung, und eine Zeitlang zog er es einfach vor, sich müßig zu sonnen, statt Nadel und Schere zu handhaben. Als er an einem warmen Tag seine Freiheit genoß, belästigten ihn die Fliegen, die sich auf seine nackten Knöchel setzten. Er ließ seine Hand mit Gewalt auf sie niedersausen und tötete eine gute Zahl der Plagegeister. Als er seines Heldenmutes Opfer zählte, war er über seinen Erfolg überglücklich; ihm schwoll das Herz im Drang nach großen Taten, und er machte seinen Gefühlen Luft, indem er sagte:
»Wohlgetan, John Gaick.
Er schlug fünfzig Fliegen auf einen Streich.«
Nun war sein Entschluß gefaßt, sich den Weg zu Glück und Ehre zu bahnen. So holte er ein rostiges, altes Schwert von seinem Ruheplatz herunter, das irgendeinem seiner Ahnen gehört hatte, und brach auf, Abenteuer zu suchen. Nachdem er lange gewandert war, kam er in ein Land, das von zwei Riesen sehr geplagt wurde; niemand war so kühn, ihnen entgegenzutreten, und so stark, sie zu überwältigen. Bald erzählten ihm die Leute von den Riesen, und er vernahm, daß der König des Landes eine große Belohnung und die Hand seiner Tochter dem bot, der das Land von dieser Plage befreien würde. John wurde von Tapferkeit ergriffen und erbot sich zu dieser Tat. Die Riesen hausten in einem großen Wald; und John zog mit seinem alten Schwert los, um seine Aufgabe zu vollbringen.

Als er in dem Wald anlangte, legte er sich hin, um darüber nachzudenken, wie er vorgehen sollte, denn ihm war klar, wie schwach er im Vergleich zu denen war, die zu töten er unternommen hatte. Er lag noch nicht lange, da sah er sie mit einem Karren nahen; sie wollten sich Brennholz holen. Eilends versteckte er sich in einem hohlen Baum, einzig auf seine Sicherheit bedacht. Da er sich sicher fühlte, lugte er aus seinem Versteck heraus und beobachtete die beiden bei der Arbeit. Dabei schmiedete er seinen Plan. Er las einen Kiesel auf, schleuderte ihn mit Gewalt nach dem einen und versetzte ihm so einen schmerzhaften Schlag aufs Haupt. Der Riese wandte sich in seinem Schmerz sogleich seinem Gefährten zu und warf ihm in derben Worten vor, er habe ihn geschlagen. Der andere leugnete zornig, daß er den Stein geworfen habe. Nun sah sich John auf dem rechten Weg, seine Belohnung und die Hand der Königstochter zu erlangen. Er saß still und paßte gespannt die nächste Gelegenheit ab. Bald bot sie sich, und ein weiterer Kiesel sauste dem Riesen an den Kopf. Der Getroffene fiel wütend über seinen Gefährten her, und die beiden bearbeiteten einander, bis sie aufs äußerste erschöpft waren. Sie setzten sich auf einen Baumstamm, um Atem zu holen, sich auszuruhen und wieder zu sich zu kommen. Während sie so saßen, sagte der eine: »Na, des Königs gesamte Armee hat gegen uns nichts ausgerichtet; aber ich fürchte, eine alte Frau mit einem Seilende wäre uns jetzt über.« – »Wenn das so ist«, sagte John Gaick und sprang dabei kühn wie ein Löwe aus seinem Versteck, »was sagt ihr dann zu John Gaick mit seinem alten, rostigen Schwert?« Dabei fiel er über sie her, schlug ihnen die Köpfe ab und kehrte im Triumph zurück. Er bekam die Königstochter zur Frau, und eine Zeitlang lebte er in Frieden und Glück. Er verriet nie, auf welche Art er mit den Riesen zu Rande gekommen war.

Eine Weile später brach unter den Untertanen seines Schwiegervaters eine Rebellion aus. Im Vertrauen auf seine vorige Heldentat ersah der König ihn dazu aus, den Aufstand niederzuschlagen. Das Herz sank ihm, aber weigern konnte er sich nicht: Dann hätte er seinen großen Namen eingebüßt. Sie brachten ihm das feurigste Pferd, das je Sonne und Wind erblickt hatte, und so beritten brach er zu seiner verzweifelten

Aufgabe auf. Er war das Reiten nicht gewöhnt, und bald verlor er alle Herrschaft über sein feuriges Roß. Er galoppierte mit voller Geschwindigkeit dahin, doch glücklicherweise in Richtung der Rebellenarmee. Er raste unter dem Galgen am Straßenrand durch. Der Galgen war alt und morsch und stürzte um, dem Pferd auf den Hals. Immer noch kein Halt, sondern immer weiter in wildem Tempo auf die Rebellen los. Als sie dieses sonderbare Ding erblickten, das da auf sie zujagte, wurden sie von Entsetzen gepackt, und einer schrie dem andern zu: »Da kommt John Gaick, der die beiden Riesen umgebracht hat, und bringt schon auf dem Pferd den Galgen mit, um uns alle aufzuhängen.« Die Reihen lösten sich auf, sie flüchteten in Schrecken und blieben nicht stehen, bis sie ihre Häuser erreicht hatten. So war John Gaick zum zweitenmal siegreich. Glücklicherweise ward er keiner dritten Probe ausgesetzt.

In angemessener Zeit gelangte er auf den Thron und lebte ein langes, glückliches, gutes Leben als König.

86 Die Geschichte von Conal Crovi

Es war einmal ein König von England, der hatte drei Söhne. Sie zogen nach Frankreich, um Gelehrsamkeit zu erwerben, und als sie wieder heimkamen, sagten sie ihrem Vater, sie wollten gehen und feststellen, wie es jetzt, nachdem sie so lange fortgewesen seien, im Königreich ausschaue. Und der erste Ort, den sie aufsuchten, war das Haus eines königlichen Pächters namens Conal Crovi.

Conal Crovi wartete ihnen mit dem Besten vom Besten auf: Sie bekamen das zarteste Fleisch und den köstlichsten Trank. Als sie satt waren und die Schlafenszeit nahte, sagte des Königs Ältester:

»Das ist bei uns die Regel, seit wir heimgekommen sind: Die Hausfrau muß mir zu Willen sein und die Magd meinem mittleren Bruder und die Tochter des Hausherrn dem Jüngsten.«

Das gefiel aber Conal Crovi ganz und gar nicht, und er sagte: »Über die Magd und die Tochter will ich kein Wort weiter verlieren, aber ich habe nicht im Sinn, mich von meiner Frau zu trennen. Ich will aber hinausgehen und sie selber über die Angelegenheit befragen.« Damit ging er hinaus, schloß die Tür hinter sich ab und befahl seinem Knecht, unverzüglich die drei besten Pferde im Stall zu satteln. Er und seine Frau saßen auf dem einen auf, der Knecht und die Tochter auf dem zweiten und Sohn und Magd auf dem dritten; so ritten sie zum König, um ihm zu klagen, welche Kränkung seine Bande von Söhnen ihm angetan hatte.

Des Königs Wächter hielt Ausschau, wen er kommen sähe. Er rief, daß er drei Reiterpaare nahen sähe. Sagte der König: »Haha! Das ist Conal Crovi, und er hat meine Söhne unterworfen, aber wenn er das mit ihnen gemacht hat – mit mir nicht.« Als Conal Crovi angelangt war, weigerte sich der König, ihn anzuhören. Da sagte Conal Crovi, als er keine Antwort erhielt: »Ich will dein Königsreich schlechter machen, als es ist«, und er ritt fort und begann zu rauben und zu plündern.

Der König versprach jedem, der Conal Crovis Versteck herausfinde, eine große Belohnung.

Des Königs schneller Reiter meinte, wenn er einen Tag und ein Jahr dazu erhalte, wolle er schon herausfinden, wo Conal Crovi sich verberge. Und ein Jahr und einen Tag lang suchte er nach ihm, aber er entdeckte nicht die mindeste Spur. Auf dem Heimweg ließ er sich auf einem hübschen, gelben Hügel nieder, da sah er mitten im Wald eine dünne Rauchfahne aufsteigen.

Conal Crovi hatte einen Knecht als Wache aufgestellt; der ging hinein und sagte, er sähe jemanden kommen, der dem schnellen Reiter gleiche. »Haha!« sagte Conal Crovi, »der arme Mann ist in die Verbannung geschickt worden wie ich.«

Conal Crovi befahl seinen Knechten, ihm aufzutafeln; er bekam Fleisch und zu trinken nach Herzenslust und erhielt warmes Wasser für seine Füße und ein weiches Bett für seine Glieder. Er lag noch nicht lange, da rief Conal Crovi: »Schneller Reiter, schläfst du?« – »Nein«, sagte er. Eine Weile verging, und Conal Crovi rief abermals. »Schläfst du?« – »Nein«, erwiderte er. Conal Crovi rief zum drittenmal, doch diesmal bekam er keine Antwort. Da rief Conal Crovi: »Auf die Beine, alle hier drin! Jetzt ist nicht die Zeit, sich zusammenzurollen. Bald haben wir die Verfolger auf dem Hals.« Conal Crovis Wachmann schrie, daß er des Königs drei Söhne herankommen sähe und bei ihnen eine große Schar. Conal hatte als Waffe nichts als ein einziges, rostiges Schwert. Er stürmte auf sie ein und ließ keinen am Leben als die drei Königssöhne; die fesselte er und holte sie herein, eng und schmerzhaft gebunden, Knöchel und Handgelenke auf dem Kreuz. So warf er sie in die Torfecke, dann befahl er seiner Frau, schleunigst Essen zu bereiten, denn er wolle sich an eine Arbeit machen, wie er nie zuvor eine getan habe. »Was ist das, mein Mann?« – »Den drei Königssöhnen die Köpfe abschlagen.« Er holte den Ältesten her, legte ihm den Kopf auf den Block und hob die Axt. »Nicht, tu's nicht!« sagte der Bursche, »und ich will auf immer, in Recht wie in Unrecht, deine Partei ergreifen.« Da holte er den Mittleren heran, legte ihm den Kopf auf den Block und hob die Axt. »Nicht, tu's nicht!« sagte der Mittlere, »und ich will auf immer, in Recht wie in Unrecht, zu dir halten.« Darauf holte er den Jüngsten und verfuhr mit ihm wie mit den beiden andern. »Nicht, tu's nicht!« sagte der Jüngste, »und ich halte auf immer, in Recht wie in Unrecht, zu dir.« Darauf machte er sich zusammen mit den drei Königssöhnen auf zum König.

Die Wachmänner des Königs hielten Ausschau, da sahen sie den Trupp mit Conal Crovi an der Spitze heranrücken. Dann rief einer, die er kommen sähe, glichen des Königs drei Söhnen, und vor ihnen marschiere Conal Crovi.

»Haha!« sagte der König. »Conal Crovi zieht heran und hat meine drei Söhne in der Gewalt; aber wenn er sie schon hat – mich nicht.« Er gab Conal Crovi durchaus keine andere Antwort als die, daß er am nächsten Morgen an den Galgen gehängt werde.

Nun, der Galgen wurde errichtet, und Conal Crovi war drauf und dran, gehängt zu werden, doch da rief des Königs Ältester: »Ich will statt seiner hängen.« Des Königs Mittelster rief: »Ich will für ihn gehängt werden.« Und der jüngste Sohn des König rief: »Ich will an seiner Stelle hängen.« Da überkam den König Verachtung für seine Söhne. Conal Crovi aber sagte: »Wir wollen ein großes Schiff bauen und dann die drei schwarzen

Hengste mit den Blessen stehlen, die der König von Eirinn besitzt, und wir wollen das Königreich Sasunn so reich machen, wie es nur je gewesen ist.«

Als das Schiff fertig war, wandten sie seinen Bug zum Meer und das Heck zum Land, und sie hißten die bunten, flatternden Segel an den hohen, starken Masten; kein Mast, der sich nicht bog, kein Segel, das nicht zerriß.

Sie langten beim Palast des Königs von Eirinn an. Sie gingen in den Stall, doch als Conal Crovi versuchte, Hand an die schwarzen Hengste mit der Blesse zu legen, stießen die Hengste einen Schrei aus. Der König von Eirinn rief: »Hinaus, Jungens, jemand macht die Hengste scheu.«

Sie gingen hinaus und durchsuchten den Stall von vorn bis hinten, doch sie entdeckten keinen Menschen. Am untersten Ende des Stalles stand aber ein altes Packfaß, in dem hatten sich Conal Crovi und die drei Königssöhne versteckt. Als die Burschen den Stall wieder verlassen hatten, faßte Conal wieder nach dem Hengst, und der Hengst stieß einen Schrei aus, und so geschah es drei Male, und beim drittenmal sagte einer von denen, die den Stall durchstöberten, daß sie nicht im Faß nachgeschaut hätten. Da kehrten sie um, entdeckten die drei Königssöhne und Conal darin und schleppten sie vor den König.

»Haha, du grauköpfiger Schuft«, sagte der König, »viel Unheil hast du angestiftet, bevor du auf den Gedanken verfallen bist, herzukommen und mir meine drei schwarzen Hengste zu stehlen.«

Sie banden Conal Crovi eng und schmerzhaft, die Knöchel und die Handgelenke aufs Kreuz, und warfen ihn in den Torfwinkel, und die drei Königssöhne wurden eine Treppe hinaufgeschleppt. Als die Männer oben sich die Bäuche mit Essen und Trinken vollgeschlagen hatten, fiel es dem König ein, nach Conal Crovi hinunterzuschicken, damit er eine Geschichte erzähle. Mit einem Satz war des Königs Ältester unten, um ihn zu holen. Sagte der König: »Komm rauf, du grauköpfiger Schuft, und erzähl uns eine Geschichte.«

»Das will ich tun«, sagte er, »wenn du mir meine Geschichte lohnst; und der Preis besteht nicht in meinem eigenen Kopf oder in dem eines, der hier zugegen ist.«

»Sollst du haben«, sagte der König. »Ruhe da drüben! Wir wollen Conal Crovis Geschichte hören!«

»Als junger Bursche fischte ich eines Tages an einem Flußufer, und ein großes Schiff kam bei mir vorbeigefahren. Sie fragten mich, ob ich als Lotse mit nach Rom fahren wolle. Ich sagte ja, das wolle ich gern; und an jedem Ort, den wir erreichten, fragten sie: Ist das Rom? Und ich sagte nein, das ist es nicht, und ich hatte keine Ahnung, wo in aller Welt Rom lag.

Zuletzt langten wir an einer Insel an und gingen dort an Land, und ich machte mich zu einem Spaziergang rund um die Insel auf. Als ich zurückkam, war das Schiff fort. Da stand ich nun mutterseelenallein und wußte nicht, was ich machen sollte. Ich ging wieder los und vorbei an einem Haus, das dort stand, da sah ich eine weinende Frau. Ich erkundigte mich, was für ein Kummer sie plage; da erzählte sie mir, die Erbin dieser Insel sei vor sechs Wochen gestorben, und bis jetzt hätten sie auf ihren Bruder gewartet, der nicht daheim, sondern außerhalb war; aber heute sollte sie nun beerdigt werden.

Sie versammelten sich zum Begräbnis, und ich war zwischen den andern, als sie sie ins Grab legten. Sie schoben ihr einen Sack voll Gold unter den Kopf und einen Sack voll Silber unter die Füße. Ich sagte mir im stillen: Besser hätte ich die beiden! Was nützen sie ihr? Als die Nacht kam, kehrte ich zur Gruft zurück. Aber als ich das Grab aufgeschaufelt hatte und mit dem Gold- und dem Silbersack herauftappte, hielt ich mich an dem Stein fest, der am Eingang zur Gruft war; der Stein fiel herunter, und da stand ich drin, eingeschlossen mit der Toten. Bei deiner Hand, König von Eirinn, und bei meiner Hand: Frei war ich da, aber übler dran, allein mit der toten, alten Frau, als hier unter deinem Erbarmen und mit der Hoffnung davonzukommen.«

»Haha! Du grauköpfiger Schurke; damals bist zu davongekommen, aber diesmal wirst du's nicht.«

»Gib mir jetzt den Preis für meine Geschichte«, sagte Conal.

»Und was?« fragte der König.

»Dies: Der große Sohn des Königs von Sasunn und die große Tochter des Königs von Eirinn sollen einander heiraten, und die Mitgift für sie soll einer der schwarzen Hengste mit der Blesse sein.«

»Das soll dir gewährt sein«, sagte der König.

Sie packten Conal Crovi, banden ihn eng und schmerzhaft, die Handgelenke und die Knöchel aufs Kreuz, und warfen ihn in den Torfwinkel; und sie feierten die Hochzeit des jungen Paares zwanzig Tage und zwanzig Nächte lang. Als sie endlich müde waren zu essen und zu trinken, sagte der König: »Jetzt wär's gut, den grauköpfigen Schurken dazuhaben, damit er uns erzählt, wie er aus dem Grab herausgekommen ist! Holt ihn her.«

Mit einem einzigen Sprung war des Königs mittlerer Sohn unten bei Conal Crovi; er war überzeugt, daß der ihm so gut wie seinem Bruder eine Frau verschaffen würde. Er lief und holte ihn herauf.

Sagte der König: »Komm her und berichte uns, wie du aus der Gruft wieder entwischt bist.«

»Gern«, sagte Conal Crovi, »wenn ich den Preis für meine Erzählung kriege. Und zwar ist der nicht mein eigner Kopf noch der Kopf eines, der hier zugegen ist.«

»Sollst du haben«, sagte der König.

»Ich war da, bis es Tag wurde. Der Bruder der Erbin kam heim und wollte unbedingt seine Schwester noch einmal sehen; und als sie anfingen, das Grab zu öffnen, schrie ich aus Leibeskräften: ›Oh! Faß mich bei der Hand!‹ Da schrien alle, drinnen sei der Böse: der Bruder wartete nicht ab, bis ihm jemand Bogen und Schwert brächte, alles stürzte davon, und so fix wie nur einer auch ich. Nun streifte ich wieder über die Insel und wußte nicht, nach welcher Seite ich mich wenden sollte. Da stieß ich auf drei junge Burschen, die zogen Lose. Ich fragte sie, was sie da machten. Sie sagten: ›Was geht dich das an?‹ – ›Na, na‹, sagte ich zu mir, ›ihr werdet mir schon verraten, was ihr treibt.‹

›Also‹, sagten sie, ›ein gewaltiger Riese hat unsere Schwester geholt. Wir losen darum, wer von uns sich in dies Loch runterläßt, um sie zu suchen.‹

Ich loste mit, und was kam? Das Los traf mich. Sie ließen mich in einem Fischkorb hinunter. Und da fand ich die hübscheste

Frau, die mir je vor Augen gekommen war, und sie war dabei, Goldfäden auf eine silberne Garnwinde zu wickeln.

›Oh!‹ sagte sie zu mir, ›wie kommst du hierher?‹

›Ich bin heruntergekommen, um dich zu suchen; deine drei Brüder warten oben am Rand der Grube auf dich, und morgen läßt du den Korb zu mir herunter und ziehst mich hinauf. Leb ich noch, ist's gut, und leb ich nicht mehr, na, dann kann man halt nichts machen.‹

Ich war noch nicht lange unten, da hörte ich einen Lärm wie Donner: Der Riese nahte. Ich wußte nicht, wo mich verkriechen; aber ich erblickte auf der andern Seite der Höhle einen Haufen Silber und Gold. Ich dachte: Wo steckt einer besser als mitten im Gold? Der Riese kam hereingestapft und schleifte mit jeder Hand eine tote, alte Frau an ihrem Schuhband hinter sich her. Er guckte auf den Fußboden und guckte an die Decke, und als er sie nicht sah, stieß er ein furchtbares Geheul aus, und dann zog er die alten Frauen mal kurz durchs Feuer und fraß sie auf. Und dann wußte er nicht, wie er sich am besten die Sehnsucht vertriebe; aber er dachte, er wollte eben mal sein vieles Gold und Silber durchzählen, und da dauerte es nicht lange, und er hatte die Hand an meinem Kopf.

›Schuft!‹ sagte der Riese, ›viel Unheil hast du angestiftet, bevor du auf den Gedanken verfielst, herzukommen und mir die hübsche Frau wegzuholen. Heut nacht brauch ich dich nicht mehr; aber morgen früh sollst du mir die Zähne polieren.‹

Der scheußliche Kerl war müde, und er schlief, nachdem er die Weiber aufgefressen hatte. Ich sah neben dem Feuer einen großen Bratspieß. Ich schob das Eisen mitten ins Feuer, bis es glühte. Der Riese lag in tiefem Schlaf, mit offenem Mund, er schnarchte und pustete. Ich hob den glühenden Spieß aus dem Feuer und stieß ihn dem Riesen tief in den Mund; er sprang jäh auf, bis ans andere Höhlenende, und dort prallte er mit dem Spieß an die Wand, so daß der ihn ganz durchbohrte. Ich erwischte des Riesen großes Schwert und hieb ihm mit einem Streich den Kopf ab.

Am nächsten Tag kam der Fischkorb herunter, um mich zu holen; aber ich dachte: Willst ihn auch mit des Riesen Gold und Silber füllen. Und als er in halber Höhe schwebte, riß das Seil durch das Gewicht des Schatzes. Ich stürzte hinab auf Steine, in Gestrüpp und stachliges Brombeergerank; und bei deiner Hand, o König von Eirinn, und bei meiner Hand, frei war ich da ja, aber ich saß übler in der Klemme als heut abend unter deiner Milde und mit der Hoffnung davonzukommen.«

»Ah! Du graukköpfiger Schuft, damals bist du entwischt, aber diesmal gelingt dir das nicht«, sagte der König.

»Gib mir nun den Preis für meine Geschichte.«

»Und der ist?«

»Dies: Der mittlere Sohn des Königs von Sasunn und die mittlere Tochter des Königs von Eirinn sollen einander heiraten, und die Mitgift soll einer der schwarzen Hengste mit der Blesse sein.«

»Gewährt«, sagte der König.

Sie packten Conal Crovi und banden ihn mit drei dünnen Pechdrähten und warfen ihn in den Torfwinkel; und dann richteten sie auf der Stelle für das junge Paar die Hochzeit aus: Zwanzig Nächte und zwanzig Tage dauerte sie.

Als sie des Essens und Trinkens überdrüssig waren, sagte der König: »Wir sollten Conal Crovi heraufholen, damit er uns erzählt, wie er aus der Riesenhöhle heraufgekommen ist.« Mit einem Satz war der jüngste Königssohn unten, um ihn zu holen; er war überzeugt, Conal Crovi würde ihm so gut wie den andern eine Frau verschaffen.

»Her mit dir, du graukköpfiger Schuft«, sagte der König. »Erzähle uns, wie du aus der Riesenhöhle wieder herausgefunden hast.«

»Gern, wenn ich den Preis für die Geschichte kriege. Und der besteht nicht in meinem eignen Kopf noch in dem eines andern, der hier zugegen ist.«

»Sollst du haben«, sagte der König. »Psch! Ruhe dort drüben, wir wollen Conal Crovi lauschen«, sagte der König.

»Also! Ich wanderte dort unten auf und ab; ich kam an einem Haus vorbei, das dort stand, und da sah ich eine Frau, die hielt in der einen Hand ein Kind und in der andern ein Messer, und sie klagte und weinte. Ich rief ihr zu: ›Halt, Frau, was willst du tun?‹

›Oh!‹ sagte sie, ›ich wohne hier mit drei Riesen, und die haben mir befohlen, mein hübsches Kind totzumachen und für sie zu kochen; wenn sie heimkommen, wollen sie essen.‹

Ich sagte: ›Dort drüben seh ich drei Gehängte an einem Galgen. Wir wollen einen herunternehmen; ich häng mich an seiner Stelle rauf, und du bereitest ihn statt des Kindes zu.‹

Als nun die Riesen zum Essen heimkamen, sagte einer: ›Das ist Kinderfleisch‹, der andere aber sagte: ›Das ist keins.‹ Einer von ihnen sagte, er wolle hingehn und einem von den Galgenmännern ein Steak herausschneiden, da würde er sehen, ob es Babyfleisch sei, was er äße. Ich aber war derjenige, auf den sie zuerst stießen. Und bei deiner Hand, o König von Eirinn, und bei meiner Hand, ich war damals zwar frei, aber ich war übler dran, als er mir das Steak herausschnitt, als ich heute bin unter deiner Barmherzigkeit und mit der Hoffnung davonzukommen.«

»Du grauköpfiger Schurke, damals bist du entwischt, aber diesmal gelingt dir das nicht«, sagte der König.

»Gib mir jetzt den Preis für meine Geschichte!«

»Sollst du haben«, sagte der König.

»Mein Lohn ist der: Der jüngste Sohn des Königs von Sasunn und die jüngste Tochter des Königs von Eirinn sollen einander heiraten, und die Mitgift soll einer der drei schwarzen Hengste sein.«

Sie packten Conal Crovi und banden ihn mit drei dünnen Pechdrähten eng und schmerzhaft und warfen ihn hinunter in den Torfwinkel; und dann richteten sie die Hochzeit des jungen Paares aus und feierten zwanzig Nächte und zwanzig Tage lang. Als sie keine Lust mehr hatten zu essen und zu trinken, sagte der König: »Am besten holt ihr den grauköpfigen Schurken herauf, damit er uns erzählt, wie er vom Galgen wieder heruntergekommen ist.« Da brachten sie ihn herauf.

»Her mit dir, du grauköpfiger Schuft; erzähl uns, wie du vom Galgen heruntergekommen bist.«

»Gern«, sagte Conal, »wenn ich eine gute Belohnung kriege.«

»Sollst du haben«, sagte der König.

»Also! Als die Riesen ihr Essen verzehrt hatten, wurden sie müde und schliefen ein. Sowie ich das sah, stieg ich hinunter, und die Frau reichte mir ein großes, flammendes Lichtschwert, das einem der Riesen gehörte; und im Nu hatte ich allen dreien die Köpfe abgehauen. Aber nun standen ich und die Frau da und wußten alle beide nicht, wie wir hinaufgelangen sollten, raus aus der Riesenhöhle. Wir liefen bis ans andre Höhlenende, und dann folgten wir einem schmalen Pfad durch einen Felsen, bis wir ans Tageslicht kamen, und da lag das Schiff der Riesen vor uns am Ufer. Na! Ob ich wohl umgekehrt bin und all das Gold und Silber vom Riesen geholt und in das Schiff gepackt habe? Das will ich meinen! Ich segelte mit dem Schiff übers Meer, bis ich eine Insel erreichte, die ich nicht kannte. Dort nahmen sie mir das Kind und die Frau und das Schiff weg, und ich durfte sehen, wie ich heimkam. Ich gelangte noch einmal nach Sasunn, obwohl ich heute nacht hier bin.«

Da aber rief eine Frau, die in der Kammer lag, laut aus: »O König, halt diesen Mann fest; die Frau dort war ich, und das Baby warst du!«

Und nun wurde Conal Crovi hoch geschätzt, und der König gab ihm das Boot, voll mit dem Gold und Silber des Riesen, und er machte das Königreich Sasunn so reich, wie es nur je gewesen war.

87 Conall Cra Bhuide

Conall Cra Bhuide war ein handfester Pächter in Eirinn; er hatte vier Söhne. Zu der Zeit saß über jedem Fünftel von Eirinn ein König. Es trug sich zu, daß die Kinder des Königs, der nahe bei Conall wohnte, mit den Kindern Conalls in eine Rauferei gerieten. Conalls Kinder gewannen die Oberhand und brachten den ältesten Sohn des Königs um. Der König ließ Conall zu sich rufen und sagte zu ihm: »O Conall! Was hat deine Söhne dazu gebracht, daß sie auf meine losgefahren sind und meinen Großen getötet haben? Aber ich sehe ein, wenn ich mich an dir räche, bin ich deswegen nicht besser dran, und ich will dir jetzt einen Vorschlag machen. Wenn du darin einwilligst, will ich keine Rache an dir nehmen. Wenn du und deine Söhne mir das braune Pferd des Königs von Lochlan beschaffen, dann schenke ich dir das Leben deiner Söhne.«

»Warum«, sagte Conall, »sollte ich dem König nicht gefällig sein, auch wenn gar nicht das Leben meiner Söhne auf dem Spiel stünde. Du stellst mir eine schwere Aufgabe, aber ich will mein Leben und das meiner Söhne verlieren, wenn ich dem König nicht den Willen tue.«

Mit diesen Worten verließ Conall den König und ging heim; dort angelangt, war er schwer bestürzt und besorgt. Beim Schlafengehen berichtete er seiner Frau, was der König von ihm verlangte. Seine Frau war sehr bekümmert, daß er von ihr Abschied nehmen mußte, ohne daß sie wußte, ob sie ihn je wiedersähe. »O Conall«, sagte sie, »warum hast du nicht den König mit deinen Söhnen tun lassen, was er mochte, lieber als jetzt fortzugehen, während ich nicht weiß, ob ich dich noch einmal wiedersehe?«

Als er am Morgen aufgestanden war, rüstete er sich und seine vier Söhne aus, und sie fuhren nach Lochlan, und sie hielten nicht an, sondern teilten die Wogen, bis sie es erreichten. Als sie angelangt waren, wußten sie nicht, was sie tun sollten. Sprach der alte Mann zu seinen Söhnen: »Halt mal, wir werden das Haus des königlichen Müllers suchen.«

Als sie ins Haus des königlichen Müllers kamen, forderte der Mann sie auf, bei ihm zu übernachten. Conall berichtete ihm, daß seine und des Königs Kinder miteinander ins Handgemenge geraten seien und daß seine Kinder des Königs Sohn getötet hätten und daß nichts den König zufriedenstellen werde als der Braune des Königs von Lochlan. »Willst du mir eine Freundlichkeit erweisen und mich in die Lage versetzen, daß ich ihn kriege, dann will ich dich bestimmt dafür belohnen.«

»Das ist eine dumme Sache«, sagte der Müller. »Der König hat sein Herz so an den Braunen gehängt, daß du den auf keine Art kriegen wirst, außer, du stiehlst ihn; aber wenn du selber einen Weg entdeckst – ich halte den Mund über dein Geheimnis.«

»Ich denke mir Folgendes«, sagte Conall. »Da du jeden Tag für den König arbeitest, könntest du mit deinen Burschen mich und meine Söhne in fünf Kleiesäcke stecken.«

»Der Plan ist nicht übel«, sagte der Müller. Er sprach mit seinen Burschen und befahl ihnen, das zu tun, und sie steckten die fünf in Säcke. Des Königs Diener kamen, um die Kleie zu verlangen, und nahmen die fünf Säcke mit und schütteten sie vor den Pferden aus. Die Knechte versperrten die Tür und gingen fort.

Als die Jungen aufstanden, um Hand an den Braunen zu legen, sagte Conall: »Laßt das bleiben. Es ist schwer, hier wieder herauszukommen; wir wollen uns jetzt fünf Löcher machen, in denen wir uns verstecken können, falls sie uns entdecken.« Sie wühlten sich die Löcher, dann legten sie Hand an das Pferd. Der Braune war ganz hübsch unbändig, und er schickte sich an, einen fürchterlichen Lärm im Stall zu machen. Der König hörte ihn. »Das muß mein Brauner gewesen sein«, sagte er zu seinen Knechten, »seht nach, was mit ihm nicht stimmt.«

Die Diener gingen hinaus, und als Conall und seine Söhne sie kommen hörten, liefen sie schnell in ihre Verstecke. Die Knechte schauten sich unter den Pferden um und konnten nichts Verkehrtes entdecken; sie gingen wieder und berichteten das dem König. »Dann könnt ihr euch wieder schlafen legen«, sagte er. Als die Knechte Zeit genug gehabt hatten, um einzuschlafen, legten Conall und die Söhne abermals Hand an das Pferd. Und wenn das Getöse, das es vorher gemacht hatte, schon mächtig gewesen war, diesmal war es noch siebenmal lauter. Der König schickte abermals nach seinen Pferdeknechten und erklärte, bestimmt müsse den Braunen etwas aufregen. »Geht hin und seht euch gründlich um.« Die Knechte gingen hinaus, und Conall und die Burschen krochen in ihre Verstecke. Die Knechte durchstöberten den ganzen Stall, aber sie fanden nichts. »Das ist mir ein Rätsel«, sagte der König, »legt euch wieder hin, und wenn ich wieder was höre, gehe ich selber hinaus.«

Als Conall und die Söhne merkten, daß die Knechte fort waren, legten sie wieder Hand an das Pferd, und einer von ihnen erwischte es, und wenn der Lärm, den das Pferd die beiden ersten Male gemacht hatte, schon tüchtig gewesen war, gegen diesmal war das gar nichts.

»Behüte!« sagte der König, »da muß doch jemand meinen Braunen verrückt machen.« Hastig läutete er die Glocke, und als sein Bedienter zu ihm kam, befahl er ihm, die Stallburschen zu wecken, mit dem Pferd stimme etwas nicht. Die Burschen erschienen, und der König ging mit ihnen. Als Conall und die Söhne den Trupp nahen hörten, liefen sie in ihre Verstecke. Der König war ein umsichtiger Mann, und er gab acht, wo die Pferde scheuten. »Nur hurtig«, sagte er, »in dem Stall sind Männer, wir müssen sie fassen.« Der König folgte den Spuren und entdeckte sie. Conall kannten alle, denn er war ein hochgeschätzter Pächter des Königs von Eirinn, und als der König sie aus ihren Löchern vorholte, sagte er: »O Conall, du bist hier?«

»Ja, o König, das bin ich, ohne Frage, und zwar gezwungen. Ich bin auf deine Vergebung und deine Ehre und deine Gnade angewiesen.« Er berichtete, was ihm widerfahren war und daß er dem König von Eirinn den Braunen verschaffen mußte oder daß seine Söhne hingerichtet würden. »Ich wußte, auf eine Bitte hin würde ich ihn nicht kriegen, deshalb wollte ich ihn stehlen.«

»Ja, Conall, das ist richtig; aber komm herein«, sagte der König. Er befahl den Wächtern, Conalls Söhne nicht aus dem Auge zu lassen und ihnen Essen vorzusetzen. Und bei Nacht sollte die Wache über sie verdoppelt werden.

»Nun, o Conall«, sagte der König, »bist du schon einmal übler drangewesen als jetzt, wo du morgen all deine Söhne hängen sehn wirst? Aber du hast dich meiner Güte und meiner Gnade anbefohlen und mir erklärt, daß du dem Zwang folgtest, dich muß ich nicht hängen lassen. Erzähl mir von irgendeiner Lage, in der du ebenso schlimm dran warst wie jetzt; und wenn du mir das erzählst, sollst du das Leben deines Jüngsten geschenkt bekommen.«

»Ich werd dir einen Fall erzählen, wo ich ebenso böse dran war«, sagte Conall.

»Ich war ein junger Bursche, und mein Vater besaß viel Land, und er hatte Koppeln mit Kühen, und eine davon hatte eben gekalbt, und mein Vater befahl mir, sie heimzubringen. Ich nahm ein Bürschchen mit, wir fanden die Kuh und trieben sie nach Hause. Da fiel ein Schneeschauer. Wir verzogen uns in die Hirtenhütte und nahmen Kuh samt Kalb mit hinein, um den Schauer abzuwarten. Aber was kam herein? Nichts anderes als elf Katzen, und eine große, einäugige, fuchsrote war der Anführer. Als sie hereinkamen, gefiel mir das überhaupt nicht, das kann ich wohl sagen. ›Los, angestimmt!‹ sprach der Anführer. ›Warum sollten wir still sein? Sing einen Grabgesang für Conall Cra-Bhui.‹

Ich staunte, daß die Katzen meinen Namen kannten. Als sie die Totenklage gesungen hatten, sagte der Anführer: ›Nun, o Conall, zahl uns den Lohn für das Grablied, das die Katzen dir gesungen haben.‹

›Also schön‹, sagte ich ›eine Belohnung für euch habe ich nicht da, es sei denn, ihr geht und nehmt euch das Kalb.‹

Kaum hatte ich ausgesprochen, da stürzten sich die zwölf Katzen auf das Kalb, und wahrhaftig, sie brauchten nicht lange, da war von ihm nichts mehr übrig.

›Los, aufgespielt, warum wollt ihr die Schnauze halten? Singt Conall Cra-Bhui eine Totenklage‹, sagte der Vorsänger. Ich trug ganz und gar kein Verlangen nach einem Grabgesang, aber die elf Katzen schritten heran – und ob sie mir nicht auf der Stelle einen anstimmten!«

›Zahl ihnen nun ihren Lohn!‹ sagte die große, fuchsfarbene Katze.

›Ich hab euch und eure Belohnungen satt!‹ sagte ich. ›Eine Belohnung für euch habe ich nicht, außer, ihr nehmt euch die Kuh dort drüben.‹ Sie stürzten sich auf die Kuh, und wahrhaftig, lange hielt sie ihnen nicht stand.

›Warum wollt ihr die Schnauze halten? Los, singt Conall Cra-Bhui ein Grablied!‹ sagte der Anführer. Und wahrhaftig, o König, ich machte mir ganz und gar nichts aus ihrer Totenklage, denn allmählich begriff ich, daß sie keine guten Kumpel waren. Als sie mir das Grablied gesungen hatten, begaben sie sich in die Ecke, wo der Vorsänger saß.

›Zahl ihnen jetzt ihren Lohn‹, sagte der Anführer; und wahrhaftig, o König, ich hatte keinen Lohn für sie; und ich sagte zu ihnen: ›Einen Lohn für euch hab ich nicht, außer, ihr wollt das Bürschchen mitnehmen und Gebrauch von ihm machen.‹ Als der Junge das hörte, rannte er hinaus und die Katzen hinterher. Und du kannst glauben, o König, daß sie alle zusammen ein fürchterliches Gekreisch ausstießen. Als sie hinausrannten, zwängte ich mich durch ein Fenster, das an der Rückseite des Hauses war, und jagte fort in den Wald, was die Beine hergaben. Dazumal war ich schnell und kräftig genug, und als ich hinter mir die Katzen rascheln hörte, kletterte ich auf den höchsten Baum, den ich rundum entdeckte, und zwar auf einen mit einem dichten Wipfel; und ich versteckte mich, so gut ich konnte. Die Katzen begannen, den Wald nach mir abzusuchen, und fanden mich nicht; und als sie müde waren, sagte eine zur andern, daß sie nun umkehren wollten. ›Aber‹, sagte die einäugige, fuchsfarbene Katze, die der Anführer war, ›ihr mit euren zwei Augen habt ihn nicht gesehen, und obwohl ich nur ein Auge habe – dort oben auf dem Baum sitzt der Schurke.‹ Als sie das gesagt hatte, kletterte eine von ihnen auf den Baum, und als sie mir in die Nähe kam, zog ich einen Dolch, den ich bei mir trug, und tötete sie. ›Behüte!‹ sagte die Einäugige, ›ich darf nicht meine Mannschaft auf die Art verlieren; umzingelt die Baumwurzel und grabt rundum den Boden auf und laßt den Wüterich auf die Erde herunter.‹ Daraufhin versammelten sie sich um den Baum und gruben rundum die Wurzeln frei, und als sie die erste Wurzel durchbissen, erbebte der Baum und neigte sich, ich aber stieß einen Schrei aus, und das war kein Wunder. In der Nähe des Waldes wohnte ein Priester, und bei ihm gruben zehn Männer den Boden um. Er sagte: ›Das ist ein Schrei äußerster Not, ich muß ihm folgen.‹ Und der weiseste unter den Männern sagte: ›Laß sein, bis wir ihn wieder hören.‹ Und die Katzen setzten zum Sturmangriff an und zerbissen die nächste Wurzel, und ich stieß den zweiten Schrei aus, und wahrhaftig, er war nicht schwach. ›Bestimmt‹, sagte der Priester, ›befindet sich da ein Mann in höchster Not, laßt uns aufbrechen.‹ Sie bereiteten sich zum Aufbruch. Und die Katzen stürmten den Baum, sie zerbissen die dritte Wurzel, und der Baum sank. Ich stieß den dritten Schrei aus. Die wakkeren Männer eilten heran, und als sie sahen, wie die Katzen den Baum behandelten, schlugen sie mit den Spaten auf sie ein; und sie und die Katzen fielen übereinander her, bis sie allesamt tot waren – die Männer und die Katzen. Und du kannst mir glauben, o König, ich hab mich nicht gerührt, bis ich die letzte fallen sah. Ich kam heim. Und da hast du die schlimmste Lage, in der ich je war; und mir scheint, von den Katzen zerrissen zu werden, ist ärger, als morgen vom König von Lochlan gehängt zu werden.«

»O Conall«, sagte der König, »du bist reich an Worten. Du hast deinem Sohn mit dieser Geschichte das Leben gerettet; und wenn du mir von einem Fall erzählst, in dem du ärger dran warst als nun, da morgen deine drei Söhne gehängt werden sollen, dann darfst du auch deinen zweitjüngsten mitnehmen und hast immerhin noch zwei.«

»Nun gut«, sagte Conall, »unter der Bedingung, daß es so ist: Ich war schon in einer schlimmeren Lage als heut nacht, wo ich gefangen und in deiner Macht bin.«

»Laß hören«, sagte der König.

»Ich war damals noch ein junger Bursch und zog auf die Jagd, und meines Vaters Land lag am Meer, voll von Klippen, Höhlen und Felsspalten, in die das Wasser drang. Als ich oben am Ufer entlangging, schien es mir, daß zwischen zwei Felsen Rauch aufstieg, und ich reckte den Hals, um zu entdecken, was das zu bedeuten hatte. Und was passierte mir? Ich stürzte hinab. Und die Stelle war so von Mist bedeckt, daß ich mir keinen Knochen brach, nicht einmal die Haut ritzte. Ich hatte keine Ahnung, wie ich dort wieder herauskommen sollte. Ich sah nicht vor mich hin, sondern blickte nach oben, von wo ich gekommen war – und nie im Leben würde ich imstande sein, dort hinaufzugelangen. Es war furchtbar, da bleiben zu müssen bis ich stürbe. Da hörte ich ein Getöse nahen: Getrappel und Schritte wie Donner, und was sah ich? Nichts anderes als einen gewaltigen Riesen, und bei ihm zwei Dutzend Ziegen, geführt von einem Bock. Und als der Riese die Ziegen angebunden hatte, kam er heran und sagte zu mir: ›Oha, Conall! Schon lange rostet mir das Messer in der Tasche und wartet dabei auf dein zartes Fleisch.‹

›Oh‹, sagte ich, »von mir wirst du nicht viel haben, auch wenn du mich in Stücke reißt; ich gebe für dich höchstens eine Mahlzeit ab. Aber wie ich sehe, hast du bloß ein Auge. Ich bin ein guter Arzt und will dir die Sehkraft deines andern Auges wiedergeben.‹

Der Riese ging und zerrte den großen Kessel an die Feuerstelle.

Ich erklärte ihm, wie er Wasser erhitzen sollte, damit ich das tote Auge heilen konnte. Ich suchte mir Heidekraut und machte einen Wisch draus und setzte ihn aufrecht in den Kessel. Ich fing mit dem heilen Auge an und gaukelte ihm vor, ich wolle dessen Sehkraft auf das andere übertragen, und ich rieb es so lange, bis es genauso schlimm war wie das andere, und sicher war es leichter, das gesunde zu verderben, als das kranke sehen zu machen.

Als er merkte, daß er nicht mehr den geringsten Schimmer wahrnahm, und als ich ihm sagte, ich würde ihm zum Trotz entkommen, sprang er mit einem Satz aus dem Wasser und stellte sich in die Höhlenmündung und sagte, er werde sein verlorenes Augenlicht rächen. Mir blieb nichts übrig, als die liebe, lange Nacht geduckt dazustehen und möglichst den Atem anzuhalten, damit er nicht spürte, wo ich war.

Als er am Morgen die Vögel rufen hörte und merkte, daß es Tag war, sagte er: ›Schläfst du? Wach auf und laß meine Geißenherde heraus.‹ Ich tötete den Bock. Er schrie: ›Du bringst doch nicht etwa meinen Bock um?‹

›Mach ich nicht‹, gab ich zurück, ›aber du hast ihnen die Füße so eng zusammengebunden, daß ich eine Weile brauche, um die Stricke aufzuknoten.‹ Ich ließ eine der Ziegen hinaus, und er streichelte sie und sagte zu ihr: ›Da bist du, meine zottige Weiße mit dem dicken Fell, und du siehst mich, aber ich sehe dich nicht.‹ Auf die Art ließ ich eine nach der andern hinaus, während ich dem Bock die Haut abzog, und als ich die letzte hinausließ, hatte ich den Pelz von ihm herunter, im ganzen, als Sack. Da steckte ich die Beine dahin, wo er seine gehabt hatte, die Arme ins Fell der Vorderfüße, den Kopf ins Fell des Kopfes und setzte mir die Hörner auf, so daß das Ungeheuer denken konnte, ich sei der Bock. Ich ging hinaus. Als ich hinauslief, legte mir der Riese die Hand auf den Rücken und sagte: ›Da bist du, mein hübscher Bock; du siehst mich, aber ich seh dich nicht.‹ Als ich draußen war und rings um mich die Welt erblickte, o König, du kannst mir glauben, daß ich überglücklich war. Als ich draußen war und die Haut abgeschüttelt hatte, sagte ich zu dem Ungeheuer: ›Nun bin ich draußen, dir zum Trotz.‹

›Ah!‹ sagte er, ›das hast du mir angetan. Da du nun so tüchtig warst, hinauszugelangen, will ich dir einen Ring geben, den ich hier habe. Behalte ihn, er wird dir Gutes tun.‹

›Aus der Hand nehme ich ihn dir nicht‹, sagte ich. ›Aber wirf ihn her, und ich nehm ihn mit.‹ Er warf den Ring auf den Boden, ich ging hin, hob ihn auf und steckte ihn an den Finger. Da sagte er: ›Paßt er?‹ – ›Ja‹, antwortete ich. Er sagte: ›Ring, wo bist du?‹ Und der Ring antwortete: ›Hier!‹

Das Ungeheuer setzte sich in Bewegung, dorthin, wo der Ring sprach, und nun erkannte ich, daß ich schlimmer in der Klemme war als je zuvor. Ich zog einen Dolch. Ich schnitt mir den Finger ab und warf ihn von mir, so weit ich konnte, hinaus aufs Meer, und zwar dorthin, wo es ganz tief war. Er brüllte: ›Ring, wo bist du?‹ Und der Ring sagte: ›Hier bin ich!‹ Er lag nun aber auf dem Meeresgrund. Er tat einen Sprung in die Richtung des Ringes, hinaus auf die See und hinein. Und als ich ihn ertrinken sah, war ich so froh, wie ich wäre, wenn du mir und zweien meiner Söhnen das Leben schenktest und keinerlei Kummer mehr auf mir läge.

Als der Riese ertrunken war, ging ich in seine Höhle und nahm mir alles, was er an Gold und Silber hatte, und ging damit heim, und du kannst dir wohl denken, wie sich meine Leute freuten, als ich ankam. Und damit du siehst, die Geschichte ist wahr, schau her: Der Finger ist ab.«

»Wahrhaftig, Conall«, sagte der König, »du bist wortreich und weise. Ich sehe, der Finger ist ab. Zwei Söhne hast du gerettet, aber nun erzählt mir von einem Fall, in dem du ärger dran warst als jetzt, wo du die Aussicht hast, morgen zwei Söhne gehängt zu sehen – und du bekommst das Leben deines Zweitältesten geschenkt.«

»Mein Vater«, sagte Conall, »suchte mir damals eine Frau aus, und ich heiratete. Ich zog auf die Jagd. Ich wanderte am Meer entlang, da sah ich inmitten einer Bucht eine Insel, und als ich weiterging, stieß ich auf ein Boot, vorn und hinten angeseilt und mit vielen kostbaren Sachen drin. Ich schaute hinein und überlegte, wie ich mir was davon verschaffen könnte. Ich setzte den einen Fuß hinein, der andere war noch auf dem Erdboden, und als ich den Kopf hob, was sah ich? Das Boot befand sich mitten in der Bucht, und es hielt keinen Augenblick eher an, als bis es die Insel erreicht hatte. Sowie ich hinaussprang, kehrte das Boot an seinen alten Platz zurück. Ich hatte keine Ahnung, was ich nun anfangen sollte. Es gab an dem Ort weder Essen noch Kleidung, es sah nicht so aus, als ob auch nur ein Haus dort stünde. Ich stieg auf einen Hügel. Ich kam zu einer engen Schlucht und spähte hinunter, da sah ich tief auf dem Grund eine Frau, die ein Kind geboren hatte, und das Kind lag nackt auf ihrem Knie, und in der Hand hielt sie ein Messer. Sie suchte dem Säugling die Schneide an die Kehle zu setzen, da lachte der Kleine sie an, und sie begann zu weinen und schleuderte das Messer von sich. Ich dachte bei mir: ›Jetzt bin ich nah bei meinem Feind und weit weg von Freunden‹, und ich rief der Frau zu: ›Was machst du da?‹ Und sie sagte: ›Was hat denn dich hierher verschlagen?‹

Ich berichtete ihr Wort für Wort, wie ich hergekommen war.

›Nun‹, sagte sie, ›genauso ist es mir ergangen.‹

Sie zeigte mir die Stelle, wo ich zu ihr in die Höhle kommen konnte. Ich ging hinein und sagte zu ihr: ›Was hat dich dazu gebracht, dem Kind das Messer an die Kehle zu setzen?‹

›Das ist, weil er für den Riesen gar gekocht werden muß! Oder aber ich muß selber sterben.‹

Ich stieg die Treppe hinauf und erblickte eine Kammer voll nackter Leichname. Ich riß ein kleines Stück von einem los, der am weißesten war, befestigte dem Kind einen Strick am Fuß und band das andere Ende an den Brocken und steckte den dem Kind in den Mund. Als es ihn in der Kehle spürte, streckte es das Bein und wollte ihn herausziehen, doch der Strick war zu lang. Ich legte das Kind in einen Korb mit Daunenfedern und befahl ihr, anstelle des Kindes den Leichnam zu kochen.

›Wie kann ich das?‹ erwiderte sie. ›Er hat die Leichen doch gezählt.‹

›Tu, was ich dir sage, und ich will mich ausziehn und mich zwischen die Leichname legen, dann stimmt die Zahl‹, sagte ich. Sie tat, was ich sie geheißen hatte. Wir hoben den Leichnam in den großen Kessel, aber den Deckel brachten wir nicht drauf. Als er heimkehrte, streifte ich die Kleider ab und legte mich unter die Leichen. Er kam, und sie setzte ihm den Leichnam auf einer großen Platte vor, und als er ihn verzehrte, beklagte er sich, er fände ihn zu zäh für ein Kind.

›Ich hab gemacht, was du mir befohlen hast‹, sagte sie. ›Du hast selber die Leichen gezählt, nun geh hinauf und zähl sie noch einmal.‹ Das tat er, und die Zahl stimmte. ›Ich sehe hier einen besonders weißen‹, sagte er. ›Ich leg mich ein Weilchen hin, und wenn ich aufwache, will ich ihn essen.‹ Als er sich erhoben hatte, kam er heraufgestiegen und packte mich, und ich war nie im Leben so fürchterlich dran wie da, als er mich mit den Beinen voran die Treppe herunterzerrte, daß mein Kopf über die Stufen polterte. Er warf mich in den Kessel, steckte den Zeigefinger in das Loch im Deckel und hob den auf den Kessel. Nun war mir klar, daß ich verbrüht sein würde, bevor ich hinausgelangen konnte. Aber mein Glück wollte es, daß das Ungeheuer neben dem Kessel einschlummerte. Indessen verbrannten mir auf dem Boden schon die Füße. Als sie merkte, daß er fest schlief, brachte sie ihren Mund ans Deckelloch und flüsterte mir zu:

›Lebst du noch?‹

›Ja‹, flüsterte ich zurück.

Ich hob den Kopf, und so riesig war der Zeigefinger des Ungetüms, daß mein Kopf mit Leichtigkeit durch das Loch glitt. Alles ging glatt, bis ich die Hüften durchzwängte. Da blieb meine Haut rundum am Rand des Lochs hängen, aber ich kam raus. Als ich aus dem Kessel heraus war, wußte ich nicht, was tun; und sie sagte mir, es gäbe außer seiner eigenen keine Waffe, die ihn umzubringen vermöchte. Ich fing sacht an, seinen Speer zu ziehen; und bei jedem Atemzug, den er tat, dachte ich, ich würde mich in seiner Kehle wiederfinden, und bei jedem, den er ausstieß, war ich wieder am alten Platz. Aber trotz aller Plage kriegte ich doch endlich den Speer von ihm los. Doch jetzt war ich wie einer, der bei Sturm ein Strohbündel trägt, denn ich konnte den Speer nicht handhaben. Und es war grausig, den Unhold anzuschauen, der nur ein Auge, und das mitten im Gesicht, hatte; und es war für meinesgleichen gar nicht angenehm, ihn zu attackieren. Ich hob den Speer, so gut ich konnte, und setzte ihm die Spitze aufs Auge. Als er das spürte, ruckte er mit dem Kopf in die Höhe, und das Speerende stieß ans Höhlendach, und die Spitze drang ihm durch den Hinterkopf. Und er fiel mausetot nieder, so wie er gelegen hatte. Und du kannst dich drauf verlassen, o König, daß mir ein Stein vom Herzen war. Ich und die Frau gingen hinaus ins Freie und verbrachten dort die Nacht. Ich ging hin und holte das Boot, mit dem ich gekommen war, das trug noch seine ganze Last; ich brachte die Frau und das Kind hinüber ans Festland und kehrte nach Hause zurück.«

Des Königs Mutter war eben dabei, Feuer anzulegen, sie lauschte Conalls Erzählung über das Kind.

»Also du bist das damals dort gewesen?« sagte sie.

»Sicher«, sagte er.

»Oh, oh!« sagte sie, »die Frau war ich, und der König ist das Kind, dem du das Leben gerettet hast. Du also verdienst den Dank!«

Da freuten sich alle von Herzen.

Der König sagte: »O Conall, du hast große Bedrängnis durchgestanden. Und nun gehört dir das braune Pferd, und es soll einen Sack voll der kostbarsten Sachen aus meiner Schatzkammer tragen.«

Sie legten sich zum Schlafen hin, und wenn Conall früh aufstand, noch früher war die Königin auf den Beinen, um alles zurecht zu machen. Er bekam das braune Pferd und den Sack voll Gold und Silber und kostbare Steine, und dann zogen Conall und seine vier Söhne davon und kehrten heim in das glückselige Reich Eirinn. Er ließ das Gold und Silber in seinem Haus zurück und ging mit dem Pferd zum König. Sie blieben nun für immer gute Freunde. Er kehrte heim zu seiner Frau, und sie richteten ein Fest aus, und das war ein Schmaus, o mein lieber Mann!

88   Der kleine Haferkuchen

Es waren einmal ein ganz kleines Männchen und ein noch viel kleineres Frauchen, und sie buken einen ganz kleinen Haferkuchen und stellten ihn zum Abkühlen vor die Tür, und er rollte fort, über Stock und Stein, den Mühlberg runter, fast in den

Bach hinein, bis er bei zwei Weißbindern anlangte, die hatten tüchtigen Hunger und sagten: »Willkommen, du hübsches Haferküchelchen, wo kommst du her?« – »Oh«, sagte der kleine Haferkuchen, »ich komme von einem ganz kleinen Männchen und einem noch viel kleineren Frauchen, und ich denke, jetzt mach ich mich von euch fort.« Und sie warfen ihre Kübel nach dem kleinen Haferkuchen, aber sie trafen ihn nicht. Und er rollte weiter, über Stock und Stein, den Mühlberg runter, fast in den Bach hinein, bis er bei zwei Scheunendreschern anlangte, die hatten mächtigen Hunger. »Willkommen, du hübsches Haferküchelchen, und wo kommst du her?« – »Oh«, sagte der kleine Haferkuchen, »ich komme von einem ganz kleinen Männchen und einem noch viel kleineren Frauchen und von zwei Weißbindern, und ich denke, jetzt mach ich mich von euch fort.« So warfen sie ihre Flegel nach ihm, trafen ihn aber nicht, und er rollte weiter über Stock und Stein, den Mühlberg runter, fast in den Bach hinein, bis er zum Fuchsbau kam, und der Fuchs hatte mächtigen Hunger. Und er sagte: »Willkommen, du hübsches Haferküchelchen, und wo kommst du her?« – »Oh«, sagte der kleine Haferkuchen, »ich komme von einem ganz kleinen Männchen und einem noch viel kleineren Frauchen und von zwei Weißbindern und zwei Scheunendreschern, und ich denke, jetzt mach ich mich von dir fort.« – »Komm doch ein bißchen näher heran, du hübsches Haferküchelchen«, sagte der Fuchs, »ich hör nicht so gut; und erzähl mir das noch einmal.« – »Oh«, sagte der kleine Haferkuchen und rollte näher heran und redete lauter, »ich komme von einem ganz kleinen Männchen und einem noch viel kleineren Frauchen und von zwei Weißbindern und von zwei Scheunendreschern, und ich denke –« – »Haps!« sagte der Fuchs und fraß ihn auf.

Es war einmal ein Pächter, der hatte ein weißes Schaf, und als Weihnachten heranrückte, dachte er, er wolle es schlachten. Das weiße Schaf hörte das und dachte, es wolle weglaufen, und genau das tat es.

Es war noch nicht weit gekommen, als es einen Stier traf. Sagte der Stier zu ihm: »Sei gegrüßt, weißes Schaf! Wohin gehst du?«

»Ich gehe mein Glück suchen«, sagte das weiße Schaf; »sie wollten mich zu Weihnachten schlachten, und da bin ich lieber weggelaufen.«

»Für mich ist's besser, ich gehe mit«, sagte der Stier, »denn sie wollten mit mir dasselbe machen.«

»Mir ist's recht«, sagte das weiße Schaf, »je größer die Gesellschaft, desto mehr Spaß.«

Sie marschierten weiter, bis sie einen Hund trafen.

»Sei gegrüßt, weißes Schaf«, sagte der Hund.

»Sei gegrüßt, Hund.«

»Wohin wollt ihr?« fragte der Hund.

»Ich laufe weg, weil ich gehört habe, daß sie mich zu Weihnachten schlachten wollen.«

»Das wollten sie mit mir auch machen«, sagte der Hund, »ich will mit euch ziehen.«

»Nur immer zu«, sagte das weiße Schaf.

Sie gingen weiter, bis sich eine Katze zu ihnen gesellte. »Sei gegrüßt, weißes Schaf!« sagte die Katze.

»Sei gegrüßt, o Katze.«

»Wo wollt ihr hin?« fragte die Katze.

»Ich geh mein Glück suchen«, sagte das weiße Schaf, »weil sie mich zu Weihnachten schlachten wollten.«

»Sie haben davon gesprochen, daß sie mich auch umbringen wollen«, sagte die Katze, »da will ich lieber mitkommen.«

»Immer los!« sagte das weiße Schaf.

Sie marschierten voran, bis sie einem Hahn begegneten.

»Sei gegrüßt, weißes Schaf!« sagte der Hahn.

»Sei selber gegrüßt, o Hahn!« sagte das weiße Schaf.

»Wohin wollt ihr?« sagte der Hahn.

»Ich«, sagte das weiße Schaf, »gehe fort, weil sie mir angedroht haben, daß ich zu Weihnachten sterben soll.«

»Da wollen sie mich auch umbringen«, sagte der Hahn. »Ich komme mit.«

»Nur zu!« sagte das weiße Schaf.

Sie marschierten voran, bis sie eine Gans trafen.

»Sei gegrüßt, weißes Schaf!« sagte die Gans.

»Sei selber gegrüßt, o Gans!« sagte das weiße Schaf.

»Wohin wollt ihr?« fragte die Gans.

»Ich«, sagte das weiße Schaf, »laufe weg, weil sie mich zu Weihnachten schlachten wollen.«

»Das wollen sie mit mir auch machen«, sagte die Gans, »ich komme mit.«

Die Gesellschaft marschierte weiter, bis die Nacht anbrach, da sahen sie in der Ferne ein kleines Licht, und obwohl es weit weg war, brauchten sie nicht lange, und sie waren dort. Als sie das Haus erreichten, einigten sie sich, daß sie durchs Fenster spähen wollten, wer drinnen sei, und sie erblickten Diebe, die Geld zählten; und das weiße Schaf sagte: »Jetzt wollen wir jeder seinen eigenen Schrei ausstoßen. Ich werde blöken, der Stier soll brüllen, der Hund soll bellen, die Katze soll miauen und der Hahn krähen und die Gans schnattern.« Damit legten sie los – was war das für ein Lärm!

Als die Diebe das Gebrüll draußen hörten, dachten sie, der Teufel sei da. Sie stürzten hinaus und dort in den nahen Wald. Als das weiße Schaf und die Seinen sahen, daß das Haus leer war, gingen sie hinein und nahmen sich das Geld, das die Diebe eben gezählt hatten, und teilten es unter sich auf; und dann dachten sie, nun wollten sie sich zum Schlafen niederlassen. Sagte das weiße Schaf:

»Wo willst du heut nacht schlafen, o Stier?«

»Hinter der Tür«, sagte der Stier, »wie ich's gewöhnt bin! Und wo schläfst du, weißes Schaf?«

»Mitten auf dem Fußboden, wie ich's gewöhnt bin. – Wo willst du schlafen, o Hund?« fragte das weiße Schaf.

»Neben dem Feuer, wie ich's gewohnt bin!« sagte der Hund.

»Wo willst du schlafen, o Katze?«

»Ich«, sagte die Katze, »lege mich in die Kerzenpresse, da bin ich gern.«

»Wo schläfst du, o Hahn?« sagte das weiße Schaf.

»Ich«, sagte der Hahn, setz mich auf einen Dachbalken, wie ich's gewöhnt bin.«

»Wo willst du schlafen, o Gans?«

»Ich«, sagte die Gans, »schlafe auf dem Misthaufen, wie ich's gewöhnt bin.«

Sie hatten sich noch nicht lange zur Ruhe begeben, da kam einer der Diebe zurück; er wollte versuchen festzustellen, ob jemand im Haus war. Alles war still, und er ging weiter bis zur Kerzenpresse, um sich eine Kerze zu holen, die wollte er anzünden, damit er Licht bekam. Aber als er die Hand in den Kasten steckte, hieb ihm die Katze ihre Krallen hinein. Trotzdem erwischte er eine Kerze und suchte die anzuzünden. Da sprang der Hund auf, steckte den Schwanz in einen Topf Wasser, der neben dem Feuer stand, schüttelte ihn und löschte die Kerze aus. Nun glaubte der Dieb, der Teufel sei im Haus, und floh; aber als er am weißen Schaf vorüberlief, gab das ihm einen Schlag; bevor er am Stier vorbeikam, versetzte ihm der einen Tritt; und der Hahn begann zu krähen; und als er hinaussprang, schlug ihm die Gans ihre Flügel um die Waden.

Er rannte in den Wald zu seinen Kameraden so schnell, wie ihn die Beine trugen. Sie fragten ihn, wie es ihm ergangen sei.

»Ach, so leidlich«, sagte er. »Als ich zur Kerzenpresse ging, war darin ein Mann, der hackte mir zehn Messer in die Hand; und als ich an den Herd ging, um die Kerze anzubrennen, lag da ein großer, schwarzer Mann, der spritzte Wasser darüber, um sie zu verlöschen; und als ich rauswollte, lag da mitten auf dem Fußboden ein großer Mann, der versetzte mir einen Knuff; und ein anderer Mann hinter der Tür stieß mich raus; und auf dem Boden war eine kleine Range, die schrie: Schick ihn mihihir! Dann ist's mit ihm aus! Und draußen auf dem Misthaufen saß ein Schuhmacher, der schlug mir seine Schürze um die Beine.«

Als die Diebe das vernahmen, kehrten sie nicht zurück, um ihr vieles Geld zu suchen; und das weiße Schaf und seine Kameraden behielten es für sich; und sie hatten ihren Frieden, solange sie lebten.

Anhang

Nachwort

Es ist ein sehr komplexes Bild, das sich mit den schottischen Märchen vor uns auftut. Wir blicken in weite Hallen mit rüden Kriegern, in Höhlen, deren riesige Bewohner scheußliche Eßgewohnheiten haben. Aber gleichzeitig tauchen vor uns schottische Pachthofküchen auf, wie sie im achtzehnten und neunzehnten Jahrhundert bewohnt wurden. Die Königin verliert für Augenblicke ihre märchengemäße Abstraktheit und begibt sich in die Küche, um mit den Mägden die Lage zu besprechen. Oder sie zündet wie eine kleinbäuerliche Hausmutter das *Feuer an und macht früh alles zurecht.* Dienstmädchen keifen einander an. Wirklichkeitsgetreu ist auch die Sonntagssituation: Alles geht in die Kirche, eine muß daheimbleiben, der Tisch muß gedeckt, das Essen fertig sein, wenn die andern zurückkommen.

Noch andere Alltagsteilstücke werden in die Märchenwelt mitgenommen (ganz abgesehen von alten Gewerben und Handwerken und ihren Stätten, Mühle und Schmiede). Der hilfreiche Rabe verlangt als Lohn ständig einen Priem. Die Quintessenz realer Gastlichkeit (zumal für Fußwanderer) steckt in der immer wiederkehrenden Formel: *Sie gab ihm Essen und Trinken, warmes Wasser für seine Füße und ein weiches Bett für seine Glieder.* Der Königssohn bekommt vom Vater 50 Pfund mit auf die Brautschau und borgt weitere vom Wirt *(Die Kiste).*

Gerade in dieser Geschichte aber stoßen die gegenwärtig realen und die archaisch-barbarischen Vorstellungen unmittelbar aufeinander. Ein Streifen Haut vom Wirbel bis zur Ferse soll dem säumigen Schuldner abgeschält werden. Und die Ehefrau wird gekauft. Wahrscheinlich muß man auch die Ehe zu dritt, mit der die schottische Schneewittchenvariante schließt, unter die Reste urzeitlichen Gedankengutes rechnen.

Zu den Bruchstücken naher und ferner Vergangenheit kommen Züge, die über die Zeiten hinaus spezifisch keltisch wirken. Da ist das Stolze, Noble. John Francis Campbell, der bedeutendste Sammler schottischer Volkserzählungen, weist in einer seiner Anmerkungen darauf hin: *Er – der Kelte – kommt erst, wenn er an der Hand genommen wird. Ein Kelte läßt sich überallhin führen, nirgendwohin treiben.* Dicht neben dem Stolz und der Noblesse stehen großzügige Verschwendung und Prahlerei: Der Held zerbricht das vom König gelieferte Gold für die Kronen und wirft es auf die Straße, wo es sich die Leute auflesen.

Prahlerei spielt in *Fionns Behexung* eine Rolle. Immer wieder treffen wir auf bedenkenlose Lust am Spiel. Ab und zu blitzt – am auffälligsten unter all den Wesenszügen – etwas Irrationales auf. Grundlos und für den Betroffenen selbst bestürzend wandelt sich Liebe in Haß. Als geehrter Gast ist einer geladen und findet sich – kafkaesk – zum Tode verurteilt. Irrational in der Absolutheit ist auch die Folgerung der Mütter aus dem Haferkuchentest: Segen oder Fluch für den Sohn. Bestraft werden Ichsüchtige auch in deutschen Märchen; aber im schottischen scheinen die Seelendimensionen weiter.

Ausgeprägt wie der persönliche Stolz ist der nationale. *Bist du der junge Iain aus Schottland ...?* Man muß nur den Satz daneben denken – es gibt ihn nicht im deutschen Märchen –: *Bist du der junge Hans aus Deutschland?*, dann erschmeckt man das recht. Oder ein Erzähler wirft als seinen persönlichen Kommentar in die Schilderung ein: *Prächtiger Gäle!* Und immer wieder strahlt aus den Geschichten der Stolz auf den einfachen Schottenjungen, der es durch Tapferkeit und Gewitztheit in der Welt (in *London!*) zu Ehren bringt.

Die Traumkarriere des armen oder doch mindestens bescheidenen Jungen ist Inhalt einer Reihe von Märchen ohne außernatürliche Ereignisse. Ihrem Wesen nach entsprechen sie den *wahren Geschichten* populärer Journale, nur daß sie durch Naivität, Ursprünglichkeit und Witz des Erzählenden der Gefahr von Banalität und Kitsch entgehen.

Zu den spezifisch schottischen Eigenheiten der Geschichten gehören fließende Übergänge von der Sage ins Märchen, Vermengung historischer oder doch pseudohistorischer Gestalten, wie Fionn, mit reinen Märchenhandlungen. Auch diese Mischung hat etwas sehr Altertümliches. Sie erinnert an Zeiten, in denen auch das Märchen noch geglaubt wurde und daher die Trennung zwischen Sagenwunderbarem und Märchenwunder noch nicht herausgebildet war. Übrigens mag auch die schottische Leidenschaft für die eigene Geschichte dazu beitragen, daß Märchen hier so oft in Historie eingebettet werden.

Wie die Inhalte, so bewegen sich auch die Formen der Erzählungen zwischen uralt Tradiertem und relativ Gegenwärtigem. Dichterisch gestaltete Formeln mit gigantischen Übertreibungen schildern die Kämpfe. Sie kommen auch in Sagen häufig vor. Ins Lyrische gesteigert sind die Rastlosigkeitsformeln der Suchwanderungen. Das erinnert daran, wie viele Geschichten in gebundener Form überliefert wurden.

Zuweilen enthält eine Sage, ein Märchen Partien in Versform. Selbst in manchen Märchendialogen findet sich noch rhythmisiertes Pathos, das zum Lyrischen tendiert, und gleich daneben kräftiger Mutterwitz. Witz und Originalität zeigen sich auf Schritt und Tritt. Von den grotesken Hyperbeln der Kampfszenen war schon die Rede; für andere überraschende Prägungen soll hier nur ein vom übertragenen zum konkreten Sinn überspringendes Beispiel stehen: Dem König ist *das Herz so schwer, daß der Stuhl unter ihm zusammenbricht.*

Die Erzähler – meist waren es Männer – trugen ihre Geschichten bei häuslichen Zusammenkünften am Abend vor, nach Festessen; sie verkürzten sich Wanderungen und Wartezeiten in Mühle und Darre damit. Mägde erzählten in der Wirtshausküche, beim Spinnen, Hirtinnen beim Hüten, Fischer beim Netzeflicken. Wer mehr über die Menschen und ihr Leben wissen möchte, auch über die Sammler, sei auf Vor- und Nachwort der *Volkssagen aus Schottland* und der *Sagen von Elben und Zauber* im gleichen Verlag verwiesen.

Christiane Agricola

Kommentar

Handlungsträger, charakteristische Gestalten und Motive der Märchen dieses Bandes wurden im Stichwortverzeichnis zusammengestellt; dort sind auch die jeweiligen Nummern angegeben. Dagegen wurden bei den Anmerkungen Hinweise auf Parallelen innerhalb des Bandes weggelassen. Wer also z. B. angesichts einer Mutter, die den Sohn den kleinen oder den großen Teil vom Haferkuchen wählen läßt und je nach der Wahl mit Segen oder Fluch antwortet, feststellen möchte, ob das Verfahren in schottischen Geschichten öfter vorkommt, schaue ins Stichwortverzeichnis, dort findet sich der Haferkuchentest, auf den bei Fluch und Mutter verwiesen wird, und der Segen. In den Anmerkungen dagegen wurden nur die Entsprechungen in der bekanntesten deutschen Märchensammlung, den Kinder- und Hausmärchen *(KHM)* der Brüder Grimm, herangezogen. Wo in den *KHM* ein wesentliches Motiv fehlt, steht ein Hinweis auf *ATh:* Antii Aarne: The Type of Folk-Tale. A Classification and Bibliography. Translated and enlarged by Stith Thompson. Helsingfors 1928 oder auf *TMI:* Stith Thompson: Motif Index of Folkliterature. Copenhagen 1955-58.

Am Schluß haben wir die Formeln zusammengestellt, mit denen die Erzähler – oft sich selbst einbringend – ihre Geschichten endeten.

Quellen und Siglen

Bede, Wife: Cuthbert Bede (Pseudonym für Edward Bradley): The White Wife and other West Highland Stories. S. Lew a. Co. 1865.

Black-Thomas: G. F. Black: County Folk-Lore ... Examples of printed Folk-Lore concerning the Orkney and Shetland Islands, coll. by G. F. Black, ed. by Northcote W. Thomas. London 1903.

Campbell, Tales: John Francis Campbell: Popular Tales of the West Highlands. Edinburgh 1860-63.

Campbell-MacLellan: Stories from South Uist. Told by Angus Mac-Lellan, translated by John Lorne Campbell. London 1961.

Chambers: Robert Chambers: Popular Rhymes, Fireside Stories and Amusements of Scotland. Edinburgh. London, Dublin ²1870.

Douglas: Sir George Douglas: Scottish Fairy and Folk Tales. London, Walter Scott 1894.

FL: Folk-Lore. Transactions of the Folk-Lore Society. A quarterly Review ... London 1890 ff.

FLJ: The Folk-Lore Journal. London 1883-89.

Henderson: Henderson, William: Notes on the Folk-Lore of the Northern Counties of England and the Borders. London 1866 und 1879.

Jacobs: Jacobs, Joseph: Celtic Fairy Tales. London 1892.

KHM: Kinder- und Hausmärchen der Brüder Grimm. Reclam, Stuttgart, 1980.

MacDougall: J. MacDougall: Folk and Hero Tales. London 1891 (Waifs and Strays of Celtic Tradition, Argyllshire Series III).

MacDougall, Lore: J. MacDougall: Folk Tales and Fairy Lore in Gaelic and English, collected from Oral Traditions by Rev. J. MacDougall..., edited by Rev. George Calder, Edinburgh 1910.

MacInnes: J. MacInnes: Folk and Hero Tales. London 1890 (Waifs and Strays of Celtic Tradition... II).

McKay: John G. McKay: More West Highland Tales. Transcribed and translated from the original Gaelic by J. G. McKay, II, Edinburgh 1960 (in den *Tales* nicht veröffentlichte Manuskripte der Campbellschen Sammlung).

MacLeod: Norman MacLeod: Reminiscences of a Highland Parish. London 1878.

Revue Celtique: Revue Celtique, Paris 1870 ff.

The Scottish Celtic Review, Glasgow 1881-85.

Zeitschrift für Celtische Philologie, Tübingen 1897 ff.

1 Das Schiff, das nach Amerika fuhr:

MacInnes, VI, 161 ff. In der fragmentarischen Einleitung – beim Schiffbruch – wenige Worte eingefügt (»das Schiff fuhr auf ein Riff auf und barst«; »erwischten [eine Planke]«, »klammerten sich daran fest«) und eine Satzdopplung gestrichen (»dort errichteten sie sich ein Zelt« vor »damit bauten sie ein Zelt«).

Zu Beginn vermischen sich *Emigrationsvorstellungen* (Amerika) mit *Robinsonsituation.* Typisch schottisch – so MacInnes – die an Land gespülten *Bücher* und als Handlungsmotiv die *schöne Handschrift.* Zur *Schrift* vgl. 8. – *Tischleindeckdich:* KHM 54, Der Ranzen, das Hütlein und das Hörnlein. – *Entführung auf Schiff:* KHM 6, Der treue Johannes. *Wasser vom Brunnen des Lebens:* KHM 92, Der König vom goldenen Berge. 97, Das Wasser des Lebens. – *Tiere zu Dank verpflichtet, helfen:* KHM 17, Die weiße Schlange. 60, Die zwei Brüder. 62, Die Bienenkönigin.

2 Warum das Meerwasser salzig ist und nicht süß:
Campbell-MacLellan 9, S. 55 ff.
TMI: D 1601. 21.1: *Von selbst mahlende Mühle* mahlt, was immer der Besitzer wünscht, und A 1115.2.: *Warum das Meer salzig ist.* Die Geschichte ist unter vielen Völkern verbreitet.

3 Der Sohn der Witwe auf Barra:

Campbell, Tales II, 110 ff. Von Alexander MacNeill, Pächter und Fischer, Tangual, Barra. Alexander MacNeill hörte sie von seinem Vater, der, etwa achtzig Jahre alt, um 1839 starb: Roderick MacNeill. Der wiederum hörte die Erzählung in seiner Jugend von vielen alten Männern und sagte, sie sei damals ziemlich allgemein bekannt gewesen. Aufgeschrieben von H. MacLean.

Campbells Kommentar: »Die Landschaft und die Lebensweise der Armen auf Barra sind nach der Natur gemalt; der flache Strand, die Muscheln, das Schiff auf offener See, das Boot am Saum des Meeres. Dann kommt die volkstümliche Romanze, in der der arme Mann ein Prinz werden soll. Das Leben von Läden und Schiffen, verschwommen gesehen, doch einleuchtend genug. Türkei und Spanien gänzlich in fernem Dunst verloren. Das Handelsprinzip niedergelegt, daß kleiner Profit schnell hereinkommt, und daß man auf dem billigsten Markt einkaufen und auf dem teuersten verkaufen soll; und all dies verwoben mit einer Liebesgeschichte und vermischt mit einer alten Erzählung, die Grimm in Deutschland fand und die Hans Andersen zur Grundlage einer seiner besten Erzählungen machte. Ach, warum sandte nicht der König von Spanien nach der Witwe auf Barra, um alles vollkommen zu machen.«

Zum Pferd »mit einem *Zaum* und einem *Sattel*« bemerkt Campbell: »Nicht alle Reiter verfügen über diese Luxusgegenstände.«

An zwei Stellen (Einwilligung der Mutter und Iains Gedanken vor dem verdeckten Teller) wurde aus indirekter Rede direkte gemacht. Winzige Einschübe oder Ergänzungen wurden vorgenommen, wo beim Erzähler Widersprüche oder Lücken entstanden waren: Zu Beginn statt »Sie ging ans Ufer und schüttete die Muscheln neben sich aus«: »Sie stand mit ihrem Muschelkorb am Ufer«; vor der Fahrt nach Spanien schickt die Prinzessin Iain im Urtext erst in den Laden, den Anzug zu holen; später gibt sie ihn ihm aber; das wurde begradigt. In der Wirtshausszene klagt die Wirtin im Urtext, daß sie nun »den Leuten des König-

reichs« keine Heringe vorsetzen könne; das wurde in »königliche
Beamten« geändert. Ferner wurden drei kurze Sätze eingefügt.
Für sein Begräbnis *dankbarer Toter* hilft: TMI: E 341.1.1. – Die Geschichte bei Andersen: »Der Reisekamerad«. – Mit spürbarer Genugtuung wird die *Karriere* des armen Inseljungen geschildert.

4 Die Geschichte vom ungetauften Kind:

McKay, S. 61 ff. Anmerkung: Hector MacLean, der dies niederschrieb,
fügt hinzu: »Ich habe diese Geschichte auch von James MacLachlan,
doch er kann nicht den Namen dessen angeben, von dem er sie gehört
hat. Er war Maurer in Keill. James MacLachlan, Landarbeiter, lebt in
Mulrees auf Islay.«
Der Text wurde in Kleinigkeiten konkretisiert (»fegen« statt »Hausarbeit verrichten«; »Schlüssel steckte« statt »nicht abgeschlossen war«;
»setzte sich wieder ans Rad und spann weiter« statt »ließ sich wieder
zum Spinnen nieder«). Einmal direkte Rede statt indirekter eingeführt
(»Das weiß ich nicht«).
Verbotene Kammer, Kindsraub, Verdächtigung, Scheiterhaufen: KHM
3, Marienkind.

5 Die Geschichte vom Sohn des Ritters mit dem grünen Mantel, der Heldentaten vollbrachte, die auf Erden schon sieben Jahre vor seiner Geburt berühmt waren:

MacDougall, X, S. 222 ff. MacDougall bekam die Geschichte von
Alexander Cameron, der sie zuerst von seinem Großvater, später auch
von Donald McPhie (einem Zweiunddreißigjährigen aus Sunart) und
andern in Ardnamurchan hörte. Auch der Schutzmann John McFarlane in Post-Appin kannte sie. – Bei der Übertragung wurde hier und
da ein aufschwemmend wiederholender Satz gestrichen. In direkte
Rede wurden die erste Ansprache der kuhkaufenden Elfin und die
Antwort verwandelt, ebenso Beerenauges Überlegung auf der Insel.
Das Renkontre vor der Hochzeit, im Urtext an unbestimmtem Ort im
Haus, wurde in die Küche verlegt.
Falscher Held: KHM 60, Die zwei Brüder. 91, Dat Erdmänneken. 11,
Der gelernte Jäger. – *Schürze abgeschnitten:* Erscheint häufig in schottischen Sagen. *Im Schlaf auf den Knien der Frau verlassen:* KHM 92,
Der König vom goldenen Berge.

6 Der Brunnen am Ende der Welt:

Chambers, S. 105. Chambers merkt an, die gewiß sehr alte Geschichte werde (mit Druckfehler: wolf statt well) in »The Complaynt of Scotland«, 1548, erwähnt. In Chambers' Text zwei Auslassungen (»etc.«) am Schluß, die hier ergänzt wurden: Einmal die Aufzählung nach »jetzt war sie noch zehnmal häßlicher« und dann der Schlußsatz nach »Ihr seht also, Kinder ...«

Lebenswasser holen: KHM 92, Der König vom goldenen Berge. 97, Das Wasser des Lebens. – *Gegenstände bitten um Hilfe* wie hier das Pony: KHM 24, Frau Holle. *Tiere zu Dank verpflichtet:* KHM 17, Die weiße Schlange. 60, Die zwei Brüder. 62, Die Bienenkönigin. – *Lohn und Strafe für die Mädchen:* KHM 24, Frau Holle.

7 Die Geschichte von Kate Nußknacker:

FL 1, 1890, 299: English and Scotch Fairy Tales, zusammengetragen von Andrew Lang. Kate Nußknacker wurde von Mr. D. J. Robertson auf den Orkney-Inseln notiert und erschien in »man's Magazine« – wohl in FL 1 ein Druckfehler für »Longman's Magazine« – Vol. XIII. Die Geschichte ist stark verkürzt, enthält Auslassungen und andererseits einige in Dialekt wiedergegebene und in Anführungsstriche gesetzte Satzbrocken, die die ursprüngliche Erzählung durchschimmern lassen. – Hier wurden Lücken im Text geschlossen: Die Prinzessinnen lieben einander – Topfgucken am zweiten Tag bei der Hühnerfrau – Der König hat *zwei* Söhne – die Wächter schlafen immer ein – das Kind greift nach der Rute – Die Schwester wird mit der Rute entzaubert – der Prinz durchtanzt die Nacht. Direkte Rede eingeführt bei der Hühnerfrau und bei Kates Forderung, den Prinzen zum Mann zu bekommen.

Elfentanz im Elfenhügel und der dazu verzauberte Mensch ist ein Hauptmotiv schottischer Sagen. – *Auf nüchternen Magen* anfällig für Behexung: FL 15, 1904, 336 (nüchtern, ohne Frühstück ist man besonders dem Teufel ausgesetzt).

8 Das Königreich der grünen Berge:

MacInnes, V, S. 126 ff. »Bei Mary« kommt als Beteuerung einige Male bei MacInnes vor, sonst nicht.

Die *Handschriftprobe* (vgl. 1) ist nach MacInnes typisch schottisch: Auf Bildung wird viel Wert gelegt. Sie kommt auch in Nr. IX seines

Bandes vor; dort fragt der Schwiegervater obendrein nach den Schulleistungen des Zukünftigen. – Ebd. auch der *Gärtner* als Retter. – *Schlafzauber* der Rivalenmutter und folgende Suchwanderung des Helden auch bei Campbell, Tales, XLTV, Der Sohn der Witwe. – Die *Reihe der Uralten* ist ein bekanntes Sagenmotiv: TMJ: 571.2, ATh 526.

9 Der Sohn des Starken Mannes aus dem Walde ...:

MacDougall, S. 187 ff. Gewährsmann: Alexander Cameron aus Ardnamurchan, Straßenarbeiter. Er erzählte die Geschichte um 1890; gehört hatte er sie rund 30 Jahre früher von Donald McPhie aus Sunart, später auch von William McPhie, einem noch lebenden Häusler in Lochaber.

Deutsche Parallele: KHM 90, Der junge Riese. – *Mühlen* sind Spukorte vieler Sagen. – *Uruisg:* Übernatürliches Wesen, Gestalt eines Mannes mit langem, zottigem Haar und Bart. Nach Scott aber Gestalt zwischen Mann und Ziege, satyrartig. Mit Wasser verbunden, wie der zweite Teil seines Namens besagt, lebt immer bei Wasserlauf, in düsteren Felsenhöhlen tiefer Schluchten, hoher Wasserfälle. Sucht Mühlen heim. Nützlicher Freund oder gefürchteter Feind (Anmerkung MacDougalls). – *Brownie:* Helfender, auch streichespielender Hauskobold.

10 Goldbaum und Silberbaum:

Jacobs, Celtic, 9, S. 89.

Deutsche Parallele: KHM 53, Sneewittchen. *Herz und Leber als Tötungsbeweis:* ebd. (Lunge und Leber); vgl. KHM 31, Das Mädchen ohne Hände. 33, Die drei Sprachen. 76, Die Nelke. *Forellenorakel* statt Spiegel: ein Symptom urtümlicher Naturnähe; Forellen tauchen auch in schottischen Sagen oft auf. – Die freundliche *Ehe zu dritt* ist im europäischen Märchen ziemlich einzigartig.

11 Die drei, die auszogen, um zu entdecken, was Not bedeutet:

McKay, Nr. 60, S. 251 ff. Von B. MacAskill, Island of Berneray; er hörte die Geschichte in seiner Jugend von Ann MacDonald, Lewis.

Motiv der *Erlösung* mit dem des *Eifersuchtsmordes* (Sneewittchen, KHM 53) verbunden. Wie in 10 Rettung durch die *zweite Frau.*

Chambers, 72 ff.

Motiv des *Rumpelstilzchens:* KHM 55. – *Press-Patrouille:* Kommando zur Zwangsrekrutierung von Matrosen. – *Daumen netzen* zur Bestätigung des Handels: Ein australischer Freund von walisischer Abstammung kannte die Sitte noch und machte, befragt, mit dem angeleckten Daumen die Bewegung des Stempelns.

13 Habitrot:

Douglas, 109 ff. Auch bei Henderson, 221 ff.

Motiv der *Drei Spinnerinnen:* KHM 14. Namenskenntnis – Rumpelstilzchen – erscheint als blindes Motiv: übernommen ohne Bedeutung für die Handlung.

14 Lüttenarr (Peeriefool):

FL 1, 1890, 302: English and Scotch Fairy Tales, zusammengestellt von Andrew Lang, aus Longman's Magazine Vol. XIX; aufgeschrieben von Mr. D. J. Robertson, Orkney-Inseln. Ebenfalls in County-FL Vol. III, Black-Thomas, S. 49. – An einigen Stellen wurde indirekte Rede in direkte verwandelt; eingefügt ein Satz: »Ob sich die Prinzessin da freute!«

Stets *Kohl gestohlen:* KHM 66, Häsichenbraut. – *Dank für Essen:* z. B. KHM 64, Die goldene Gans. – *Rumpelstilzchenmotiv:* KHM 55. – Die *Spinn-Entstellten:* KHM 14, Die drei Spinnerinnen. – *Abtransporttrick:* KHM 46, Fitchers Vogel. Vgl. auch Blaubart, KHM Anhang 9.

15 Wie das erste Schloß auf dem Stirling Rock erbaut wurde:

MacDougall, Lore 169 ff.

Rumpelstilzchenmotiv: KHM 55. Der *Elfenbaumeister,* der als *Lohn einen Menschen* fordert, taucht häufig in skandinavischen und norddeutschen Märchen auf.

16 Aschenschlamp und der Meister Lindwurm:

Douglas, 58-72: Assipattle and the Master Stoorworm, Manuskript von W. Trail Dennison.

Assipattle, Aschenputtel, war noch zu Dennisons Zeiten ein geläufiger Spitzname für den jeweils Jüngsten und spielte auf die Märchengestalt an. Im norwegischen Volksmärchen ist der Aschenper bekannt. – Zu *Kemperman* erklärt Dennison: Vermutlich Kämpfer. Einer, der im Einzelkampf oder bei Wettspielen für seinen Herrn antrat. – *Menye-Sänger:* Männer, die bei festlichen Gelegenheiten zum Singen angestellt wurden. – *Jüngster Sohn mißachtet:* z. B. KHM 57. *Dummling erfolgreich:* KHM 57. 62. 63. 64. 165. – *Drachenkampf:* KHM 60; häufiger kommt er in Sagen vor; Aschenschlamps Methode ist ungewöhnlich.

17 Donald mit der Hucke:

MacDougall, Lore 69 ff.

Der *Geist in der Flasche:* KHM 99, Der Geist im Glas. – *Durch den Wendetrick betrogener Tod:* KHM 44, Der Gevatter Tod, und 42, Der Herr Gevatter.

18 Der schwarzbraune Secheschmied:

MacDougall, Lore 17 ff.

Sech-Kolter, Teil des Pfluges. – *Pferdebeschlagen mit Beinabschneiden,* von einem vermessenen Toren erfolglos nachgeahmt, kommt in Märchen und Sagen weithin vor: TMI E 782.4 (Pferdebeine abgeschnitten und wieder angesetzt) und J 2411.2 (Christus als Wunderhufschmied). ATh 753. – *Zum Umschmieden der Alten* vgl. KHM 147, Das junggeglühte Männlein.

19 Die drei Hunde mit den grünen Halsbändern:

McKay, 339 ff. – Anmerkung: John Dewar, recited from Mr. Robertson, Febr. 29/60.

Magische Flucht: z. B. KHM 51, Fundevogel. 56, Der Liebste Roland. 79, Die Wassernixe. 113, De beiden Künigeskinner. – *Scheintod durch Giftpfeil, Wiederbelebung durch dessen Entfernung:* vgl. KHM 53, Sneewittchen.

20 Die Geschichte vom Soldaten:

Campbell, Tales II, Nr. XLII, S. 276. Aufgeschrieben von Hector Urquhart nach dem Diktat von John MacDonald, eingesandt Januar 1860.

Begnadigung wegen des Obersten Mäusescheu: Eine der in den schottischen Märchen öfter vorkommenden humoristischen Einlagen. –

Unglück genannt und somit leichtfertig beschworen: TMI C 10 (Tabu: leichtfertig Geist, Teufel berufen). C 432 (Tabu: den Namen eines übernatürlichen Wesens auszusprechen). – *Furchtloser Held versucht Toten zu erwärmen:* KHM 4, Märchen von einem, der auszog, das Fürchten zu lernen. – *Toter kehrt wieder, um Unrecht gutzumachen:* TMI E 345, häufig Sagenmotiv. – *Verwandlungskette:* z.B. KHM 68, beim Kampf des Zauberlehrlings mit seinem Meister. – *Unglück schlüpft in Ranzen:* KHM 81, Bruder Lustig (viele Teufel, alle bis auf einen totgehämmert). – *Grüne Flamme:* In grüner Flamme entweichen vertriebene Elfen in schottischen Sagen.

21 Wie Finn dem Großen Jungen Helden vom Schiff seine Kinder bewahrte und wie er Bran gewann:

MacDougall, I, 1 ff. Anmerkung: »Diese Geschichte habe ich, wie alle anderen dieses Bandes, von Alexander Cameron. Sie ist aber auch John Ranklin bekannt, einem Achtzigjährigen in Duror, und Archibald McArthur, der von Braes stammt und in Fort Angus lebt. Es ist eine von drei Erzählungen, die durch die Geschichte des Grauen Hundes miteinander verbunden sind; die zweite hat Cameron vergessen . . . und erinnert sich nur, daß der Große Junge Held, als er allein am Ufer war, von einem Lochlan-Häuptling und seiner Mannschaft überfallen und ihm der Hund abgenommen wurde. Der Häuptling schenkte bei der Heimkunft den Hund seinem eigenen König; das Tier aber wurde toll aus Kummer über den Verlust seines ersten Herrn.«

Eine Parallele bei MacInnes II, 33 ff.: Feunn Mac Cüail and the Bent Grey Lad – mit anderer Vorgeschichte und fragmentarisch: Diebstahl des eben Geborenen durch die *Hand* wird verhütet, aber Wiedergewinnung der anderen Kinder mit Hilfe der Diener fehlt. – Zur *Hand* vgl. noch Bede, Wife 131; außerdem erzählen etliche schottische Sagen von ihr. – *Bran* ist Finns berühmter Elfenhund mit der giftigen Klaue; sie war, um Unfälle zu verhüten, stets verbunden – nur nicht, wenn Bran zum Kampf losgelassen wurde. Vgl. 22 und 59. – *Diener mit besonderen Fähigkeiten:* KHM 64, Die goldene Gans. 71, Sechse kommen durch die ganze Welt. 134, Die sechs Diener. – *Wunderbarer Schiffsbau:* Vgl. Schiff zu Wasser und zu Lande wunderbar gebaut, KHM 64, Die goldene Gans. 165, Der Vogel Greif. – Spezifisch schottisch ist die Verbindung von Sagengestalten mit völlig Märchenhaftem.

MacDougall, II, S. 17. Anmerkung MacDougalls: Diese Geschichte erhielt Alexander Cameron wie die I. und die VII. von Donald McPhie, der damals über neunzig war. Sie ist noch ziemlich verbreitet. Der schieläugige, rothaarige Mann war, dem Erzähler zufolge, Oscar, Sohn Ossians und Enkel Finns. An Heldentum stand er Finn am nächsten. – Bei der Übersetzung wurde zweimal aus indirekter Rede direkte gemacht: Die Frage des alten Mannes, was seine Frau so errege, und ihre Antwort.

Grauer Hund: Siehe zu 21.

23 Der Urisk in der Jammerschlucht:

Zeitschrift für Celtische Philologie I, 1896, 329 ff., beigebracht von James MacDougall in Duror, Ballachulish, Argyllshire. Anm.: Athaileam weist auf Athol hin. Im 18. Jahrhundert wurden die Herzöge von Athol als die Könige der Insel Man betrachtet.

Urisk: »Der Urisk war ein großes, plumpes, übernatürliches Wesen von einzelgängerischen Gewohnheiten und harmlosem Charakter, das abgelegene Plätze in den Bergen aufsuchte« (J. G. Campbell, Superstitions of the Highlands and Islands of Scotland, Glasgow 1900, 317). Hier geht die Urisk- in eine Hexenvorstellung über. – *Namenskenntnis gibt Macht,* deshalb soll man Namen nicht nennen. *Namenstabu:* TMI C 430. Vgl. *Rumpelstilzchen-Motiv. – Zu Stein verhext:* TMI G 263.2.1.

24 Der Frosch:

Chambers, 87. Anmerkung: Das obige ist ... nach dem Gedächtnis des verstorbenen Charles K. Sharpe, Esq., der in seinem Elternhaus zu Hoddam in Dumfriesshire etwa im Jahre 1784 der Nurse Jenny auf dem Schoß zu sitzen pflegte. – Eine Parallele bei Campbell, Tales II, Nr. XXXIII, S. 130 f., wo auf viele weitere schottische Versionen verwiesen wird; die älteste stammt von 1548.

Vgl. KHM 1, Der Froschkönig oder der eiserne Heinrich. – *Entzaubern durch Köpfen:* KHM Anhang 21, Der Löwe und der Frosch.

25 *Des Königs verzauberte Kinder:*
McKay, 67, 259 ff. Anm.: Von John Dewar aus Glendaruail, Cowal, Argyllshire. Ungesagt, ob er die Geschichte nach eigener Erinnerung oder nach jemandes anderen Erzählung schrieb. Leider enthält sie verbale Anglizismen. Campbell selbst bemerkte, daß Dewar bei seinen Niederschriften Details ausließ, die er beim Erzählen nannte, und daß er Dialoge in Erzählung umänderte. – Beim Wiedersehen der Geschwister, als die Brüder bereits Menschenköpfe, nur mit Geweihen, haben, merkt McKay an: Offenbar haben sie inzwischen die Tücher mit dem aufgenommenen Blut, die die Schwester bewahrt hatte, gefunden und das Blut wieder verschluckt, so daß sie ihre Köpfe wiederbekamen; dies Handlungsglied ist ausgelassen worden.
Eachlair Ùrlair: McKays Anmerkung zu 34: Eine häusliche Hexe. Hier wohnt sie aber außerhalb.
Kinder bei zweiter Heirat in einsames Schloß im Wald geschickt: KHM 49, Die sechs Schwäne. – *Schwester sucht Brüder:* KHM 9, Die zwölf Brüder. – *Verbirgt sich unter Bütte:* ebd. – Wird, *stumm, von König geheiratet:* ebd. – *Tiergeburtsvorwurf:* KHM 96, De drei Vügelkens. – Schwester ohne Kindbett *verleumdet:* KHM 9. – *Erlösendes Hemd:* KHM 49. – *Scheiterhaufen:* KHM 9 und 49.

26 *Der junge Hirt und die Königstochter:*
Bede, Wife 18 mit der Vorbemerkung: Die folgende Version der Geschichte von St. Georg und dem Drachen stammt aus Cantire und hat ihre charakteristischen Eigenheiten.
Drachenkampf: KHM 60, Die zwei Brüder. Vor allem erscheinen Drachenkämpfe in Sagen.

27 *Zimmermann Bobban:*
Campbell-MacLellan, 6, 43 ff. Eine andere Fassung der Geschichte: Choice Notes from Notes and Queries, London 1859, 106.
Saor: edel, frei. – *Axtwurf:* Vgl. Pumphuts Beilwurf auf den Kirchturm zu Mockrehna (Schulenburg, Wendische Volkssagen 47).

28 *Der Königssohn und der Mann mit dem grünen Mantel:*
McKay, 53, 89 ff. Anmerkung McKays: Am Ende der Geschichte keine
Signatur, auch kein Ort erwähnt. Aber Campbell nennt in seiner gälischen Liste den Arbeiter John Dewar als Erzähler und als Ort Glendaruail. Das Manuskript stammt offensichtlich von Dewars Hand, und
das Idiom ist anglisiert. Dewars geschriebenes Gälisch unterscheidet
sich nach Campbell stark von seinem gesprochenen. Doch ist die Geschichte vollständig, ohne Auslassung von Details. – Anmerkung von
Kenneth Jackson (einem der Herausgeber des Bandes): Der Mann im
grünen Mantel vertritt den dankbaren Toten, ATh 505 A, doch ist dies
Motiv hier verloren.

Zur relativen Rationalisierung – aus dem dankbaren Toten ist ein Bursche mit Schlauheit und einem magischen Gegenstand geworden – paßt
die auffallend humane Bestrafung des Bösen: Verbannung statt grausa-
mer Hinrichtung. – In der Übersetzung wurde indirekte Rede in
direkte verwandelt bei Mórs rauhen Aufforderungen, das Bett zu verlassen, und den Antworten ihrer Gäste. Einige wenige wortwörtlich
wiederholende Sätze wurden gestrichen. McKay wundert sich in einer
Anmerkung über die (in schottischen Geschichten öfter auftauchende)
Schilderung des Ritts: »Wenn er oben war, war sie unten, wenn er unten
war, war sie oben.« Das ist eine ganz korrekte Beschreibung der Ga-
loppbewegung: die weiter vorn zur Schulter sitzt, befindet sich beim
Aufsetzen der Vorderbeine tiefer, während die Hinterbeine noch
schweben und die Kruppe mit dem unsichtbaren Reiter höher ist: Auf-
sprung. Beim Absprung heben sich die Vorderbeine, während die
Hinterbeine noch auf dem Boden stehen; die vorn sitzt, ist höher als
der auf der Kruppe Sitzende. – »Schwert des Todes« ist sehr frei übersetzt; im Originaltext Sword of Virtue (Wirksamkeit, Wirkung, Erfolg). Eine verbale Parallele bietet the Well of Virtue, in der Regel als
Wasser des Lebens übersetzt (wie die deutsche Märchenentsprechung
lautet).

Haar, *schwarz wie Rabenfedern, Wangen, rot wie Blut,* Haut, *weiß wie
Schnee:* Sneewittchen, KHM 53; ATh 516. 709. 720. Im Keltischen
existiert der Vergleich schon im Book of Leinster (12./13. Jh.); später
gibt es Belege aus dem 15., 16., 17. Jahrhundert. – *Mantel macht un-
sichtbar:* KHM 92, Der König vom goldenen Berge. 93, Die Rabe. 133,
Die zertanzten Schuhe. – Spieße, *Pfähle mit Köpfen:* KHM 191, Das
Meerhäschen.

Campbell, Tales I, Nr. XVII, S. 330 ff. Von John Dewar, Arrochar, Juni 1860, von Kate Macfarlane um 1810, A. Campbell, Roseneath, 1860, und J. M'Nair, Clachnaig, 1860. Anmerkung Campbells: »Ein paar Vorgänge in dieser Geschichte kenne ich, solange ich zurückdenken kann. John Campbell, Pfeifer, erzählte sie in meiner Kinderzeit. Einige erzählte mir 1859 John Mackenzie in Inverary als Teil einer langen Geschichte, deren Rest er vergessen hatte...« Hector Urquhart kannte sie aus Ross-shire von seinem Vater. In seiner Version war der Speicher eine Schatzkammer, und der Mann fing sich in einer Fuchsfalle, das Schwein war ein hungriger Eber. Selbst der Kesselflicker John kannte die Geschichte. Zweifellos ist sie in den Hochlanden weit verbreitet gewesen.

Zum *Nüssebrennen* bemerkt Dewar: Nüssebrennen zu Hallow-eve, in der letzten Oktobernacht, ist eine der Unterhaltungen der Hochlandsleute. Zwei Nüsse werden für ein Pärchen nebeinander ins Feuer gelegt; brennen sie zusammen in derselben, überspringenden Flamme, dann bedeutet das Hochzeit und gute Ehe; zerspringt eine der Nüsse oder hüpft weg, so ist das ein böses Omen. – Bei der Übersetzung wurde indirekte Rede in direkte an fünf Stellen verwandelt (»Das ist die Kunst, die ich lernen will«; »Wenn der Bursche gescheit ist, nehm ich ihn...«; »Das war derselbe, der uns den Streich bei den Kühen gespielt hat«; »Das ist der Schwarze Spitzbube, und er stiehlt uns die Haut«; »Wo ist dein Meister«). – Campbell verweist auf Herodots Diebsgeschichte – das ägyptische Märchen vom Schatz des Rhampsinit –, auf skandinavische, italienische und deutsche *»Meisterdieb«*-Geschichten.

Der verhängnisvolle *Brandruf* ist ein bekanntes Sagenmotiv (»Heuchelberg brennt«), hier als Kinderspaß rationalisiert. Auch das *Hängenspielen* mit tödlichem Ausgang gehört in die Sage. – Parallele: Bede, Wife 31 ff. – Deutsche Parallele: KHM 192, Der Meisterdieb.

MacDougall, 145 ff. MacDougall: »Alexander Cameron hörte die Geschichte in Ardnamurchan, als er ein Junge war. Voriges Jahr erlangte er sie wieder von John Campbell, geboren in Gairloch, Ross-shire, und jetzt Schäfer im Strath of Appin. John MacFarlane, Schutzmann, Port Appin, hörte sie vor etwa 50 Jahren von einem Mann aus Colonsay, Jura. Also ist die Geschichte längs der Westhighland-Küste weit verbreitet; ich bin überzeugt, sie läßt sich bis zum Ende des 18. Jahrhunderts zurückverfolgen.«

Rote Mütze: Rot ist eine magische Farbe. – *Shinny:* Eine Art Hockey. – *Schwanzhülle der Seejungfrau:* bekanntes Sagenmotiv. – *Die drei Schwäne:* Motiv der Schwanenjungfrau, häufig in Sagen. – *Jüngste Tochter* des Aufgabenstellers *hilft dem Helden:* KHM 113. – Statt redender Apfelschnitze oder Blutstropfen kaschieren hier die andern Töchter die Flucht. – *Verletzliches Mal:* TMI: N 476, verwundbare Stelle enthüllt. – *Vergessenskuß der Hündin:* KHM kennen nur den menschlichen Vergessenskuß, der aber kommt öfter vor: 113, De beiden Künigeskinner. 186, Die wahre Braut. 193, Der Trommler.

Campbell, Tales II, Nr. XL, S. 239 ff. Von Donald MacLean, zu dem Campbell anmerkt: Jetzt in the Grassmarket, Edinburgh, geboren in Ardnamurchan, doch jung nach Glenforsa auf Mull gekommen; jetzt 69; er hörte die Geschichte von einem alten Mann, Angus M'Phie aus Ardnamurchan, der vor etwa 50 Jahren (vor 1859!) starb und sie ebenfalls als Überlieferung empfing. – Gälisch niedergeschrieben und übersetzt wurde das Märchen von Rev. MacLauchlan, einem – nach Campbell – bedeutenden Gälisten und Sammler volkstümlicher Überlieferungen. Die Geschichten wurden an Winterabenden von den alten Hochländern am Feuer hergesagt. – Campbell hörte Varianten; eine spielte in Irland und hatte zum Helden den Knecht eines Schmieds, der einen Gentleman übertölpelte, indem er ihm Pferd und Tochter stahl (von North Uist). In Sutherland wird die *Meisterdiebgeschichte* als verbreitet erwähnt, doch mit anderen Handlungszügen.

Im Original ist der Vorgang des Umkleidens (Prinzessinnengewand) etwas unklar formuliert, außerdem vergaß der Erzähler beim Wegreiten des Burschen, ihn die Bischofstochter mit aufs Pferd nehmen zu lassen. – Aus indirekter in direkte Rede wurden vier Sätze übertragen: Zustimmung der Fischer und Fischkleid-Auftrag an die Schneider; »Versprichst du aufrichtige Reue . . .« und »Ja, das will ich.«

Der Diener reitet auf dem *Pferd mit Sattel:* Im »Sohn der Witwe auf Barra« erwähnt Campbell, der Luxus eines Sattels sei in den Hochlanden keineswegs selbstverständlich. – *Mark:* Nach einer Münztabelle um 1900 rund 14.– Deutsche Mark. – Das Vergnügen an der *Karriere* des gewitzten einfachen Schotten tritt in der Erzählung deutlich hervor. – Deutsche Parallele: KHM 192, Der Meisterdieb.

32 Mac Iain Direach:

Campbell, Tales II, Nr. XLVI, S. 328 ff., erzählt vom Steinbrecher Angus Campbell, Knockderry, Roseneath, aufgeschrieben von John Dewar, dessen Sprache in Campbells Übersetzung genau beibehalten wurde. Campbell: Leute, die in diesen gälischen Geschichten erschlagen oder verzaubert werden, fallen stets wie Reisigbündel zu Boden: vielleicht ist das nur bildhaft gemeint.

Direkte Rede wurde viermal eingeführt: Mac Iains Frage und Antwort an die Großen Frauen bei der Stellungssuche; seine Anrede an den königlichen Pförtner; des Fuchses Anweisung, zum König von Frankreich zu gehen und vom Schiffbruch zu berichten.

Eirinn ist Irland, *Albain* Schottland. Die *Großen Weiber von Jura* spielen in vielen Sagen eine Rolle. – Campbell nennt zum Märchen von Mac Iain Direach eine Parallele: *Fuchs* auch hier helfender, zaubermächtiger Diener; am Ende verlangt er, geköpft zu werden, wodurch er Menschengestalt gewinnt. – KHM 57, Der goldene Vogel, hat große Ähnlichkeit mit »Mac Iain Direach«.

Fuchs als zaubermächtiger Helfer des Helden: auch in KHM 191, Das Meerhäschen. – *Berührungstabu:* TMI: C 500. – *Königstochter an Bord gelockt und so entführt:* KHM 6, Der treue Johannes. – Das Füllen, auf dem alle Großen Weiber Platz haben: Sagenmotiv des *Langen Pferdes,* skandinavisch und schottisch. Das Tier wird unversehens immer länger, bis eine ganze Schar Burschen daraufsitzt – und in den See entführt und getötet wird. – *Schutz gegen den tödlichen Blick der Stiefmutter:* Die weltweite Vorstellung des *Bösen Blicks* und zahlloser Schutzpraktiken. – Die Stiefmutter steht auf Herrenhaus und Schloß: Motiv der *Beinspreize,* häufig in mythischen Sagen. Geister oder Teufel

stellen sich riesig mit gespreizten Beinen über den Weg und zwingen
den Menschen, zwischen ihren Beinen hindurchzugehen.

33 Die drei Ratschläge:

FL 3, 1892, 183, beigebracht von Alex MacBein, der die Geschichte
von Dr. Corbet, Beauly, erhielt und im Juli desselben Jahres auf Gälisch im Celtic Magazine publizierte. Dr. Corbet hörte sie 30 Jahre
zuvor von einem Farmarbeiter namens MacCallum, der damals in Bog-
roy bei Inverness lebte. Ein Freund aus Aberdeen informierte Mac-
Bein, daß die Erzählung Ende der siebziger Jahre auf Märkten und von
Hausierern als Flugschrift verkauft worden sei. Die Geschichte von den
»Drei Vorschriften« war im Mittelalter bei den Gälen bekannt: Sie ist in
die Erzählung von den »Irrfahrten des Ulysses« verwoben, die irische
Odyssee. In den Gesta Romanorum – Geschichte der Tres Sapientiae –
lauten die Ratschläge anders, wie überhaupt sowohl Held als auch
Ratschläge in den verschiedenen europäischen und außereuropäischen
Versionen voneinander abweichen. Das Thema findet sich auch in
Cornwall; eine zweite schottische Fassung: Bede, Wife 141 ff. –
W. A. Clouston (Popular Tales and Fictions II, 317 ff.) nimmt Amir
Khusaraus »Geschichte von den vier Derwischen« (13./14. Jh.) als
Quelle an. – *Schlacht von Culloden:* 1746 wurden dort die Hochland-
schotten unter Prinz Charles Edward (dem Enkel des nach Frankreich
verjagten schottischen und englischen Königs James II.) von den Eng-
ländern vernichtend geschlagen. – *Pressgang:* Kommando zur Zwangsrekrutierung von Matrosen.

34 Die graue Katze:

McKay 65, 239 ff. Von B. MacAskill, Insel Berneray, die das Märchen
in der Jugend von Christie MacAskill, einer auf Eigg Geborenen,
hörte. Sammler: Hector MacLean.
Iochlach Ùrlair: vgl. 25. – Hier merkt McKay an: »Eine Art häusliche
Hexe«. – Der Wechsel von Höhlen- zu Haus-Vorstellung beim Erzähler wurde belassen. – *Rute voll toter, alter Weiber:* TMI: G 691.1 (Riese
hält sich einen Mundvorrat toter alter Weiber). – Die Katze, die ja eine
verwandelte Frau ist, entspricht der mit dem Helden konspirierenden
Gefangenen anderer Märchen: TMI: G 535 *(gefangene Frau im Haus
des Ungeheuers hilft dem Helden).* – *Zu Stein verhext:* TMI:
G 263.2.1.

MacInnes III, 68 ff.

Albain: Schottland; Eirinn: Irland. – Zum *übermäßigen Sohneskummer* gibt es nach MacInnes keine keltische Parallele. Trauer belastet den Toten: vgl. Sage vom Tränenkrüglein und KHM 109, Das Totenhemdchen. – Die *Verwandlung des hilfreichen Dieners* ist ebenso unmotiviert wie seine Hilfe. Nach MacInnes weist der Name Murdoch Mac Brian darauf hin, daß er in der frühesten Form der Geschichte ein Sohn des Königs von Eirinn war; dieselbe Behexung, der sein Vater unterliegt, zwingt ihn zur scheußlichen Verwandlung, aus der er sich nur mit Hilfe eines Helden befreien kann. Im übrigen erinnert er wie der Mann mit dem grünen Mantel (28) an die Gestalt des *Dankbaren Toten*. – Vgl. 57, »Fionns Behexung«. – *Pfähle, Spieße mit Köpfen:* KHM 191, Das Meerhäschen.

36 Donald Tölpel, der Sohn der Witwe:

McKay, 51, 79 ff. Hector MacLean, der die Geschichte übertrug, fügt hinzu: »Auf Islay lautet der Titel Donald Dummling (Donald who was not wise). In Lorne, wo ich die Geschichte in meiner Jugend, vor mehr als 60 Jahren, hörte, trug sie den Titel, den ich ihr gab.«
Mühle, die auf Spruch hin jedes Mehl mahlt: TMI D 1601.21.1. – Vgl. KHM 36, Tischleindeckdich, Goldesel und Knüppel aus dem Sack.

37 Die Vogelleber und die Tasche voll Gold:

FL 36, 1925, 151: Nr. 29 im 10. Manuskriptband von J. F. Campbell (Autor der »Pop. Tales...«); zu Papier gebracht 1859/60 von Hector MacLean, der das Märchen von Roderick MacLean, Schneider in Ken Tangval auf Barra, erlangte; der Schneider wiederum hörte es etwa 15 Jahre zuvor von einem Achtzigjährigen. – Eingefügt beim Rat der Müllersfrau: »Sie beschrieb ihm alles genau«; außerdem wurde ein in der Geschichte selbst ausgelassener, doch in einer Anmerkung nachgetragener Vorgang in die Erzählung einmontiert: Auf der einsamen Insel reißt der Held der Frau die Kapuze vom Kopf, um sich selber damit fortzuwünschen.
Herz und Leber von Goldvogel; Esser findet jeden Morgen Goldstück unter dem Kopfkissen: KHM 60, Die zwei Brüder. Weitgehende deutsche Parallele des ganzen Märchens: KHM 122, Der Krautesel. – Die *Geweihäpfel:* ATh 566, TMI: D 1375.1.1.1. – Daß die beiden Jungen

auf die *Schule* gehen, stimmt zum schottischen Bildungsstreben, vgl. 1
zu *Bücher* angeschwemmt.

38 Der einfältige Junge:

FLJ 6, 1888, 149 ff.: The Folk-Lore of Sutherlandshire. By Miss Dempster. »Ich sammelte diese Geschichten... aus dem Volksmund im
Sommer 1859...« (D. R., Förster, Loch Stack Lodge. Eine sehr ähnliche Version erzählt man sich in Argyllshire.)
Knüttel: KHM 36. *Lachen machen:* KHM 64, Die goldene Gans.

39 Die drei Soldaten:

Campbell Tales I, Nr. X, S. 181. Anmerkung Hector MacLeans: Ich
erhielt diese Geschichte von einem jungen Burschen namens James
M'Lachlin, der gegenwärtig in meinem Dienst ist... Er hat sie von
einer alten Frau, die irgendwo in Richtung Portaskaig wohnt...
Campbell führt auszugsweise noch mehrere Varianten an, eine davon
mit dem Motiv der drei Schwanenjungfrauen verbunden. – In der
Übersetzung wurde ein paarmal direkte Rede statt indirekter eingeführt: »Jedesmal, wenn du die aufmachst...« (Übergabe der Börse);
»Jetzt kannst du dich um Schiff und Ladung kümmern«; »Nur Geduld,
laß uns ein paar Tage warten«; »Kostet doch erst mal«; »Kannst du
meine Tochter heilen«; »Was ist nun, kümmerst du dich nun um Schiff
und Ladung?«
Tüchleindeckdich: KHM 54, Der Ranzen, das Hütlein und das Hörnlein. – *Held im Schlaf auf den Knien der Frau verlassen:* KHM 92, Der
König vom goldenen Berge. *Verwandlungsäpfel, Hirschkopf:* Zu 37.
Vgl. KHM 122, Der Krautesel.

40 Der Rote Stier von Norwegen:

Chambers, 99. Chambers merkt an: Das folgende ist offensichtlich
dieselbe Geschichte wie die obige (Der Schwarze Stier von Norwegen),
hat aber im Lauf der Wiedergabe Wandlungen durchgemacht. Sie hat
den Herausgeber in einer englischeren Form als die vorige erreicht. – In
der Übersetzung wurde der erste Teil des letzten Satzes konkretisiert;
Urtext: »Nun war wieder jedermann im Schloß in Hast und Vorberei-
tung...«
Leichtsinnig den Roten Stier *genannt:* TMI: C 10 (leichtfertig Geist,
Teufel berufen) und C 432 (Tabu: den Namen eines übernatürlichen

Wesens aussprechen). – *Tierbräutigam:* z. B. KHM 88, Das singende, springende Löweneckerchen. 108, Hans mein Igel. – *Nüsse für die Not:* KHM 113. 127. – *Nächte, Klagen am Bett des Unerweckbaren:* KHM 88. 113, De beiden Küinigeskinner. 127, Der Eisenofen. 193, Der Trommler.

41 Cuchullin und die Riesen:

Campbell, Tales III, Nr. LXXV, S. 180 ff. Von Kate MacFarlane um 1810, aufgeschrieben von John Dewar, Oktober 1860. – Anmerkung Campbells: Cuchullin wird ein Ossianischer Held genannt.
Shinny: Eine Art Hockey.
Die Geschichte bietet ein Beispiel für die spezifisch schottische Verbindung pseudohistorischer und rein märchenhafter Züge.

42 Der Schwarze Stier von Norwegen:

Chambers, S. 95 ff. – Bei der Übersetzung wurde statt »sie« viermal »Diener« eingesetzt und »sie versuchte alles, um hinaufzukommen« (Glasberg) in »sie versuchte mit Händen und Füßen hinaufzukommen« verwandelt.
Tierbräutigam und Gaben für die Not: Siehe zu 40, ebenso Wachen und Klagen am Bett des Unerweckbaren. Das *Waschen der blutigen Hemden* ist aus der schottischen Sage ins Märchen herübergewandert. In Sagen waschen häufig weibliche Elben blutige Hemden solcher, die bald sterben werden (vgl. Agricola, Schottische Sagen von Elben und Zauber 84. 86.).

43 Thomas Daumen:

Campbell, Tales III, Nr. LXIX, S. 114. Die Geschichte stammt aus Glenfalloch, das unweit von Dumbarton liegt. Dewar hörte sie von einem Mädchen, das ihn in seiner Kinderzeit hütete; sie ist auch sonst überliefert.
Vgl. KHM 37, Daumesdick, und 45, Daumerlings Wanderschaft.

44 Die Vogelschlacht:

Campbell, Tales I, Nr. II, S. 25 ff. Campbell dazu: »Diese Version der ›Vogelschlacht‹ wurde von John Mackenzie im April 1859 hergesagt und auf Galisch von Hector Urquhart aufgeschrieben. Der Erzähler ist Fischer und wohnt seit 1834 in Caenmore bei Inverary auf dem Besitztum des Herzogs von Argyll. Er sagt, er kenne die Geschichte von Jugend an und habe sie oft zum Zeitvertreib an Winterabenden seinen Freunden rezitiert. Er kann Englisch lesen und Dudelsack spielen und hat ein Gedächtnis wie Oliver and Boyd's Almanac. Diese und andere Geschichten hat er von seinem Vater und anderen alten Leuten in Lorne und anderswo. Er ist etwa 60 und war im April 1850 damit beschäftigt, auf dem Gut Ardkinglas, wo Hector Urquhart Wildhüter ist, Deiche zu bauen. Wenn er seine Geschichten wiedergibt, hat er die Manier eines geübten Erzählers; die Leute kommen noch ins Haus, um ihm zuzuhören...« Campbell führt eine Reihe von Varianten an; eine ziemlich genaue Entsprechung, nur kürzer und statt der Tauben mit dem Spruch, der den Schlafenden wecken soll, in FL 1, 1890, 292: Nicht Nought Nothing (Nichts-Nichts-Garnichts), beigebracht von Andrew Lang, vorher gedruckt in Review Celtique III mit Varianten von R. Köhler.

In der Übersetzung wurde viermal direkte Rede statt indirekter eingesetzt (»Jetzt guck ich mal nach, was drin ist« – im Bündel –; »Meines Vaters Atem sengt mir den Rücken«; »Ich hab ja gar nicht gewußt, wie schön ich bin!«; »Das täten wir auch« – die Schöne heiraten –). Beim Vergessenskuß der Hündin heißt es hier im Urtext nur: sie sprang zu seinem Mund hoch. Ebenso ist nur die Rede von zwei Tauben; die Teilung in männlich und weiblich analog zu den Geschichten, in denen Hahn und Henne die gleiche Rolle spielen.

Sohn versprochen: Hier geschieht es leichtsinnig, meist aber wird dem Helfer unwissentlich ein Kind versprochen (Jephtamotiv): KHM 31, Das Mädchen ohne Hände. 88, Das singende, springende Löweneckerchen. 92, Der König vom goldenen Berge. 108, Hans mein Igel. – *Jüngste Tochter erfüllt Aufgaben des Helden:* KHM 113, De beiden Künigeskinner. – *Stall säubern:* Motiv des Augiasstalls, den Herakles in einem Tag reinigen mußte. – *Apfelschnitze antworten* und kaschieren die Flucht: In KHM 56, Der Liebste Roland, tun es drei Blutstropfen. – *Magische Flucht:* KHM 51, Fundevogel. 56, Der Liebste Roland. 79, Die Wassernixe. 113, De beiden Künigeskinner. – *Vergessenskuß:* Siehe zu 30.

45 Die Kiste:

Campbell, Tales II, Nr. XVIII, S. 1 ff. Anmerkung: »Dies wurde im April 1859 von Hector MacLean aufgeschrieben nach dem Diktat der Catherine MacGeachy, Pächtersfrau in Kilmeny, Islay. Sie hörte die Geschichte von einem jungen Mann, der in Cowal – ihrem Geburtsort – lebt: Robert MacColl.«

Campbell weist auf die *Kistengeschichte* in Shakespeares Cymbeline sowie auf Portias Verteidigungsrede (Der Kaufmann von Venedig: das *Pfund Fleisch*) hin. Shakespeares Kistengeschichte steht im Decameron, 2. Tag, 9. Novelle; die gälische Hühnerfrau ist im Italienischen eine arme Frau, die im Haus aus und ein geht. In beiden Geschichten wird der Betrug vor Gericht enthüllt. – Die Bräuche und Gesetze des *Frauenkaufs* in der gälischen Geschichte »scheinen einem vergessenen Zustand der Gesellschaft anzugehören. Jetzt ist es nicht Brauch, eine Frau zu kaufen und damit das Recht, sie zu erschießen, zu erlangen, und doch wird dies Recht behauptet und anerkannt, und die Geschichte hängt davon ab. Es scheint, daß die Gauls die Macht über Leben und Tod ihrer Familien besaßen und daß ein Brauch herrschte, der dem Frauenkauf unter den alten Isländern sehr ähnlich war.«

In der Übersetzung wurde einige Male direkte Rede statt indirekter eingesetzt (Wirt: »Wenn das so ist, brauchst du nicht weiterzugehen...«; Vater: »Schau sie dir an«; »Ich nehme die mit dem Mal...«; Hühnerfrau: »Das ist nicht zu schaffen«; »Von dem Mann da drin habe ich ein Halbhundert Pfund«; »Wenn du keine Eile hast, könntest du mitkommen und bei den Verhandlungen zuhören«). Zum Ende hin wurde ein Satz eingefügt: »Aber der Gehilfe schrieb das alles auf.«

46 Der Bruder und der Liebste:

McKay, 76, 371 ff. Geschrieben von Hector MacLean. Von Donald MacKillop, Pächter, Rusgary, Berneray, der sagt, er habe es von Angus MacLeod, Berneray, einem sehr alten Mann, der vor ein paar Jahren gestorben ist. August 1859. – Bei der Übersetzung wurde im ersten Satz ›alter‹ eingefügt; im Original wird das Alter des Armen (wohl als mildernder Umstand) erst nach dem Ende des Kampfes erwähnt. Direkte Rede wurde mehrfach eingesetzt (Bericht des Mädchens über die Lage im Räuberhaus und die Personalien der beiden Versteckten; Mahnung des Armen zur Geduld; Frage des Pächters ans Mädchen, was er mit den Feiglingen machen solle und ihre Bitte um Begnadigung; seine Antwort).

46a Der Bauer O'Draoth:

McKay, 75, 367 ff. Von Donald MacKillop, Pächter, Rusgary, Berneray. Sagt, er habe es von Angus MacLeod, Berneray, der vor etwa 2 Jahren in sehr vorgerücktem Alter starb. August 1859. Geschrieben von Hector MacLean. – Version von Skye: FL 33, 1922, 382.

Parallele: Campbell, Tales II, XLVIII, 173 ff., Varianten zur Geschichte von Sgire mo Chealag: Blöder Sohn hat Holz gestohlen. Wann? Am Tag, wo es Grütze geregnet hat. TMJ: J 1151: *Zeuge schlau diskreditiert.* – J 1151.1.: *dadurch, daß er veranlaßt wird, töricht zu reden.* – J 1151.1.2.: *Ehemann durch absurde Wahrheit diskreditiert.*

47 Wie die Katzen zuerst nach Spanien kamen:

McKay, 47, 39 ff. Campbell nennt in einer Anmerkung (Tales Nr. 40, Ende) McCraw als Erzähler.

Die *Kinderehe* erscheint auch in Nr. 70 des McKayschen Bandes. Die Geschichte entspricht der englischen von Dick Whittington und seiner Katze. Eine schottische Parallele in Aitken und Michaelis, Schottische Volksmärchen (Diederichs), 53. *Katze als Kostbarkeit verkauft:* KHM 70, Die drei Glückskinder.

48 Der Viehhändler von Ronachan:

Bede, Wife 97 ff. In direkten Monolog übertragen: »Bei denen ist nun mein Geld.« Die Schwärzung des Gesichts – im Original so knapp, daß sie auf den ersten Blick schwer verständlich ist – wurde etwas ausgeführt.

49 Der Schifferssohn:

McKay, 55, 121 ff. Geschrieben von Hector MacLean. Dazu Campbell: »Der Schifferssohn, wie ich es fast wörtlich so von Matrick Smith hörte. Es ist ganz ohne übernatürliche Ereignisse ...« Weiter notierte er: Von Patrick Smith, South Boisdale, South Uist, August oder Juli 1859. – McKay: Geschichten ohne übernatürliche Ereignisse sind in den Hochlanden selten. – Vgl. aber die Nummern 27. 29. 31. 38. 45. 46. 46a. 47. 48. 51. 52. 55. 56. 58. 60. 62. 65. 66. 71. [81].

Die *Traumkarriere* des schottischen Burschen ist ein Lieblingsthema der Erzähler, vgl. in der Stichwortliste *»Karriere«.*

50 ... Die Tochter des Königs Untersee:
Campbell, Tales III, Nr. LXXXVI, S. 303 ff. Campbell dazu: »Von Roderick MacLean, Schneider, Ken Tangval, Barra, der es vor etwa 15 Jahren von alten Männern aus South Uist rezitieren hörte. Einer davon war der damals achtzigjährige Angus Macintyre, Bornish. Geschrieben 1860 von Hector MacLean. Ich habe dies ausgewählt, weil es die Ossianischen Helden in sehr mythologischem Charakter zeigt ... Niemand gab Liebe schnell, der nicht plötzlichen Haß gab: Was die Bedeutung diesr sonderbaren Geschichte sein könnte. Sie kann aber nicht erklärt werden, außer, sie ist mythologisch. Auf alle Fälle trifft hier einer der Helden Ossians im Reich Untersee mit einem Boten aus der andern Welt zusammen und überquert ... wie Aeneas ... einen Fluß. Die Geschichte ist ... unvollständig. Etwas hätte mit der Windhündin geschehen müssen, doch ich habe keine Version, welche die Lücke füllt.« – Ein paar sprachliche Stellen im Urtext sind nicht ganz klar. Quacksalber heißt ursprünglich: »die Blutegel/Schmarotzer der Christenheit« [sind um die kranke Prinzessin versammelt]. Der kleine, rostrote Mann redet Diarmaid im Urtext etwas steif an: »Du willst jetzt mit mir reden«; da wurde ein »Ich nehme an« eingefügt.
Die Fhinn: Gesamtheit der Helden, deren Anführer *Fionn* war. Einer der hervorragenden ist *Diarmaid.* – *Beinn:* Berg. – *Eirinn:* Irland. – *Haare* bis zu den Fersen: Häufig von elbischen Wildwesen wie der Glaistic berichtet, vgl. auch den Hexer in »Aschenschlamp und der Meister Lindwurm«. – *Wunderbar entstandenes Schloß* der Elfinliebsten oder -braut: MacInnes, II, 207 ff.; auch hier wird dreimal das Tabu gebrochen und das Haus verschwindet. – *Elfenliebste verläßt Mann, wenn er Tabu verletzt:* TMI: F 302.6. – *Der trennende Fluß:* Vorstellung des Styx. – *Verbot, vom König Gold als Lohn zu nehmen:* Erscheint in zahllosen Sagen, z. B. denen von der Menschenhebamme, die Elfinnen Geburtshilfe leistet.

51 Die sommersprossige Häuslerstochter mit den gestutzten Haaren:
Campbell-MacLellan, 13, 70 ff. Titel im Original: Die drei Fragen und die drei Lasten.
Vgl. KHM 94, Die kluge Bauerntochter (mit weit versöhnlicherem Schluß).

52 Die Tochter des Bürgermeisters:
Campbell, Tales I, Nr. XVII, S. 289 ff. Erzählt von John Mackenzie in Inverary, August 1859 und 1860. Campbell selbst war der Hörer. Titel eigentlich: »Baillie Lunnain« (Der Londoner Alderman).
Die *Suche nach der Traumliebe:* TMI: H 1381.3.1.2.2. – Spürbar wieder die Genugtuung nicht nur über die *Karriere* des schottischen Bauernjungen, sondern auch über seine überlegene Gewitztheit.

53 Die Hexe mit dem Haar:
McKay, 77, 379 ff. Von Donald MacKillop, Pächter, Rusgary, Berneray, der die Geschichte von Angus MacLeod, Berneray, hat. August 1859. Aufgeschrieben von Hector MacLean. Angus MacLeod starb sehr alt ein paar Jahre vor 1859. – Direkte Rede statt indirekter wurde ein paarmal eingesetzt: »Nun, das wäre geschafft«; »Jetzt ist der Bruder gestorben. Ich will...«; »Nun sind die Brüder beide tot...«
Hund mit Haar binden: Ein bekanntes Sagenmotiv in Schottland, auch in Schweden und in den Alpen. Vgl. Agricola, Schottische Sagen von Elfen und Zauber, 66 mit Anmerkung. – *Baum verdorrt:* TMI: E 766.2 (Baum stirbt, wenn Besitzer stirbt).

54 Der Ritter von Grianaig und Iain, der Sohn des Soldaten:
Campbell, Tales III, Nr. LVIII, S. 1 ff. MacLean, der die Geschichte am 5. 7. 1859 niederschrieb, berichtete dazu an Campbell: »Ich erhielt sie von Donald M'Niven, Bowmore, Islay; er hörte sie von einem alten Mann namens Neil MacArthur, der vor einigen 20 Jahren starb. Donald MacNiven ist über vierzig, ein lahmer Krüppel, macht aber gelegentlich Botengänge und fährt ein Fuhrwerk von Bowmore nach Port Ellon und Port Askaig... Ich glaube nicht, daß er lesen und schreiben kann. Wie ich höre, kann er eine beträchtliche Zahl von Geschichten rezitieren.«
Grianaig ist Greenock; *Shinny* ist eine Art Hockey, *Albain* ist Schottland. Beim Zauberpferd erscheint im Urtext nie das Wort Stute, aber immer das Pronomen sie. Die Schmiedsfrau zu Iain im Urtext: »Das ist die Antwort eines *castle* man.« Offenbar von MacLean verschrieben für casual; und da wäre auch die Übersetzung »eines nachlässigen Mannes« möglich. – Direkte Rede wurde statt indirekter einige Male eingesetzt: »Kommt, wir gehen auf den Rasen des Ritters...«; »Das machen wir nicht...«; die Warnung des Zauberpferdes vor dem Einschlafen; »Hier

habt ihr die Kappe vom Schmied«. – Der Vorgang von Pferdewarnung, Trinken, Einschlafen ist im Urtext etwas aus der Chronologie geraten, da wurden zwei Sätze umgestellt. Ebenso wurde ein Satz eingefügt, der die Entzauberung der in Felsen verwandelten Helden wiedergibt. Im Urtext hat der Rabe die Kappe nur bei sich, nicht im Schnabel. – Der Handlungsstrang mit dem »Schwarzen Fischer« wurde vom Erzähler ausgelassen.

Drei Königstöchter unter die Erde verzaubert: KHM 91, Dat Erdmänneken. – *Im Korb in einen Brunnen hinuntergelassen:* KHM 91. 116, Das blaue Licht. 166, Der starke Hans. – *Namensverweigerung* beim Riesen: Namenstabu, vgl. zu 23. – *Der Retter wird versetzt,* nicht mit dem Korb geholt: KHM 91. 166. (vgl. 116). – *Verletzung durch die schwingende Tür:* Sagenmotiv der *Fersenklemme:* Beim Entkommen aus dem sich wieder schließenden Berg, der Spukkirche wird der Flüchtende durch die zufallende Tür an der Ferse verletzt. – *Von Hexe in Stein verwandelt:* TMI: G 263.2.1. – Die *Großen Weiber* gehören in den Bereich der schottischen Sage, mythische Frauen zwischen Elben und Hexen, vgl. z. B. Agricola, Schottische Sagen von Elben und Zauber, 140 mit Anm. – *Ratgebendes Pferd:* KHM 126, Ferenand getrü un Ferenand ungetrü. – *Brunnen des Lebens: KHM 92, Der König vom goldenen Berge. 97, Das Wasser des Lebens. – Falscher Held:* KHM 60, Die zwei Brüder. 91, Dat Erdmänneken. 111, Der gelernte Jäger. – *Entzauberung durch Köpfen:* KHM Anhang 21, Der Löwe und der Frosch. – *Brüder mit Schimpf und Schande davongejagt:* Gehängt werden sie in KHM 91.

55 Das ungerechte Urteil:

FLJ 6, 1888, 168: The Folk-Lore of Sutherlandshire. By Miss Dempster. Die Geschichte erhielt sie 1859 von D. R. Stack, Wildhüter. Miss Dempster weist auf eine ähnliche Geschichte in H. Hurwitz' Collection of Jewish Tales (1826) hin.
TMI: J 1172: Urteilsspruch als Verweis für ungerechten Kläger.

56 Assynter-Streiche:

FLJ 6, 1888, 149 ff. The Folk-Lore of Sutherlandshire. By Miss Dempster. »Ich sammelte diese Geschichten... aus dem Volksmund im Sommer 1859... Zwei... wurden von dem verstorbenen Mr. J. F. Campbell in seiner interessanten Sammlung of the Tales of the

West Highlands abgedruckt...« – Wörtliche statt indirekter Rede: »Da, sieh selber« (Sonnenuhr); »Ich bin nicht so recht sicher, ob du geeignet bist...« – Den Assynter-Geschichten entsprechen in der Antike die aus Böotien, in Deutschland die Schwänke im Lalenbuch (1597) mit den Schildbürgerstreichen.

57 Fionns Behexung:

Revue Celtique I, 1870-72, 193. Erzählt bzw. niedergeschrieben auf Gälisch von Donald Macpherson, Dalkeith, 27. April 1870. Macpherson stammt aus Lochaber und hat einen Band mit Volksdichtung und gälischen Liedern veröffentlicht; die Geschichte wurde ihm dereinst von seiner Großmutter erzählt. Übersetzt wurde sie von J.F. Campbell, der anmerkt: Sie sei Teil einer sogenannten Historie der Feinn (Fenian, Fenier, Fians). So wie diese Historie gegenwärtig, d.h. 1870, in den schottischen Hochlanden den Kindern am Feuer erzählt werde, sei sie von wilden, mythischen Abenteuern bestimmt und nehme etwas von der Natur anderer volkstümlicher Geschichten an. Weiter bemerkt Campbell: In allen Geschichten von den Fians wird Fionns Heilbecher erwähnt. Anderen Überlieferungen nach besteht dieser heilkräftige Becher in der Höhlung seiner zusammengelegten Handflächen – wie man die Hände in der Wildnis zum Trinken hält.

Außer dem *Heilbecher* der Fians wird auch ein *Wunderbecher* erwähnt, der sich mit jedem *gewünschten Getränk* füllt. Sein Raub durch die Lochlaner (Skandinavier) und seine Wiedergewinnung: MacInnes, II, 33 ff. – *Hase* führt Fionn und die Seinen zum Gelbgesicht: *Hexenhasen* – d.h. Hexen in Hasengestalt – erscheinen in Sagen aus ganz Europa. Zum Hasen, der sich den Spaß macht, sich jagen zu lassen, vgl. Agricola, Schottische Sagen von Elben und Zauber, 148 mit Anm. – *Gelbgesicht wittert* einen Fremden: KHM 29, Der Teufel mit den drei goldenen Haaren. 165, Der Vogel Greif. – *Zu Stein verhext:* TMI: G 263.2.1.

58 Der Schäferssohn:

McKay, More West Highland Tales II (1960), Nr. 64, S. 231 ff. Geschrieben von Hector MacLean nach der Erzählung von Kenneth Boyd, Carinish, North Uist, im Lochmaddy Inn am 11. August 1859. Der Erzähler sagte, er habe die Geschichte oft von ein paar alten Männern gehört, besann sich aber nicht auf ihre Namen. – Bei der Übersetzung wurden ein paar ungelenke Wiederholungen von einem Satz zum andern, die den Text aufschwemmten, weggelassen, dafür in der ersten Klammer, vor dem Kommentar des Erzählers »Der Schäferssohn!« das »Ihr müßt denken:« eingefügt.

Suche nach dem Urbild der Gallionsfigur: TMI: H 1381.3.1.2.1: Suche nach Unbekannter, deren *Bild* des Mannes Liebe erweckt hat. – Verhängnisvolle *Bild-Liebe:* KHM 6, Der treue Johannes. – Prototyp der »wahren Geschichte«, der *Traumkarriere* des armen schottischen Jungen.

59 *Wie Finn ins Königreich der Großen Männer ging:*

The Scottish Celtic Review, 1881-85, 178. Der Sammler und Übersetzer Rev. John G. Campbell, Tiree, dazu: Finns Hund *Bran* war ein Elfenhund mit einer giftigen Klaue, die stets bedeckt war, außer, er sollte kämpfen. Finns *Zauberschwert Mac-a-Luin* wurde in Norwegen von einem Elfenschmied gefertigt. Die Geschichte schrieb Campbell nieder nach der Erzählung des Mordoch M'Intyre, Kilkenneth, Tiree, im Januar 1869. Campbell: Swift hat die Geschichte vermutlich nie gehört, und der Erzähler kennt Gulliver nicht, doch die Phantasievorstellungen sind einander gleich.

Howth: Insel vor Irland; *Ben Howth:* ein Hügel, auf dem jetzt ein Leuchtturm steht.

Beim wunderbaren Hausbau wurden zwei Sätze eingefügt (»sofort stand das Haus da«; »sogleich trug das Haus ein ... Dach«; im Urtext nur: und das geschah). Der Riese, der Finn einfängt, bezeichnet ihn im Urtext nicht als niedlich, sondern als »die beste Jungfrau, die ich je gesehen«. Im Urtext kommen die Wogen nicht als Feuerbrände, sondern als feurige Öfen, Darröfen. – Nach dem zweiten Sieg Zusatz: Finn richtete sich *in seinem Bett* auf, was der Erzähler hier ausließ.

Diener mit besonderen Fähigkeiten: KHM 64, Die goldene Gans. 71, Sechse kommen durch die ganze Welt. 134, Die sechs Diener. – *Bran:* 21. – *Ungeheurer Zahn* der Riesenfrau und -mutter: Zuweilen als Kennzeichen übernatürlicher (elbischer) Wesen genannt, so hat Frau Holle riesige Zähne: KHM 24. – Magische, *unverwundbar machende oder siegbringende Hemden* erscheinen öfter in Sage und Aberglauben (»Nothemd«, u. a. Grimm, Deutsche Sagen, 254).

60 Was drei Viehhändlern aus dem Hochland dadurch widerfuhr, daß sie Englisch lernten:

Bede, Wife, 100.

»Wir drei«: Das Motiv der drei Gefährten, die jeder stereotyp nur ein paar Worte sagen und so, sich selbst bezichtigend, fast an den Galgen kommen: TMI: C 495.2.2.; ATh 1697. In der vorliegenden Geschichte ist es rationalisiert, meist verbindet es sich mit einem Vertrag mit dem Teufel: KHM 120, Die drei Handwerksburschen.

61 Die Seejungfrau:

Campbell, Tales I, Nr. IV, S. 72 ff. Geschrieben im April 1850 von Hector Urquhart nach dem Diktat von John Mackenzie, Fischer, Kenmore bei Inverary, der die Geschichte vor vielen Jahren von einem alten Mann in Lorne hörte. S. 95 ff. gibt Campbell mehrere Varianten; in einer ist vom »Draygen« – Drachen – die Rede. Campbell: »Es lohnt sich, die Ereignisse zu vermerken, die [von den einzelnen Erzählern] ausgelassen sind, je nachdem ob Frauen oder Männer erzählen. Hier werden Pferde und Rüstung vergessen, jedoch der treue Liebhaber in der Erinnerung bewahrt. Das Schwert wird zum Stock, und die ganze Geschichte schmeckt stark nach den Alltagserfahrungen der Westlichen Inseln, die mit Fischen und Viehhüten zu schaffen haben.« – Zum Kampf des Hirten mit Riesen und Riesenmutter, dem folgenden Drachenkampf und dem falschen Helden, dem Schlaf auf den Knien der Königstochter vgl. MacInnes VIII, 279 ff., Lod, der Pächterssohn.

Sohn versprochen: Abgewandeltes *Jephtamotiv.* Vgl. KHM 31, Das Mädchen ohne Hände. 88, Das singende, springende Löweneckerchen. 92, Der König vom goldenen Berge. 108, Hans mein Igel. – *Tiere zu Dank verpflichtet:* KHM 17, Die weiße Schlange. 60, Die zwei Brüder. 62, Die Bienenkönigin. – *Drachenkampf:* KHM 60, Die zwei Brüder. – *Falscher Held:* KHM 60, Die zwei Brüder. 91, Der König vom goldenen Berge. 111, Der gelernte Jäger. – *Seelenei* des Ungeheuers: TMI: E 710, Seele außerhalb des Leibes. – *Tiere helfen Mann, Ungeheuer mit Seele außerhalb des Leibes zu überwinden:* TMI: B 571.1. – *Baum verdorrt:* TMI: E 766.2, Baum stirbt, wenn Besitzer stirbt.

62 Die drei weisen Männer:

Campbell, Tales II, Nr. XX, S. 21 ff. Campbell: »Diese Geschichte ...
wurde mir am 6. September 1859 in dem Gasthaus am Sund von Benbecula von einem Mann erzählt, dessen Name ... Donald MacDonald
MacCharles lautet, und sein Zuname ist MacIntyre; er ist Häusler und
lebt in Benbecula. Donald ist als guter Geschichtenerzähler bekannt.«
Campbell hat diese unmittelbar nach seiner Erzählung nach dem Gedächtnis notiert, ohne daran zu ändern. MacIntyre sagte auch lange
epische Gedichte her.
Vgl. KHM 34, Die kluge Else. – TMI: H 1312: Die Suche nach dem
größten Narren.

63 Die Witwe und ihre Töchter:

Campbell, Tales II, Nr. XLI, S. 265 ff. Von Hector MacLean nach dem
Diktat der aus Cowal stammenden Pächtersfrau, Mrs. Catherine Mac-
Geachy, die mit ihrem Mann in Campbelltown lebte, im März 1859
niedergeschrieben; Mrs. Geachy hatte die Geschichte von einer alten
Frau in Cowal. – Campbell gibt noch eine Variante und weist darauf hin,
daß die Hin-und-Her-Verwandlung des Mannes, Tier-Mensch und zurück, hier ausgespart wurde. – In der Übersetzung wurde zweimal
direkte Rede statt indirekter eingesetzt (»Was du auch siehst, die eine laß
zu« und »Wenn du mir ein Tröpfchen Milch gibst ...«); der Vorgang des
Türaufschließens und des Truhentransports wurde etwas ausgeführt
(Übergangssatz zwischen Rat der Katze und Transport; »zuerst die ...,
dann die letzte«; »jedesmal, wenn er« in die Schlucht kam, »durch die
der Weg führte«); bei der zweiten und dritten Schwester wurde eingefügt, daß sich das Pferd auf dem Feld in Bewegung setzt; »Mauzchen«
im Urtext: Du Geschöpf. – Campbell: »Die Kammer mit den ermordeten Damen, die offenbar entführt, geheiratet und umgebracht worden
sind, findet sich noch in andern gälischen Märchen.«
Kohldiebstahl: KHM 66, Häsichenbraut. – *Anhaften:* KHM 64, Die
goldene Gans. – *Grüner Hügel, der sich (auf Anruf) auftut:* Vorstellung
aus der Sage, Elfen- oder Schatzberg. – *Verbotene Kammer mit toten
Frauen:* KHM 46, Fitchers Vogel, und Anhang 9, Blaubart. – *Durch
Essengabe Helfer gewonnen:* z. B. KHM 64, Die goldene Gans. – *Abtransporttrick* mit Hilfe von Korb oder Truhe: KHM 46, Fitchers
Vogel. – *Erlösen durch Köpfen:* KHM Anhang 21, Der Löwe und der
Frosch.

Campbell, Tales I, Nr. XVI, S. 244 ff. Geschrieben im Mai 1859 von dem Wildhüter Hector Urquhart nach dem Diktat des Fischers und Deichbauers Neil Gillies, der, etwa 55, bei Inverary lebte und sagte, er habe die Geschichte mit 15 oder 16 von seinem Vater gehört. Campbell: Spezifisch keltisch. »Er kommt erst, als er bei der Hand genommen wird. Ein Kelte läßt sich überallhin führen, nirgendwohin treiben. Der König, der den Schlag öffnet, ist etwas wie ein Pächter; und die vierspännige Kutsche ist das prächtigste Vehikel, das man in der Gegend erblickt hat.«

In der Übersetzung wurde viermal direkte Rede eingesetzt (»Das sollst du haben«, Held zur Uruisg; »Jetzt geh ich«; »Doch, den brauch ich schon«, Schmied bei des Helden Stellungsuche; »Dort drüben, am Blasebalg, das ist er«); beim Silberzerbrechen wurde der Vorgang anlog zu dem bei Gold und Kupfer ausgeführt; Urtext: »Er tat wie zuvor.«

Schiff zu Lande wie zu Wasser: KHM 64, Die goldene Gans. 165, Der Vogel Greif. – *Helfer durch Essengabe gewonnen:* KHM 64. – *Uruisg:* Sagenwesen, vgl. 9; hier aber weiblich. – *Jeder Baum steht wieder auf:* in KHM 64 bewirkt die Ablehnung der Essen-Bitte, daß die geizigen Brüder sich in Arm und Bein hauen. – *Diener mit besonderen Fähigkeiten:* Siehe zu 59. *Fresser und Säufer:* KHM 64. Auch dort läßt der Held die Freß- und Saufaufgabe von Spezialisten erledigen. – *Hinunterlassen im Korb; Held versetzt:* vgl. zu 54. *Falscher Held:* ebd.

65 Die drei Witwen:

Campbell, Tales II, Nr. XXXIX, S. 218 ff. Auf Barra im Juli (wohl 1859) von Hector MacLean nach der Erzählung des Fischers Hector Boyd aufgeschrieben. Campbell führt eine Reihe Varianten (teils mit anderen Handlungszügen) an und verweist auf Straparolas Le Piacevole Notte (1567): Nicht unmöglich, daß das Buch am Hof der Maria Stuart – mit dem Turiner Rizzio – gelesen worden ist. Vgl. auch Tales I, Nr. XV, S. 237 ff. – Die Erzählung ist nicht ganz folgerichtig: Der Brunnensturz der toten Mutter wird doppelt berichtet.

Auf eigene Bitte in Sack, Faß gesteckt: KHM 61, Das Bürle. 146, Die Rübe. – KHM 61 enthält *Kuhfell, Wahrsager, Todesurteil* fürs Bürle, nachdem alle Bauern ihre Kühe auch getötet; das Fell aber nicht verkauft haben, den *Schäfer, der freiwillig ins Faß kriecht,* die von Bürle *übernommene Herde,* die *gierigen Bauern* und ihren *ungewollten Selbstmord.* Die *erschlagene Mutter* fehlt. Dagegen enthält Andersens Der große Klaus und der kleine Klaus diese Episode, doch humanisiert: Die Großmutter des kleinen Klaus ist schon tot, als sie im Bett statt des kleinen Klaus erschlagen wird. Im norwegischen Volksmärchen (Akademieverlag, Berlin 1988, Norwegische und Isländische Volksmärchen, 53) bietet sich die alte Großmutter selbst zum Kleidertausch mit dem Kleinen Nils an, so daß sie statt seiner vom Großen Nils erschlagen wird.

66 Die Erbschaft:

Campbell, Tales II, Nr. XIX, S. 16 ff. Von Donald MacIntyre, Benbecula, der die Geschichte dort von alten Männern gehört hat. Parallele bei Aitken und Michaelis, Schottische Volksmärchen, Nr. 67.

67 Mally Whuppie:

FLJ 2, 1884, 68 ff.: Drei Geschichten aus Old Meldrum, Aberdeenshire. »Die folgenden drei Märchen wurden mir von Mr. Moir, dem Rektor des Gymnasiums in Aberdeen, mitgeteilt. Er hat sie von seiner Mutter, die auf meine Bitte freundlicherweise ›Mally Whuppie‹... aufschrieb« (ohne Unterschrift; wahrscheinlich Walter Gregor wie in ebd. 3, 1885, 269). Der Riesenspruch reimt »Fee, fie, fo, fum« und (das Blut von) »some earthly one«. In Mallys Dialog mit dem Riesen wiederholt sie im Urtext: Noch zweimal, einmal »I'll come to Spain«.

Zu »Brig o' ae Hair«, der *Haarbrücke,* vgl. 68, Maol a Chliobain. – *Kinder im Wald ausgesetzt:* KHM 15, Hänsel und Gretel. – *Riese wittert:* vgl. 57, Fionns Behexung, mit Anm. – *Riese erschlägt versehentlich infolge vertauschter Kennzeichen eigne Kinder:* KHM Anhang 11, Der Okerlo (Menschenfresserfrau). KHM 56, Der Liebste Roland (vertauschter Bettplatz). – Eine Schwester rettet die andere vor Ungeheuer: TMI: G 551.2; ATh 311. – *Auf eignen Wunsch in Sack gesteckt:* vgl. Die drei Witwen mit Anm. – Der Herausgeber der drei Märchen in FLJ nennt eine Parallele mit drei Brüdern, die bei einer menschenfresserischen Frau übernachten. Die Frau will die fremden Jungen von den eigenen unterscheiden, indem sie denen rote Fäden um den Hals bindet. Black Brottie, der Jüngste, bindet sich und den Brüdern die Fäden um. Als ihn die Frau strafen will, greift er zu einer ähnlichen List wie Mally Whuppie mit dem Sack.

68 Maol a Chliobain:

Campbell, Tales I, Nr. XVII, S. 259 ff. Von Ann MacGilvray, Islay, niedergeschrieben von Hector MacLean. Dieser erhielt weitere Versionen; eine andere erreichte Campbell zu spät; sie enthält die Haarbrücke.

Versehentlich – nach vertauschten Kennzeichen – Riesentöchter umgebracht: vgl. zu 67. – *Freiwillig in Sack:* ebd. – *Fluß austrinken:* 64 mit Anm.

69 Der junge König von Easaidh Ruadh:

Campbell, Tales I, Nr. I, S. 1 ff. Von dem blinden Fiedler James Wilson, Islay, der die Geschichte etwa 1820 vom alten Angus MacQueen in Ballochroy bei Portaskaig auf Islay hörte; Wilson rezitierte sie dem Hector MacLean, Schulmeister auf Islay. Campbell fügt Versionen aus Ross-shire und South Uist an. – Direkte Rede statt indirekter wurde zweimal eingesetzt (»Da zünd' ich mir auch eins an«; »Ich sammle mir trocknes Holz...«). Ein paar kleine erzählerische Lücken wurden durch kurze Sätze gefüllt (»und bald schwiegen sie« – die Vögel –; der Hammel sprang heraus »und davon«; die Ente flog... mit den andern Enten »am Himmel dahin«; »Nun war es unterdessen Abend geworden«, und der Riese kehrte heim): konkretisiert wurde »she set him to rights«: klopfte ihm die Erde von den Kleidern; »she set the Bonnach stone in order exceedingly«: putzte ihn, bis er nur so funkelte; ebenso Schwelle.

Gruagach: bedeutet hier ein männliches Wesen, gewöhnlich aber eine Jungfrau. Sie erscheint in der Sage als helfender weiblicher Haus- und Hofgeist, manchmal mit der Glaistig gleichgesetzt, manchmal mit dem Brownie. Campbell: Das Wort ist von gruag, Kopfhaar, abgeleitet. – Im englischen Text wird der Gruagach als »Braunlockiger Langhaariger« bezeichnet, was hier frei mit »Lockengestrüpp« übersetzt wurde.

Ratgebendes Pferd: KHM 126, Ferenand getrü un Ferenand ungetrü. – *Tiere zu Dank und damit Hilfe verpflichtet:* Siehe zu 61. Die angenommene Gastfreundschaft wird von den Tieren als Freundlichkeit gewürdigt, vgl. 72 und vor allem 80. – *Riese wittert:* vgl. zu 57. – *Seelenei:* zu 61.

Eine Parallele steht bei MacInnes, IV, 95 ff.: Ein junger Hirt wird von einem jungen, braunlockigen Gruagach zum Shintyspiel genötigt. Vgl. auch 72.

70 Der Rote Riese:

Chambers, 89. Chambers: »Die Geschichte stammt aus Mr. Buchans sonderbarer Manuskriptsammlung. Sie ist eine von denen, die in The Complaynt of Scotland aufgezählt werden, einem Werk, das um 1548 geschrieben worden ist.«

Riese wittert: zu 52. – *Rost am Messer ist Todeszeichen:* KHM 60, Die zwei Brüder. – *Dank und Hilfe für Essengabe:* KHM 64, Die goldene Gans. – *In Stein verwandelt:* zu 61. – Daß die Nachbarin und ihr Sohn das Geschehene durch eine *Elfe* erfahren, fällt aus dem Märchenschema *(Rost am Messer als Zeichen)* ebenso heraus wie die Durchbrechung der Brüder-Dreizahl und die Einführung eines Nachbarn statt des erfolgreichen Jüngsten.

71 Die Geschichte von Sgire mo Chealag:

Campbell, Tales II, Nr. XLVIII, S. 173 ff. Campbell: »Diese Geschichte wurde nach der Erzählung des John Campbell in Strathgairloch, Ross-shire, von Hector Urquhart im Juni 1859 niedergeschrieben. Der Erzähler ist 63 und hat die Geschichte vor etwa 40 Jahren von seinem Vater gehört. Der genannte Barde Iain Lom war ein berühmter Hochlandpoet und lebte unter Charles I. und II., starb sehr alt 1710. ... Eine Menge ähnlicher Geschichten existiert in den Hochlanden; z. B. die Irrtümer des Assynters ...«

Vgl. Anm. zu 62 und zu 56.

72 Cathal O'Cruachan und der Pferdehirt:

MacDougall, Lore 57 ff.

Shinny: Eine Art Hockey. – *Mull:* Vorgebirge.

Vgl. Anm. zu 69 und zu 61.

73 Wie sich Coineach und Gilbert in Frankreich benahmen:

Bede, Wife 37 ff.

Daß *Riesen* oder sonstige außernatürliche Wesen das *tagsüber Gebaute einreißen,* bis ihnen Einhalt geboten wird, liegt vielen Sagen als Motiv zugrunde, z. B. denen vom ursprünglich an anderer Stelle begonnenen Kirchbau. – *List wider die Riesen, Steinwurf:* KHM 20, Das tapfere Schneiderlein. Das *Wildschwein* kommt dort auch vor.

74 Binsenkleid:

Chambers, 66.
Variante von KHM 21, Aschenputtel.

75 Binsenröckchen:

FL 1, 1890, 289: English and Scotch Fairy Tales, gesammelt von Andrew Lang. Von Miss Margaret Craig aus Darlington, Elgin, erzählt im Dialekt von Morayshire; abgedruckt in Revue Celtique III mit Varianten von R. Köhler. – Die letzte Zeile im Küchenzaubervers lautet hier eigentlich: »Bis ich an diesem guten Weihnachtstag von der Kirche komme.«
Essengabe: KHM 130, Einäuglein, Zweiäuglein und Dreiäuglein (Ziege). – *Küchendienst, Ball, Pantoffelprobe:* KHM 21.

76 Der König, der seine Tochter heiraten wollte:

Campbell, Tales I, Nr. XIV, S. 228 ff. Ann Darroch bekam die Geschichte von Margaret Connel. Campbell: »Die Kiste, Truhe, ist eindeutig diejenige, die jedes gut ausgerüstete Hochlandmädchen mit in den Dienst nimmt. Solche Kisten, und die Mädchen darauf sitzend, kann man in jedem Hochlanddampfer sehen, und noch feinere in jedem norwegischen Landhaus, wo es mehr Holz gibt. Der Inhalt ist stets der gleiche: Garderobe von Generationen.« – Direkte Rede wurde statt indirekter zweimal eingesetzt (»Gehst du mit zur Kirche?«; »Kommst du mit in die Kirche?«).
Inzestmotiv, Vater will Tochter heiraten: KHM 65, Allerleirauh. – *Pantoffelprobe:* KHM 21, Aschenputtel.

77 Morag Weißrock:

Campbell, Tales I, Nr. XIV, S. 228 ff. Variante aus South Uist; ein zehnjähriges Mädchen erzählt die Geschichte Campbells Reisegefährten MacCraw im September 1859 im Gasthof vom Sound of Benbecula. Morag = Margery. Leider gibt Campbell nur das Gerippe der Geschichte mit wenigen ausführlichen Einschiebseln. Hier wurde eine Winzigkeit restauriert: Die märchenspezifische Wiederholung der einzelnen Kleiderbeschaffungs-Stationen, die Wiederholungen der Vorgänge beim Fest. (Campbell: »Es ging weiter wie zuvor.«) Campbell weiter: »Das Mädchen und ihre Kiste auf demselben Pferd kann man in den Hochlanden erblicken. Das Mädchen in weißen Röcken und kurzem Kleid kann

man in Hochlandgasthäusern das Feuer anblasen sehen; das Ebenbild
der Königin wird zu finden sein, und das Fest ist ein Hochlandball...
Dies zeigt, was man durch würdevolles Reisen einbüßt. Während sich
der Diener in der Küche amüsierte, rauchte der Brotgeber oben in einsa-
mer Würde im Schlafzimmer, schrieb Tagebuch, völlig dessen unbe-
wußt, daß das Wild, das er verfolgte, so nahe war.« – Vgl. zu 76.

78 *Das rote Kalb:*

FLJ 2, 1884, 68 ff.: Drei Geschichten aus Old Meldrum, Aberdeenshire. Mitgeteilt vom Rektor des Gymnasiums zu Aberdeen, Mr. Moir,
aufgeschrieben von seiner Mutter. Beiträger ungenannt, wohl W. Gregor wie in FLJ 3, 1885, 269.
Der Küchenzauberers: Letzte Zeile eigentlich: »Bis ich am Weihnachtstag von der Kirche komm.« Der Vogelvers: »Beschnittene Füße
und gestutzte Zehen sitzen auf dem Sattel, aber hübsche Füße und
schöne Füße sitzen im Küchenwinkel.« – Vgl. zu 75.

79 *Das gehörnte, graue Schaf:*

Campbell, Tales II, Nr. XLIII, S. 286. Von John Dewar, Arbeiter,
Glendaruail, Cowal. – Campbell dazu: »Er hat ein Auge am Hinterkopf« sagt man von jemandem, der außergewöhnlich aufgeweckt ist. –
Bei der Übersetzung wurde ein Satz eingefügt: »Und so ging es auch
am nächsten Sonntag.« – »versteckte... damit sie dem Prinzen nicht
vor Augen kam...« im Urtext: »damit sie nicht gesehen würde...«
Vgl. zu 75. – *Drei Augen:* KHM 130, Einäuglein, Zweiäuglein und
Dreiäuglein. Dort wird aus den Eingeweiden der geschlachteten Ziege
ein Baum mit Silberblättern und Goldfrüchten.

80 *Der Geist von Eld:*

MacLeod, 357 ff. Leider ist dem Märchen Moral aus einer mittelalter-
lichen Quelle aufgepfropft. Campbell in der Einleitung zu den Tales
(S. 20): »Dr. MacLeod druckte eine alte Geschichte, ein wenig geändert und mit einer zugefügten Moral, 1834 in seinem ›Leabhar nan
Cnoc‹...« Bei McKay, More West Highland Tales Nr. 63, findet sich
dieselbe Geschichte (»A Tale about a King's Family«), nur handelt es
sich hier nicht um eine Hirten-, sondern um eine Königsfamilie. Hüteaufgabe, Haferkuchentest, weiter Hüteaufgabe, Bewährung des Jüngsten auch bei McKay; der Räuber der Schwester ist ein Riese, und

dieser liefert den moralischen Schlußkommentar. Der Riese selbst entpuppt sich als verzaubert gewesen und wird durch den zuverlässigen Jüngsten erlöst. – In der Übersetzung wurden einige Sätze (Wiederholungen), speziell bei der Schlußmoral, etwas gekürzt.

Die *schwarzbraunen, hornlosen Kühe* kommen in zahllosen schottischen Sagen vor und sind dann gewöhnlich Elfenkühe. – *Dankbare Tiere und ihre Hilfe:* vgl. zu 61 und zu 69. – *Versteinert:* TMI: D 231, Mann in Stein verwandelt. – Die *Aufgabe, Reh, Ente, Lachs zu bringen,* wobei die dankbaren Tiere helfen, scheint dem Seelen-Ei-Motiv entnommen. Vielleicht hatte der weise, richtende Geist ursprünglich Ungeheuer-Charakter. Nicht nur Allegorie und Moralkommentar weisen auf eine Spätform: Auch der Mutterfluch beim *Haferkuchentest* wird zu Mißfallen zivilisiert.

81 Der Rätselritter:

Campbell, Tales II, Nr. XXII, S. 25 ff., niedergeschrieben im April 1859 von Hector Urquhart nach der Rezitation des Fischers John Makkenzie in Inverary, der die Geschichte viele Jahre zuvor von einem alten Mann in Lorn gehört hatte. »Er erzählte mir die Geschichte zuerst fließend und diktierte sie mir danach, und die geschriebenen Worte sind so genau wie möglich diejenigen, die Mackenzie beim erstenmal gebrauchte.«

Campbell: »Diese Geschichte scheint Mythologisches zu enthalten . . . , gemischt mit Namen und Titeln, die zur Kolonisation irischer Stämme in Argyllshire gehören, und alles zusammen wird endlich auf die Könige von Schottland bezogen. Es ist das typische Beispiel für die seltsame Konfusion von Realität und Phantasie, Geschichte und Mythologie, aus denen diese Geschichten zusammengesetzt sind.« – *Albain*, gewöhnlich Alba: Schottland. – *Shinny:* Hockey. – Direkte Rede statt indirekter: »Ich geh mit« (Fluch der Brüder); »Unter diesen zwölf Recken brauch ich gar nicht erst . . .«. – Zweiter Gift-Test am Pferd wurde mit einem Satz ausgeführt.

Turandot-Motiv: Vgl. KHM 22, Das Rätsel: *Rabe stirbt an Fleisch von vergiftetem Pferd und Räuber sterben an Rabenfleisch* in der Suppe. Prinzessin, *Freier sollen ihr Rätsel stellen und müssen sterben,* wenn sie sie löst. Drei Mädchen nachts zum Freier, *Mantel abgenommen.* Königstochter selbst beim Freier, erfährt Rätsellösung, verliert den Mantel. Hochzeit.

82 Moorachug und Meenachug:

Campbell, Tales I, Nr. VIII, S. 161 ff. Campbell: »Dies ist von allen gälischen Geschichten die bekannteste. Es ist die Kinderleiter, um die Kette von Ursache und Wirkung zu lernen... Gewöhnlich wird sie benutzt, um Kinder von fünf bis sechs Jahren zu unterrichten, und von Schuljungen aufgesagt, und Erwachsene aus allen Teilen der Hochlande haben sie noch im Gedächtnis. Es gibt einige Variationen...« – Eine etwas andere Fassung bei Aitken-Michaelis, Schottische Volksmärchen (Diederichs), Nr. 49. – Die Namensvarianten stehen so bei Campbell.

83 Der braune Bär aus der grünen Schlucht:

Campbell, Tales II, Nr. IX, S. 168 ff. Zweimal wurde direkte Rede aus indirekter gemacht (»Ich denke, ich reite auch los«; »Wer immer der Christenmensch ist...«). Der Text enthält mehrere unklare Stellen, mit denen offenbar auch Campbell nichts anfangen konnte, denn er setzt neben die fraglichen englischen Sätze den gälischen Urtext. Die Grüne Insel »that was about the heaps of the deep« ist eine solche Wendung, ebenso der Schluß: »Gold a-crushing from the soles of their feet to the tips of their fingers, the length of seven years and seven days.«
Weggelassen wurden drei Kommentare des Erzählers. Beim Abschlagen der Adler-Warze, ohne daß Blut fließt: »Och: Ist das nicht eine fürchterliche Lüge?« Bei den schwarzen Hunden an der Quelle: »Was für Hunde?« – »Schwarze Hunde; weißt du nicht, daß sie immer schwarze Hunde die Gregorach jagen ließen?« – Und bei der immer vollen Flasche: »Und was war drin?« – »Was schon! Whisky!«
Campbell berichtet: »Niedergeschrieben nach der Rezitation von John MacDonald, wandernder Kesselflicker. Er wandert über die gesamten Hochlande und lebt mit seiner Familie in einem Zelt. Er kann weder schreiben noch lesen. Er wiederholt ein paar dieser Geschichten fließend auswendig und meist mit denselben Worten. Ich bin seiner Rezitation so genau wie möglich gefolgt, aber es war sehr schwierig, ihn eine Weile stillzuhalten. John ist etwa 50, sein Vater, etwa 80, viele junge Sprößlinge; sie alle lagerten Ostern 1859 in einem Steinbruch bei Inverary unter einem Baum. Vater wie Sohn erzählen nicht einfach, sondern rezitieren, schauspielern mit Gesten und Stimmenwandel. Gehören zum Stamm der ›Cairds‹, Nomaden wie die Zigeuner, sind

aber keine. Vater, nie in der Schule gewesen, hat in der Jugend gedient. Sein Sohn ist ein berühmter Fischer, bringt Touristen das Fischen bei, möchte Unter-Wildhüter werden.

Die Bärengeschichte ist in vielen, einander nie gleichen Varianten im Hochland verbreitet. Sie sollte viel länger sein, aber der schweifende Geist des Mannes ließ ihm nicht die Ruhe, die Erzählung zu diktieren... Ich fand dieselbe Rastlosigkeit überall unter den Herumziehenden...«

Wasser des Lebens: zu 6. – *Jüngster Sohn mißachtet:* KHM 57, Der goldene Vogel. *Erfolgreicher, freundlicher Dummling:* KHM 57, Der goldene Vogel. 63, Die drei Federn. 64, Die goldene Gans. 165, Vogel Greif. *Jüngster von den Brüdern betrogen:* KHM 92, Der König vom goldenen Berge. KHM 97, Das Wasser des Lebens. *Erfolgreicher Bruder vom trägen älteren getötet:* KHM 28, Der singende Knochen. KHM 57, Der goldene Vogel (zwei mörderische Brüder). – *Falscher Held:* KHM 60, Die zwei Brüder. KHM 91, Dat Erdmänneken. KHM 111, Der gelernte Jäger.

84 Die Geschichte von der Nebelkrähe:

Campbell, Tales II, Nr. III, S. 64 ff. Aufgeschrieben im April 1859 von Hector MacLean, Schulmeister in Ballygrant, Islay, nach der Rezitation von Ann MacGilvray, einer Frau von Cowal, die mit einem Pächter in Kilmeny verheiratet war, einem Angus Macgeachy aus Campbelltown. – Campbell kannte eine Menge gälischer Versionen, »gewöhnlich länger und zügelloser phantastisch«; eine davon bringt er in Tales I, Nr. XII, S. 208 ff.: »Die Tochter der Himmel«, wo der Tierbräutigam keine Krähe, sondern ein Hund ist. – In der Nebelkrähe fehlen leider einige Glieder zur Märchenlogik (der vergessene Kamm als Auslösung der Katastrophe, ein unvorbereitetes Tabu).

An dieser Stelle wurde eine winzige Unstimmigkeit behoben: Die Erzählerin sprach einmal von zwei begleitenden Schwestern, einmal von einer. – Bei der Erkennung wurden zwei Worte eingefügt: »...die *in Wahrheit* gekocht hatte«.

Tierbräutigam: zu 40. *Krähe als Freier:* TMI: B 623.4. – *Kutsche fällt als Reisigbündel zusammen:* zu 32; TMI: D 510 ff.: *Verwandlung bei Tabubruch.*

85 John Gaick, der tapfere Schneider:
FLJ 7, 1889, 163. Walter Gregor: »Die folgende Geschichte erhielt ich
von Mr. W. Copland, Schulmeister, Tortorsten bei Peterhead, Aberdeenshire. Er hörte sie vor 45 Jahren von seinem Vater, der in Stri-
chen... im Nordosten von Aberdeenshire lebte...« – KHM 20, Das
tapfere Schneiderlein.

86 Die Geschichte von Conal Crovi:
Campbell, Tales I, Nr. VI, S. 128 ff. Erzählt vom etwa 55jährigen Fischer Neill Gillies, Inverary, der die Geschichte viele Jahre zuvor von
seinen Eltern hörte; niedergeschrieben von Hector Urquhart. Campbell: »Erzählt am 25. April 1859 von Gillies. Er erzählte mit der Miene
eines Mannes, der eine ernste Geschichte wiedergibt, und darauf bedacht ist, sie richtig zu erzählen... Die Umsitzenden erörterten Ein-
zelheiten der Geschichte... Ich machte mir damals Notizen, sie
stimmen überein mit dem Gälischen des Hector Urquhart, der sie nach
Gillies' Diktat niederschrieb.«
Direkte Rede statt indirekter wurde fünfmal eingesetzt (»Schläfst
du?«; »Besser hätte ich die beiden...«; »Jetzt wär's gut, den grauköpfigen Schurken da zu haben...«; »Willst ihn auch mit des Riesen
Gold... füllen«; »Am besten holt ihr den grauköpfigen Schurken herauf...«), Sasunn = Sachsen, England. – Am Schluß der Geschichte ist
der Erzähler so in Conals Rolle geschlüpft, daß er nur noch »ich«
gebraucht statt der dritten Person.
Eine kürzere Fassung, eingeleitet durchs Stiefmuttermotiv: Campbell,
Tales I, Nr. VII, S. 147 ff. – Zur formelhaften Schilderung der rasenden
Segelfahrt vgl. MacInnes, Folk and Hero Tales II, 33 ff., und X, 339 f. –
Conal Crovi als Selbsthelfer und Räuber, überhaupt der gesamte Eingang, gehört ins Gebiet der Sage. – *Halslösegeschichte,* auch mit *Pfer-
dediebstahl* (bei Königin): KHM Anhang 28. – *Im Korb hinabgelassen*
(und von den andern versetzt): KHM 91, Dat Erdmänneken. 116, Das
blaue Licht. 166, Der starke Hans.

87 Conall Cra Bhuide:
Campbell, Tales I, Nr. V, S. 105 ff. Erzählt vom blinden Fiedler James
Wilson, Islay. Campbell: »Diese Geschichte, von einem Blinden erzählt, bietet ein gutes Beispiel dafür, wie eine volkstümliche Geschichte sich jedermanns Gemüt anpaßt. Die Blendung des Riesen und

seine darauffolgende Anrede an seine Lieblingsziege: ›Da bist du, meine zottige Weiße mit dem dichten Pelz; du siehst mich, aber ich sehe dich nicht‹, kommt dem Erzähler aus dem Herzen. Es ist diese Ausschmückung, die sein Gemüt an den Rahmen der Geschichte hängt. – James Wilson lernte sie vor über vierzig Jahren von John Mac-Lachlan, einem alten Mann in Kilsleven. – *Cra Bhuide* ist wahrscheinlich die Korruption eines richtigen Namens. *Crag* = Tatze, Handfläche, *buide* = gelb.« Direkte Rede statt indirekter wurde einmal eingesetzt (»Lebst du noch?«). Angeseiltes Boot: Im Urtext »mit einem Seil vorn und hinten«. Das ist ebensowenig ganz klar wie die Art, auf die Conall am Schluß das Boot erreicht, das wieder nach jenseits entglitten war. Bei der Kesselszene wurde zur Verdeutlichung ein Satz eingeschoben (»steckte den Zeigefinger in das Loch im Deckel«). Im Original ist nur erwähnt, daß Fingerdicke und Lochgröße einander entsprechen. – *Mein lieber Mann:* o son and brother!

Zu Eingang und *Halslösegeschichte* vgl. zu 86. *Mörderische Katzen:* Sagenmotiv der Hexenkatzen in der Mühle. – *Einäugiger, menschenfresserischer Riese wird mit glühend gemachtem Spieß geblendet:* Mac Innes, Folk and Hero Tales VII, 207 ff., Koisha Kayn oder Kians Bein. Dort findet sich in abgewandelter Form auch der Trick, den Blinden ins Meer zu locken: Statt des rufenden Ringes wirft bei MacInnes der Sohn des Königs von Lochlan einfach einen Stein ins Wasser. Der Riese glaubt, der Königssohn sei ins Meer gesprungen...

Die *Blendung des ein-(stirn-)äugigen Menschenfressers* (Polyphem-Motiv: Odyssee, 9. Gesang; ATh 1137 und 953) ist über Europa verbreitet bis nach Korea (André Eckardt, Unter dem Odongbaum, Koreanische Sagen, Märchen und Fabeln, Röthverlag, Eisenach, o. J., 38). Vgl. *Die Sage von Polyphem* von Wilhelm Grimm, Philosophische und historische Abhandlungen der königlichen Akademie der Wissenschaften, Berlin 1957; Lutz Röhrich, Erzählungen des späten Mittelalters und ihr Weiterleben in Literatur und Volksdichtung bis zur Gegenwart, II, Bern 1967, 213 ff. Der Vorwand der Augenheilung bei der Blendung kommt in der estnischen Sage vor (C. Rußwurm, Sagen aus Hapsal, o. O. 1861, 143), ebenso in einem lateinischen Werk des Mönchs Johann der Abtei Haute-Seille (bei Nancy) aus dem späten 12. oder frühen 13. Jahrhundert: Historia Septem Sapientum (siehe Grimm a. a. O., 4 ff.). Sonst wird der Schlafende wie in der Odyssee mit dem Spieß oder auch mit heißem Fett geblendet. W. Grimm nennt als Verbreitungsgebiet der Polyphemgeschichte Türkei, Serbien, Rumänien, Siebenbürgen, Estland, Karelien, Finnland, Norwegen, Harz und verweist auf Sindbads dritte Reise (Grimm, a.a.O., 12 ff.). Zu ergänzen wären Tirol, das flämische Belgien, Polen (Zingerle, I.V., Sagen aus Tirol. Innsbruck ²1891, 222; Georg Goyert und Konrad Wolter, Vlämische Sagen, Legenden und Volksmärchen, Jena 1917, 165; V. Vildomec, Polnische Sagen, Berlin 1969, 218). – Anrede an die Lieblingsziege: Vgl. Polyphems zärtliche Worte an den Bock. – Frau, die ihr Kind schlachten soll: KHM Anhang 28.

88 Der kleine Haferkuchen:

FLJ 2, 1884, 68 ff.: Drei Geschichten aus Old Meldrum, Aberdeenshire, vom Rektor des Gymnasiums zu Aberdeen, Mr. Moir, mitgeteilt. (Ohne Beiträgernamen; wahrscheinlich Walter Gregor wie in FLJ 3, 1885, 269.) Der letzte Satz (hier in die Anmerkung genommen) lautet: »Bei dem Wort ›Haps‹ packt der Erzähler plötzlich das Kind, dem er die Geschichte erzählt.«

89 Die Geschichte vom weißen Schaf:

Campbell, Tales I, Nr. XI, S. 199 ff. Von Mrs. MacTavish, der Witwe des Geistlichen in Kildaton, Islay. Sie bekam die Geschichte im November 1859 von einer jungen Magd; die hatte sie im Jahr zuvor beim Viehhüten in Oa, einem Bezirk von Islay, gelernt. – Campbell: Der Hahnenschrei ist im Gälischen wie im Deutschen (KHM 27, *Die Bremer Stadtmusikanten*) nachgeahmt. Im Gälischen statt des Esels ein Stier, und zusätzlich zu den beiden Geschichten gemeinsamen Tieren Schaf und Gans. Sechs Tiere, wie man sie gewöhnlich um die Hochlandhütte findet, die gut beschrieben ist; in der deutschen Geschichte dagegen vier in deutschen Hütten übliche Tiere. – Auch die nicht eßbaren Tiere sollen Weihnachten sterben: Erinnerung an alte Tieropfer?

Falke: 32. 61. 69. 72.

Falscher Held beansprucht Verdienst (durch Kraftprobe etc. entlarvt): 5. 26. 54. 61. 64. 83. (42: Waschfrau schiebt ihrer Tochter Verdienst des Blutauswaschens zu.)

Familienärger: 6 (böse Stiefmutter). 7 (dito). 10 (eifersüchtige Mutter). 11 (neidische Schwestern). 19 (böse Stiefmutter. Mörderische Schwester). 25 (böse Stiefmutter). 26 (mörderische Eltern). 28 (böse Stiefmutter). 30 (dito). 32 (dito). 34 (dito). 37 (dito). 67 (kinderüberreiche Eltern setzen die Jüngsten aus). 68 (Schwestern setzen Jüngste aus). 75 (böse Stiefmutter). 76 (Vater will Tochter heiraten). 77 (dito). 78 (Eltern lassen Tochter hungern). 79 (Stiefmutter: das gleiche). 81 (mörderische Stiefmutter).

Finger durchs Schlüsselloch gesteckt, Giftnadel hinein: 10. 11.

Finn, Fionn: 21. 22. 57. 59.

Fisch: 1; ↗ auch Forelle, Lachs

Fluch ↗ Haferkuchentest

Flucht, magische: 19. 44.

Flußaustrinken: 64. 68.

Forelle: 10. 61 (enthält Seelenei).

Freier angebannt: 30. 44.

Frau ↗ Bett. Gefangene. Kluge Bauerntochter. Kluge-Else-Motiv. Mutter. Suchwanderung

Freßsucht Übernatürlicher: 9. 30.

Frosch: 24.

Fuchs: 32. 43.

Fuß: 63 (Blut daran). 74 (beschnitten). 75 (dito). 76 (dito). 78 (dito). 79 (dito).

Gabe, magische: 1. 2. 5. 8. 30. 36. (37.) 38. 39. 40. 42.

Gastlichkeitsformel (warmes Wasser für seine Füße und ein weiches Bett für seine Glieder...): 34. 63. 86.

Geburt: 4. 21. 25.

Gefangene Frau im Haus des Ungeheuers hilft dem Helden: (34.) (46.) 86. 87.

Gegenstand schreit: 32. 68. 69. 87.

Geist in Flasche, Ranzen etc.: 17. 18. 20.

Geschützt vor dem Wind und beschienen von der Sonne, wo sie jeden wahrnehmen konnten, aber keiner sie entdeckte: 25. 59.

Geweih: 25. 37. 39.

Giftnadel: 10. 11. 19. 34. (Zaubernadel: 40.)

Gift(trank): 10. 34. 81.

Giftberg: 84.

Goldeselmotiv: 36.

Goldmarie-Pechmarie-Motiv: 24.

Grindkopf, grindig: 6. 68. 83. (Räudig:) 79. (Rauhhäutig:) 69. (Schwarzhäutig:) 79. (Braunhäutig:) 68. (Sommersprossig:) 51.

Große Weiber: 32. 54.

Gruagach: 69.

Grün: 5 (grüner Mantel). 20 (grüne Flamme). 28 (grüner Mantel).

Haar: 28 (schwarz wie Rabenfedern). 50 (bis zu den Fersen). 51 (kurz-geschoren). 53 (bindet). 54 (bis zu den Zehen). 67 (Brücke aus einem H.). 68 (das gleiche. – Kahler Knecht. Kahle Riesentöchter). 69 (gestutzt; und Fell des bevorzugten Füllen zottig). 72 (zottiges Füllen). 79 (kahl). 83 (kahl).

Haferkuchentest der Mutter: 64. 68. 70. 80.

Halslösegeschichte: 86. 87.

Halslöserätsel: 70. 81.

Hängenspielen: 29.

Hänsel-und-Gretel-Motiv (Kinder im Wald ausgesetzt): 67.

Hase: 35 (Hexenhase. 57, dito).

Hautstreifen vom Rücken schälen: 14. 45.

Hemd: 25 (erlöst). 42 (muß vom Blut befreit werden). 59 (gibt Kraft).

Henne und Hahn von Gold: 30. 80.

Herr kommt vorüber und heiratet Heldin: 4. 13. 25.

Herz und Leber (als Tötungsbeweis): 10. (Magisch:) 37.

Heuchelberg-brennt-Motiv (falscher Feueralarm): 29.

Hilfreiche Tiere: 1. 6. 32. 61. 63. 69. 72. 80. 83. ↗ auch Adler, Pferd

Hirsch(kuh): 18 (geschmiedet). 25. 61 (enthält Seelenei).

Hirt(in): 26. (58.) 61. 65. 70. 72. 78. 80. 87.

Hühnerfrau: 5. 7. 25. 28. 34. 40. 45. 74. 75. 78. 79. 83.

Hund: 18. 19. 21. 22. 23. 30. 34. 41. 44. 50. 53. 59. 61. 65. 67. 69. 72. 80. 89.

Insel, darauf ausgesetzt: 3. (Verlassen:) 5. 37. 39. Held wünscht sich mit Liebster auf Insel: 5. 37. 39.

Ins Faß (den Sack) gesteckt auf eigene Bitte: 65. 67. 68.

Inzestmotiv: 76. 77.

Jagt doch die Hühner (Krähen)...: 9.

Starker Knecht: 9.

Stein: 5 (versetzt von einem Ort zum andern). (Zu Stein verhext:) 23.
   34. 54. 57. 70. 80.

Stiefmutter ↗ Familienärger

Stier: 40. 42. 63. 65.

Suchwanderung: 25. 40. 42. 72. 84.

Tafeln (sämtlich in den Schlußformeln): 5. 21. 22. 30. 69. 77. 83. 87.

Tag und Jahr: 21. u. 22 (Festmahl, Schlußformel). 35. 61. 64. 80. 83.

Tanz, tanzen: 7 (mit Elfen). 29. 58. 64 (Schlußformel). 77.

Taube: (enthält Seelenei:) 72.

Tiere ↗ Hilfreiche Tiere und Dank

Tierbräutigam: 24. 40. 42. 63. 84.

Tischleindeckdich ↗ Tüchleindeckdich

Tochter: 4 (weggegeben). 10 (ermordet). 13 (zum Spinnen genötigt). 14
   (wacht im Kohlgarten). 18 (will Secheschmied herstellen). 35 (geraubt). 44 (beschwindelt und opfert den Vater). 45 (verkauft). 49
   (wiedergefunden). 51 (berät Vater). 52 (überlistet Vater). 54 (Töchter
   geraubt). 58 (verzogen). 61 (dem Drachen geopfert). 63 (wacht im
   Kohlgarten). 69 (verrät Vater). 76 u. 77 (von Vater zur Frau begehrt).
   78 (eine T. benachteiligt). 80 (geraubt).

Tod: 17.

Torengeschichten: 46a. 56. 71.

Toter, dankbarer: 3. (Motiv verblaßt, rationalisiert:) 35.

Tränen, Trauern (nimmt dem Toten Ruhe): 35.

Tüchleindeckdich: 1. 39.

Turandot: 81.

Urisk: 23.

Uruisg: 9. 64.

Vater: 1 (verspricht Sohn). 4 (sucht Patin). 25 (heiratet wieder, schickt
   Kinder fort. Verliert vor Kummer um Söhne Gesundheit). 26 (will
   Söhne als Esser töten). 27 (gewitzter Lehrmeister). 28 (will Erstge-
   borenen zu Erbverzicht zwingen). 30 (bevorzugt zweiten Sohn). 35
   (stirbt aus Gram über Verlust der Tochter, grollt als Toter über Dau-
   ertrauer). 44 (von Tochter geopfert). 45 (verkauft Tochter). 47
   (schickt unerwünschten Schwiegersohn in Tod). 49 (kauft leichtsin-
   nigem Sohn Boot). 51 (von Tochter aus Klemme gezogen). 52 (von
   Tochter überlistet). 54 (trauert um entführte Töchter). 58 (verwöhnt
   hochmütige Tochter). 61 (kann sich nicht vom wegversprochenen

Sohn trennen). 62 (heult mit Tochter über Zukunftsvision). 64 (setzt Preis für Tochterretter aus). 69 (von Tochter geopfert). 71 (heult mit Tochter über Zukunftsvision). 74 (will Tochter zu Heirat zwingen). 76 u. 77 (will Tochter heiraten). 78 (benachteiligt Jüngste). 80. 83 (braucht Lebenswasser). 86. 87.

Vergessenskuß der Hündin: 30. 44.

Vertauschen, eigenmächtiges, von Tieren und Dingen: 5. 19. 38.

Verwandlungskette: 20.

Vogel: 7. 35. 37. 64. 74. 75. 78. 79. 83. ↗ auch Adler, Ente, Falke, Rabe, Zaunkönig

Wasser vom Brunnen des Lebens: 1. 6. 54. 83.

Weiser Mann, Seher: 14. 30. 64. 69.

Weiß wie Schnee, rot wie Blut...: 28.

Wir drei: 60.

Witwe: 3. 9. 14. 24. 29. 33. 36. 38. 63. 65. 68. 70.

Zahn: 21 (Finns Weisheitszahn). 59 (Zahn wie Spinnrocken).

Zauberer als Schiff: 1. (Fuchs:) 32.

Zaubernebel: 30. 80.

Zauberrute: 1. 7. 23. 25. 57. 70. 80. (Keule, Knüttel:) 54. 61. 63. 70.

Zauberzaum: 1. 77.

Zaunkönig: 72.

Schlußformeln der Märchen:

Und wenn sie nicht gestorben sind, so leben sie noch heute: 1. 16. 23. 52. 61.

Und wenn sie noch nicht aufgehört haben zu essen, dann sind sie immer noch dabei: 5.

Und sie alle lebten glücklich und starben glücklich: 7.

Und wenn sie noch leben, wohnen sie immer noch da: 9.

...lebten noch lange danach vergnügt und in Frieden, und so habe ich sie verlassen: 10.

Und der, von dem ich die Geschichte habe, sagt, als er...[sie] verlassen habe, seien sie fröhlich gewesen und hätten einander allesamt geliebt und geachtet: 19.

...Festmahl, das dauerte einen Tag und ein Jahr lang, und wenn der letzte Tag schon nicht der beste war, so war er bestimmt nicht der schlechteste: 21.

...Festmahl, das dauerte einen Tag und ein Jahr: 22.

Und die beiden lebten glücklich zusammen bis an ihr Ende: 24. 70.

Und damit nimmt die Geschichte ein Ende: 25.

...und sie feierten nun einen Tag und ein Jahr lang, und wenn sie mittlerweile nicht aus dem Schloß fortgezogen sind, so sind sie noch immer dort: 30.

...und nun überlasse ich sie sich selber: 31.

...und nun ist die Geschichte aus: 32.

Und nun lebten sie miteinander so glücklich, wie sich das jeder nur wünschen kann: 33.

...und waren von nun an ihr ganzes Leben lang glücklich: 38. 75.

Und mehr habe ich von der Sache nicht gehört: 41.

Und soviel ich weiß, leben sie glücklich bis zu diesem Tag: 42.

Und da hab ich sie verlassen: 44.

Aber mir haben sie kein Fitzel gegeben, sondern mich mit leeren Händen abziehen lassen: 46.

Aber mir haben sie weder Gold noch Silber abgegeben; sie haben mich einfach mit leeren Händen nach Hause geschickt: 53.

Sie kamen heim und richteten ein kräftiges Festmahl aus, wie es den Helden gebührt, und lebten von nun an glücklich und zufrieden: 69.

Ich habe mich von ihnen an der Tür verabschiedet und bin nach Hause gegangen: 72.

Und nun lebten sie froh und glücklich und tranken nie aus einem leeren Becher: 74.

Und ich habe auf der Hochzeit keinen Bissen abgekriegt: 77.

...und von nun an war sie reich und glücklich: 79.

...prachtvolle Hochzeit, die dauerte sieben Tage und sieben Jahre, und du konntest nichts weiter hören als gluck-gluck und plopp-plopp, kräftigen Klang und Zapfenziehen. Von den Fußsohlen bis zu den Fingerspitzen steckten sie in Gold und zermalmten es, sieben Jahre und sieben Tage lang: 83.

...und waren glücklich: 84.

...und sie richteten ein Fest aus, und das war ein Schmaus, o mein lieber Mann!: 87.

Inhalt

Anhang